HISTÓRIA DO PENSAMENTO SOCIOLÓGICO

Dados Internacionais de Catalogação na Publicação (CIP)
(Câmara Brasileira do Livro, SP, Brasil)

Izzo, Alberto

História do pensamento sociológico / Alberto Izzo ; tradução Carlo Alberto Dastoli e Federico Carotti. – Petrópolis, RJ : Vozes, 2021.

Título original: Storia del pensiero sociologico

Bibliografia.

ISBN 978-85-326-6472-3

1. Sociologia – História I. Título.

20-34001 CDD-301.09

Índices para catálogo sistemático:

1. Sociologia : História 301.09

Cibele Maria Dias – Bibliotecária - CRB-8/9427

Alberto Izzo

HISTÓRIA DO PENSAMENTO SOCIOLÓGICO

Tradução de
Carlo Alberto Dastoli e Federico Carotti

EDITORA VOZES

Petrópolis

Título do original em italiano: *Storia del pensiero sociologico:*
Vol. I. Le origini
Vol. II. I classici
Vol. III. I contemporanei

Direitos de publicação em língua portuguesa – Brasil:
2020, Editora Vozes Ltda.
Rua Frei Luís, 100
25689-900 Petrópolis, RJ
www.vozes.com.br
Brasil

Editoração: Leonardo A.R.T. dos Santos
Diagramação: Raquel Nascimento
Revisão gráfica: Alessandra Karl
Capa: Felipe | Aspectos

ISBN 978-85-326-6472-3 (Brasil)
ISBN 978-88-15-10766-4 – Vol. I (Itália)
ISBN 978-88-15-10764-1 – Vol. II (Itália)
ISBN 978-88-15-10768-8 – Vol. III (Itália)

Editado conforme o novo acordo ortográfico.

Este livro foi composto e impresso pela Editora Vozes Ltda.

Sumário

Introdução

O problema do pensamento sociológico

Um estudo histórico do pensamento sociológico que pretenda iniciar pelas origens encontra-se de antemão diante de uma dificuldade. Trata-se da dificuldade de definir o próprio pensamento sociológico. Os homens, por viverem em sociedade, e sendo homens por viverem em sociedade, sempre se puseram o problema das relações uns com os outros. Mas não se pode certamente deduzir daí que toda consideração sobre as relações sociais, a começar pelas mais remotas de que se tem notícia, seja enquanto tal expressão do pensamento sociológico. Adotar essa posição implicaria um discurso tão genérico a ponto de não poder sequer ser formulado com coerência. Querer considerar todo pensamento relativo à sociedade que a mente humana expressou levaria necessariamente à paralisia. Uma seleção se impõe para a própria formulação do discurso.

A definição, obviamente, pode ser explícita ou implícita. Ela pode emergir no curso do estudo ou pode ser esclarecida desde o início. Embora explícita, no entanto, a definição é sempre relativa, problemática e provisória. É relativa enquanto vale em relação ao discurso que se pretende desenvolver e será desenvolvido, mas não necessariamente em um âmbito conceitual mais amplo ou simplesmente diferente. Uma definição diferente implicaria, ou pelo menos poderia implicar, também, a identificação das origens em um período diverso. É problemática enquanto se deve comparar com outras definições possíveis, e é provisória enquanto pode ser desmentida por argumentações mais convincentes. Mas uma definição só pode existir porque o próprio início do discurso já a pressupõe. Sem alguma ideia, mesmo aproximada, do que é o pensamento sociológico, o estudo histórico das suas origens não poderia tomar forma.

Essa premissa se faz ainda mais necessária, pois hoje estamos muito longe de uma ideia universalmente compartilhada sobre o que é o pensamento sociológico. Alguns partem de muito longe, afirmando que "a origem histórica do conceito de sociedade parece diretamente ligada ao processo de desagregação das formas da sociedade arcaica [...] [em que] a ordem social é vivida como imutável, porque diretamente ligada a componentes 'naturais' de consanguinidade, e transcendente a cada indivíduo, em seu caráter sagrado" (CRESPI, 1985, p. 13). Portanto, a sociedade torna-se problema quando suas origens são descobertas na atividade do homem e quando ela parece transformável pelo próprio homem. A partir disso já teríamos um início de pensamento sociológico.

Outros se expressam em termos diferentes, mais específicos, enfatizando o surgimento do problema da sociedade como problema independente em relação ao da política. Desse ponto de vista, "a guinada no pensamento social que produziu a sociologia pode ser interpretada de várias maneiras, e é certamente o resultado de influências muito diversas, mas um entre os fatores mais importantes foi, sem dúvida, a nova e mais precisa concepção de 'sociedade' como objeto de estudo a ser claramente distinto do Estado e da política em geral, como também de uma vaga história universal da humanidade e das histórias particulares dos 'povos', dos 'estados', ou das 'civilizações'" (BOTTOMORE & NISBET, 1978, p. viii). O problema sociológico nasce, na sua especificidade, quando a "sociedade civil", ao desenvolver cada vez mais sua autonomia em relação ao político, não pode mais ser totalmente compreendida com referência a ele. Isso se torna possível quando as instituições econômicas e sociais se impõem como independentes em relação ao poder político constituído.

De acordo com o ponto de vista que aqui buscaremos sustentar e que constituirá o fundamento do discurso a ser desenvolvido, o pensamento sociológico surge com a consciência de que o indivíduo vive, age e pensa, no interior de modelos parcialmente cristalizados, os quais são, sim, o resultado da interação entre os homens, mas em relação ao indivíduo adquirem uma realidade independente que preexiste a ele e o condiciona em cada aspecto da sua existência. Em outros termos, sempre de acordo com o ponto de vista que aqui adotamos, encontramo-nos diante do pensamento sociológico toda vez que a interpretação da realidade humana é dada em relação com o contexto institucional - econômico, político, familiar, linguístico, cultural etc. – na convicção de que sem trazer a lume essa relação a compreensão dessa realidade humana permanece necessariamente limitada.

Obviamente, mesmo adotando esse ponto de vida seria possível remontar indefinidamente às origens do pensamento sociológico. Mas, enquanto a situação histórico-social permite dar uma explicação da condição humana fazendo referência, por um lado, a uma suposta natureza humana, fixa e imutável e, por outro, às características específicas de cada indivíduo – da sua personalidade – o pensamento sociológico, segundo a definição que aqui estamos buscando dar, dificilmente encontrará um terreno fértil para um estudo explícito e sistemático. Ao contrário, quando as estruturas organizacionais, políticas, econômicas etc., por um lado, tornam-se mais mutáveis no tempo e aparecem mais frequentemente em sua diversidade relativas aos lugares, revelam de forma mais clara sua formação histórica, humana, e, por outro, pelo seu próprio caráter estruturante, deixam transparecer com mais facilidade dimensões transcendentes em relação aos indivíduos, e portanto, não podem mais ser explicadas em relação às vontades individuais, então as condições histórico-culturais favorecem a colocação do problema. Muitos fatores contribuíram para criar, no início da Era Moderna, essas condições.

O desenvolvimento dos modos de produção, a abertura de novos mercados, e a consequente passagem de um sistema produtivo ou rural ou artesanal, isto é, em que as relações eram de modo geral de caráter direto e pessoal, para um sistema em que as relações se tornam mais impessoais e indiretas, industriais, em que a produção se desenvolve predominantemente no âmbito da fábrica e está baseada numa divisão cada vez mais rígida do trabalho, constituem algumas entre as principais condições para a colocação do problema sociológico: do problema de estruturas criadas pelo homem, mas dentro de certos limites coercitivos para os indivíduos que atuam em seu interior. O desenvolvimento dos modos de produção implica um sistema de relações cada vez mais vasto, mais complexo, e em um certo sentido também mais vinculante. Se uma produção artesanal permite um sistema de relações em que podem caber considerações de caráter pessoal, uma produção industrial em vasta escala pode subsistir apenas com base em relações impessoais, e, sob pena de colocar em risco a própria sobrevivência de cada empresa, em uma atividade organizada para a obtenção do maior lucro com o menor custo, ou seja, o chamado "cálculo racional". Como escreveu Max Weber,

> toda relação simplesmente pessoal, de homem a homem, de qualquer tipo, incluindo a de total redução à escravidão, pode ser regulada eticamente, é possível fazer valer no seu interior postulados éticos, pois sua conformação depende da vontade pessoal dos participantes, e admite assim a possibilidade de virtudes caritativas. Não é assim que acontece com as relações racionais de negócios, e tanto menos quanto mais forem racionalmente diferenciadas. As relações de um beneficiário de hipoteca com um devedor hipotecário, de um possuidor de título da dívida pública com o contribuinte do erário, de um acionista com um trabalhador de fábrica, de um importador de tabaco com o trabalhador estrangeiro da plantação, de um comprador de matéria-prima com o mineiro, não são reguláveis caritativamente, não apenas em linha de fato, mas nem sequer em linha de princípio. A objetivação da economia com base na associação de mercado segue a própria legalidade de fato, cuja inobservância comporta o insucesso econômico e, a longo prazo, a falência econômica (WEBER, 1968, I, p. 574).

E isso significa justamente que o mundo da economia, com a passagem de um sistema artesanal, rural, para o sistema industrial, revela uma estrutura mais "objetiva" da qual os indivíduos não podem escapar.

A essas mudanças na estrutura econômica correspondem outras mudanças na organização política. O sistema feudal baseado em um poder central absoluto não suficientemente eficaz no plano organizacional, estritamente vinculado com o poder religioso, tido como imutável, e numa pluralidade de poderes locais pessoais ou familiares, tende a ser substituído por um sistema político baseado nos Estados nacionais, cujo poder é sempre relativo, coexistindo com o poder dos outros Estados nacionais, mas mais eficiente como organização em relação ao poder central medieval e mais forte em relação às novas comunidades locais, ligadas por vínculos de estreita dependência com o Estado.

Isso, por um lado, contribui para criar as condições para a consciência do caráter histórico e socialmente relativo do poder político, que muda no tempo e de nação para nação, por outro, torna esse mesmo poder mais abstrato, impessoal, remoto, em relação aos súditos do que era o poder do senhor feudal.

Uma ulterior condição importante para o surgimento do problema sociológico foi apontada na maior mobilidade social que começou a se criar na Era Moderna entre as diversas camadas presentes numa sociedade, pois isso implica uma maior consciência do caráter relativo das maneiras de agir e de pensar em relação às diferentes posições sociais. Também a "mobilidade horizontal" – os maiores contatos entre os povos de diversas tradições e costumes – contribui para evidenciar a importância das diferentes sociedades em explicar a diversidade de ação e de pensamento do homem. Um historiador da sociologia observou que "na virada do século XVII e do XVIII, inúmeros relatos de viagem põem os eruditos em relação com a *pluralité des mondes*", o que contribui para trazer a lume "o caráter relativo das próprias instituições estatais e sociais" (JONAS, 1970, p. 18). Mas, talvez, seja mais importante observar que

> enquanto as tradições de um grupo nacional ou local permanecerem firmes, fica-se de tal maneira preso às formas habituais de pensamento, a ponto de considerar curiosidade, erros, ambiguidades ou heresias as dos outros grupos. A essa altura não se põe em dúvida ainda a exatidão das próprias tradições de pensamento ou da unidade ou da uniformidade do pensamento em geral.
> Somente quando a mobilidade horizontal é acompanhada de uma intensa mobilidade vertical, ou seja, de um rápido movimento entre as diversas camadas no sentido de uma ascensão ou de um declínio social, a confiança em uma validade eterna e geral das próprias formas de pensamento é rompida (MANNHEIM, 1985, p. 13-14).

De novo, portanto, pode-se constatar como as mudanças na estrutura socioeconômica tornaram historicamente possível uma formulação explícita e sistemática do pensamento sociológico.

O fim da hegemonia cultural do clero, durante a qual tinha sido postulada uma ordem universal objetiva, de que a Igreja era a única depositária e intérprete legítima e reconhecida oficialmente, deve estar unido com o amplo movimento em questão. A nova situação cultural é caracterizada pela "ruptura da concepção objetivista do mundo que tivera na Igreja sua garantia durante o período medieval" (MANNHEIM, 1985, p. 40). A realidade torna-se interpretável por uma pluralidade de pontos de vista "subjetivos" que dependem da existência de diferentes camadas ou grupos na sociedade. "Foi mérito da perspectiva sociológica ter posto em evidência as influências da vida associada na formação das convicções individuais" (MANNHEIM, 1985, p. 34). Mas esse mérito é tornado possível, por sua vez, pelas particulares condições políticas e econômicas.

> Com a crença em uma ordem objetiva do mundo contrastava [...] a luta que os maiores estados políticos sustentaram contra a Igreja durante o período do Ab-

> solutismo esclarecido, e a tentativa feita por eles para substituir a interpretação religiosa do mundo por uma interpretação fundada no Estado. Ao fazer isso, eles sustentavam e promoviam a causa do Iluminismo, que era uma das armas à disposição da burguesia nascente (MANNHEIM, 1985, p. 41).

O que foi dito até agora já implica uma concepção sociológica do pensamento enquanto ele é entendido em relação àquilo que ocorre na sociedade e na história. O pensamento não emerge das mentes dos indivíduos independente das situações e dos problemas práticos em que vivem: não é apenas autodeterminado, ou seja, não procede somente por meio de um discurso consigo mesmo, por meio de um processo lógico de afirmações e negações, mas é sempre condicionado pelo contexto histórico, econômico, político, em que se manifesta, bem como, obviamente, pela tradição cultural a que pertence. Isso não implica uma concepção determinista do pensamento segundo a qual o pensamento seria apenas um reflexo passivo da sua situação. Implica mais simplesmente a presença de um nexo inevitável, de um condicionamento entre a situação histórico-social e o pensamento, o qual deve ser considerado *também* nos termos deste nexo. Essa afirmação é válida em relação a qualquer tipo de pensamento: o pensamento científico, o pensamento dos intelectuais humanistas e o pensamento que se expressa na chamada vida cotidiana; mas parece particularmente importante no que se refere às diversas concepções da sociedade, pois elas estão continuamente expostas às mudanças sociais, sentem a influência direta dos problemas práticos, econômicos, políticos, da sua época.

O social está em cada manifestação da vida do homem. Ele é constituído por relações interindividuais e pelo mundo das instituições. Está presente no indivíduo enquanto e nos limites em que se formou num contexto de relações por meio daquilo que os sociólogos chamam de processo de socialização; está no mundo dos objetos se eles forem o resultado da atividade do homem, que é sempre também atividade social; está no modo pelo qual os homens percebem a realidade dada ou fazem projetos para transformá-la. Mas isso não significa que o homem é redutível à sociedade em que ele se encontra e que nele está. Significa, antes, que o pensamento sociológico não tem um "objeto" definido, mas um âmbito problemático: é uma maneira de olhar a realidade humana que não implica, de forma alguma, a pretensão de exaurir essa realidade com sua análise. O homem pode ser considerado em seus condicionamentos biológicos, ou do ponto de vista da influência que o ambiente físico tem sobre ele, ou do ponto de vista da psicologia individual, que busca as características únicas e irrepetíveis presentes em cada indivíduo. Esses aspectos do homem são obviamente divisíveis apenas por abstração. Na concretude do seu ser, o homem é sempre condicionado por fatores biológicos, ambientais, sociais, além de ser, como indivíduo, uma entidade única. Tais fatores biológicos, ambientais, sociais, individuais, nunca aparecem puros, mas sempre condicionados uns pelos outros. Nenhum ponto de vista, seja ele biológico, psicológico ou sociológico, pode exaurir a realidade humana. E nem sequer uma soma hipotética dos conhecimentos, que resultam dos diversos pontos de vista, poderia desempenhar essa tarefa de exaurir tal realidade, porque ela é infinita. Nenhuma individuação de causas do ser do homem em um determinado modo explica esse modo em termos exaustivos. Trata-se mais simplesmente de dar uma contribuição para a compreensão, sempre parcial, da realidade humana – de identificar algumas concausas – na certeza de que a realidade que se quer compreender não é passível de uma compreensão total e definitiva. O pensamento sociológico tem como seu âmbito problemático o homem enquanto socialmente condicionado. E o homem é condicionado em cada aspecto da sua vida, mas nenhum aspecto dessa sua vida é de tal forma redutível ao condicionamento social. O erro de todo "sociologismo" está em acreditar ser possível exaurir a compreensão do homem reduzindo-o à sua sociedade. O erro oposto está em acreditar que existem aspectos do homem que escapam do condicionamento social.

Mencionamos alguns fatores que podem ter condicionado o surgimento, na história, do pensamento sociológico. A eles é necessário acrescentar o grande desenvolvimento das ciências naturais que se deu na Era Moderna. Diz-se que os enormes resultados alcançados por essas ciências levaram à esperança de que, também, a vida social e política poderia progredir, adotando esses mesmos métodos, de maneira sem precedentes, até atingir estados até então nem sequer imagináveis. Teve início, assim, uma série de projetos para formar a nova sociedade com bases científicas. Isso é indiscutível em relação ao surgimento da "sociologia" em sentido estrito; ou seja, em relação àquela linha teórica que, nascida no âmbito da filosofia positiva no século XIX, fazia explícita referência ao modelo das ciências naturais para o estudo da realidade social, e denominou a nova ciência justamente de sociologia. Mesmo prescindindo do fato de que a própria filosofia positiva não foi condicionada apenas, como se verá melhor em seguida, pelo desenvolvimento das ciências naturais, mas também por problemas políticos e econômicos, deve-se contudo asserir que aceitando a identificação das origens históricas da exigência teórica de um pensamento sociológico com as origens da sociologia positiva, há o risco de restringir de maneira excessiva, tanto em termos conceituais como em termos cronológicos, o âmbito do pensamento sociológico. O que aqui nos referimos com a expressão "pensamento sociológico" deve ser conectado com um movimento histórico e intelectual mais amplo do aquele no qual surge e se move a filosofia positiva. E as origens desse movimento devem ser buscadas antes do surgimento dessa tendência filosófica. Com essa afirmação não se pretende, de modo algum, sustentar que o desenvolvimento das ciências naturais – este também evidentemente deve ser conectado com o surgimento do mundo moderno sobre as ruínas do mundo feudal – não tenha condicionado a colocação do problema sociológico. Entretanto, como hoje é impossível não reconhecer a importância sociológica de movimentos de pensamento que tiveram pouco a ver com a filosofia positiva, e aliás constituem – é o caso do pensamento iluminista – o alvo predileto dessa filosofia, ou a ela se opõem nitidamente, como no caso do idealismo dialético e, ao menos em parte, do materialismo histórico, não se pode aceitar preguiçosamente a ideia segundo a qual a sociologia é a "ciência da sociedade" que surge no âmbito do positivismo, procurando aplicar aos fenômenos sociais os métodos da física e das outras "ciências exatas". Ademais, como é sabido e já foi mencionado, a ciência não é, em seus desdobramentos, independente do seu contexto socioeconômico e político, de modo que se põe o problema de uma análise sociológica da própria ciência. E isso torna claramente difícil aceitar a ideia segundo a qual somente a aplicação dos cânones das ciências naturais definem o âmbito do pensamento sociológico. Se, de fato, elas certamente influenciaram algumas correntes sociológicas, a sociologia, por sua vez, deve estudar as condições histórico-sociais em que surgem e se desenvolvem essas ciências. Dito isso, deve-se logo acrescentar que o pensamento sociológico, para diferenciar-se da especulação filosófica sobre a sociedade, tem de se confrontar com a realidade empírica. O pensamento sociológico é tal enquanto formula teorias que têm a finalidade de interpretar a realidade social. Mas a realidade só pode ser interpretada com base em alguma linha teórica, pois a própria teoria está em relação constante com a realidade. A teoria sociológica tem a tarefa de servir para formular hipóteses que devem ser empiricamente comprovadas.

Talvez a afirmação segundo a qual a realidade só possa ser interpretada com base em alguma linha teórica exige um esclarecimento. Uma atitude empirista ingênua poderia, na verdade, replicar que é preciso se ater aos fatos enquanto tais, sem filtrá-los por meio de uma interpretação teórica. Entretanto, os fatos, a realidade empírica, são cognoscíveis apenas por meio de uma interpretação, e aquela que numa atitude ingênua nos parece como a realidade dos fatos é o resultado de um processo histórico-social de elaboração teórica de uma realidade que se dá como certa e se considera dada uma vez por todas. Cada época, cada configuração social, tem a sua interpretação do mundo, e, no seu interior, com a diferenciação das configurações, tem-se também uma diferenciação, pelo menos parcial, das interpretações do mundo. Elas surgem, na realidade, como foi dito, em relação a problemas práticos concretos, políticos, econômicos. As teorias sociológicas são influenciadas pela situação histórico-social em que se manifestam e isso, obviamente, vale também para as teorias sociológicas contemporâneas, que, por um lado, estão em relação com a realidade atual e seus problemas práticos, por outro, podem ser compreendidas apenas como continuidade e elaboração crítica de teorias existentes anteriormente.

A realidade cotidiana em que vivemos põe certamente problemas novos que devem, portanto, ser enfrentados com novos instrumentos interpretativos, mas esses novos instrumentos podem emergir apenas de uma elaboração crítica dos anteriores. Não podemos ter a ilusão de ser como uma *tabula rasa* diante dos nossos problemas atuais. As várias interpretações da nossa realidade social que são propostas têm hoje seus antecedentes em teorias já elaboradas, e somente conhecendo as origens dessas teorias, as críticas que lhe são feitas, as réplicas e contrarréplicas, podemos, por nossa vez, adquirir os instrumentos para uma compreensão consciente e não acrítica da nossa vida no seu contexto histórico-social. Ademais, o caráter histórico das teorias do passado, seus nexos com as situações histórico-sociais específicas em que são apresentadas, uma vez revelados, contribuem para esclarecer a inevitável historicidade e sociabilidade dos nossos próprios pressupostos valorativos e cognoscitivos: daquilo que está como fundamento das teorias contemporâneas.

Isso reveste uma importância particular para o pensamento sociológico enquanto, como já foi mencionado aqui, nenhuma teoria sobre a sociedade elaborada no passado é hoje por consenso de todos totalmente superada. Com isso não se quer dizer que não se deve tomar uma posição; mas, antes, que se deve tomá-la seriamente apenas conhecendo as posições alternativas e os antecedentes histórico-sociais e culturais tanto dessas últimas como da própria.

O que foi dito até agora, apesar da cautela proposital, tem um objetivo, também ele proposital, polêmico. Com a definição do pensamento sociológico como âmbito problemático relativo ao condicionamento exercido pelas estruturas histórico-sociais, pelas instituições dotadas de relativa autonomia em relação aos indivíduos e suas escolhas, embora essas instituições tenham caráter histórico, sejam resultantes da ação do homem, deixaram-se de lado concepções do pensamento sociológico hoje não negligenciadas pelos estudiosos de ciências sociais.

Em primeiro lugar, tomou-se posição contra a tendência em conceber a sociologia em termos de estudo da interação entre indivíduos com base no pressuposto de que cada relação tem sua unicidade, sua irrepetibilidade, sua irredutibilidade a qualquer esquema pré-constituído. A respeito dessas recentes tendências interacionistas, um historiador da sociologia, com objetivos meramente explicativos e não apologéticos, escreveu:

> As ações humanas não podem ser explicadas com base em características fundamentais, impulsos predominantes, requisitos estruturais ou estímulos externos. A realidade social, em vez de ser estável, é o resultado de contínuas estipulações entre conjuntos de sujeitos agentes reciprocamente envolvidos. Os atores estão sempre empenhados em fluidos processos de interpretação, valoração e definição, de modo que apenas procedimentos rigidamente indutivos podem contribuir para explicar seu comportamento. Tomemos como exemplo a conduta de um rapaz ou de uma moça em seu primeiro encontro [...] Há, certamente, algumas normas gerais que regulam esses encontros, mas o comportamento efetivo desses jovens nunca pode estar previsto com base nessas normas. Na realidade, eles deverão negociar e renegociar sua conduta recíproca de acordo com uma série de lances complicados e contra lances que lhes permitirão desenvolver gradualmente cursos de ação aceitáveis e agradáveis para ambos (COSER, 1983, p. 728).

Essas tendências baseiam-se nas "inevitáveis particularidades" e no "caráter sempre em mutação do comportamento humano" (COSER, 1983, p. 728). Ora, se cada ação e cada relação têm certamente uma unicidade própria que as tornam diferentes de qualquer outra, se isto é óbvio e inevitável, se duas ações definidas idênticas, na realidade, nunca são idênticas, a não ser quando ocorrem em diferentes circunstâncias ou são realizadas por vários indivíduos, é igualmente verdade que a ação se dá sempre em um contexto histórico-social e institucional que a condiciona. Não só: não se vê em que o pensamento sociológico encontraria seu âmbito problemático específico se renunciasse a individuar as características comuns de determinadas unidades sociais, para se concentrar, ao contrário, na irrepetibilidade do átimo. Ou seja, se renunciasse ao social no sentido acima especificado de histórico-social. Se nos pomos sociologicamente diante da biografia de um indivíduo, nela se busca a presença da sua sociedade: se buscamos elementos que se supõem únicos; não compreendemos então a razão pela qual isso se pretende fazer passar por estudo sociológico. Se, ao contrário, se faz referência ao social no seu fazer-se, à relação no seu fluído vir a ser, e se afirmam sua unicidade e imprevisibilidade, então não se vê como seja possível transcender o silêncio: justamente enquanto imprevisível, neste caso o social é também impredicável. Não se pode dizer nada sobre isso.

Em segundo lugar, tomou-se posição contra toda redução da realidade histórico-social a esquemas biologistas. Evidentemente o homem, como já foi dito, é condicionado biologicamente. Mas as sociedades humanas se especificam historicamente de forma a não serem diretamente determinadas pelo ser biológico do homem. E cada ação individual é filtrada pelas experiências que o indivíduo teve na sociedade. Todo condicionamento biológico parece então mediado socialmente, nunca é "imediato". As estruturas sociais que condicionam a ação do homem têm – talvez seja útil repeti-lo – origem histórica. Os "sociobiólogos" de hoje, por um lado, reconhecem essa obviedade, por outro são levados a menosprezar a importância das variações históricas para concentrar sua atenção nos determinantes biológicos. Em relação a esses últimos, as variações históricas seriam, se não aparência, pelo menos variações de superfície. Entretanto, essa ênfase na importância do fator biológico é autocontraditória: não pode ser explicada biologicamente e deve ser entendida em relação à escolha realizada pelo cientista social e aos condicionamentos de caráter histórico-social e cultural.

Na recusa, por um lado, de concepções meramente interacionistas e, por outro, de concepções biologistas, está, portanto, o caráter polêmico da definição aqui proposta do pensamento sociológico e do seu domínio problemático.

Um conhecido manual de sociologia começa por fazer referência, a título de exemplificação do âmbito da disciplina, a uma pesquisa feita por um estudante (SMELSER, 1984, p. 15ss.). Nela, perguntou-se aos entrevistados se eles consideravam mais grave enganar os serviços assistenciais ou o fisco, e constatou-se que os que tinham uma renda mais baixa ou profissões mais humildes achavam mais grave enganar os serviços assistenciais, ao passo que os que tinham profissões mais prestigiosas e rendas mais altas pensavam de maneira oposta. Esse exemplo muito simples pode ajudar a compreender quais problemas são enfrentados do ponto de vista sociológico. Antes de tudo, na realidade, as posições dos entrevistados, mesmo sendo todos indivíduos únicos, não são imputadas à sua personalidade, mas às variáveis de caráter social, como profissão e renda: são as subdivisões presentes na sociedade examinada que condicionam as similaridades e as diferenças nas posições dos indivíduos entrevistados. Em segundo lugar, essas subdivisões presentes na sociedade não são diferenças de caráter biológico: elas surgiram historicamente, são historicamente mutáveis sem que haja necessidade de mudanças biológicas precedentes, e os indivíduos podem assumir atitudes diferentes em relação a elas sem que haja variação em seu "código genético". Enfim, o que se sustenta na pesquisa não é afirmado com base apenas na formulação de um pensamento, mas também com base em uma constatação empírica do que foi afirmado. Busca-se nos fatos a confirmação de uma hipótese. Os requisitos essenciais do pensamento sociológico em sua especificidade diante das outras maneiras de tratar o estudo do homem, deveriam aqui emergir claramente graças justamente à simplicidade do exemplo.

A definição do pensamento sociológico que aqui procuramos dar deveria servir também como esquema de referência. Na verdade, nem todos os autores e todas as escolas analisadas irão responder totalmente a todos os requisitos exigidos pela definição. Alguns se aproximarão mais, ao passo que outros parecerão mais distantes. O pensamento sociológico é elaborado na história e suas questões emergem lentamente, afirmadas por alguns e negadas por outros. Às vezes, ele parece desaparecer para depois ressurgir elaborado de outra forma por novas escolas e novos autores. Já foi dito aqui que há tendências na sociologia contemporânea que se distanciam fortemente daqueles que foram considerados os elementos fundamentais do pensamento sociológico. A definição proposta deveria, portanto, permitir uma tomada de posição e, por conseguinte, uma análise crítica das posições divergentes.

Nesse ponto, torna-se necessária uma última consideração. Já nos referimos às condições que no decorrer da Era Moderna permitiram o surgimento da perspectiva sociológica. Mesmo depois desses esclarecimentos, todavia, a identificação do período exato, da escola e do autor pelo qual começar apresenta um problema que pode ser resolvido apenas com uma certa margem de arbitrariedade e, ao mesmo tempo, de convencionalidade. De arbitrariedade enquanto na longa série de autores e tendências a que podem ser atribuídas as origens do pensamento sociológico, cada escolha, mesmo motivada, não pode fazer justiça a todos. De convencionalidade enquanto nos orientamos sempre com base em algum critério que não pode depender exclusivamente de uma escolha pessoal. Não podendo o autor conhecer tudo, ele se atém necessariamente, dentro de certos limites, a uma alguma classificação anterior, a uma seleção preexistente por ordem de importância de escolas e autores, mesmo sendo possível modificá-la e vê-la de maneira crítica.

Muitos começam o estudo histórico do pensamento sociológico pelo positivismo francês do século XIX. Eles se atêm a um critério terminológico: a sociologia começa quando se começa a usar esse termo. Aqui, mesmo tendo consciência de que seria possível remontar a um período mais anterior, começaremos, no entanto, pelo Iluminismo. Na realidade, no âmbito do Iluminismo encontram-se por um lado, talvez, as primeiras elaborações teóricas mais próximas do tema do pensamento sociológico, assim como é entendido nesta sede, por outro, as concepções com as quais surge a sociologia em sentido estrito, que, portanto, sem uma referência a elas não pode ser entendida.

PARTE I

As origens

Prefácio

É quase inevitável que uma nova disciplina encontre alguns obstáculos que se impõem. As tradições são muito resistentes e se opõem ao novo, tanto na vida cotidiana como no mundo da cultura. As origens do pensamento sociológico não transgridem essa tendência. Seus fundadores têm geralmente vidas conturbadas, são perseguidos por suas ideias e frequentemente, também, por suas atividades políticas. Mesmo nos casos mais afortunados, pode-se afirmar que suas atividades intelectuais não têm logo numerosos seguidores. Parece ser essa a tendência geral das origens do pensamento sociológico comparado com os períodos sucessivos, nos quais a disciplina já consolidada terá de enfrentar problemas diferentes do da busca pelo reconhecimento e consenso.

O primeiro período analisado no âmbito das origens é o Iluminismo. Trata-se de um movimento que assume expressões muito diferentes conforme os contextos, os países e cada autor. Nem sempre há entre os autores a intenção explícita e consciente de fundar uma nova disciplina, no entanto, sem eles e sem seu pensamento, o desenvolvimento posterior do pensamento sociológico, tanto aquele que se autoproclama como tal quanto aquele que não persegue esse projeto, mas em seguida, na realidade, dá a ele sua contribuição, não poderia ser compreendido.

É o caso de Vico, que, dando início a uma longa tradição, afirma o caráter inevitavelmente histórico, e por isso social, de cada expressão da atividade e do pensamento humano. Ele pretende fundar uma "ciência nova", cujas características exercerão grande influência no pensamento historicista, que, por sua vez, será entrelaçado com muitas teorias sociológicas ou sociologicamente relevantes. Ele permanece, contudo, um caso relativamente isolado na história do pensamento sociológico. Em ordem cronológica, depois da sua, outras contribuições devem ser lidas em relação com a grande Revolução Francesa, como expressão das ideias que a anunciaram e encorajaram. Da mesma forma para Montesquieu e Rousseau. Montesquieu é universalmente considerado um autor importante na história do pensamento sociológico por ter tratado o problema das leis em correlação com os diversos contextos histórico-sociais. Mas suas ideias devem também ser entendidas em relação com as preocupações referentes ao despotismo. Ele faz um discurso geral, mas não é difícil perceber no fundo dessas preocupações a França da sua época. Afirmações idênticas podem ser feitas em relação a Rousseau, que vê o despotismo também em correlação com a organização econômica da sua sociedade, e condena o estranhamento do homem de si na sociedade civil.

Em contrapartida, no contexto escocês, os autores do século XVIII são sociologicamente relevantes por terem indicado as complexas consequências humanas dos processos de industrialização. Na realidade, eles viviam em uma sociedade particularmente avançada do ponto de vista da produção industrial. Em particular, deve-se lembrar o nome de Ferguson, mas também Smith e Millar têm agora um lugar reconhecido na história do pensamento sociológico. Ademais, eles são importantes por terem apreendido as instituições sociais como consequência não intencional da atividade humana, portanto nem como realidade naturalmente dada nem como consequência de um projeto consciente.

Mencionamos o contexto da França da época anterior à Grande Revolução e sua importância para compreender os autores que se expressaram nesse período. Mas o pensamento sociológico posterior também deve ser lido em relação com a Revolução do final do século XVIII, ou melhor, com as suas consequências sociais. A crítica às instituições da sociedade existente na convicção de que o homem tinha a possibilidade de construir uma sociedade de acordo com a razão libertando-se das amarras do irracional, da superstição, dos interesses individuais, da tradição aceita passivamente, constitui o ponto de convergência dos autores que viveram na França no século XVIII. Na França do período posterior à revolução, no entanto, os problemas sociais surgem em uma luz muito diferente. A sociedade é concebida como um sistema harmônico no qual não se pode mudar improvisamente um fato individual ou uma série de fatores sem causar uma perturbação patológica do conjunto. Já não se percebe mais tanto a exigência da crítica à ordem, porque a anterior havia desmoronado e a nova estava em fase de construção. A nova exigência fundamental é a de uma certeza sobre a qual poder construir a união social. Alguns – os expoentes do pensamento reacionário – buscam essa certeza na velha ordem teológica, ao passo que outros, como Saint-Simon e Comte, mesmo não sofrendo a influência dos reacionários, vão buscá-la na ciência positiva. Na realidade, as ciências positivas são as únicas que souberam fazer coexistir ordem e progresso, que se desenvolveram e progrediram de maneira harmônica e sem perturbações. Apesar dessas preocupações comuns pela ordem social, no entanto, são muitas as diferenças de autor para autor. Vai-se do pensamento reacionário ao socialismo de Saint-Simon, ao autoritarismo e ao centralismo de Comte, o qual afirma que as certezas da ciência, e assim também da ciência social, enquanto tais não estão sujeitas à livre-discussão. Como todos esses autores buscam a união da sociedade, a integração social, prescindindo das divisões econômicas, eles são malvistos tanto pela economia política, que funda a sociedade nos antagonismos individuais, na concorrência, quanto pelo pensamento socialista que busca, ao contrário, uma nova ordem na mudança do sistema econômico existente. Daí, como afirmamos e teremos a oportunidade de ver, a marginalidade dos primeiros sociólogos.

O contexto político e econômico da Inglaterra do século XIX foi muito diferente do da França. Evidentemente, pelo fato de lá não ter havido uma revolução no passado recente, o problema de uma restauração não podia ser colocado. Punha-se, no entanto, o problema da evolução da sociedade, entendida como progresso na continuidade, e à economia baseada na livre-concorrência correspondia o pensamento individualista do *laissez-faire* na classe dominante. A sociologia de Herbert Spencer, evolucionista e individualista, constitui a expressão característica dessa situação.

Comte e Spencer são os fundadores da sociologia "oficial" e como tais exerceram certamente uma grande influência nos autores posteriores, especialmente de linha positivista. A dialética idealista de Hegel e a da concepção materialista da história de Marx e Engels são, no entanto, consideradas tradicionalmente movimentos de pensamento inimigos da sociologia. E, se por sociologia se entende apenas aquela única que então se definia como tal, não há dúvida de que esse juízo é exato. Hoje, no entanto, a contribuição dada ao pensamento sociológico pela concepção materialista da história, e, mesmo também em menor medida e de maneira mais indireta, pelo idealismo de Hegel, cuja concepção do homem e da história influenciaram profundamente a de Marx e Engels, não pode ser nem ignorada nem colocada em dúvida. Na história do pensamento sociológico, a importância de Hegel poderia também ser sustentada apenas com base na influência que ele exerceu sobre Marx e Engels. Mas é oportuno acrescentar que sem a dialética de Hegel, uma escola contemporânea como a "teoria crítica da sociedade" não pode ser compreendida. E seria possível acrescentar inclusive que a "filosofia positiva" de Comte deve ser interpretada corretamente apenas em relação com a "filosofia negativa" de Hegel. Além dessas influências indiretas, deve-se asserir que Hegel parece relevante na história do pensamento sociológico também por ter identificado o condicionamento de toda a situação social, também institucional, política e econômica, na vida dos homens e na filosofia.

Talvez a influência de Marx para o pensamento sociológico seja maior do que qualquer outro autor. A sociologia clássica alemã considera muito importante um diálogo com Marx, com a sua concepção do capitalismo, com o problema da reificação das relações e com o problema da ideologia. O fato de suas conclusões serem muitas vezes antimarxistas não invalida de modo algum a importância dessa influência. Marx e Engels são os expoentes mais significativos da situação revolucionária que se criou na Europa na metade do século XIX. Ao analisar as condições do proletariado, eles testemunharam a irracionalidade e a injustiça da sociedade em que viviam e a necessidade de sua transformação radical. A questão do proletariado estava presente inclusive em Proudhon, que também foi influenciado pelo idealismo hegeliano. Seu pensamento, entretanto, tem características originais que devem ser buscadas na situação francesa e no socialismo anarquista de Saint-Simon. Seja como for, não devemos esquecer que o próprio Marx foi influenciado, além de Hegel e dos economistas clássicos, com os quais polemizou a vida inteira, também pelos temas provenientes do socialismo francês.

Condicionados pela mesma situação política, pelos movimentos revolucionários da metade do século passado – mas em sentido oposto – estão os autores que fizeram referência, para explicar os problemas sociais, a impulsos psicológicos irracionais. A realidade social não é mais apreendida como organismo ou estrutura, como algo relativamente autônomo em relação aos indivíduos. Ao contrário, a sociedade é transformada em força psicológica. Le Bon insiste no poder da massa de influenciar irracionalmente o indivíduo, e as massas tornam-se sinônimo de classes populares. Tarde reduz toda a vida social à lei psicológica da imitação, na qual a única inovação possível é dada pelo indivíduo excepcional e criativo. Também para o italiano Sighele, as massas atuam por sugestão, e o homem na multidão mostra os piores aspectos de si. Aqui também são grandes as diferenças entre um autor e outro, mas a reunião de todos eles em uma única corrente se justifica com base na comum preocupação com a irracionalidade das massas.

Já foi dito muitas vezes que, mesmo na diversidade radical que distingue o idealismo da concepção materialista da história e ambos do positivismo, há um ponto em comum entre essas interpretações da sociedade e da história: a certeza da necessidade do progresso; o progresso é visto como um desenvolvimento inelutável, global e contínuo em direção a fases mais racionais e perfeitas. A crise dessa "segurança romântica" estava ligada, por um lado, à frustrada realização de uma vida social e econômica melhor, apesar dos progressos da ciência, motivo pelo qual o método científico parecia menos imediatamente aplicável ao mundo do homem. Por outro lado, as desordens políticas e sociais que ocorreram na segunda metade do século XIX depois de tantas esperanças de unidade e de paz em diversos países europeus tornavam pouco crível que a história fosse um caminho contínuo para a racionalidade e que essa racionalidade tivesse encontrado ou fosse destinada a encontrar sua realização em uma ordem social, econômica e política. A crise da "segurança romântica" também condicionou as primeiras críticas filosóficas às concepções dos fundadores da sociologia e em geral às filosofias onicompreensivas da história. O mundo do homem aparece cindido do mundo da natureza, e as duas esferas exigem diferentes métodos de estudo, assim como a sociedade humana, antes concebida como unidade, aparece agora decomposta em uma pluralidade de diversas configurações culturais. Dilthey, com a sua distinção entre ciências da natureza e ciências do espírito, e com a sua insistência na diversidade de cada sociedade histórica, representa significativamente essa situação. Windelband e Rickert, embora tenham uma posição diferente da de Dilthey, reafirmaram também eles o caráter infinito da realidade histórico-social que não pode ser circunscrita a um único esquema explicativo. Múltiplas serão as tentativas de resolver o problema do método nas ciências histórico-sociais, mas um ponto permanece comum: a crítica às filosofias da história baseadas na certeza da unidade do espírito humano e da necessidade do progresso. Nessa crítica está envolvido o pensamento sociológico, que terá de aprimorar seus métodos e definir seus limites.

Nesses precedentes históricos, nos problemas sociais concretos, econômicos, políticos e culturais, nos debates surgidos originariamente entre as diversas correntes de pensamento sobre a sociedade, inspiram-se e se desenvolvem as teorias posteriores ao período "clássico" do pensamento sociológico.

1
Iluminismo e pensamento sociológico

1.1 Prefácio

A crítica aos "ismos" é frequente. Eles – diz-se – reúnem de maneira artificial e arbitrária tendências de pensamento muitas vezes diferentes, quando não, até mesmo contrastantes. Essa crítica tem certamente seu fundamento, mas a réplica parece ser também mais válida: a linguagem é impossível sem o uso de alguma classificação, e as palavras também forçam a realidade, sem elas a própria realidade seria muda. Isso vale também para o termo "Iluminismo". Trata-se certamente de uma fórmula genérica que oculta atrás de si uma pluralidade de tendências diversas, mas para compreender alguma coisa do século XIX parece difícil não fazer uso dela. A respeito desse problema foi observado:

> Ninguém pode fazer justiça às ideias do Iluminismo, e nenhuma síntese pode ser suficiente. Mas talvez quatro afirmações possam apreender o espírito do tempo mais do que outras. Havia, antes de tudo, a substituição do sobrenatural pelo natural, da religião pela ciência, do mandamento divino pela lei natural, e dos clérigos pelos filósofos. Em segundo lugar, havia a exaltação da razão, guiada pela experiência, como instrumento capaz de resolver qualquer problema, fosse ele social, político ou também religioso. Em terceiro lugar, havia a fé na perfectibilidade do homem. E, enfim, havia uma consideração humana e humanitária pelos direitos do homem, e sobretudo pela liberdade contra a opressão e a corrupção dos governos: um direito proclamado com o sangue na Revolução Francesa (BIERSTEDT, 1978, p. 5).

De modo geral, são essas as tendências compartilhadas pelo Iluminismo, pelos intelectuais do século XVIII. Mas, obviamente, há divergências notáveis entre uma nação e outra, uma escola e outra, um autor e outro. E, consequentemente, também no que diz respeito às concepções relativas à sociedade, que aqui mais interessa, deve ser feito um estudo que traga à luz, além dos pontos comuns, também as diferenças inevitáveis e seus inevitáveis contrastes. Quanto à crença no conhecimento científico, deve-se acrescentar em seguida ao que foi dito que ela tem uma longa história que começa com o Renascimento e encontra muitos prenúncios também antes dele, motivo pelo qual seria errôneo pensar que se trata de um fenômeno totalmente novo e típico do Iluminismo: basta pensar em Copérnico, Galileu, Kepler e Newton.

No que diz respeito à aplicação desse princípio à sociedade – a tentativa de abordar o estudo da sociedade em termos científicos – o discurso torna-se, contudo, mais específico, mesmo que seja sempre oportuno proceder com grande cautela. O Iluminismo teve uma grande importância na França, mas foi um movimento que transcendeu as fronteiras nacionais. Para a sociologia são particularmente significativos os autores escoceses do século XVIII, mas também em outros contextos nacionais não faltam aportes ao pensamento sociológico.

1.2 Vico e a historicidade do mundo humano

Em relação ao contexto italiano nota-se há algum tempo um crescente interesse por Giambattista Vico (1668-1744) como sociólogo *ante litteram*. Filho de um modestíssimo livreiro, encerrado em uma Nápoles dominada pelos estrangeiros, espanhóis e austríacos, e ainda controlada intelectualmente pela Igreja, Vico não foi certamente um crítico da sociedade da sua época. Para muitos, aliás, situou-se em posições retrógradas em relação ao seu século. De todo modo, ele exerceu certamente influência sobre a sociologia positivista posterior por meio da ideia das três fases do desenvolvimento da história, das três idades – dos deuses, dos heróis e dos homens – a primeira é caracterizada pela fantasia e pela irracionalidade, pela ideia da presença de divindades onipresentes e incontroláveis; a segunda pela força e pela astúcia dos homens, contudo, moderados pela religião; a terceira pela razão humana, mesmo no reconhecimento da transcendência e da providência. Cada idade é um conjunto no qual a ideia de natureza, os costumes, as leis, os governos, as línguas, se unem em uma unidade integrada. A propósito das "leis" dos positivistas, os ciclos da história para Vico têm, no entanto, um caráter probabilista e não determinista. Mas a diferença essencial entre a posição de Vico e a dos positivistas é outra, ainda que pareça relacionada com o caráter não determinista da sua concepção da história. Trata-se da ideia mais conhecida de toda a filosofia viquiana:

> Em tal densa noite de trevas que recobrem a primeira para nós mui longínqua antiguidade, aparece esta luz eterna, que não se põe, desta verdade que não se pode mais pôr em dúvida: que este mundo civil foi certamente feito pelos homens, cujos princípios podem ser e devem ser encontrados dentro das modificações da nossa própria mente humana. O que, para quem quer reflita sobre isso, deve causar estranheza como todos os filósofos se esforçaram com seriedade para conseguir a ciência deste mundo natural, do qual, porque foi Deus que o fez, só Ele tem a ciência: e descuidaram de meditar sobre este mundo das nações, ou seja, mundo civil, do qual, dado que o tinham feito os homens, podiam adquirir a ciência os homens (VICO, 1982, p. 231-232).

Portanto, o mundo dos homens é feito pelos próprios homens e justamente por isso eles podem compreendê-lo de maneira adequada, interna, ao passo que o mundo da natureza, por ter sido criado por Deus, somente Deus pode compreendê-lo e resta externo ao homem. Se se acrescenta que a "natureza" dos homens "tem essa principal propriedade: ser sociáveis" (VICO, 1982, p. 87), segue-se daí que Vico procura fundar uma ciência da sociedade: a sociedade dos homens é a ciência da sociedade. E a sociedade não é redutível à natureza. Benedetto Croce, também na sua crítica a Vico, reconhece tudo isso com todas as letras, como foi recentemente indicado. Vico tende a "*uma ciência empírica do homem e das sociedades*, formada por esquemas que não são as categorias filosóficas extratemporais e tampouco os fatos históricos individuais [...]: uma ciência empírica, por isso nem exata nem verdadeira, mas apenas aproximada e provável, e sujeita à verificação e retificação" (AMMASSARI, 1983, p. 33). Essa ciência é a sociologia, que não estuda nem os indivíduos isoladamente, nem o universal, mas o social enquanto tal. Vico se interessa pelas instituições sociais, pelo condicionamento que elas exercem sobre os indivíduos, e pelo agir destes últimos não apenas enquanto indivíduos, mas enquanto desempenham determinados papéis sociais. O estudo de instituições similares em diversas sociedades constitui uma aplicação do método histórico-comparativo (AMMASSARI, 1983, p. 39-40).

Autor discutido, por alguns, como Marx, Vico tem o mérito, no entanto, de ter apreendido que "a história da humanidade se distingue da história natural porque nós fizemos a primeira e não a segunda" (ROSSI, 1982, p. 63), ao passo que para outros, como Gramsci, que também se refere a Marx, ele "concebeu um vasto mundo a partir de um pequeno ponto morto da 'história', sustentado pela concepção unitária e cosmopolita do catolicismo" (GRAMSCI, 1975, p. 1.317; ROSSI, 1982, p. 67).

A respeito do seu século, levando apenas em conta a confiança que ele exprime nas capacidades racionais do homem de construir o seu mundo, Vico não parece assim tão marginal e inadequado como algumas vezes se disse. Entretanto, ele não é um reformador: vive, como já foi dito, em um mundo ainda fechado, dominado política, econômica e também intelectualmente pelos estrangeiros e pelo clero. Pouco depois da sua morte, a situação muda pelo menos em parte. Nápoles consegue se livrar do domínio do clero e a reivindicação da soberania do Estado contra o clero marca o início das reivindicações iluministas contra o fanatismo religioso. Há também a uma certa expansão econômica, que contribui para criar um movimento político e intelectual reformista. Acredita-se em uma série de reformas sociais que devem ser atuadas em colaboração com os príncipes mais esclarecidos. Deseja-se uma reforma do sistema tributário, do sistema monetário, da distribuição da riqueza. Nesse contexto se desenvolvem estudos de economia política, por exemplo, por parte de Antonio Genovesi (1713-1769) e de Ferdinando Galiani (1728-1787). Outros estudam as possíveis reformas da legislação: como Gaetano Filangieri (1752-1788). Essas esperanças de colaboração entre intelectuais e príncipes – o "despotismo esclarecido" – iriam declinar com a Revolução Francesa e a difusão das ideias revolucionárias no Reino de Nápoles, que tornariam as relações entre intelectuais e poder cada vez mais difíceis.

Também em outras regiões da Itália há movimentos reformistas que devem ser vinculados ao espírito do Iluminismo. Entre os nomes mais conhecidos temos o de Cesare Beccaria (1738-1794), que em sua obra *Dos delitos e das penas* (1764) critica como desumano e irracional o sistema penal vigente e, assim, a sociedade que é seu fundamento. As reformas são desejadas, iluministicamente, em nome da razão, mas a razão é concebida mais como faculdade comum ao homem enquanto tal do que como elaboração histórica. Em Vico, no entanto, o que nos interessa também, do ponto de vista sociológico, é justamente a ideia de que a razão é uma construção histórica.

1.3 O contexto francês e os desdobramentos do Iluminismo

Essa ideia, central no período posterior ao Iluminismo, é geralmente negligenciada pelos filósofos iluministas franceses em nome de uma razão universal, igual para todos os homens, todas as sociedades, e todos os tempos. Com base nessa razão entendida como princípio universal, prescindindo ao menos parcialmente do caso de Montesquieu, desenvolve-se a crítica à superstição, ao mito, e ao poder constituído que disso se utiliza para manter os súditos no erro. Entretanto, antes de passar à análise de alguns entre os nomes mais significativos do ponto de vista sociológico do Iluminismo francês, é necessário fazer alguma menção ao contexto histórico-social, político e econômico da França do século XVIII, em que se criam lentamente as condições que levarão à Revolução de 1789, e no qual os filósofos iluministas atuam elaborando suas ideias.

A nação era governada por uma monarquia absolutista, ou seja, sem nenhum órgão que exercesse um controle efetivo sobre os monarcas. Esse absolutismo encontrava, no entanto, um apoio cada vez menor por parte das várias classes da nação. A monarquia tinha, em grande parte, perdido as suas funções administrativas, e, enquanto a nação estava dividida em uma pluralidade de distritos territoriais com leis e costumes próprios, a corte havia se tornado cada vez mais, pela corrupção que predominava no seu interior, pelo luxo e os desperdícios, uma grande perda econômica e assim um enorme prejuízo para a nação. Como é sabido, a população estava dividida em três ordens sociais ou "estados": clero, nobreza e terceiro estado, formado por todas as demais categorias sociais: profissionais, artesãos, camponeses, que eram a maioria e viviam em condições de grande pobreza, proletariado industrial, que era uma minoria em relação aos camponeses, pois o país não era ainda fortemente industrializado, e burguesia. No interior de cada um dos "estados" não havia de modo algum uma grande unidade. Afirmou-se, aliás, frequentemente, que a pequena nobreza olhava com inveja para a burguesia, mas era impedida de se dedicar às atividades econômicas pelas tradições de casta que a mantinham ligada, no que diz respeito às funções sociais, à atividade militar. O próprio clero estava dividido em alto clero, recrutado apenas pela aristocracia, e baixo clero, que vivia em condições econômicas precárias. Mesmo nessa diversidade de condições, nobreza e clero eram duas categorias improdutivas fundadas em uma série de privilégios feudais. A burguesia se desenvolvia cada vez mais e sua força parecia cada vez mais evidente, mesmo não usufruindo ainda de nenhum poder político, ao passo que a monarquia parecia cada vez mais corrupta, inútil e prejudicial.

> Com o acentuado interesse pelos problemas econômicos e sociais prosseguia lado a lado a emancipação da burguesia: do ponto de vista histórico-social, o século XVIII representa para quase todas as nações ocidentais uma grandiosa explosão das formas burguesas de economia. Por outro lado, a burguesia via-se fortemente impedida por uma série de barreiras econômicas, como a obrigação das corporações, as aduanas internas, as restrições na escolha da profissão: por isso, já no século XVIII, em conexão com os ideais da época, reivindicava cada vez mais abertamente a abolição dessas barreiras: a burguesia era contrária a qualquer tipo de privilégio econômico e aos impostos sobre a propriedade da terra, ao passo que era favorável à máxima liberdade de comércio, à abolição das corporações e das alfândegas internas, assim como dos privilégios da nobreza (VALIAVEC, 1973, p. 215).

1.4 Montesquieu e a ciência social

Nos ambientes intelectuais, formados frequentemente por nobres, tomava-se consciência dessa situação de desigualdade e apelava-se à Razão para a sua superação e a formação de uma sociedade em que cada indivíduo tivesse direitos iguais a qualquer outro; isto é, fossem abolidos os privilégios de casta que não tinham nenhum fundamento racional e eram atribuídos ao interesse e à tradição. Esse apelo à razão não se expressava, no entanto, nos mesmos termos em todos os filósofos sociais. Na realidade, alguns enfatizavam a necessidade da referência à razão para a transformação da sociedade e da sua organização política, entendendo essa razão quase como um princípio abstrato, independente de condições histórico-sociais, ao passo que outros prestavam mais atenção nas situações em que o pensamento humano se manifestava, razão pela qual o próprio desenvolvimento da racionalidade era visto em relação com as mudanças dessas situações. Entre esses últimos há o nome mais conhecido dentre aqueles que chegaram a exprimir ideias que depois foram consideradas antecipações do pensamento sociológico no período iluminista: Charles Louis de Secondat, barão de Montesquieu (1689-1756). Ele nasce no rico castelo de La Brède, perto de Bordeaux. Estuda direito, primeiro em Bordeaux, e depois em Paris. Herda do tio o título de barão de Montesquieu e um cargo político no parlamento de Bordeaux. Em 1721, publica anonimamente as *Cartas persas*. Em seguida, vende o cargo político e passa alguns anos em Paris frequentando os ambientes da "alta sociedade" e da cultura. Faz muitas viagens (Alemanha, Áustria, Itália, Inglaterra) e alterna a vida de estudioso com a do viajante. Em 1731, começa a escrever *O espírito das leis*, que é publicado em 1748 e desperta logo muitas reações positivas e muitas polêmicas. Já nas *Cartas persas*, romance epistolar em que um imaginário viajante persa narra em uma série de cartas as estranhas experiências realizadas nos países europeus e, em particular, na França, Montesquieu revela seu interesse pela comparação entre diversas civilizações, culturas e organizações políticas. Mas sobretudo emerge a intenção crítica em relação à corrupção dos costumes e da organização política na França. Por um lado há, portanto, em Montesquieu uma linha relativista que tende a trazer à luz as diversidades existentes entre as sociedades, por outro, há o compromisso, "iluminista", de criticar a ordem dada enquanto irracional.

Isso emerge de maneira mais clara na obra principal: *O espírito das leis*, cuja importância para a teoria sociológica é amplamente reconhecida enquanto seu autor ressalta a necessidade de adequar as normas positivas ao caráter geral de uma sociedade. Existem, afirma Montesquieu, leis naturais que regulam o mundo físico, o qual a elas não se pode rebelar, e existem também leis que regulam a vida dos animais. Mas, para o homem, o problema se coloca em termos particulares. Como corpo ele é

> governado por leis invariáveis, como ser inteligente ele viola constantemente as leis que Deus estabeleceu, e transforma aquelas que ele mesmo estabelece, deve orientar a si mesmo, no entanto é um ser limitado, sujeito à ignorância e ao erro [...] Tal ser poderia, a todo instante, esquecer-se de quem o criou: Deus chamou a si com as leis da religião. Tal ser poderia, a qualquer instante, esquecer a si mesmo: os filósofos advertiram-no com as leis da moral [...]. Os legisladores fizeram-no voltar aos seus deveres com as leis políticas e civis (MONTESQUIEU, 1952, p. 63).

Quase como se – e esta é uma das primeiras advertências que lhe faz Durkheim (DURKHEIM, 1953, p. 112) – as leis políticas e civis dependessem apenas da vontade do legislador. Montesquieu acrescenta, no entanto, pouco mais adiante, um princípio de grande importância sociológica: o princípio segundo o qual a lei positiva deve se adequar ao tipo de sociedade para a qual é criada. E a sociedade, por um lado, é concebida como condicionada pelos seus fatores naturais – o clima, a que se dá grande importância, os recursos naturais, os modos de sustento etc. – por outro, como formada pelos costumes, pelas tradições, pela religião, em resumo, pelas instituições sociais que devem ser levadas em conta pelas instituições jurídicas. O princípio geral é que "a lei é a razão humana enquanto governa todos os povos da terra; e as leis políticas e civis não devem ser senão os casos em que se aplica essa razão humana" (MONTESQUIEU, 1952, p. 63). O princípio "iluminista" da universalidade da razão está assim salvo. E, todavia, o autor continua afirmando que essas leis políticas e civis

> devem ser tão próprias ao povo para o qual foram feitas que seria um acaso muito grande se as leis de uma nação pudessem servir para outra. Devem estar em relação com a natureza e com o princípio do governo que foi estabelecido, ou que se pretende estabelecer; quer se elas o formam, como é o caso das leis políticas; quer se o mantêm, como o é o caso das leis civis. Devem ser relativas ao caráter físico do país; ao clima gélido, escaldante ou temperado; à qualidade do terreno, sua situação e grandeza; ao gênero de vida dos povos, lavradores,

> caçadores ou pastores; devem estar em relação com o grau de liberdade que sua constituição pode suportar; com a religião de seus habitantes, com suas inclinações, com suas riquezas, com seu número, com seu comércio, com seus costumes, com seus modos (MONTESQUIEU, 1952, p. 64-65).

É assim introduzido um elemento relativista na concepção que Montesquieu tem da sociedade: segundo esse autor, na realidade, a ciência social não deveria buscar tanto os princípios que regulam todas as sociedades humanas, mas sim os princípios organizadores e normativos de cada sociedade. Essa maneira de tratar o problema levou alguns a dizer que Montesquieu está muito mais próximo da sociologia contemporânea, que em suas correntes mais difusas é relativista, do que estaria Comte, que nasceu um século depois dele (ARON, 1972, p. 35ss.).

Entretanto, o autor não renuncia, apesar de não ter identificado normas sociais universais, à busca de um esquema explicativo que possa ser aplicado a todas as sociedades. Ele o indica em uma tipologia – a famosa tipologia das formas de governo – que considera um instrumento metodológico para a compreensão e a crítica das sociedades existentes e historicamente existidas. E também essa tentativa de indicar na construção das tipologias um instrumento para a compreensão das sociedades foi apontada como uma contribuição importante de Montesquieu ao pensamento sociológico (DURKHEIM, 1953, p. 55ss.). A distinção entre governo republicano que, por sua vez, pode ser organizado em democracia ou aristocracia, a depender de quem governa, se é o povo ou uma elite, e monárquico e despótico, dá, segundo o autor, uma orientação para compreender as diversas sociedades políticas. Embora não se apresente, a seu juízo, como foi dito, uma forma de governo absolutamente boa, vez que, aliás, as formas de governo devem se adequar à realidade de cada sociedade, a preocupação constante de Montesquieu é a de pôr-se criticamente diante do despotismo, em que o monarca não governa tendo presente as exigências da sociedade, mas somente os seus caprichos pessoais. Vê-se, certamente, nessa definição de despotismo um ataque ao sistema político da França da sua época. Entretanto, o autor em questão não se preocupa apenas em indicar a negatividade do despotismo, mas define os princípios dos três diversos tipos de governo e os elementos que determinam a sua corrupção, chegando assim a afirmar que o princípio em si pode, de acordo com as circunstâncias, ser aceito ao menos até que ele não venha a se corromper. O princípio sobre o qual se baseia a democracia é a virtude, pois se é possível imaginar uma população não virtuosa governada por um governo coercitivo, o povo não pode governar a si mesmo a não ser com a virtude. E a virtude também é sempre necessária, mesmo se em menor grau, na aristocracia, para que mantenha uma certa coesão no seu interior. A monarquia, ao contrário, baseia-se no princípio da honra pessoal. A virtude parece assim um sentimento social, ao passo que a honra parece um sentimento egoísta. Finalmente, o despotismo, que é a degeneração da monarquia, baseia-se no princípio do terror. A vontade dos indivíduos de emergir acima dos outros e um excesso de igualdade que implica a recusa de qualquer princípio de subordinação, são os fatores que levam à corrupção da democracia, ao passo que uma excessiva desigualdade entre governantes e governados, assim como um excesso de desigualdade entre os vários componentes da classe social no poder, são os fatores de corrupção da aristocracia. Também nessas ideais não será difícil apreender uma referência crítica à situação da França de Montesquieu, mas sobretudo o que se depreende é uma denúncia da degeneração da monarquia em despotismo. Sob essa ótica deve ser compreendida também a estima desse autor pelo sistema constitucional inglês e o fato de apontar para a divisão entre poder legislativo, poder administrativo e poder judiciário como garantia de liberdade. É preciso lembrar que essa distinção, ao menos, formalmente, ainda é atual nas democracias do nosso tempo. O poder legislativo, isto é, o parlamento, é separado do poder executivo, que é, no entanto, próprio dos governos: eles "executam" o que é estabelecido e permitido pelo poder legislativo. Tanto o poder legislativo como o poder executivo estão, portanto, subordinados aos juízes, ao poder judiciário. Essa tripartição dos poderes deveria garantir a presença de controles sobre cada forma de poder. A magistratura não tem o poder de legislar, mas pode controlar, com base nas leis vigentes, as atividades do poder executivo, o qual não legisla, mas executa as leis estabelecidas pelo poder legislativo. Trata-se das atividades dos governos ou dos poderes locais. A busca das condições para o exercício da liberdade, na convicção, contudo, de que essas condições variam de acordo com os países, os climas, os costumes, a economia, as religiões, constitui assim a preocupação constante de Montesquieu. Não existe uma única forma, válida em absoluto, para o bom governo. Ao contrário, ela deve ser buscada conhecendo suas condições histórico-sociais específicas. Se, portanto, Montesquieu parte da exigência deontológica concreta de crítica a sua sociedade, ele passa então ao "positivo"; à análise detalhada das sociedades não como deveriam ser, mas sim como elas são, procurando inseri-las na tipologia elaborada por ele. E justamente essa tendência "científica" irá fazer com que Comte veja em Montesquieu um dentre os seus precursores, e muitos outros em seguida apontarão nesse autor o fundador da ciência da sociedade.

1.5 Razão e necessidade do progresso

Nem todos parecem concordar com Montesquieu, que, por um lado, parece ter em si tendências conservadoras, enquanto deseja o respeito pelas tradições de cada sociedade por parte dos diversos sistemas legislativos, por outro, parece, contudo, crítico da ordem existente, ou ao menos daquela francesa e, por outro ainda, antecipa uma concepção sociológica relativista que será própria de épocas posteriores à dele. Por exemplo, Diderot (1713-1784), um representante mais típico do Iluminismo francês, parece se contrapor claramente a Montesquieu ao sustentar que: "Em toda parte, os costumes são o resultado da legislação e do governo: não são nem africanos, nem asiáticos, nem europeus; são bons ou maus. Há escravos no Polo onde faz mais frio: há escravos em Constantinopla, onde faz mais calor; é necessário que em toda parte um povo seja instruído, livre e virtuoso" (GAETA & VILLANI, 1974, p. 281). Aos critérios relativistas contrapõem-se assim o princípio de uma razão universal. É esse, como já mencionamos, o fundamento do Iluminismo francês tal como se apresenta aos seus expoentes mais característicos. Para Voltaire (1694-1788), os costumes que variam de um povo para o outro são contingentes, mas os princípios comuns da razão são necessários. Essa última tem a tarefa fundamental de combater o erro, a superstição, a injustiça, o dogma que torna intolerantes. Isso se dá em um desenvolvimento histórico, razão pela qual em Voltaire existe também a ideia de um contínuo progresso da razão. Tal ideia, que depois irá influenciar, como veremos, as teorias sociológicas do século seguinte, é desenvolvida em particular por Turgot (1727-1781), e por Condorcet (1734-1794). O progresso da razão é progresso da moralidade, no sentido de que a crueldade da barbárie é substituída pela tolerância da civilização. E, se em determinadas circunstâncias, a crueldade das condições existentes leva a ter saudades do estado de barbárie, é sempre preciso lembrar, no entanto, que as injustiças atuais cederão lugar a uma situação melhor, em que triunfarão a igualdade, a justiça e a liberdade. Para esse processo contribuem sempre os maiores conhecimentos da natureza e do próprio homem, e isso levará a um bem-estar maior em um movimento que não pode ter fim a não ser com o próprio fim vida do homem. Esse processo é universal no sentido de que se alguns povos parecem mais avançados atualmente do que outros, não há razões para acreditar que os povos menos avançados estejam eternamente condenados ao seu estado. Afirma-se assim o princípio do internacionalismo, da natureza comum de todos homens que os conduzirá à mesma racionalidade, ao mesmo bem-estar e à mesma liberdade. Esse princípio da vocação universal de racionalidade, bem-estar e liberdade é associado por Raynal (1713-1796) ao desenvolvimento do comércio.

> A liberdade de comércio implica a liberdade de difusão das ideias entre os povos que estabelecem relações econômicas entre si, e é por isso uma condição indispensável de influência cultural recíproca. O progresso da civilização adquire, assim, uma dimensão econômica: a passagem da barbárie para a civilização comporta um aumento das relações de comunicação entre os povos, e isso exige o desenvolvimento do comércio (ROSSI, 1966, p. 352).

Afirmações semelhantes encontram-se também em Turgot, o qual também sustenta que a história da humanidade é a história de seus contínuos progressos em todos os campos, e com esse propósito antecipa em termos totalmente explícitos a famosa "lei dos três estados" de Augusto Comte, que será formulada como lei fundamental da sociologia dinâmica.

Escreve Turgot:

> antes de conhecer a conexão recíproca dos efeitos físicos não houve nada mais natural do que supor que eles eram produtos de seres inteligentes, invisíveis e semelhantes a nós. [...] Tudo o que acontecia sem que os homens participassem disso tinha o seu deus, a que o medo e a esperança bem cedo dedicaram um culto. [...] Quando os filósofos tiveram conhecimento do caráter absurdo dessas

> fábulas, sem contudo ter adquirido verdadeira luz sobre a história universal, eles imaginaram poder explicar as causas dos fenômenos por meio de expressões abstratas, em termos de *essências* e *faculdades*, expressões que todavia não explicam nada e com as quais se discutia como se fossem *seres*, novas divindades substituídas pelas anteriores. [...] Foi somente mais tarde, ao observar a ação mecânica que os corpos exercem uns sobre os outros, que dessa mecânica foram derivadas outras hipóteses, que as ideias matemáticas puderam se desenvolver e [pôde-se] verificar a experiência (TURGOT, 1913, I, p. 315-316).

E ainda:

> Quando a física era ignorada, os homens atribuíam a maioria dos fenômenos, cuja causa eles não podiam entender, à ação de alguns seres inteligentes e potentes, de alguns deuses, cuja vontade supunha-se que era determinada por paixões semelhantes às nossas (TURGOT, 1913, I, p. 324).

Os desenvolvimentos do conhecimento científico, por sua vez, tornaram-se possíveis, segundo Turgot, dado o aumento da comunicação entre as diversas sociedades.

O problema da origem social dos falsos conhecimentos, que encontra um precedente na teoria dos ídolos de Francis Bacon, foi também tratado por alguns expoentes do Iluminismo francês: o fator dos interesses sociais como fonte de preconceito e de erro foi ressaltado em particular por Adrien Helvétius (1715-1771) e Heinrich Dietrich Holbach (1723-1789), representantes da corrente mais radical do pensamento iluminista. De acordo com eles,

> o erro é somente um fato acidental. Todos nós veríamos e julgaríamos justamente se não fosse pela ignorância ou pelas paixões e pelos interesses pessoais que obscurecem os nossos juízos, que são o resultado de uma educação ruim ou da influência de interesses adquiridos estranhos ao homem. Cada um é capaz de descobrir a verdade se ela lhe for apresentada sob a luz correta (TALMON, 1967, p. 44).

Esses autores sustentam uma forma de materialismo e de sensismo pelo qual o próprio racionalismo, nunca negado, encontra sua base no empirismo. O que reveste importância notável aqui é que Helvétius, em particular, tinha concebido o seu materialismo em termos sociais, como foi revelado pelos próprios Marx e Engels (1975, p. 171). "Helvétius tornou possível um importante desenvolvimento da pesquisa pois ele investigava aquelas ideias que devem a sua formação à vida social do homem" (BARTH, 1971, p. 54). Ele afirma a origem social de cada ideia, a ponto de negar qualquer diferença individual que não seja ela mesma obra da sociedade, e de atribuir, portanto, uma importância fundamental à educação: "As nossas ideias são consequências necessárias da sociedade em que vivemos" (HELVÉTIUS, 1777, II, p. 332). A afirmação é de grande relevância, pois não são apenas os erros, enquanto distorções sociais, mas toda forma de conhecimento está referida à sociedade. Supera-se assim um individualismo epistêmico, de que frequentemente o Iluminismo é acusado, por uma concepção social da vida mental. Para esses autores, o interesse é o fundamento de toda forma de conhecimento. Há, no entanto, interesses particulares e interesses gerais. A manipulação do pensamento por parte do poder político constituído e da religião que é seu instrumento são, portanto, atribuídos à preponderância de interesses particulares (HOLBACH, 1770).

Já foi dito aqui que o termo Iluminismo abrange também concepções muito diferentes uma da outra. Também o passar das décadas e os acontecimentos políticos mundiais exercem grande influência nas mudanças internas do pensamento iluminista. Entre esses eventos, é preciso lembrar a Revolução Americana pela libertação do poder colonial britânico. Até que ponto essa revolução fora influenciada pelas ideias iluministas que vinham da Europa ou, ao contrário, fora um fenômeno que deve ser estudado com base nas tensões concretas criadas na própria América do Norte, é obviamente um problema sem solução. No entanto, certamente não só na América se sentiam os efeitos do que ocorria na Europa, mas também, depois da revolução, as ideias dos iluministas ainda vivos e ativos sofreram muitas vezes mudanças importantes. A esse respeito, foi notado que "o exemplo da Revolução Americana influenciou, sem dúvida, de maneira decisiva na mudança da revolução política do Iluminismo francês, de um programa de reformas confiante na intervenção do despotismo do alto para uma clara afirmação da exigência revolucionária. Na realidade, esse exemplo mostrou como a instauração de um regime fundado na liberdade política pelo recurso à força constitui uma possibilidade real e não só uma utopia irrealizável. Pode-se compreender assim a linha mais radical do pensamento político iluminista que se configura a partir desse período, e que constitui a preparação ideológica imediata da Revolução Francesa. Isso é evidente sobretudo na obra de Condorcet" (ROSSI, 1966, p. 353). Este último trata explicitamente da questão da Revolução Americana concebendo-a como exemplo que antecipa a Revolução Francesa. A Revolução Francesa foi mais completa do que a Revolução Americana, porque não foi rebelião contra um povo opressor, mas uma renovação completa de cada aspecto da vida social. "Na França [...] a revolução devia envolver a economia inteira da sociedade, mudar todas as relações sociais, e penetrar até nos últimos indivíduos da corrente política" (CONDORCET, 1968, p. 166). Entretanto, a reivindicação dos próprios direitos por meio da revolução tinha começado além-mar.

> O simples bom-senso tinha ensinado aos habitantes das colônias britânicas que os ingleses nascidos além do oceano Atlântico tinham recebido da natureza exatamente os mesmos direitos de outros ingleses nascidos sob o meridiano de Greenwich, e que uma diferença de setenta graus de longitude não tinha podido mudar esses direitos. Eles conheciam talvez melhor do que os europeus quais eram os direitos comuns a todos os indivíduos da espécie humana; [...] Mas o governo britânico fingia acreditar que Deus tinha criado a América, como a Ásia, para o deleite dos londrinos (CONDORCET, 1968, p. 164).

Convicto também ele de que a história da humanidade era a história do seu progresso, embora não sem interrupções, e que tal progresso não tinha limites, Condorcet indica suas várias fases, a partir das tribos que vivem de caça e de pesca, até a Era das Luzes sucessiva à Revolução Francesa, cuja plena realização implicaria uma total igualdade de direitos entre os homens, a prescindir das diversas nacionalidades, das origens étnicas e do sexo.

1.6 Rousseau: da sociedade iníqua ao "contrato social"

O tema da igualdade entendida também em termos econômicos está presente em muitos expoentes do Iluminismo francês. No entanto, foi Jean-Jacques Rousseau (1712-1778) quem atribuiu uma importância decisiva ao fator econômico, a ponto de ver na propriedade privada a origem de toda injustiça e, portanto, o elemento sobre o qual era preciso, antes de tudo, agir para a transformação racional da ordem social estabelecida.

> O primeiro que, tendo cercado um terreno, lembrou-se de dizer: *Isto é meu*, e encontrou pessoas simples para acreditá-lo, foi o verdadeiro fundador da sociedade civil. Quantos crimes, guerras, assassínios, misérias e horrores não pouparia ao gênero humano aquele que, arrancando as estacas ou enchendo o fosso, tivesse gritado a seus semelhantes, "defendei-vos de ouvir esse impostor" (ROUSSEAU, 1968, p. 133).

> Desde o momento em que um homem teve necessidade do auxílio do outro, desde que se percebeu que seria útil a um só indivíduo contar com provisões para dois, desapareceu a igualdade, introduziu-se a propriedade privada, o trabalho tornou-se necessário e as vastas florestas se transformaram em campos aprazíveis que se impôs regar com o suor dos homens e nos quais logo se viu a escravidão e a miséria germinarem e crescerem com as colheitas (ROUSSEAU, 1968, p. 140).

Os homens, aumentando de número, sentiram a necessidade de associar-se para enfrentar melhor as dificuldades naturais e procurar o necessário para sobreviver. Quando alguns homens conseguiram conquistar mais bens do que outros e os transmitiram aos seus descendentes criando assim a instituição da herança, o mundo se dividiu em ricos e pobres, senhores e servos. O próprio poder político constituído surgiu em função dos interesses dos ricos, para proteger a propriedade privada.

É provável que essas ideias tenham sido influenciadas pelas próprias experiências pessoais de Rousseau, que era filho de artesãos pobres, vivia em dificuldades econômicas, sob a proteção de alguns ricos. O autor em questão nasce em Genebra, filho de um relojoeiro. A família será, porém, obrigada a deixar a cidade, e Rousseau terá de trabalhar, na juventude, como gravador. Seus estudos foram irregulares. Em 1728, ele conheceu Madame de Warens, que o protegeu, levou-o a converter-se do calvinismo ao catolicismo, deu-lhe a possibilidade de melhorar sua cultura, e enfim tornou-se sua amante. Rousseau continuou a peregrinar de lugar em lugar, de família em família (foi também preceptor), de amor em amor, de profissão em profissão, de interesse cultural em interesse cultural. Dedicou-se também à música e escreveu sobre o tema. Também as ciências naturais faziam parte de seus interesses. Ele sempre precisou de alguém que o ajudasse economicamente. Por não ter condições de cuidar dos filhos, ele os mandou para o orfanato. Em ocasião um concurso realizado pela Academia de Dijon sobre o tema "Qual é a origem da desigualdade entre os homens, e se ela é autorizada pela lei natural", escreveu, em 1753, o *Discurso sobre a origem da desigualdade entre os homens*, que foi publicado em 1755. Em 1762, publicou *O contrato social* e o *Emílio*. Essas duas obras foram condenadas pelo Parlamento de Paris – o autor foi alvo de um mandado de captura e teve de deixar a cidade – e pelas autoridades de Genebra, as quais ordenaram que elas fossem queimadas. Sorte idêntica tiveram também as *Cartas escritas da montanha* em 1765. Em seguida, Rousseau permaneceu na Inglaterra e tornou-se amigo de David Hume, do qual mais tarde, no entanto, se afastou. Apesar da pensão que lhe fora concedida pelo rei, Rousseau deixou a Inglaterra para retornar à França. Nos anos que seguiram a revolução sua memória foi revalorizada, e suas cinzas foram levadas em 1794 ao Panteão.

Rousseau, portanto, parte da propriedade privada, em cuja instituição vê as origens mesmas da sociedade civil, e chega a contrapor ao estado de natureza a própria sociabilidade. A sociedade seria a causa da corrupção do homem.

Deixando de lado o inútil problema acerca da efetiva convicção, por parte do autor em questão, da existência, no passado, de um estado de natureza, pois ele mesmo afirmou não acreditar nisso, é necessário perguntar-se, no entanto, se ele pensava realmente que qualquer sociedade constituísse uma realidade negativa para o homem. Se fosse assim e se tivéssemos de interpretar em sentido absoluto a afirmação, segundo a qual a sociedade corrompe a natureza do homem, o pensamento de Rousseau deveria ser interpretado como uma voz em total antítese em relação aos princípios dominantes da sua época, isto é, em relação à fé iluminista na perfectibilidade do homem, em sua transformação racional. Não só: a concepção de Rousseau resultaria em uma queixa estéril sobre uma condição humana agora necessária, "meta-histórica" e, portanto, não transformável.

A importância do autor em questão na história do pensamento sociológico está, entretanto, no fato de que ele, como foi amplamente demonstrado, faz uso da ideia do estado de natureza como de um instrumento crítico em relação à ordem estabelecida. O estado de natureza é, portanto, apenas um esquema de referência ideal e racional comparando com o qual as instituições sociais existentes revelam sua irracionalidade. Rousseau considera em particular, para usar um termo da sociologia atual, a "heterodireção" (RIESMAN, 1950) do indivíduo na sociedade: sua contínua subordinação aos outros e, portanto, sua falta de liberdade. "O selvagem vive em si mesmo; o homem sociável *sempre fora de si*, não sabe viver senão na opinião dos outros e é, por assim dizer, unicamente do juízo dos outros que deriva o sentimento da sua existência" (ROUSSEAU, 1968, p. 162). Na sociedade, ainda, o homem é artificial: as relações entre indivíduos produzem uma situação fictícia e convencional que distancia o homem da sua condição "natural". A sociedade não oferece "senão um conjunto de homens artificiais e de paixões fictícias que são o resultado de todas essas novas relações e não têm nenhum fundamento verdadeiro na natureza" (ROUSSEAU, 1968, p. 161). Rousseau se pergunta a que se deve essa condição de heterodireção e de inaturalidade do homem, e justamente na resposta a essa questão denuncia o caráter coercitivo, que, todavia, permanece histórico e transformável das instituições sociais, políticas, econômicas existentes indicando sua forma atual e as modalidades para a sua superação. O poder político é uma força que aniquila os indivíduos reduzindo-os totalmente a si. Na tirania "todos os indivíduos tornam-se novamente iguais porque não são nada, e não tendo os súditos outra lei a não a ser a vontade do senhor e o senhor outra regra a não ser suas paixões, a noção de bem e os princípios da justiça desaparecem" (ROUSSEAU, 1968, p. 160). Na crítica à tirania, os termos da polêmica de Rousseau lembram os de Montesquieu.

O verdadeiro objetivo do autor em questão é o de identificar os critérios sobre os quais fundar uma sociedade que não esteja baseada na propriedade privada e, portanto, na desigualdade e na tirania. O contrato social tem justamente essa tarefa. Enquanto para Hobbes o contrato social tem a finalidade de levar os homens a se submeter a um poder externo, para resolver os inconvenientes que decorrem de sua natural tendência à guerra contínua, para Rousseau, a natureza humana não é de modo algum beligerante em si; a guerra surge em consequência da desigualdade, que é o resultado da sociedade e não da natureza. O contrato social não levará, portanto, de modo algum, os homens a uma condição artificial e convencional, mas os devolverá ao seu estado natural, à liberdade e à igualdade. Alienando todos os direitos de que gozam como indivíduos, os homens, por meio do contrato, readquirem sua liberdade, mas em um grau mais alto do que aquele do estado de natureza, pois tal liberdade não é mais recebida naturalmente, mas é adquirida por meio de uma escolha racional. Tampouco essa liberdade está fundada num sistema coercitivo que impõe a desigualdade: não é liberdade de um ou de poucos em detrimento da liberdade dos outros, como na tirania, mas é liberdade de todos. Ninguém, de fato, afirma Rousseau, poderá não querer a liberdade coletiva do contrato, pois nela cada qual verá realizado seus interesses mais verdadeiros, suas aspirações mais profundas e genuínas.

A sociedade fundada no contrato, como já foi mencionado, é diferente e superior não apenas àquela fundada na desigualdade, mas também ao estado de natureza. Na verdade, se Rousseau quando fala da sociedade constituída faz uso do estado de natureza como instrumento crítico, quando, no entanto, fala da sociedade do contrato, o estado de natureza é explicitamente considerado uma condição imperfeita e inferior. "A passagem do estado de natureza para o estado civil determina no homem uma mudança muito notável, substituindo na sua conduta o instinto pela justiça e dando às suas ações a moralidade que antes lhes faltava" (ROUSSEAU, 1971, p. 29).

Seria, portanto, um erro considerar a linha teórica de Rousseau em desacordo com as ideias fundamentais do seu século. A perfectibilidade do homem e a possibilidade de constituir uma sociedade racional está presente nele como também em muitos outros expoentes do Iluminismo francês, alguns dos quais já foram citados. De resto, não faltaram tentativas de colocar a teoria de Rousseau em relação com os problemas sociais e políticos da sua época e de considerar essa teoria como ditada pela exigência de superar o estranhamento do homem da sua própria humanidade em dada sociedade. A esse respeito, perguntou-se por exemplo: "O que mais havia proposto o pensamento revolucionário iluminista a não ser a constatação de uma situação de sujeição da humanidade às potências estranhas do autoritarismo religioso e político, da superstição e do despotismo, e a exigência de uma libertação da humanidade por meio da razão?" (COLLETTI, 1970, p. 132). Essa libertação deve se dar por meio do contrato social, que integra o homem em uma nova sociedade. Nela, supera-se a "sociedade civil": aquela sociedade em que "o que une os homens não é sua 'humanidade', ou seja, um vínculo 'colaborativo', ou associativo, mas é, ao contrário, o fato de cada um fazer do outro o 'meio' e o instrumento para a satisfação do próprio interesse" (COLLETTI, 1970, p. 132). "O pacto [...] não deve 'garantir' o 'homem de natureza', mas arrancá-lo daquela condição [...] e fazer dele um ser novo, um 'ser social'" (COLLETTI, 1970, p. 132). Permanece em Rousseau a dificuldade em explicar a possibilidade por parte de um indivíduo aniquilado pelo poder e não livre, de 'estipular' livremente um contrato. Implicitamente, o autor em questão deve, portanto, postular um indivíduo abstrato, a-histórico, não socializado, como condição necessária para a criação da sociedade plenamente humana. Mas esse é um problema comum à maioria dos iluministas franceses: a oposição à sociedade considerada irracional por parte de uma racionalidade vista como dotação de cada homem enquanto homem, e não ela mesma como resultado de um processo histórico-social.

1.7 Os "moralistas" escoceses: industrialização, economia política, classes sociais

Se Rousseau concebera o estado de natureza como uma condição de paz e de igualdade e o filósofo Hobbes, ao contrário, como um estado de guerra perpétua, a ambos se opõe, mesmo que explicitamente apenas ao primeiro, Adam Ferguson (1723-1816), que, com o famoso economista Adam Smith (1723-1790) e o historiador John Millar (1735-1802), faz parte do grupo dos chamados "moralistas escoceses". Em sua obra *Ensaio sobre a história da sociedade civil*, publicada em 1767, Ferguson, antecipando assim a concepção do homem de grande parte da sociologia e da antropologia cultural contemporâneas, demonstra impaciência em relação à ideia de "estado de natureza", de suposta originária bondade ou ferocidade do homem, a depender das várias hipóteses. Ele justifica essa impaciência afirmando que uma ciência da sociedade deve se ater aos dados encontrados empiricamente: esses testemunham apenas a multiplicidade de costumes e o caráter sempre histórico e social do homem, motivo pelo qual não se pode pressupor um estado originário de natureza como fonte das sociedades em suas concretas e determinadas expressões históricas. Afirma Ferguson:

> Entre os escritores que procuraram distinguir, no caráter humano, as suas qualidades originárias [...] alguns imaginaram o homem, na sua condição primitiva, como limitado a uma simples sensibilidade animal, sem algum uso daquelas faculdades que o tornam superior às feras [...]. Outros fizeram consistir o estado de natureza em um estado de guerra sem fim [...] em um Estado no qual cada indivíduo tinha sua razão particular de dissenso com a própria espécie e no qual a simples presença do próprio semelhante era o sinal da luta (FERGUSON, 1973, p. 4).

Esse método está totalmente equivocado, porque substitui a razão e a ciência pela imaginação e a "poesia". Os princípios gerais que são buscados, na verdade, "não são verdadeiramente úteis se não estiverem fundamentados na correta observação", e essa última testemunha apenas que o homem sempre surgiu em sociedade e que nela se manifestam todas as diversas disposições dos homens, as quais não são de modo nenhum redutíveis a um único princípio.

> Se os relatórios coletados de todas as partes da terra, tanto os mais antigos como os mais recentes, são unânimes em apresentar a espécie humana como reunida em grupos e sociedades, e o indivíduo sempre vinculado por simpatia a uma parte, enquanto, às vezes, ele é oposto a outra [...] é necessário admitir que esses fatos constituem o fundamento de toda argumentação sobre o homem: a sua igual disposição à amizade e à inimizade, a sua razão, o uso da linguagem [...] devem ser considerados como tantos atributos da sua natureza (FERGUSON, 1973, p. 5).

Coerente com a sua ideia segundo a qual a natureza dá ao homem uma série de possíveis maneiras de ser e não um único Estado originário, Ferguson vê no homem um princípio ativo. Em outras palavras, o homem é o artífice da sua realidade. A situação, sempre social, em que ele se encontra, é produto da sua atividade.

> Nós falamos de arte [no sentido amplo de atividade humana] como distinta da natureza; mas a arte é, ela mesma, natural ao homem. Ele é, em alguma medida, o artífice da sua condição como também do seu destino, e está destinado, desde os primórdios de sua existência, a inventar e a excogitar (FERGUSON, 1973, p. 9).

O mundo humano, portanto, deve ser considerado como construção humana, não como algo dado ao homem por fora, por Deus ou pela natureza; e os eventos histórico-sociais devem ser imputados à ação do próprio homem. E no entanto – e aqui nos encontramos diante de uma afirmação de importância sociológica decisiva – esses eventos não constituem a realização de projetos conscientemente desejados e reconhecidos.

> Os homens, ao seguir o sentimento presente em suas mentes, esforçando-se para remover as dificuldades ou para obter vantagens evidentes e a seu alcance, chegam a resultados que nem sequer sua imaginação poderia prever (FERGUSON, 1973, p. 141).

Esses "resultados" são as instituições sociais. Não havia clara intenção de criar a propriedade privada por parte de quem cercou um terreno e o considerou seu, assim como não havia consciência de fundar as instituições políticas por parte daqueles que conscientemente se submeteram a um chefe.

Ferguson chega à conclusão, que é quase uma definição do problema sociológico assim como foi aqui definido, segundo a qual "as nações tropeçam em instituições que são o resultado da ação humana, mas não a execução de qualquer desenho humano" (FERGUSON, 1973, p. 141).

A sociedade é obra do homem e, todavia, parece possível deduzir do que Ferguson afirma que ela aparece aos indivíduos como realidade externa e "natural".

Essas ideias devem ser lidas em correlação com a situação histórico-social geral em que viviam Ferguson e os outros "moralistas escoceses". Menos relevante, no entanto, é a vida pessoal desse autor. Ele nasce em Logierait, na Escócia, filho de um pastor protestante. Depois dos estudos literários, empreende, para atender à vontade do pai, a carreira eclesiástica. Para concluir os estudos de teologia, em 1743, vai para Edimburgo, onde entra em contato com os ambientes intelectuais da época. Depois de nove anos de atuação como capelão militar, talvez também em razão da morte do pai, abandona a carreira eclesiástica. Em seguida, exerce a função de preceptor em casas de famílias aristocratas. Em 1759, torna-se professor de filosofia natural na Universidade de Edimburgo. Em 1764, faz uma viagem para a Europa continental, e em 1778 é enviado à América do Norte para tratar, sem sucesso, com os insurgentes das colônias. A correlação com os problemas da sua época parece particularmente evidente quando ele trata em termos específicos da sociedade comercial e industrial. Já ao redor de 1725, Daniel Defoe, o famoso autor de *Robinson Crusoé*, mesmo denunciando as condições gerais de miséria do país, notara o grande desenvolvimento do comércio na cidade de Glasgow.

> Glasgow é uma cidade repleta de tráfegos, nela há sinais evidentes do comércio tanto exterior como interno, e posso afirmar que hoje ela é a única cidade da Escócia que prospera em ambos, e os estimula cada vez mais. O ato de União beneficiou-a mais do que qualquer outra cidadã escocesa, dando vida até mesmo ao seu comércio, visto que a União escancarou a porta aos escoceses das nossas colônias americanas, fazendo com que os comerciantes de Glasgow tirassem grande proveito (DEFOE, 1958, III, p. 749).

Em seguida, desenvolveu-se em toda a Escócia também a atividade industrial, e em particular a indústria têxtil. A união com a Inglaterra contribuiu assim para a evolução comercial e industrial do país, que foi, para aquele século, excepcional. É preciso acrescentar também que os problemas postos pela vida prática entraram rapidamente nas universidades porque elas eram, em relação às universidades inglesas, mais abertas a toda classe social, e havia "uma estreita união entre o mundo da produção e a universidade, como é testemunhado por inúmeros clubes que surgiram na metade do século e em que se encontravam professores e homens de negócios" (FERRAROTTI, 1968, p. 11). Compreende-se então como os problemas da vida industrial tenham preocupado tanto os estudiosos escoceses do período em questão. Ferguson, em particular, analisa esses problemas também do ponto de vista das consequências humanas da organização da sociedade comercial e industrial, da divisão do trabalho e da propriedade privada. Às vezes, ele parece concordar com Adam Smith ao sustentar que, perseguindo seu próprio interesse privado, o indivíduo promove o bem da sociedade.

> O interesse público é frequentemente garantido não porque os indivíduos estejam dispostos a considerá-lo como o fim da sua ação, mas porque cada um no seu lugar está determinado a defender o próprio interesse (FERGUSON, 1973, p. 147).

Ferguson insiste, em linha com o pensamento econômico de seu tempo, em afirmar a maior produtividade alcançável por meio da divisão do trabalho em relação à do trabalho individual e, entretanto, faz uma crítica da "sociedade civil" que antecipa a de Hegel e, sobretudo, a de Marx, autor no qual exercerá uma notável influência. Afirma, de fato, Ferguson que a atividade comercial e a propriedade privada acentuam o individualismo e o egoísmo, e implicam a perda do sentido da comunidade. Com tons que reconduzem facilmente à memória o jovem Marx, o autor em questão escreve que na sociedade civil

> o indivíduo considera a sua comunidade somente no caso que se torne útil ao seu progresso e ao proveito pessoal. Ele se coloca em concorrência com os seus semelhantes, e, impulsionado pelas paixões da emulação, do temor e do ciúme, ou da inveja e da malícia, segue os princípios de um animal destinado a conservar a sua existência separada e a satisfazer seus caprichos e seus desejos às custas de sua espécie (FERGUSON, 1973, p. 271-272).

Sempre a propósito da produção na sociedade civil, Ferguson, também aqui antecipando muitos temas que serão retomados ao infinito pelas teorias sociológicas posteriores, denuncia o caráter mecânico do trabalho, enquanto este é dividido em funções parcelizadas, a ponto de não permitir ao trabalhador compreender o sentido da sua atividade.

> As nações comerciais chegam ao ponto de ser constituídas por membros que, além de sua função particular, ignoram todos os assuntos humanos (FERGUSON, 1973, p. 206).

Ao contrário, uma tal ignorância e, até mesmo a inatividade da mente tornam-se úteis para uma maior produtividade:

> As manufaturas prosperam mais onde menos a mente é consultada e onde a oficina pode ser considerada, sem grande esforço de imaginação, uma máquina, cujas engrenagens são os homens (FERGUSON, 1973, p. 206).

Essas considerações concernentes à divisão do trabalho não dizem respeito somente ao trabalho nas "oficinas", mas envolvem também o trabalho intelectual, que corre o risco de permanecer separado da realidade pois, escreve sempre Ferguson, "o próprio pensar, nessa época de diferenciações, pode se tornar um ofício à parte" (FERGUSON, 1973, p. 208). Também a atividade militar e a atividade política são submetidas à mesma crítica. Aqueles que atuam em tais setores, na verdade, se atêm "à simples observação de formas e ficam chocados com a interrupção de normas habituais" (FERGUSON, 1973, p. 258). Aqui está antecipada a crítica que será depois tantas vezes feita pelos sociólogos à atividade burocrática enquanto tende à eficiência dos meios sem considerar os fins. "Os homens não sabem fazer outra coisa senão desempenhar seu papel com formalidades das quais não conseguem nem sequer apreender o objetivo" (p. 258).

Ferguson, como foi dito, parte de uma análise da divisão do trabalho para apreender, além do aspecto da maior produtividade, também aquelas consequências sociais que serão depois objeto de preocupação e de estudo por parte de uma longa série de sociólogos posteriores. Também ao problema da divisão do trabalho é dedicada parte da obra de Adam Smith (1721-1790). Ele ensinou Filosofia Moral na Universidade de Glasgow, mas sua fama é atribuída principalmente à contribuição dada por ele à economia política com a obra *Inquérito sobre a natureza e as causas da riqueza das nações*, publicada em 1776. Esse autor é relevante sociologicamente sobretudo pelo seu livro intitulado *Teoria dos sentimentos morais* que foi publicado em 1759. Aqui Smith afirma que a formação dos nossos juízos éticos se verifica e pode ser verificada apenas na relação com os outros, isto é, como se diria hoje, na interação. Ele escreve:

> Nunca podemos examinar nossos próprios sentimentos e motivações, nunca podemos formar qualquer juízo a respeito deles, a menos que nos retiremos, por assim dizer, de nossa própria posição natural, e nos esforcemos por vê-los como a certa distância de nós. Mas não podemos fazer isso de nenhuma outra maneira senão esforçando-nos para vê-los com os olhos de outras pessoas, ou como outras pessoas provavelmente os veriam. Por conseguinte, seja qual for o juízo que nós podemos formar sobre eles, este deve sempre fazer referência secreta àquilo que é, ou àquilo que em uma determinada condição seria, ou imaginamos que deveria ser, o juízo dos outros (SMITH, 1880, p. 161-162).

E sempre de acordo com o que nós hoje diríamos – mas isso pode ser facilmente extrapolado do discurso de Smith – esses outros a que ele se refere, não são pessoas individuais e específicas, mas antes a ideia generalizada dos outros que nós formamos por meio da multiplicidade das nossas interações, isto é, o Outro Generalizado, segundo a expressão formulada pelo psicólogo social americano George H. Mead nas primeiras décadas do nosso século.

O homem está unido aos outros homens pela simpatia, pela capacidade de pôr-se na condição dos outros e de vivê-la como própria. A simpatia está, portanto, no próprio fundamento da sociedade. Isso não implica que cada indivíduo compartilhe sem nenhum crivo crítico de tudo aquilo que os outros sentem e fazem, justamente enquanto se supõe a possibilidade de uma certa distância das situações particulares por meio da formação de critérios mais gerais que também têm origem na relação simpatética. Nesse sentido, Smith faz referência àquilo que ele chama de o "espectador imparcial".

Às vezes esse autor foi censurado por uma certa contraditoriedade entre a ideia "altruísta" da simpatia e seu declarado individualismo utilitarista. E, no entanto, como resulta evidente na sua obra mais famosa, que, como foi dito, é uma obra de economia política, também a simpatia, no discurso de Smith, se reduz ao princípio utilitarista, pois o indivíduo pode atingir as próprias metas apenas reconhecendo a presença dos outros e os princípios sociais que regulam a relações.

> Não é da benevolência do açougueiro, do cervejeiro e do padeiro que esperamos o nosso jantar, mas da consideração que eles têm pelos próprios interesses. Apelamos não à humanidade, mas ao amor-próprio, e nunca falamos de nossas necessidades, mas das vantagens que eles podem obter (SMITH, 1976, I, p. 58).

Os princípios de regulamentação da economia não devem ser impostos de fora, pelo Estado, pela lei, pela polícia, mas eles mesmos são criados pelo "curso natural das coisas" (SMITH, 1976, I, p. 116). Essa é a teoria do "liberalismo econômico", da livre-concorrência. A sociedade evolui por meio da divisão do trabalho, a qual implica um enorme aumento da produtividade. O progresso é assim entendido por Smith como contínuo aumento da divisão do trabalho, ou seja, da especialização das funções. Nas origens da divisão do trabalho existe a tendência humana universal à troca.

> A divisão do trabalho, da qual derivam tantas vantagens – escreve Smith – não é, em sua origem, o efeito de uma sabedoria humana qualquer, que preveria e visaria esta riqueza geral à qual dá origem. Ela é a consequência necessária, embora muito lenta e gradual, de uma certa tendência na natureza humana que não tem em vista essa utilidade extensa, ou seja: a propensão a intercambiar, permutar ou trocar uma coisa pela outra" (SMITH, 1976, I, p. 57).

O aumento das trocas leva ao surgimento do mercado e à vida na cidade, realidades, portanto, não explicitamente projetadas pelos indivíduos, de forma que a sociedade no seu conjunto parece regulada por uma "mão invisível".

O valor dos bens trocados é determinado pelo trabalho necessário para produzi-los ou encontrá-los, e é por isso um erro acreditar que o valor seja próprio do objeto prescindindo da atividade humana. Não é o valor inteiro do objeto, no entanto, que vai para o seu produtor: a riqueza, na verdade, é distribuída entre os proprietários das empresas, que dessa propriedade extraem um lucro, salários dos trabalhadores e renda fundiária. Está assim esboçada, em Smith, uma teoria das classes sociais que segue as classificações típicas da sua época, segundo as quais existem três ordens diversas que recebem cada uma diversas cotas de renda. Ao lado das ocupações produtivas, Smith considera, também, em linha com grande parte do pensamento iluminista, as categorias improdutivas, em relação às quais emite juízos negativos.

Dentre essas ideias, muitas serão retomadas e criticadas pelo pensamento econômico e também pelo pensamento sociológico posteriores. Aqui é importante notar como as afirmações de Ferguson sobre a divisão do trabalho parecem sociologicamente mais relevantes porque, como já tivemos a oportunidade de observar, elas enfatizam também as consequências humanas e sociais dessa divisão, ao passo que o discurso de Smith está mais estritamente ligado ao problema da produtividade. No entanto, muitas ideias deste último irão influenciar de maneira decisiva o pensamento de Marx, que também as retomará criticamente. Basta pensar no problema do valor de troca, no ganho que o capitalista aufere do trabalho assalariado, e por isso na "mais-valia", na teoria das classes sociais. Em que sentido o ponto de vista de Marx em relação à economia liberal de modo geral e, portanto, também de Smith, é uma crítica que pode ser definida como sociológica, será visto em seguida.

Entre os "moralistas escoceses" relevantes para o pensamento sociológico é frequentemente lembrado um historiógrafo: John Millar (1735-1802). Em sua obra *A origem da distinção das classes* (MILLAR, 1989), ele revela a tendência constante a ver as várias instituições sociais em correlação entre si. Também Millar, segundo a tradição da época, ressalta a importância do clima e do solo no desenvolvimento da sociedade, e com esses identifica os fatores do costume, da tradição, da religião. Particular relevância assume assim o elemento tecnológico-econômico, a cujo desenvolvimento Millar vincula as várias configurações do poder na sociedade. Em suas origens, o poder parece certamente ligado aos dotes de caráter individual, mas com a criação da riqueza, será depois essa última a se tornar o critério mais estável para a diferenciação das classes na sociedade (FERRAROTTI, 1968, p. 28; BARTOCCI, 1989).

1.8 O Iluminismo na Alemanha: Herder e a questão da linguagem

Esses problemas, como já foi dito, devem ser vistos em estrita correlação com o desenvolvimento econômico, tecnológico e industrial da Escócia da época. Não surpreende, portanto, que o pensamento social, onde menor era esse desenvolvimento e mais forte a tradição filosófica, sofresse principalmente a influência dessa tradição. É o que acontece na Alemanha, onde talvez o teórico sociologicamente mais representativo é Johann Gottfried Herder (1744-1803). Também ele segue o costume da sua época indicando a importância do clima e da tradição para a compreensão de uma determinada sociedade histórica. Ele também lê a história da humanidade em termos de um progresso contínuo e necessário. Mas a sua originalidade e a sua relevância sociológica estão em ter ele indicado na linguagem a característica específica da vida humana e, portanto, de cada sociedade humana. Cada afeto, intuição, observação, conceito, é possível só através da linguagem e é necessariamente mediado pela linguagem.

> De um pouco de ar em movimento depende tudo aquilo que jamais os homens pensaram, quiseram, fizeram, e o que farão de humano na terra [...] Como é surpreendente que um sopro de ar em movimento seja o único ou pelo menos o melhor meio dos nossos pensamentos e das nossas sensações. Sem seu vínculo [...] com todas as ações da nossa alma [...] essas ações não poderiam ter lugar, a refinada obra de preparação constituída pelo nosso cérebro ficaria estéril, toda a disposição do nosso ser seria incompleta (HERDER, 1971, p. 220).

Herder refere-se explicitamente à Kant, que tinha procurado identificar as categorias *a priori* que tornam possível ao homem conhecer a realidade. Tais categorias *a priori*, para Kant, são universais, ou seja, inerentes ao homem enquanto homem e, portanto, como formas, imutáveis. Herder interpreta as categorias kantianas como linguagem. Assim como para Kant não se apreende a "coisa em si" mas só o fenômeno, ou seja, a interpretação especificamente humana da realidade mediante as categorias, para Herder não se apreendem as coisas em si a não ser através dos símbolos linguísticos que as representam. A diferença em relação a Kant é fundamental enquanto não existe uma única linguagem, mas existe, antes, uma pluralidade de linguagens conforme as sociedades. Enquanto a filosofia de Kant pressupunha a unidade, a universalidade, Herder pressupõe, no entanto, a diversidade, mesmo se procura evitar essa conclusão afirmando que as diversidades das linguagens são também sempre derivação de uma única origem. Kant não apreciou a inovação de Herder. Também à luz dos desdobramentos posteriores da filosofia alemã, tratou-se, todavia, de uma inovação importante. As categorias a-históricas, imutáveis, universais de Kant são de fato, com Herder, historicizadas, sociologizadas, e relativizadas também individualmente. Enquanto as categorias de Kant constituem uma certeza de unidade entre homem e homem, o discurso de Herder sobre a linguagem implica também o problema da dificuldade de comunicação. O sentido atribuído por um indivíduo às suas expressões linguísticas pode ser mal-entendido. O pensamento é possível só pela mediação da linguagem e, todavia, essa mediação é também e necessariamente uma limitação, pois não existe identidade total entre linguagem e pensamento, da mesma forma que não existe identidade entre a linguagem e as "coisas" por ela simbolizadas.

> Quem conhece somente duas línguas não poderá acreditar que subsista uma ligação substancial entre a linguagem e o pensamento e entre a linguagem e as coisas [...]. O outro verdadeiramente me compreende? Associa a palavra à ideia que eu associei a ela ou não associa nenhuma? Entretanto, continua a usá-la, e assim, talvez, dá aos outros apenas uma casca vazia (HERDER, 1971, p. 223).

Herder prenuncia a superação do traço mais especificamente iluminista da filosofia de Kant, ou seja, o da universalidade e da imutabilidade da razão. Justamente nesse sentido irão os desdobramentos posteriores da filosofia alemã, que exercerão uma forte influência também nas teorias sociológicas.

2
O pensamento sociológico na Era da Restauração

2.1 O contexto histórico

Se o pensamento francês do século XVIII é caracterizado pela crítica à ordem política constituída, à tradição e às religiões positivas que a sustentavam, e pode ser lido como pensamento pré-revolucionário, ou seja, se ele parece, em correlação com os problemas da sociedade e da época, preparar as ideias da revolução, não pode surpreender que as teorias da sociedade do período pós-revolucionário mudem consideravelmente. Há, como é óbvio, também razões de continuidade entre as teorias francesas do século XVIII e as do século XIX, e do mesmo modo é óbvio que existem linhas diversas e também opostas entre os vários teóricos. Apesar disso, é possível reconhecer algumas características comuns no período a que foi dado o nome de Restauração, e que sucedeu aos anos da grande revolução e das guerras napoleônicas. Antes de tudo, há o desejo de revalorizar a tradição, a qual, ainda que as opiniões individuais a respeito tenham sido diversas, fora geralmente o alvo preferencial dos filósofos sociais franceses do período iluminista. A tradição era considerada por alguns uma força que se desviava de uma interpretação correta e racional da realidade, e um obstáculo à criação de uma sociedade racional em que as fronteiras nacionais estariam destinadas a desaparecer. Por outros, ela era considerada uma dentre as possíveis manifestações da natureza humana, o que, no entanto, não colocava em questão a racionalidade fundamental dessa natureza.

No período da "Restauração", entretanto, a tendência predominante é a de ver a tradição, os costumes e as características de cada nação e as religiões positivas como vinculadas a uma natureza humana fundada principalmente na emotividade, na afetividade, elementos considerados fundamentais para qualquer sociedade. Revalorizado e considerado essencial para qualquer sociedade é, por sua vez, o princípio de autoridade, pois a emotividade humana parece ter necessidade de um guia.

O próprio termo "Restauração" implica o desejo de retornar ao passado, desejo condicionado por longos anos de revoluções internas e de guerras que levavam a idealizar épocas supostamente caracterizadas não por crises, mas pela harmonia, pela segurança e pela integração social. Essas ideias, que surgem como *reação* às ideias da revolução, também são em função do retorno da monarquia, restabelecida na França em 1814 com Luís XVIII; mas, apesar de alguns desejarem um retorno à Idade Média, isso era obviamente impossível. Uma monarquia absolutista não era mais concebível. Alguns princípios da revolução, tais como o princípio de igualdade de todos perante a lei e o princípio da liberdade individual estavam definitivamente consolidados e deviam ser respeitados em qualquer sociedade. A monarquia tornou-se uma monarquia constitucional. O próprio monarca estava submetido aos princípios promulgados pela constituição. Além disso, a aristocracia não podia continuar a ser a classe privilegiada e, junto com ela, a própria monarquia se sustentava necessariamente apoiando-se na classe que agora dominava sem rivais não só no campo econômico, como também político: a burguesia. Por fim, qualquer ideia de retorno ao passado, embora irrealista, não podia deixar de considerar os grandes progressos alcançados no campo das ciências e da tecnologia, que tiveram enormes consequências sociais, entre as quais, para retomar o que se dizia, a concentração do capital nas mãos da burguesia, a concentração das fábricas ao redor das grandes cidades e o consequente surgimento do proletariado urbano e industrial.

De um lado, o desejo de retornar à ordem do passado, de outro, os problemas causados pelos progressos científicos, tecnológicos e econômicos são, portanto, as duas características mais típicas do período em questão. Não por acaso, elas estão presentes em seus escritores que trataram dos problemas sociais, alguns dentre os quais enfatizaram a primeira dessas características, tornando-se assim os porta-vozes mais encarniçados da reação, ao passo que outros ressaltaram principalmente o segundo aspecto típico de sua época, adotando assim posições mais "progressistas" e, às vezes, sustentando explicitamente ideias socialistas. Outros ainda tentaram uma síntese entre as duas diferentes exigências.

2.2 O antecedente de Burke

Já havia no século XVIII quem se opunha violentamente às linhas intelectuais predominantes e sustentava, contra o desejo de renovação, ideias claramente conservadoras. Dentre esses, deve-se lembrar em especial o irlandês Edmund Burke (1729-1797), que exerceu uma grande influência naqueles teóricos franceses do início do século XIX que condenavam a Revolução de 1789. O próprio Burke, poucos anos antes de sua morte, em 1790, tinha escrito um livro, intitulado *Reflexões sobre a Revolução na França*, atacando violentamente todas as ideias a que revolução havia se referido. Para exemplificar o espírito do século XVIII, Burke remete-se à filosofia de Locke, na qual que encontra portanto também os pressupostos ideais da Revolução Francesa. Um historiador do pensamento político resume assim esses princípios, expressos em termos imperativos:

> *Sacudir o jugo dos preconceitos*, contrários à razão, à natureza (boa em si), à felicidade terrestre (aspiração legítima de todo ser humano na terra); fazer tábula rasa de toda a herança de um passado absurdo, para construir uma sociedade razoável, em todos os seus elementos, regida por uma moral *laica*, permitindo dispensar Deus, pretexto para todos os fanatismos, uma sociedade que, de maneira quase automática, devia dirigir-se ao progresso indefinido (CHEVALLIER, 1975, p. 253).

Contra essas tendências preponderantes em sua época, Burke defende a ordem da tradição com tudo isso que ela implica: "espírito histórico, herança, privilégios, desigualdade, hierarquia, ordens e corpos, instituições religiosas com as suas propriedades e as suas regalias" (CHEVALLIER, 1975, p. 254). O autor em questão afirma que as instituições sociais tradicionais estão fundadas em uma ordem natural que deve ser respeitada e não alterada em nome de uma especulação abstrata. Ele contrapõe, portanto, a sociedade tradicionalista inglesa à situação da França revolucionária. Referindo-se aos ingleses, ele escreve:

> Fazemos respeitar nossas instituições civis, da mesma forma que a natureza nos ensina a reverenciarmos os indivíduos: de acordo com sua idade e com a maior dignidade da descendência atávica. Todas as novas sofismações sustentadas na terra da França não podem produzir nenhum resultado, que se adapte ao fim de uma liberdade razoável e constante, melhor do que a experiência realizada até agora pelos ingleses; experiência segundo a qual, para a conservação e a proteção do nosso grande patrimônio de direitos e privilégios, sempre preferimos seguir a ordem da natureza ao invés da abstração especulativa (BURKE, 1930, p. 99).

A liberdade, portanto, está fundada na disciplina, no respeito pela tradição e pela ordem hierárquica constituída. Quem desfaz essa ordem em nome de uma total igualdade criará apenas uma nova desigualdade profundamente injusta precisamente porque ela não faria respeitar "a ordem natural das coisas", ou seja, a superioridade da aristocracia em relação às outras categorias sociais. Sempre criticando a sociedade francesa pós-revolucionária, Burke afirma:

> Na classe nobiliárquica, a próxima geração confundirá as próprias características com as dos artesãos, dos incultos, dos agiotas, dos usurários e dos judeus, que serão de agora em diante seus compadres e quiçá também seus patrões. [...] Aqueles que procuram nivelar a sociedade jamais introduzem verdadeira igualdade. Em cada agregado social formado por várias classes de cidadãos uma delas deve necessariamente adquirir um grau de superioridade. E por isso os teóricos do nivelamento absoluto não fazem outra coisa senão subverter e perverter a ordem natural das coisas; eles sobrecarregam o edifício social colocando no topo aquilo que a solidez da estrutura exigiria que fosse colocado na base (BURKE, 1930, p. 123).

2.3 O pensamento reacionário: De Maistre

Essas "reflexões" negativas sobre os princípios da revolução de 1789 certamente influenciaram os autores franceses que, por sua vez, dedicaram suas energias intelectuais à crítica dos princípios iluministas, na convicção de que esses eram causa de desordem e que se devia restabelecer a harmonia desfeita pela revolução. Entre eles temos Joseph De Maistre (1753-1821), que, todavia, não faz simplesmente referência à tradição entendida como "ordem natural das coisas", mas à tradição cristã em particular, à tradição, portanto, fundada na Revelação. A ordem social é uma ordem divina: ela não é estabelecida pelo homem, e aqueles que afirmam o contrário incorrem em um erro gravíssimo que é fonte de desordem. "Como toda constituição – escreve De Maistre – é de origem divina, daí decorre que o homem nada pode nesse campo a não ser que se apoie em Deus, de quem se torna então o instrumento" (DE MAISTRE, 1975, p. 60). Mas o homem é plenamente o instrumento de Deus apenas no Cristianismo. De Maistre, portanto, pode tranquilamente menosprezar aquelas sociedades de "selvagens" que não tiveram a revelação de Cristo e que, no entanto, tinham sido considerados exemplos de vida humana no estado de natureza por alguns expoentes do Iluminismo. Esses, ele afirma com ironia, "escreveram belos livros para provar que o selvagem era o homem *natural* e que nós não podíamos desejar nada de mais feliz do que assemelhar-nos a eles. Condorcet disse que os missionários levaram para a Ásia e para a América apenas vergonhosas superstições; Rousseau, com redobrada loucura verdadeiramente inconcebível, afirmou que os missionários não pareciam, de modo nenhum, melhores do que os conquistadores" (DE MAISTRE, 1975, p. 63). Essa crítica, como já tivemos a oportunidade de sustentar, é infundada, pois autores como Condorcet e Rousseau combatiam as superstições com o objetivo de indicar os princípios para a construção de uma sociedade racional, de todo modo, preferível ao estado de natureza, ainda que este último servisse para demonstrar a corrupção das suas sociedades.

Todo mal, para De Maistre, nasce da recusa em reconhecer os mandamentos divinos trazidos ao homem pelo Cristianismo. Ele, portanto, ataca os "selvagens"; mas, em termos bem mais impetuosos, os racionalistas do século XVIII que tinham substituído a tradição e a religião pela razão. Os iluministas tinham desafiado Deus nestes termos:

> Abandonai-nos! Dever-se-á, portanto, tremer eternamente diante dos sacerdotes e receber o ensinamento que eles quiserem nos dar? A verdade, em toda a Europa, está escondida na fumaça do turíbulo; já está na hora que ela saia dessa nuvem fatal. Não falaremos mais aos nossos filhos; caberá a eles, quando forem homens, saber se Tu és e o que és, e o que pedes a eles. Tudo isso que existe nos desagrada porque o teu nome está escrito em tudo o que existe: queremos destruir tudo e fazer tudo sem ti. Sai dos nossos conselhos, sai das nossas academias, sai das nossas casas: saberemos muito bem fazer sozinhos; basta-nos a razão. Abandonai-nos! (DE MAISTRE, 1975, p. 63).

Esse desafio, esse "execrável delírio", foi punido por Deus assim como Ele "criou a luz, com uma só palavra. Ele disse: FAÇA-SE. E o mundo político ruiu" (DE MAISTRE, 1975, p. 89). É difícil imaginar uma antítese mais radical ao racionalismo iluminista.

2.4 O pensamento reacionário: De Bonald

Em posições similares encontra-se Louis De Bonald (1754-1840) que enfatiza a superioridade da sociedade em relação aos indivíduos. A sociedade é o ser supremo, a ordem natural, a moralidade, a racionalidade. Ela representa uma necessidade não no sentido de uma coerção invencível pelos indivíduos, mas no sentido de que fora dela e da sua ordem não há salvação. Em De Bonald, há quase uma divinização da sociedade, que lembra de perto Comte e indica claramente como este último foi influenciado no que se refere a uma dentre as suas ideias fundamentais. E aqui também De Bonald antecipa Comte e o próprio Durkheim, que, no entanto, se remeterá à tradição comteana.

> A sociedade pública é o meio necessário para a conservação do gênero humano, pois ela é o poder que reprime as paixões destrutivas dos homens. A sociedade é [...] regulada e ordenada pela razão do Ser Supremo que está na sociedade, ou melhor, em que a sociedade está (DE BONALD, 1817, p. 59).

Portanto, a sociedade é concebida como ordem fora da qual o homem não pode senão afastar-se da sua natureza, da sua racionalidade. Emerge claramente o uso antitético que De Bonald faz desses dois termos em relação àquele dos iluministas. Para eles, a racionalidade é emancipação e liberdade individual, e natureza é o estado homem para além da superstição e das constrições que nascem da sociedade. Agora, no entanto, natureza e racionalidade coincidem com a ordem social a que são contrapostos o arbítrio e os interesses dos indivíduos, que são fonte de toda desordem. Para dominar o indivíduo, a sociedade precisa de poder; aliás, a sociedade é poder por si mesma, poder de conservação. O poder é definido como "O ser, qualquer que ele seja, que *quer* a conservação da sociedade, que *age* para a sua conservação, o ser que manifesta uma *vontade* e uma *ação* conservadora da sociedade" (DE BONALD, 1817, p. 14). Já que a verdadeira sociedade, natural e racional, é a que controla e reprime os indivíduos, o verdadeiro poder não é o individual, mas o da sociedade. Polemizando manifestamente com as teses dos economistas e em geral com aqueles que atribuem o poder os indivíduos que fazem parte da sociedade, e aqui também antecipando as teses de Comte e Durkheim, De Bonald sustenta que:

> o germe dessa [...] opinião está em uma falsa ideia de sociedade [...]. Jogou-se com as palavras e equiparou-se a sociedade política, sociedade necessária, a uma sociedade comercial, a qual é apenas uma associação contingente e voluntária, e se pretendeu que os homens tinham posto em comum os seus *interesses* sociais assim como põem os seus *interesses* pecuniários, o seu *ser* com o seu *ter*. Mas essa política de caixa contábil [...] não prestou atenção [ao fato] de que, em uma associação comercial os homens põem em comum a sua cupidez para satisfa-

zê-la e o seu dinheiro para ter ganhos, ao passo que na sociedade eles depõem a sua cupidez, o seu orgulho, a sua ambição, as suas paixões [...] e disso deve decorrer uma obediência geral, uma moderação geral, uma razão geral (DE BONALD, 1817, p. 57-58).

Dada a centralidade do poder, decorre então, coerentemente, a importância da ordem hierárquica. De Bonald, de resto, começa sua obra afirmando que "cada sociedade é composta por três pessoas distintas uma da outra, que podem ser chamadas de pessoas sociais: *pai, mãe, filhos* na sociedade doméstica; *Deus, sacerdotes, fiéis* na sociedade religiosa; *rei, chefes supremos, nobres,* ou *funcionários públicos, seguidores* ou *povo* na sociedade política" (DE BONALD, 1817, p. 1). De Bonald sustenta a monarquia como forma de governo natural e necessária logo depois que a monarquia tinha sido restaurada. A obra a que nos referimos – o *Ensaio analítico sobre as leis naturais da ordem social* – é de 1817. Ele sustenta também o poder religioso cristão:

> A sociedade submetida ao poder divino será forte e duradoura; a submetida ao poder do homem será fraca e instável. Nisto, segundo os cristãos, está a razão da imperturbável estabilidade da religião cristã (DE BONALD, 1817, p. 96).

Na verdade, esses poderes "imperturbáveis" tinham sido fortemente perturbados. O próprio De Bonald, de resto, reconhece que está escrevendo com a finalidade de salvaguardar a ordem social, moral, religiosa, no temor de que o exemplo do período revolucionário, ainda que agora o seu poder político estivesse derrotado, possa continuar a desviar do caminho certo o pensamento dos indivíduos. O fato de o autor em questão chamar a Restauração de revolução não muda a substância do seu discurso. E, no entanto, alguns princípios que se afirmaram com o Iluminismo e a Revolução de 1789 estavam destinados a deixar marcas indeléveis também no pensamento social dominante depois da restauração da monarquia na França.

2.5 Positivismo e socialismo: Saint-Simon

Isso se mostra particularmente evidente em Claude Henri de Saint-Simon (1760-1825), em cujas ideias se encontram seja os pressupostos fundamentais da filosofia positiva e da sociologia de Comte, seja a recusa da revolução, seja as bases de uma concepção socialista. Parisiense, Saint-Simon combate, desde jovem, na América do Norte contra as tropas nacionalistas inglesas no exército de Washington. Ele se declara favorável à revolução de 1789 e renuncia espontaneamente ao título nobiliárquico. Dedica-se depois a atividades econômicas. No período do Terror passa quase um ano na prisão. Tendo abandonado o mundo dos negócios, dedica-se aos estudos em vários campos. A sua atividade filosófica começa tarde. Em 1802, publica as *Cartas de um habitante de Genebra aos seus contemporâneos*; nos anos 1807-1808 escreve *A introdução aos trabalhos científicos do século XIX*. As obras *A fisiologia social* e *Relatório sobre a ciência do homem* foram escritas, respectivamente, em 1812 e em 1813. Em seguida Saint-Simon se declara favorável à Restauração e escreve (1814), juntamente com Thierry, *A reorganização da sociedade europeia*. Em 1817 Auguste Comte se torna seu secretário; mas, como se verá, a colaboração entre os dois autores deverá se romper drasticamente. Saint-Simon publica *O organizador* (1819-1820), *O sistema industrial* (1821), *O catecismo dos industriais* (1824), e o *Novo cristianismo* (1825), que constitui o último livro do autor e é publicado no ano de sua morte.

Apesar da adesão juvenil aos princípios da revolução, e apesar de sua convicção acerca da impossibilidade por parte do *Ancien Régime* se restaurar, depois ele teve que dizer nunca ter compartilhado da revolução por ser contrário a todo princípio de destruição. A sociedade a partir de Saint-Simon, que aqui se une aos adversários do Iluminismo e da revolução, é concebida como uma unidade orgânica, um organismo de que os indivíduos não são nada além de partes, que possui uma harmonia interior e que deve se desenvolver progressiva e contemporaneamente em seus vários aspectos.

> A sociedade não é um simples aglomerado de seres vivos, cujas ações independentes de qualquer escopo final não têm outra causa além do arbítrio das vontades individuais, nem outro resultado além de acidentes efêmeros e sem importância; a sociedade, ao contrário, é sobretudo uma verdadeira máquina organizada, todas as partes da qual contribuem de forma diferente para o movimento de conjunto.
> A união dos homens constitui um verdadeiro SER, cuja existência é mais ou menos sólida ou vacilante dependendo se os seus órgãos cumprem mais ou menos regularmente as funções que lhes são confiadas (SAINT-SIMON, 1966, V, p. 176-177).

Saint-Simon sustenta que tal ser social, concebido como organismo, pode ser estudado segundo os princípios da ciência. Assim como existe uma ciência que estuda o organismo individual, ou seja, a fisiologia, deve existir também uma ciência que estuda a sociedade como organismo; tal ciência é denominada "fisiologia social". Ela alerta contra as perturbações repentinas e violentas que podem ocorrer na sociedade.

> Em cada máquina, a perfeição dos resultados depende da manutenção da harmonia primitiva estabelecida entre todas as engrenagens que a compõem; cada uma delas deve fornecer necessariamente o seu contingente de ação e reação; a desordem irrompe prontamente quando causas perturbadoras aumentam viciosamente a atividade de algumas delas à custa da atividade das outras (SAINT-SIMON, 1966, V, p. 181).

Essas não são ideias novas, como não é nova a ideia de uma ciência social. Saint-Simon, todavia, vai além da enunciação do princípio de uma ciência da sociedade e indica também como ela surgiu historicamente e quais são as suas tarefas específicas. A tendência do conhecimento humano, principalmente a partir do século XV, foi a de fundar "todos os raciocínios sobre fatos observados e discutidos" (SAINT-SIMON, 1966, V, p. 16). Assim antecipou o pensamento em relação a uma série de ciências particulares, como a astronomia, a física, a química. "Disso se conclui necessariamente que a fisiologia, de que faz parte a ciência do homem, será tratada com o mesmo método adotado para as outras ciências físicas" (SAINT-SIMON, 1966, V, p. 16). Ela deve se tornar uma ciência *positiva*, ou seja, deve basear-se não em conjecturas, mas em fatos observados. A filosofia também, assim como todos os outros setores da ciência humana, deve se tornar positiva.

> A ciência geral, vale dizer, a filosofia teve que ser conjectural até quando foram-no as ciências particulares; [...] ela teve que ser metade conjectural e metade positiva quando uma parte das ciências particulares se tornou positiva, enquanto a outra ainda era conjectural, e [...] será completamente positiva quando o serão todas as ciências particulares. [...] Tem-se então indício de uma época em que a filosofia [...] será positiva (SAINT-SIMON, 1966, V, p. 17-18).

Embora sustente, ele também, a superioridade da harmonia social em relação aos arbítrios individuais, Saint-Simon se distingue dos expoentes mais intransigentes do pensamento da Restauração por buscar, não a reconstituição de uma ordem característica de épocas passadas, mas uma nova ordem, fundada na observação científica. Os fundamentos positivistas do pensamento de Saint-Simon devem ser entendidos como uma tentativa de indicar o caminho para a reconstrução de uma nova sociedade orgânica. O autor em questão sustenta que a crise da sociedade em que ele vive depende da passagem da velha sociedade teológica e feudal – cuja cultura é prevalentemente teológica e cujo sistema político e econômico é organizado em moldes feudais – à sociedade científica e industrial. Nela, o conhecimento teológico ou metafísico é substituído pelo conhecimento científico, e a organização da sociedade não é mais em função de atividades militares, mas em função de atividades produtivas, industriais.

> A crise na qual o corpo político se encontra há trinta anos – escreve Saint-Simon – tem como causa fundamental a mudança total do sistema social, que tende a se concretizar hoje nas nações mais civilizadas [...]. Em termos mais precisos, essa crise consiste essencialmente na passagem do sistema feudal e teológico para o sistema industrial e científico (SAINT-SIMON, 1966, III, p. 2).

À fase crítica, que Saint-Simon obviamente indica no período iluminista e revolucionário, seguirá, portanto, uma nova fase orgânica fundada em certezas não mais teológicas, mas científicas. É esse o pressuposto positivista que será depois retomado e reelaborado por Comte. Sobre essa base um aluno de Saint-Simon, Bazard, chegará a dizer que para o seu mestre a história evolui por meio de uma contínua passagem de fases orgânicas a fases críticas e a novas fases orgânicas superiores. E, na verdade, ainda que essa "lei" não seja explicitamente formulada por Saint-Simon, pode-se deduzi-la dos seus escritos. Não completamente justificado se mostra, portanto, o violentíssimo ataque de Marx e Engels ao filósofo alemão Grün, contemporâneo deles, acusado entre outras coisas de ter atribuído essa concepção da história ao próprio Saint-Simon (cf. MARX & ENGELS, 1967, p. 501).

Para alcançar a nova fase orgânica, o autor em questão não vê somente a exigência de novas certezas, fundadas na ciência e não na fé, mas também a exigência de uma nova organização política e do trabalho. Aqui ele se une a temas tipicamente iluministas e às críticas ao Antigo Regime fundado na divisão entre trabalho político e trabalho produtivo, além do privilégio de categorias não produtivas. Essas últimas devem desaparecer; os parasitas devem ser abolidos, e a sociedade deve ser fundada no trabalho produtivo. Assim terá fim a exploração do homem por parte do próprio homem. Aqueles que detêm o poder político também são improdutivos, enquanto o único poder legítimo e justificável é o poder econômico.

> A qualquer um que tenha observado com atenção o caminho da civilidade, está demonstrado totalmente que o sistema para o qual o gênero humano sempre tendeu até hoje na Europa ocidental, aquele que deve substituir o regime feudal e teológico, é o sistema industrial e do comércio, e um novo poder espiritual confiado aos sábios positivos (SAINT-SIMON, 1966, III, parte II, p. 143).

O poder político deve, portanto, ser eliminado, mas isso não acarretará, de modo algum, o abandono da sociedade aos arbítrios individuais; ao contrário, uma coordenação das atividades econômicas se faz necessária. Saint-Simon sustenta, como Durkheim escreveu, que "o livre jogo dos egoísmos não é suficiente para produzir automaticamente a ordem social" (DURKHEIM, 1973, p. 213). Com a superação do poder político e militar e sua transformação em poder econômico, a sociedade será organizada pacificamente, como uma grande empresa industrial ou um banco, com base em princípios verificados cientificamente e em função do trabalho e da prosperidade de todos. Todas as energias do homem serão dedicadas ao desenvolvimento científico e industrial. Saint-Simon expressa essa ideia utilizando também a expressão "política científica", que se distingue precisamente da "política metafísica, fundada em suposições abstratas mais ou menos vagas, e mais ou menos vazias, as quais não são mais do que uma nuança da teologia" (SAINT-SIMON, 1966, III, parte I, p. 20). Essa política científica para governar não deverá "empregar outro meio a não ser o da demonstração" (p. 131).

A implementação da prosperidade de todos na nova sociedade científica e industrial se depara com uma grave dificuldade prática, constituída pela presença do proletariado, que Saint-Simon considera parte de uma não melhor definida "classe industrial".

Os trabalhadores manuais, os "não qualificados", no período pré-revolucionário, não se sentiam isolados já que, na luta contra o poder constituído, eles tinham consigo as forças da nascente burguesia. No entanto, na estrutura da França pós-revolucionária, em que "eles se veem abandonados por tudo aquilo que de poderoso havia em sua classe, experimentam necessariamente um ressentimento contra o andamento político em curso" (SAINT-SIMON, 1966, III, parte VI, p. 447).

Para garantir trabalho e prosperidade ao proletariado, Saint-Simon acredita que seja suficiente abolir as atividades não produtivas e, portanto, os gastos improdutivos. Entre esses, "a manutenção do exército é sem dúvida o gasto mais considerável" (SAINT-SIMON, 1966, III, parte VI, p. 447). Esse otimismo não parece ter encontrado muitas confirmações no desenvolvimento histórico, mas é verdade que as categorias improdutivas nunca desapareceram. Em todo caso, as afirmações do autor em questão assumem uma grande importância porque indicam que a construção da nova sociedade não é concebível sem uma mudança na estrutura econômica. Tal mudança torna-se necessária até para a realização do ideal cristão da fraternidade universal. Assim, a salvação que a religião cristã busca não se mostra mais um problema exclusivamente interior, da "alma", relativo ao indivíduo. Essa fraternidade pode ser alcançada apenas pela melhora das condições econômicas da classe "mais numerosa e mais pobre". O "princípio regenerado" da fraternidade "se apresentará desta maneira: *A religião deve guiar a sociedade na direção do grande escopo da melhora mais rápida possível das condições da classe mais pobre*" (SAINT-SIMON, 1968, p. 12). É essa a tarefa do "novo cristianismo".

Saint-Simon é um autor muito discutido. Foi apreciado por Marx e Engels pelo fato de ter percebido a exigência de banir os ociosos da sociedade e por ter defendido o proletariado. Todavia, ele lhes pareceu, como se verá, impossibilitado de alcançar um "socialismo científico", já que a indústria, fundada na propriedade privada dos meios de produção, não estava suficientemente desenvolvida para permitir a identificação das contradições intrínsecas a ela que teriam levado à sua superação. Sempre, segundo a visão de Marx e Engels, Saint-Simon, consequentemente, só podia acreditar que era tarefa da "razão pensante" eliminar as injustiças sociais.

Durkheim, ao contrário, demonstra interesse pelo autor em questão por motivos muito diferentes, ou seja, por ele ter sido o fundador tanto da sociologia positivista quanto do socialismo moderno. Pesquisando a matriz social deste último, bem como da sociologia, Durkheim chega à conclusão de que é a mesma para um e para a outra. Era necessário que a ordem econômica começasse a prevalecer sobre a política e a religiosa e que o comércio e a indústria tivessem alcançado "um início de centralização" (DURKHEIM, 1973, p. 216) para que as teorias socialistas pudessem se manifestar. Enquanto as atividades econômicas prosseguem sem nenhuma organização centralizada, tais teorias não têm, de fato, possibilidade de emergir. Por outro lado, a sociologia também nasce nesse contexto e está condicionada pela mesma situação. Ou seja, ela surge quando a sociedade encontra em si, por meio da organização econômica, uma realidade não redutível à ordem política. Socialismo e sociologia se originam, portanto, de exigências comuns. Entretanto, Saint-Simon é criticado por Durkheim por não ter compreendido como, apesar da matriz comum, socialismo e sociologia jamais poderiam coincidir, já que o primeiro tem finalidades eminentemente práticas de intervenção para a transformação da estrutura econômica, ao passo que a segunda tem finalidades exclusivamente cognitivas, científicas. Além disso, o que constitui o mérito principal de Saint-Simon para o pensamento marxista, ou seja, o fato de ter identificado uma correlação entre fatores morais e fatores econômicos, torna-se para Durkheim o seu erro mais grave: ele não teria apreendido os fundamentos religiosos de cada sociedade, e, portanto, o caráter secundário da organização econômica. Apesar da diversidade de interpretações do seu pensamento, concorda-se, no entanto, com o fato de encontrar em Saint-Simon, como já dissemos, as raízes tanto da sociologia quanto do socialismo moderno. Além disso, até os adversários mais ferrenhos do positivismo reconhecem que "o método positivista demoliu certamente muitas ilusões teológicas e metafísicas e favoreceu a evolução do livre-pensamento" (MARCUSE, 1966, p. 362), e, o que mais importa em relação a Saint-Simon, isto seria correto em relação aos inícios do pensamento positivista do que em relação aos seus desdobramentos sucessivos.

2.6 Comte: a "lei dos três estados"

Se essa dúplice tendência, positivista e socialista, é típica de Saint-Simon, ela não se encontra mais no seu discípulo Auguste Comte (1798-1857). Este último nasce em Paris em uma família católica e monárquica. Demonstra logo muita aptidão tanto para os estudos científicos quanto humanistas e um caráter anticonformista e independente. Ele se rebela logo contra a família e se declara republicano e livre pensador. Em 1814 entra na École Polytechnique de Paris. Em 1817 se torna, como já dissemos, secretário de Saint-Simon. Depois de escrever para alguns jornais, publica, em 1822, *Plano dos trabalhos científicos necessários para reorganizar a sociedade*. Por ocasião da reimpressão de *Catecismo dos industriais* de Saint-Simon, que inclui sem que Comte saiba o *Sistema de política positiva*, obra que tinha sido escrita pelo próprio Comte em 1822, ocorre, em 1824, o drástico rompimento com o mestre. Desde então, embora seja facilmente verificável que o contrário é verídico, Comte negará ter sofrido qualquer influência por parte de Saint-Simon. Em 1825 o autor em questão se casa com Caroline Massin, com quem mantinha relação há alguns anos. O casamento será muito infeliz, devido também à infidelidade dela. Em 1830 Comte publica o primeiro volume de *Curso de filosofia positiva*, obra que será completada e publicada em seis volumes em 1842. Depois de ter realizado cursos em sua casa, obtém um posto de professor particular na École Polytechnique de Paris, onde havia estudado e onde, desde 1836, ensinará matemática. Em 1844 tais encargos lhe serão retirados. A partir de então, viverá por alguns anos com subsídios mandados da Inglaterra após a intercessão de J.S. Mill, mas Comte, dada a sua intransigência, perderá também esses subsídios. Em 1845, ele encontra Clotilde de Vaux, que morrerá em seus braços no ano seguinte. A partir daí, ele venerará sua memória com um verdadeiro culto, identificando frequentemente esse culto com a religião positiva. Entre 1851 e 1854 escreve *Sistema de política positiva*, obra que leva o mesmo título do desafortunado escrito juvenil.

Os interesses de Comte são múltiplos, e múltiplas são também as influências, seja por parte do contexto histórico-político, seja por parte do contexto intelectual, que agem sobre o seu pensamento. Convicto, assim como Saint-Simon, que todas as ciências devessem ter na base princípios comuns – a filosofia positiva – e uma metodologia comum, ele estudou a fundo diferentes disciplinas científicas. Desses estudos ele chega à formulação da sua ideia mais famosa, ou seja, daquela que leva tradicionalmente a denominação de "lei dos três estados". Ainda que Comte afirme ter chegado à identificação dessa lei somente por meio do estudo empírico, há que se recordar novamente que, todavia, em suas características essenciais, ela já estava presente, mesmo antes de Saint-Simon, em Turgot. Dela Comte procura uma prova geral em cada ramo do saber. O conhecimento humano, sustenta o autor em questão, passa por três diferentes estados, no primeiro dos quais a realidade é explicada em termos teológicos, isto é, recorrendo com o pensamento a forças que transcendem o mundo dos fenômenos e o dominam de fora. Nesse primeiro estado podem ser encontradas três diferentes fases: a fetichista, a politeísta e a monoteísta, dependendo se se considerar cada objeto dotado de um próprio poder espiritual autônomo, ou se recorrer a uma pluralidade de divindades em relação aos diversos âmbitos da realidade humana, ou a um único Deus. No estado metafísico, estado intermediário e híbrido, em que prevalecem às vezes características presentes no estado anterior, enquanto outras vezes podem ser identificados já traços do estado vindouro, a realidade é explicada recorrendo-se a princípios abstratos, subjetivos, a faculdades do sujeito, às regras do pensamento que se acredita dar ordens e significado à realidade. Por fim, no estado positivo, tudo é explicado obedecendo a descrição empírica da realidade, e às leis científicas que podem ser deduzidas dessa descrição. Comte formula pela primeira vez a sua lei nestes termos:

> Pela natureza mesma do espírito humano, cada ramo do nosso conhecimento está sujeito, necessariamente, em seu desenvolvimento, a passar sucessivamente por três estados teóricos diferentes: o estado teológico ou fictício, o estado metafísico ou abstrato, o estado científico ou positivo.
>
> No primeiro, ideias sobrenaturais servem para unir o pequeno número de observações isoladas, de que então a ciência se compõe; em outros termos, os fatos observados são explicados, vale dizer, *vistos a priori*, com base em fatos inventados. Esse estado é necessariamente o de cada ciência nos seus primórdios; por mais imperfeito que seja, é o único modo de união possível naquele período. Ele fornece, consequentemente, o único instrumento por meio do qual é possível raciocinar sobre os fatos, mantendo assim a atividade do espírito, que necessita acima de tudo de um ponto de reunião qualquer; em uma palavra, é indispensável para permitir ir mais além.
>
> O segundo estado destina-se unicamente a servir como meio de transição do primeiro para o terceiro estado; o seu caráter é híbrido, ele liga os fatos às ideias que não são mais completamente sobrenaturais e não são ainda inteiramente naturais; em uma palavra, essas ideias são abstrações personificadas, nas quais o espírito pode ver a seu arbítrio ou o nome místico de uma causa sobrenatural, ou a enunciação abstrata de uma simples série de fenômenos, dependendo se está mais perto do estado teológico ou do estado científico. Esse estado metafísico supõe que os fatos, tornados mais numerosos, tenham sido ao mesmo tempo aproximados com base em analogias mais amplas.

> O terceiro estado é o modo definitivo de toda e qualquer ciência, sendo os primeiros dois destinados somente a prepará-lo gradualmente. Assim, os fatos são unidos com base em ideias ou leis gerais de ordem inteiramente positiva, [ideias] sugeridas e confirmadas pelos próprios fatos, que, por sua vez, são apenas, com frequência, simples fatos suficientemente gerais para se tornarem princípios. Procura-se sempre reduzi-los ao menor número possível, mas sem nunca imaginar nada de hipotético que não seja por natureza adequado a ser, um dia, verificado por meio de observação, e não os considerando em todo caso como um meio de expressão geral para os fenômenos [COMTE, in SAINT-SIMON, 1966, IV, p. 75-76).

Já se disse que em seguida Comte, aprofundando o discurso, sustentará que no interior do estado teológico é possível distinguir três diferentes fases: a fetichista, a politeísta e a monoteísta. A seu ver, embora se atribua mais importância comumente à passagem do politeísmo para o monoteísmo, a virada decisiva para o conhecimento humano é obtida, no entanto, com a passagem do fetichismo para o politeísmo, porque com o politeísmo tem-se o início de uma certa capacidade de abstração. No fetichismo, de fato, todo objeto é animado, enquanto no politeísmo o pensamento agrupa os objetos com base em certas semelhanças entre eles e em certas generalizações. Daqui é possível até mesmo identificar a ordem do pensamento positivo, científico, já que a ciência procede, necessariamente, por generalizações.

2.7 Comte: a crítica ao estado metafísico

Essa famosíssima "lei", já presente em seus traços essenciais em Turgot, assim como em Saint-Simon, exposta em tais termos, abstraídos das preocupações históricas e políticas do seu autor, diz, todavia, bem pouco. Comte continuará a falar dela e a reelaborá-la por toda a vida, e exatamente nas muitas exemplificações e especificações fica clara a sua intenção fundamental: a crítica da concepção metafísica considerada como característica do período iluminista e a vontade de contribuir para criar uma ordem social que a metafísica iluminista não podia dar. De fato, ela se pôs em termos negativos para com a tradição, a ordem constituída, a sociedade monárquica, feudal, e fundada culturalmente no poder espiritual. Tinha reavaliado a razão subjetiva e suas potencialidades críticas em relação aquilo que era sancionado pelo passado, ou seja, exatamente a tradição. Ora, se é verdade que o Iluminismo fazia referência a uma razão humana válida universalmente, para a qual qualquer conclusão relativista lhe era remota, Comte afirma que quando se introduz o princípio segundo o qual a verdade depende do sujeito ao invés de uma realidade que se impõe pelo exterior como objetiva e, portanto, inquestionável, cai-se necessariamente na desordem, no caos, na anarquia intelectual e moral, da qual deriva também a desordem social e política. Nas palavras de Comte,

> o conjunto dessa situação social se apresenta em toda a sua clareza, e sob o aspecto mais simples, como essencialmente caracterizado por uma anarquia profunda, e cada vez mais extensa, embora [...] de natureza puramente transitória, de todo o sistema intelectual, durante o longo intervalo que devia derivar da decadência sempre crescente da filosofia teológico-metafísica, chegada, nos nossos dias, a uma impotente decrepitude, e do desenvolvimento contínuo, mas ainda incompleto, da filosofia positiva (COMTE, 1967, p. 50).

O que deve ser superado é o espírito de absoluta liberdade que predomina na "doutrina crítica", expressão com a qual Comte se refere ao pensamento iluminista. "Considerando a doutrina crítica, [...] é evidente que o direito de liberdade de consciência constitui o seu direito mais amplo e mais fundamental" (COMTE, 1967, p. 53). Isso teve importantes consequências positivas por ter contribuído com o colapso dos fundamentos do pensamento teológico, mas a "doutrina crítica" permanece mesmo assim só e exclusivamente crítica, demolidora: com base nela não é possível pensar em nada de concreto, de construtivo. Para construir a nova sociedade, é necessário ter certezas, enquanto a referência iluminista à liberdade de crítica por parte do sujeito pode conduzir apenas à eterna dúvida. As sociedades anteriores ao estado transitório, metafísico, crítico, também eram baseadas em certezas, mesmo tratando-se de ilusões, princípios fictícios. O catolicismo compreendera que sem certezas não era possível construir uma sociedade; mas, obviamente, como não havia certezas científicas, não se podia ir além da afirmação de princípio.

> Há muito tempo o bom-senso político formulou claramente a primeira necessidade de toda organização social, com esse admirável axioma da Igreja Católica: *In necessariis unitas, in dubiis libertas, in omnibus caritas*. Entretanto, essa bela máxima se limitava evidentemente a pôr o problema, indicando o escopo geral em direção ao qual toda sociedade deve tender à sua maneira (COMTE, 1967, p. 85).

O autor em questão acredita – não sem ingenuidade, mas sobre isso retornaremos mais adiante – que o problema possa encontrar uma solução definitiva no seu tempo, já que a ciência teria alcançado certezas indiscutíveis, não fictícias, mas fundadas na observação dos fatos e nas regularidades e generalizações que podem ser deduzidas de tal observação. A nova sociedade, a nova ordem social, deveria ser fundada nessas certezas científicas, depois do período de crise do qual falamos. Já na obra juvenil *Sistemas de política positiva*, Comte, como ele lembra em nota em uma página do *Curso de filosofia positiva*, tinha afirmado:

> Não há absolutamente liberdade de consciência na astronomia, na física, na química, e na própria fisiologia, no sentido de que cada um acharia absurdo não crer com fé nos princípios estabelecidos pelos especialistas dessas ciências. Se em política ocorre de outra maneira, é unicamente porque, tendo caído os velhos princípios, e não tendo ainda sido formulados os novos, não há, de modo algum, propriamente, nesse intervalo, princípios estabelecidos (COMTE, 1967, p. 72).

Essa ideia, no *Curso* é tão reelaborada, de modo a confirmar as acusações dirigidas ao estado metafísico, ou seja, às características predominantes do pensamento iluminista.

> A verdadeira liberdade só pode consistir, sem dúvida, em uma submissão racional à única supremacia, convenientemente constatada, das leis fundamentais da natureza, protegidas de todo poder pessoal arbitrário. A política metafísica tentou inutilmente consagrar assim o seu domínio, honrando com o nome de lei qualquer decisão frequentemente irracional e desordenada, das assembleias soberanas, qualquer que fosse a sua composição; decisões concebidas, contudo, por uma ficção fundamental que não pode mudar a sua natureza, como fiel manifestação de vontade popular. Mas todo esse culto metafísico não poderia hoje verdadeiramente dissimular a tendência profundamente arbitrária que caracteriza necessariamente toda filosofia não positiva [...]. Somente a política positiva poderá, estabelecendo verdadeiros princípios sociais, impedir, enfim, esse deplorável desvio, e substituir cada vez mais o domínio das vontades arbitrárias pelo domínio das convicções reais (COMTE, 1967, p. 148-149).

A ciência irá devolver ao homem, portanto, no estado positivo, a certeza, a ordem intelectual, e, consequentemente, a ordem na sociedade e nas suas instituições. É essa a tarefa da "política positiva". O caos, a anarquia, dependem do fato de que os problemas da sociedade não foram estudados e compreendidos segundo os métodos da filosofia positiva, ao passo que a velha ordem teológica não pode ser restabelecida.

Nem todos os setores da consciência humana alcança com mesma facilidade e a mesma rapidez o estado positivo. As ciências mais simples alcançaram-no antes das outras. A sociedade, sendo a realidade mais complexa e onicompreensiva, chegará a ser compreendida segundo os métodos da ciência na última fase do desenvolvimento das potencialidades cognitivas do homem. Surge então a "física social" ou "sociologia".

2.8 Comte: dinâmica e estática social

Comte distingue, no âmbito da sociologia, a "dinâmica social" e a "estática social". A primeira, obviamente, estuda a sociedade humana nas suas transformações: a "lei dos três estados", da qual já falamos, constitui a sua expressão fundamental. A "estática social" estuda, ao contrário, os elementos presentes em toda sociedade e destinados a permanecer inalterados nos fundamentos e nas características essenciais não obstante as alterações históricas. Inalterável é – ainda de acordo com Comte – a superioridade da sociedade com relação ao indivíduo. Nem isso pode surpreender. Já que o problema da ordem intelectual e social constitui o fundamento de toda a concepção sociológica do autor aqui considerado, ele só podia ser contrário a todo princípio individualista. E também na sua rejeição a qualquer individualismo retornam completamente explícitas e também monótonas as invectivas contra o pensamento "revolucionário" iluminista. É a família que constitui a unidade fundamental de qualquer sociedade. "O espírito científico não permite considerar a sociedade humana como realmente composta de indivíduos. A verdadeira unidade social consiste certamente apenas na família" (COMTE, 1967, p. 345). Obviamente, Comte não pode negar as diferenças que a instituição da família sofreu no curso da história, nem as suas diferenças em sociedades distintas, mas é convicto defensor da ideia de que no âmbito da "estática social" é possível identificar os traços inalteráveis dessa instituição. Ele pretende "considerar a família sob o aspecto científico mais elementar, ou seja, naquilo que ela oferece de necessariamente comum a todos os casos sociais, considerando a vida doméstica como a base constante da vida social" (COMTE, 1967, p. 347). E necessariamente comum é o caráter hierárquico no interior da família; a superioridade do homem sobre a mulher e do genitor sobre o filho. "A teoria sociológica da família pode ser essencialmente reduzida ao exame racional de duas ordens fundamentais de relações necessárias, ou seja, de subordinação dos sexos, e, em seguida, a da idade, de que uma institui a família, a outra a mantém" (COMTE, 1967, p. 148). Não faltam a tal propósito tons que soam mais líricos do que científicos:

> Em qual outro caso – escreve Comte – poder-se-ia encontrar, no mesmo grau, por parte do inferior, a mais respeitosa obediência espontaneamente imposta, sem o mínimo aviltamento, antes de tudo pela necessidade e depois pelo reconhecimento; e, no superior, a autoridade mais absoluta unida à mais completa devoção, demasiada natural e doce para merecer propriamente o nome de dever? É certamente impossível que, nas relações mais extensas e menos íntimas, a indispensável disciplina da sociedade jamais possa realizar plenamente essas admiráveis características da disciplina doméstica: a submissão não poderia ser tão completa nem tão espontânea, a proteção não poderia ser tão comovente nem tão devota (COMTE, 1967, p. 354).

Também isso, todavia, que para Comte se mostra como uma verdade óbvia, foi negado pelos filósofos individualistas da revolução. Mesmo assim, ele está convencido de que a família, como instituição natural, não pode senão sobreviver, e afirma que essa "instituição fundamental" recebe "graves abalos" e que estes "devem ser considerados os sintomas mais graves da [...] tendência transitória à desorganização social" (COMTE, 1967, p. 347). Ele acrescenta logo depois que, para superar essa crise, será necessário reconhecer cientificamente a família como instituição natural e não fundada na fé religiosa.

Outro traço presente em toda sociedade humana é a cooperação, que implica necessariamente uma hierarquia e a divisão do trabalho. Quando a sociedade se torna mais complexa, essa divisão do trabalho tende a aumentar e é mais fácil compreendê-la. A esse respeito, Comte antecipa em poucas palavras aquela que se tornará a lei fundamental do evolucionismo de Herbert Spencer:

> A perfeição crescente do organismo animal consiste sobretudo na especialização cada vez mais acentuada de diversas funções exercidas pelos órgãos cada vez mais distintos e não obstante sempre exatamente solidários, dos quais ele se torna gradualmente composto, aproximando-se mais do organismo humano

> [...] Ora, tal é substancialmente o caráter próprio do nosso organismo social, e a causa principal da sua superioridade necessária sobre cada organismo individual (COMTE, 1967, p. 359).

A divisão do trabalho comporta também a organização hierárquica da sociedade, em que alguns se encontram, de acordo com as suas inclinações naturais e com a educação recebida, a ocupar posições de comando, enquanto a maioria é subordinada a essa elite. Isso não deveria comportar conflitos, já que cada um percebe a necessidade natural da organização social hierárquica e aceita a própria posição. Os homens, em sua maioria, não têm capacidades intelectuais suficientes para compreender a função da sua atividade na complexidade da sociedade, e se limitam, assim, a se realizar no âmbito familiar:

> A mediocridade intelectual da maior parte dos homens não lhes permite formar [...] uma ideia suficientemente precisa das relações demasiadas extensas, demasiadas indiretas e demasiadas estranhas às próprias ocupações, para que possa derivar um verdadeiro estímulo de simpatia disso, capaz de alguma eficácia duradoura. Portanto, é exclusivamente na vida doméstica que o homem deve buscar habitualmente o pleno e livre-progresso dos seus afetos sociais (COMTE, 1967, p. 362).

Superioridade, portanto, da sociedade sobre o indivíduo, da integração afetiva do indivíduo na ordem social com relação a qualquer impulso de rebelião individual; dos homens sobre as mulheres, já que estas últimas são "radicalmente inadequadas a todo governo, mesmo doméstico, seja por causa de uma menor racionalidade, seja também pela volúvel irritabilidade de um caráter mais imperfeito" (COMTE, 1967, p. 375); necessidade de uma ordem hierárquica e de uma elite intelectual que domine sobre as massas em que a emotividade prevalece sobre a racionalidade. Bastariam essas afirmações para colocar Comte no âmbito de uma concepção conservadora e autoritária.

Entretanto, Comte é sobretudo defensor da necessidade do progresso. Se, por um lado, ele sustenta a necessidade da ordem intelectual e social, por outro está convencido de que ela não se contrapõe ao desenvolvimento do pensamento e da sociedade; mas, antes, constitui a sua premissa necessária. "Nenhuma ordem real – escreve Comte – pode mais se instaurar, e tanto menos durar, se não for plenamente compatível com o progresso; nenhum grande progresso poderia efetivamente realizar-se se ao final não tendesse à evidente consolidação da ordem" (COMTE, 1869, IV, p. 17; ROSSI, 1973, p. 179). A ordem na sociedade positivista deve garantir o progresso e torná-lo possível. O progresso é "o desenvolvimento gradual da ordem" e a ordem se manifesta no progresso (COMTE, 1929, II, p. 2; ROSSI, 1973, p. 182). As formas humanas de conhecimento se aprimoram continuamente até o alcance do estado positivo e com elas se aprimoram as sociedades e os seus governos. A máxima expressão, o momento mais avançado, desse desenvolvimento encontra-se na história da raça branca, que deve, portanto, constituir o exemplo e o guia de toda a humanidade, tanto que falando da primeira, envolve-se necessariamente no discurso também a segunda.

A individuação das leis que governam a sociedade e a sua organização científica são o grande problema a ser enfrentado, e, na opinião de Comte, a solução está ao alcance da mão. É suficiente que os cientistas sociais, que, como tais, conhecem melhor que qualquer outro a sociedade e suas leis positivas, estáticas e dinâmicas, possam governar – e de forma autoritária, já que, como dissemos, não se pode admitir a liberdade de refutar aquilo que se verifica cientificamente comprovado para além de qualquer dúvida – a fim de que a ordem social seja restabelecida e o progresso seja garantido. Esse progresso – e aqui Comte retoma um tema típico de Saint-Simon e que será sucessivamente central em Spencer – assinala também a superação da atividade militar em direção a uma organização exclusivamente industrial da sociedade.

2.9 Comte: a religião positiva

Apesar da centralidade do progresso científico, em seu discurso, Comte sustenta que o homem não precisa somente de certezas científicas. Pois que, como já se pôde observar, as exigências afetivas, pelo menos na maioria dos casos, são mais fortes do que as intelectuais, não é possível banir a religião da sociedade. Mesmo tendo iniciado, em sua primeira obra, com a lei dos três estados, pela crítica ao estado teológico, Comte chega, na sua última obra, à afirmação da necessidade, na nova sociedade organizada com base nos princípios da filosofia positiva, de uma religião positivista, que tem como tarefa primária manter unidos os indivíduos na sociedade. Não se trata de venerar entidades que transcendem o mundo do homem; mas, antes, de compartilhar valores comuns, para os quais é dirigida a afetividade dos indivíduos e nos quais eles se sentem constituir uma realidade que lhes seja superior.

A religião é entendida como consenso – *consensus* – mas não tanto no sentido de uma escolha do indivíduo quanto de uma união natural que como tal se encontra também no reino animal e orgânico. "A religião constitui [...] para a alma um consenso normal comparável exatamente ao da saúde em relação ao corpo" (COMTE, 1970, II, VIII, p. 8). A exigência da religião é mais uma vez a de garantir unidade e disciplina. "Uma verdadeira disciplina afetiva, ao mesmo tempo completa e duradoura, só se pode estabelecer e se desenvolver na subordinação uniforme de todos [...] os sentimentos pessoais aos sentimentos sociais" (COMTE, 1970, II, VIII, p. 10). Comte procura identificar na sua religião também a solução do problema do proletariado. Aqui o discurso, em relação ao enfoque de Saint-Simon, mostra-se invertido. Enquanto este último percebia, como já se pôde observar, a exigência de uma transformação econômica que melhorasse as condições da classe mais pobre com o fim de realizar o ideal cristão da fraternidade universal, Comte sustenta que o proletariado moderno resolve os seus problemas reconhecendo-se como parte essencial da sociedade entendida como "unidade moral". Diferentemente do escravo, cuja condição era compulsória, o proletário se sente ligado à sociedade em que trabalha por uma relação afetiva. O autor em questão, em nome da ciência, faz uma comparação que vê, de um lado, o cão doméstico e o proletário, e, de outro, um leão na jaula e o escravo. Não teme que essa comparação seja, além de pouco científica, também pouco lisonjeira para os seres humanos que ele gostaria, embora a seu modo, de elogiar. Contrapondo "o sentimento da disciplina exterior" a uma "verdadeira disciplina afetiva", o autor afirma que esta última "deve sempre ser livre para se tornar plenamente eficaz", e prossegue:

> É fácil perceber, comparando o estado moral de um cão doméstico com o de um leão no cativeiro. Quando uma longa experiência leva este último a uma resignação passiva, a unidade moral não existe, absolutamente, nele: ele flutua continuamente entre uma luta impotente e um torpor ignóbil. Ao contrário, as manifestações afetivas do primeiro tornam-se diretas e contínuas tão logo ela possa subordinar as suas tendências egoístas aos seus instintos afins. A comparação se mostra ainda mais decisiva se se opõe o escravo antigo ao proletário moderno. Embora ambos, de um ponto de vista material, levem aproximadamente o mesmo tipo de existência pessoal, tanto ativa como passiva, a liberdade do segundo torna-o apenas capaz de uma verdadeira unidade moral, permitindo a expressão das suas disposições à benevolência. O aspecto mais duro da condição do antigo escravo devia consistir, para as almas nobres, em não poder mais viver realmente para os outros, sendo a sua atividade sempre forçada ou ao menos suposta como tal (COMTE, 1970, II, VIII, p. 15).

Pode-se, sem excessiva dificuldade, acusar esse gênero de afirmação de inconsistência teórica, mesmo prescindindo da sua conotação política. Mas no discurso de Comte sobre a religião há, no entanto, uma ideia que permanecerá central em grande parte do pensamento sociológico não marxista. Trata-se da ideia segundo a qual nenhuma sociedade pode existir prescindindo de um certo grau de integração moral, de princípios e valores comuns. Comte capta nas ideias revolucionárias um perigo para essa integração, que não pode desaparecer completamente, mas pode certamente se enfraquecer, e indica na religião, entendida como fator de coesão social, o caminho para a superação da crise.

Com base no que foi dito, deveria estar claro qual é a dúplice influência que Comte sofre do seu tempo. De um lado, há a própria influência da Restauração, de restabelecer a ordem social, de outro há a convicção de que não se pode voltar atrás e que a ordem deve ser reconstituída com base no exemplo do progresso científico, visto como o traço distintivo do mundo em que o autor vive. Condicionado de um lado pelo problema da desordem social e de outro pelo progresso da ciência, Comte procura resolver o primeiro com a segunda. É essa a tentativa fundamental da sua obra.

2.10 Críticas a Comte

A teoria filosófica e sociológica de Comte teve uma grande repercussão: foi retomada por muitos, ainda que frequentemente em termos revisitados, e duramente atacada por outros. Antes de continuar é, portanto, necessário indicar, embora sumariamente, as principais críticas dirigidas ao autor cujo pensamento foi exposto acima nas suas características fundamentais.

A crítica mais constante em relação não só a Comte, mas a todo o positivismo, é que essa linha filosófica parte do pressuposto de um determinismo total. A vida do homem, quer como indivíduo, quer como membro da sociedade, mostra-se regulada por leis que têm a mesma necessidade e imutabilidade que as leis da física. Recordar-se-á que Comte chamava a sociologia também de "física social". O positivismo nega a liberdade do homem na história, reduz a história à natureza, e desse modo impede a possibilidade de compreender o seu caráter múltiplo e infinito, que não se deixa enquadrar em um esquema explicativo único e dado uma vez por todas. De resto, basta notar que, se se pressupõe um determinismo total, a própria possibilidade da ação política – a tomada de posição a favor de uma linha política ao invés de outra – torna-se por si só inútil e contraditória. Assim o absolutismo de Comte, o seu conservadorismo e o seu antiliberalismo também não podem encontrar um fundamento coerente na sua "filosofia positiva". A "fatalidade modificável" é por si só uma fórmula contraditória (ARON, 1972, p. 89). É preciso lembrar que, com base nessa crítica, por muitos – pelo idealismo de Croce e Gentile, assim como pelo marxismo de Gramsci e pelo pensamento católico – foi, em um primeiro momento, negada firmemente a própria possibilidade da sociologia.

Outros, ao contrário, como se verá melhor em seguida, a propósito de Dilthey, mesmo compartilhando essa crítica e partindo dela, procuraram identificar fundamentos diferentes para as ciências do homem. É necessário dizer também, todavia, que as críticas a Comte não foram poupadas nem sequer por aqueles sociólogos que se originam mais diretamente dele. Em particular esses, ao menos de Durkheim (DURKHEIM, 1972b, p. 128ss.) em diante, criticaram-no por não ter aderido ao método empírico defendido e ter desejado construir uma grandiosa filosofia da história da humanidade ao invés de restringir o âmbito problemático da pesquisa. Tal procedimento é, de fato, necessário se se quiser realmente levar o estudo da sociedade da discussão filosófica ao método científico, que procura verificar empiricamente as hipóteses em um âmbito mais circunscrito.

Outra crítica a Comte que teve muitos seguidores é a filosófico-política, que retorna com frequência nos escritos da chamada "Escola de Frankfurt" e que talvez encontre a sua expressão mais clara e decisiva em *Razão e Revolução* de Herbert Marcuse. "Filosofia positiva", para essa crítica, é uma contradição em termos porque a filosofia só pode ser crítica e negativa. O pensamento filosófico, sob pena de sua própria existência, não pode limitar-se a descrever os fatos assim como eles se apresentam. Deve examiná-los do ponto de vista da sua inadequação intrínseca, diante das exigências da razão, assim como eles se expressam historicamente e, nesse sentido, negá-los. Ora,

> a sociologia se tornou uma ciência renunciando ao ponto de vista, típico da filosofia crítica, que transcende a realidade de fato. A sociedade [...] era considerada como um complexo mais ou menos definido de fatos regidos por leis mais ou menos gerais: uma realidade a ser estudada como qualquer outro campo de investigação científica. Os conceitos que explicam tal realidade tinham que ser deduzidos dos fatos que a constituíam, enquanto os mais amplos panoramas dos conceitos filosóficos tinham que ser deixados de lado [...]. "Filosofia positiva" é, em última análise, uma contradição em termos. Essa expressão indica a síntese de todo conhecimento empírico em um sistema de progresso harmônico que segue um curso inevitável. Toda oposição à realidade é excluída do discurso filosófico (MARCUSE, 1966, p. 376-377).

De qualquer modo, o paradoxo da "filosofia positiva" não deve ser explicado seguindo sempre o filão de pensamento da Escola de Frankfurt, em termos meramente filosóficos: para compreender o seu significado mais profundo, é necessário ir às suas raízes políticas. Ao afirmar que a sociedade deve ser estudada não de um ponto de vista crítico, mas para descrever as leis "naturais" que regulam o seu desenvolvimento intrínseco, considerando, portanto, a ordem social como uma ordem natural, nega-se *ipso facto* a possibilidade do homem de colocar-se criticamente em relação a essa ordem para transformá-la racionalmente. Partindo da filosofia positiva só resta a aceitação acrítica e passiva do *status quo*. Essa filosofia, portanto, seria expressão dos interesses para a manutenção do sistema econômico e político constituído por parte da classe dominante: a burguesia. Marcuse procura encontrar, nas tomadas de posição políticas de Comte, a confirmação dessa interpretação. Já vimos como este último se colocava diante do problema do proletariado, surgido à época em toda a sua gravidade após a afirmação da burguesia. Marcuse, para sustentar com um exemplo a sua tese, destaca como Comte, mesmo tecendo elogios ao proletariado como classe de fundamental importância na sociedade científica e industrial, e mesmo reconhecendo a necessidade de uma melhoria das suas condições econômicas e sobretudo intelectuais, nega que a estrutura da sociedade deva ser mudada e considera a sua divisão em classes como dado "positivo", natural e imodificável, e por isso toda veleidade revolucionária só pode trazer prejuízos ao progresso organizado do conjunto. A esse propósito, mostra-se significativa a afirmação do autor criticado segundo o qual "o desenvolvimento industrial já alcançou uma fase em que se torna necessário regular a relação entre empresário e trabalhador, conduzindo-os para uma indispensável harmonia que não é mais garantida suficientemente pelos livres antagonismos naturais que se desenvolvem entre eles" (MARCUSE, 1966, p. 395).

Por parte dos outros dois grandes expoentes da Escola de Frankfurt, Adorno e Horkheimer, também se sustentou que Comte deseja a divisão entre teoria e práxis. Eles citam uma longa frase deste último para fundamentar sua tese, mas não parece que ela possa ser compartilhada. Se é verdade que para Comte o positivismo não deve "imiscuir-se ativamente no movimento político propriamente dito" (ADORNO & HORKHEIMER, 1966a, p. 16), isso deve ser entendido no sentido de que essa filosofia não deve ser dominada pela paixão política em questões contingentes, e não em sentido mais amplo. Isso porque a tarefa final da filosofia é a de fazer política positiva. Ela, como já vimos, tem a função prática de constituir e manter a ordem na sociedade fundando-se em princípios inalteráveis da ciência. Eis por que, como se dizia, essa tese de Adorno e Horkheimer parece bastante frágil. De resto, a tese de Marcuse também se depara com grandes dificuldades, pois, se é possível asseverar que para Comte a ciência e, portanto, também a sociologia, deve aderir à descrição da realidade dos fatos e à ordem natural, é também verdade que, para Comte, essa ordem ainda deve ser constituída, é uma "utopia", já que a realidade atual ainda é dominada pelo caos, pela crítica negativa, pela "metafísica" (ROSSI, 1973, p. 30). Todavia, permanece a contradição fundamental: enquanto de um lado se diz que o próprio progresso da sociedade segue uma lei imutável, "naturalista", enquanto a ordem e a dinâmica da sociedade são regidas por princípios deterministas, não se hesita em sustentar – mas essa segunda ideia se choca irremediavelmente contra a primeira – que há para a filosofia positiva uma tarefa científica e política a ser realizada. Não se compreende, de fato, como é possível ter uma tarefa a ser realizada quando tudo já está preestabelecido por uma ordem natural e imutável. Nesse sentido, a ciência só se adequa a essa ordem e a crítica marcusiana parece resistir.

Em nítida contraposição à tese de Adorno e Horkheimer, e também de Marcuse, foi afirmado que para Comte a sociologia tem a tarefa da transformação racional da sociedade, mas deve-se dizer também que a própria razão é concebida como a exigência de adequar-se à ordem (estática) e ao desenvolvimento (dinâmica) da realidade social, que são regulados por leis imutáveis. E deve ser lembrado também que a ordem social é concebida segundo os cânones mais típicos e característicos do pensamento conservador da época. De todo modo, é preciso reconhecer a Comte o mérito de ter contribuído, mesmo em conjunto com outros – o exemplo de Saint-Simon vale para todos – para afirmar a exigência de um estudo empírico dos fenômenos sociais, embora a seguir essa exigência não seja realizada nos seus escritos, que carecem de fundamentos empíricos efetivos. O sistema de Comte se resolveu, portanto, em grande parte em uma "metafísica da antimetafísica" (FERRAROTTI, 1974, p. 37).

Mas talvez o principal mérito do autor tratado esteja no fato de ele ter identificado com clareza qual seria, no futuro, o papel da ciência na sociedade; como a ciência, desenvolvendo-se, condicionaria todas as esferas da vida do homem. A grandeza de Comte – foi escrito – consiste "em ter intuído a importância social da ciência, isto é, em ter exatamente descrito o advento e as características da sociedade industrial como sociedade dominada pelo cálculo científico, organizada, especialista, sociocêntrica" (FERRAROTTI, 1974, II, p. 33). No entanto, também a esse respeito deve-se acrescentar que a concepção que

Comte tinha da ciência mostra-se hoje superada não apenas pelos cientistas sociais, mas também pelos cientistas naturais. Comte acreditava que a ciência consistia somente na descrição de dados e leis existentes enquanto tais no mundo objetivo, independentemente do sujeito que os percebe e os elabora, ao passo que hoje a presença do sujeito na interpretação e na elaboração dos dados mostra-se como momento necessário e imprescindível de qualquer pesquisa científica, e a teoria da ciência reconhece a possibilidade da existência de cânones interpretativos diferentes um do outro.

Ainda uma observação deve ser feita a propósito do caráter explicitamente eurocêntrico – a superioridade da raça branca – do pensamento de Comte. A seu ver, "a sociedade da Europa ocidental possui um caráter paradigmático e se tornará a sociedade de toda a humanidade". Mesmo que seja possível não concordar com ele acerca da avaliação desse processo histórico "não está demonstrado que [ele] [...] tenha errado em sustentar que certos aspectos da sociedade industrial europeia tivessem uma vocação universal" (ARON, 1972, p. 90).

Por fim, é relevante lembrar que, como também foi afirmado, Comte tem uma grande importância na história da sociologia por ter lançado as bases de uma tentativa que será característica de toda a sociologia posterior de orientação não marxista: a de considerar os elementos "residuais" da sociedade em relação aos econômicos. A sociologia surgiu como ciência "N + 1. Em outras palavras, era uma teoria das estruturas *complementares* necessárias para que a nova sociedade utilitarista se tornasse um todo único. Mesmo criticando as deficiências da própria cultura, a finalidade da sociologia positivista não era, portanto, derrubá-la, mas antes completá-la" (GOULDNER, 1980, p. 140). Comte, junto com outros autores influenciados por ele, "contribuiu para formar a tradição sociológica que ressaltou a importância do fato de que se formem sistemas de crenças compartilhados, interesses e desejos comuns e agrupamentos sociais estáveis" (GOULDNER, 1980, p. 140). Ele deu origem à sociologia entendida como estudo da integração social, ou seja, como estudo daqueles elementos que fazem com que uma sociedade possa existir como unidade apesar de todas as características nela presentes que dividem os indivíduos em vez de uni-los. Um mínimo de consenso é necessário até mesmo para a existência do conflito, para que as partes em luta se reconheçam reciprocamente como tais e deem um sentido à sua atividade. De outro modo, o próprio conflito seria somente um embate sem significado entre objetos. Em uma luta também há consenso entre as partes no sentido de que ambas pretendem ser consideradas inimigas e combater-se, o que é particularmente evidente na concorrência econômica. Isso não está dito explicitamente em Comte, mas ele parece ter aberto o caminho, com a sua ideia do "consensus", para uma orientação teórica desse tipo (MONTANARI ORSELLO, 1971). Talvez por essa razão, mais ainda que por ter cunhado o híbrido termo "sociologia", composto por uma palavra latina e uma grega, deva ser reconhecida a sua importância na história do pensamento sociológico.

2.11 Tocqueville: a questão da democracia

Portanto, com Comte tem início a sociologia no sentido estrito: a tentativa de um estudo empírico da integração social com base no exemplo dos métodos das ciências físicas. Mas pode-se perguntar – e se trata de uma questão mais do que legítima – se o grande sistema construído pelo autor considerado o fundador da sociologia constitui hoje uma ajuda válida para a compreensão do nosso mundo social, ou se, ao contrário, a sua contribuição está em grande parte ultrapassada. Talvez, paradoxalmente, para o exame da nossa sociedade e do nosso tempo, podem até se mostrar mais atuais os estudos de um historiógrafo, que como tal pretendia examinar um problema específico da sua época, do que o grande sistema onicompreensivo de Auguste Comte. É o caso da pesquisa de Alexis de Tocqueville (1805-1859) sobre *A democracia na América*. Iniciada a sua atividade como magistrado, Tocqueville foi enviado aos Estados Unidos da América para estudar, junto com outro magistrado, Gustave de Beaumont, o sistema carcerário daquele país. Após deixar a magistratura, o autor se dedicou completamente aos estudos dos problemas do seu tempo, na convicção de que os Estados Unidos representavam uma sociedade em que se podiam encontrar as características da sociedade do porvir, das suas vantagens em relação às anteriores, e das suas dificuldades. Ele aderiu à revolução de 1848, e foi eleito deputado na Constituinte e na Assembleia Legislativa. Tornou-se ministro das Relações Exteriores. Depois do golpe de Estado de 1851, ele foi preso por fazer parte daqueles que tinham acusado Luís Napoleão. Viajou para a Itália e a Alemanha, e enfim viveu até sua morte em Cannes, onde se dedicou à redação da sua outra importante obra, *O Antigo Regime e a Revolução*, que permaneceu inacabada.

Os problemas da sociedade de Tocqueville são os mesmos que Comte teve que enfrentar, mas este último esperou resolvê-los por meio de uma teoria científica de validade geral, enquanto o primeiro, na convicção, de resto compartilhada também por Saint-Simon e pelo próprio Comte, de que o regime pré-revolucionário estava ultrapassado para sempre, procurou identificar suas possíveis alternativas concretas. A sociedade vai inevitavelmente em direção à democracia: o governo aristocrático acabou. Portanto, é necessário estudar de perto a democracia, apreender as vantagens e as desvantagens que ela pode comportar, os aspectos positivos, bem como os negativos. Ora, já que a democracia tinha se desenvolvido de forma mais completa nos Estados Unidos da América, era oportuno estudá-la nesse contexto específico. Desse estudo historiográfico específico podiam surgir considerações dotadas também de um valor mais geral. Esse modo de proceder se aproxima do de Montesquieu, por quem Tocqueville certamente foi influenciado. O problema que o autor quer enfrentar é o da "igualdade das condições" e das consequências que ela pode comportar. E justamente Montesquieu já tinha afirmado como um excesso de desigualdade levava à corrupção da aristocracia, enquanto um excesso de igualdade, com a vontade de cada um de emergir sobre todos os outros e a recusa de todo princípio de subordinação, era o princípio de corrupção da democracia.

Tocqueville não quer ser partidário nem da igualdade das condições, nem da causa da aristocracia. Ele escreve:

> Eu não pretendi [...] julgar se a revolução social, cuja marcha parece-me irrefreável, fosse vantajosa ou funesta para a humanidade; admiti essa revolução como um fato consumado, ou perto de se consumar, e entre os povos em cujo âmago ela se realizou, procurei aquele em que ela atingiu o desenvolvimento mais completo e mais pacífico, para *discernir claramente as consequências naturais e descobrir, se possível, os meios para torná-la mais vantajosa para os homens* (TOCQUEVILLE, 1968, p. 27).

Tocqueville vê na igualdade das condições uma melhora geral do nível de vida econômica, moral e intelectual nas grandes maiorias, mas também a diminuição das expressões mais altas e refinadas do espírito aristocrata. O processo que leva à igualdade não poupa nenhuma categoria social: é, enquanto tal, onicompreensivo, absoluto. Entre os membros de um povo democrático, a liberdade é certamente um valor importante, mas não tanto quanto o da igualdade. Em nome desta última se está disposto a qualquer renúncia, mesmo à renúncia da liberdade. E assim como é possível renunciar à liberdade para se submeter ao domínio de um só, é possível também renunciar a ela para se submeter à vontade da maioria. É isso que acontece nas sociedades democráticas.

> Está na própria essência do governo democrático que o domínio da maioria seja absoluto; já que fora da maioria nas democracias não há nada que resista (TOCQUEVILLE, 1968, p. 292).
>
> Quando nos Estados Unidos um homem ou um partido sofre uma injustiça, a quem vocês querem que ele se dirija? À opinião pública? É ela que forma a maioria; ao corpo legislativo? Ele representa a maioria e a serve como um instrumento passivo; à força pública? A força pública não é nada senão a maioria em armas; ao júri? O júri é a maioria investida do direito de pronunciar sentenças (TOCQUEVILLE, 1968, p. 299).

Para além da maioria, portanto, não há salvação para o indivíduo.

Tocqueville, ao estudar as consequências que a democracia comporta sobre os sentimentos dos homens, chega à conclusão de que nesse sentido ela se mostra, por meio do domínio da maioria, até mais forte do que o poder despótico tradicional. Este último, de fato, podia fazer uso da violência física, é claro, mas não podia penetrar nas consciências. Não acontece assim quando o "patrão" é a maioria: "Os príncipes tinham, por assim dizer, materializado a violência; as repúblicas democráticas dos nossos dias tornaram-na completamente espiritual, como a vontade humana que ela obriga" (TOCQUEVILLE, 1968, p. 302-303).

Com referência à Europa, onde se elaboravam as ideias do Iluminismo, o autor aqui considerado sustenta que "o pensamento é um poder invisível e quase irrefreável que torna inútil as tiranias". E ele continua com estas palavras:

> Em nossos dias, os monarcas mais absolutistas da Europa não saberiam impedir certos pensamentos hostis à sua autoridade de circular livremente em seus estados e até mesmo no âmago de suas cortes. Não é assim na América: enquanto a maioria for incerta, há diálogo; mas a partir do momento em que ela é irrevogavelmente pronunciada, todos se calam, e amigos parecem inimigos atacando-se em concordância na sua carroça. A razão disso é simples: não há monarca tão absoluto que possa reunir em suas mãos todas as forças da sociedade e vencer as resistências como uma maioria investida do direito de fazer as leis e de modificá-las pode fazê-lo (TOCQUEVILLE, 1968, p. 301-302).

Isso tem consequências profundas com relação às próprias orientações mentais dos cidadãos dos Estados Unidos da América. De fato, quem não se identifica com a maioria é punido com o total isolamento, é rejeitado pela sociedade e confinado, então, na solidão. Essa é a única punição que sofre quem não se identifica com a maioria, mas é também a mais difícil de suportar.

> Nas repúblicas democráticas [...] o patrão não diz mais: você pensará como eu ou vai morrer; diz: você é livre de não pensar como eu; a sua vida, os seus bens tudo lhe resta, mas a partir deste dia você é um estrangeiro para nós. Os seus privilégios de cidadania serão preservados, mas se tornarão inúteis, já que se você ambiciona a eleição por parte dos seus cidadãos, eles não lhe deferirão, e se lhes pedir apenas a sua estima, eles chegarão até a recusá-la. Continuará entre os homens, mas perderá os seus direitos à humanidade. Quando se aproximar dos seus semelhantes, eles fugirão de você como de um ser impuro; e também os que acreditam na sua inocência o abandonarão, pois que, por sua vez, a sua inocência lhes fugiria (TOCQUEVILLE, 1968, p. 303).

O conformismo da sociedade de massa, que constituirá um assunto típico de tanta literatura sociológica posterior – e, principalmente, da literatura relativa aos Estados Unidos da América – já é problema totalmente explícito nas obras de Tocqueville.

Um aspecto da sociedade democrática, baseada no poder absoluto da maioria, está, sempre segundo o autor em questão, no individualismo, que não é sinônimo de egoísmo, mas consiste, ao contrário, na tendência a isolar-se da sociedade e a encontrar em si mesmo, na família ou no grupo de amigos, o sentido da própria vida e uma compensação para a falta de laços afetivos com a sociedade no seu conjunto. Isso parece estar quase em contradição com a própria ideia da democracia, segundo a qual cada um está na sociedade e exerce o seu poder junto com os outros. Tocqueville explica, no entanto, como foi observado por um crítico seu, "porque esse sentimento [o individualismo] estranho à aristocracia, nasce da igualdade. A aristocracia unia os súditos entre si em uma longa corrente, que ia do camponês ao rei; cada um era protegido por alguém que estava acima dele, e protegia alguém que estava abaixo dele e do qual podia reivindicar a ajuda [...] A aristocracia mantinha, além disso, uma corrente, uma duração entre as gerações, entre os mortos, os vivos e aqueles que nasceriam. Cada um conhecia seus antepassados e acreditava vislumbrar seus descendentes" (CHEVALLIER, 1975, p. 309). Na democracia, esses vínculos se dissolvem.

> Não apenas – afirma Tocqueville – a democracia faz o homem esquecer os seus antepassados, mas lhe esconde também seus descendentes, separa-o dos seus contemporâneos e o reconduz continuamente em direção a si mesmo, ameaçando, enfim, fechá-lo na solidão do seu próprio coração (TOCQUEVILLE, 1968, p. 520).

Esse individualismo, estritamente ligado à falta de relações sociais estáveis e estabelecidas pela tradição, comporta que, nos cidadãos dos Estados Unidos da América, os indivíduos tendem a atribuir grande importância ao dinheiro, às recompensas econômicas. Elas constituem uma compensação à falta de estabilidade na organização social. A esse respeito, Tocqueville antecipa também outro tema que se tornará central na crítica à sociedade de massa: o tema da "indústria cultural". Dado que a recompensa em dinheiro se torna mais importante do que a qualidade das obras intelectuais, a própria cultura tende a se comercializar. As suas obras são produtos em função da sua vendagem. Portanto, "podem existir escritores de fama medíocre e uma grande fortuna econômica" (TOCQUEVILLE, 1968, p. 520). E em Tocqueville encontram-se ainda ideias sobre a mobilidade social como fator que leva o apego ao dinheiro. A riqueza não é, de fato, considerada, na sociedade estadunidense, uma condição definitiva e de que se ignoram as origens. Ao contrário, a maioria dos ricos foi pobre, diferentemente do que acontecera na Europa, e os pobres esperam se tornar ricos. Daí o sentido de precariedade dos americanos ricos. O aristocrata europeu, ao contrário, não demonstra o seu apego ao dinheiro porque não teme perdê-lo.

Mas essas considerações permanecem secundárias, no pensamento de Tocqueville. Fundamental e constante nesse pensamento é, ao contrário, o temor da centralização do poder. Em uma obra posterior a *A democracia na América* e dedicada a *O Antigo Regime e a Revolução*, ele sustenta que, contrariamente ao que frequentemente se sustentou, a Revolução Francesa de 1789 não dependeu do aumento de poder dos vários estados sociais em relação à monarquia, mas exatamente da máxima centralização do poder na própria monarquia, o que havia tolhido toda finalidade e todo significado aos outros estados sociais e às comunidades locais, facilitando assim o êxito revolucionário.

Não é possível negar que também em Tocqueville, como nos outros autores examinados mais acima, haja uma certa admiração pela ordem da sociedade hierárquica, dividida em castas, do período anterior à revolução. De qualquer forma, o autor se diferencia dos teóricos que queriam apenas um retorno ao passado, como De Bonald e De Maistre, assim como diferencia-se de Saint-Simon, que busca uma solução em uma nova organização econômica, e de Comte, o qual a busca na certeza que a ciência deveria oferecer. Para Tocqueville, o movimento em direção à "igualdade das condições" é historicamente inevitável. Todavia, é possível procurar um remédio para a centralização do poder da maioria por meio da formação de associações sociais e políticas que podem constituir uma ligação entre as exigências mais concretas dos indivíduos e o poder central. A democracia americana é estimada exatamente pela sua capacidade de fugir à centralização do poder por meio da constituição de poderes locais descentralizados e de uma grande quantidade de associações de cidadãos finalizadas a escopos específicos e particulares. "A liberdade de associação tornou-se uma garantia necessária contra a tirania da maioria" (TOCQUEVILLE, 1968, p. 230). Tocqueville se diferencia, portanto, dos outros teóricos do seu tempo e da sua nação também por esse caráter particular da sua pesquisa de uma solução dos problemas do presente. Além disso, como já se lembrou, ele não tende à construção do sistema onicompreensivo, mas parte de uma pesquisa relativa a um problema específico de um contexto histórico-social especial: a democracia nos Estados Unidos da América. E, todavia, há algo de comum entre as preocupações desse autor e as dos seus contemporâneos a que já se mencionou. Trata-se, mais uma vez – e isso não surpreende, dado o período pós-revolucionário em que eles vivem e atuam – do problema da integração social. Tocqueville, assim como Comte e em seguida muitos outros, apelará para a religião. Para ele, como lembra um seu declarado admirador, "a função mais importante da religião na sociedade é a de fornecer uma estrutura de fé, que coloque os indivíduos capazes de sistematizar as diversidades externas em uma ordem intelectual. A religião é um fator de integração e o seu repentino desaparecimento pode levar à desorganização social" (NISBET, 1977, p. 322). O mesmo intérprete cita a esse respeito uma frase de Tocqueville:

> Quando a religião de um povo é destruída, a dúvida toma conta das mais elevadas capacidades intelectuais e semiparalisa todas as outras. Os homens se acostumam a ter somente noções confusas e variáveis sobre as questões de maior interesse para seus semelhantes e para si mesmos [...] Quando vem a faltar todo espírito de autoridade, na religião assim como na política, os homens experimentam uma sensação de medo diante dessa liberdade sem limites (NISBET, 1977, p. 322; TOCQUEVILLE, 1968, p. 509).

Parecem palavras de Comte. Mas, enquanto este último deseja um poder absoluto para fazer frente a essa situação, Tocqueville, ao contrário, teme que a insegurança que a democracia comporta possa levar à submissão absoluta a um líder, e indica o remédio nas livre-associações: o que para um é um auspício, para o outro é um temor.

3
O pensamento sociológico e a livre-concorrência: Herbert Spencer

3.1 O contexto histórico

No capítulo anterior, falamos acerca dos desenvolvimentos do pensamento social na França no período da Restauração. A expressão mais conhecida, embora talvez não seja a mais relevante teoricamente desse pensamento, é a do já discutido Auguste Comte. Do outro lado do Canal da Mancha, a sociologia, mesmo sentindo a influência indubitável do clima filosófico que se define com o termo um tanto genérico de positivismo, desenvolve-se de formas consideravelmente distintas em relação às teóricas francesas. E, como sempre, essas atividades também devem ser compreendidas em correlação com as diversidades dos contextos histórico-sociais e culturais. Dissemos que a sociologia positivista francesa deve ser vista à luz dos problemas postos, em primeiro lugar, pela grande revolução, e dos problemas correlatos a esses, da Restauração. Na Inglaterra, essas questões não podiam ser colocadas diretamente porque, embora houvesse uma situação muito crítica no tocante aos problemas econômicos e aos direitos políticos, não havia castas fechadas, e todos os cidadãos, no plano jurídico-formal, encontravam-se em uma condição de igualdade. O poder econômico e político constituído procurou, ao longo do século XIX, resolver alguns problemas por via pacífica. Por exemplo, com uma série de medidas, conseguiu-se abolir o protecionismo que favorecia economicamente a aristocracia agrária. A ideia de progresso econômico vinha a coincidir com a da abolição das intervenções estatais para com categorias específicas, e, portanto, com a liberdade individual em relação a essas intervenções. Havia, obviamente, a grave questão do proletariado urbano, que começava então a se organizar e a lutar para impor os seus direitos sobre a classe burguesa dominante. Mas a ideologia predominante na burguesia inglesa do período vitoriano adotara a ideia segundo a qual os problemas tinham que ser resolvidos por evolução gradual e não por revolução, e segundo a qual, na economia, a intervenção do Estado era negativa: as relações baseadas nos interesses individuais livres de restrições externas constituíam a melhor garantia da evolução em direção à harmonia social. A linha intelectual predominante na classe dominante se mostra, assim, invertida em relação à francesa. É preciso dizer, ainda, que enquanto na França a organização industrial da sociedade ainda não estava plenamente realizada, e, para realizá-la, lutava-se contra o antigo sistema feudal baseado principalmente na aristocracia fundiária, a Grã-Bretanha era então o país mais industrializado. A revolução industrial na Inglaterra vitoriana já era um fato consumado (ROSSI, 1973, p. 30).

Herbert Spencer (1820-1903) é um porta-voz fiel da ideologia burguesa desse período. Depois de realizar seus estudos, exerce o cargo de engenheiro das ferrovias, e, ao mesmo tempo, cultiva seus interesses culturais em vários setores e começa a ser atraído pelas teorias evolucionistas. Depois de várias atividades políticas e de publicista, torna-se, em 1848, diretor do *Economist* e escreve a obra *Estática Social*, que será publicada em 1850. Dedica-se então à biologia e à psicologia em cujos estudos encontra a confirmação dos princípios evolucionistas. Em 1853, publica os *Princípios de psicologia* e, no ano seguinte, *A arte da educação*. O intenso trabalho causa-lhe uma doença crônica. Entre 1860 e 1862 escreve os *Primeiros princípios*, mas apenas em 1867, logo após a reimpressão de uma revisão dessa obra, começam os reconhecimentos oficiais. Em 1873, escreve *O estudo da sociologia*, que antecipa sua obra mais importante, *Princípios de sociologia*, que será terminada e publicada inteiramente em três volumes somente em 1896. Entretanto, algumas partes dela já tinham sido publicadas. Em 1884 escreve o famoso ensaio *O homem contra o Estado*, em que enuncia as suas ideias políticas e econômicas. Intelectualmente, ele sofre a influência, além do positivismo francês de Saint-Simon e de Comte, também do evolucionismo britânico, de que foi ele próprio um entre os mais importantes expoentes, e do liberalismo econômico: das teorias do *laissez-faire* características da economia política da época. A sociedade é concebida por Spencer, que aqui retoma uma ideia de que já tivemos ocasião de dizer algo a propósito de outros autores, como um "organismo" ou uma realidade "superorgânica", cuja natureza e cujas funções são as de um organismo. Ou seja, a sociedade é concebida como um conjunto bem integrado de partes que com a sua atividade contribuem todas para a manutenção e a evolução do conjunto. Enquanto, todavia, um organismo animal constitui um conjunto "concreto", cujas partes estão fisicamente unidas umas às outras, as relações entre essas partes são menos evidentes no organismo social, que é "discreto": nele, os diversos órgãos se mostram na sua especificidade somente por meio das suas funções. São estas últimas a diferenciá-los, enquanto não é assim para o organismo biológico, cuja estrutura é identificável também para além das funções de cada órgão.

3.2 A lei da evolução

Para Spencer, a lei da evolução é universal: diz respeito tanto ao mundo inorgânico quanto ao orgânico, animal, e superorgânico, social. Trata-se sempre da passagem do homogêneo para o heterogêneo, do indiferenciado para o diferenciado e do incoerente para o coerente. De uma nebulosa composta de partes indiferenciadas que se movem incoerentemente forma-se o sistema solar, o qual, como sistema, é composto de partes bem diferenciadas que desenvolvem funções específicas.

> Um animal inferior, ou o embrião de um animal superior, tem poucas partes que podem ser distinguidas; mas, enquanto adquire uma massa maior, as suas partes se multiplicam, e simultaneamente se diferenciam (SPENCER, 1967, I, p. 543).
>
> O polvo ordinário também fornece um exemplo claro. É possível virar uma dessas criaturas saciformes de cabeça pra baixo, de modo que a pele se torne estômago e o estômago, pele: e cada parte começa a cumprir as funções da outra. À medida que aumenta o grau de organização, essas trocas se tornam menos praticáveis (SPENCER, 1967, I, p. 581).
>
> O mesmo acontece em uma sociedade. No princípio, as diversidades entre os seus grupos de unidade são pouco consideráveis quanto a número e a grau; mas, tornando-se populosa, as divisões e as subdivisões ficam mais numerosas e mais acentuadas (SPENCER, 1967, I, p. 543-544).
>
> O tipo ínfimo de animal é todo estômago, todo superfície respiratória, todo articulações (SPENCER, 1967, I, p. 547).

A diferenciação dos órgãos, cada um dos quais exerce uma função diferente em um conjunto coerente e heterogêneo, constitui a sua evolução. Spencer reitera em várias ocasiões a identidade entre organismo biológico e sociedade no tocante à lei da evolução. A propósito da sociedade,

> enquanto ela é rudimentar, todos são guerreiros, caçadores, construtores de cabanas, fabricantes de utensílios: cada parte satisfaz por si as próprias necessidades. O progresso, até o ponto de possuir um exército permanente, pode ter lugar somente quando surgem ordenamentos tais para que o resto possa fornecer o exército de provisões, de roupas, de munições de guerra. Se aqui a população se dedica exclusivamente à agricultura e lá às minas, se estes manufaturam os bens, enquanto aqueles os distribuem, isso pode acontecer desde que, em troca de um certo serviço dado de uma parte às outras, cada uma dessas outras partes preste os próprios serviços nas devidas proporções.
>
> Tal divisão do trabalho, que foi primeiro observada pelos economistas como um fenômeno social, e portanto reconhecida pelos biólogos como fenômeno dos corpos vivos e chamada "divisão fisiológica do trabalho", é aquela que faz da sociedade, assim como do animal, um corpo vivo. Não se pode insistir suficientemente sobre a verdade, que, em relação a esse caráter fundamental, o organismo social e o individual são completamente semelhantes (SPENCER, 1967, I, p. 547-548).

3.3 Sociedade militar e sociedade industrial

No que diz respeito à evolução superorgânica, social, o discurso, no entanto, assume um preciso significado político. Spencer afirma que a divisão do trabalho implica sempre uma maior especialização das funções, e isso, por sua vez, implica sempre um maior individualismo e uma liberdade cada vez maior. A *sociedade industrial*, que para o autor em questão pode ser baseada apenas na livre-concorrência, representa uma superação da *sociedade militar*, que, ao contrário, é fundada na similaridade das funções – guerreiras – e é, diante da sociedade industrial que representa sua superação por evolução, constritiva e autoritária, baseada na centralização do poder. Obviamente, a sociedade militar também contribuiu para a evolução, mas agora as suas funções parecem ter se esgotado. "A guerra deu tudo o que podia. A ocupação por parte das raças mais poderosas e inteligentes é um benefício em grande parte realizado" (SPENCER, 1967, II, p. 421). Spencer insiste no caráter "positivo e negativamente regulador" do regime militar. Este "não se limita a reprimir, mas impõe. Além de dizer ao indivíduo o que não deve fazer, também lhe diz o que deve fazer" (SPENCER, 1967, II, p. 340). Quando as funções militares prevalecem, não só o exército é e deve ser regulado de forma coercitiva, mas também a sociedade inteira, em cada setor, mesmo não estritamente militar.

> Em uma sociedade organizada para a ação militar é necessário que a individualidade de cada membro seja subordinada na sua vida, liberdade e propriedade, e que seja em tudo e para tudo, coisa do Estado; mas em uma sociedade organizada sobre o tipo industrial, esse gênero de subordinação não é necessário [...] Sob o regime industrial, a individualidade do cidadão, ao invés de ser sacrificada pela sociedade, deve ser protegida por ela. A sociedade tem por dever essencial defender a individualidade dos seus membros (SPENCER, 1967, II, p. 371).

Portanto, essa ideia da passagem da estrutura militar para a estrutura industrial na dinâmica da sociedade, já presente em Saint-Simon e em Comte, é aprofundada por Spencer, que dá uma interpretação que se adapta ao princípio do liberalismo econômico, enquanto Comte havia permanecido sempre fiel ao princípio da necessidade, para a ordem social, de um poder central absoluto. A influência de Comte sobre Spencer é inegável. Basta pensar na própria ideia da sociologia entendida como estudo positivo, científico da sociedade. De resto, talvez se lembrará que também a "lei" da passagem do indiferenciado para o diferenciado já tinha sido esboçada por Comte. Contudo, Spencer deve ser compreendido também, senão sobretudo, em relação ao evolucionismo assim como estava sendo elaborado na Inglaterra, e que é frequentemente denominado "darwinismo social". Não se pode falar da influência em uma direção de Charles Darwin em Spencer, já que este último tinha elaborado sua teoria acerca do emergir dos mais idôneos na sociedade antes que Darwin publicasse *A origem das espécies*. Ambos – Darwin e Spencer – eram influenciados pela situação política, econômica e cultural da época e esta última era orientada em sentido evolucionista. Spencer vincula a sua ideia da passagem da sociedade militar para a sociedade industrial com a da sobrevivência do mais forte.

> Parece – ele escreve – que no curso do progresso humano, algumas partes, maiores ou menores de cada sociedade são sacrificadas em benefício da sociedade como um todo. Nos estados mais remotos, o sacrifício toma a forma de mortalidade nas guerras que ocorrem perpetuamente durante a luta pela existência entre tribos e nações; em estados mais progredidos, o sacrifício toma a forma de mortalidade produzida pela luta comercial, e consequentemente, pela viva concorrência que disso decorre (SPENCER, 1967, II, p. 997).

À sobrevivência da espécie e dos indivíduos mais fortes na luta pela sobrevivência de Darwin, corresponde, portanto, o emergir dos mais idôneos na livre-concorrência econômica. Que o evolucionismo de Spencer esteja estritamente ligado ao princípio do *laissez-Faire* decorre também da rejeição da própria ideia da possibilidade de uma organização econômica baseada em fundamentos diferentes dos sugeridos por ele. Spencer repete em diversas ocasiões que

> o tipo de sociedade industrial propriamente dito deve ser distinguido também de um tipo com o qual se pode facilmente confundir, aquele em que os indivíduos, dedicados exclusivamente à produção e à distribuição, são submetidos a regras como as preconizadas pelos socialistas e pelos comunistas. De fato, essas também implicam sob uma outra forma o princípio da cooperação forçada. Direta ou indiretamente, os indivíduos são impedidos de se dedicar isolada e independentemente, como lhes agrada, a competir uns com os outros na oferta dos produtos por dinheiro, de locar a sua obra às condições que acreditam ser convenientes. Não pode haver nenhum sistema artificial de regulamentação do trabalho que não impeça o sistema natural [...]. Não importa de qual forma o aparato de controle seja constituído: ele se encontra para os controlados na mesma relação do aparato de controle de uma sociedade militar (SPENCER, 1967, I, p. 368-369).

O "sistema natural", portanto, que é expressão da evolução universal, é o sistema baseado na livre-concorrência e no surgimento dos melhores. O tipo industrial de sociedade exclui todas as formas de distribuição comunista, cujo caráter inevitável é de colocar no mesmo nível o bom e o mau, o ocioso e o operoso. Isso é fácil de se provar. De fato, quando, cessada a luta de guerra pela existência entre as sociedades, não resta mais do que a luta individual pela existência, a sobrevivência final e a expansão devem ficar a cargo daquelas sociedades que produzem o maior número de indivíduos melhor adaptados ao estado industrial. Qualquer tentativa de instaurar um sistema socialista é baseada em um erro, porque procura atribuir a causas contingentes a falta de realização de uma "fraternidade universal" ao invés de compreender o caráter inelutável da divisão das funções trabalhistas e da concorrência. E se trata de um erro muito perigoso a partir do momento que a organização socialista implicaria a regressão a formas sociais e políticas constritivas, baseadas na centralização do poder, o surgimento de uma nova aristocracia constituída por burocratas, a organização da sociedade em termos "militares".

Com a superação da sociedade militar, caem também as barreiras nacionais: as nações não são mais obrigadas a produzir internamente o que precisam, já que não estão mais em guerra, atual ou potencial, umas com as outras. Assim se desenvolve a troca entre as diversas riquezas das nações para a conveniência de todos. "Quando o industrialismo se amplia, ele cria uma tendência à destruição das barreiras que separam as nacionalidades, e propaga em seu seio uma organização comum" (SPENCER, 1967, II, p. 378).

Não obstante a sua apologia da sociedade industrial, Spencer não ignora as péssimas condições em que vivem os operários na sua sociedade, que na época era a mais industrializada do mundo. A Inglaterra vitoriana passou para a história também pelo trabalho infantil e feminino nas fábricas, pelo altíssimo número de horas de trabalho diário e a altíssima taxa de mortalidade, principalmente infantil, entre os membros da classe operária. E mais: o autor em questão enfatiza também os efeitos negativos que o trabalho automático e em série pode comportar para a psique do operário, mas conclui, como já mencionamos, refugiando-se na ideia da inevitabilidade, em qualquer sociedade, do sacrifício dos menos idôneos, que, no caso da sociedade industrial, são vencidos pela concorrência, "em benefício da sociedade como um todo" (SPENCER, 1967, II, p. 997).

Falamos das diversidades e das convergências entre Comte e Spencer. O primeiro é convicto da necessidade da autoridade fundada na certeza da ciência. A própria religião não está em contradição com essa certeza, já que ela indica a necessidade da submissão do indivíduo à sociedade, e a religião se resolve no culto que o indivíduo tem pela sociedade, em que reconhece uma entidade que o transcende e lhe é superior. A religião tem uma função de integração social; mas, enquanto nas sociedades anteriores àquela do "estado positivo" essa integração é fundada na fé em princípios fictícios, com a religião positivista acredita-se nas certezas verificadas empiricamente pela ciência. Apesar da sua ideia de que a sociedade industrial deveria ser regulada por meio das livres relações interindividuais movidas por interesses egoístas, Spencer compartilha com Comte a função de integração social desenvolvida pela religião. A religião contribui para a manutenção da ordem social, da obediência ao poder e do domínio das paixões. E, entretanto, Spencer se diferencia radicalmente do seu colega francês, já que, a seu ver, a ciência nunca poderá esgotar o conhecimento da realidade; mas, ao contrário, com o progresso da própria ciência, o homem se torna cada vez mais consciente de uma entidade incognoscível. Essa lhe escapa, e, todavia, não se deixando apreender, revela a sua presença.

> Quando o homem recorda que as próprias noções de origem, causa, fim, são noções relativas pertencentes ao pensamento humano, que provavelmente não podem ser aplicadas à realidade última, que transcende o pensamento humano; e quando, mesmo suspeitando que a palavra explicação não possui significado quando aplicada à realidade última, ele, no entanto, sente-se obrigado a pensar que deve haver uma explicação.

> Mas uma verdade deve-se tornar cada vez mais clara, ou seja, que há uma Existência Imperscrutável que se manifesta em todo lugar, de que não pode encontrar nem conceber princípio ou fim. Entre os mistérios que se tornam mais misteriosos quanto mais se pensa neles, ficará apenas essa certeza absoluta: que o homem está sempre na presença de uma Força Infinita e Eterna, da qual derivam todas as coisas (SPENCER, 1967, II, p. 612).

3.4 Críticas a Spencer

Na sociologia spenceriana, de certa forma, estão acentuadas algumas dificuldades já encontradas em Comte. O problema do determinismo, principalmente, aqui se torna mais grave porque, se em Comte a lei fundamental da dinâmica social era concebida de forma determinista, ela ainda era uma lei do desenvolvimento das potencialidades humanas de conhecer e transformar a realidade. Aliás, Comte poderia até mesmo ser acusado de partir de um pressuposto fideístico idealista, pois faz depender do desenvolvimento das ideias e da sua coordenação sobre princípios certos o desenvolvimento e a ordem da sociedade. A crise da sociedade é, para Comte, consequência da desordem das ideias (FERRAROTTI, 1974, p. 39ss.), de modo que, se é possível obter uma "comunicação de princípios [...], as instituições convenientes derivam necessariamente dela" (FERRAROTTI, 1968, p. 55; COMTE, 1967, II, p. 27). Portanto, para Comte, a existência humana como existência social depende da consciência, e não vice-versa, como afirma a famosíssima frase de Marx. Em Spencer, ao contrário, a sociologia é regida pelas mesmas leis que regulam o desenvolvimento do universo. Assim a história do homem é completamente reduzida à evolução natural, não tem qualquer autonomia em relação à natureza. O esquema explicativo nos eventos históricos é o mesmo que se aplica a qualquer evento natural. Nenhuma atividade humana livre e individual pode encontrar lugar em tal esquema. Entretanto, Spencer sustentou exatamente, como dissemos, a liberdade individual. Ora, podemos perguntar como é possível conciliar uma concepção organicista como a do autor aqui discutido com essa ideia da liberdade individual. O indivíduo, de fato, aparece reduzido inevitavelmente, em uma tal concepção, a um órgão ou a uma célula de um órgão sem qualquer significado e valor autônomo. O paralelo entre organismo e sociedade, fundamental em Spencer, além de reduzir a história dentro de esquemas preestabelecidos e negar as infinitas e imprevisíveis possibilidades de mudança na sociedade, nega necessariamente também a autonomia do indivíduo, ou melhor, reduzindo-o "àquela *autonomia inegável embora apenas teórica*, por assim dizer, das partes em relação ao todo, já que essas não poderiam nem mesmo se autoidentificar senão nos termos da sua funcionalidade em relação às exigências do seu estar junto unitário, que se mostram características essenciais do conceito de 'estrutura' em biologia" (FERRAROTTI, 1967b, p. 42). À luz dessas críticas, o anti-individualismo de Comte se mostra portanto muito mais coerente com as suas premissas que o individualismo de Spencer. Mas a tentativa de conciliar organicismo e individualismo por parte de

Spencer talvez deva ser compreendida principalmente em relação com as exigências da ordem constituída e dos interesses da classe dominante. Se para Comte, como se dizia, as dúvidas podem subsistir, a sociologia de Spencer parece efetivamente expressar uma total aceitação dessa ordem constituída, ao ponto de os problemas insolúveis da sociedade da época se mostrarem em grande parte ignorados. A propósito de Spencer, afirmou-se que "em sua obra, a teoria da sociedade industrial se transforma de 'utopia' em esforço sancionador de uma sociedade constituída, senão até mesmo em anseio retrospectivo por um regime liberal "puro", já colocado em questão pelas recorrentes crises econômicas e pelo aguçamento dos conflitos sociais" (ROSSI, 1973, p. 30).

Por fim, em relação a Spencer, pode-se apresentar uma crítica de caráter histórico. A esperança, ou convicção, ou "lei" da passagem da sociedade militar para a sociedade industrial, não teve, ao menos até agora, confirmação nos desenvolvimentos desta última no século XX. Basta lançar um rápido olhar sobre os acontecimentos desse século para ver na industrialização, ao invés da superação da sociedade militar, um aumento da beligerância no mundo. No caso, os enormes desenvolvimentos da ciência e da tecnologia militar tornaram impraticável um conflito mundial que não implique uma destruição total. Mas esses certamente não eram os desenvolvimentos que Spencer esperava da sociedade tecnológica e industrial.

Mencionamos aqui algumas críticas que podem ser feitas à Herbert Spencer. Deve-se, contudo, acrescentar que hoje, como também esse autor em particular, a ideia segundo a qual a sociedade deve ser entendida com base em princípios biológicos, e a própria lei da evolução como passagem do indiferenciado ao diferenciado, foram reavaliadas por uma escola sociológica definida significativamente "sociobiologia". O evolucionismo está no auge. Esse problema será tratado quando falaremos da sociologia contemporânea.

Apesar das diferenças, mesmo notáveis, existentes entre um e outro, e, no caso de Spencer, também a diferença de contexto nacional, os autores considerados em relação ao positivismo acentuam o consenso diante do conflito. Este último foi visto como fator contingente e patológico, ainda que a luta para emergir na livre-concorrência de Spencer não se encaixe coerentemente na concepção organicista que também é explicitamente compartilhada por esse teórico. Dos autores de que tratamos nasce a "tradição sociológica" em sentido estrito (NISBET, 1977). Ou seja, a partir deles tem início uma disciplina especial que se impõe como tarefa estudar sistematicamente o problema da integração social. A partir de outros, no mesmo período, elaboravam-se as teorias da sociedade que viam no conflito a única possibilidade de resolver os problemas da sociedade atual, de negar as suas "contradições". Mas as fronteiras entre linhas teóricas diferentes nunca são precisas. Testemunha disso é o caso de Saint-Simon, que está nas origens tanto da sociologia positivista como do "socialismo moderno".

4
Do Idealismo à concepção materialista da história

4.1 O contexto histórico

A situação da Alemanha no final do século XVIII e no início do século XIX era muito diferente da situação da França e da Inglaterra. Enquanto França e Grã-Bretanha já haviam se desenvolvido industrialmente, e na França tinha ocorrido a grande revolução, a Alemanha ainda mantinha uma organização feudal; estava subdividida em uma série de pequenos estados em que os príncipes agiam impelidos muito mais por interesses individuais do que pelas exigências da sociedade. A indústria dava lentamente os primeiros passos. Portanto, não parece difícil compreender por que os intelectuais alemães daquele período, mesmo condenando o Terror e o imperialismo, olhassem para França e os princípios da Revolução Francesa. Esse grande acontecimento histórico condiciona a vida da cultura alemã. Mas os ideais que surgem dessa revolução estão muito distantes, na situação da Alemanha, de uma possível realização. Com base nisso foi afirmado que enquanto "a Revolução Francesa já havia começado a defender a realidade da liberdade, o Idealismo alemão limitava-se ainda a tratar da ideia de liberdade" (MARCUSE, 1966, p. 20), considerada estritamente ligada à ideia de razão. E as ideias de liberdade e de razão são fundamentais na obra do filósofo idealista Georg Wilhelm Friedrich Hegel (1770-1831), que também deve ser compreendido em relação a essa situação política, econômica e cultural. Ele estudou teologia e filosofia na Universidade de Tübingen e em seguida foi preceptor em casas particulares em Berna. Seus primeiros escritos, publicados depois de sua morte, remontam a uma estadia em Jena e referem-se a problemas de religião e de filosofia. Em seguida foi novamente preceptor particular em Frankfurt; mas, ao voltar para Jena, onde em 1805 tornou-se professor, publicou a sua primeira obra, *A diferença entre os sistemas de filosofia de Fichte e de Schelling* (1801). Mais tarde, foi diretor do ginásio de Nuremberg, onde permaneceu até 1816. Nesses anos, ele foi chamado para ensinar filosofia na Universidade de Heidelberg. Lá permaneceu durante dois anos, antes de obter, em 1818, a cátedra de filosofia na Universidade de Berlim. Nesse período Hegel tornou-se um ardoroso defensor do Estado prussiano, no qual via a realização dos princípios de sua filosofia. *A fenomenologia do Espírito*, de 1806, é a primeira obra importante de Hegel. Em seguida, publica as obras *Ciência da lógica* em 1812 e 1816 respectivamente, a *Enciclopédia das Ciências Filosóficas em Compêndio* (1817), os *Princípios da filosofia do direito* (1821). Outras obras – *A filosofia da história, A filosofia da arte, A filosofia da religião, A história da filosofia* – foram publicadas postumamente.

4.2 Hegel: a dialética

Hegel certamente não é um sociólogo. Ao contrário, em relação à sociologia, assim como era entendida pela filosofia positiva de Comte, Hegel ocupa uma posição antitética. Entretanto, ele desponta como uma figura significativa na história do pensamento sociológico não apenas porque seu pensamento influenciou diretamente Marx e retorna frequentemente nas obras dos clássicos da sociologia, de sorte que, se prescindirmos de Hegel, alguns problemas da história do pensamento sociológico não podem ser compreendidos; mas, algumas vezes, também pela importância sociológica que têm em si algumas das suas afirmações.

A tensão entre ideal e real é o traço característico e fundamental da filosofia de Hegel. Enquanto no positivismo – particularmente em Comte – foi afirmado que a razão se identifica com a observação daquilo que é dado, com o dado positivo, de sorte que seria irracional não satisfazer as leis naturais, das quais fazem parte as da sociedade, e justamente nesse sentido Comte chama a sua filosofia de *positiva*, a de Hegel é uma filosofia *negativa*. A tarefa da razão consiste em transformar continuamente aquilo que se opõe a ela, negando-o como ser outro, ou seja, tornando-o racional. Esse processo contínuo em que o espírito racional procura superar aquilo que o impede e reduzi-lo a si é o processo dialético. O pensamento se exterioriza e encontra diante de si sempre novas oposições em um processo ininterrupto, pois, tão logo elas sejam superadas, surgem outras novas. O mundo do objeto se opõe como realidade estranha à atividade pensante, a qual se estranha de si mesma, se objetiva, se transfere para o mundo objetivo que transforma, para depois se reconhecer nele. O sujeito encontra diante de si o objeto que se opõe a ele, pois não responde às suas exigências, e tenta, portanto, transformá-lo para torná-lo adequado a si. Já que o mundo objetivo não pode ser concebido como simples natureza, tendo esta última realidade enquanto conhecida pelo homem – e, portanto, já transformada e interpretada historicamente – disso decorre que o próprio objeto deve ser concebido como realidade histórica, também no sentido das instituições histórico-sociais existentes. O pensamento se opõe mesmo à essa realidade institucional assim como ela se mostra constituída em um dado momento, e tende a transformá-la para torná-la racional.

A filosofia de Hegel tem, portanto, um significado fundamentalmente crítico: trata-se de uma filosofia negativa enquanto rejeita aquilo que é dado positivamente, negando-o. Esse processo geralmente é apresentado em termos de tese, antítese e síntese.

O pensamento nega um determinado estado de coisas (histórico enquanto construído pelo homem) que se põe como uma tese, com uma antítese, transformando assim em antítese a tese para depois reconduzi-la a si criando uma síntese, a qual no processo se opõe ao pensamento como uma nova tese. O objeto é apenas aparentemente estranho ao sujeito enquanto o primeiro é sempre uma realidade histórica surgida do processo dialético e é sempre reconduzível ao sujeito. Isso significa que a oposição entre sujeito e objeto é apenas abstrata e que, na concretude do pensamento filosófico que se desenvolve na história, o objeto existe só em relação dialética ao sujeito. A verdade é essa relação dialética em que o objeto se transforma e se torna adequado ao sujeito. "Aquilo que é real é racional" – a famosa frase de Hegel – significa que qualquer momento específico das mudanças históricas encontra a sua verdade e a sua racionalidade enquanto contribui para o processo por meio do qual a realidade se faz racional. Engels, o colaborador de Marx, deu um exemplo claro disso:

> A realidade, segundo Hegel, não é de modo algum um atributo que se aplique em todas as circunstâncias e em todos os tempos a um determinado estado de coisas social ou político. A República romana era real, mas o Império Romano que a suplantou era-o igualmente. A monarquia francesa tinha se tornado em 1789 tão irreal, ou seja, tão privada de toda necessidade, tão irracional, que teve de ser destruída pela grande Revolução, da qual Hegel fala sempre com muito entusiasmo. Neste caso, portanto, a monarquia era o irreal e a revolução, o real. E assim no curso da evolução tudo aquilo que antes era real torna-se irreal, perde a própria necessidade, o próprio direito à existência, a própria racionalidade; no lugar do real que morre segue uma nova realidade vital: de maneira pacífica, se aquilo que é velho é bastante inteligente para ir embora sem opor resistência à morte; da maneira violenta se aquilo se opõe a essa necessidade. E assim a tese de Hegel se transforma, segundo a própria dialética hegeliana, no seu contrário: tudo aquilo que é real no âmbito da história humana torna-se com o tempo irracional, já é, portanto, irracional pelo próprio destino, é desde o início acometido de irracionalidade, e tudo aquilo que há de racional nas cabeças dos homens é destinado a tornar-se real, embora possa estar em contradição à aparente realidade do dia. A tese da racionalidade de todo o real se resolve assim segundo todas as regras do raciocínio hegeliano em outra: tudo que existe é digno de perecer (ENGELS, 1969, p. 19).

A dialética hegeliana também pode ser explicada em termos "alienação". O sujeito, a atividade pensante, torna-se estranho a si mesmo, se aliena no mundo objetivo, quando o transforma. O trabalho humano, ele mesmo atividade pensante, realiza uma transformação na realidade objetiva. Com a lenha das árvores se constroem as palafitas, as casas, os móveis. Isso implica que no objeto, enquanto produto da sua atividade, o sujeito pode reconhecer a si mesmo. O espírito cria o mundo da objetividade alienando-se nele e depois reunindo-se a ele e reconhecendo-se nele. Posto nesses termos, o problema pareceria não ter nada de sociológico. Entretanto, se levarmos em consideração a hipótese segundo a qual em determinadas situações histórico-sociais para trabalhadores específicos não é mais possível reconhecer-se no próprio objeto que é o produto do trabalho, então a união de sujeito e objeto não é mais um momento necessário do processo dialético do espírito, e põe-se o problema de determinar em que condições essa reunião é possível e em que condições não o é. E o próprio Hegel dos escritos de juventude denuncia justamente algumas condições negativas em que se exerce o trabalho, o qual então, em vez de constituir a realização de cada trabalhador, trará a eles embrutecimento, a negação de sua humanidade. Nesse sentido, pode-se dizer que Hegel antecipa a concepção de alienação como categoria crítico-sociológica. Herbert Marcuse, que é um dentre os mais aguerridos defensores de Hegel como crítico da sociedade atual, evidenciou afirmações do período de juventude desse filósofo, como as seguintes:

> [O indivíduo] está sujeito à completa desordem e aos riscos do todo. A massa da população está condenada ao trabalho insalubre e inseguro nas fábricas, nas manufaturas, nas minas e assim por diante, e esse trabalho a embrutece. Ramos inteiros da indústria que sustentam largas faixas da população, entram subitamente em falência, seja porque os modos de produção mudam, seja porque os valores de seus produtos caíram por conta de novas invenções em outros países ou em outras regiões. Massas inteiras são assim abandonadas a uma miséria desesperadora. O conflito entre a extrema riqueza e a maior pobreza, uma pobreza incapaz de melhorar sua situação, aumenta. A riqueza torna-se [...] um poder predominante. A acumulação das riquezas se processa em parte ao acaso, em parte por meio do modo geral de distribuição [...] O lucro desenvolve-se em um sistema multiforme que se ramifica por setores nos quais o pequeno negócio não pode lucrar. O caráter máximo de abstração do trabalho penetra nos tipos de trabalho mais individuais, e segue ampliando a sua esfera. Esta desigualdade entre riqueza e pobreza, esta exigência e necessidade, têm como resultado a desintegração completa da vontade, a rebelião interna e o ódio (HEGEL, in MARCUSE, 1966, p. 101).

Com essas afirmações, Hegel denuncia a negatividade das condições de trabalho nas fábricas, mas – o que é muito mais original e mais importante – antecipa Marx atribuindo tais condições a causas arraigadas na estrutura econômica e sustentando que ela adquire uma força autônoma em relação às vontades individuais. Isso emerge também de um outro excerto do mesmo escrito de Hegel a que nos referimos agora:

> O trabalho torna-se cada vez mais absolutamente morto [...] A habilidade dos indivíduos torna-se cada vez mais infinitamente limitada, e a consciência dos trabalhadores é degradada ao mais baixo nível do embotamento; a ligação entre cada tipo de trabalho e toda a massa infinita de necessidades torna-se totalmente inapreensível e uma dependência cega faz com que uma operação distante impeça subitamente o trabalho de toda uma classe de homens, de modo que não pode mais satisfazer as suas exigências, e torne esse trabalho inútil e supérfluo (HEGEL, in MARCUSE, 1966, p. 101; LÖWITH, 1964, p. 428).

Entretanto, Hegel, como se dizia, mais do que desenvolver esse problema nas obras de maturidade, considera a alienação em sentido filosófico idealista, como momento necessário no qual o espírito se aliena de si mesmo no objeto para depois reconhecer-se nele, mas nem sequer aqui pode-se dizer que o discurso seja irrelevante na história do pensamento sociológico, pois permite identificar a contraposição entre esta concepção filosófica e os pressupostos positivistas. De fato, enquanto para esses últimos, a realidade humana e social deve ser explicada principalmente como natureza, para a primeira essa realidade se mostra como construção do homem, obra essencialmente humana. O mundo da história não pode ser reconduzido ao mundo da natureza. Ao contrário, o próprio mundo natural é cognoscível apenas historicamente, somente por meio de uma interpretação específica que lhe é dada numa época específica. Na realidade, todo conhecimento é conhecimento mediado historicamente, socialmente, culturalmente. A contraposição entre conhecimento imediato e conhecimento mediato é falsa, pois o que se mostra como conhecimento imediato supõe uma longa série de mediações: "Por exemplo, eu tenho noção imediata da América, mas essa opinião é mediada. Se estou na América, e vejo seu solo, eu tive, porém, de viajar ao redor dela, Colombo teve de descobri-la, tiveram que construir naves etc., todas essas invenções foram necessárias para descobri-la. Isso que nós sabemos agora imediatamente é, portanto, o resultado de infinitas mediações" (HEGEL, 1963, III, p. 282).

Se, como foi dito, o pensamento se desenvolve em contínua relação com a realidade objetiva e os obstáculos que ela opõe à sua completa realização, e se essa realidade objetiva é uma realidade histórica, isso implica que Hegel veja o elo que existe entre o pensamento e o conjunto das circunstâncias histórico-sociais, com os seus problemas práticos a serem tratados.

> Em um dado povo – escreve Hegel – pode surgir apenas uma determinada filosofia. Esse caráter determinado do pensamento é o mesmo que se apodera de todas as outras manifestações históricas do espírito desse povo, está em íntima relação com elas e delas constitui o fundamento. A forma concreta de uma filosofia está ligada, portanto, com uma constituição particular do povo, onde ela aparece, com as suas instituições, com a sua forma de governo, com a sua moralidade, com a sua vida social, com as atitudes, hábitos e preferências, com as suas tentativas e produtos no campo artístico e científico, com a sua religião, com os seus êxitos militares e em geral com todas as circunstâncias externas (HEGEL, 1963, I, p. 65).

A teoria não se desenvolve em um processo independente dos problemas práticos, mas em relação dialética com eles. Enquanto o positivista Comte, que afirma ater-se aos dados empiricamente observáveis, faz depender a história do homem das fases de desenvolvimento do seu pensamento e considera que a ordem e o caos das instituições reflete a ordem e o caos do intelecto humano, que se torna em relação a elas um *a priori* independente, o idealista Hegel vê, no entanto, o pensamento em necessária correlação dialética com o seu contexto histórico-social, antecipa a relação entre teoria e práxis nos termos em que será tratada por Marx, e dá pistas importantes para o estudo do condicionamento social do pensamento. É verdade que foi sustentada também a tese do caráter "dialético" do pensamento de Comte, pois para ele o conhecimento humano se desenvolve graças ao trabalho, e somente a conquista progressiva da natureza e o progresso da tecnologia permitem a passagem de um estádio a outro do conhecimento. E, no entanto, quem também defende esse ponto de vista não pode depois negar que "segundo a tese geral de Comte a ordem das ideias determina a das instituições" (NEGT, 1975, p. 152).

O que foi dito sobre o significado da filosofia de Hegel para o pensamento sociológico não pode, no entanto, levar a negligenciar o fato de que na dialética hegeliana toda realidade é explicada e exaurida no processo necessário por meio do qual o espírito se manifesta e realiza a si mesmo. Mesmo aquilo que parece alheio ao espírito é seu momento necessário, e deve ser apreendido na sua racionalidade e indispensabilidade. Cada detalhe perde assim sua concretude. Todos os momentos se mostram como reais enquanto fazem parte do processo global. O mal, a injustiça, o erro, a desigualdade, são necessários para que possa existir o bem, o justo, a igualdade etc., todos esses momentos são necessários para a manifestação do universal. A opinião pública, como conjunto de opiniões particulares, e portanto falsas, deve ser menosprezada, mas como processo em que, mesmo por meio dos erros, se elabora dinamicamente a verdade, deve ser apreciada. O indivíduo, ser particular, encontra a sua universalidade em relação com os outros indivíduos: para satisfazer as suas exigências e realizar a sua liberdade tem necessidade dos outros, da sociedade, da divisão do trabalho. Referindo-se especificamente à sua sociedade, Hegel afirma que depois dessa divisão o trabalho individual torna-se "abstrato", e o indivíduo, vendendo parte do seu tempo, aliena parte de si mesmo, de sorte que se vendesse todo o seu tempo alienaria a sua personalidade. A divisão do trabalho pressupõe também a desigualdade na distribuição da riqueza, motivo pelo qual a sociedade nunca é suficientemente rica: a riqueza pressupõe necessariamente o seu oposto, a pobreza. Essas cisões que são criadas na "sociedade civil" não encontram uma superação na esfera dessa sociedade. "Na superabundância de riqueza, a sociedade civil não é suficientemente rica para se opor ao excesso de pobreza e à produção da plebe" (HEGEL, 1965, p. 205). Nem o processo se detém nas fronteiras de cada nação. A sociedade civil "é impelida para além de si mesma, a procurar fora dela, em outros povos atrasados em relação a ela, quanto a meios, dos quais ela tem em excesso, ou muito simplesmente quanto a engenho técnico etc., consumidores e, portanto, meios necessários de subsistência" (HEGEL, 1965, p. 205). A sociedade civil, na qual se desenvolve a liberdade particular do indivíduo, deve ser regulada pelo Estado e pelas instituições jurídicas. Somente no Estado ou no direito se realiza a liberdade universal, que é liberdade dos indivíduos dentro das instituições. A sociedade civil, segundo Hegel, não se autorregula, contrariamente ao que é defendido pela economia política. Mas as liberdades individuais da sociedade civil não devem ser negadas: ao contrário, elas encontram sua plena realização tornando-se universais no Estado e no direito.

4.3 Hegel e a "filosofia da história"

De acordo com essa interpretação, que encontra sua expressão mais explícita nos *Princípios da filosofia do direito*, o impulso crítico presente nos fundamentos do sistema filosófico de Hegel parece transformar-se em seu oposto: na consagração do existente enquanto momento fundamental para o processo dialético, para a manifestação da razão na história. E isso, como foi observado muitas vezes, parece sustentável não tanto em relação aos escritos de juventude, mas sobretudo nas obras mais maduras do filósofo. O que é mais criticado frequentemente nessas obras é a "filosofia da história", que identifica diversas fases na realização da razão e da liberdade na história da humanidade. Enquanto no mundo oriental a liberdade coincidia com o despotismo, era liberdade de um só, enquanto no mundo greco-romano somente alguns eram livres e nem todos, somente no mundo germânico a liberdade encontra a sua completa realização, torna-se uma liberdade racional, que realiza nas instituições sociais constituídas a síntese entre a liberdade como barbárie, arbítrio não controlado racionalmente, e a liberdade como pensamento abstrato da realidade mundana. Essa é uma homenagem de Hegel ao Estado prussiano, no qual ele identifica a realização plena da razão e da liberdade na história. Nessa fase do seu pensamento, Hegel vê assim na sua época e no Estado prussiano, em que ele depositava muitas esperanças, a coincidência da racionalidade com a liberdade concreta, com a ordem constituída. O filósofo escreve que no "mundo germânico" "a antítese em si desvaneceu-se numa aparência sem vestígios; a atualidade reduziu sua barbárie e seu arbítrio injusto e a verdade o seu além e seu poder acidental; sem dúvida ocorreu objetivamente a verdadeira conciliação, que manifesta o Estado em imagem e a realidade da razão" (HEGEL, 1965, p. 298). São problemas sobre os quais deve-se retornar mais vezes. Mas, daquilo que já foi dito deveria estar claro por que a filosofia de Hegel teve em seus herdeiros desenvolvimentos completamente opostos uns aos outros. Enquanto de um lado, de fato, foram acentuados os aspectos críticos do seu pensamento, de outro foram retomados os aspectos apologéticos em relação à ordem constituída e, portanto, conservadores. No que diz respeito à história do pensamento sociológico em sentido amplo Hegel é importante sobretudo pelo impulso crítico presente na sua dialética, que deverá influenciar profundamente os desenvolvimentos desse pensamento.

4.4 O socialismo de Proudhon

Uma série de autores, que formam a chamada "esquerda hegeliana", empenhar-se-á, portanto, no estudo dos aspectos críticos da filosofia de Hegel. Mas entre alguns deles surgirá a dúvida a respeito do caráter realmente crítico de uma crítica meramente filosófica.

Esses afirmarão a exigência de levar essa crítica também no mundo da ação, no mundo da economia e da política. Entre esses, o nome mais conhecido é obviamente o de Karl Marx (1818-1883). Mas algumas tentativas nessa direção já estavam se realizando na França por obra de Pierre Joseph Proudhon (1809-1865). Nascido em uma família pobre, Proudhon não tem a possibilidade de completar os estudos regulares e trabalha como revisor em uma tipografia. Em seguida, depois de ter sido mestre de estudos, desenvolve a atividade de tipógrafo em alguns lugares da França e da Suíça. Em 1836 adquire, com dois sócios, uma tipografia. Tem assim modo de aprofundar, como autodidata, a sua cultura. As suas primeiras obras, de gramática, remontam a esse período, ou seja, à década de 1830-1840. Em 1840 publica *O que é a propriedade? Ou pesquisas sobre o princípio do direito e do governo*. A obra tem sucesso de público, mas começam também as perseguições. Em 1842, publica *Aviso aos proprietários ou carta ao Senhor Considèrant, redator de "A Falange" sobre uma defesa da propriedade*. Depois dessa publicação é condenado por ataque à propriedade. Em 1846 publica o *Sistema das contradições econômicas ou filosofia da miséria*, a obra que será violentamente atacada por Marx e que marcará o rompimento definitivo, depois de um breve período de amizade, entre os dois teóricos e homens políticos. Em 1848, Proudhon dirige dois jornais e participa de movimentos revolucionários. Em 1849, após um ataque, em um jornal, a Luís Bonaparte, é processado e condenado a três anos de prisão. Primeiro foge para a Suíça, mas ao voltar à França para se casar, é preso, e permanece encarcerado, onde escreve *As confissões de um revolucionário, para servir à história da revolução de fevereiro*, e *Ideia geral da revolução no século XIX. Escolha de estudos sobre a prática revolucionária e industrial*. É libertado em 1852. No ano seguinte publica a *Filosofia do progresso*. Depois de um período de enfermidades, desgraças e inatividade, em 1858 publica *A justiça na revolução e na Igreja. Novos princípios de filosofia prática endereçados a sua eminência Monsenhor Mathieu, cardeal, arcebispo de Besançon*. O livro é sequestrado e o seu autor sofre nova condenação penal, mas se refugia, com a família, na Bélgica. A pena é perdoada em 1860. Proudhon ainda trabalha, mesmo em meio a dificuldades causadas pela saúde debilitada e pela pobreza. Em 1861 publica *A guerra e a paz. Pesquisas sobre o princípio e a constituição do direito das gentes*, e, em 1863, *O princípio federativo ou a necessidade de reconstruir o partido da revolução*. No ano da sua morte são publicadas *A capacidade das classes operárias* e *novas observações sobre a unidade da Itália*. Outras obras são publicadas póstumas.

Dissemos que, depois de um breve período de amizade e de colaboração, Marx e Proudhon tornaram-se adversários ferozes. E de resto, como se verá, as conclusões teóricas de um não são conciliáveis com as do outro. Todavia, deve-se afirmar que ambos os autores partem da exigência, comum ao socialismo daquele período – em que se teve o grandíssimo desenvolvimento da burguesia, a consequente maior exploração dos trabalhadores por parte dos proprietários dos meios de produção, a cada vez maior pobreza dos primeiros, a falta de uma legislação protetiva adequada, a proibição de associações e de greve – de realizar no plano das relações econômicas concretas aquela liberdade que havia sido realizada apenas na abstração jurídica e na especulação filosófica. Não obstante essa crítica radical em relação a essa especulação, esses seus herdeiros de "esquerda" derivavam e aceitavam da tradição idealista a ideia da necessidade do progresso, segundo a qual na história o homem vai continuamente em direção à realização cada vez mais completa da razão e da liberdade, e a ideia segundo a qual a própria história é obra do homem, construção humana não redutível à realidade natural.

A situação da Europa na metade do século passado exigia, para a realização da liberdade e da razão, sobretudo uma intervenção no plano econômico e político. Não por acaso, portanto, Proudhon parte da crítica às condições econômicas da sua sociedade e à instituição que está na sua base: a propriedade privada. "A propriedade privada é um roubo", pois permite a quem dispõe de determinados instrumentos, por si só improdutivos, obter lucro por meio do trabalho alheio, que é a única fonte do valor econômico. Sem trabalho humano, instrumentos e realidades naturais não têm nenhum valor.

Ainda que o trabalho do homem consistisse numa simples apreensão da mão, não haveria valor produtivo para ele senão quando se deu a esse trabalho: até aquele momento o sal do mar, a água das fontes, a erva dos campos, a lenha das florestas, são para ele como se não existissem. O mar, sem o pescador e as suas redes, não dá peixes; a floresta sem o lenhador e o seu machado não dá lenha, aquecimento nem madeira para construir; o prado sem o ceifador não dá nem feno, nem de primeiro, nem de segundo corte. A natureza é como uma vasta matéria de exploração e de produção; mas ela não produz nada além do que produz para si mesma; em sentido econômico, os seus produtos, no que concerne ao homem, ainda não são produtos.

> Os capitais, os utensílios, as máquinas, são igualmente improdutivos. O martelo e a bigorna, sem ferreiro e nem ferro, não forjam; o moinho, sem o moleiro e sem grão, não mói etc. (PROUDHON, 1969, p. 171-172).

Segundo Proudhon, há uma estreita conexão entre a instituição da propriedade privada e o poder político constritivo. Este último, de fato, é considerado pelo autor em questão apenas como suporte da propriedade. "O proprietário, o ladrão, o herói, o soberano, porque todos esses substantivos são sinônimos, impõe a sua vontade por lei e não suporta nem contradição, nem controle [...] A propriedade gera necessariamente o despotismo, o governo arbitrário, o reino de uma vontade ávida" (PROUDHON, 1969, p. 285). Proudhon nega, portanto, a legitimidade a qualquer forma de poder político coercitivo e a ele opõe a "anarquia", a "falta de soberano", que, de todo modo, não tem nada a ver com o caos, a desordem, porque, mesmo que todos tenham a possibilidade de intervir com a própria vontade nos assuntos públicos, estes não dependem do arbítrio, mas do estudo científico do "sistema de sociedade".

> Tudo aquilo que é matéria de legislação e de política é objeto de ciência, não de opinião: o *poder legislativo* pertence somente à razão metodicamente reconheci-

> da e demonstrada [...] Justiça e legalidade são tão independentes do nosso consentimento quanto a verdade matemática. Para se tornarem obrigatórias, basta que sejam conhecidas; para que sejam conhecidas só exigem a meditação e o estudo [...] O povo é o guardião da lei, o povo é o poder *executivo*. Cada cidadão pode afirmar: Isso é verdade; Isso é justo; mas a sua convicção compromete apenas ele: para que a verdade que ele proclama se torne lei, é necessário que seja reconhecida. Ora, o que quer dizer reconhecer uma lei? Quer dizer verificar uma operação de matemática ou de metafísica; quer dizer repetir um experimento, observar um fenômeno, constatar um fato (PROUDHON, 1969, p. 283-284).

Assim, parte-se em direção a um "socialismo científico" – a expressão é de Proudhon – por meio da abolição da propriedade privada e do poder coercitivo reconhecidos como cientificamente necessários.

Dissemos que para Proudhon é o trabalho que cria valor. Nisso ele se reconecta aos economistas clássicos. Mas no que diz respeito à concepção do trabalho em si, ele se reconecta à tradição idealista. O trabalho constitui a realização do homem, uma vez que por meio dele o homem sai da necessidade na natureza, cria a própria vida, exterioriza no mundo o próprio espírito, a própria liberdade. Trabalhar significa criar, razão pela qual no trabalho o homem é rival de Deus.

> O homem é trabalhador, ou seja, criador e poeta: ele se expressa com ideias e símbolos; referindo-se à natureza, ele produz de sua fonte, vive da sua substância [...]. O homem rival de Deus, como Deus, mas de maneira diferente, trabalha; fala, canta, escreve, conta, calcula, faz planos e os executa, grava e pinta imagens, celebra os atos memoráveis de sua existência, institui festividades, encoleriza-se com a guerra, estimula o seu pensamento com a religião, a filosofia, a arte. Para sobreviver, ele explora toda a natureza; apropria-se dela e a transforma [...] Os animais se afligem, sob o domínio de uma razão que vai além da sua consciência; somente o homem trabalha, porque só ele concebe o próprio trabalho, e com a ajuda da consciência forma a própria razão (PROUDHON, 1923, II, p. 361).

O trabalho, portanto, é entendido como atividade consciente, racional, livre. A transformação da natureza se dá de acordo com um projeto conscientemente reconhecido como tal e livremente executado. Essa atividade humana não deve ser entendida como a atividade do indivíduo, do ser individual que opera com os seus únicos meios, mas como colaboração, atividade coletiva. Por meio da divisão do trabalho "a humanidade inteira age como um único homem e [...] todavia cada indivíduo, nessa comunidade de ação, encontra-se livre e independente" (PROUDHON, 1969, p. 362). Isso, entretanto, é o que deveria ser mais do que a realidade em ato. A divisão do trabalho, assim como é efetivamente, não realiza, de modo algum, as potencialidades humanas agora descritas; mas, ao contrário, nega-as. São argumentações já conhecidas: bastará pensar em Ferguson ou no próprio Hegel. Mas em Proudhon tem-se algo a mais: a crítica à economia política, uma vez que na análise da divisão do trabalho não capta nela os aspectos humanamente degradantes.

> O trabalho, ao dividir-se segundo a lei que lhe é própria, e que representa a condição primeira da sua fecundidade, desemboca na negação dos seus fins e se autodestrói: em outras palavras, a divisão, para além da qual não existe progresso, nem riqueza, nem igualdade, torna o operário subalterno, a inteligência inútil, a riqueza nociva, e a igualdade impossível (PROUDHON, 1969, I, p. 138).

Os economistas sinalizaram seja as vantagens, seja os inconvenientes da divisão do trabalho, insistindo, todavia, mais sobre aquelas. Quanto aos inconvenientes, Proudhon cita uma frase do *Tratado de economia política* do economista Say, do qual parece emergir em toda clareza a contradição e, ao mesmo tempo, a inevitabilidade e a insuperabilidade da contradição: "A separação dos trabalhos é um hábil emprego das forças do homem [...]; ela aumenta prodigiosamente os produtos da sociedade, mas [...] tira algo da capacidade de todo homem tomado individualmente" (PROUDHON, 1969, I, p. 139).

A concepção proudhoniana da sociedade concorda com essas críticas ao poder centralizado coercitivo e à divisão do trabalho, assim como se mostra historicamente realizada. De fato, a sociedade não é considerada pelo autor em questão – e aqui ele antecipa algumas tendências da sociologia contemporânea – nem como um conjunto de mônadas distintas, como uma soma de indivíduos mantidos juntos por interesse individual, ou por contrato social, nem como superorganismo em que os indivíduos são privados de real autonomia. A sociedade é uma "relação fluida", uma realidade *sui generis* em que os indivíduos se realizam nas relações com os outros indivíduos em uma situação que os transcende e que, todavia, não nega a sua autonomia, ainda que certamente se oponha aos instintos egoístas do indivíduo.

> Eu considero a sociedade – escreve Proudhon – o grupo humano, como um ser *sui generis*, constituído pela relação fluida e pela solidariedade econômica de todos os indivíduos seja da nação, seja da localidade ou corporação, seja da espécie inteira; os quais indivíduos vivem livremente uns com os outros, aproximam-se, unem-se, distanciam-se de vez em quando em todas as direções; um ser com funções próprias, estranhas à nossa individualidade, com suas ideias que nos comunica, seus juízos que não têm nada a ver com os nossos, a sua vontade diametralmente oposta aos nossos instintos (PROUDHON, 1946, p. 67).

Proudhon também faz referência a um contrato social, mas a sua ideia a esse respeito é muito diferente da de Rousseau, com quem polemiza. Para este último, de fato, o contrato social implica a alienação total da liberdade individual em favor de uma autoridade que, segundo a crítica de Proudhon, é destinada a permanecer estranha e coercitiva em relação aos indivíduos. A esse contrato social é contraposto um contrato em que as partes se acordam livremente em um conjunto ininterrupto de trocas recíprocas, sem nunca renunciar à espontaneidade e à originalidade da relação (ANSART, 1972, p. 69ss.). O indivíduo encontra a sua realidade somente na participação do grupo (humanidade inteira, nação, comunidade local, corporação): e esse grupo é o conjunto das relações sociais e econômicas entre indivíduos que deve ser regido pelo princípio fundamental da justiça. Essa "faculdade da alma", como a define Proudhon, "é o respeito espontaneamente experimentado, e reciprocamente garantido, da dignidade humana, em qualquer pessoa e em qualquer circunstância que se encontre comprometida, e a qualquer risco que a sua defesa nos exponha" (PROUDHON, 1968, p. 243). A justiça na sua essencialidade é uma relação e "implica ao menos dois termos, duas pessoas unidas pelo respeito comum da sua natureza [ainda que] diversas e rivais em todo o resto" (p. 246). Proudhon indica nessa "faculdade da alma" cujo desenvolvimento "constitui a educação da humanidade" (p. 246), o fundamento da sociedade e do seu progresso, da anarquia e do socialismo. Remete-se assim a um princípio moral e deontológico, motivo pelo qual será fácil aos adversários acusá-lo de ser, ele também, não obstante suas pretensões de fundar um "socialismo científico", um "socialista utópico". O autor em questão procurou, todavia, indicar o caminho para a realização concreta dos seus ideais no princípio federativo, que não permite ao poder central sobrepujar as partes individuais e que vive da participação delas: o princípio federativo é o princípio da autogestão, que deve ser cumprido política e economicamente. Segundo as palavras do próprio Proudhon,

> o traço fundamental e característico do contrato federativo [...] é que nesse sistema os contraentes, chefes de família, municípios, cantões, províncias ou Estados, não somente se comprometem sinalagmática e comutativamente uns em relação aos outros, mas se reservam individualmente, formando o pacto, um maior número de direitos, de liberdade, de autoridade, de propriedade, dos que delegam [...] O contrato de federação, em termos gerais, tem por objeto garantir aos estados confederados a sua soberania, o seu território, a liberdade de seus cidadãos; regular as suas controvérsias; providenciar, com medidas gerais, tudo que diz respeito à segurança e à propriedade comum [...] A autoridade encarregada da sua aplicação nunca consegue prevalecer sobre as suas constituintes, [...] os atributos federais nunca podem exceder em número e em realidade os das autoridades municipais ou provinciais, da mesma forma que estas últimas não podem exceder os direitos e as prerrogativas do homem e do cidadão. Se não fosse assim, [...] a federação voltaria a ser uma centralização monárquica (PROUDHON, 1946, p. 219-220).

4.5 A concepção materialista da história

Partiram de exigências semelhantes às de Proudhon também Karl Marx (1818-1883) e seu colaborador e amigo Friedrich Engels (1820-1895). A situação, como já foi mencionado, era caracterizada pelas difíceis e frequentemente trágicas condições em que vivia o proletariado urbano e pela colocação em termos mais urgentes da "questão social". Ela exigia que se traduzissem no plano econômico aqueles direitos à igualdade e à liberdade que a Revolução Francesa havia promulgado jurídica e politicamente, na consciência de que tinham sido realizados apenas formalmente e que sua efetivação substancial exigia uma transformação na estrutura econômica. Nascido em Treves em uma família de origem judaica recentemente convertida ao protestantismo, Marx estudou direito em Bonn e sucessivamente também filosofia e história em Berlim, entrando em contato com os jovens hegelianos. Em 1841, formou-se em Jena com uma tese sobre Demócrito e Epicuro. No ano seguinte, tornou-se colaborador e depois redator da *Rheinische Zeitung* de Colônia. Quando a publicação desse jornal foi proibida, Marx se transferiu para Paris, onde, junto com Ruge, dirigiu os "Anais Franco-Alemães". Em Paris teve início a amizade e colaboração com Engels. Em 1843 escreveu *A questão judaica* e *Crítica da filosofia do direito de Hegel – Introdução*. Escreveu depois os famosos *Manuscritos econômico-filosóficos de 1844*, que serão descobertos e publicados somente em 1932. Naquele período Marx frequentou os ambientes socialistas e anarquistas e conheceu Proudhon e Bakunin. Junto com Engels escreveu, entre 1844 e 1845, *A Sagrada Família*. Em 1845, a pedido do governo prussiano, foi expulso de Paris e transferiu-se para a Bélgica. Aqui, entre 1845 e 1846, sempre em colaboração com Engels, escreveu *A ideologia alemã*. Em 1847, após os desentendimentos com Proudhon, escreveu a sua resposta à *Filosofia da miséria* deste último, que intitulou polemicamente *Miséria da filosofia*. No mesmo ano recebeu a incumbência, da Liga dos Comunistas, de redigir *O Manifesto do Partido Comunista*, que foi publicado em 1848, ano dos movimentos revolucionários. Pouco tempo depois dessa publicação, Marx foi expulso também da Bélgica, regressou primeiramente a Paris, depois foi para Colônia. Aqui se tornou diretor do "Neue Rheinische Zeitung". Expulso também de Colônia, transferiu-se definitivamente para Londres, onde permaneceu até o fim dos seus dias, em graves dificuldades econômicas, sempre ajudado pelo amigo Engels, e colaborando, de 1851 até 1862, com a *New York Tribune*. Nesse período Marx trabalhou cotidianamente na biblioteca do British Museum em Londres. Em 1850 publicou *As lutas de classe na França de 1848 a 1850*, em 1852 *O 18 Brumário de Luís Bonaparte*, em 1859 *Para a crítica da economia política*. Dedicou-se enfim à redação de *O Capital*, cujo primeiro volume, que é o último a ser escrito, foi publicado em 1867. Os outros volumes foram publicados póstumos, ficando a edição a cargo de Engels. Em 1871 foi publicado, em inglês, *A Guerra Civil na França*, em 1875 *A crítica ao programa do Partido Operário Alemão*. Em 1864 Marx participou dos trabalhos da Primeira Internacional Socialista, redigiu os seus estatutos e uma declaração de princípios. Algumas obras suas foram publicadas póstumas. Já mencionamos os *Manuscritos*. Póstumos foram também *A ideologia alemã*, *Teorias da mais-valia* e os *Elementos fundamentais para a crítica da economia política*. Marx foi sepultado no cemitério de Highgate em Londres, e sobre a sua lápide foi reproduzida, por vontade de Engels, a chamada décima primeira tese sobre Feuerbach.

Engels nasceu em Barmen, na Alemanha, em uma família de industriais. Desde jovem entrou, junto com Marx, para o grupo dos jovens hegelianos de esquerda. Em 1842 transferiu-se para a Inglaterra, em Manchester. Aqui, como industrial, pôde constatar diretamente as condições da classe operária, sobre a qual escreveu, entre 1844 e 1845, o famoso livro *As condições da classe operária na Inglaterra*. Já falamos da sua amizade com Marx. As suas condições econômicas lhe deram a possibilidade de ajudar o amigo. Além das obras já citadas, escritas em colaboração com Marx, devem ser lembradas: *A guerra dos camponeses alemães* (1850), *A dialética da natureza* (entre 1873 e 1883), *O Anti-Düring*, cujos primeiros três capítulos constituem o opúsculo *A evolução do socialismo da utopia à ciência*, *As origens da família, da propriedade privada e do Estado* (1884), *Ludwig Feuerbach e o fim da filosofia clássica alemã* (1886).

Os movimentos revolucionários que se difundem na Europa em torno da metade do século XIX constituem o pano de fundo social em que se forma o pensamento dos dois autores. Quanto à influência mais estritamente cultural, como é sabido, ela foi constituída, sobretudo inicialmente, pela filosofia de Hegel e pela interpretação que dela tinham dado os expoentes da já mencionada "esquerda hegeliana". Mas na origem do pensamento de Marx e de Engels estão também as concepções daqueles que eles definirão como "socialistas utópicos". A esse propósito, deve-se fazer referência particularmente a Saint-Simon. Cabe, por fim, lembrar a polêmica constante sustentada principalmente por Marx, desde os seus escritos de juventude, em relação à economia política. Se, por um lado, essa é criticada como a ciência que, fundando-se no princípio da livre-concorrência entre forças econômicas e considerando-a como historicamente insuperável, havia se tornado um apoio ideológico válido da classe burguesa e das suas específicas exigências, deve-se sublinhar também que muitas categorias interpretativas de que Marx se serviu são retomadas justamente pela economia política.

4.6 O problema da alienação

Mencionamos o problema da alienação da maneira como fora tratado por Hegel. Marx, nos *Manuscritos econômico-filosóficos de 1844* critica particularmente Hegel precisamente pelo modo como ele tratara esse problema. Na filosofia idealista hegeliana, o homem se aliena de si mesmo, por meio do trabalho, no mundo objetivo. Todavia, o objeto que o homem percebe como estranho, o outro de si, é apenas a expressão da própria atividade humana. O pensamento abstrato opõe o objeto ao sujeito e os considera separadamente, mas a reflexão filosófica reconhece no objeto o resultado do trabalho do homem. Justamente por meio desse reconhecimento, por parte da filosofia, da unidade substancial de objeto e sujeito, tem-se a superação da alienação, na medida em que aquilo que o homem percebe como objeto que lhe se opõe, mostra-se como exteriorização de si mesmo e, portanto, é inteiramente reconduzido a si. Para Hegel, portanto, a reunião de sujeito e objeto é apenas um problema filosófico, e é justamente isso que Marx lhe contesta. Hegel, a seu juízo, tinha bem compreendido como o homem se realiza no trabalho, ou seja, opondo-se sempre ao mundo externo e reconduzindo-o a si. Aquilo que lhe aparece estranho, como alheio, é negado, transformado, e nisto reside a essência do trabalho que é a própria essência do homem. "Hegel concebe a autogeração do homem como um processo, a objetivação como uma contraposição, como alienação e supressão dessa alienação [...] Por conseguinte, ele entende a essência do *trabalho* e concebe o homem objetivo, o homem verdadeiro porque real, como o resultado do seu próprio trabalho" (MARX, 1968, p. 167). Entretanto, para Hegel, como dissemos, isso é apenas um processo filosófico. Para a "apropriação" do objeto por parte do sujeito é suficiente que o sujeito tome consciência de si, da sua presença, no mundo objetivo. Nenhuma modificação real, portanto, é necessária, mas somente uma tomada de consciência filosófica. Para Hegel "a apropriação das forças essenciais do homem, que se tornaram objetos estranhos, é [...] antes de tudo, apenas uma *apropriação* que tem lugar na *consciência*, no *pensamento puro*, ou seja, na *abstração* é a apropriação desses objetos como *ideias e movimentos ideais*" (MARX, 1968, p. 165). A crítica idealista se mostra completamente "acrítica" porque não tem nenhuma possibilidade de influenciar concretamente a realidade do homem. Essa crítica permanece uma abstração.

Hegel também tinha observado, como lembraremos, que nem sempre a atividade humana representava a realização do homem, e que, em certas condições, ela levava o indivíduo ao embrutecimento. Marx, todavia, refere-se aos fundamentos idealistas do discurso hegeliano sobre a alienação e a ele se contrapõe afirmando que a alienação deve ser entendida como aquela situação específica em que o trabalhador não tem possibilidade de realizar-se no trabalho; mas, sendo obrigado a vender aos outros a própria atividade, que é a sua própria humanidade, encontra-se consequentemente diante do resultado do seu trabalho como diante de um objeto estranho. Marx escreve: "Ao trabalhador é cada vez mais tirada de suas mãos uma parte dos seus produtos e cada vez mais o seu próprio trabalho está diante dele como uma propriedade alheia". "O produto do trabalho está diante do trabalhador cada vez mais como algo estranho" (MARX, 1968, p. 14 e 16). E o trabalhador não é alienado somente em relação ao produto final do seu trabalho, mas em relação à sua própria atividade produtiva, que não lhe pertence. "A alienação se mostra não somente no resultado, mas também no *ato da produção*, dentro da própria *atividade produtiva*" (MARX, 1968, p. 74). E alienar-se da atividade produtiva significa perder a própria "essência" de homem, que se realiza nela e por meio dela; significa alienação de si, da própria humanidade. No trabalho, o trabalhador "não se afirma, mas se nega, não está satisfeito, mas infeliz, não desenvolve uma livre-energia física e espiritual, mas sacrifica o seu corpo e destrói o seu espírito" (MARX, 1968, p. 74-75). Portanto, é necessário distinguir entre objetivação, que é a maneira pela qual o homem se expressa na sua atividade de transformação do mundo objetivo, e estranhamento, que para o trabalhador não é a redução do objeto a si; mas, ao contrário, "a perda do objeto, do seu produto" (MARX, 1968, p. 72).

> O trabalhador torna-se tanto mais pobre quanto mais riqueza produz, quanto mais a sua produção aumenta em poder e extensão. O trabalhador torna-se uma mercadoria tanto mais barata quanto maior é a qualidade da mercadoria que produz. A *desvalorização* do mundo humano aumenta em proporção direta com a *valorização* do mundo das coisas. O trabalho não produz apenas mercadoria; produz-se também si mesmo e ao trabalhador como mercadoria (MARX, 1968, p. 71).

O homem é um ser histórico assim como é um ser natural. A natureza é para ele o seu "*corpo inorgânico*" (MARX, 1968, p. 77), já que não só o homem encontra na natureza os seus meios de subsistência, mas porque ela é "o instrumento da sua atividade vital" (MARX, 1968, p. 77). Por meio da sua atividade no âmbito da natureza, que é seu instrumento, o homem entra em relação com os outros homens, motivo pelo qual ele não se realiza como indivíduo isolado, mas como espécie, e logo como ser não particular, mas universal. Ora, no trabalho alienado, em que, como foi dito, o objeto do produto e a toda atividade produtiva permanecem estranhos ao produtor, essas relações se invertem. O homem não se realiza mais na espécie; mas, ao contrário, faz desta última um instrumento da sua vida individual.

> Como o trabalho alienado: (1) aliena a natureza do homem e (2) aliena o homem de si mesmo, de sua própria função ativa, de sua atividade vital, assim também o aliena da espécie. Ele transforma *a vida* da *espécie* em uma forma de vida individual (MARX, 1968, p. 77).

O que torna possível a degradação da atividade humana em trabalho alienado, o trabalhador em mercadoria, as exigências universais da espécie em exigências de sobrevivência individual, é o fato que o trabalho não pertence a quem o desenvolve.

> Se o produto do trabalho não pertence ao trabalhador, um poder estranho está diante dele, então, isso só é possível porque ele pertence a um *outro homem estranho ao trabalhador*. Se a sua atividade é para ele um tormento, então deve ser um *gozo* para um outro, deve ser a alegria de viver para um outro. Não são os deuses, não é a natureza, mas somente o próprio homem pode ser esse poder estranho acima do homem (MARX, 1968, p. 81).

A alienação do trabalho cria a propriedade privada e ao mesmo tempo é a sua consequência. A crítica, portanto, não pode ser só crítica filosófica, mas deve ser guia à transformação do estado de coisas que implica a divisão entre propriedade e trabalho e conduz necessariamente ao trabalho alienado. A crítica é por si só atividade, modificação de uma situação que foi criada historicamente e pode ser historicamente superada. Mas a ciência que se dedica aos problemas da produção, a economia política, dá a realidade da propriedade privada, que cria a alienação do trabalho e que a alienação do trabalho cria, como realidade dada, fundamentalmente acrítica. Nesse sentido, Marx, já nos manuscritos de 1844, desenvolve uma crítica da economia política. "A economia política parte do fato da propriedade privada. Mas não a explica. Capta o processo *material* da propriedade privada como se revela na realidade, mas o capta em fórmulas gerais, abstratas, que têm para ela o valor de *leis*" (MARX, 1968, p. 69). Trata-se, ao contrário, de revelar o processo histórico por meio do qual se chegou à alienação do trabalho e as possibilidades históricas de sua superação. A economia política, ao contrário, aceita acriticamente aquilo que deveria explicar: "a propriedade privada, a separação entre trabalho, capital e terra, e também entre salário, lucro do capital e renda fundiária, como também a divisão do trabalho, a concorrência, o conceito de valor de troca etc." (MARX, 1968, p. 69). E, ainda, ela aceita a redução do trabalhador a mercadoria sem colocar o problema da sua humanidade.

> A economia política considera o proletário, aquele que sem capital e sem renda fundiária vive unicamente do trabalho unilateral e abstrato, apenas como *trabalhador*. Ela pode, portanto, sustentar o princípio de que ele, assim como um cavalo, deve ganhar o que lhe basta para poder trabalhar (MARX, 1968, p. 19-20).

Como já havia dito Proudhon, a economia política considera o trabalhador apenas do ponto de vista da sua produtividade, não do ponto de vista da sua humanidade. Nos manuscritos de 1844, portanto, Marx critica tanto a filosofia idealista de Hegel quanto a economia política. A base comum dessa crítica em relação a disciplinas e temas tão diversos encontra-se no fato de que tanto o pensamento de Hegel, resolvendo o problema no interior do discurso filosófico, quanto a economia política, que estuda as leis econômicas de uma sociedade historicamente constituída como leis imutáveis, não têm qualquer possibilidade de se transformar em crítica ativa, em instrumentos para a transformação da ordem econômica constituída. Esse discurso é retomado por Marx em uma série de escritos posteriores. Naqueles mesmos anos de juventude em que redigiu os manuscritos, ele insiste na crítica à filosofia, principalmente nas expressões que ela havia assumido no interior da esquerda hegeliana, ao passo que nas obras de maturidade a crítica se manifestará sobretudo como "crítica da economia política". Essa frase constitui, além disso, o subtítulo de *O Capital*.

4.7 As *Teses sobre Feuerbach* e *A ideologia alemã*

Com base no que foi dito, talvez seja possível compreender o significado daquela que com toda probabilidade é a frase mais famosa de Marx, embora certamente não seja a mais feliz: "Os filósofos se limitaram a interpretar o mundo diferentemente, cabe transformá-lo". Essa é a décima primeira e última das *Teses sobre Feuerbach*, constituídas de algumas notas tomadas por Marx a propósito do expoente mais admirado por ele, mesmo na crítica, da esquerda hegeliana. Essas notas foram publicadas por Engels como apêndice ao seu livro sobre o próprio Feuerbach (ENGELS, 1969, p. 81-86). É importante ressaltar que se trata da última tese, porque como tal ela deve ser entendida, e não tomada isoladamente. Se, de fato, nos determos ao seu significado literal cindido do contexto das outras teses, parece quase que a ação não exige a interpretação, é um momento independente dela. Totalmente diferente, todavia, é a intenção polêmica de Marx. Ele sustenta que Feuerbach também, apesar do seu conhecimento da dialética, tinha oposto ao idealismo um materialismo que atribuía ao mundo dos objetos uma realidade autônoma e independente em relação à atividade humana. Marx rejeita essa concepção do materialismo afirmando que o mundo objetivo não é estranho à atividade humana, não é estranho, portanto, ao sujeito. Essa é a primeira observação que encontramos na primeira tese sobre Feuerbach.

> A falha capital de todo materialismo até agora (incluso o de Feuerbach), é captar o objeto, a efetividade, a sensibilidade apenas sob a forma de *objeto* [...], e não como *atividade humana sensível, práxis*; só de um ponto de vista subjetivo [...]. Feuerbach quer objetos sensíveis, efetivamente diferenciados dos objetos do pensamento, mas ele não capta a própria atividade humana como atividade *objetiva* (ENGELS, 1969, p. 81).

Nessas afirmações podem ser identificados os fundamentos do "materialismo histórico". As condições objetivas em que nos encontramos, ainda que percebidas como estranhas, como "natureza", são, no entanto, sempre o resultado da atividade do homem na história: se não se reconhece esse caráter histórico, portanto humano, "subjetivo", da realidade objetiva, se se considera o espírito como completamente independente dessa realidade, ele pode ter uma função meramente interpretativa, ao passo que o mundo objetivo permanece completamente além de qualquer possibilidade de intervenção prática. Trata-se, portanto, de agir tendo consciência das potencialidades humanas de transformar o mundo histórico constituído, para não sermos escravizados por ele. Esse conceito é reafirmado várias vezes por Marx e por Engels. Em *A ideologia alemã*, escrita pelos dois autores no mesmo período em que Marx havia tomado as breves notas sobre Feuerbach de que falamos, lê-se, por exemplo:

> Não nos daremos, naturalmente, ao trabalho de esclarecer a nossos sábios filósofos que eles não fizeram a "libertação do homem" avançar um único passo ao terem reduzido a filosofia, a teologia, a substância e todo esse lixo à "autoconsciência", e ao terem libertado o "homem" da dominação dessas fraseologias, dominação que nunca o manteve escravizado. Nem lhes explicaremos que só é possível conquistar a libertação real no mundo real e pelo emprego de meios reais [...]. Trata-se de revolucionar o mundo, de enfrentar e de transformar praticamente o estado de coisas encontrado (MARX & ENGELS, 1967, p. 14-15).

Em *A ideologia alemã*, mesmo permanecendo como alvo dos dois autores, os filósofos da esquerda, o discurso, de qualquer forma, amplia-se. Eles pretendem explicar como surgiu a ilusão idealista acerca da independência da teoria e da cultura em geral em relação ao mundo efetivo das relações econômicas. Segundo Marx e Engels, de fato, as expressões de uma cultura em uma sociedade estão necessariamente em correlação com o mundo da produção e das relações de produção. Na sexta tese sobre Feuerbach lê-se que "a essência humana não é algo de abstrato residindo no indivíduo único. Em sua efetividade é o conjunto das relações sociais" (ENGELS, 1969, p. 84). Nessa obra, essas relações são especificadas como relações econômicas. Os homens produzem os seus meios de existência e para produzi-los entram em relação entre si. De acordo com o grau de desenvolvimento da produção, mudam também os modos em que os homens se organizam na sociedade. "Um modo de produção ou um determinado estágio industrial estão sempre unidos a um modo de cooperação ou a um determinado estágio social" (MARX & ENGELS, 1967, p. 20). Tal cooperação sempre coincidiu com a divisão do trabalho e sempre acarretou uma "distribuição *desigual*, tanto na quantidade como na qualidade, do trabalho e dos seus produtos" (p. 22). O fato de os homens produzirem os seus meios de existência organizando-se socialmente e de a divisão do trabalho ser uma divisão desigual constitui a base da vida humana e condiciona também a "produção espiritual", todas as manifestações da cultura devem, assim, ser entendidas não como independentes da produção e das relações de produção, mas em estreita correlação com elas; sendo por elas condicionadas. A consciência surge por meio da atividade que os homens estabelecem entre si para a produção dos meios de existência, e esse fato condiciona toda expressão da vida cultural. Em um dos trechos mais citados de *A ideologia alemã*, lê-se:

> A produção de ideias, de representações e da consciência está em primeiro lugar diretamente ligada à atividade material e ao comércio material dos homens; é a linguagem da vida real. As representações, o pensamento, o comércio intelectual dos homens surge aqui [...] como emanação direta do seu comportamento material. O mesmo acontece com a produção intelectual quando esta se apresenta na linguagem da política, das leis, da moral, da religião, da metafísica etc. de um povo. São os homens que produzem as suas representações, as suas ideias etc., mas os homens reais, atuantes e tais como foram condicionados por um determinado desenvolvimento das suas forças produtivas e do modo de relações que lhe corresponde, incluindo até as formas mais amplas que estas possam tomar. A consciência nunca pode ser mais do que o ser consciente e o ser dos homens é o seu processo da vida real (MARX & ENGELS, 1967, p. 13).

Tem-se a ideologia quando essa relação de condicionamento, essa presença da atividade econômica nas expressões da cultura, são negadas, e a própria cultura se pressupõe como "pura", autônoma, livre de qualquer atividade prática, econômica, política. Essa inversão pela qual o que tem origem na atividade prática e econômica aparece ao contrário como primário e independente, essa ilusão segundo a qual a "teoria" seria pura, incontaminada de problemas materiais, e assim todas as "produções intelectuais", a cultura, não pode constituir simplesmente um erro teórico, mas deve ter – senão o próprio método proposto por Marx e Engels seria contraditório – uma conexão com o que se verificou e se verifica no mundo da ação, da política e da economia. "Se em toda [...] ideologia os homens e as suas relações nos surgem invertidos, tal acontece numa câmera obscura, isto é apenas o resultado do seu processo de vida histórico, do mesmo modo que a imagem invertida dos objetos que se forma na retina é uma consequência imediata do seu processo de vida diretamente físico" (MARX & ENGELS, 1967, p. 13). É possível para a filosofia iludir-se na construção de teorias válidas universalmente que prescindem de condições históricas específicas e de específicos problemas práticos e econômicos. Isso acontece porque, com a divisão do trabalho entre trabalho manual e trabalho intelectual, ou seja, depois de uma concreta cisão no mundo socioeconômico, o trabalho intelectual perde contato com a realidade concreta. Na base da ilusão da "teoria pura" há, portanto, uma situação peculiar de vida material.

> A partir deste momento [desde quando se deu a divisão entre trabalho manual e trabalho intelectual] a consciência *pode* supor-se algo mais do que a consciência da prática existente, que representa de fato qualquer coisa sem representar algo de *real*: e igualmente a partir deste momento a consciência encontra-se em condições de se emancipar do mundo e de passar à formação da teoria "pura", teologia, filosofia, moral etc. (MARX & ENGELS, 1967, p. 21-22).

E ideologia é também a historiografia oficial que

> viu na história apenas ações de chefes, de Estados e lutas religiosas e principalmente teóricas, e em cada época, em especial, foi obrigada a partilhar com qualquer época histórica a ilusão dessa época. Suponhamos que uma dada época julga ser determinada por motivos puramente "políticos" ou "religiosos", se bem que "religião" e "política" constituam apenas as formas adquiridas pelos seus motores reais: o seu historiador aceita aquela opinião. A "imagem", a "representação" que esses homens determinados têm da sua prática real transforma-se no único poder determinante e ativo que domina e determina a prática desses homens (MARX & ENGELS, 1967, p. 31).

Essas críticas à "esquerda hegeliana" e em geral à "teoria pura", à historiografia oficial, às produções intelectuais que se supõem autônomas, não são diferentes das que foram feitas nos *Manuscritos* à economia política. Se, para a economia política, foi possível considerar o trabalhador como coisa e se para os filósofos foi possível considerar as suas teorias como "puras", como incontaminadas de problemas práticos, econômicos, políticos, das suas épocas, isso não depende de um simples erro teórico, mas é, ao contrário, necessário explicar os mesmos erros da ciência econômica, da filosofia e da historiografia à luz das condições histórico-sociais específicas em que eles se manifestam com as suas afirmações determinadas. É possível no discurso científico da economia política não considerar a humanidade do homem justamente porque as condições efetivas do homem na sociedade capitalista levaram-no, de fato, a reduzir-se a coisa. Com efeito, para sobreviver, o trabalhador deve vender a si mesmo como mercadoria. E o que está na base das teorias puras já foi dito. As ideias que se pretendem "puras" e como tais dotadas de validade universal ocultam interesses específicos e particulares de determinadas classes. Esses interesses particulares, de fato, não podem se impor declarando-se como tais; eles devem se manifestar explicitamente como interesses gerais, coletivos. Existiria, certamente, um interesse geral devido ao fato de que os indivíduos dependem uns dos outros na divisão do trabalho:

“O interesse coletivo de todos os indivíduos que mantêm relações entre si. Esse interesse comunitário não existe somente na representação como “universal, mas primeiramente na realidade concreta como dependência recíproca dos indivíduos entre os quais o trabalho é dividido” (MARX & ENGELS, 1967, p. 23). Na história, todavia, sempre se expressaram interesses particulares de uma classe, interesses que para se impor se autoproclamam gerais. As instituições políticas, o estado, representam ilusoriamente os interesses coletivos, mas na realidade são sustentáculos da classe dominante, que luta contra as outras classes. A “sociedade civil” é composta pelo conjunto das relações de relações de produção determinadas pelo desenvolvimento da própria produção. A cada fase determinada de desenvolvimento das forças produtivas corresponde, de fato, modos diversos de organizar as relações sociais, que são fundamentalmente relações de produção. Esses diversos modos de organizar as relações sociais, de produção, não são outra coisa senão as diversas formas que a divisão do trabalho por meio da propriedade assumiu e assume na história. A esse respeito, Marx e Engels falam de “sociedade natural”, em que a divisão do trabalho não é voluntária, mas coercitiva. O termo “natural” é utilizado no sentido de coercitivo, pois não se trata de uma livre-escolha. Na sociedade comunista, ao contrário, a divisão do trabalho tornar-se-ia voluntária, não mais natural, mas essencialmente humana.

> Enquanto os homens permanecerem na sociedade natural, portanto, enquanto há cisão entre o interesse particular e o interesse comum, enquanto portanto também a atividade não é dividida voluntariamente, mas sim naturalmente, a própria ação do homem se transforma para ele em força estranha, que a ele se opõe e o subjuga, em vez de ser por ele dominada. Com efeito, a partir do instante em que o trabalho começa a ser dividido, cada um tem uma esfera de atividade determinada e exclusiva, que lhe é imposta e da qual não pode fugir: ele é caçador, pescador, pastor ou crítico, e deverá permanecer assim se não quiser perder os meios de sobrevivência; ao passo que, na sociedade comunista, em que cada um não tem uma esfera de atividade exclusiva, mas pode se aperfeiçoar em qualquer ramo que lhe agradar, a sociedade regulamenta a produção geral, o que cria para mim a possibilidade de hoje fazer uma coisa, amanhã outra, caçar de manhã, pescar na parte da tarde, cuidar do gado ao anoitecer, fazer crítica após as refeições, a meu bel-prazer, sem nunca me tornar caçador, pescador ou crítico. Essa fixação da atividade social, essa consolidação do nosso próprio produto pessoal em uma força objetiva que nos domina, escapando ao nosso controle, contrariando as nossas expectativas, reduzindo a nada nossos cálculos, é até hoje um dos momentos principais do desenvolvimento histórico (MARX & ENGELS, 1967, p. 24).

4.8 Classes sociais e mudança revolucionária

No trecho agora citado, Marx e Engels referem-se a uma sociedade nova, livre, ao passo que “até hoje” a sociedade foi coercitiva, “natural”. Os dois autores, nos seus escritos posteriores à *Ideologia alemã*, tenderão, entretanto, a não se abandonar mais a descrições quase poéticas da sociedade sem divisão "natural" do trabalho como aquela citada acima. Eles se dedicarão, no entanto, a estudar os processos econômicos que no passado levaram à passagem de uma época à outra – por exemplo da sociedade feudal à sociedade burguesa – e, principalmente, se concentrarão na análise daquelas "contradições" presentes na sociedade burguesa que, segundo eles, deverão necessariamente conduzir à sua superação. A essa análise já foi dedicado o *Manifesto do Partido Comunista*, preparado, como mencionado, pelos dois autores em ocasião do segundo congresso dos comunistas em Londres, e publicado no ano dos movimentos revolucionários de 1848.

Sem especificar o significado do termo "classe", o qual permanecerá indefinido, porque Marx não escreveu aquele capítulo de *O Capital* que devia ser dedicado a esse termo, os dois autores afirmam que a história sempre foi caracterizada pelas lutas de classes, mas que com a sociedade burguesa a luta de classes se configura cada vez mais claramente como contraposição entre duas classes: a burguesia e o proletariado.

> Nas primeiras épocas históricas, verificamos quase por toda parte, uma completa estruturação da sociedade em classes distintas, uma múltipla gradação das posições sociais. Na Roma antiga encontramos patrícios, cavaleiros, plebeus, escravos; na Idade Média, senhores feudais, vassalos, mestres das corporações, aprendizes e servos da gleba, e, em cada uma destas classes, gradações especiais (MARX & ENGELS, 1953, p. 94).

Essa situação devia mudar com a abertura de novos mercados após a descoberta da América e em geral com as conquistas de regiões da terra anteriormente inexploradas ou quase, e com o desenvolvimento da indústria. Tem início a divisão do trabalho dentro das próprias oficinas. Quando a manufatura não foi mais suficiente,

> o vapor e as máquinas revolucionaram a produção industrial. O lugar da manufatureira foi ocupado pela grande indústria moderna; o do estamento médio industrial, pelos milionários da indústria, os chefes de exércitos industriais inteiros, pelos modernos *burgueses* [...]. A grande indústria criou aquele mercado mundial, que tinha sido preparado pelo descobrimento da América. O mercado mundial deu um desenvolvimento imenso ao comércio, à navegação, às comunicações por terra. Este desenvolvimento, por sua vez, retroagiu sobre a expansão da indústria (MARX & ENGELS, 1953, p. 95).

Esse é o processo histórico que conduziu ao surgimento e à imposição da burguesia. Quando a burguesia se impõe economicamente, isso acarreta também a mudança política, já que a própria burguesia conquista também o poder estatal. O Estado se torna "um comitê que administra os negócios comuns de toda a classe *burguesa*" (MARX & ENGELS, 1967, p. 96).

Há algumas diferenças entre a burguesia como classe dominante e as classes dominantes anteriores a ela. Na realidade, a burguesia tornou mais explícito e mais brutal o interesse econômico que está na base das relações entre os homens. Em outras épocas, essas relações eram mediadas por "ilusões religiosas e políticas" (MARX & ENGELS, 1967, p. 96), pela família, pelos afetos. Com a burguesia, cada aspecto da vida humana se revela mais diretamente baseado no interesse. A ideologia se mostra, portanto, cada vez mais frágil e o real caráter das relações sociais emerge cada vez mais evidente. Do ponto de vista mais estritamente econômico, a burguesia se distingue das classes dominantes anteriores porque ela é obrigada a revolucionar continuamente os próprios modos de produção e, por conseguinte, as relações de produção no seu interior. Enquanto nas outras épocas o poder para se perpetuar buscava manter inalteráveis os seus modos de produção e a sua organização, para suportar a concorrência com os outros burgueses, cada burguês tem de buscar sempre novos e mais eficientes instrumentos de produção e novos mercados para expandir os próprios negócios. A necessidade de maior produção levou à concentração da massa dos trabalhadores nas cidades e à formação de grandes metrópoles, e a busca de novos mercados torna o mundo inteiro sujeito às leis econômicas da sociedade burguesa. Tendem assim a cair as barreiras nacionais que anteriormente serviam de proteção ao poder político. Escrevem Marx e Engels:

> Os meios de produção e de troca sobre cuja base se formou a *burguesia* foram gerados na sociedade feudal. Num certo estádio do desenvolvimento destes meios de produção e de troca, as condições nas quais a sociedade feudal produzia e trocava, a organização feudal da agricultura e da manufatura, numa palavra as relações de propriedade feudais, deixaram de corresponder às forças produtivas já desenvolvidas. Obstruíam a produção em vez fomentá-la. Transformaram-se em outros tantos grilhões (MARX & ENGELS, 1967, p. 99).

A essa organização feudal sucedeu então "a livre-concorrência, com a constituição social e política a ela adequada, com a dominação econômica e política da classe dos *burgueses*" (MARX & ENGELS, 1967, p. 99-100). Mas, visto que também na sociedade burguesa, os modos de produção e de troca mudam, como já foi dito, muito mais rápida e radicalmente do que nas outras sociedades, a um certo grau de desenvolvimento da produção e das trocas burguesas, a própria organização burguesa da sociedade, fundada na livre-concorrência, não será mais adequada para enfrentar a nova situação econômica surgida no seu interior. A classe burguesa, para manter o poder, precisa do seu oposto, constituído pelo trabalho da classe dos proletários. Com a evolução da tecnologia o seu trabalho depende cada vez mais das máquinas: torna-se cada vez mais mecânico. Como tal, além de ficar mais tedioso, chega também a desvalorizar-se, de modo que as condições econômicas do proletariado tendem a piorar. O proletariado fica mais pobre e ao mesmo tempo mais numeroso, já que por meio da concorrência aqueles que sucumbem "caem no proletariado" (MARX & ENGELS, 1967, p. 103).

Por meio desse processo e depois da intensificação das relações entre eles, devido ao trabalho nas oficinas um ao lado do outro, à vida na cidade e à maior facilidade de comunicação, os proletários tendem a tomar consciência da sua existência como classe social e a organizar-se politicamente.

> A concorrência crescente dos *burgueses* entre si e as crises comerciais que daqui derivam tornam cada vez mais oscilante o salário dos operários; o incessante e cada vez mais rápido desenvolvimento e aperfeiçoamento das máquinas torna cada vez mais inseguro o conjunto da sua existência; as colisões entre o indivíduo operário e o indivíduo *burguês* assumem cada vez mais o caráter de colisões de duas classes. Os operários começam a formar coalizões contra os *burgueses* (MARX & ENGELS, 1967, p. 104).

Portanto, são desenvolvimentos intrínsecos à própria burguesia a levar, inevitavelmente, à sua superação. De fato,

> a condição mais importante para a dominação da classe burguesa é a acumulação da riqueza em mãos privadas, a formação e a multiplicação do capital; a condição do capital é o trabalho assalariado. O trabalho assenta-se exclusivamente sobre a concorrência dos operários entre si. O progresso da indústria, de que a *burguesia* é o representante indolente e apático, substitui o isolamento dos operários, que se dá por meio da concorrência, pela sua união revolucionária, por meio da associação. Com o desenvolvimento da grande indústria, subtraiu-se portanto à *burguesia* a própria base sobre a qual ela produz e apropria-se dos produtos. Ela produz em primeiro lugar o seu próprio coveiro. A sua derrocada e a vitória do proletariado são igualmente inevitáveis (MARX & ENGELS, 1967, p. 108).

Com o *Manifesto*, as características essenciais da concepção materialista da história já estão marcadas. De qualquer forma, isso não significa, certamente, que tudo o que vem depois seja apenas repetição. Ao contrário, as obras principais de Marx, e primeira entre todas *O Capital*, ainda devem ser escritas. Mas Marx irá reelaborar e aprofundar os temas que já haviam emergidos no curso da sua atividade juvenil de teórico e de político. Que as ideias expressas no *Manifesto* a propósito da passagem da sociedade feudal à sociedade burguesa, e da futura superação da própria sociedade burguesa, formem a base da concepção de Marx, decorre também das famosíssimas e citadíssimas frases escritas por ele no *Prefácio* de *Para a crítica da economia política*:

> Na produção social da sua vida, os homens entram em determinadas relações, necessárias, independentes da sua vontade, relações de produção que correspondem a uma determinada etapa de desenvolvimento das forças produtivas materiais. A totalidade dessas relações de produção forma a estrutura econômica da sociedade [...]. Numa certa etapa do seu desenvolvimento, as forças produtivas materiais da sociedade entram em contradição com as relações de produção existentes, ou seja, com as relações de propriedade (que são apenas a expressão jurídica delas) no seio das quais se tinham até aí movido. De formas de desenvolvimento das forças produtivas, estas relações transformam-se em grilhões das mesmas. Ocorre então uma época de revolução social (MARX, 1969, p. 5).

Entretanto, Marx não retoma apenas o tema indicado pelo *Manifesto* sobre a mudança social entendida como passagem da dominação de uma classe à dominação de uma outra classe segundo os processos agora indicados: ele retoma também o problema da ideologia, afirmando que a estrutura econômica da sociedade é "a base real sobre a qual se ergue uma superestrutura jurídica e política e à qual correspondem determinadas formas da consciência social. O modo de produção da vida material condiciona, em geral, o processo social, político, espiritual da vida" (MARX, 1969, p. 4). Marx prossegue com uma das frases destinadas a permanecer dentre as suas mais conhecidas: "não é a consciência dos homens que determina seu ser; mas, ao contrário, é seu ser social que determina sua consciência" (p. 4). Deve-se notar que o termo "ser", utilizado sem adjetivos na primeira parte da frase, é depois especificado como "ser social". O ser é o resultado da atividade do homem na sociedade, mas nele os homens entram em relações "determinadas, necessárias, independentes da sua vontade". Isso, segundo Marx, não é reconhecido habitualmente e acredita-se que, ao contrário, uma sociedade é o resultado de determinados atos de consciência e de vontade. Mas quando se estudam os processos revolucionários,

> é indispensável distinguir sempre entre a desestabilização material das condições econômicas da produção, que pode ser constatada com a precisão das ciências naturais, e as formas jurídicas, políticas, religiosas, artísticas ou filosóficas, ou seja, as formas ideológicas que permitem aos homens conceber esse conflito [...]. Da mesma maneira que não se pode julgar um indivíduo pela ideia que ele faz de si mesmo, não se poderia julgar uma época de transtornos pela consciência que ela tem de si mesma (MARX, 1969, p. 6).

Na teoria de Marx, que tentamos resumir nos seus princípios fundamentais, falta, como já foi dito, uma análise sistemática do conceito de classe. Nos seus múltiplos escritos, todavia, esse autor, às vezes junto com Engels, faz uma série de especificações a esse respeito, das quais é possível deduzir as características essenciais desse mesmo conceito. Eliminadas todas as outras divisões sociais, cujo caráter econômico não aparecia manifesto e direto, a sociedade burguesa mostra mais explicitamente a existência de duas classes em luta uma contra a outra. A teoria de Marx relativa às classes sociais mostra o caráter cada vez mais dicotômico de tal sociedade. A classe deve ser definida em termos econômicos, em relação à propriedade privada ou à falta de propriedade privada dos meios de produção. Se essa é a base "objetiva" sobre a qual deve ser definida a classe social, deve-se, de qualquer forma, acrescentar – e a esse respeito há alguma menção já no *Manifesto* – que para a existência de uma classe social em sentido pleno é necessária também a consciência de classe, a consciência que uma classe tem de existir como força social capaz de revolucionar a ordem econômica e política existente. Na sociedade burguesa, essa condição é típica somente do proletariado urbano e industrial a que se opõe um *lumpen-proletariado*, "putrefação passiva das camadas mais baixas da sociedade" (MARX & ENGELS, 1953, p. 106), alheio à produção, marginalizado e, portanto, também privado de consciência de classe. Nem sequer os camponeses formam uma classe "em si", dotada de consciência de classe. De fato, seu modo de produção, ao invés de estabelecer relações recíprocas entre si, isola-os uns dos outros (MARX, 1947, p. 133).

> Na medida em que milhões de pessoas vivem sob condições econômicas de existência que as distinguem por sua maneira de viver, seus interesses e sua cultura de outras classes e se opõem a elas de modo hostil, aquelas formam uma classe. Dado que existe entre os pequenos proprietários camponeses apenas vínculos locais, a identidade de interesses não engendra entre eles nenhuma comunidade, nenhuma união política em escala nacional e nenhuma organização política, eles não formam uma classe (MARX, 1947, p. 135).

Não é assim para os proletários que, unidos pela grande indústria e pelo surgimento da consciência de interesses comuns, formam uma "classe por si só".

O problema, entretanto, não termina aqui porque, se de um lado Marx parece querer proclamar que são os próprios proletários a ter consciência das próprias potencialidades revolucionárias, enquanto os camponeses, não tendo consciência de classe, "não podem representar a si mesmos; devem ser representados" (MARX, 1947, p. 135), em outro escrito ele afirma que "assim como os *economistas* são representantes científicos da classe burguesa, assim também os *socialistas* e os *comunistas* são os teóricos da classe proletária" (MARX & ENGELS, 1967, p. 106). Parece assim também que a classe proletária tem necessidade de teóricos que a representem. São questões sobre as quais voltaremos em um contexto mais propriamente crítico.

Ao proletariado cabe a transformação da sociedade burguesa em sociedade sem classes, porque ele não é portador de interesses particulares que se contrapõem a outros interesses particulares, mas é antes portador dos interesses de toda a humanidade. Para realizar essa tarefa, o proletariado se constitui em ditadura. A célebre e tão discutida "ditadura do proletariado" é o "ponto de passagem necessário para a abolição das diferenças de classe em geral, para a abolição de todas as relações sociais que correspondem a essas relações de produção, para a subversão de todas as ideias que brotam dessas relações sociais" (MARX, 1970, p. 269).

A revolução é quase necessariamente um fato violento: Marx teve oportunidade de afirmar a existência de uma, embora rara, possibilidade histórica de alcançar o socialismo sem violência e por meio das instituições existentes. Isso na Holanda, em 1872, em uma reunião da Internacional (CAVALLI, 1970, p. 108ss.). Mas, em geral, é difícil que a burguesia ceda os próprios privilégios sem ser obrigada. Portanto, o proletariado, uma vez alcançado o poder, deverá organizar-se como ditadura para enfrentar, por um lado as tentativas da burguesia de reemergir, por outro todas as formas de vida e de mentalidade burguesas que não podem desaparecer sem uma fase intermediária e propedêutica. Essa "ditadura", entretanto, além de ser concebida como fase transitória, constitui uma forma de governo completamente diferente de todas as anteriores. De fato, é garantido ao proletariado o exercício efetivo do poder por meio do direito de revogar a qualquer momento o mandato dos seus representantes – Marx olhou para a Comuna de Paris de 1871, quando foi instituída por parte do proletariado uma forma de governo direto, que foi derrubado em poucos meses pelas forças da reação, como realização da ditadura do proletariado – além disso, essa classe não governa em nome dos seus interesses particulares; mas, como foi dito, em nome dos interesses da humanidade. Isso deveria, por fim, levar a uma sociedade sem classes, ao reino da liberdade, à possibilidade de realizar-se livremente, deixando livres os outros daquelas situações coercitivas, econômicas e políticas, que tinham caracterizado toda a história precedente da humanidade. Essa história anterior é, na realidade, "pré-história", enquanto reino da necessidade, ao passo que a história verdadeira começará com o reino da liberdade.

4.9 A reificação das relações

Muito se discutiu sobre a continuidade ou a fratura entre o jovem Marx e o Marx maduro. Seja qual for a tese defendida, é inegável, no entanto, que no primeiro livro de *O Capital*, escrito pelo autor posteriormente aos outros livros da mesma obra, ele retoma alguns temas que já tinham aparecido nos escritos de juventude. E serão precisamente algumas páginas desse primeiro livro de *O Capital* mais próximas a tais escritos que irão influenciar profundamente muitos sociólogos alemães, mesmo não marxistas, como Ferdinand Tönies e Georg Simmel. Marx critica a reificação das relações humanas, a degradação da relação entre os homens em relação meramente instrumental, a quantificação do trabalho humano. Retomando a distinção, já realizada pela economia política, entre valor de uso e valor de troca, Marx afirma que, em se tratando de valor de uso de um produto, não há nada misterioso, pois as qualidades intrínsecas de cada produto se mostram manifestas e diretamente relacionáveis às exigências mutáveis dos indivíduos. Um único produto, portanto, não pode ser colocado no mesmo plano de um outro no que diz respeito ao seu valor de uso. Com base no valor de troca, ao contrário, qualquer atividade humana é redutível a quantidades mensuráveis e intercambiáveis. O problema consiste em identificar em que termos e com qual base ocorre a determinação de tal valor de troca. A resposta de Marx, que aqui também retoma os economistas, é que esse valor é determinado pelo trabalho humano presente no objeto mercadoria. O valor de troca de uma mercadoria é representado pela quantidade de trabalho humano que normalmente é necessário para produzir essa mercadoria, portanto pela atividade humana que ela incorpora em si. "A igualdade dos trabalhos humanos assume a forma material de igual objetividade de valor dos produtos de trabalho" (MARX, 1970, I, p. 104). O fato de considerar as mercadorias como existentes independentemente do trabalho humano, como realidades autônomas, implica considerá-las como fetiches. Isso acontece porque de fato essas mercadorias se mostram a cada homem como realidades autônomas; dado que na mercadoria não se capta mais o elemento humano, elas se mostram como coisas que são trocadas com outras coisas. Na troca, escreve Marx, aquilo que assume para os homens a forma fantasmagórica de uma relação entre coisas é somente a relação social determinada que existe entre os próprios homens. Por isso, para encontrar uma analogia, temos de nos deslocar à região nebulosa do mundo da religião. Aqui, os produtos do cérebro humano parecem figuras autônomas, dotadas de vida própria, que mantêm relações entre si e com os homens. Assim, no mundo das mercadorias, acontece com os produtos da mão humana. Isso eu chamo o fetichismo que adere aos produtos do trabalho, tão logo são produzidos como mercadorias, e que, por isso, é inseparável da produção de mercadorias (MARX, 1970, I, p. 105).

Essa inversão acontece porque não há mais a possibilidade por parte dos homens que trocam mercadorias de captar o elemento humano para além das próprias mercadorias: o trabalho humano se reduziu efetivamente à entidade quantificável, é reificado e, portanto, está reduzido à coisa. A sociabilidade do trabalho desaparece no trabalho privado para reaparecer no momento da troca como relação entre coisas. Aos próprios produtores das mercadorias "as relações sociais entre seus trabalhos privados aparecem como aquilo que são, isto é, não como relações diretamente sociais entre pessoas em seus próprios trabalhos, mas como *relações reificadas* entre pessoas e *relações sociais entre coisas*" (MARX, 1970, I, p. 106). A sociabilidade do homem na sociedade capitalista não se realiza no trabalho, mas na troca em que os próprios homens entram em relações reificadas. Isso não é percebido como uma situação historicamente relativa. As formas da troca parecem ter regras rígidas como leis naturais imodificáveis e as próprias mercadorias aparecem não tanto na sua especificidade de produtos particulares que satisfazem particulares exigências, mas simplesmente como objetos trocáveis: parecem perder também seu conteúdo. A crítica à economia política consiste justamente no fato de ela também incorrer nesse erro: considerar como fixas e imutáveis, sem relação com a história, as próprias leis da economia burguesa. Essas leis surgiram historicamente por meio do processo que levou ao emergir da sociedade burguesa. Mas,

em geral, a reflexão sobre formas da vida humana, e portanto, também a sua análise científica, segue um caminho contraposto ao desenvolvimento real. Começa *post fectum* e, por isso, com os resultados do processo de desenvolvimento já prontos. As formas que cunham os produtos do trabalho como mercadorias e que, por isso, são pressupostas à circulação de mercadorias possuem já a consistência de formas naturais da vida social antes de os homens procurarem dar-se conta, não do caráter histórico dessas formas, que para eles aliás são agora imutáveis, mas do seu conteúdo [...]. Tais formas constituem precisamente as *categorias* da economia burguesa. São formas de pensamento socialmente válidas e, portanto, objetivas, para as relações de produção *desse* modo de produção social *historicamente determinado*, da produção de mercadorias. Assim, logo que passamos para outras formas de produção, desaparece rapidamente todo o misticismo do mundo das mercadorias, todo o fascínio e a feitiçaria que circundam de névoa os produtos do trabalho com base na produção de mercadorias (MARX, 1970, I, p. 109, 110).

> A diferença entre mercadoria e trabalho não pode emergir, por exemplo, se imagina um indivíduo totalmente isolado, como o Robinson Crusoé, do romance de Daniel Defoe – e a referência é do próprio Marx – sendo o valor da mercadoria determinado pela troca. Nem existiam mercadorias na Idade Média europeia em que não existia o homem formalmente independente, livre de vender, para sobreviver, a própria força de trabalho, ela também transformada em mercadoria, mas existia só a "dependência pessoal". Na Idade Média europeia, ao invés do homem independente, encontramos aqui todos são dependentes: servos da gleba e senhores, vassalos e suseranos, leigos e clérigos. A dependência pessoal caracteriza tanto as relações sociais da produção material quanto as esferas da vida estruturadas sobre ela. Mas, justamente porque as relações de dependência pessoal constituem a base social dada, os trabalhos e produtos não precisam adquirir uma forma fantástica, diferente de sua realidade: entram na engrenagem social como serviços e pagamentos *In natura* (MARX, 1970, I, p. 111).

A degradação das relações entre homens em relações entre coisas na economia burguesa e o consequente erro da economia política, que considera essa situação historicamente específica como realidade natural e imodificável, temas já presentes nos *Manuscritos econômico-filosóficos de 1844*, retornam, portanto, no Marx do primeiro livro de *O Capital.*

4.10 Críticas à concepção materialista da história

Muito já foi escrito sobre o marxismo, nem poderia ser diferente, dada a sua indiscutível importância teórica e o fato de ele ter revolucionado uma parte do mundo. Hoje, assim como no passado, opõem-se não apenas correntes de pensamento que se referem ao marxismo e outras explicitamente não marxistas, mas também interpretações diversas entre si que afirmam, de forma unânime, querer mover-se no interior da concepção materialista da história. De qualquer modo, pode-se tentar lembrar, neste contexto, algumas críticas mais comuns a tal concepção e as sucessivas objeções.

Entre as críticas mais conhecidas e reiteradas está a de determinismo econômico. Em outras palavras, segundo essa crítica, o marxismo teria pressuposto que o curso da história é sempre e de todo modo marcado por fatores ligados à produção e às relações de produção. Não só, ele teria também indicado as etapas necessárias desse curso. Nesse sentido, há uma estreita relação entre a crítica de determinismo econômico e a outra, que acentua mais o substantivo que o adjetivo. Ela tem origem nas objeções de Dilthey às filosofias da história, mesmo que Dilthey, de quem falaremos longamente a seguir, não tenha levado em consideração Marx, mas o positivismo e o idealismo. Uma longa série de intérpretes, de fato, até Aron e Abbagnano (ARON, 1972; ABBAGNANO, 1959), refere-se às críticas à "filosofia da história" aplicando-as também ao marxismo. Este último teria negado a história na sua infinidade reduzindo-a um único esquema explicativo. Mas a história não se deixa encerrar em esquemas preestabelecidos. Assim, o marxismo se colocaria na mesma linha de outras concepções deterministas e, apesar da sua vontade de indicar o caminho da história em direção à liberdade, acabaria por negar a própria possibilidade de liberdade. O marxismo seria apenas uma expressão da concepção romântica da história que prevê o seu progresso necessário em direção a uma fase final que representa a sua máxima perfeição. Para além dos diferentes conteúdos e das diferentes e opostas filosofias, nisto coincidiria o positivismo de Comte, o idealismo de Hegel e a concepção materialista da história. Pode-se objetar, no entanto, que mais do que encerrar o futuro da humanidade, de que se recusa de falar, em um único esquema explicativo, Marx tende a indicar os determinismos econômicos do passado justamente com o fim de negá-los e de superá-los.

> A tese materialista que constitui o ponto de partida da teoria de Marx afirma [...] antes de mais nada um fato *histórico*, expondo o caráter materialista da ordem social prevalecente em que uma economia incontrolável domina todas as relações humanas. Ao mesmo tempo, a tese de Marx é também *crítica*, pois implica que a relação prevalecente entre consciência e existência social é falsa e deve ser superada para que possa surgir uma verdadeira relação. A verdade da tese materialista consiste assim em ser realizada na sua negação (MARCUSE, 1966, p. 244).

Mas pode-se objetar ainda que Marx tinha previsto, fideisticamente, a superação da sociedade de classes como passagem do reino da necessidade ao reino da liberdade. Por outro lado, as contradições presentes na sociedade que ele estudou e criticou, se indicavam a impossibilidade da perpetuação do sistema econômico e social constituído, não pressupunham nenhuma necessidade de que a superação desse sistema tivesse que ocorrer no sentido indicado.

Deve-se também fazer aqui uma menção à crítica metodológica de Max Weber, sobre a qual voltaremos mais detidamente, e que se conecta também à crítica de Dilthey. Sendo a realidade histórico-social, a juízo de Weber, infinita e, portanto, não exaurível num único ponto de vista, o erro da concepção materialista da história não consiste na análise, cientificamente legítima, dos condicionamentos econômicos, mas em ter pressuposto que essa análise era a única válida sob um ponto de vista científico, classificando as outras como ideologia. Portanto, a análise em si não estaria errada, mas sim a pretensão de que o ponto de vista assumido e o método adotado sejam os únicos válidos. A mesma realidade histórico-social, na sua infinidade, pode ser, ao contrário, estudada com igual legitimidade e cientificidade sob diferentes pontos de vista. Mas mesmo supondo que no âmbito da sociedade ocidental os condicionamentos econômicos tenham sido predominantes, deve-se perguntar se a tese de Marx e Engels pode ser ampliada corretamente também às sociedades diversas do Ocidente moderno antes, obviamente, do início daquele processo de imperialismo econômico mundial corretamente previsto pelos dois autores. Nesse sentido a crítica, também à luz da antropologia cultural, não é de forma alguma irrelevante.

Uma outra dúvida expressa frequentemente refere-se à possibilidade de que apenas uma classe seja portadora de uma verdade científica, dos cânones científicos para a interpretação da história, enquanto a outra classe expressaria somente "ideologias". De fato, afirma-se – e assim fará Karl Mannheim, sobre o qual nos referiremos a seguir – que seria mais correto afirmar que os diferentes interesses condicionam as expressões culturais de ambas as classes, e que, portanto, não se pode estabelecer *a priori* qual entre as duas seja portadora de uma verdade científica e, portanto, correta. Se essa dúvida parece ser fundada, deve ser, todavia, acrescentado – e nesse sentido é relevante a contribuição de Lukács – que por parte do materialismo histórico não se quer afirmar certamente o caráter puramente científico do ponto de vista do proletário. Isso seria manifestamente contraditório. Antes, tomando como base o princípio segundo o qual a ligação concreta com a práxis socioeconômica valia tanto para uma classe como para a outra, o ponto de vista do proletariado, enquanto classe que luta para alcançar um poder que não possui e para realizar direitos não concretizados e não para defender as posições adquiridas, tinha maiores possibilidades de captar os fatores dinâmicos intrínsecos à sociedade burguesa, ou seja, aquele elemento contraditório sobre o qual se apoiar para concretizar a mudança revolucionária.

Mas a objeção considerada por muitos definitiva em relação ao marxismo é que ele errou completamente a sua profecia. O proletariado industrial não sofreu um processo de pauperização, não pôde por isso assumir maior consciência das suas possibilidades revolucionárias; as revoluções, eventualmente, tendem a ocorrer nas regiões economicamente menos desenvolvidas do mundo, não certamente nas de maior desenvolvimento, como Marx e Engels haviam sustentado. Todavia, o problema é mais complexo porque a propósito da crescente pauperização do proletariado afirmou-se que ela não deve ser entendida em sentido absoluto; mas, antes, em sentido relativo. O marxismo, em outras palavras, pressuporia uma diferença econômica cada vez maior entre capital e trabalho, e isso se realizaria apesar de as condições do proletariado urbano e industrial terem melhorado.

Outros ainda asseriram que a pauperização não se deu em sentido estrito e diretamente econômico, mas no sentido de uma maior "alienação" e pobreza moral. Enquanto o proletário dos tempos de Marx ainda tinha a possibilidade de ser uma força de oposição, o atual se mostra totalmente escravo da classe dominante, aceita passivamente os seus modos de vida e as suas "ideologias" (MARCUSE, 1968). Essas duas teses não são necessariamente correlatas. De fato, enquanto a tese da pauperização relativa pode ainda afirmar que as melhores condições econômicas e culturais do proletariado, ao invés uma situação cada vez pior, deveriam levá-lo a tomar consciência das próprias potencialidades revolucionárias, para a segunda tese, a da maior alienação, essas potencialidades, pelo menos no âmbito do proletariado urbano e industrial, simplesmente não existiriam mais. Elas podem, todavia, ser procuradas em outro lugar: o próprio Marx tinha concebido o processo de libertação do proletariado – e, portanto, da humanidade – como processo que transcende os limites de cada nação, e envolve o mundo inteiro dividindo-o em duas classes fundamentais. Esse processo, certamente, deveria começar no interior das sociedades mais industrializadas, e a esse respeito os fatos históricos não parecem ter dado razão a Marx, mas parece, ao contrário, que o mundo atual tende a dividir-se em mundo industrializado e "terceiro mundo", indispensável ao primeiro e por ele simplesmente explorado. Com base nisso, o marxismo deveria ser revisto, como já há muito tempo e de vários lados está se tentando fazer, considerando o terceiro mundo como o atual proletário. De um estudo que remonta aos anos de 1970 sabe-se que "hoje 700 milhões de homens, habitantes dos países ricos, dispõem de 85% da produção mundial, enquanto 2,3 bilhões, que vivem nos países subdesenvolvidos, devem partilhar entre si 15% dessa produção" (ARAB-OGLY, 1980, p. 19, apud CERRONI, 1983, p. 104-105). Se se leva em consideração o maior incremento demográfico dos países do terceiro mundo em relação ao dos países industrializados, é fácil concluir que o processo não pode continuar indefinidamente. Não se trata de prever o futuro. O que acontecerá não se sabe. Pode-se apenas dizer que a atual organização econômica e política mundial – as atuais "relações de produção" – deverá necessariamente modificar-se após as novas exigências das "forças produtivas".

O fato de não ter considerado adequadamente a importância das "classes médias" é outra entre as muitas críticas comumente feitas ao marxismo. A esse respeito deve-se notar que Marx, em alguns dos seus escritos, levou em consideração a presença de uma pluralidade de categorias sociais caracterizadas por diferentes padrões de vida. Mas no que diz respeito às classes sociais na sociedade burguesa, elas não podem ser mais do que duas, já que o elemento que distingue a classe é a propriedade privada dos meios de produção. Nem os desenvolvimentos do capitalismo depois de Marx, com as sociedades por ações, parecem ter mudado substancialmente esse estado de coisas, uma vez que o grande capital permaneceu nas mãos de grupos restritos em relação aos quais a única força contratual dos proletários é a sua força de trabalho. Decerto, como já dissemos, Marx e Engels pensavam que o padrão de vida das classes médias teria se reduzido ao nível do proletariado, enquanto isso não parece ter se verificado. Tudo isso reconduz ao problema da pauperização relativa, das melhores condições do proletariado nas atuais sociedades industriais avançadas, da tomada de consciência por parte dessa classe das suas possibilidades de transformação dos sistemas políticos constituídos.

É necessário dizer ainda que muitos contestam o caráter "utópico" da concepção materialista da história de Marx e Engels, apesar das suas pretensões "científicas", já que uma sociedade sem classes nunca poderá existir. Se por "sociedade sem classes" entende-se, como se deveria atendo-se à terminologia marxista, sociedade sem propriedade privada dos meios de produção, a crítica não tem fundamento: uma sociedade sem classes pode subsistir historicamente. Geralmente, todavia, com uma terminologia imprópria, entende-se fazer referência ao princípio que se pode convencionalmente remontar a Roberto Michels e à sua "lei de ferro da oligarquia" (MICHELS, 1966) segundo a qual existe, em qualquer sociedade, a partir das suas exigências intrínsecas de organização, a tendência à formação de minorias que governam com base no conhecimento de técnicas específicas, as quais não podem estar ao alcance de todos. Há sempre uma minoria organizada que domina uma maioria desorganizada. O poder político seria, segundo essa "lei", necessariamente um fato oligárquico e implicaria, para as categorias no poder, um padrão de vida mais alto do que o das maiorias. Neste sentido, a crítica parece ter encontrado mais confirmações do que desmentidos, mas isso nos conduz fora do problema das classes sociais assim como ele havia sido enfrentado por Marx e Engels.

As objeções de Proudhon a Marx também encontraram mais confirmações do que desmentidos: as ideias deste último, se realizadas, comportam necessariamente a centralização do poder e a consequente falta de liberdade individual. A ideia mesma da ditadura do proletariado só pode se converter em um grande sistema com um poder centralizado e um alto grau de burocratização, que não admitiria a revogabilidade dos cargos por parte do povo. Com base nisso, há quem tentou uma reavaliação de Proudhon em relação a Marx (ANSART, 1972, I e II), mas deve-se acrescentar que este último parece ter sido mais "realista" e menos "utópico" do que o primeiro. As possibilidades de realizar uma sociedade sem classes prescindindo da ditadura do proletariado, que certamente comporta a centralização e a burocratização previstas por Proudhon, são muito incertas, mesmo à luz das tentativas históricas realizadas nesse sentido. Por fim, deve-se lembrar que, como já tivemos ocasião de mencionar anteriormente, há alguma incerteza em Marx acerca do conceito de consciência de classe. Em algumas de suas afirmações, ele sustenta tratar-se da consciência efetiva que os trabalhadores assumem nas relações que eles instauram dentro das fábricas onde trabalham um ao lado do outro constantemente e onde criam solidariedade, reconhecimento da condição comum de exploração e vontade de uma ação política para revolucionar a ordem existente. Em outras afirmações, ao contrário, Marx parece fazer referência não tanto àquilo que os operários pensam efetivamente; mas, antes, à consciência, por parte dos intelectuais que os representam, da negatividade da situação em que os trabalhadores vivem e a consequente necessidade de transformar, de maneira revolucionária, a situação atual. Essa dúplice visão da consciência de classe criará problemas para as elaborações posteriores por parte dos marxistas. Isso é particularmente evidente em Lukács, de que se tratará mais adiante.

Dissemos algo acerca das críticas mais comumente feitas ao marxismo, mas haveria muitos outros problemas que, em um trabalho mais analítico, deveriam ser enfrentados e aprofundados: as interpretações deterministas, positivistas, e até darwinianas – a luta de classes posta no mesmo plano da luta pela sobrevivência de Darwin (KAUTSKY, 1958) – que em um determinado período histórico foram propostas também por parte de alguns marxistas, as diferenças entre Marx e Engels, as várias disputas contemporâneas, a interpretação do marxismo por parte da "teoria crítica", sobre a qual deveremos retornar mais detidamente a seguir.

Neste capítulo faz-se necessário afirmar que o marxismo constitui, além de uma contribuição essencial à teoria sociológica, também uma experiência imprescindível na cultura contemporânea. Em primeiro lugar, do marxismo permanece a ideia segundo a qual a realidade social, mesmo sendo resultado da atividade humana, assume um caráter autônomo e independente das vontades dos indivíduos, o que, como procuramos sustentar desde o início, constitui o próprio pressuposto da teoria sociológica. O marxismo colocou em evidência que a compreensão da realidade histórico-social não pode prescindir do conhecimento dos processos de produção e de organização da produção. O próprio mundo das ideias, da cultura, não pode ser apreendido sem considerar as suas relações com esses processos. Toda ideia que se supõe completamente independente do mundo da "práxis" econômica e política revela-se, enquanto tal, orientada em sentido conservador, porque aceita acriticamente as condições econômico-sociais em que ela pôde criar essa sua suposta "independência". Quando essas condições econômicas e políticas se tornam insustentáveis, toda independência desaparece e é substituída necessariamente pelo "engajamento". Entretanto, à luz dessa mesma ideia marxista, a fé demonstrada por Marx acerca da possibilidade de conhecer a sociedade "com a exatidão das ciências naturais" parece uma herança muito fraca das concepções positivistas da sociedade e da história. Assim como fraca parece não a demonstração das contradições econômicas na sociedade constituída que deverão necessariamente levar a uma mudança, mas a ideia de que essa mudança possa acontecer de uma só maneira, ou seja, com a construção da sociedade sem classes por meio da ditadura do proletariado. O futuro permanece, ao contrário, aberto.

Obviamente, o fato de asserir que nenhum aspecto da vida social, seja relativo à cultura, à "vida cotidiana", às religiões, à organização familiar etc., pode ser compreendido sem fazer referência ao mundo da produção, aos desenvolvimentos tecnológicos e às "relações de produção" – o que se mostra particularmente evidente nas sociedades industriais avançadas – não significa que uma tal análise possa esgotar a realidade. Até mesmo Stálin teve de reconhecer que, por exemplo, a realidade da linguagem não era redutível a determinismos econômicos. Certamente uma análise sociológica da linguagem ressalta condicionamentos econômicos como a influência da cultura da classe dominante e as diferenças linguísticas entre classes sociais distintas. Mas a infinita multiplicidade das linguagens – nacionais, regionais, geracionais, de classe, individuais – nunca poderá ser reduzida dentro de um esquema explicativo determinista. E isso vale para a linguagem, vale em geral para cada aspecto da vida social. A infinidade da realidade não pode ser exaurida por nenhuma análise.

5
Sociedade e forças psíquicas irracionais

5.1 Le Bon: a era das multidões

É possível supor - e isso é o que fazem linhas teóricas também radicalmente diversas entre si, como a sociologia de Comte e a concepção materialista da história - que a vida psíquica não pode ser corretamente compreendida senão em relação com a realidade social, ainda que esta última seja entendida em uma pluralidade de formas inconciliáveis. No entanto, é possível supor, também, que a sociedade deve ser explicada fazendo referência às leis da psicologia. Autores como Le Bon (1841-1931), Gabriel Tarde (1843-1904) e Scipio Sighele (1868-1913) parecem estar unidos por esse pressuposto comum.

Segundo esses autores, a sociedade é formada por uma pluralidade de indivíduos unidos entre si por estados psíquicos emotivos, fundamentalmente irracionais. Sobre as origens e a eventual superação histórica dessa condição não há acordo entre os autores acima mencionados, mas todos eles partem, de alguma forma, da análise de estados psíquicos coletivos concebidos como fatores de importância fundamental para a interpretação da sociedade. É possível associar essa convicção a um comportamento "aristocrático" de rejeição e temor das multidões, que haviam surgido como força ativa de um estágio anterior de sujeição no decurso, primeiro, da Revolução Francesa e, em seguida, dos movimentos revolucionários do século XIX. Le Bon reconhece explicitamente essa preocupação. Ele sustenta que as ideias e os sentimentos sobre os quais se baseava a sua sociedade estavam em crise profunda.

> O poder das multidões - ele escreve - é o único que não sofre ameaças e que vê crescer continuamente o seu prestígio. A época que se inicia será realmente a *era das multidões.* [Anteriormente] a política tradicional dos estados e a rivalidade entre os príncipes constituíam os principais fatores dos acontecimentos. Na maioria dos casos, a opinião das multidões nada contava. Hoje, ao contrário, as tradições políticas, as tendências individuais dos soberanos, e as rivalidades entre estes últimos têm pouca importância. A voz das multidões tornou-se preponderante. É ela que dita aos reis a sua conduta. É na alma das multidões, e não mais nos conselhos dos príncipes, que se preparam os destinos das nações. A ascensão das classes populares à vida política, a sua transformação progressiva

> em classes dirigentes, é uma das características mais salientes da nossa época (LE BON, 1970, p. 37).

A multidão, que na terminologia de Le Bon, como podemos depreender da citação acima, é sinônimo de "classes populares", é dominada por forças inconscientes. Não é a consciência que guia as multidões, mas os impulsos, isto é, o inconsciente. "Os fenômenos inconscientes desempenham papel totalmente preponderante [...] no funcionamento da inteligência [...]. A vida consciente do espírito representa apenas uma pequena parte comparada com a vida inconsciente" (LE BON, 1970, p. 54). Outra característica da multidão é a de ser diferente do conjunto dos indivíduos que a compõem, já que na própria multidão o indivíduo perde a sua autonomia e apresenta, contagiando-se com os outros, um nível psíquico muito baixo, em que não é mais possível para ele exercer nenhum controle racional sobre si mesmo. Na multidão, os indivíduos intelectualmente mais dotados comportam-se da mesma forma que os menos dotados. A multidão, portanto, não pode ser influenciada por argumentos racionais, mas apenas sugestionada por estímulos externos, pela força hipnótica dos chefes de que a própria multidão não pode prescindir. A ilusão, não a razão, domina incontestada.

Baseada nessas ideias é negada, com apaixonada convicção, a possibilidade de que as instituições possam transformar a sociedade. Le Bon refere-se às instituições "políticas e sociais", mas parece ter sobretudo em mente as instituições jurídicas. Os povos têm determinadas características que os diferenciam e são estas que estabelecem quais instituições prevalecem, de modo que toda mudança institucional é mais aparência, ilusão, do que realidade. O autor em questão define "perigosa quimera" "a ideia de que as instituições possam solucionar os defeitos da sociedade" (LE BON, 1970, p. 121).

Le Bon foi frequentemente apreciado por ter ressaltado a importância dos fatores psíquicos inconscientes na vida do homem em sociedade. O próprio Freud se expressou nesse sentido em relação a ele. O que permanece vago e confuso é a referência ao "indivíduo isolado", lugar da racionalidade em relação à irracionalidade das multidões. Tal indivíduo, de fato, é pressuposto para além de todo processo de socialização, e isso torna o discurso de Le Bon totalmente insustentável à luz das teorias sociológicas contemporâneas. O autor em questão parece ter saudade dos tempos em que as multidões não dominavam, e, como se viu, descreve negativamente o suposto advento ao poder dessas multidões na sociedade contemporânea a ele. No entanto, e esta é outra dificuldade teórica a ser examinada em Le Bon – a análise da psicologia das multidões não tem nada de historicamente específico: ao contrário, ela se mostra fundamentalmente a-histórica, baseada em características que se supõem intrínsecas à alma humana e, portanto, perenes. No entanto, permanece sem explicação como a sociedade do passado podia ser diferente daquela criticada. Por fim, deve-se observar que, para Le Bon, "as únicas mudanças importantes [na sociedade] ocorrem nas opiniões, nos conceitos e nas crenças" (LE BON, 1970, p. 35). Essas mudanças devem ser entendidas, para evitar uma contradição muito evidente, como "sentimentos", mas é preciso se perguntar se efetivamente no passado predominavam as convicções dos príncipes e no presente os "sentimentos" irracionais das multidões, ou se, ao contrário, tanto as primeiras como os segundos devem ser compreendidos em relação às mudanças no mais amplo contexto econômico e social em que se manifestam.

5.2 Tarde: a lei da imitação

Para Tarde também é possível apreender os fundamentos últimos da sociedade partindo da psicologia. Pode ser importante notar que ele polemiza com Césare Lombroso o qual, como é sabido, tinha dado uma explicação da criminalidade em termos hereditários e biológicos. De fato, para Tarde, que também se dedica como magistrado à criminologia, e dá início à sua carreira de estudioso de problemas sociais com algumas pesquisas nesse âmbito, o crime deve ser explicado fazendo referência a fatores psicológicos. Em *As leis da imitação: estudo sociológico* ele trata o problema sociológico geral nesses termos. Em consequência da tendência por parte dos indivíduos a imitar e, portanto, a repetir o que é feito pelos outros ao seu redor, é possível explicar as regularidades da sociedade e, assim, pode-se fundar uma sociologia que seja "científica". De fato, toda ciência consiste na individuação de determinadas regularidades, da repetição de determinados fenômenos. A sociedade, a união entre indivíduos, encontra uma explicação adequada somente com base no conceito de imitação. Ela não se dá em um estado consciente, mais em um estado hipnótico. O indivíduo na sociedade acredita agir de maneira autônoma; mas, como o hipnotizado, na realidade age apenas imitando os outros. "O estado social, como o estado hipnótico, não é senão uma forma do sonho [...] Ter apenas ideias sugeridas e julgá-las espontâneas: essa é a ilusão típica do sonâmbulo, e assim também do homem social" (TARDE, 1911, p. 83).

A ideia da imitação como lei sociológica fundamental permite a Tarde afirmar que nos primórdios da sociedade não existe, de modo algum, como alguns tinham acreditado, a coerção, mas antes o prestígio, que faz com que alguns imitem os outros. Assim como a criança torna-se um ser social imitando os pais, o que é reconhecido por todos, os adultos também, não obstante sua suposta emancipação, levam adiante para toda a vida o processo imitativo iniciado na infância.

Não se pode negar, a esse respeito, que Tarde teve uma intuição importante, e na realidade o seu ponto de vista é, mesmo em termos diferentes e mais elaborados, aceito dentro de determinados limites também pela psicologia social contemporânea. Com efeito, ele intuiu que para a existência de uma estrutura social, que requer sempre um mínimo de estabilidade e de integração, não é suficiente o comando externo, mas é necessária também a interiorização das normas, das convicções e dos valores estabelecidos. Todavia, coloca-se a questão do motivo pelo qual uma sociedade não se perpetua assim ao infinito. Para Tarde, não resta senão afirmar que nas origens da mudança social está o indivíduo genial, o líder, o cientista, o inventor, o qual conseguirá impor a maior eficiência das suas descobertas em relação às opiniões, às normas e às técnicas da sociedade constituída, dando naturalmente início a um novo processo de imitação. Essa afirmação, contudo, pode basear-se apenas no pressuposto da distinção entre indivíduo comum, que faz parte da multidão, e indivíduo excepcional. E essa excepcionalidade é considerada um dado *a priori*, que não tem necessidade, senão no sentido da falta de vínculos externos, de uma colocação histórico-social e institucional. O ponto fraco dessa concepção se mostra transparente: enquanto Tarde apregoa a inevitabilidade da lei da imitação como princípio social universal, para explicar a mudança deve recorrer a uma força que permanece estranha a essa lei. Ele não nega a importância dos fatores institucionais nesse processo. Castas e classes sociais, situações nacionais, podem certamente influenciar esse processo, mas apenas como elementos que o obstaculizam ou o facilitam. Em outras palavras: enquanto a imitação procede com facilidade do baixo para o alto, enquanto os países menos civilizados imitam facilmente os mais civilizados e as classes inferiores as superiores, o movimento em sentido oposto ocorre com maior dificuldade e só quando a superioridade de uma descoberta com o tempo a longo prazo se mostra evidente e não pode mais ser negada. Portanto, nem sempre um determinado contexto de interações sociais, particularmente favorável, contribui para o surgimento da inovação, mas ela tem origens eminentemente individuais. Progresso social e mudanças políticas têm nessa concepção uma vida muito difícil. É verdade que Tarde não quer negar nem um nem outro. A própria ideia segundo a qual a imitação nas sociedades igualitárias tende a tornar-se recíproca de unidirecional como era nas origens, parece testemunhá-lo, mas não sem dificuldade, porque não está claro até que ponto se trata de um processo real ou de uma ilusão. Além disso, Tarde afirma que a longo prazo as melhores inovações prevalecem, e isso constitui um princípio de progresso. E há um progresso também nas formas de governo, já que a sociedade humana parte de formas organizadas completamente autoritárias, a formas democráticas, baseadas no autogoverno. Há um movimento em direção a uma liberdade cada vez maior. A imitação, de fato, supõe que o inferior que imita procure ser mais semelhante ao superior que é imitado, o que acarreta necessariamente que quem depende queira parecer cada vez mais com quem comanda e tenda cada vez mais a comandar também, pelo menos em um âmbito restrito.

Esse progresso implica um aumento nas sociedades de domínios particulares. Cada indivíduo incumbido de um papel tem sua esfera de domínio sobre os outros, que, por sua vez, depende de outras esferas. Assim, passa-se de uma sociedade autoritária monárquica a uma sociedade pluralista e democrática.

Falamos com frequência de um movimento triádico no pensamento de Tarde, que lembraria a dialética de Hegel. Para o primeiro, de fato, é possível por parte de um indivíduo excepcional propor uma inovação qualquer, que se torna uma oposição à ordem social prevalente baseada na imitação e na repetição. Quando, em circunstâncias especiais, essa oposição obtém um certo sucesso, ela é prontamente imitada, e alcança-se uma nova adaptação, sempre com base na imitação-repetição. Todavia, não deveria escapar uma substancial diversidade entre a dialética hegeliana e o movimento triádico de Tarde. De fato, é preciso se perguntar novamente se estamos aqui na presença de um efetivo processo de liberação ou, antes, de uma aparência, dado que o sonambulismo da imitação parece constituir uma lei psicológica inelutável mais do que um princípio histórico superável. Parece que nos encontramos diante de duas afirmações teoricamente inconciliáveis. De um lado, Tarde postula uma lei universal da imitação concebida de modo positivista como princípio inevitável e fundamento de qualquer sociedade. De resto, ele mesmo se pergunta se por acaso a democracia não é apenas a "multiplicação em milhões de exemplares da soberania monárquica" (TARDE, 1911, p. 405). De outro, é afirmado, ao contrário, cada vez mais o princípio da liberdade. Deve-se observar ainda que a mudança social, assim como em Le Bon, é atribuída por Tarde a um indivíduo isolado, com todas as dificuldades, já mencionadas, que isso implica.

5.3 Sighele: a psicologia das multidões

Inicialmente, Scipio Sighele se expressa em tons semelhantes aos de Le Bon, para sucessivamente distanciar-se dele. Em um livro que antecede cronologicamente *A psicologia das multidões* de Le Bon, Sighele antecipa a ideia, de resto bastante óbvia, que as multidões agem por sugestão, motivo pelo qual a ação de um ou de poucos indivíduos pode levar à conformação do comportamento dos demais. Isso está descrito em um livro intitulado *A multidão criminosa*. E também alguns anos depois, esse autor inicia um outro livro com palavras que parecem copiadas de Le Bon. Ele afirma que, enquanto em uma época "a política tradicional dos governos e as rivalidades entre príncipes eram os fatores mais importantes dos acontecimentos [e] a opinião do público valia pouco, aliás, frequentemente não valia nada [...] hoje são as tradições hereditárias de cada estado, os desejos e os caprichos de cada príncipe a não valer mais nada e é – ao contrário – a voz coletiva e grandiosa da multidão que guia o mundo" (SIGHELE, 1931, p. 12). Portanto, o nosso tempo é o tempo das multidões, mas as conclusões a que Sighele chega são muito diferentes das de Le Bon, com quem de resto polemiza explicitamente por mais que o autor italiano sustente o caráter historicamente transformável das multidões. Ele reconhece, de acordo com o francês, que na multidão tendem a prevalecer as piores características do homem, a violência e o irracional, mas recusa-se a chegar à conclusão de que isso seja inevitável. Sighele afirma que, enquanto as obras intelectuais são necessariamente o resultado de cada gênio, a moralidade tem, ao contrário, origem coletiva. "Se os progressos intelectuais são inegavelmente atribuídos à genialidade de qualquer indivíduo, os progressos morais são sempre atribuídos à obra obscura da coletividade" (SIGHELE, 1931, p. 21). Entretanto, ele acrescenta que a arte também é influenciada pela obra da coletividade e, principalmente, faz referência à linguagem como resultado de um processo coletivo, motivo pelo qual, não existindo gênio que não expresse as suas obras intelectuais por meio da linguagem, parece que – ainda que Sighele não o afirme explicitamente – até mesmo as obras de cada gênio não possam se expressar senão por meio de instrumentos fornecidos pela coletividade.

Sighele representa o desenvolvimento em sentido liberal das teorias psicossociológicas sobre a multidão. Ele insiste sobre a importância da instrução e o reconhecimento dos direitos do povo para a um novo sistema de instrução que possa superar os inconvenientes dos anteriores, para realizar uma transformação nas coletividades.

> Onde as multidões permaneceram vítimas da inconsciência e da ignorância secular, entranhadas nos velhos sistemas de uma velha educação, deram ao mundo espetáculo triste de injustiças e violências coletivas, e onde, ao contrário, puderam erguer-se à visão serena de seus direitos, olhar com alma aberta e iluminada o seu destino, deram um grande magnífico impulso à formação de uma renovada consciência social (SIGHELE, 1931, p. 16).

> Uma mesma educação, um idêntico escopo, reúnem os indivíduos em um único feixe intelectual, como um idêntico sentimento impulsiona-os a aglomerar-se em uma rua ou em uma praça (SIGHELE, 1931, p. 69).

Nesse sentido, Sighele fala de público em contraposição à multidão, em que esta última, entendida em sentido estrito, tende a agir com base em impulsos irracionais, enquanto o público, que é mais instruído, tem ideias e ideais comuns estáveis. Esses também são o resultado da imprensa como instrumento de formação da opinião pública.

> Portanto, o público é apenas uma transformação da multidão, realizada lentamente pela civilização, a qual – à medida que progredia – descobria meios cada vez melhores para poder manter idealmente unidos os homens sem a necessidade de estarem fisicamente próximos (SIGHELE, 1931, p. 30).

Sighele reconhece a veracidade do ponto de vista de Le Bon apenas no sentido do que acontece na maioria dos casos, mas rejeita a conclusão pessimista da irremediabilidade dessa situação, mostrando-se, contudo, confiante na possibilidade da mudança. Tanto do ponto de vista intelectual como político, ele chega assim a uma posição muito diferente da dos autores franceses que aqui foram levados em consideração.

6
As primeiras críticas metodológicas e a busca de novos fundamentos

6.1 O problema geral

Nas últimas décadas do século XIX, a segurança na unidade do espírito humano, que parece ser o traço característico das concepções da história e dos sistemas sociológicos anteriores, começa a diminuir, e esse processo tende a acentuar-se com o passar do tempo. Já Marx, mesmo sem renunciar à ideia da unidade *final* da humanidade, denuncia o caráter conflitante e contraditório da sociedade contemporânea a ele e, contrariamente a Spencer, a sua negatividade. Muitos mitos, em contato com a realidade, caem. O progresso científico, mesmo incessante, não parece levar àqueles progressos na vida social, àquela união e àquela segurança que haviam sido profetizados: frequentemente, ao contrário, ele se mostra como fonte de infelicidade e de desintegração social. As lutas de classe que tinham sacudido toda a Europa contribuem para minar essa segurança na unidade, assim como a constatação que às unidades nacionais arduamente alcançadas no plano político não correspondia uma efetiva unidade como comunhão de concepções e de valores.

Nessa situação geral que marca, como foi repetidamente afirmado, a queda da ilusão "romântica" da unidade da humanidade e da necessidade do progresso, colocam-se aquelas concepções filosóficas e sociológicas que, embora referindo-se a diferentes fontes e não constituindo um movimento de pensamento unitário, são genericamente definidas com a expressão "historicismo contemporâneo" para distingui-las do mais antigo historicismo de formulação hegeliana (ROSSI, 1974). Elas se opõem às filosofias anteriores da história e à sociologia positivista.

Nesse clima cultural tem-se o primeiro "debate sobre o método" das ciências histórico-sociais.

6.2 Dilthey: a crítica da razão histórica

Wilhelm Dilthey (1833-1911), em 1883, publica o primeiro volume de uma obra, que permaneceu incompleta, intitulada *Introdução às ciências do espírito*, no qual entra diretamente em polêmica com as concepções filosóficas e sociológicas então prevalecentes. Dilthey nascera em Biebrich am Rhein, na Alemanha. Estudara teologia, filosofia e história nas universidades de Heidelberg e Berlim. Os seus primeiros interesses estavam voltados para o mundo artístico e filosófico do romantismo. Entre 1867 e 1870 dedicara-se a uma biografia de Schleiermacher que também permaneceu incompleta. Em 1875 publicara uma obra *Sobre o estudo da história do conhecimento do homem, da sociedade e do estado*, em que funda os princípios de uma "crítica da razão histórica", ou seja, do problema central de todo o seu pensamento. Trata-se de buscar os princípios fundamentais que tornam possível o conhecimento do mundo humano, histórico-social, com base no exemplo de Kant, o qual tinha buscado as categorias que tornam possível, por parte do homem, o conhecimento do mundo sensível, natural. A partir de 1867, Dilthey ensinara filosofia em Basileia, e a partir de 1882, em Berlim. Sucessivamente, dedicara-se a problemas de psicologia e da individualidade, escrevendo *Ideias sobre uma psicologia descritiva e analítica* (1894) e *Contribuições ao estudo da individualidade* (1896). Ulteriores elaborações do problema central levam o autor em questão a escrever os ensaios *Estudos sobre o fundamento das ciências do espírito* e *Construção do mundo histórico nas ciências do espírito*. Os últimos escritos referem-se ao problema da relatividade histórica da filosofia: *A essência da filosofia* (1907), *A consciência e as concepções do mundo* e *Os tipos de concepções do mundo e a sua formação nos sistemas metafísicos*, ambos de 1911.

O idealismo hegeliano no âmbito da filosofia alemã e o positivismo na França e na Grã-Bretanha constituem, segundo Dilthey, os polos de uma visão da vida humana e da história, que, em sua diversidade, aparentemente total, ocultam uma identidade fundamental. E essa identidade constitui exatamente o objetivo central da crítica diltheyana. Dessa visão de conjunto, ele de fato rejeita a ideia de que se possa encerrar a história em um único esquema explicativo, ao passo que, ao contrário, a vida do homem se manifesta em uma infinidade de maneiras diversas que não admitem ser reduzidas a uma fórmula previamente estabelecida. A esse respeito, Dilthey é muito explícito e não hesita em criticar e em colocar no mesmo plano tanto o idealismo de tipo hegeliano como a visão da história de Auguste Comte, uma vez que ambos têm em comum a mesma fé na história como progresso necessário por meio de fases igualmente necessárias. Dilthey, portanto, percebe a exigência de considerar o homem em suas situações históricas concretas fora de qualquer pressuposto metafísico. As concepções idealistas e positivistas são de fato consideradas metafísicas enquanto pressupõem a existência de fases de desenvolvimento da história humana válidas universalmente, ao passo que a vida do homem, nos seus traços mais especificamente humanos, ou seja, históricos, configura-se em formas sempre diversas que demonstram unicamente a inexauribilidade, a infinidade do "espírito".

Esse ponto de vista de Dilthey foi ampliado também ao marxismo, e afirmou-se que uma sociologia que queira se colocar fora das premissas "românticas" da "filosofia da história", contra os esquematismos e os determinismos metafísicos, pouco importa se de tipo positivista, idealista ou marxista, pode encontrar uma referência útil nesse autor. Ele é interpretado como representante daquela tendência de pensamento que vê a história como construção do homem, da inter-relação individual, e que restitui portanto ao homem a sua liberdade, mesmo reconhecendo a realidade dos condicionamentos. Em termos gerais, sem explícita referência a Dilthey, observou-se:

> A concepção da história de Hegel foi [...] considerada um indeterminismo histórico, isto é, uma teoria da história como liberdade, mas nessa concepção os fatos humanos estão ligados estritamente em um organismo dialético único e total no qual se manifesta e se realiza a ideia absoluta ou Razão autoconsciente. O que muda nessa teoria é a natureza da força ou do princípio invocado para explicar os fatos da história, não já a natureza da explicação. Os fatos históricos permanecem fatos necessários que só podem ser do modo que são. Tudo o que acontece deve necessariamente acontecer porque é um elemento da racionalidade superior e perfeita que se realiza no mundo da história. Que essa necessidade seja qualificada como "dialética" e não "causal"; que ela seja referida a um princípio racional ou espiritual e não a forças naturais e materiais; são diversidades que não indicam uma mudança radical no esquema explicativo utilizado. A característica desse esquema permanece sempre a ação de uma força inelutável e, portanto, a previsão infalível dos resultados dessa força. E o resultado do uso desse esquema permanece sempre aquele: a eliminação da liberdade como possibilidade de escolha das pessoas que vivem na história (ABBAGNANO, 1959, p. 130-131).

Existem unidades sociais e configurações culturais criadas pelo homem, no âmbito das quais os indivíduos se integram e das quais eles são condicionados, mas não se dá uma lei que regule uma vez por todas o desenvolvimento interno dessas unidades e configurações e as suas relações. A integração aconteceria, segundo Dilthey, em torno de alguns modos específicos de intuir e conceber o mundo, em torno de específicas *Weltanschauungen*. Típico desse modo de interpretar o mundo é o que se encontra escrito a propósito do seu pensamento em um texto clássico de antropologia cultural. Ruth Benedict, em *Modelos de cultura*, afirma:

> No campo das ciências sociais, a importância da configuração e da integração foi sublinhada, na geração passada, por Wilhelm Dilthey. O interesse principal desse filósofo estava voltado para as grandes filosofias, as grandes interpretações da vida [...]. Ele analisa parte da história do pensamento para demonstrar a relatividade dos sistemas filosóficos, que ele vê como expressões da variedade da vida [...], comportamentos integrados cujas categorias fundamentais não podem se resolver uma na outra; e combate vigorosamente a ideia de que uma delas possa ser definitiva. Não diz que os comportamentos de que fala são condicionados por determinadas formas de cultura, mas uma vez que escolhe como objetos das suas discussões grandes sistemas filosóficos e períodos históricos [...] o seu trabalho levou a um reconhecimento cada vez mais consciente da importância do condicionamento cultural (BENEDICT, 1960, p. 57-58).

Nos escritos de Dilthey, podemos identificar os fundamentos daquele "relativismo cultural" que será tão importante para o desenvolvimento posterior da antropologia cultural e da própria sociologia. Ele afirma que

> os homens de uma época vivem em relação ao seu pensamento, ao seu sentimento, à sua vontade. Nela há uma relação de vida, relações vitais, experiência da vida e formação intelectual, que mantém e une os indivíduos em um determinado âmbito de modificações da aprendizagem, da formação de valores e da posição dos fins (DILTHEY, 1954, p. 275).

A realidade histórico-social e individual pode ser conhecida somente por meio de um "entender" as expressões dos significados vividos em uma experiência, dos fins e dos valores da ação, que é assim porque movida por valores e tende à obtenção de fins. O homem pode conhecer completamente apenas o mundo criado por ele mesmo, isto é, o mundo histórico-social. A realidade da natureza lhe permanece estranha.

> As ciências do espírito se distinguem das ciências da natureza porque estas têm por objeto fatos que chegam à consciência, como que de fora, ou seja, como fenômenos ou dados separados, ao passo que, nas ciências do espírito, os fatos chegam à consciência originalmente de dentro, como realidade e conexão viva. Disso decorre que, nas ciências naturais, a conexão da natureza é dada somente em virtude de raciocínios que complementam os fatos, isto é, por um feixe de hipóteses. Para as ciências do espírito, ao contrário, temos como base a conexão da vida psíquica, como algo originalmente dado. Nós explicamos a natureza, ao passo que entendemos a vida psíquica [...]. Este fato condiciona a grande diferença dos métodos com os quais estudamos a vida psíquica, a história e a sociedade com relação àqueles métodos que conduzem ao conhecimento da natureza (DILTHEY, 1914, V, p. 143-144; ROSSI, 1974, p. 20-21).

> Os fatos da sociedade nos são compreensíveis de dentro, podemos reproduzi-los até certo ponto em nós, com base na observação dos nossos próprios estados, e acompanhamos intuitivamente a representação do mundo histórico com o amor e o ódio, com todo o jogo dos nossos afetos. Ao contrário, a natureza é muda para nós [...]. A natureza nos é alheia. De fato, ela é para nós somente algo externo, não interno. A sociedade é o nosso mundo (DILTHEY, 1914, I, p. 37; ROSSI, 1974, p. 20).

Portanto, o estudo da natureza não pode coincidir com o do mundo do espírito, da realidade humana, individual e histórico-social. Em contraposição à concepção naturalista da realidade humana, psíquica e social, e tendo como alvo principal Comte, enquanto apoiador da ideia segundo a qual as ciências sociais devem adequar os seus métodos aos das ciências físicas, cujas leis são concebidas como deterministas, necessitantes e universais, reduzindo a sociedade a natureza, Dithey propõe a sua famosa distinção entre "ciências da natureza" e "ciências do espírito". Certamente cada experiência e cada conhecimento, como também a das ciências naturais, é uma experiência interior; mas, afirma o autor em questão, as ciências da natureza estudam aquilo que se apresenta ao "espírito" "de fora", uma realidade essencialmente estranha ao homem e que permanece tal também no momento cognoscitivo. O homem pode encontrar somente os nexos causais que ligam os fenômenos, ao passo que nas ciências do espírito o homem entende internamente os significados específicos da realidade histórico-social identificando-se com ela e por meio de sua íntima participação dela.

Dilthey deve a essa altura explicar a possibilidade de um estudo científico baseado, como se disse, na participação "interna". É essa a sua tarefa mais difícil, que – pode-se afirmar – nunca encontrará uma solução adequada. Em outras palavras, Dilthey está convencido da necessidade intelectual de buscar os fundamentos do conhecimento científico da realidade histórico-social, assim como Kant tinha identificado – e já mencionamos isso – os fundamentos do conhecimento do mundo natural, permanecendo, todavia, em um plano fundamentalmente extra-histórico. *A crítica da razão histórica* é a tarefa a que Dilthey se propõe, para dar novos fundamentos às ciências sociais. Enquanto o idealismo de Benedetto Croce e de Giovanni Gentile, na Itália, havia afirmado a solução mais fácil da recusa, junto com o positivismo, da possibilidade mesma das ciências sociais, na Alemanha, portanto, procuram-se outras soluções. Com base nas críticas filosóficas à formulação da primeira sociologia buscam-se bases e métodos diferentes para as ciências sociais.

A importância atribuída por Dilthey à experiência interior na sua busca de novos fundamentos para as ciências histórico-sociais o conduz a enfatizar a psicologia, e embora, como veremos, isso lhe acarretará muitas críticas, deve-se, contudo, afirmar que a esse respeito um dos seus principais méritos é o de ter repetidamente afirmado que a psicologia individual é apenas uma abstração. De fato, é alcançada apenas por meio de um processo de abstração da concretude da vida individual, que se dá e pode se dar exclusivamente em um contexto histórico-social. Não se pode compreender o indivíduo prescindindo de tal contexto, porque não se pode antepor o indivíduo isolado à história senão por meio de uma ficção. Essa importante e ainda atualíssima ideia de Dilthey parece ter encontrado uma série de confirmações, seja em teorias sociológicas e psicossociologias posteriores à sua, também muito diferentes uma da outra, seja nas pesquisas de psicologia social.

6.3 Windelband: ciências nomotéticas e ciências ideográficas – A relação com os valores

No decorrer do "debate sobre o método das ciências histórico-sociais", a distinção de Dilthey entre ciências da natureza e ciências do espírito foi contestada por Wilhelm Windelband (1848-1915) que ensinou filosofia na Universidade de Zurique, Estrasburgo e Heidelberg. A coletânea de ensaios *Prelúdios* talvez seja a sua obra mais significativa. Windelband sustentou que tanto o mundo humano quanto o natural podiam ser estudados seja do ponto de vista da repetição dos fenômenos com o fim da individualização de leis gerais – e isso é o que faz a psicologia em relação ao mundo humano – seja do ponto de vista da unicidade e da irrepetibilidade de cada evento, e isso é o que faz a historiografia.

> As ciências empíricas procuram no conhecimento do real ou o geral na forma de lei de natureza, ou o particular na sua figura historicamente determinada: ora consideram a forma estável, ora o conteúdo único, determinado em si mesmo, do acontecer real. As primeiras são ciências da lei, as outras do acontecimento; aquelas ensinam o que é sempre, estas o que foi em uma época. O pensamento científico é [...] no primeiro caso *nomotético*, no segundo caso *ideográfico* (WINDELBAND, 1947, p. 163).

Há, assim, uma contraposição entre as ciências nomotéticas, que estudam as leis gerais, e as ciências ideográficas, ou seja, do particular ou do único. Portanto, a diferença de "objeto" que segundo Dilthey passava entre as ciências do espírito e as ciências da natureza não estava teoricamente fundada.

Coloca-se aqui o problema, para as ciências ideográficas, que para Windelband são as ciências do homem, com exceção da psicologia, de como selecionar, entre os infinitos eventos particulares que se verificam no mundo histórico-social, aqueles que são dignos de relevância. Se não quisermos descobrir leis gerais, de fato, e se quisermos estudar os eventos específicos, é necessário identificar quais eventos merecem essa atenção: a totalidade dos eventos não pode ser apreendida. É necessária a tal propósito uma "relação com os valores" no sentido de que só uma escala de valores pode indicar, na multiplicidade dos eventos histórico-sociais, quais devem ser escolhidos para a análise por parte das ciências ideográficas. Esses valores são entendidos por Windelband como universais, vinculantes para todos, e, portanto, garantem a validade do conhecimento por parte dessas ciências. Escreve o autor em questão:

> O indivíduo lembra e conta o que foi importante para ele, tocou de perto o seu interesse, teve valor para a sua vida: da mesma forma, a importância das lembranças em uma família, em uma estirpe, em um povo, é determinada por referências de valor. Mas em todos esses casos prevalecem, pelo menos em parte, apreciações puramente individuais que não têm direito a uma validade universal. A ciência histórica, que deve expor a lembrança total, que se formou conceitualmente e é válida para todos do gênero humano, deve, por isso, ter como premissas supremas e princípios de escolha um sistema de valores universais (WINDELBAND, 1947, p. 30).

Esses são princípios sobre os quais construir todo conhecimento humano, e assim também as ciências histórico-sociais. Heinrich Rickert (1863-1936) se inserirá nesse debate reafirmando que o mundo da cultura, que é o mundo especificamente humano, pode ser estudado cientificamente enquanto faz referência a valores universais como pressupostos com base nos quais proceder na seleção dos eventos. Somente se esses valores forem reconhecidos como universais, as ciências da cultura têm a possibilidade de se colocar como "objetivas", e de ser iguais, no que diz respeito à certeza dos seus resultados, às ciências naturais.

6.4 Críticas a Dilthey

Outra crítica clássica a Dilthey e à corrente de pensamento que teve início com ele vem do lado marxista. A identificação da vida social com os significados vividos "interiormente" daria a essa vida um fundamento subjetivo e irracional. Apesar das intenções do autor de dar uma base científica ao estudo da sociedade, isso se tornaria possível pelo fato de que ela é decomposta em uma pluralidade de configurações, cada uma das quais tem como fundamento apenas uma escolha com fim em si mesma, vitalista, emotiva, essencialmente irracional, e justamente por isso compreensível somente por meio da identificação, da participação simpatética. O estudioso marxista György Lukács observa em Dilthey e em todo o historicismo alemão contemporâneo que teve início com ele, a falta de referência à estrutura econômica e às contradições entre forças produtivas e relações de produção como fatores de mudança social e, consequentemente, de uma maior racionalidade na história e de uma maior realização do humano. Com efeito, Dilthey coloca uma obscura força vital na base da sociedade, que não pode ser entendida e esgotada racionalmente, mas de que se faz experiência apenas vivendo. A concretude das relações econômicas e políticas que estão na base da sociedade não é captada e a sociedade mesma permanece a ser explicada, visto que é concebida como um conjunto cujos muitos aspectos podem, sim, ser estudados analiticamente, mas que como totalidade permanece, pelos motivos de que acabamos de dizer, fora de qualquer compreensão racional possível. Além disso, Dilthey, ao conceber diversas configurações culturais como realidades por si só, isola-as de uma dinâmica histórica global e nega o progresso como caminho em direção à racionalidade de todo o gênero humano. Reduzindo as diversas sociedades históricas a unidades incomensuráveis, ele implicitamente, apesar do seu proclamado senso da história, termina tendo uma concepção estática da vida social. E ainda, a sua insistência no caráter eminentemente espiritual da realidade social – a sociedade é uma totalidade espiritual – faria com que Dilthey perdesse de vista a importância do condicionamento por parte dos fatores materiais, que também são históricos, e, aliás, são a base do próprio processo histórico, e torná-los-ia um simples aspecto de uma realidade espiritual. Por fim, enfatizando o problema da integração, permanece fora do discurso o problema do conflito nas sociedades humanas. Decerto Dilthey se esforça para superar o irracionalismo implícito no seu discurso filosófico por meio de uma metodologia científica. "Ele pensa – escreve Lukács – [...] que é possível, partindo da experiência vivida [...] alcançar um conceito mais amplo e superior de cientificidade" (LUKÁCS, 1959, p. 432). E, todavia, a tentativa do autor em questão de fundar uma nova metodologia das "ciências do espírito" continuaria ligada às premissas irracionalistas da "filosofia da vida".

Entretanto, não é difícil observar que essas críticas negligenciam exatamente aquilo que, de um outro ponto de vista, é o principal mérito de Dilthey: ou seja, o mérito, como já dissemos, de ter superado os limites daquela "concepção romântica da história", a qual não se sustentava mais diante da nova realidade histórico-social.

Vimos que Dilthey procura dar às ciências do espírito um fundamento diferente do das ciências naturais, mas que, no entanto, ele não renuncia à ideia de uma abordagem científica da realidade humana. O problema desse autor era o de "deixar entrar a historiografia rebelde nos quadros da ciência depois de ter reconhecido sua autonomia diante das ciências físicas" (ANTONI, 1951, p. 9). E justamente isso lhe é repreendido por parte do idealismo italiano tradicional. Segundo este último ponto de vista, não é possível uma abordagem científica da história do homem, a qual não se deixa compreender por esquematizações que se presumem necessárias para toda ciência. O fato de acreditar na possibilidade dessa abordagem científica seria já, por si só, positivismo.

> A originalidade de Dilthey está, por assim dizer, em ter aplicado, contra as intromissões naturalistas nos estudos históricos, os próprios critérios do positivismo: mais positivista do que os positivistas, rejeitou subordinar os fatos da experiência interna a leis e métodos não resultantes dos próprios fatos [...]. Mas, uma vez garantida a natureza particular desses "fatos", Dilthey não se distancia realmente muito do positivismo: propõe-se a encontrar "leis" da psique que garantam às "ciências do espírito" [...] o caráter positivo (ANTONI, 1951, p. 18-19).

Dilthey procura, portanto, dar um fundamento científico à "experiência interna" na esteira da psicologia. "Ela deve determinar as propriedades gerais uniformes dos indivíduos, permanecendo no âmbito da mera descrição e evitando toda hipótese" (ANTONI, 1951, p. 19). Diz-se que Dilthey não podia resignar-se a uma visão da realidade histórico-social e cultural radicalmente relativista, e por isso recorre à psicologia para identificar na multiplicidade infinita do real as formas constantes. Quando o autor aqui discutido procurará depois indicar três tipos fundamentais de concepções do mundo, não distantes das três formas em que a consciência se expressa segundo Comte, essas tendências ao esquematismo de cunho positivista tornar-se-ão totalmente explícitas. E, na realidade, a sua tentativa de reduzir a possibilidade infinita dos modos em que a vida é interpretada a três formas e somente três, permanece muito contraditório em relação à própria ideia da irredutibilidade da realidade histórica a esquemas onicompreensivos (ANTONI, 1951; BIANCA, 1949). Livrando-se de entidades abstratas como o estado, a sociedade, o espírito nacional, ele considerou reais apenas os indivíduos e suas relações, mas depois encerrou novamente essas relações em um esquema rígido.

São essas as críticas do idealismo tradicional. Quando, ao contrário, se olhará com interesse em busca de uma ciência da sociedade não fundada nos princípios positivistas, a Dilthey serão dirigidas críticas exatamente opostas. O idealismo tradicional tinha afirmado, como vimos, que o autor em questão havia reduzido a história a um esquema fixo e tinha, portanto, recaído no positivismo. Agora afirma-se, no entanto, que o pensamento diltheyano "não consegue concretizar-se em uma definição da historicidade formulada positivamente, que não se esgote em uma posição polêmica em relação a toda tentativa de trancafiá-la no âmbito de uma metafísica transcendentalista ou imanentista" (ROSSI, 1954, p. 34-35). Seja como for, Dilthey tem o grande mérito de ter concebido o homem como ser histórico percebendo a exigência de não trancafiar a própria história em uma "filosofia da história", segundo os ordenamentos prevalecentes antes dele e por ele rechaçados.

A crítica ao autor aqui discutido segundo a qual ele não considera suficientemente os processos econômicos, deve ser mantida sem esquecer que, a seu juízo, o econômico não pode não se reduzir também a história e, por conseguinte, a um problema a ser enfrentado no âmbito das ciências do espírito. Mas Dilthey parece, efetivamente, não captar os processos econômicos como fatores constritivos à liberdade individual. Além disso, a sua concepção da vida social como conjunto de configurações culturais únicas e irredutíveis umas às outras – motivo pelo qual uma totalidade social é uma unidade integrada em torno de alguns valores específicos, sentimentos e ideias fundamentais – pode fazer com que se perca de vista a possibilidade, também importante, de uma análise da sociedade em relação aos seus conflitos internos, assim como a de uma compreensão das relações, de consenso ou de conflito, entre as diversas configurações culturais, e, portanto, da história como processo global. No mundo contemporâneo, contudo, mostra-se cada vez mais visível a globalidade do processo histórico, ainda que ele não deva ser mais interpretado como progresso necessário tendo intrínseca também a possibilidade da destruição global. A ideia da totalidade de Dilthey parece limitada a cada unidade cultural bem integrada, ao passo que no mundo contemporâneo é cada vez mais evidente do que a totalidade é "transcultural" no sentido de que as várias culturas se mostram, apesar das infinitas diferenciações, também como parte de um processo mundial.

Essas críticas não devem, no entanto, ofuscar a importância da asserção, sobre a qual já insistimos, da irredutibilidade da realidade humana a esquemas únicos e preestabelecidos. Essa lição continuará presente em grande parte da cultura contemporânea, na fenomenologia, no existencialismo, na sociologia de Weber e nas tendências sociológicas atuais que a ela se referem.

PARTE II

Os clássicos

Prefácio

Livre agora do perigo de passar na história como um episódio cultural efêmero e contingente e, por isso, pelo menos em parte, da preocupação de salvar sua existência e sua autonomia, a sociologia do período "clássico" se empenha em definir, em termos mais específicos, o próprio âmbito em relação às outras ciências, e seus métodos particulares, bem como em aplicar esses métodos ao estudo empírico, para verificar sua validade. Esse período "clássico" é aquele que compreende as últimas décadas do século XIX e as primeiras décadas do século XX, e em que surgem os nomes mais conhecidos da história do pensamento sociológico depois dos "fundadores".

Se a batalha de Comte e, mesmo que em limites mais reduzidos, aquela dos outros "fundadores" consistira em impor a exigência de uma nova disciplina e mostrara, consequentemente, na luta, muita intransigência em relação às outras – basta pensar ainda em Comte, na sua negação das outras ciências humanas e da psicologia em particular, além da consideração da sociologia como "ciência das ciências" – agora os próprios sociólogos tornam-se mais cautelosos, sentem a exigência de estabelecer os limites de sua própria disciplina em relação aos outros campos do saber, e reconhecem frequentemente a existência e a não inferioridade destes últimos.

No entanto, ainda que fundamental, o problema metodológico não é certamente o único a ser enfrentado pelos "clássicos". Suas constantes preocupações se dirigem também, e às vezes sobretudo, para os problemas da sociedade industrial, da divisão do trabalho, com as suas consequências humanas nem sempre positivas, do tipo de racionalidade que pode prevalecer nessa sociedade. E, mesmo de maneira prevalentemente polêmica, existe, sobretudo na Europa Central, uma referência constante a Marx. São, em particular, as páginas de *O Capital* em que Marx trata do "caráter fetichista da mercadoria e o seu segredo" que voltam repetidamente a ser objeto de análise de vários autores, mas geralmente o problema da reificação do homem e da degradação das relações entre homens a relações entre coisas está inserido nos quadros teóricos de referência diferentes daquele marxista.

Portanto, o problema metodológico, de um lado, e a retomada de alguns problemas já colocados pelo marxismo, de outro, parecem ser os dois momentos fundamentais da sociologia que remonta à cultura alemã. Mas, às vezes, a uma análise atenta também as linhas metodológicas revelam um caráter polêmico em relação ao marxismo e se apresentam como tentativas de colocar-se teoricamente fora dele.

Assim é no caso de Tönnies. Ele enfrenta o problema do método afirmando que a ciência tem, antes de mais nada, necessidade de um esquema de referência teórico e que os conceitos que explicam a realidade provêm da razão e não podem derivar da própria realidade. Isso vale também para a distinção mais famosa de Tönnies, aquela entre "comunidade" e "sociedade". Esta última é caracterizada por relações contratuais, econômicas, impessoais etc., enquanto na primeira vigem relações afetivas, diretas, pessoais, autênticas. Mas trata-se de "casos fictícios" ou "casos ideais" a que nunca corresponde exatamente a realidade social empírica. Aqui Tönnies antecipa o "tipo ideal" de Weber como instrumento heurístico, metodológico. Ele faz uso abundante das categorias elaboradas por Marx para a análise sociedade burguesa, mas refere os dois tipos de associação a dois tipos diferentes de vontade, ou seja, a um elemento subjetivo, e funda a sua teoria em uma "filosofia da vida" irracionalista. Assim, estão presentes o problema do método e o uso de categorias marxistas em um esquema teórico diferente daquele de Marx. Isso se verifica também no caso de Simmel. Ele, ao menos quando se dedica explicitamente à sociologia, enfrenta sobretudo o problema do método. A seu juízo, efetivamente, a sociologia pode diferenciar-se das outras ciências sociais somente enquanto estuda as formas da vida social prescindindo de seus conteúdos. Mas, em obras em que a sociologia não é explicitamente o tema principal, Simmel enfrenta os problemas da sociedade industrial. Também aqui voltam as questões relativas à reificação das relações, fundadas no "valor de troca", nas características da vida metropolitana, que no processo histórico parece identificar-se com aquela capitalista. Mas de novo o discurso está inserido em uma "filosofia da vida" e a concepção da história de Marx é rejeitada.

No que se refere à Weber, o autor certamente mais discutido de toda a história do pensamento sociológico, ele também se dedica a problemas metodológicos reelaborando o debate iniciado sobre o assunto por Dilthey, por Windelband e por Rickert. Os dois últimos apreenderam que a ciência não poderia compreender a sociedade na sua totalidade, mas teria de estudar seus aspectos particulares considerados, segundo um critério de valor, mais relevantes do que outros. Os valores a que eles faziam referência eram concebidos como absolutos e, por isso, vinculantes para todos, enquanto para Weber são relativos. Isso coloca o problema da objetividade das ciências histórico-sociais que esse autor tentará resolver afirmando que os resultados da pesquisa nessas ciências são garantidos pela exatidão do método. Mas Weber, como os outros seus compatriotas "clássicos", não se dedica apenas ao método. Ele estuda as origens do capitalismo sublinhando a esse respeito a importância de influências religiosas, e se preocupa com o destino da sociedade industrial em que predominam relações objetivadas, em que as pessoas são apenas engrenagens de um mecanismo agora desprovido de significado. Também em Weber, a polêmica com o marxismo é constante. Ele contesta sua validade absoluta, afirmando que o marxismo é apenas um ponto de vista entre muitos possíveis. A variável religiosa pode ser considerada tão importante no estudo das origens do capitalismo quanto aquela econômica.

Com Durkheim passa-se a uma tradição cultural notadamente diferente daquela da Europa Central. Ele, com efeito, está ligado ao positivismo de matriz comteana tentando superar seus limites mais evidentes. Deve-se, contudo, lembrar que Durkheim também sente a exigência de esclarecer "as regras do método sociológico", tema a que dedica um livro, e que a sua sociologia deve, por sua vez, em parte, ser compreendida como um diálogo, geralmente polêmico, não tanto com a concepção materialista da histórica, mas antes com o socialismo em geral. Um claro testemunho disso é o curso sobre Saint-Simon. Em relação à Weber, que focaliza a atenção na instauração de significados comuns por meio da interação, Durkheim parte da sociedade como realidade já institucionalizada. Todavia, ambos reconhecem, implicitamente, tanto como fundamento da sociedade institucionalizada a interação – basta pensar em Durkheim que explica as origens da sociedade por meio do surgimento de fins comuns, considerados religiosos, que implicam a fusão das consciências individuas, um fermento comum particularmente intenso que dá lugar à "consciência coletiva" – quanto a tendência da sociedade a cristalizar-se em estruturas coercitivas: basta pensar agora em Weber que considera o capitalismo, uma vez surgido, uma realidade social vinculante para os indivíduos que nele vivem.

Durkheim, juntamente com muitos outros, mostra ainda sua preocupação com o excesso de especialização na divisão do trabalho e com o caráter coercitivo dessa divisão, que podem levar à anomia. É esse o conceito que permanecerá entre os mais conhecidos na história da sociologia.

Método e preocupações em relação ao poder que as classes populares vão assumindo e à difusão das ideias socialistas estão presentes também nos chamados "elitistas". Enquanto Mosca torna-se defensor do método histórico-comparativo, Pareto confia cegamente no seu método lógico-experimental. Estranhamente, depois de ter criticado os sociólogos que o precederam e os seus contemporâneos por terem feito coincidir a suposta realidade objetiva com os seus desejos subjetivos, ele não percebe a historicidade inevitável do pensamento, científico e não científico, e a igualmente inevitável relação com os valores, e permanece ingenuamente convencido de que o seu método lhe ofereça a possibilidade de ater-se aos fatos tais como são. Também Michels, apesar de seu profundo conhecimento da obra de Weber, expõe a sua lei sociológica sobre a oligarquia em termos absolutos e a-históricos. A importância de Mosca reside na elaboração teórica da sua teoria elitista; a de Pareto na distinção entre "resíduos" e "derivações"; a de Michels na sua concepção relativa à formação das oligarquias.

Vimos que o princípio da historicidade do pensamento foi negligenciado por Pareto. Tal princípio constitui, no entanto, o problema principal da construção teórica de Lukács, bem como da de Mannheim. O primeiro afirma que, historicamente, apenas o proletariado como classe subalterna e explorada tem a possibilidade de apreender os elementos dinâmicos presentes na sociedade e de agir, assim, como força de transformação, enquanto a burguesia como classe não pode ir além da ordem constituída e tem, necessariamente, uma visão estática, encerrada no ordenamento dado, da realidade histórico-social. Mannheim, ao contrário, parte do pressuposto da sua "sociologia do conhecimento" segundo a qual às diferentes posições na estrutura socioeconômica correspondem diferentes visões de mundo, socialmente condicionadas, diferentes formas de interpretar a realidade. Tanto um como o outro devem enfrentar graves dificuldades: o primeiro, com efeito, deve explicar por que a verdade é patrimônio apenas do proletariado, a consciência dos indivíduos que fazem parte dele é então reconhecida como "reificada" e "falsa"; o segundo deve, contudo, tentar superar o relativismo que, inevitavelmente, deriva da sua formulação do problema, para o qual o conhecimento é sempre social e historicamente relativo. De todo modo, tanto um como o outro tentam resolver por caminhos diferentes o problema deixado em aberto por Weber, o qual, ao afirmar que os juízos de valor não podiam ser tema de análise científica e eram apenas questão de fé, havia deixado a política à mercê do irracional.

Um discurso à parte deverá ser feito em relação ao desenvolvimento da sociologia nos Estados Unidos da América. A pluralidade de grupos étnicos com diversas tradições põe em primeiro plano a crítica do etnocentrismo e a consequente proposta do "relativismo cultural" nos primeiros expoentes da disciplina que, entretanto, se referem teoricamente ao evolucionismo europeu. Eles devem enfrentar também o problema da sociedade economicamente baseada na livre-concorrência, a cujo problema serão dadas diferentes soluções de acordo com cada autor. As divergências entre Summer e Ward a respeito do assunto são emblemáticas. Veblen, ao contrário, é o "precursor" da sociologia crítica norte-americana. Ele ataca tanto a sociedade baseada no "consumo conspícuo", na convicção, no entanto, de que ela será superada na evolução da sociedade baseada no trabalho produtivo, quanto a cultura acadêmica que vê separada dos problemas da produção e ligada arcaicamente às mais obsoletas tradições humanistas. Os outros expoentes da primeira sociologia americana, que cronologicamente vivem no período da sociologia clássica europeia, todos pertencentes à "Escola de Chicago", como de resto Veblen, dedicam-se sobretudo aos problemas da interação, à formação dos significados nas relações, ao sujeito que, por meio de um processo reflexivo tornado possível pela interação, torna-se objeto de si mesmo. Eles se movem entre sociologia e psicologia social. Em particular, Mead elaborou uma concepção do surgimento da "mente" na sociedade, ou seja, sempre na interação, que terá grandes seguidores na teoria, surgida sucessivamente, do "interacionismo simbólico". Mas também Cooley dará seu contributo neste sentido, além de se dedicar também à questão do institucional a que se contrapõe o "grupo primário". Thomas e Znaniecki são lembrados na história da sociologia sobretudo pelo estudo empírico sobre o camponês polonês, em que se utilizaram do método das "histórias de vida". Mas com o tema da "definição da situação" Thomas terá, ele também, a sua parte nas futuras teorias do interacionismo simbólico.

Os grandes temas da sociologia do período clássico parecem assim colocados. A sociológica contemporânea, com a sua multiplicidade de escolas e linhas diversas uma da outra, irá referir-se frequentemente a elas, dando às vezes interpretações contrastantes também dos mesmos autores. Da tradição clássica, portanto, não surgiu uma disciplina unitária. Dela surgiu, todavia, um debate que é agora patrimônio imprescindível da cultura contemporânea.

7
Marxismo, filosofia da vida, sociologia formal

7.1 O contexto histórico e cultural

Diversos fatores de ordem econômica, política e cultural concorrem para formar as primeiras expressões da sociologia alemã do período clássico, isto é, do período que vai das últimas décadas do XIX às primeiras décadas do século XX e que vê a sociologia em busca de sólidos fundamentos teóricos depois de ter pelo menos parcialmente superado, no âmbito da cultura nacional, aquelas críticas que negavam sua legitimidade ou sua própria existência. O problema do método, como vimos, está constantemente presente nelas, mas não constitui sua única preocupação. Constante, de fato, é também a questão das consequências humanas da industrialização: a questão da reificação das relações.

A "filosofia da vida", de um lado, e as correntes formalistas neokantianas, de outro, tiveram ambas um grande peso no condicionamento do rumo dos desenvolvimentos dessa sociologia clássica, principalmente na Alemanha. Não menor influência, entretanto, parece ter tido o marxismo, do qual os sociólogos alemães do período em questão tomaram emprestado diversos conceitos e problemas, mesmo inserindo-os frequentemente em um esquema de referência teórico totalmente diferente daquele marxista, e mesmo movendo-se, às vezes, de forma polêmica, em relação a ele.

Pode-se, sem medo de errar, repetir agora o que foi dito em relação a Dilthey, Windelband e Rickert: a confiança na necessidade do progresso declinou definitivamente nesses autores, e a própria utilidade da ciência para uma transformação racional da sociedade é posta em grave dúvida. Ademais, o processo de industrialização é visto com desconfiança porque, como mencionamos agora, há a tendência a vislumbrar nele mais os aspectos humanamente negativos do que os positivos. A "filosofia da vida" afirma a impossibilidade de conhecer a realidade humana e, portanto, a realidade histórico-social em seus conteúdos específicos por via meramente racional, pois a vida não se deixa reduzir à razão e só pode ser compreendida vivendo. Faz-se então recurso às categorias do reviver as experiências interiores, a subjetividade entendida não mais, iluministicamente, como racionalidade, mas acentuando os aspectos emocionais e irracionais. Aceitando essas premissas não é difícil chegar à conclusão de que a própria ciência social ou não prescinde da compreensão simpatética, ou deve avançar em construções meramente formais, que como tais negligenciam os conteúdos específicos das experiências e as implicações emocionais. A ciência, num caso como no outro, é sempre uma construção subjetiva. O erro em considerá-la como simples adequação à realidade objetiva foi superado. Surge, todavia, fácil a essa altura por parte dos adversários teóricos a acusação de irracionalismo: o homem renuncia a colocar-se como guia da história, que parece submetida a forças irracionais e incontroláveis; não acredita que seja mais possível transformar a realidade para torná-la adequada às suas exigências, ou seja, mais racional.

Pode-se perguntar se é possível apreender uma relação de condicionamento, um nexo dialético, entre essa postura geralmente difundida na filosofia e na teoria sociológica alemã do período em questão, a que se une muitas vezes uma certa nostalgia pelas formas de vida mais íntimas, menos despersonalizadas e socialmente mais coesas do que as da sociedade industrial, e entre os acontecimentos econômico-políticos desse período. Há quem realizou essa tentativa nada fácil. György Lukács afirmou, certamente de forma muito rígida e dogmática, que as "as diferentes fases do irracionalismo nasceram como respostas reacionárias aos problemas colocados pela luta de classes" (LUKÁCS, 1995, p. 10), mas no decorrer do seu trabalho o discurso torna-se mais nuançado e também mais agudo. Ele vê os filósofos Schopenhauer e Nietzsche como ideólogos apologistas da ordem capitalista. Se isso é simplista, parece suficientemente demonstrado que há algum nexo entre essas filosofias, algumas concepções sociológicas do período clássico, e os acontecimentos políticos e econômicos. Lukács afirma que "para a história moderna da Alemanha [...] o elemento decisivo reside no desenvolvimento tardio do capitalismo, com todas as consequências sociais, políticas, ideológicas" que isso acarreta (LUKÁCS, 1995, p. 35). Mais em particular, a seu juízo, o desenvolvimento da industrialização capitalista na Alemanha, além de atrasado, ocorreu então de maneira muito rápida e gigantesca, deixando, todavia, inalterado o sistema anterior de poder antidemocrático. A unificação da Alemanha se dá por meio da força militar do exército prussiano; não é percebida como uma conquista popular, e isso não oferece "condições favoráveis para o surgimento de tradições democrático-revolucionárias" (LUKÁCS, 1995, p. 56). O quadro não muda substancialmente também no período da expansão imperialista e do grande desenvolvimento capitalista. "No período imperialista, o capitalismo alemão supera o capitalismo inglês que até então mantivera o primado na Europa; a Alemanha torna-se, com os Estados Unidos, o país mais desenvolvido no mundo e mais típico no que diz respeito à afirmação do capitalismo. Mas, ao mesmo tempo, [...] consolida-se a sua estrutura político-social democraticamente atrasada" (LUKÁCS, 1995, p. 60). A contradição que se cria entre o rápido desenvolvimento econômico e o atraso político implica, sempre segundo Lukács, o surgimento de uma ideologia que defendesse esse estado de coisas. Isso é muito discutível se tomado literalmente, pois a maioria dos autores considerados não se colocava a tarefa de defender a ordem constituída, mas assume maior importância se se pretende asserir que a cisão da qual falamos implica ver o desenvolvimento da economia como um destino cego e inevitável. Lukács acrescenta que o Estado alemão terá a tarefa, devido também às suas tradições personalistas e antidemocráticas, de conferir um sentido a esse destino "com base na natureza puramente pessoal (e, portanto, de novo irracional) do monarca" (LUKÁCS, 1995, p. 62), e essa afirmação também não é típica de todos os autores por ele considerados. No entanto, a aceitação do desenvolvimento da industrialização como destino, fato não controlável pela vontade humana e, portanto, irracional, parece ser efetivamente uma característica comum de muitos autores desse período, incluindo os sociólogos, que parecem não acreditar muito, por conseguinte, na função prática de transformação (ou de conservação) social da sua ciência. Isso não pode ser interpretado como sinal de seu simples estar a serviço do poder constituído. Ao contrário, algumas atitudes que na prática tornam-se "ideológicas" parecem estar em relação com as decepções sofridas em virtude das derrotas dos movimentos democráticos e revolucionários no curso das lutas da metade do século XIX.

7.2 Tönnies: comunidade e sociedade

Ferdinand Tönnies (1855-1936) é um representante típico da união de influências históricas e culturais do período em questão. Ele nasceu nas terras de Schleswig-Holstein, o ducado que a Prússia tomou da Dinamarca em 1864. Os estudos realizados em diversas grandes cidades da Alemanha, deu-lhe a oportunidade de cotejar a vida urbana com a rural, e a transformação do ducado em que ele nasceu de uma originária condição de autonomia política quase feudal à de um distrito administrativo de um estado moderno, podem ter influenciado a tão conhecida contraposição entre "comunidade" e "sociedade", de que trataremos a seguir. Tönnies doutorou-se em Tübingen em 1877 e em seguida tornou-se leitor na Universidade de Kiel. A sua carreira acadêmica foi lenta e difícil devido também ao caráter de novidade que a sociologia apresentava na cultura alemã. Só em 1913 ele obteve uma cátedra, ainda que não de sociologia, mas de economia. Foi autor de muitas obras não apenas de teoria sociológica, mas também de estudo empírico, e defendeu a necessidade da aplicação de técnicas estatísticas nesse estudo. De 1909 a 1933 foi presidente da sociedade alemã de sociologia, por ele mesmo fundada juntamente com Georg Simmel, Werner Sombart e Max Weber. Em 1933, ele perdeu a cátedra universitária com o advento do nacional-socialismo.

No pensamento de Tönnies convergem diversas exigências e diversos temas: desde elementos irracionalistas de matriz schopenhaueriana a categorias marxistas inseridas, todavia, em uma concepção completamente diferente da concepção materialista da história. A vida desse autor é, como vimos, muito longa e, no seu curso, ele é portanto testemunha da consolidação do império prussiano, da *Realpolitik* de Bismarck, do período guilhermino, da Primeira Guerra Mundial e da sucessiva derrota, da República de Weimar e, por fim, do surgimento do nacional-socialismo. A obra pela qual ficou conhecido é, contudo, um trabalho de juventude: *Comunidade e sociedade*, que remonta a 1887. Desde o início, temos em Tönnie a ruptura com esquemas do positivismo mais grosseiro. Na realidade, ao tratar do problema do método científico, ele afirma que os conceitos que explicam a realidade devem provir da razão e que a ciência progride por meio da construção de "casos fictícios" ou "casos ideais" (TÖNNIES, 1963, p. 7). Nesse sentido, Tönnies antecipa Max Weber: ainda que não se possa dizer com certeza que este último tenha sido diretamente influenciado pelo primeiro no que diz respeito ao "tipo ideal", pode-se, contudo, constatar uma certa convergência de ideias. De resto, Tönnies afirmou em 1931 que Weber "muitos anos depois introduziu o conceito de tipo ideal" proposto por ele na juventude (TÖNNIES, 1931, p. 8). Também as duas categorias fundamentais do autor em questão – comunidade (*Gemeinschaft*) e sociedade (*Gesellschaft*) – são obviamente construções ideais que não se encontram na realidade empírica em estado puro, mas servem para a análise dessa realidade.

> A teoria da comunidade – escreve Tönnies – parte [...] da premissa da perfeita unidade das vontades humanas como estado originário ou natural, que se manteve apesar e por meio da separação empírica, manifestando-se sob múltiplas formas, de acordo com a natureza necessária e dada das relações entre indivíduos (TÖNNIES, 1963, p. 51).

A forma associativa da comunidade, portanto, indica a fusão perfeita das vontades daqueles que dela fazem parte. A comunidade é uma realidade natural; participa-se dela identificando-se totalmente com ela, emocionalmente, não de maneira reflexa, mas de maneira instintiva. A comunidade é um conjunto de sentimentos comuns e recíprocos com base nos quais os seus membros permanecem unidos. Existe entre eles um conhecimento íntimo e uma simpatia íntima. Na origem da comunidade há a unidade de sangue, aquela que liga a mãe à criança, pais e filhos, irmãos e irmãs e homem e mulher como cônjuges no sentido natural. A relação entre pais e filhos é a mais completa, já que à base orgânica e à ligação afetiva se une o princípio de autoridade, fundado, todavia, não na vontade de domínio, mas na exigência da educação.

A simpatia evidente de Tönnies pelo patriarcalismo manifesta-se também quando ele trata da economia comunitária. Se na casa de campo nada é comprado e tudo é produzido no seu interior, também nas formas comunitárias mais amplas, onde também há troca, isso acontece preponderantemente com base na tradição e na concórdia. Trata-se de trocas de bens de uso, logo não em proveito individual, mas para utilidade recíproca. O autor em questão é levado a aceitar, em virtude dessas considerações, o sistema feudal, mesmo vendo que no seu interior podem se desenvolver relações de puro domínio em vez de proteção e de comunhão de tradições.

A sociologia de Tönnies, que assim retoma uma longa tradição, já iniciada com Comte, segundo a qual essa disciplina tem a tarefa específica de estudar não tanto os fatores de conflito social, mas a integração, ocupa-se exclusivamente de relações pacíficas, de união entre os homens, isto é, das formas de associação e daquilo que as constitui. As duas formas principais de associação são, obviamente, a comunidade e a sociedade.

> A presente teoria – escreve Tönnies – e os objetos de sua pesquisa concernirão apenas às relações reciprocamente positivas. Cada uma dessas relações positivas representa uma unidade na pluralidade e uma pluralidade na unidade. Compõem-se de exigências, compensações e ações que passam e repassam e que são consideradas como expressões das vontades e de suas forças (TÖNNIES, 1963, p. 45).

Mas na "sociedade", contrariamente ao que ocorre na comunidade, os indivíduos estão unidos contratualmente e não mais natural e emocionalmente, por isso nela vigora o individualismo e o egoísmo. As atividades comuns não dependem de uma união real, mas sim da possibilidade de cada um tirar proveito disso. Os indivíduos estão fundamentalmente, e apesar de todas as regras de gentileza, uns contra os outros, cada um buscando o que lhe convém. Enquanto na comunidade, os objetos não são trocados, mas usufruídos em comum, na sociedade os indivíduos estão em competição uns com os outros. A relação econômica, que constitui o fundamento da sociedade, não está fundada no valor de uso, mas no lucro que se pode auferir com a troca. Os indivíduos não se preocupam com a utilidade dos bens enquanto tais, mas com o valor de troca. Daí a necessidade de que esse valor seja mensurado com base em um critério objetivo que possa ser compartilhado por todos. Tal critério é formado pelo tempo médio de trabalho necessário para produzir bens. Surge assim o dinheiro como valor abstrato e fictício, puramente convencional. O mundo tende a se tornar um único grande mercado e a atividade econômica tende a determinar os sistemas jurídicos, a moral, o poder estatal "já que a sociedade econômica deve ser concebida como o seu pressuposto" (TÖNNIES, 1963, p. 97). Essa é a "sociedade burguesa". Nela, comerciantes e agiotas podem ganhar sem produzir absolutamente nada, os primeiros trocando mercadorias já existentes, os segundos vendendo dinheiro para obter com os juros uma quantia maior de dinheiro. Ademais, os proprietários dos meios de produção obrigam aqueles que detêm apenas a "força de trabalho' a vendê-la no mercado para obter em troca dinheiro que, no entanto, não pode gerar lucro, porque deve ser imediatamente gasto na compra de bens de consumo necessários.

Embora esse discurso de Tönnies seja frequentemente negligenciado e tenha se difundido a tendência a considerar a contraposição entre *Gemeinschaft* e *Gesellschaft* como aquela entre cidade e campo, não passa despercebido a ninguém a profunda influência que Marx exerceu no autor em questão, o qual, de resto, o reconhece explicitamente e acrescenta com ironia, em relação aos críticos de Marx: "Se eles o consideram imoral, quem se preocupa com a imoralidade deles?" (TÖNNIES, 1963, p. 12).

Tönnies, todavia, não é de modo algum redutível a Marx. Enquanto, de fato, para este último são justamente os processos econômicos que levam, para usarmos a mesma terminologia tonniesiana, da comunidade à sociedade – basta lembrar do que Marx escreve a respeito da passagem da sociedade feudal para a sociedade burguesa –, para o autor aqui discutido, as duas formas de associação subordinam-se duas diferentes formas de vontade. De um lado existe a vontade essencial (*Wesenwille*), a força vital que faz com que o embrião se transforme em indivíduo, que a natureza e o homem existam e se desenvolvam. Trata-se de uma vontade de vida da qual depende a própria vida. Também o pensamento e a atividade de pensar, além de seus conteúdos específicos e projetos, é um atributo da vontade. A vontade essencial é instinto, é a própria vida orgânica como força que se desenvolve. Por outro lado, a vontade arbitrária (*Kürwille*), mesmo encontrando, como de resto cada manifestação da vida, origem na própria vontade essencial, é algo completamente diferente dela. Enquanto esta última é "o princípio da unidade da vida" (TÖNNIES, 1963, p. 129), a primeira é uma "formação do pensamento" (p. 129), e refere-se somente ao seu autor individual. Movido pela vontade arbitrária, ele age com base em um projeto específico concebido anteriormente, que se põe como alternativa a outras possibilidades de ação negando-as necessariamente. Tönnies distingue três formas de vontade arbitrária: a primeira é a *deliberação*, que permite distinguir os meios dos fins, aceitar os primeiros, ainda que dolorosos, para poder alcançar os segundos; a segunda forma é o *discernimento* que consiste na escolha do fim a que tudo está submetido; a terceira é o *conceito* que permite dar sentido "à multiplicidade e à mutabilidade da experiência" por meio de distinções, esquemas de referência e juízo de valor que indicam ao sujeito como escolher, o que preferir (TÖNNIES, 1963, p. 153). A partir do momento em que as possibilidades de escolha e os fins desejados são múltiplos e variam de indivíduo para indivíduo, com base na vontade arbitrária determina-se a luta hobbesiana entre os indivíduos, cada um dos quais quer obter para si aquilo que é desejável. Como na sociedade o dinheiro é o meio idôneo para qualquer fim, essa luta se resolve na luta pelo dinheiro. Na sociedade o individualismo implica a instrumentalização dos outros e o indivíduo não encontra limites à sua "cupidez". Essa vontade de poder pode se manifestar também na ciência como domínio sobre a realidade: o próprio desejo de saber, mesmo elevando-se "acima da vaidade comum" (TÖNNIES, 1963, p. 159) tende afinal, por sua vez, a pretender o reconhecimento por parte dos outros e não exclui de si o domínio.

A concepção da sociedade (*Gesellschaft*) por parte de Tönnies mostra-se assim de todo pessimista, e isso se acentua quando esse autor afirma que "a uma época da sociedade se segue uma época da comunidade" (TÖNNIES, 1963, p. 295). Isso o coloca em uma certa dificuldade: com efeito, a base da própria vida associativa é a comunidade, fundada na vontade essencial, em vínculos de sangue que não são historicamente superáveis. Decerto, não é preciso esquecer que as duas formas associativas são simplesmente "casos fictícios ou ideais". No entanto, Tönnies mostra-se frequentemente incerto entre considerar a comunidade e a sociedade como duas fases de um processo histórico ou como formas de vida que podem prevalecer uma sobre a outra, mesmo não se dando a possibilidade de que a segunda faça sucumbir completamente a primeira, porque esta permanece em todo caso a base orgânica de toda forma de vida associativa. "As formas de vida comunitária perduram, mesmo atrofiando-se e extinguindo-se no âmbito das formas sociais, como a únicas formas reais" (TÖNNIES, 1963, p. 290).

A obra de Tönnies se resolve, em grande parte, em uma crítica à sociedade capitalista, urbana, industrial. Dela não parece haver saída. Nela, as artes também "procuram [...] assegurar-se os meios de subsistência e elas mesmas são capitalisticamente exploradas" (TÖNNIES, 1963, p. 291). Nela, "o instituto da família decai" (p. 293). O autor em questão antecipa também algumas críticas ao "consumismo" afirmando que na sociedade urbana, capitalista-industrial, "o interesse dos capitalistas e dos industriais antecipa todas as necessidades estimulando a competição para os mais variados usos do dinheiro" (p. 294). À concórdia, ao costume, à religião que vigoram na comunidade, correspondem as conveniências – as boas maneiras artificiais – as decisões políticas do estado, a opinião pública, todavia determinada pelo governo de uma minoria de sábios.

À sociedade (burguesa, capitalista, industrial, urbana, individualista, convencional), Tönnies contrapõe, portanto, a comunidade, o vínculo natural, espontâneo, a concórdia, a união imediata em que a subordinação é ela também um fato natural, não imposto por uma autoridade externa, mas aceito internamente. Poderíamos afirmar, a essa altura, que Tönnies é apenas um saudosista estéril de uma vida associada de tipo pré-industrial, rural, feudal, e ele mesmo nada faz para dar ao leitor uma impressão diferente. E, todavia, de maneira um tanto surpreendente, ele também escreve que a nova massa, por meio da consciência de classe e da luta de classes, pode destruir a *Gesellschaft* e a cultura que dela depende e recriar "uma nova cultura no âmbito daquela que se extingue" (TÖNNIES, 1963, p. 295). Aqui também a referência a Marx é toda evidente, mas não deve nos induzir em erro. Como fundamento das diferentes formas de associação, Tönnies vê sempre também uma força "subjetiva", psicológica, irracional, um impulso não controlável racionalmente: a vontade de vida. A essa altura, não é difícil identificar a influência da filosofia de Schopenhauer na obra do autor aqui discutido. A contraposição schopenhauriana entre querer viver ou vontade profunda, irracional e sem escopo, e a representação, não é muito diferente daquela tonniesiana entre vontade essencial e vontade arbitrária. Portanto, as categorias marxistas estão inseridas em um esquema de referência teórico totalmente diferente do de Marx. Tönnies reconhece ter sofrido também a influência do positivismo de Comte e de Spencer, mas tal influência não deve ser acentuada. Mesmo quem a aponta, afirma que o autor aqui considerado "deu início e desenvolvimento a uma forma de pensamento e a uma maneira de colocar os problemas que são tipicamente alemãs" (TREVES, in TÖNNIES, 1963, p. xxv), e que se distanciou da tradição sociológica francesa e inglesa.

7.3 Simmel e a cultura metropolitana

Alguns críticos ressaltaram também as dificuldades encontradas por Tönnies para introduzir a sociologia na cultura do seu país, e, posteriormente, nos contatos com os outros sociólogos alemães mais jovens do que ele e que, de alguma forma, o haviam superado. Essas dificuldades, no entanto, não devem ser exageradas. Basta lembrar a biografia do autor em questão e os muitos anos durante os quais ele dirigiu a Associação Alemã de Sociologia para se dar conta do contrário. Sob certos aspectos, como veremos agora, Georg Simmel (1858-1918) se aproxima de Tönnies, enquanto em outros se distancia dele. Estudioso extremamente rico, variado e problemático, Simmel nasceu em Berlim e frequentou a universidade na cidade natal. Depois ensinou por muitos anos naquela universidade, obtendo apenas tardiamente a cátedra universitária. Ademais, quando a obteve, teve que transferir-se para Estrasburgo. É importante lembrar a sua tese de doutorado sobre "A natureza da matéria segundo a monadologia física de Kant", uma vez que este último filósofo influenciou notadamente o pensamento de Simmel. Ele escreveu muitos livros sobre os mais variados assuntos, tais como filosofia, estética, psicologia, crítica de arte, sociologia. Se ficou famoso sobretudo como sociólogo, isso não implica, todavia, que ele atribuísse à sociologia maior interesse e importância do que aos outros campos de seus estudos.

A "sociologia formal" é o rótulo com o qual geralmente se apresenta Georg Simmel nas histórias da sociologia. Essa sociologia formal implica a busca das formas das relações que permanecem inalteradas apesar de seus conteúdos históricos serem sempre diferentes. Isso faz pensar em uma sociologia a-histórica, e isto exatamente foi afirmado por muitos críticos, dos mais aos menos benevolentes. Até que ponto essa afirmação sobre o caráter formal, abstrato, a-histórico, da sociologia de Simmel deve ser aceita, é ainda matéria de discussão. De todo modo, uma coisa é certa: quaisquer que tenham sido as tentativas de Simmel de buscar as formas a-históricas da "sociação" (*Vergesellschaftung*), ele se mostra, como qualquer outro teórico, condicionado pelos problemas da sua época.

Trata-se, talvez, mais do condicionamento da era da industrialização do que do condicionamento de eventos mais específicos da Alemanha dos anos em que Simmel viveu, mas também esses condicionamentos mais específicos não deixam de ser notados. Antes de mais nada, no entanto, são a industrialização e o fenômeno da urbanização ligado a ela, os problemas a que Simmel devia dedicar uma particular atenção. Escreve um historiador que:

> o rápido aumento da população do Reich – que passou de 40,2 milhões de 1880 a 58,5 milhões em 1910 – deu um impulso ao comércio e à indústria à custa da agricultura. Além disso, havia uma forte migração interna. Principalmente das regiões agrícolas da Alemanha Oriental milhões de homens afluíram a Berlim, a Hamburgo e aos novos centros industriais da Alemanha Ocidental [...]. A forte migração interna levou a uma mudança radical na estrutura demográfica da Alemanha. Principalmente em Berlim e nos grandes centros industriais do

Ruhr, mas também cidades como Colônia e Düsseldorf cresceram rapidamente no espaço de poucas décadas (MOMMSEN, 1970, p. 51).

Berlim, que anteriormente tinha sido uma cidade muito provinciana e retrógrada, tornara-se repentinamente uma capital de importância mundial: em 1848 tinha apenas 400 mil habitantes, em 1914 tinha quatro milhões de habitantes (COSER, 1983, p. 294).

Não surpreende, portanto, que Simmel estivesse destinado a se tornar "o sociólogo mais envolvido no estudo da *cultura metropolitana*" (FRISBY, 1985, p. 17). Sobre a influência do capitalismo e do imperialismo em um sistema político, que pouco antes de sua implementação era fundamentalmente atrasado, já tratamos no início do capítulo fazendo referência ao ponto de vista marxista de Lukács. Também, em termos mais gerais, ou seja, fazendo referência a um quadro mais amplo do que aquele alemão, pode-se afirmar que o movimento liberal naquele período entrou em crise. De um lado porque os seus ideais de igualdade formal perante a lei tinham sido alcançados, por isso não podiam mais constituir uma força propulsora, de outro porque "contemporaneamente, com a ascensão da classe trabalhadora surgiu uma nova política que colocou em discussão de forma decisiva a função "natural" de guia da burguesia na vida pública e social" (MOMMSEN, 1970, p. 15). Portanto, o movimento operário opunha-se ao movimento liberal em crise, e ao velho conservadorismo, também em crise. Mas o movimento liberal na Alemanha não tinha sido posto em crise somente pelo surgimento do movimento operário: havia também fortes tensões internas.

O rigor da política bismarckiana levou à cisão do movimento liberal em duas alas: o nacional-liberais, que fundamentalmente se contentavam com a constituição bismarckiana e se tornaram cúmplices dóceis do chanceler na sua luta contra o catolicismo e a classe operária; e o partido progressista, que se desgastou em uma oposição ferrenha exaurindo-se em um doutrinarismo de princípios. As duas correntes se enfraqueceram depois das secessões contínuas de cada grupo, símbolo da impotência do liberalismo na Alemanha guilhermina (MOMMSEN, 1970, p. 16).

É necessário acrescentar ainda, para evidenciar uma contradição adicional no quadro político-social da época, que o capitalismo concorrencial estava minado pela sua evolução para o imperialismo e que "a ideia imperialista constituía um corpo estranho no interior da tradição ideológica liberal. [...]

Na luta pró e contra o imperialismo, o liberalismo europeu se dividiu, portanto, [...] em facções que lutaram umas contra as outras. Assim o liberalismo europeu entrou em uma grave crise da qual nunca se recuperaria totalmente. Pois, embora formulassem com uma certa elasticidade os ideais imperialistas, a contradição interna entre uma política de poder expansionista e os ideais de liberdade do velho liberalismo, permaneceu insanável (MOMMSEN, 1970, p. 26).

Vivendo nessa situação de tensões e contradições, Simmel não ficou imune de nenhuma das suas tendências internas. Permaneceu sempre um individualista ligado a ideais de liberdade individual, mas na juventude simpatizou com o socialismo e escreveu para jornais socialistas, e o próprio ideal imperialista, no entanto, não o deixou indiferente. Saudou com entusiasmo o início da Primeira Guerra Mundial, na esperança de que a Alemanha se tornasse uma grande potência imperial. Se a industrialização capitalista e a consequente urbanização condicionam profundamente Simmel e os seus escritos, o interesse pelos eventos específicos da Alemanha não aparece, contudo, em primeiro plano senão com a guerra. Como foi afirmado,

> até o momento da guerra, ele não teve interesse em seguir a história do seu tempo. Com o advento da guerra, todavia, ele começou a escrever com grande tensão [...]. Inicialmente, ele era dominado, parece, pela excitação geral, e no discurso sobre a *Transformação interna da Alemanha* realizado em Estrasburgo em novembro de 1914, pronunciou e depois publicou frases como "Isso é o que existe de maravilhoso a respeito dessa época". "Ouso dizer que a grande maioria de nós teve somente agora a experiência daquilo que pode ser chamado de uma situação absoluta"; "Amo a Alemanha e, portanto, eu quero que ela viva: às favas qualquer justificativa "objetiva" de tal vontade em termos de cultura, ética, história, ou sabe Deus mais o que". "Essa guerra tem um significado de algum modo diferente das outras guerras", e frases do gênero (WOLFF, 1950, p. xxi).

Mas logo depois do fim da guerra, nefasta para a Alemanha, Simmel voltou ao problema da crise geral da cultura do seu tempo e viu a própria guerra como um episódio particular dessa crise (WOLFF, 1950, p. xxi).

No que diz respeito à influência dos condicionamentos culturais em Simmel, eles também são múltiplos e de tendências opostas. No início da sua carreira, ele foi influenciado pela "psicologia dos povos" (*Völkerpsychologie*) que afirmava a necessidade da superação da psicologia individual porque o homem deve ser compreendido como ser social (FRISBY, 1985, p. 76ss.). Deve ser observado, mais especificamente, que na década 1880-1890 Simmel fará referência ao problema do "espírito objetivo" como "aquilo que o espírito depositou na linguagem, na arte, e, enfim, mas não por ordem de importância, na tecnologia" (FRISBY, 1985, p. 78). Dos seus mestres Heyman Steinthal e Moritz Lazarus Simmel aprende que os indivíduos com as suas atividades comuns criam a realidade objetiva das formas culturais, mas são também o resultado dessas formas.

O autor aqui discutido foi influenciado também pelo positivismo evolucionista de Darwin e sobretudo de Spencer. A ideia de evolução entendida como diferenciação crescente permanecerá presente por muito tempo no pensamento de Simmel, que dedica um livro à diferenciação social. E, no entanto, deve-se assinalar que as ideias evolucionistas são recebidas em um clima cultural que não podia senão mudá-las radicalmente no que diz respeito à metodologia. Para Simmel, "não existe nenhuma ciência cujo conteúdo consista em simples fatos objetivos: ela contém, ao contrário, sempre uma interpretação e uma atribuição de forma aos fatos de acordo com categorias e normas que, para a ciência em questão, são *a priori*" (SIMMEL, 1982, p. 5). E aqui deve ser constatada, além da influência do evolucionismo, também a influência do historicismo alemão contemporâneo e da filosofia kantiana. Pode-se dizer aliás que a ideia evolucionista da diferenciação está ela mesma inserida no âmbito de um pensamento enraizado nas correntes filosóficas preponderantes na Alemanha daquele período e não nas correntes positivistas.

Simmel foi profundamente influenciado pelo marxismo a respeito do problema da reificação das relações na sociedade capitalista industrial; mas, coerente com o historicismo alemão do seu tempo, teve de recusar sua filosofia da história, a ideia de um esquema de interpretação da realidade histórico-social válido universalmente. Quanto à forte influência de Kant na concepção de Simmel, ele sustenta que é a nossa mente que fornece as categorias que tornam possível o conhecimento, e acrescenta, aproximando-se nisto de um problema típico dos estudiosos neokantianos, que isso vale também para o conhecimento histórico. Esse conhecimento é possível somente selecionando os problemas que se pretendem estudar, classificando e ordenando os dados da experiência. Dessa posição parece derivar que cada setor do conhecimento tem as suas categorias específicas.

Por último, deve-se lembrar a influência exercida por Schopenhauer e Nietzsche e a sua consequente abertura a concepções vitalistas e racionalistas à chamada "filosofia da vida" no pensamento de Simmel.

7.4 Simmel: a diferenciação social

Em *A diferenciação social*, que constitui sua primeira obra sociológica importante, Simmel dedica o primeiro capítulo a questões de ordem metodológica. Ele afirma que a sociologia elabora resultados já alcançados por outras ciências, tais como a historiografia, a antropologia, a estatística, a psicologia. Aquilo que, para essas ciências, constitui um resultado da elaboração da realidade estudada, para a sociologia é o problema do qual se deve partir. Ela interpreta dados já interpretados pelas outras ciências. Isso, no entanto, é uma diferença apenas quantitativa, porque nenhuma ciência, como já foi dito, refere-se a fatos "objetivos" não previamente interpretados. A realidade "objetiva" apresenta-se desde o início para cada ciência como realidade interpretada. A sociologia – continua Simmel – encontra-se na impossibilidade de identificar "leis" no sentido da especificação de causas únicas porque o homem é um ser complexo, resultado de forças heterogêneas. E a sociologia, estudando as interações entre sujeitos, está diante de um problema ainda mais complexo do que aquele enfrentado por uma ciência que pretenda estudar o indivíduo. Às perguntas: "O que é a sociologia?", "O que é um indivíduo?", "Como são possíveis interações entre indivíduos?", não se pode dar uma resposta exaustiva, porque sobre as interações, os indivíduos e suas escolhas age uma tal pluralidade de forças que toda explicação, que tente revelar uma ou alguma dessas forças, será necessariamente unilateral e parcial. A totalidade não pode ser apreendida. Não é possível chegar à formulação de leis sociológicas gerais, assim como não há leis gerais para a psicologia e para a metafísica, já que cada efeito pode ser visto como o resultado de uma multiplicidade de causas e pode, por sua vez, ser causa de uma multiplicidade de efeitos, por isso não se pode especificar qual será o efeito particular de uma causa particular.

> A relação do indivíduo com a coletividade, as causas e as formas da formação dos grupos, a contraposição e as transições entre as classes, a evolução da relação entre dominantes e dominados e outras numerosas questões [...] mostram uma tal riqueza de realizações históricas heterogêneas que cada normatização unitária, cada fixação de uma forma geral nessas relações não pode ser senão unilateral (SIMMEL, 1982, p. 11).

Excluída a possibilidade da identificação de leis sociológicas gerais, Simmel passa a enfrentar o problema da realidade social, que não é entendida nem como realidade autônoma em relação aos indivíduos nem como soma de indivíduos. Esta última tese está baseada em um pressuposto errado, pois nem mesmo o indivíduo é uma unidade única nem de um ponto de vista biológico nem de um ponto de vista psicológico. Ele é o resultado dinâmico, nunca definitivo, de um conjunto de relações, e assim é para a sociedade. A unidade da sociedade é entendida como interação entre as suas partes e, todavia, Simmel faz uma especificação importante a esse respeito acrescentando que a interação leva à formação de entidades objetivas que têm sua autonomia em relação aos indivíduos:

> Pode-se reconhecer o limite de um ser social em sentido próprio e verdadeiro quando a interação entre as pessoas não consiste apenas em uma situação ou em um agir subjetivo das mesmas, mas traz à luz uma formação objetiva que possui uma certa independência em relação a cada pessoa nela envolvida [...]. As relações sociais desenvolveram formas das quais participa e não pode não participar quem quer que instaure uma determinada relação [...] com os outros (SIMMEL, 1982, p. 20-21).

O que chama a nossa atenção, todavia, não é tanto a sociedade como situação comum em que os homens se encontram; mas, antes, aquilo que diferencia os indivíduos uns dos outros. Daí o interesse pela diferenciação.

Feitas essas considerações metodológicas, Simmel passa a analisar alguns casos específicos de diferenciação na sociedade. Ele estuda o problema da responsabilidade penal com relação à diferenciação e afirma que, nas sociedades "primitivas" com escassa diferenciação interna e, por isso, caracterizadas pela nítida prevalência do grupo sobre o indivíduo, o crime não é tanto visto como obra do indivíduo, mas antes como obra do próprio grupo. Com o aumento da diferenciação, entretanto, o culpado é mais facilmente identificado com um indivíduo. O discurso continua esclarecendo que com o ulterior desenvolvimento da diferenciação não só os indivíduos se diferenciam uns dos outros, mas também são diferenciados cada um dos aspectos presentes na vida do indivíduo. Este último se mostra como um cruzamento de uma série de inter-relações sociais e nesses termos está também incluído o problema da responsabilidade. Assim, diante de um crime, se remontará às inter-relações específicas em que ele está inserido mais do que à individualidade particular do culpado: volta, portanto, o problema da responsabilidade coletiva no sentido de que a ação individual específica é captada em uma rede de relações sociais. Na atual concepção histórico-sociológica da vida emerge o problema do condicionamento social, e ele se aplica também às questões da responsabilidade. Se originariamente se imputava um crime a todo um grupo, agora se passa de uma consideração individualista do crime, que o imputa apenas ao indivíduo, a uma concepção sociológica em que são trazidos à luz os condicionamentos sociais a que esse crime aparece ligado.

Simmel trata depois do problema da expansão do grupo em relação com a diferenciação e, por conseguinte, do surgimento da individualidade, afirmando que, quanto mais amplo se torna o grupo, menos fortes se tornam as ligações entre este e os seus membros, de modo que aparece um nível mais alto de diversidade entre indivíduos. O maior individualismo, por sua vez, torna possíveis as relações entre membros de diferentes grupos. Surgem assim visões cosmopolitas ligadas à amplitude dos grupos de pertencimento e à sua multiplicidade.

O problema da diferenciação em sentido vertical, com o surgimento de diferentes níveis sociais, vê Simmel assumir uma postura "aristocrática" segundo a qual os níveis mais altos são sempre minoritários. A evolução implica a superação daquilo que é velho, e é este último que domina as maiorias, ao passo que a inovação é obra de poucos. O individualismo, por outro lado, comporta também incerteza. Enquanto as metas do grupo estão bem especificadas, o indivíduo que age independentemente muitas vezes não tem metas precisas.

> As ações de uma associação têm, em relação às dos indivíduos, uma segurança de orientação e uma adequação ao escopo sem oscilações. O indivíduo é arrastado de um lado para outro por sensações, impulsos e pensamento contraditórios: ao seu espírito se oferecem em cada momento muitas possibilidades de ação entre as quais ele não sabe sempre escolher com exatidão objetiva, ou também apenas com certeza subjetiva. O grupo social, ao contrário, tem sempre as ideias claras (SIMMEL, 1982, p. 101).

A diferenciação social trata de muitos outros problemas que serão retomados e aprofundados por Simmel em obras posteriores. Assim é para o problema do dinheiro, e assim é para a contraposição, na sociedade contemporânea, de um espírito objetivado nos produtos do trabalho diante de um trabalhador expropriado do sentido da própria atividade. A operária na máquina de bordado, por exemplo, executa uma atividade muito menos espiritual do que a bordadeira à mão, enquanto o espírito dessa atividade está objetivado nela (SIMMEL, 1982, p. 136).

Na obra agora mencionada, Simmel parte, como vimos, de pressupostos metodológicos muito diferentes dos pressupostos positivistas; mas, na essência, ou seja, nas exemplificações concretas, ele parece ainda ligado ao princípio spenceriano da evolução como passagem da indiferenciação ao diferenciado, do homogêneo ao heterogêneo. Nesse sentido, *A diferenciação social* é uma obra de transição da fase positivista às fases sucessivas. Não por acaso, talvez, Simmel sente a necessidade de voltar às questões metodológicas relativas às ciências histórico-sociais com um livro, que foi publicado dois anos depois de *Diferenciação*, dedicado aos *Problemas da filosofia da história* (1892). Sobre esse tema, ele sentirá a exigência de voltar com uma série de sucessivas redações. Nessa obra, o autor rejeita as filosofias da história típicas dos positivistas, idealistas e marxistas, de acordo com o que já afirmara Dilthey. Em particular, Simmel sustenta que o marxismo, como instrumento para compreender a ação dos homens e dos grupos em sociedade revela-se muito útil, mas deve ser rejeitado como filosofia onicompreensiva. O ponto de vista de Simmel, nessa obra, é que não existe fenômeno histórico que não possa ser reduzido à psicologia dos indivíduos. Assim, a compreensão histórica se dá por um processo de identificação com os sujeitos a serem estudados.

> O conhecimento histórico resume-se no ato de "entender" (*Verstehen*) que implica um esforço direcionado a reproduzir (*Nachbilden*) a vida psíquica de uma outra personalidade. Enquanto tal, o ato de entender implica sempre um ato de projeção, com que o sujeito cognoscente percebe na própria interioridade um certo estado representativo ou afetivo ou volitivo, mas o atribui à vida psíquica de uma outra personalidade e o qualifica como pertencente a ela (ROSSI, 1971, p. 207).

Uma vez que essa identificação e essa projeção são sempre limitadas ao estudioso individual, segue-se daí que o conhecimento histórico é sempre relativo. Simmel quer buscar, de acordo com os princípios kantianos, as categorias que tornam possível o conhecimento histórico, assim como Kant buscara as categorias que tornam possível o conhecimento da natureza. Entretanto, no estudo da filosofia da história, ele chega à conclusão de que não existem, na historiografia, categorias de validade universal, mas antes princípios que orientam o estudo e permanecem sempre hipotéticos e relativos: a historiografia não chega a um conhecimento objetivo.

7.5 Simmel: a filosofia do dinheiro e a vida metropolitana

Enquanto o estudo dos fundamentos que tornam possível o conhecimento histórico, com sua conclusão segundo a qual cada conhecimento desse tipo remete à psicologia, não tem grande importância para a sociologia, não é assim para a obra de 1900 sobre a *Filosofia do dinheiro*, a que Simmel chega por meio de uma série de estudos menores, psicológicos, filosóficos e sociológicos, sobre o problema do dinheiro. Nessa obra o autor critica a ideia que Marx herdara de alguns economistas, segundo a qual o valor de uma mercadoria é determinado pelo tempo médio necessário para a sua produção. No entanto, segundo o ponto de vista sustentado na obra em questão, o valor da mercadoria é determinado necessariamente pela troca. "A força de trabalho está inscrita na categoria do valor somente mediante a possibilidade e a efetividade da troca, independentemente do fato de que ela possa depois, no interior de tal categoria, constituir o padrão de medida dos outros conteúdos de valor" (SIMMEL, 1984, p. 146). Da mesma forma, pode-se dizer a propósito da escassez dos bens. Não é ela que determina o valor. "Pode-se [...] afirmar que a escassez dos bens determina objetivamente a troca em relação aos desejos orientados para tais bens, mas que somente a troca [...] torna possível que a escassez se eleve como momento de formação do valor" (SIMMEL, 1984, p. 147). Simmel sustenta que as relações entre os homens se exteriorizam por meio de trocas, mesmo que essas trocas – como no caso do amor ou do diálogo – não sejam necessariamente econômicas. Estas últimas se caracterizam quando se tem na troca o sacrifício dos bens utilizáveis. A afirmação segundo a qual o valor é criado na troca, ou seja, em uma relação, não é intrínseco aos próprios objetos, leva Simmel a uma série de considerações filosóficas de caráter geral sobre o relativismo. Assim como cada objeto adquire valor e significado em relação com os outros objetos, e é somente essa relação que cria o valor dos objetos que nós percebemos como realidades autônomas, as ideias adquirem um sentido em relação com diferentes ideias: o idealismo encontra a sua verdade na relação com o materialismo, e vice-versa.

> Historicamente, a mente, com todos os seus conteúdos, é um produto do mundo, justamente deste mundo que, enquanto produto de representação, é ao mesmo tempo produto da mente. Estabelecidas em conceitos rígidos, essas duas possibilidades produzem uma contradição angustiante. A coisa é diferente, porém, se cada uma valer como princípio heurístico que se encontra com a outra em relação de interação e de recíproca trocabilidade (SIMMEL, 1984, p. 170).

Troca, relação e interação estão, portanto, na base de cada significado e cada valor, seja no mundo das ideias, seja no mundo dos objetos, que se mostram a nós não como caos, mas como conjunto de objetos distintos, justamente porque postos em relação uns com os outros. Somente essa relação dá a eles uma realidade específica, um sentido e um valor.

Afirmou-se que o homem tende a perceber como realidade externa e objetiva aquilo que é criado na relação, e que isso é particularmente evidente no mundo da economia, em que os objetos parecem dotados de valores autônomos, os quais, todavia, são apenas o resultado da sua trocabilidade em relação com os desejos dos homens. Isso se mostra de maneira mais clara justamente com o dinheiro. "Se o valor econômico dos objetos consiste na *relação recíproca* que se instaura entre eles enquanto objetos de troca, o dinheiro é *a expressão tornada autônoma* dessa relação" (SIMMEL, 1984, p. 180). O dinheiro é "o valor das coisas sem as próprias coisas" (p. 182).

Já nessas afirmações pode-se identificar a ambiguidade de Simmel em relação ao dinheiro. A troca entre objetos implica sempre um senso de privação porque tais objetos são percebidos como insubstituíveis, e quanto mais forem percebidos como trocáveis e não em sua insubstituibilidade, tanto mais são percebidos como entidades abstratas.

> As coisas participam dessa ausência de individualidade na medida em que são trocadas por dinheiro - não acontece a mesma coisa no escambo! - e não se pode expressar de maneira mais clara a ausência de valor específico de uma coisa a não ser dizendo que ela pode ser substituída pelo seu equivalente monetário sem experimentar um senso de privação (SIMMEL, 1984, p. 185-186).

Essa ambiguidade, o fato de sublinhar tanto os aspectos humanamente positivos - como instrumento de possibilidades infinitas - como os aspectos humanamente negativos do dinheiro, manifesta-se mais claramente na segunda parte do livro. Na primeira parte, Simmel pretende demonstrar o seu interesse pelo dinheiro enquanto:

> ele constitui a imagem mais clara e a realização mais definida da fórmula do ser em geral, com base na qual *as coisas encontram seu sentido uma em relação à outra* e a reciprocidade das relações, em que estão suspensas, determina o seu ser e seu ser assim (SIMMEL, 1984, p. 192-193).

Aqui é retomado o tema central tratado no livro sobre a diferenciação social: somente se diferenciando pessoas e coisas assumem sua singularidade, que surge necessariamente em relação com as outras pessoas e coisas. Mas Simmel se interessa pelo dinheiro também por uma outra razão: o dinheiro representa a forma mais pura da interação, uma forma que prescinde dos conteúdos da própria interação. "A forma mais pura de interação [encontra] no dinheiro a forma mais pura de representação" (SIMMEL, 1984, p. 193). Uma vez que Simmel, como veremos a seguir, concebia a sociologia como estudo das formas de interação prescindindo de seus conteúdos, deve ser identificada na *Filosofia do dinheiro* uma antecipação desse ponto de vista.

Simmel não se limita a um estudo filosófico do dinheiro, mas tenta fazer também uma análise da sua evolução histórica, segundo a qual se passou do escambo ao dinheiro constituído como substância dotada de valor independente, pelo menos em parte, da sua forma, como no caso do ouro, ao dinheiro como puro "símbolo representativo" (SIMMEL, 1984, p. 221) do valor, como no papel moeda ou nos cheques. Essas mudanças no dinheiro caminham lado a lado com as mudanças nas faculdades intelectuais: ao dinheiro como pura representação simbólica corresponde uma maior capacidade de abstração intelectual em relação às fases anteriores.

> O aumento das faculdades intelectuais e o desenvolvimento das capacidades de abstração caracterizam a época em que o dinheiro se torna cada vez mais símbolo e cada vez mais indiferente ao próprio valor intrínseco (SIMMEL, 1984, p. 226).

Simmel trata longamente do "dinheiro na série dos fins" e das relações entre o dinheiro e a liberdade pessoal. Frequentemente, aquilo que o indivíduo deseja não está em poder daquele com quem ocorre a negociação. Esse inconveniente é superado pelo dinheiro como instrumento que permite a obtenção, pela mediação, de fins ilimitados: "Para atingir o grau máximo dos nossos fins é de máximo valor que seja introduzido na cadeia dos fins um elemento intermediário" (SIMMEL, 1984, p. 307). O próprio fato de que os fins alcançáveis com o dinheiro como mero instrumento sejam ilimitados pode acarretar uma série de consequências. De todo modo, elas estão ligadas à quantidade: quando o dinheiro é pouco, as finalidades a que ele está destinado são elas mesmas limitadas até coincidir, no caso extremo, com a finalidade da subsistência, ao passo que, quando o dinheiro é muito, as finalidades alcançáveis são efetivamente ilimitadas. Neste último caso, ocorrem o cinismo e o caráter *blasé*. No cinismo, os valores considerados mais elevados são remetidos àqueles mais baixos, enquanto no caráter *blasé* não se percebem as diferenças entre os valores.

> [O *blasé*] vê todas as coisas em uma totalidade, por assim dizer, opaca e cinzenta e as percebe como indignas de suscitar uma reação [...]. Se no íntimo do homem estabeleceu-se a convicção de que todas as possíveis variedades da vida podem ser obtidas pela mesma quantia de dinheiro, ele se tornará necessariamente *blasé* (SIMMEL, 1984, p. 372).

Outra consequência possível é que o dinheiro não é mais considerado um meio, mas passa a ser um fim, como no caso da avidez e da avareza ou também da prodigalidade, porque está fundado no ato de gastar para comprar qualquer tipo de objeto e, por isso, o objeto específico não é mais um fim. Simmel trata aqui também da pobreza ascética, atitude negativa em relação ao dinheiro, da qual todavia depende, já na sua existência reconhece a fonte do pior mal.

No que concerne à liberdade individual, ela aumenta quando se passa da escravidão à obrigação de determinados serviços e, também principalmente, quando se chega à obrigação em dinheiro, já que o indivíduo é livre de exercer a atividade que acredita para libertar-se do vínculo. Mas em uma economia monetária desenvolvida, as relações são muito mais impessoais do que em uma economia monetária pouco desenvolvida. Em relação à primeira,

> o círculo relativamente restrito, do qual o homem dependia em uma economia monetária pouco ou nada desenvolvida, tinha um caráter muito mais pessoal. Eram homens determinados, conhecidos pessoalmente, por assim dizer, inconfundíveis, aqueles dos quais dependiam do ponto de vista econômico o antigo camponês alemão ou o artesão indiano pertencente a uma corporação de ofício [...] muitas vezes também o homem da Idade Média. Quanto menor é o número de funções reciprocamente ligadas, tanto mais estáveis e importantes são os homens que as exercem. De quantos fornecedores depende, no entanto, o homem na economia monetária! (SIMMEL, 1984, p. 429).

A esse respeito, Simmel trata do problema do homem na metrópole da sociedade a ele contemporânea, tema que será retomado em um breve ensaio escrito pouco depois da *Filosofia do dinheiro*. Ele afirma:

> o moderno cidadão da metrópole [...] tem certamente necessidade de uma infinidade de fornecedores, operários e colaboradores, sem os quais seria de todo impotente, mas tem com eles somente uma relação, mediada pelo dinheiro, totalmente objetiva. Ou seja, não depende de uma única entidade determinada, mas apenas de serviços objetivos, avaliados em termos monetários, que podem ser fornecidos por quaisquer pessoas e substituíveis [...]. A relação do indivíduo com os outros homens reproduz apenas a relação do homem com as coisas mediada pelo dinheiro (SIMMEL, 1984, p. 433).

No caso extremo da relação fundada na economia monetária, o homem pode desaparecer completamente.

> O exemplo definido do caráter mecânico da economia moderna é a máquina de venda automática; nela a mediação humana é totalmente excluída também da venda no varejo, que desde sempre estava fundada na relação interpessoal; o equivalente do dinheiro é mecanicamente transformado em mercadoria (SIMMEL, 1984, p. 650).

Esse processo de objetivação se dá também no mundo do estilo de vida e da cultura, e é este o problema enfrentado por Simmel na *Filosofia do dinheiro* considerado talvez como aquele sociologicamente mais importante. Na economia monetária, todas as relações entre os homens tendem a se tornar mensuráveis e calculáveis, a ponto que o mundo o propriamente humano é assemelhado ao mundo da natureza. O homem transformou a natureza, mas ela, que também é produção humana, mostra-se a ele estranha e com as características de uma realidade externa mensurável e calculável. A precisão do cálculo monetário substitui qualquer relação e qualquer aspecto da realidade e implica a prevalência da cultura da racionalidade no sentido do cálculo em relação à cultura do sentimento. O mundo inteiro torna-se um enorme problema matemático.

Há uma relação estreita entre economia monetária e divisão do trabalho no sentido de que esta última, acarretando a especialização das funções e, por isso, a impossibilidade de obter aquilo que é necessário ou se deseja por meio dos produtos do próprio trabalho exige também o dinheiro como instrumento, como mediação nas relações econômicas. E a divisão do trabalho implica a burocratização e a mecanização do próprio trabalho. A esse propósito Simmel escreve que "foi posto em foco com muita frequência como a realização do produto se dá à custa do desenvolvimento do produtor" (SIMMEL, 1984, p. 640). Assim como nas outras atividades humanas, também na cultura torna-se cada vez mais difícil que o indivíduo possa participar daquilo que faz aderindo a isso completamente, envolvendo totalmente a sua personalidade. Também a cultura se constitui como um complexo autônomo, com o seu "espírito objetivo", que se contrapõe ao "espírito subjetivo", ou seja, individual. O indivíduo não pode dominar o grande cosmos formado pela cultura objetiva que se põe, por isso, como entidade autônoma. Ao contrário, a especialização faz com que seja cada vez menor a possibilidade de controle por parte do indivíduo da cultura como entidade objetiva, e cada vez maior o seu distanciamento emocional dela.

> Os objetos da cultura se desenvolvem cada vez mais no sentido de um mundo que está estritamente ligado no seu interior, mas influencia em um número cada vez menor de pontos no sujeito, na sua vontade e nos seus sentimentos (SIMMEL, 1984, p. 649).

Esse processo não diz respeito somente à cultura em sentido estrito, mas também à cultura da vida cotidiana, aos estilos de vida, ao mundo dos significados na vida do homem contemporâneo. Simmel retoma ainda uma série de categorias de Marx para sustentar que o produto isolado permanece privo de significado para o seu produtor, que o produtor está separado dos meios de produção e que essa separação, objetiva e subjetiva, é causada pelo fato de que a força de trabalho é mercadoria e, por isso, o trabalho perde o seu significado próprio. Quanto ao consumo, ele também perde o seu originário caráter subjetivo porque com a produção em massa que substitui a produção sob encomenda não é mais possível uma escolha individual do produto. Também o consumo está ligado, portanto, ao processo geral de objetivação.

No ensaio *A metrópole e a vida mental*, que remonta a 1903, Simmel retoma alguns temas da *Filosofia do dinheiro*. Não se trata apenas, como escreve, também justamente, C.W. Mills, de uma análise do "indivíduo na sociedade de massa, oprimido e desviado por uma massa de sensações e reduzido, assim, por autodefesa, à saturação" (MILLS, 1963, p. 23). Simmel, com efeito, retoma aqui também o problema da mudança das relações entre os homens em relações puramente quantitativas e econômicas, que na metrópole prevalecem sobre as relações afetivas e pessoais típicas dos ambientes sociais mais restritos. "A vida de aldeia [...] reside mais nas relações profundamente sentidas e emocionais", enquanto na metrópole as relações são reguladas pelo dinheiro, que "diz respeito àquilo que é comum a todos [...] exige o valor de troca, reduz toda característica qualitativa e individual a um problema quantitativo" (SIMMEL, apud IZZO, 1975, p. 74-75). Isso acarreta a transformação do próprio caráter dos indivíduos, nele predominando o elemento quantitativo, o lucro, a exterioridade, sobre os valores mais íntimos. Tem-se assim um processo de desindividuação, mas ele é acompanhado pelo processo oposto, porque a metrópole é também a fonte de múltiplos estímulos que desenvolvem a personalidade. Justamente diante desses estímulos, no entanto, o indivíduo percebe a própria personalidade como insuficientemente desenvolvida. Simmel retoma a esse propósito a distinção entre "espírito objetivo" e "espírito subjetivo". Ele afirma:

> a razão mais profunda [...] pela qual a metrópole leva à necessidade de uma existência pessoal mais individual [...] parece residir nisto: que o desenvolvimento da cultura moderna é caracterizado pela preponderância daquilo que se pode denominar de "espírito objetivo" sobre o "espírito subjetivo". Ou seja, tanto na linguagem como no direito, tanto na técnica de produção como na arte, tanto na ciência como nos objetos do âmbito doméstico encarna-se uma soma

> do espírito. O indivíduo em seu desenvolvimento intelectual, acompanha esse crescimento de modo muito incompleto, permanecendo atrás a uma distância cada vez maior (SIMMEL, in IZZO, 1975, p. 84).

7.6 Simmel: a sociologia formal

A *Filosofia do dinheiro* assim como o breve ensaio sobre *A metrópole e a vida mental* são agora obras clássicas na história do pensamento sociológico, mas não são essas análises dos problemas do seu tempo que constituem, para Simmel, a sua sociologia. Como foi agudamente observado, "a nossa atenção, ele parece dizer, foi tão intensa e constantemente voltada para estudar e interpretar os eventos históricos sociologicamente, que se nós quisermos compreendê-los não podemos prescindir do ponto de vista sociológico [...] Mas acentuar isso não equivale a constituir a sociologia como ciência particular" (WOLFF, 1950, p. xxxvii). Simmel, portanto, procura preencher essa lacuna, ou seja, identificar os fundamentos com base nos quais seja possível uma sociologia como disciplina independente, que não se identifique com aquilo que já fizeram e fazem as outras ciências sociais. Partindo da distinção entre forma e conteúdo, ele sustenta que enquanto as ciências sociais particulares se caracterizam por seus conteúdos específicos, a sociologia estuda as formas puras do estar juntos, da "sociação" (*Vergesellschaftung*). A sociologia torna-se, assim, um novo método e adquire desse modo a sua independência. Obviamente, na realidade social concreta, forma e conteúdo não são separáveis, mas pode-se fazer uma abstração; ou melhor, a ciência exige isso. A geometria estuda as formas dos corpos prescindindo das dimensões e da matéria: da mesma maneira deveria fazer a sociologia. A superioridade e a submissão, a concorrência, a representação, a solidariedade de grupo e a sua atitude hostil em relação ao mundo externo etc., são todas formas de sociação que não podemos encontrar prescindindo da concretude e da historicidade em que elas sempre aparecem, da sua realização em unidades sociais concretas e específicas. A sociologia deveria, portanto, estudar as formas de interação entre os indivíduos. Como seu fundamento há certamente forças psicológicas, mas a sociologia não estuda essas forças: estuda exatamente a interação que delas deriva. Ao invés de se deter nas estruturas, nos aparelhos institucionais que constituem o aspecto macroscópico diretamente visível da sociedade, a ciência da sociedade, se não quiser limitar-se a repetir o que já foi descoberto por outras disciplinas, deve identificar as formas microscópicas como fundamento da vida social, ou seja, as formas elementares de interação sem as quais as realidades macroscópicas não poderiam existir.

Afirmou-se que para Simmel a sociologia deve ser um método, um ponto de vista particular, um modo de olhar a realidade humana, a qual pode ser analisada por uma pluralidade de pontos de vista. Em outros termos, a sociologia deve encontrar as suas categorias cognoscitivas. É evidente aqui o legado kantiano no pensamento do autor em questão. Kant tinha asserido que a natureza se tornara possível graças às categorias cognoscitivas da sensibilidade. E Simmel se pergunta: "Como é possível a sociedade?" e busca a resposta na individuação das categorias cognoscitivas da sociologia. Enquanto, todavia, a natureza não tem um significado intrínseco, independentemente das nossas categorias cognoscitivas – as relações presentes no mundo da natureza são elaborações conceituais – no que diz respeito à sociedade, o problema se põe de maneira diferente, porque ela já é formada pelas relações entre os indivíduos que nela vivem e dão a ela significado. Como foi justamente observado, "o pertencimento do sujeito e do objeto ao mesmo mundo é o que diferencia de maneira substancial o problema da possibilidade da sociedade do problema da possibilidade da natureza [...] Enquanto a unidade da natureza é uma entidade estranha ao dado empírico enquanto tal, a unidade da sociedade não é o resultado de uma elaboração conceitual, mas é a consequência da relação recíproca dos indivíduos que a constituem" (ROSSI, 1971, p. 188).

Com base nessa especificação, Simmel passa a identificar os elementos essenciais, as categorias, sem as quais nenhuma sociedade poderia existir. Ele indica três *a priori* desse tipo. Antes de mais nada, ele afirma, nunca apreendemos o outro na sua totalidade, mas sempre em relação a alguma categoria social na qual o colocamos. Isso vale também para a visão que temos em relação a nós mesmos. O outro é visto somente em termos generalizados ou como membro dos nossos próprios círculos sociais, ou como pertencente a outros círculos. Por exemplo,

> vemos o outro não simplesmente como indivíduo, mas como colega ou camarada, ou companheiro de partido, em resumo, como coabitante do mesmo mundo particular [...].

Ao mesmo tempo,

> O civil que conhece um oficial não pode se livrar do preconceito que esse indivíduo é um oficial, embora o fato de ser oficial se adapte àquela individualidade não de maneira tão esquemática, que, ao contrário, serve para prejudicar a sua imagem na representação do outro (SIMMEL, 1976, p. 24-25).

Obviamente, estes são apenas exemplos concretos do *a priori* pelo qual o homem apreende o outro somente por meio de tipos gerais. O segundo *a priori* indica que "cada elemento de um grupo não é somente parte da sociedade; mas, além disso, é também alguma coisa ainda" (SIMMEL, 1976, p. 25). Nas relações de amizade e de amor, a distância entre as duas partes pode se tornar mínima. Em outros casos, como "na cultura moderna determinada pela economia monetária, cultura na qual o homem como produtor, como comprador ou vendedor ou em geral como um realizador, se aproxima do ideal da objetividade absoluta" (SIMMEL, 1976, p. 27), permanece também sempre inevitável a diferença entre o que é social e comunicável e o que, ao contrário, permanece outro. "O *a priori* da vida social e empírica é o fato de que a vida não é inteiramente social" (SIMMEL, 1976, p. 28). Por fim, Simmel indica o *a priori* da desigualdade, segundo a qual uma sociedade pode existir apenas como conjunto de elementos diferenciados; cada um deles ocupa uma posição particular que em uma situação social perfeita não poderia ser outra daquela que é.

Em outros ensaios que compõem o livro *Soziologie*, publicado em 1908, Simmel trata de uma série de diferentes temas que, no entanto, tendem a demonstrar a validade do pressuposto da sociologia formal. Independentemente de qualquer conteúdo concreto, por exemplo, o fator puramente quantitativo do grupo acarreta consequências de grande importância. Assim, o grupo composto por apenas dois membros – a díade – tem características totalmente diferentes de qualquer outro grupo, incluindo a tríade. Com efeito, a díade não pode existir sem um dos dois membros, por isso o grupo não tem nenhuma realidade autônoma em relação aos seus membros. Como foi claramente resumido, "quando um terceiro membro entra no grupo diádico, tornam possíveis diferentes maneiras de ser que antes não poderiam existir [...]. Um terceiro membro pode exercer o papel de mediador em relação aos outros dois, contribuindo com o próprio distanciamento para moderar as paixões que ameaçam dividir o grupo. Pode, alternadamente, comportar-se como *tertium gaudens* que procura tirar proveito do conflito existente entre os outros dois. Por fim, por meio de uma estratégia do *divide et impera* pode propositadamente criar conflitos entre os outros dois para conseguir uma posição dominante ou outras vantagens" (COSER, 1983, p. 271). Na tríade, no entanto, as relações são sempre diretas e pessoais. Com a ampliação do grupo se dá, entretanto, a possibilidade de relações mais abstratas e impessoais. O grupo tende a assumir uma realidade autônoma em relação aos seus membros também no sentido da sua organização interna, da sua estrutura, que se torna impessoal.

Também na análise de tipos sociais como, por exemplo, "o estrangeiro", ou "o pobre", Simmel tende a demonstrar como eles têm realidade somente em um contexto relacional. Assim, o estrangeiro não é aquele que habita terras distantes e desconhecidas, mas aquele que vem de fora para fazer parte do grupo, e isso lhe dá uma série de características específicas: ele é particularmente idôneo para o comércio – é o caso dos judeus – para ser juiz nas contendas internas do grupo de que faz parte, mas como estrangeiro, para receber confidências, justamente, ainda, porque parcialmente estranho ao grupo.

A tentativa por parte de Simmel de fundar uma sociologia "formal" é certamente a mais conhecida entre os sociólogos. Como vimos, no entanto, essa tentativa não esgota a importância do pensamento do autor em questão. A *Filosofia do dinheiro* constitui notadamente um estudo dos condicionamentos histórico-sociais. Tanto nessa obra como no ensaio *A metrópole e a vida mental*, a tensão entre "espírito objetivo" e "espírito subjetivo" é examinada em relação com a sociedade contemporânea, em que o dinheiro domina todos as relações e as relações entre os homens tornam-se relações entre mercadorias fundadas no valor de troca. Nas obras dos últimos anos de vida de Simmel, o problema, no entanto, torna-se mais geral e é colocado em termos meta-históricos. A vida cria sempre formas estáveis nas quais permanece vinculada, mas é ao mesmo tempo mais do que ela mesma, mais do que vida: tende continuamente a superar essas formas vinculantes. De um lado, o espírito tende a permanecer fechado nas formas que ele criou, de outro, tende a subordinar as formas a si mesmo em um processo ininterrupto. O indivíduo, para ser livre e criativo, deve opor-se às formas em que está obrigado, às relações preestabelecidas, aos outros, à sociedade, e por outro lado, ele existe somente na sociedade e é criado por ela. "A vida é [...] constantemente *autolimitação*, e constantemente *superação do limite* que ela colocou para si mesma" (ROSSI, 1971, p. 235). Em outros termos, como fundamento da filosofia da vida de Simmel existe a ideia da vida como de um absoluto que nunca é apreendido enquanto tal.

O processo de alienação, pelo qual o homem se exterioriza sempre em formas que lhe permanecem estranhas e vinculantes, apesar da forte ligação que une o autor em questão com o pensamento de Marx, é visto fundamentalmente em termos atemporais. Simmel, perto do final da sua vida escreveu:

> O esquema marxiano do desenvolvimento econômico, segundo o qual em cada época histórica as forças econômicas criam uma forma de produção que é adequada a ela, em que, todavia, se desenvolvem em dimensões não mais controláveis no interior dessa forma, mas fazendo-a irromper e criando uma nova forma para elas; este esquema é válido muito além da esfera econômica [...]. A vida criativa engendra de maneira constante algo que não é a própria vida, algo contra o qual a vida se move, algo que se opõe a ela com suas próprias exigências e que não pode se expressar senão em formas que são e significam algo de seu próprio direito e independentemente dela (SIMMEL, 1913, p. 143; 1916, p. 98-99; WOLFF, 1974, p. 24-25).

Será justamente essa filosofia da vida defendida por Simmel em termos mais explícitos nos últimos anos da sua vida, mas já presente desde os inícios do seu pensamento, que fará com que Lukács, seu velho aluno, se volte contra ele. Com efeito, afirma Lukács, Simmel limita-se a opor-se contra algo de indefinido e de abstrato – a vida como forma – ao invés de acusar as estruturas econômicas e políticas, de sorte que a sua crítica cai no vazio, e como tal se converte na aceitação do *status quo*. "A atenção é afastada da situação econômica concreta e das causas histórico-sociais concretas. Economia e sociologia são, sim, objetos de amplo estudo, mas perdem sua independência e sua prioridade; aparecem, no entanto, como algo de superficial, acima do qual os indivíduos dotados de espírito 'profundo' devem necessariamente elevar-se" (LUKÁCS, 1959, p. 458).

Simmel deixa em aberto o problema relativo à qual seria a força que arrasta a vida para fora de si, para superar as formas em que ela se encerra. Essas formas permanecem indefinidas. Marx havia identificado na estrutura econômica capitalista a realidade a ser superada, pondo o problema em termos historicamente específicos. Simmel, no entanto, pondo o problema em termos meta-históricos corre o risco de permanecer encerrado em uma visão pessimista, que não oferece alternativas. Nele estão manifestamente presentes as influências de Schopenhauer e de Nietzsche.

Que as formas a serem superadas não sejam definidas poderia levar a pensar também em uma aproximação a Hegel por parte de Simmel, mas a diferença entre esses dois autores é, ao contrário, radical. Para Hegel, com efeito, a superação daquilo que se opõe ao espírito conduz a uma fase histórica mais racional em um processo dialético ininterrupto. Racionalidade e necessidade histórica do progresso são alicerces em Hegel, ao passo que faltam em Simmel, em cujo pensamento não existe nenhuma garantia de progresso, por isso a superação das formas em que a vida se encerra parece mais atribuída a um impulso vitalista, irracional. Justamente isso faz com que devam ser reconduzidas a Simmel, no entanto, algumas tendências da sociologia a nós contemporânea que se definem como sociologias dos comportamentos coletivos e sobre as quais se deverá voltar. E Simmel com a sua sociologia formal e com os seus estudos, a ela correlatos, da interação, exercerá também uma notável influência na sociologia interacionista norte-americana.

Deve-se ainda lembrar que Simmel atualmente é estudado com grande interesse também por aqueles que, contra toda filosofia da história, insistem na impossibilidade de encerrar a histórica mesma em esquemas preestabelecidos. Nesse sentido, esse autor deve ser reconduzido ao movimento do historicismo alemão contemporâneo em geral e a Dilthey em particular.

Simmel foi, no entanto, criticado pelo seu contemporâneo Émile Durkheim, o qual não compartilhou o princípio da sociologia formal. Durkheim hospedou escritos de Simmel na revista dirigida por ele: *L'Année Sociologique*, mas afirmou que não se pode distinguir claramente, em sociologia, entre forma e conteúdo, e que "as tradições e as práticas coletivas da religião, do direito, da moral e da economia política não podem ser fatos menos sociais do que as formas externas da coletividade (DURKHEIM, in SIMMEL, 1976, p. 142).

8
Metodologia e problemas sociais: Max Weber

8.1 Prefácio

Max Weber (1864-1920) é o sociólogo sobre o qual mais se escreveu. Isso testemunha não só a indiscutível relevância do seu pensamento e dos seus estudos, como também sua complexidade. Se cada autor, como é óbvio, presta-se a uma pluralidade de interpretações, isso parece ser mais verdadeiro ainda em relação à Weber, em que se entrelaçam interesses e compromissos político-sociais e influências culturais de diversas tendências. Ele nasceu em Erfurt de uma família pertencente ao mundo da cultura e da política. Seu pai tinha sido membro da câmara prussiana e deputado no *Reichstag*. Desde a primeira juventude, Weber entrara em contato com alguns dentre os maiores expoentes da cultura alemã da época, como Dilthey e Mommsen, que frequentavam a casa paterna. Estudou em Berlim e em Heidelberg, e em Göttingen no ano de 1889 obteve o doutorado com uma tese de história econômica sobre as sociedades comerciais da Idade Média. Em 1890 teve início a sua carreira política no partido cristão social. Em consequência da cisão ele aderiu à corrente de esquerda. No entanto, não teve sucesso na vida política. Ele foi favorável às aventuras imperialistas, mas desejou um sistema democrático no interior da nação alemã. Em 1894 obteve a cátedra de economia política na Universidade de Friburgo, e em 1896 na de Heidelberg. De 1897 a 1901 foi obrigado a suspender suas atividades devido a uma forma grave de depressão psíquica. Nesse período dedicou-se a tratamentos, repouso, viagens. Em 1901 recomeçou a escrever, mas não retomou nem a atividade política nem a docência. No início da sua atividade de estudioso, Weber esteve em contato com o círculo dos chamados "socialistas de cátedra" (Schmoller, Wagner, Brentano), "Verein für Politik", e fez para esse grupo uma pesquisa empírica sobre as condições dos camponeses da Prússia Oriental. Aqui teve a oportunidade de comparar a propriedade agrícola tradicional com a propriedade capitalista, de modo que um dos seus problemas centrais já aparece posto. Em 1903 tornou-se diretor da famosa revista *Archiv für Sozialwissenschaft* em que publicaria muitos ensaios importantes. Ao redor dele formou-se um círculo de intelectuais dos quais faziam parte Simmel, Lukács e outros. A sua produção de escritos sociológicos continuou muito ativa. Em 1918 Weber voltou a lecionar na Universidade de Munique da Baviera. Aderiu ao partido republicano e colaborou na redação do projeto da Constituição da República de Weimar. Foi colhido pela morte quando a sua obra mais importante e volumosa – *Economia e sociedade* – devia ainda ser concluída e publicada.

Umas das tentativas mais conhecidas de Max Weber foi a de cindir a ciência social da política. Uma tentativa, como veremos, realizada em termos muito atentos e de maneira nenhuma ingênua. No entanto, a política está sempre presente nos seus escritos, sendo possível afirmar que sem correlacionar o seu pensamento com os problemas políticos corre-se o risco de não compreender totalmente nem sequer os seus aspectos teóricos. Por outro lado, não é possível entender o autor em questão apenas em termos políticos, isto é, sem inseri-lo no contexto daquele debate sobre o método das ciências histórico-sociais que tivera início com Dilthey, Windelband e Rickert.

8.2 A relação com os valores e os juízos de valor

Começando pela interpretação mais tradicional, deve-se lembrar que Dilthey tinha distinguido as ciências da natureza das ciências do espírito porque as primeiras estudam o mundo externo ao homem e os nexos causais entre os fenômenos físicos, enquanto as segundas devem compreender por dentro, por identificação, o mundo do homem. Windelband, no entanto, tinha distinguido as ciências em nomotéticas e ideográficas conforme estudam os fenômenos na sua tendência a repetir-se no tempo segundo leis determinadas, ou na sua singularidade e irrepetibilidade, e por isso tinha deslocado o problema do objeto ao método. Além disso, junto com Rickert tinha asserido a necessidade de fazer referência a uma escala de valores universais para orientar-se na multiplicidade infinita dos eventos histórico-sociais e para poder escolher aqueles mais significativos. Weber se insere nesse debate retomando o ponto de vista de Rickert e de Windelband, mas contribuindo com uma modificação de radical importância. Sem uma seleção da "infinidade destituída de sentido" de tudo aquilo que acontece no mundo, o conhecimento é simplesmente impossível. A realidade objetiva é apenas caos, razão pela qual o conhecimento é possível só em relação a uma escala de valores que indique quais elementos escolher nesse caos e quais significados atribuir a esses eventos. Isso já tinha sido afirmado por Windelband e por Rickert, mas Weber não aceita o caráter de universalidade que os valores deviam ter para esses últimos autores. Os valores que tornam possível o conhecimento são eles mesmos historicamente, socialmente e também individualmente relativos. A relação com os valores é inevitável e condição imprescindível de qualquer conhecimento, e por isso também do conhecimento científico. Além disso, existe sempre uma pluralidade de modos de conhecer a realidade, uma pluralidade de pontos de vista; ou seja, são possíveis referências a esquemas valorativos diferentes um do outro. A realidade pode ser conhecida apenas enquanto se atribuem a setores específicos dela significados e valores específicos. Isso vale em relação a todo tipo de conhecimento, e por isso, como já foi dito, também em relação ao conhecimento científico. Em outros termos, a realidade aparece sempre como mediada culturalmente, porque a "cultura" permite selecionar alguns aspectos de uma realidade infinita e destituída de sentido por meio da atribuição a eles de significados específicos.

> A cultura é um segmento finito da infinidade destituída de sentido do devir do mundo a que se atribui sentido e significado do ponto de vista do homem (WEBER, 1958, p. 96).

> O conceito de cultura é um conceito de valor: a realidade empírica é para nós "cultura" enquanto a colocamos em relação com ideias de valores; ela abrange aqueles elementos da realidade que se tornam significativos para nós com base naquela relação. Uma parte limitada da realidade individual atualmente considerada é investida pelo nosso interesse, condicionado por aquelas ideias de valor: e ela apenas tem significado para nós, e o tem enquanto nos mostra relações que são importantes para nós pela sua conexão com as ideias de valor (WEBER, 1958, p. 90).

Nenhum conhecimento, e por isso nenhuma pesquisa científica é possível sem essa "relação com os valores", sem o pressuposto, relativo, pelo qual o âmbito sobre o aquilo que se pretende fazer a pesquisa é significativo.

> O que para nós tem significado não pode naturalmente ser determinado por meio de nenhuma investigação do dado empírico que seja feita "sem pressupostos"; ao contrário, a determinação disso é o pressuposto para estabelecer que algo se torne *objeto* de conhecimento (WEBER, 1958, p. 90).

Que os pressupostos de qualquer análise empírica devam ser entendidos com base na relação com valores inapeláveis por meio de uma escala de valores universais, implica necessariamente que esses valores não são indicados nem indicáveis por nenhuma lei científica. Weber não recusa a referência a leis nas ciências histórico-sociais. Ele afirma, no entanto, que elas são apenas hipotéticas e que sua tarefa é a de esclarecer os casos particulares em estudo, não o de esgotá-los, o que seria manifestamente impossível. Quando se examina um caso particular, pode ser útil procurar identificar "conexões causais expressas em forma de regras" (WEBER, 1958, p. 95), mas deve-se levar em consideração que "para a ciência exata da natureza as 'leis' são tão importantes e dotadas de valor quanto mais elas forem *universalmente válidas*; para o conhecimento dos fenômenos históricos na sua base concreta as leis mais gerais, enquanto são mais vazias de conteúdo, são, no entanto, comumente, também as mais destituídas de valor" (p. 95). O princípio das ciências nomotéticas não é assim negado nem sequer no âmbito das ciências históricas, enquanto, aliás, a inserção do fenômeno a ser estudado em uma lei, sempre hipotética, pode ser útil para a compreensão desse fenômeno. Nem, como vimos, é negada a pesquisa das conexões causais. Mas, obviamente, podem ser identificadas apenas algumas concausas escolhidas como úteis para a compreensão do fenômeno com base nos pressupostos da pesquisa, ao passo que, como as causas são infinitas, não existe nenhuma possibilidade de exaurir a compreensão de um fenômeno histórico-social por meio da identificação das suas causas. Trata-se apenas de identificar alguns fatores que, segundo o ponto de vista particular do qual se parte na pesquisa, condicionaram o surgimento da situação específica examinada.

> Uma descrição mesmo do menor segmento da realidade nunca pode ser pensada [como exaustiva] [...]. O número e o tipo das causas que determinaram qualquer acontecimento individual é, na realidade, sempre infinito, e não há uma característica ínsita nas coisas mesmas para isolar uma de suas partes, que possa sozinha ser levada em consideração [...]. Somente determinados aspectos dos fenômenos particulares, sempre infinitamente múltiplos, ou seja, aqueles aos quais atribuímos um significado cultural [...] são por isso dignos de serem conhecidos, e somente eles são objeto da explicação causal (WEBER, 1958, p. 93).

A causalidade, todavia, nem sequer assim interpretada, é suficiente para compreender a realidade histórico-social. As ciências histórico-sociais – e aqui deve ser constatada a influência de Dilthey em Weber – tratam de fenômenos culturais em suas configurações históricas individuais, específicas, ou seja, únicas e irrepetíveis, em relação às quais não é suficiente identificar as reações quantitativas, mas é necessário o "entender" (*Verstehen*), o "reviver". Também nas ciências naturais a relação inicial com os valores, que permita a identificação do campo da pesquisa, é inevitável; mas nas ciências sociais é preciso lidar com "processos espirituais" "entender" os quais "revivendo-os [...] constitui uma tarefa de tipo especificamente diferente daquela implícita na solução das fórmulas do conhecimento exato da natureza em geral" (WEBER, 1958, p. 87).

Como vimos,

> não existe nenhuma análise científica puramente "objetiva" da vida cultural ou – aquilo que talvez seja mais limitado, mas não significa certamente nada mais para o nosso escopo – dos "fenômenos culturais" independentemente de pontos de vista específicos e "unilaterais", segundo os quais eles – expressa ou tacitamente, consciente ou inconscientemente – são escolhidos como objetos de pesquisa, analisados e organizados na exposição (WEBER, 1958, p. 84).

O fato de não existir nenhuma pesquisa científica que não seja unilateral no sentido de não poder prescindir de uma relação com os valores, e que esses valores sejam, em última análise, irrefutáveis enquanto "questão de fé" (WEBER, 1958, p. 62), implica que a ciência social não pode dar nenhuma indicação prática a respeito das escolhas a serem realizadas na esfera política. A ciência não pode emitir juízos de valor. Eles "em última instância estão baseados em determinados ideais e são por isso de origem subjetiva" (WEBER, 1958, p. 58). Isso não significa, no entanto, que a ciência não possa levar em consideração também os juízos de valor, mas ela considera as escolhas políticas fundadas em juízos de valor somente do ponto de vista da sua eficácia, da sua possibilidade de alcançar as metas a que se propõem, e do ponto de vista da coerência interna do processo por meio do qual chegou-se a eles. Como quem age pode não estar totalmente consciente das metas a que tende o seu tipo de ação, a ciência pode levar ao conhecimento desse nexo entre ação e fim.

> A ciência pode [levar o homem que age voluntariamente] à consciência de que *cada* agir, e naturalmente também, segundo as circunstâncias, o não agir, significa, por conseguinte, uma *tomada de posição* em favor de determinados valores e por isso normalmente contrária a outros. Fazer a escolha é, no entanto, algo que compete ao homem que age (WEBER, 1958, p. 59-60).

> À consideração científica é [...] acessível [...] a questão quanto à oportunidade dos meios em relação a um determinado fim (WEBER, 1958, p. 59).

Weber acrescenta que "o estudo científico pode, além disso, não somente nos fazer compreender e reviver os fins que queremos e os ideais que estão em sua base, mas sobretudo ensinar-nos a 'avaliá-los' de forma crítica". Mas essa avaliação crítica consiste somente, e obviamente, no "exame dos ideais com base no postulado da *ausência de contradição* interna daquilo que é desejado" (WEBER, 1958, p. 60-61).

8.3 A importância política do discurso metodológico

O que foi dito até agora é certamente uma crítica a qualquer tipo de determinismo histórico, a qualquer pretensão de exaurir a história em um único esquema explicativo, assim como é uma crítica àquelas posições que, justamente pelo pretenso caráter absoluto da ciência, querem encontrar nela também diretrizes práticas. Weber insiste na impossibilidade por parte da ciência de averiguar os juízos de valor. A ciência deve adotar o princípio da "neutralidade axiológica". Tudo o que ela pode fazer, como foi dito, é julgar sua eficácia diante das metas que se desejam alcançar. Mas a escolha dessas metas está fora do âmbito da ciência e torna-se questão de fé que só pode ser equacionada pelas religiões. Menos paradoxal do que possa parecer à primeira vista, essas afirmações de Weber têm também um significado político. Com base nelas, de fato, ele está em condições de se colocar de forma crítica diante do positivismo clássico como também do materialismo histórico. Weber não censura certamente a análise marxista do capitalismo. Ele não tem dificuldade em admitir que "*a análise dos fenômenos sociais e dos processos da cultura* do ponto de vista do seu condicionamento e do seu alcance *econômico*, tenha sido, e possa ainda permanecer em cada tempo previsível, com uma aplicação prudente e livre de qualquer limitação dogmática, um princípio científico de fecundidade criativa" (WEBER, 1958, p. 79). Aquilo que o autor em questão censura, no entanto, é à pretensão por parte da concepção materialista da história, e sobretudo por parte dos seus mais ingênuos e desprovidos defensores, de exaurir na explicação econômica e no esquema evolutivo economicista toda a história e o seu sentido. Se a concepção materialista da história como estudo do condicionamento econômico dos processos culturais é um método precioso, como pretensão dogmática deve ser peremptoriamente rejeitado. Voltaremos mais adiante sobre as relações entre Weber e a concepção materialista da história. De todo modo, pode-se desde já ressaltar o significado político da concepção de Weber: reduzindo o marxismo a um ponto de vista, um dentre muitos possíveis, o autor em questão tira dele aquela força ativa que desde o início pretendia ser o seu traço distintivo e essencial. Isso dificilmente pode ser considerado uma mera especulação científica se pensarmos que Weber milita politicamente em um movimento antimarxista – na ala esquerda, depois da cisão, do movimento social-cristão – e que ele se definia explicitamente um "burguês". "Eu – ele afirmou – sou um membro da classe burguesa. Sinto-me como tal e fui educado de acordo com suas concepções e seus ideais" (DE FEO, 1970, p. 7). De resto, a polêmica com o marxismo permanecerá um traço constante de todo o pensamento weberiano. O discurso sobre os princípios metodológicos da sua sociologia, se portanto é correto e fundamental, não parece suficiente, caso não seja complementado pelo discurso político, nem sequer para uma compreensão exaustiva desses princípios metodológicos. Muitas vezes, com efeito, é justamente o posicionamento político subjacente que leva a compreender pelo menos um dentre os motivos da metodologia weberiana.

8.4 O "tipo ideal"

Com suas críticas ao positivismo e ao materialismo histórico, e com sua asserção segundo qual não são possíveis ciência e conhecimento sem uma seleção fundada em uma relação com os valores, de um elemento específico da realidade que se considera significativo em detrimento de outros, Weber se encontra, por conseguinte, na necessidade de indicar quais possibilidades objetivas restam às ciências histórico-sociais. E a sua resposta é que a objetividade deve ser buscada no método. Uma vez aceitos determinados pressupostos necessariamente valorativos, o método é a garantia da objetiva da pesquisa científica. Qualquer fenômeno histórico-social é o resultado de um complexo encadeamento de concausas, mas é possível acentuar unilateralmente um de seus fatores específicos, que concretamente nunca se encontra em estado puro e isolado, e construir como base nele um modelo que sirva de interpretação da realidade em questão a partir do ponto de vista unilateral e particular da qual ela é vista. É esse o "tipo ideal" ou "ideal-tipo", o instrumento heurístico para a interpretação da realidade que, uma vez aceito, leva necessariamente aquele que o aceita a determinadas conclusões e por isso garante a objetividade da pesquisa científica. O "tipo ideal" é a extrapolação da realidade histórico-social de um dos seus elementos que está concretamente inserido nessa realidade: ele é a acentuação dos momentos essenciais desse elemento, dos momentos sem os quais ele não seria mais encontrável para aquilo que é, e a formação com base em um modelo que sirva para a interpretação da realidade e por isso a ela retorne na pesquisa. O artesão, o capitalismo, o cristianismo, a Idade Média, a Igreja, a seita, o estado, são todos exemplos trazidos por Weber no seu estudo do tipo ideal. Ele enfatiza o caráter heurístico dessas elaborações conceituais que não têm nada a ver com o ideal no sentido de como se desejaria que os fenômenos fossem considerados ou se tornassem. O tipo ideal é uma construção "obtida mediante a acentuação *conceitual* de determinados elementos da realidade" (WEBER, 1958, p. 107). Escreve ainda Weber que

> [o tipo ideal] é obtido mediante a acentuação unilateral de um ou de alguns pontos de vista, e mediante a conexão de uma quantidade de fenômenos particulares difusos [...]. Em sua pureza conceitual esse quadro nunca pode ser encontrado empiricamente na realidade; ele é uma *utopia*, e ao trabalho histórico apresenta-se a tarefa de constatar em cada caso individual a maior ou menor distância da realidade daquele quadro ideal (WEBER, 1958, p. 108).
>
> Há um único critério para distinguir entre um "puro jogo conceitual" e "uma elaboração conceitual cientificamente fecunda" e ele é "aquele da eficácia para o conhecimento de fenômenos culturais concretos" (WEBER, 1958, p. 110-111).
>
> [O tipo ideal] representa um quadro [...] que não é [...] a realidade "propriamente dita"; mas, todavia, serve nem mais nem menos de esquema em que a realidade deve ser subsumida como exemplo; ele tem o significado de um puro conceito-limite ideal, com o qual a realidade deve ser *mensurada* e *comparada*, com a finalidade ilustrar determinados elementos significativos do seu conteúdo empírico (WEBER, 1958, p. 112).

8.5 A pesquisa histórico-sociológica

Podemos passar agora às exemplificações substanciais desses princípios metodológicos mencionados. Weber, nos anos nos quais elabora sua metodologia – estamos no início do século XX – busca de fato aplicá-la à pesquisa concreta, e neste sentido deve ser interpretado também o famoso ensaio sobre *A ética protestante e o espírito do capitalismo*, que remonta a 1905. (O ensaio sobre *A "objetividade" do conhecimento nas ciências sociais e na política social*, do qual mencionamos algo acima, remonta, no entanto, a um ano antes, a 1904). Mas não é apenas este o significado de tal pesquisa. Que o interesse de Weber recaia sobre o capitalismo e que ele procure dar uma explicação das suas origens diferente daquela de Marx e Engels não é, efetivamente, destituído de significado político.

O capitalismo, afirma o autor em questão, é um fenômeno historicamente específico que deve ser distinto da vontade de dominação econômica, de que podemos encontrar exemplos em todo tempo e em todo lugar. Ele está fundado no cálculo racional com o objetivo "de um lucro sempre renovado". Esse cálculo é típico da empresa capitalista em sentido estrito e exige a troca livre, o trabalho formalmente livre, e "probabilidades formalmente pacíficas de lucro" (WEBER, 1965a, p. 67). Embora formas de capitalismo possam ser encontradas também em outras sociedades, o seu desenvolvimento em sentido pleno, que faz do capitalismo uma estrutura que condiciona todo e qualquer aspecto da vida social, tem-se apenas no Ocidente moderno.

O impulso para o ganho, a "ânsia do lucro, de lucro monetário o mais alto possível, não tem nada a ver em si com o capitalismo. Esse impulso existiu e existe entre garçons, médicos, cocheiros, artistas, prostitutas, funcionários corruptos, soldados, ladrões, cruzados, jogadores e mendigos; pode-se falar de *all sorts and conditions of men*, e em todas as épocas de todos os países da Terra, onde quer que, de alguma forma, se apresentou, ou se apresenta uma possibilidade objetiva para isso.

A superação dessa noção ingênua de capitalismo pertence ao ensino do jardim da infância da história da cultura.

O desejo de ganho ilimitado não se identifica nem um pouco com o capitalismo, e muito menos com o "espírito" do capitalismo.

> O capitalismo pode até identificar-se com uma restrição, ou, pelo menos, com uma moderação racional desse impulso irracional. De qualquer forma, porém, o capitalismo, na organização permanente e racional, equivale à procura do lucro, de um lucro sempre renovado, ou seja, da rentabilidade (WEBER, 1965a, p. 67).

O capitalismo moderno encerra em si um conjunto de elementos que, tomados separadamente, podem ser encontrados em outras formações históricas, mas que todos reunidos são um fenômeno historicamente específico. A esse respeito, Weber indica a organização da empresa em termos racionais em relação ao ganho: a atividade deve ser organizada objetivando o lucro. "A separação da administração doméstica da empresa; [...] e, estritamente associada a ela, a criação de uma contabilidade racional" (WEBER, 1965a, p. 71-72), são outros elementos que Weber indica como essenciais ao fenômeno do capitalismo moderno. A esses elementos acrescenta-se, como já mencionado, o trabalho formalmente livre, uma vez que categorias formalmente, isto é, juridicamente vinculadas no que se refere ao trabalho, privilégios e proibições, não permitiriam a plena racionalidade da empresa com fins lucrativos, a organização social que o capitalismo exige. Isso acarreta o surgimento das classes sociais contrapostas dos capitalistas e dos proletários como fenômeno, também ele, historicamente específico.

"O capitalismo especificamente ocidental – escreve Weber – foi [...] determinado em grande medida também pelas possibilidades técnicas" (WEBER, 1965a, p. 74), mas deter-se apenas no desenvolvimento da técnica implicaria a aceitação de um pressuposto de tipo "materialista", uma "concepção materialista da história" que Weber, como já tivemos repetidamente a ocasião de afirmar, não pretende aceitar. Ele busca, no entanto, o "espírito do capitalismo", aqueles pressupostos culturais sem os quais o capitalismo ocidental não teria se desenvolvido. E os encontra na ética protestante e em particular puritana, com a sua doutrina da predestinação. Essa doutrina implica a inutilidade da atividade individual e a submissão total à vontade divina; mas, por outro lado, o trabalho, se não pode salvar o indivíduo, "serve para aumentar a glória de Deus e por isso é desejado pelo próprio Deus" (WEBER, 1965a, p. 187). Não certamente o trabalho para fins de consumo e de gozo, mas o trabalho como prova da capacidade de controle e sistematicidade, portanto de racionalidade. A capacidade de ganho para fins de reinvestimento torna-se assim o único sinal exterior da própria predestinação à salvação que pode ser encontrado na vida terrena. Daí a grande importância assumida pelo dinheiro na cultura capitalista, importância que Weber resume citando algumas máximas de Benjamin Franklin por este último amplamente comentadas: "Lembre-se que tempo é dinheiro; lembre-se que o crédito é dinheiro; lembre-se que o dinheiro é de natureza prolífica e geradora; lembre-se que [...] o bom pagador é o dono da bolsa alheia" (WEBER, 1965a, p. 100-101). A esse uso do dinheiro para o reinvestimento e novos ganhos está ligado o princípio do dever profissional, da profissão-vocação (*Beruf*), da profissão como vocação, que Weber vê também eles em correlação com um princípio fundamental do protestantismo.

> Encontra, portanto, [...] expressão no conceito de "*Beruf*" aquele dogma central de todas as denominações protestantes, que rejeita a distinção católica dos mandamentos éticos do Cristianismo em *praecepta* e *consilia*, e que reconhece como único meio para viver de modo grato a Deus, não a supervalorização da ascese monacal, mas exclusivamente o cumprimento dos próprios deveres mundanos, tais como resultam da posição de cada um na vida, função que com isso justamente se torna a sua "vocação" (WEBER, 1965a, p. 145).

Weber, portanto, busca uma correlação, uma afinidade, entre a ética protestante e o espírito do capitalismo, uma influência exercida pela primeira sobre este último, o qual mantém sua eficácia vinculante em relação aos indivíduos mesmo tendo já desaparecido as origens religiosas do fenômeno historicamente específico que o autor quer estudar. À explicação "materialista" de Marx, contrapõe-se a ênfase, segundo os princípios do "tipo ideal", na influência religiosa. Se não pode passar despercebida, portanto, a tentativa, por parte de Weber, de refutar Marx, é, no entanto, um erro supor que a posição "materialista" deste último pretenda ser subvertida em uma suposta posição "espiritualista" do primeiro. Weber não quer subverter absolutamente nada, e, a seu ver, a explicação dada pelo materialismo histórico sobre as origens do capitalismo é perfeitamente legítima. Legítima, todavia, não é a sua pretensão de colocar-se como a única explicação verdadeiramente correta e científica, relegando todas as outras explicações à ideologia, pois, ao contrário, o próprio fenômeno pode ser estudado com igual legitimidade por uma pluralidade de pontos de vista, nenhum dos quais pode exauri-lo. Weber não quer demonstrar o caráter errôneo da explicação marxista, mas a sua relatividade. E isso ele só poderia fazer colocando-se no mesmo nível de Marx, para explicar de modo diferente a mesma realidade histórico-social, que constituíra o problema fundamental do materialismo histórico: o capitalismo moderno. O autor em questão está totalmente ciente da relatividade do seu ponto de vista. Ele, de resto, no final do ensaio aqui considerado, presta uma homenagem implícita ao marxismo afirmando, depois de ter defendido a influência da ética protestante nas origens do capitalismo, que seria necessário mostrar "de que maneira a ascese protestante fora, por sua vez, influenciada em seu desenvolvimento e caráter pela totalidade das condições sociais e *especialmente pelas econômicas* (WEBER, 1965a, p. 307). E, também, nas pesquisas posteriores Weber continuará a revelar o nexo dialético que existe entre religião e economia nas diferentes sociedades históricas, na certeza de que a prioridade de um fator sobre o outro não pode ser decidida uma vez por todas.

8.6 A ação dotada de sentido, a ação social e a relação social

A refutação do marxismo (e do positivismo), causada também razões políticas, e a busca de uma correta metodologia científica, caminham, portanto, em Weber, lado a lado. Mesmo em seus escritos posteriores, ele deverá voltar ao problema da "relação de valor", inevitável enquanto "dirige a seleção e a formulação do objeto de uma investigação empírica" (WEBER, 1958, p. 337) e da "neutralidade axiológica" igualmente inevitável enquanto as ciências histórico-sociais, se quiserem ser ciências, devem ser rigorosamente empíricas e não podem indicar os juízos de valor destinados a guiar a ação. Weber continua a ocupar-se tanto de problemas metodológicos como de pesquisa histórico-sociológica, esclarecendo os condicionamentos recíprocos que intercorrem entre economia, religião e sociedade. Ele trata assim *A ética econômica das religiões mundiais* com ensaios sobre o *Confucionismo* e o *Taoísmo*, sobre o *Hinduísmo* e o *Budismo* e sobre o *Judaísmo antigo*. Estuda o capitalismo esclarecendo a conexão entre a pluralidade das seitas, o individualismo burguês e o pluralismo político. E também na sua obra mais vasta, incompleta e publicada póstuma, *Economia e sociedade*, estão presentes problemas tanto de caráter metodológico como de caráter substancial, estes últimos relativos também ao mundo contemporâneo. No início do seu grande trabalho, o autor percebe a exigência de voltar aos problemas metodológicos, deixando clara sua opinião a respeito do âmbito da sociologia. Ele parte da ação, e distingue entre ação, ação social e relação social.

> A sociologia (no sentido aqui entendido deste termo, empregado de maneira tão equívoca) deve designar uma ciência que se propõe a entender a ação social em virtude de um procedimento interpretativo e, portanto, explicá-lo causalmente em seu curso e seus efeitos. Ademais, por "ação" deve-se entender uma conduta humana (seja ela um fazer ou um deixar ou um sofrer, de caráter externo ou interno), sempre que o sujeito ou os sujeitos da ação envolvam-na de um *sentido* subjetivo. Por ação "social" deve-se entender, porém, uma ação que seja referida – segundo o seu sentido, visado pelo agente ou pelos agentes – à conduta de *outros indivíduos*, e orientado em seu curso com base nisto (WEBER, 1968, I, p. 4).

A ação é tal apenas quando é dotada de sentido, tem uma motivação individual. Tem-se ação social quando essa motivação está voltada para outros sujeitos individuais. Por "sentido" deve-se entender

> *a)* o sentido de *fato* visado subjetivamente, ou, num caso historicamente dado, por aquele que age, ou então, em média e aproximadamente, numa dada quantidade de casos, pelos agentes;
> *b)* o sentido *visado* subjetivamente, num tipo puro construído conceitualmente, pelo agente ou pelos agentes concebidos como tipo (WEBER, 1968, I, p. 4).

Em outros termos, o sentido pode ser atribuído ou a um sujeito agente, ou a um sujeito agente entendido como grupo ou média de sujeitos agentes, ou como tipo ideal de um sujeito agente. Se não houver motivação não se estará aqui diante de uma ação, mas do comportamento, mesmo que empiricamente possa ser difícil distinguir entre o comportamento e a ação orientada tradicionalmente.

A ação social e a relação social constituem o âmbito problemático da sociologia. Weber examina, analiticamente, o conceito de ação social afirmando:

> A ação social (compreendendo o deixar e o sofrer) pode ser orientada em vista da conduta passada, presente, ou prevista como futuro de outros indivíduos (como a vingança por ataques anteriores), a defesa contra um ataque presente, ou medidas de proteção contra futuros ataques). Os "outros" podem ser indivíduos isolados e conhecidos, ou então uma multiplicidade indeterminada de pessoas desconhecidas: por exemplo, o "dinheiro" designa um bem de troca que, na troca, o agente aceita, já que orienta a sua ação com base na expectativa que outros numerosos indivíduos, mas desconhecidos e indeterminados, estejam prontos da parte deles a tomá-lo como troca no futuro (WEBER, 1968, I, p. 19-20).

E, sempre examinado a ação social, o autor elabora os famosos quatro fundamentos da ação social:

> Como toda ação, também a ação social pode ser determinada: (1) *de maneira racional com relação a fins* - por expectativas no comportamento tanto de objetos do mundo externo como de outros homens, utilizando essas expectativas como "condições" ou como "meios" para fins desejados e racionalmente considerados, na qualidade de consequência; (2) *de maneira racional com relação a valores* - da crença consciente no incondicionado valor *em si* - ético, estético, religioso, ou igualmente interpretável - de um determinado comportamento enquanto tal, prescindindo da sua consequência; (3) *afetivamente* - por afetos e por estados emocionais atuais; (4) *tradicionalmente* - por um hábito adquirido (WEBER, 1968, I, p. 21-22).

Weber trata então do problema da *relação social* afirmando que com essa expressão "deve-se entender um comportamento de vários indivíduos *instaurado* reciprocamente segundo o seu conteúdo de sentido e orientado em conformidade" (WEBER, 1968, I, p. 23). Para que haja uma relação social, é fundamental que as partes que agem atribuam um sentido mínimo comum à sua ação. Não se trata, necessariamente, de solidariedade, porque existe relação social também na luta. Aquilo que é necessário é a possibilidade que o sentido instaurado na ação seja comum. Ambas as partes em luta dão a ela o significado de luta e instauram assim um sentido comum, uma "relação social".

O fato de Weber formular, em *Economia e sociedade*, o discurso em termos de ação, ação social e relação social, não implica de modo algum uma concepção da sociedade como conjunto de relações totalmente fluidas, que se renovam toda vez que ocorre uma interação. Pelo contrário, a própria possibilidade da construção de um tipo ideal apoia-se na possibilidade de generalizações e neste sentido o tipo ideal da ação social e da relação social é o instrumento fundamental da pesquisa sociológica. Toda instituição social tem origem na interação e consiste em qualquer momento apenas em uma possibilidade, no sentido, por exemplo, de que também as "formações sociais", tais como o Estado, a Igreja, o casamento existem até quando existirem determinadas maneiras recíprocas de ação orientadas para determinados sentidos. Weber, no entanto, está bem ciente, como veremos mais adiante, do caráter vinculante das estruturas sociais para os indivíduos. Já na *Ética protestante*, de resto, ele tinha afirmado a respeito do capitalismo que, este, uma vez consolidado, torna-se "um enorme cosmos, em que o indivíduo é introduzido ao nascer, e que lhe é dado, pelo menos enquanto indivíduo, como ambiente praticamente não mutável, no qual é obrigado a viver" (WEBER, 1965a, p. 107).

8.7 As formas de dominação

Parece existir uma certa correlação entre os quatro tipos ideais de ação identificados por Weber e sua também conhecida tipologia das formas de dominação, no que se diz respeito ao problema da racionalidade. O autor distingue entre poder e dominação (ou dominação e autoridade, conforme as traduções), e afirma que o primeiro é a possibilidade de fazer valer a própria vontade também diante de uma oposição, enquanto a segunda, que é a única, a seu juízo, a ter relevância sociológica, consiste na "possibilidade de encontrar uma pessoa determinada, pronta a obedecer a uma ordem de conteúdo determinado" (WEBER, 1968, p. 52), e normalmente, mesmo que não necessariamente, implica um aparelho administrativo. A dominação se distingue do poder enquanto pretensão de legitimidade.

> Há três tipos *puros* de dominação legítima. A validade de sua legitimidade pode ser de fato, em primeiro lugar: (1) de caráter *racional* baseada na crença na legitimidade dos ordenamentos estatuídos, e do direito de mando daqueles que, em virtude desses ordenamentos, são chamados a exercer a dominação (dominação legal); (2) de caráter *tradicional*, quando está baseado na crença cotidiana no caráter sagrado das tradições válidas desde sempre, e na legitimidade daqueles que são chamados a exercer uma autoridade (poder tradicional); (3) de caráter *carismático*, quando está baseado na devoção extraordinária ao caráter sagrado e à força heroica ou ao valor exemplar de uma pessoa, e dos ordenamentos revelados ou criados por ela (dominação carismática). No caso da dominação fundada na estatuição, se obedece ao *ordenamento impessoal* legalmente esta-

tuído e aos indivíduos *prepostos* com base nela, em virtude da legalidade formal das suas prescrições e no âmbito destas. No caso da dominação tradicional, se obedece à *pessoa* do *senhor* designada pela tradição e vinculada (neste âmbito) à tradição, em virtude da reverência por parte daqueles que a reconhecem. No caso do poder carismático, se obedece ao *comandante* enquanto tal, qualificado carismaticamente, em virtude da confiança pessoal na revelação, no heroísmo ou na exemplaridade, que subsiste no âmbito de validade da crença neste seu carisma (WEBER, 1968, I, p. 210-211).

Na sociedade capitalista-industrial prevalece o tipo de racionalidade em relação ao fim, isto é, um tipo de racionalidade formal, que mira a eficiência dos meios mais do que ao valor do fim, assim como prevalece a dominação racional-legal. A exatidão do cálculo para fins de produtividade torna-se o objetivo fundamental com base no qual comporta-se aqui de maneira formalmente racional. A racionalidade é identificada com a organização burocrática, eficiente, de que não podem fazer parte considerações de caráter pessoal e de bem-estar coletivo, ao passo que este último deveria constituir o problema principal de uma economia planificada. As relações entre os homens, em uma economia de mercado, são regidas, no entanto, por princípios econômicos irrevogáveis e objetivos: a impessoalidade das relações é um elemento característico e essencial dessa economia. Weber, evidentemente, é influenciado aqui pela crítica de Marx ao capitalismo e sobretudo pela sua ideia da objetivação das relações dentro dele; aquela ideia que já tinha influenciado e, sob certo aspecto, quase obcecado sociólogos, tais como Tönnies e Simmel. Escreve Weber:

> a objetivação da economia com base na associação de mercado segue a própria legalidade de fato, cuja inobservância implica o fracasso econômico [...]. Uma associação econômica racional é sempre um processo de objetivação neste sentido, e um cosmos de atividade associada efetivamente racional não pode residir em instâncias de caridade para cada pessoa. O mundo do capitalismo não deixa absolutamente nenhum lugar para coisas desse tipo (WEBER, 1968, I, p. 574-575).

A título de exemplo, como já foi dito na introdução, Weber cita "as relações de um beneficiário de hipoteca com o devedor hipotecário, de um possuidor de títulos da dívida pública com o contribuinte do erário, de um acionista com um trabalhador de fábrica, de um importador de tabaco com o trabalhador estrangeiro de plantação, de um comprador de matérias-primas com o mineiro" (WEBER, 1968, I, p. 575).

8.8 Partidos políticos e classes sociais

Também a maneira com que Weber enfrenta o problema dos partidos políticos e das classes sociais testemunha, ao mesmo tempo, a influência de Marx e a vontade, preponderante, de se contrapor a ele. Existem diversos tipos de partido político, e apenas um tipo particular se mostra caracterizado por interesses materiais comuns dos seus membros, enquanto os outros se caracterizam por terem uma concepção comum do mundo. Da mesma forma, se as classes socais devem ser definidas em relação com a economia, existe sempre uma pluralidade de classes. Weber distingue a classe proprietária da classe aquisitiva:

> Chamamos de *classe proprietária* aquela em que as diferenças de propriedade determinam primariamente a situação de classe [...]. Chamamos de *classe aquisitiva* aquela que apresenta oportunidades de valorização de bens ou serviços que lhe determinam primariamente a situação de classe (WEBER, 1968, I, p. 299).

Tanto em uma economia prevalentemente estática, em que as classes são caracterizadas pelo privilégio positivo ou negativo da propriedade, como em uma economia de mercado, em que as classes são, ao contrário, caracterizadas pela sua posição na esfera do próprio mercado, têm-se as classes médias.

Elas "são dotadas de uma propriedade ou de uma qualidade de educação e [...] compreendem as camadas sociais de qualquer tipo que disso extraem o próprio ganho" (WEBER, 1968, I, p. 300). Assim subdivididas, as classes não constituem senão uma possível distinção. Weber, com efeito, distingue também entre classe e estamento, enquanto a primeira é caracterizada pela posição econômica, por "*situação de estamento* deve-se [ao contrário] entender um efetivo privilégio positivo ou negativo na *consideração social*, fundado na maneira de conduta da vida, e por isso no tipo de educação formal [...] no prestígio oriundo do nascimento e da profissão" (WEBER, 1968, I, p. 303). Pluralidade de classes, portanto, e de existência, ao lado das classes, dos estamentos: de novo deve-se asserir que a posição do materialismo histórico não é rejeitada, mas sim complementada com uma série de especificações.

A construção de categorias sociológicas continua a ser acompanhada por preocupações políticas. No entanto, Weber insiste até o final da sua vida – os ensaios sobre *A ciência como profissão* e *A política como profissão* de 1918 são um testemunho disso – sobre a neutralidade axiológica da ciência no sentido de que ela pode ter funções apenas instrumentais em relação aos fins que os políticos querem alcançar. No limite, ela pode tornar mais claros àqueles os seus fins implícitos, mas não pode colocá-los em discussão, porque isso, como foi dito, é questão de fé. A vida é concebida como uma luta contínua entre uma pluralidade de valores irredutíveis um ao outro. É este o "politeísmo de valores".

8.9 As críticas a Weber

Afirmamos no início do capítulo que Max Weber é um dos sociólogos mais debatidos. Algumas críticas parecem dirigidas a analisar a teoria sobretudo no que diz respeito às suas implicações políticas, ao passo que outras permanecem dentro de um discurso metodológico. Dentre as primeiras, deve-se lembrar a crítica marxista de György Lukács, que desde jovem frequentara o círculo cultural que se reunia em torno de Weber. Lukács afirma que Weber faz depender os fenômenos econômicos dos fenômenos culturais (religiosos) e nisto consiste uma dentre as suas objeções.

> Max Weber parte [...] inicialmente da relação recíproca entre razões materiais e ideologia; e combate o materialismo histórico porque este, de tal maneira que Weber considera cientificamente inadmissível, afirma a prioridade do elemento econômico [...]. Mas essa estrutura de dependência recíproca não é mantida; trata-se apenas de uma introdução polêmica contra o materialismo histórico. As considerações de Max Weber levam sempre a atribuir aos fenômenos ideológicos (religiosos) um desenvolvimento "imanente" que surge deles mesmos; essa tendência se converte então sempre de novo no ponto de vista segundo o qual eles têm a prioridade como causa de todo o processo (LUKÁCS, 1959, p. 610-611).

Essa objeção, todavia, não é fundada. Vimos, de fato, que o problema é tratado por Weber com instrumentos metodológicos bem mais sofisticados do que uma simples inversão do materialismo em espiritualismo. Para Weber, a ciência não é adequação do sujeito à realidade objetiva, que por si só, como já tivemos ocasião de demonstrar no âmbito expositivo, é "destituída de sentido", mas é sempre uma construção subjetiva, mesmo que o seu significado se torne "objetivo" com base na exatidão metodológica. Na esteira do que foi afirmado por todo um movimento filosófico a ele contemporâneo, Weber sustenta de maneira irrefutável o caráter "cultural" da realidade social.

Mais fundada aparece, no entanto, a crítica segundo a qual haveria no pensamento de Weber um pressuposto irracionalista. Com efeito, ao afirmar que toda pesquisa científica parte de uma relação de valor inquestionável, subjetiva, e que a exatidão dessa pesquisa está no método, Weber tira da ciência qualquer possibilidade de dar uma orientação prática às escolhas políticas que não seja meramente técnica. A política, portanto, encontra-se inelutavelmente à mercê do irracional. A ciência não pode investigar as escolhas políticas simplesmente porque elas, enquanto tais, fogem do âmbito da ciência e não são, de modo algum, racionalmente criticáveis. De diversos pontos de vista, diferentes autores também distantes entre si como Lukács e Manheim tentarão, como veremos, enfrentar esse problema em termos alternativos em relação a Weber, na convicção de que a solução, ou a falta de solução, proposta por este último, fosse insuficiente tanto do ponto de vista teórico como prático.

De qualquer maneira, é possível duvidar que Weber estivesse totalmente convencido de suas conclusões. Ao contrário, há quem o viu antes como estudioso encerrado em dificuldades e contradições que não conseguiu superar, mas que, no entanto, identificou. Ele permanece, de fato, sempre ligado ao conceito de "neutralidade axiológica" da ciência, razão pela qual a sua análise não pode trazer nem louvores nem condenações, nem indicar caminhos para a ação. Ele parece estar convencido de que a racionalidade formal sobre a qual está fundada qualquer processo de industrialização e de modernização constitua o destino do Ocidente, e por isso uma realidade histórica não superável: "o destino inevitável de toda a nossa existência" (MARCUSE, 1967, p. 204). Weber não pode fazer críticas enquanto o dever ser está "subtraído à análise da ciência e tornado impenetrável à crítica científica" (p. 202), e enquanto, por definição, não se pode agir sobre o destino como tal. Entretanto, a insistência por parte do autor em questão sobre o fato de que a racionalidade capitalista é apenas *formal* beira a crítica explícita. Ele parece preocupado com o fato de que a razão

> revela-se razão *técnica*, produção e transformação de material (homens e coisas) mediante o *aparelho* científico-metódico, construído de acordo com um serviço calculável cuja racionalidade controla e organiza coisas e homens, fábrica e burocracia empregatícia, trabalho e tempo livre. Controla *para que fim*? A concepção weberiana da razão era até aqui "formal": definida como abstração quantificante de todas as particularidades, a abstração permite o serviço universalmente calculável do aparelho capitalista. Mas agora são trazidos à luz *os limites da razão formal*: do conceito de razão não é dedutível nem o "para quê" da construção científica-técnica, nem o conteúdo da construção (MARCUSE, 1967, p. 205).

Assim, se ficarmos presos à literalidade dos textos de Weber, percebemos que falta crítica, mas lendo-os nas entrelinhas

> é a má razão que no fim se mostra como razão do capitalismo. O conceito de *neutralidade axiológica* da racionalidade capitalista torna-se, na realização da análise weberiana, conceito crítico não em sentido de crítica "puramente científica", mas de crítica "valorativa", tendo conscientemente como alvo a reificação e a desumanização (MARCUSE, 1967, p. 207).

De resto, se a distinção entre "racionalidade em relação ao fim" e "racionalidade em relação ao valor" indica a presença desses problemas em Weber, a própria ideia de carisma pode ser vista como uma tentativa por parte deste autor de encontrar um corretivo à crescente burocratização e despersonalização da sociedade capitalista-industrial; mas, de novo, trata-se de uma tentativa contraditória porque se choca contra a outra afirmação sobre a industrialização e a burocratização como "destino".

Essas preocupações e essas contradições de Weber devem certamente ser vistas em correlação aos problemas políticos e econômicos do mundo industrial da sua época e da Alemanha em particular. Com efeito, é sabido como nesse país o rápido processo de industrialização era acompanhado de maneira mais evidente do que em outros lugares por um rígido sistema burocrático. Weber se define "burguês", e justamente por isto, talvez, sente falta de uma burguesia que fortaleça as capacidades individuais em vez de encerrá-las em um sistema impessoal e burocratizado. Admira as faculdades carismáticas de Bismarck e sua política imperialista, mas permanece defensor, contra ele, da necessidade de um sistema político nacional democrático. Ademais, como foi asserido, não perdoa o fato de Bismarck ter contribuído para o processo de burocratização da burguesia e de tê-la assim "emasculada" (VERMEIL, 1956, p. 2). No entanto, tudo isso se mostra para Weber como "destino inevitável". A razão parece transformar-se inevitavelmente em racionalidade técnica, instrumental. Weber não apreende como "esse destino *veio a ser* e como tal pode ser extinto e superado" (MARCUSE, 1967, p. 214). Apesar disso, deve-se dizer que a sua análise até agora parece ter acertado em cheio. A industrialização parece ter implicado em todos os casos em que se desenvolveu, independentemente da variação dos sistemas políticos, a burocratização, a objetivação, a desumanização das relações, a "jaula de aço" temida por Weber. Decerto não se pode supor, a não de ser de forma arbitrária, que isso dure para sempre, mas deve-se reconhecer que até agora as teorias de Weber foram muito mais confirmadas do que desmentidas pelos acontecimentos históricos, assim como mais do que fundadas se mostram até agora as suas preocupações acerca do nosso "destino". Ele afirmou:

> É horrível pensar que o mundo poderia um dia estar cheio de nada mais do que de pequenos dentes de engrenagem, de pequenos homens agarrados a pequenas ocupações que colocam em movimento outras maiores [...]. Essa preocupação burocrática leva ao desespero [...] e o mundo poderia conhecer um dia homens desse feitio: já estamos enredados em uma evolução desse tipo, e a grande questão não é saber como promover e estimular essa evolução, mas como se opor a esta máquina, para manter uma parte da humanidade livre desse desmembramento da alma, desta suprema dominação do modo burocrático de vida (WEBER, 1909; FERRAROTTI, 1965, p. 209).

Portanto, em Weber, as preocupações políticas seguem os problemas metodológicos, e apesar da declarada "neutralidade axiológica", é possível afirmar que estes últimos também se mostram influenciados, como se dizia, pelos primeiros.

Uma crítica muito diferente das mencionadas até agora é a de Alfred Schütz, que diz respeito à problemas meramente metodológicos e não à relação entre estes últimos e as preocupações políticas. Schütz reconhece que Weber partiu da "ação dotada de sentido" e afirma que somente assim chega-se a uma formulação correta dos problemas das ciências sociais. Entretanto, é igualmente necessário acrescentar desde já – ainda segundo Schütz – que Weber não esclarece se esse "sentido" é o mesmo para o sujeito agente no curso da ação e realizada a ação, para os sujeitos entre os quais se instaura a relação social e para o observador externo. Weber daria como óbvio, de alguma forma, que os significados atribuídos pelo sujeito agente às suas ações são os mesmos que a essas ações atribuem os outros sujeitos envolvidos na relação e os observadores externos, mas se isso pode ser aceito para os fins práticos das relações na vida cotidiana, a ciência social não pode decerto fazer a mesma coisa. Nem Weber esclarece o que quer dizer dar significado à ação: se significa que primeiro se age e depois se atribui tal significado, ou se o significado precede ou é contemporâneo à ação. Uma crítica ulterior por parte de Schütz a Weber decorre da sua falta de distinção entre razões finais e razões causais, ou "razões para o fim das quais" e "razões por causa das quais", distinção que Schütz considera de fundamental importância (SCHÜTZ, 1974, p. 123ss.; 1979, p. 70ss.]. Veremos a seguir, tratando especificamente de Alfred Schütz, quais soluções serão propostas por ele. Mas desde já é oportuno ressaltar que os problemas da ação dotada de sentido estão postos, mas não resolvidos por Weber. Deve-se, portanto, reafirmar que o próprio Weber, como autor complexo e por vezes também contraditório, deu azo a uma pluralidade de interpretações divergentes. No que diz respeito ao método, portanto, por sua explícita admissão, ele o considerava instrumental em relação às pesquisas histórico-sociais substanciais que desenvolvia, razão pela qual não surpreende que nele possam existir incompletudes e incongruências.

Apenas para indicar alguns pontos de vista contrapostos, pode-se lembrar como Talcott Parsons, sobre o qual voltaremos mais tarde, mesmo lamentando que Weber não tenha levado a cabo um sistema sociológico geral, reconheça-lhe, no entanto, o mérito de ter dado seu contributo à construção desse sistema na direção correta, tendo apreendido que como fundamento da sociedade devem necessariamente existir significados e valores compartilhados (PARSONS, 1962). E dentro de certos limites, de acordo com ele, mostra-se também Raymond Aron, o qual, também ele como Parsons, associa Weber a Durkheim e a Pareto e afirma que "o tema fundamental da reflexão desses autores [...] é o das relações entre a religião e a ciência [...]. Os três sociólogos, embora por caminhos diferentes, resgatam a ideia de Comte, segundo a qual as sociedades não podem manter sua coerência senão com crenças comuns" (ARON, 1972, p. 118-119). Enquanto Parsons, todavia, aprofunda o aspecto metodológico do pensamento de Weber, Aron apreende em particular suas preocupações políticas, as quais derivam do fato de que essas "crenças comuns" se mostram abaladas pelo desenvolvimento da ciência e da burocratização. Partindo dessas preocupações, há quem enfatizou o caráter implicitamente crítico de tal pensamento. Desse ponto de vista, Marcuse perguntou-se: quando Weber descreve a razão formal da sociedade capitalista moderna, industrializada e burocratizada e a ela não vê alternativas, existe nele "a ironia que compreende e repudia? Talvez ela queira dizer: vocês chamam isso de razão?" (MARCUSE, 1967, p. 224).

E existe uma contraposição adicional que deve ser citada. Alguns veem Weber como teórico da burocratização, da objetivação das relações, da industrialização como "jaula de aço": assim C.W. Mills e Hans Gerth em sua conhecida antologia dos escritos do autor em questão (MILLS & GERTH, 1958). Outros, ao contrário, veem Weber enquanto defensor de um "individualismo metodológico", uma vez que, segundo as próprias palavras de Weber "a sociologia não pode prosseguir senão das ações de um, algum ou numerosos indivíduos separados. Por isso ela deve adotar métodos estritamente individualistas" (WEBER, cf. BOUDON, 1982, p. 1). Mas aquele mesmo Weber que deseja métodos individualistas, não negligencia certamente a força condicionante das instituições. Algum tempo antes dessas declarações "individualistas", ele afirmara que não é preciso acreditar que se possa alcançar o conhecimento das instituições por meio de sua interpretação psicológica. Ao contrário, as "qualidades psicológicas do homem" devem ser interpretadas à luz das instituições: "a determinação dos pressupostos e dos efeitos psicológicos das instituições supõe o exato conhecimento dessas últimas" (WEBER, 1958, p. 106). Não se pode reduzir Weber a estudioso que se limita aos problemas da interação. Os esclarecimentos metodológicos, mesmo quando relativos à interação, nunca são, em Weber, fim em si mesmos, mas constituem pressuposto para a realização mais adequada da pesquisa histórico-sociológica, que, no caso específico da sociedade industrial, é o problema da crescente burocratização e da objetivação das relações.

Por fim, deve-se lembrar que, contra aqueles que enfatizam o relativismo de Weber, pelo fato de ele ter posto todos os valores no mesmo plano, há quem sustente, no entanto, que ele dava como óbvio determinados valores: como algo que se põe além da discussão. São os valores da "tradição liberal e burguesa" (RUSCONI, 1967, p. 15):

> a liberdade individual, a dignidade, o sentido da *fairness*, isto é, o respeito talvez não tanto pela justiça como tal, mas pelas "regras do jogo", valores que Weber considerava também quando falava de "politeísmo dos valores" [...] aquisições permanentes da humanidade no âmbito das quais deveriam ter necessariamente livre jogo e livre curso as escolhas individuais (FERRAROTTI, 1968, p. 26).

Justamente o fato de ver esses valores fundamentais ameaçados gera no autor aqui discutido aquelas preocupações e suscita nele aquelas críticas implícitas de que já tratamos. Também o problema do seu relativismo permanece aberto.

9
Os desdobramentos do positivismo na França: Émile Durkheim

9.1 Referências biográficas e contexto histórico e intelectual

A relação entre a sociologia de Émile Durkheim (1858-1917) e os problemas da França da sua época é muito estreita e evidente. Ele, cidadão francês de origem alsaciana e judaica, identifica-se profundamente com a Terceira República que se constitui depois da guerra perdida contra Prússia em 1870 e as desordens internas, as lutas de classe que desaguam no clamoroso episódio da Comuna de Paris (1871). Durkheim nasceu em Épinal em uma família tradicionalista. Seu pai era um rabino. Depois de ter feito os estudos secundários na cidade natal, frequentou o liceu em Paris e conseguiu posteriormente entrar na famosa École Normale Supérieure. Demonstrou muita impaciência diante da filosofia metafísica, ao passo que foi atraído pelo positivismo e pelas ciências exatas, cujos métodos quis ampliar para as ciências sociais. Em 1882 obteve a habilitação para ensinar filosofia e desde então começou a ensinar em pequenos centros. Em 1885-1886 estudou ciências sociais, primeiro em Paris, depois na Alemanha. Em 1887 foi nomeado professor de pedagogia na Universidade de Bordeaux. Com o passar dos anos tornou-se cada vez mais defensor da necessidade de uma sociologia concebida como ciência empírica e exata. Em 1893 defendeu a tese de doutorado sobre *A divisão do trabalho social*, destinada a se tornar uma dentre as suas obras mais famosas. Contemporaneamente defendeu uma dissertação em latim sobre Montesquieu. Os anos que se seguiram foram entre os mais ativos da vida de Durkheim, tanto no que diz respeito ao ensino quanto no que diz respeito aos estudos. Em 1896 fundou a famosa revista *L'Année Sociologique*. Professor suplente de pedagogia na Sorbonne em 1906, ele conseguiu, em 1913, obter a cadeira de sociologia nessa mesma universidade. Em 1915, durante a Primeira Guerra Mundial, morreu em batalha seu único filho.

Durkheim viveu a juventude em uma França saída de uma guerra perdida e isso implicava sentimentos nacionalistas de revanche que ele compartilhava totalmente. Ademais, a situação internacional era precária em consequência dos conflitos de classe que tinham desembocado nos massacres de uma guerra civil. A Terceira República, democrática, laica e anticlerical, que tinha surgido impondo-se contra as tentativas monárquicas de restauração e contra as tentativas revolucionárias da Comuna, tinha a tarefa explícita de restabelecer uma nova ordem política e reforçar a economia da nação com base nos princípios burgueses. E, como se verá, o problema central da sociologia durkheimiana é o problema da ordem.

De qualquer maneira, não se deve sequer subestimar o fato de que Durkheim nessa sua tendência está ligado à tradição do positivismo comteano, que, por sua vez, tinha como fundamento a tarefa de restabelecer a ordem posta em crise pela grande Revolução Francesa, mesmo condenando como impossíveis as tentativas reacionárias. Durkheim põe-se a mesma tarefa em relação aos problemas internacionais e às desordens internas, aos conflitos de classe na França do fim do século XIX. Não surpreende, portanto, que tanto Comte como Durkheim se opusessem ao individualismo e enxergassem na solidariedade social um valor superior ao do indivíduo e a que este último devia submeter-se. Foi escrito que Comte "define como erro fundamental da economia política o fato de que ela, realizando uma 'sistematização da anarquia', tente confirmar explicitamente a existência de um movimento regido por leis autônomas nas relações de produção e de troca, e de demonstrar fundamentalmente a inutilidade de uma instituição específica destinada diretamente a regular o ordenamento espontâneo das forças econômicas" (NEGT, 1975, p. 44). Durkheim aceitará esse ponto de vista de Comte e tentará aprofundá-lo. A crítica ao individualismo dos economistas clássicos constitui, paradoxalmente, o ponto comum de pensamentos tão diversos entre si como o de Marx, de um lado, e Comte e Durkheim, de outro. A crítica que este último faz à economia política consiste em ter acreditado que a única realidade é o indivíduo: no pensamento dos economistas clássicos "não há nada de real" na sociedade exceto o indivíduo; dele tudo emana e a ele tudo retorna (DURKHEIM, 1972a, p. 94). Durkheim reconhece justamente em Comte o mérito de ter apreendido como a sociedade é uma realidade *sui generis* que não pode ser reduzida à soma dos indivíduos que a compõem, ao jogo recíproco dos egoísmos individuais (cf. DURKHEIM, 1972a, p. 96). Certamente, Durkheim dirige a Comte também a crítica fundamental segundo a qual a sua sociologia é na realidade ainda filosofia porque ele não soube compreender que "a *Sociedade* não existe. O que existem são sociedades" (DURKHEIM, 1972a, p. 98). Em outros termos, se se pretende descobrir as leis da sociedade em geral fica-se necessariamente no vago, uma vez que existe uma pluralidade de sociedades e a sociologia como ciência deve investigar, por meio de pesquisas específicas, sociedades e problemas particulares. Escreve a esse a respeito Durkheim que segundo Comte

> a humanidade inteira se desenvolve em linha reta e as diferentes sociedade são apenas etapas sucessivas deste caminho retilíneo. Assim, as palavras sociedade e humanidade são sinônimos para Comte: isso faz com que a sua sociologia seja muito mais uma meditação filosófica sobre a sociabilidade humana em geral do que um estudo específico dos seres sociais (DURKHEIM, 1972a, p. 98-99).

De qualquer modo, deve-se reconhecer tanto a Comte como a Spencer o mérito, sempre de acordo com a opinião de Durkheim, de ter percebido a necessidade de uma "ciência natural" da sociedade contra as especulações abstratas anteriores. Deve-se reconhecer a Spencer o caráter mais analítico da sua sociologia, mas ambos permaneceram filósofos enquanto quiseram forçar os fatos dentro de uma única lei geral, ao invés de partir de hipóteses mais específicas e verificá-las então empiricamente. Comte, no entanto, é superior a Spencer justamente porque compreendeu isso que havia escapado a este último: o caráter *sui generis* e de superioridade da sociedade contra as várias tentativas individualistas.

> O todo – afirma sempre o autor em questão – não é idêntico à soma de suas partes, embora sem essas últimas ele não seja nada. Assim, reunindo-se [...] por meio de vínculos duráveis, os homens formam um ser novo que tem uma natureza e suas leis específicas. É o ser social. Os fenômenos inerentes a ele têm sem dúvida suas raízes últimas na consciência do indivíduo. A vida coletiva não é, todavia, uma simples imagem aumentada da vida individual. Ela apresenta um caráter *sui generis* que as simples induções da psicologia não permitem prever (DURKHEIM, 1972a, p. 96).

9.2 Divisão do trabalho e solidariedade

Afirmou-se que a Terceira República, cujas metas Durkheim compartilha, tem por objetivo estabelecer uma ordem social baseada nos princípios da economia burguesa. Não se trata de uma tarefa praticamente fácil, e fácil não é sequer uma solução teórica, uma vez que a ordem impõe aos indivíduos necessariamente limites que o sistema econômico burguês, de maneira coerente, não poderia senão rejeitar, sendo baseado na livre-concorrência e não na intervenção do Estado nas atividades econômicas dos indivíduos. De qualquer modo, Durkheim, na primeira dentre as suas obras consideradas importantes – *A divisão do trabalho social*, de 1893 – não só se põe justamente essa tarefa, mas tenta resolvê-la descendo no mesmo plano dos economistas clássicos, aquele, exatamente, da divisão do trabalho. Ademais, ele tenta demonstrar como os contratos sobre os quais ela está baseada na economia burguesa, concorrencial e individualista, pressupõem um elemento não redutível ao contrato interindividual, aos egoísmos individuais, portanto ao individualismo. Esse elemento é definido pelo autor aqui discutido com o termo *solidariedade*. Ela está no fundamento de toda sociedade, também naquela baseada na concorrência e no contrato; ao contrário, neste último temos uma forma de solidariedade mais evoluída e superior em relação àquela anterior. Durkheim distingue, na realidade, entre *solidariedade mecânica* e *solidariedade orgânica*. A primeira é típica das sociedades simples, em que não se tem a não ser em medida mínima a divisão do trabalho. Ela está fundada na identidade das funções das suas partes – os seus indivíduos – e na prevalência quase total da "consciência coletiva" sobre a consciência individual.

> A solidariedade que decorre das semelhanças está em seu *maximum* quando a consciência coletiva recobre exatamente nossa consciência total e coincide em todos os pontos com ela: mas, neste momento, nossa individualidade é nula (DURKHEIM, 1971a, p. 144).

O volume da população, todavia, cresce, e com isso cresce a densidade da população. A esse aumento da densidade da população corresponde aquilo que Durkheim, com feia expressão, chama de "densidade moral". Em outros termos, a maior proximidade física acarreta também maiores possibilidades de interação. Justamente essas maiores possibilidades de interação implicam, por sua vez, a superação da sociedade fundada na semelhança das funções e a necessidade da divisão do trabalho sobre o qual está baseada a solidariedade orgânica.

> A divisão do trabalho progride [...] quanto mais numerosos forem os indivíduos suficientemente em contato ao ponto de poder agir e reagir uns sobre os outros. Se denominamos solidariedade dinâmica ou moral essa aproximação e o comércio ativo que daí decorre, podemos dizer que os progressos da divisão do trabalho são diretamente proporcionais à densidade moral ou dinâmica da sociedade (DURKHEIM, 1972a, p. 258).

Durkheim tem em mente a sociedade industrial burguesa que contrapõe às comunidades rurais e ao artesanato do período pré-industrial. Na solidariedade orgânica há sem dúvida mais possibilidades de desenvolver a própria individualidade, de diferenciar-se. Como em um organismo, todavia, as várias partes, ou órgãos, mesmo diferenciados, contribuem todos para a unidade do conjunto. Pode-se por isso ainda falar de solidariedade, mas este segundo tipo de solidariedade "se desenvolve à medida que se fortalece a personalidade individual" (DURKHEIM, 1972a, p. 233). À solidariedade mecânica corresponde o direito penal com caráter de expiação, àquela orgânica corresponde o direito restitutivo, que pretende restabelecer o estado anterior à violação jurídica; mas um corpo de regras jurídicas e morais é, entretanto, necessário para cada sociedade e a dependência do indivíduo da sociedade, com as obrigações morais que isso acarreta, não diminui em consequência da divisão do trabalho e do maior individualismo.

A evolução social entendida como diferenciação progressiva não é certamente uma ideia nova: ela já havia constituído o núcleo central sociologia de Herber Spencer. Durkheim, portanto, retoma essa ideia, entretanto se opõe firmemente a Spencer porque ele tinha extraído da sua ideia fundamental, de resto coerentemente, consequências rigidamente individualistas e utilitaristas. Para o autor aqui discutido, contudo, a sociedade não pode não ter um fundamento moral, e Spencer que, junto com os economistas clássicos, acredita poder fundá-la nos egoísmos individuais, não apreende sua natureza essencial, que permanece ainda assim a moralidade e o altruísmo. Entretanto, a nova moralidade, típica da sociedade de solidariedade orgânica, fundada na diferenciação, na divisão do trabalho, ainda não teve tempo suficiente para se desenvolver. Durkheim expõe a essa altura, pela primeira vez, a sua teoria da "anomia" (ausência de normas), que, mesmo com muitos mal-entendidos e distorções em relação ao significado original, terá posteriormente um grande sucesso na história do pensamento sociológico. Ele afirma que a divisão do trabalho produz por si um sistema que se autorregula uma vez que na continuidade das diversas funções os vários órgãos criam – e aqui está explícita a referência ao organismo biológico – "um estado de dependência recíproca" (DURKHEIM, 1972a, p. 358). Os homens não podem desenvolver suas funções senão no âmbito de uma regulamentação sistemática ou de uma "solidariedade". O desenvolvimento da indústria, todavia, foi demasiado rápido e ainda não pôde criar um sistema de regras adequado a ele. Isso acarreta uma situação anormal, caótica, "anárquica", "anômica" nas relações entre capital e trabalho. "O operário é arregimentado, tirado da sua família o dia inteiro, vive cada vez mais separado daquele que o emprega, e assim por diante" (DURKHEIM, 1972a, p. 362). O operário isolado na especialização do seu trabalho se reduz ao papel de uma máquina. A especialização pode gerar efeitos igualmente negativos na esfera do trabalho científico uma vez que existe o perigo de que com ela o cientista se feche cada vez mais "não apenas em uma ciência particular, mas também em uma ordem específica de problemas" (DURKHEIM, 1972a, p. 360), apartando-se assim dos problemas sociais mais gerais e perdendo o sentido da própria atividade. Mesmo se, no que diz respeito aos operários, Durkheim afirma, não sem otimismo, que isso depende do fato de que "os interesses em conflito ainda não tiveram tempo de se equilibrar" (DURKHEIM, 1972a, p. 362), há tons, nessas páginas de *A divisão do trabalho social*, que lembram aquelas sobre a alienação do jovem Marx. Mas isso não deve nos induzir em erro. Para Marx, a alienação pode ser superada apenas por meio da supressão da propriedade privada dos meios de produção, ao passo que para Durkheim a divisão do trabalho entendida também como divisão entre propriedade e trabalho, deve ser mantida. É necessário apenas criar um sistema de regras e de relações adequadas entre os indivíduos que exercem diferentes funções, de modo que eles não se sintam separados em seu trabalho e capturem seu significado em relação à coletividade.

Durkheim busca um sistema de regras adequadas à situação concreta, que possa por isso superar a divisão anômica do trabalho. Essas regras devem estar acima dos indivíduos, ter autoridade moral sobre eles e uma força vinculante.

> De fato, uma regra não é apenas uma maneira habitual de agir: é, antes de mais nada, uma *maneira de agir obrigatória*, isto é, que escapa, em certa medida, do arbítrio individual. Uma sociedade formada, e ela apenas, goza da supremacia moral e material indispensável para se impor sobre os indivíduos; pois, a única personalidade moral que está acima das personalidades particulares é a formada pela coletividade (DURKHEIM, 1972a, p. 12).

Durkheim afirma que apenas as corporações ou os grupos profissionais podem, na sociedade em que há um alto grau de divisão do trabalho, constituir as normas que regulam as relações.

> Para que a anomia tenha fim, é preciso, portanto, que exista ou se forme um grupo onde se possa constituir o sistema regras que faz falta atualmente. Nem a sociedade política em seu conjunto nem o Estado podem [...] desempenhar essa função; a vida econômica, – visto que é muito especializada e se especializa cada dia mais – escapa à sua competência e à sua ação. A atividade de uma profissão pode ser submetida a uma regulamentação eficaz apenas por um grupo muito próximo desta mesma profissão, também para conhecer bem seu funcionamento, para sentir todas as suas necessidades e para poder seguir suas variações. O único grupo que responde as estas condições é aquele que formado por todos os agentes de uma mesma indústria, uma vez reunidos e organizados em um mesmo corpo, isto é, aquilo que chamamos corporação ou grupo profissional (DURKHEIM, 1972a, p. 13).

Assim, Durkheim enfrenta o problema da divisão anômica do trabalho, de um trabalho não regulado. Entretanto, as regras também podem existir e não serem justas. Em outras palavras, a divisão da sociedade em castas e classes pode ser coercitiva e, portanto, iníqua. O autor sublinha essa possibilidade, mas sua conclusão sobre o assunto é muito desconcertante. Ele afirma que a divisão do trabalho na sua sociedade torna-se coercitiva, mas resolve esse problema asserindo que não existiria mais coerção se os indivíduos desempenhassem funções, superiores ou inferiores umas às outras, que fossem adequadas às suas aptidões individuais. A divisão coercitiva pode ser verificada enquanto a evolução interna à sociedade dá a faculdade às classes inferiores de se tornarem mais semelhantes às superiores visto que as suas condições melhoram. A essa altura, os indivíduos mais dotados não aceitam mais o atual estado de coisas. Escreve Durkheim:

> Se a instituição das classes e das castas dá, às vezes, nascimento a divergências dolorosas em vez de gerar solidariedade, isso acontece porque a distribuição das funções sociais sobre a qual repousa não corresponde, ou melhor, não corresponde mais, à distribuição dos talentos naturais (DURKHEIM, 1972a, p. 366).

Retomaremos esse assunto nas críticas que podem ser feitas ao pensamento durkheimiano.

9.3 O método da sociologia

Os anos que se seguem à publicação de *A divisão do trabalho* são muito importantes para o conjunto da produção de Durkheim. De fato, nesses anos, ele chega à formulação explícita do seu método com *As regras do método sociológico* (1895), dá um curso sobre Saint-Simon (*O socialismo*, 1895-1896) publicado póstumo, e desenvolve uma pesquisa empírica destinada a permanecer entre as mais famosas na história da sociologia (*O suicídio*, 1897). No mesmo período, ele se envolve em polêmicas e escreve ensaios e resenhas.

Na obra dedicada ao método da sociologia, o autor chega à famosa definição dessa disciplina como estudo dos fatos sociais, que devem ser considerados "como coisas".

Com isso, ele pretende sublinhar que sua peculiaridade consiste na coercitividade e na exterioridade em relação às expressões individuais que eles assumem. Um fato social, como maneira de agir, de pensar e de sentir, além de realidade demográfica e morfológica, é tal enquanto coercitivo – o indivíduo não pode escapar dele – e independente das suas ações e vontades particulares. Ele deve ser considerado normal quando pertence à generalidade, e patológico nos casos em que é típico de uma minoria. Isso, todavia, não em relação a cada sociedade, mas sim em relação a cada uma das espécies sociais, "tipos sociais", que o sociólogo deve classificar em relação à sua simplicidade ou complexidade. Enquanto, de fato, para o historiador existem apenas as sociedades e para o filósofo existe apenas a humanidade em geral, para o sociólogo existem os tipos sociais, as espécies sociais. As sociedades devem ser classificadas a partir das mais simples para chegar às mais complexas. A mais simples é a "horda": ela consiste em um "agregado social que não compreende e nunca compreendeu em seu seio nenhum agregado mais elementar, mas que se resolve imediatamente em indivíduos" (DURKHEIM, 1979, p. 86). Com base nisso podem ser distinguidos "tantos tipos fundamentais quantas são as maneiras nas quais a horda pode se combinar consigo mesma e dar origem a novas sociedades, e nas quais essas últimas podem se combinar entre si" (DURKHEIM, 1979, p. 86). O relativismo sociológico de Durkheim não supõe, portanto, esquemas cognoscitivos e normativos válidos exclusivamente no interior de sociedades únicas, mas sim "tipos sociais" com esquemas cognoscitivos e normativos cuja validade é relativa aos mesmos. Daí a definição:

> Um fato social é normal para um tipo social determinado, considerado numa fase determinada de desenvolvimento, quando se produz na média das sociedades desta espécie, consideradas numa fase correspondente de desenvolvimento (DURKHEIM, 1979, p. 71).

Mas o relativismo permanece mesmo assim uma dificuldade a ser superada. Durkheim parece ter consciência disso ao ponto de distinguir no interior do comportamento patológico no sentido de desviante da "média", entre aqueles que perturbam a ordem social quando então esta deve ser simplesmente restabelecida, e aqueles que, ao contrário, mesmo agindo, como no exemplo de Sócrates, de maneira diferente da maioria, são portadores de uma nova consciência coletiva, destinada a criar uma nova ordem. Nem todos os comportamentos desviantes podem, portanto, ser colocados no mesmo plano, e parece necessário estabelecer um critério de juízo em relação a eles que esteja acima deles.

Durkheim afirma, ainda, que cada fato social tem como causa um outro fato social – nunca um estado de consciência individual – e que os fatos sociais devem ser explicados fazendo referência às funções que eles desempenham na sociedade. Por fim, ele sustenta que, para explicar um fato social, é necessário seguir seu desenvolvimento integral por meio de todas as espécies sociais.

9.4 O socialismo de Saint-Simon

Na obra *O socialismo* podem ser identificados com clareza os traços constantes e característicos de toda a sociologia dukheimiana. Não obstante o autor quisesse dedicar ao socialismo uma série de cursos, o que nós temos é apenas uma monografia sobre Saint-Simon. Nela, Durkheim afirma que o núcleo principal das teorias socialistas consiste na ideia da necessidade de uma coordenação centralizada das atividades econômicas que, consideradas como o fator fundamental da sociedade, em consequência da convicção de que "o livre jogo dos egoísmos não seja suficiente para produzir automaticamente a ordem social" (DURKHEIM, 1973, p. 213). Embora positivisticamente convencido de que sociologia e socialismo fossem inconciliáveis uma vez que um tem uma função prática de mudança social, e a outra uma função meramente científica, cognoscitiva. Durkheim compartilha completamente, como já vimos, essa ideia anti-individualista. De fato, ele esteve muitas vezes ao lado dos socialistas na luta contra a ideologia liberal dos economistas clássicos, e alguns socialistas viam-no com simpatia. O socialismo, para Durkheim, deve ser estudado sociologicamente com um "fato social", um fenômeno específico da sociedade industrial, de tal sorte que ele não poderia ter surgido em qualquer período. Procurando a matriz social das teorias socialistas, ele afirma que era necessário que a ordem econômica começasse a prevalecer sobre a ordem política e sobre a ordem religiosa e que o comércio e a indústria já tivessem alcançado um início de "centralização", para que as teorias socialistas pudessem se manifestar. Por outro lado, também a sociologia, diz sempre Durkheim, surge nesse contexto e está condicionada pelos mesmos fatores, motivo pelo qual socialismo e sociologia têm origem em exigências comuns, de modo que não é difícil explicar suas tendências comuns anti-individualistas.

Saint-Simon, portanto, interessa particularmente a Durkheim uma vez que – como já mencionamos – nele encontra tanto as origens do socialismo moderno, como também as origens da sociologia. De fato, Saint-Simon, está entre os primeiros a asserir a exigência e a possibilidade de um estudo científico da realidade social. A seu juízo, pode-se demonstrar cientificamente a exigência de organizar a sociedade retirando todo e qualquer poder das camadas improdutivas sem abandoná-la aos arbítrios individuais. Esse programa, entretanto, afirma Saint-Simon, não implica coerção, e isso justamente pela sua cientificidade: bastará a certeza de tal cientificidade para o bom funcionamento do sistema social. A falta de um poder central coercitivo (anarquia) se harmonizaria, portanto, perfeitamente com a necessidade da centralização das atividades econômicas na sociedade. Durkheim, pelos motivos já mencionados, não pode obviamente compartilhar essa convergência entre ciência social e socialismo. Ele compartilha, todavia, a ideia de uma ciência social e das suas origens no âmbito da sociedade industrial afirmando derivar teoricamente em medida não irrelevante de Saint-Simon. Embora falte algum prenúncio, a crítica final, na sua dureza, poderia por isso se mostrar quase surpreendente. É verdade – diz Durkheim – que Saint-Simon tinha percebido a exigência da religião, mas havia então reduzido, ela também, ao fator econômico e industrial, ao princípio da produção. Agora, para que reine a ordem social é necessária uma força moral: um princípio econômico não pode ser suficiente.

> O que é necessário, para que reine a ordem social, é que o conjunto dos homens se contentem com seu destino; mas o que é necessário, para que se contentem com isso, não é que possuam mais ou menos, mas que estejam convencidos de não terem direito a ter mais (DURKHEIM, 1973, p. 366).

Em conclusão, ricos e pobres devem aceitar suas posições, que são estabelecidas por uma autoridade moral.

> Hoje como no passado [...] são as autoridades morais que devem exercer essa influência reguladora sem a qual os apetites degeneram e a ordem econômica se desorganiza (DURKHEIM, 1973, p. 367).

Mostra-se aqui de novo claro como Durkheim procura restabelecer a ordem social comprometida mantendo as divisões de classe existentes, e de novo ele indica nos "agrupamentos profissionais ou corporações" a instituição encarregada de instaurar essa ordem social. Encontramos, portanto, na monografia sobre Saint-Simon, todas as ideais das obras mais conhecidas de Durkheim: a supremacia da sociedade sobre o indivíduo, a sociedade entendida como força moral, a exigência da religião entendida em termos que coincidem com essa força moral que mantém a coesão dos indivíduos na sociedade, a possibilidade e a exigência de uma ciência positiva da sociedade.

Infelizmente, Durkheim não deu, como ele esperava, outros cursos sobre o socialismo, mas sua interpretação do marxismo e suas críticas sobre esse assunto resultam em termos suficientemente claros de uma resenha, para tal fim preciosa, do livro de Antonio Labriola *A concepção materialista da história*. Ela remonta a 1897, portanto ao mesmo período do escrito sobre *O socialismo*, e está perfeitamente em linha com essa obra. Não há dúvida de que a interpretação do marxismo por parte de Durkheim, ainda que aqui se mostre apenas através das suas críticas a Labriola, é lúcida e precisa. Ou melhor, poder-se-ia dizer exemplar se comparada à de certos marxistas *à la* Kautsky que remontam aos mesmos anos. Basta pensar que Durkheim reconhece o mérito do materialismo histórico em fazer "depender os fenômenos sociais não da fome, da sede, do desejo genético etc., mas do estágio atingido pela atividade humana" (DURKHEIM, 1972a, p. 264). O autor em questão compartilha com o marxismo a convicção de que a história não pode ser explicada com base no "juízo que as pessoas que dela participam fazem, mas por meio de suas causas profundas que escapam à consciência" (p. 265). A sociologia tem um sentido e uma função específica justamente enquanto procura as causas profundas e não explícitas dos eventos histórico-sociais. Mas, coerentemente com o que afirmara em todas as suas obras, Durkheim a essa altura dá início às críticas. E aquela crítica central é facilmente perceptível: como fundamento da sociedade não existe a atividade econômica, mas a participação religiosa. "A religião é o primeiro entre todos os fenômenos sociais" (p. 268). Não parece, todavia, que a argumentação seja defendida em termos totalmente coerentes, nem acertando as contas com o materialismo de maneira adequada a ele. Voltaremos a esse tema em termos mais exaustivos nas considerações críticas. Na resenha aqui discutida, seu autor censura também uma certa unilateralidade na explicação dos fenômenos históricos por parte da concepção materialista da história. No entanto, parece lhe escapar o caráter dialético de tal concepção e, ao reafirmar o primado absoluto da religião, parece antes que foi ele a resvalar para uma concepção monocausal e a fechar-se naquelas dificuldades de que falamos anteriormente.

9.5 O estudo sobre o suicídio

A exigência da religião, entendida naturalmente no sentido mais amplo, como força moral que mantém a coesão dos indivíduos na sociedade, volta em termos igualmente claros e explícitos no célebre estudo sobre *O suicídio*. Nele, o autor trata de um problema social, que estava se agravando em razão do aumento geral da taxa de suicídios, aplicando a sua teoria do predomínio da força da sociedade sobre a do indivíduo, contra as explicações psicológicas preponderantes do fenômeno em questão. A postura rigidamente sociologista de Durkheim aparece aqui em plena luz. E se expressa também aqui aquele dualismo entre sociedade e indivíduo que tantas vezes lhe foi criticado. Com efeito, ao invés de identificar uma continuidade entre a realidade social e os estados de espírito individuais e ver sempre uma relação de condicionamento entre a primeira e os segundos, ele tende a separar os dois momentos afirmando que aqueles que são considerados os moventes individuais do suicídio não constituem suas verdadeiras causas, que são, no entanto, sociais. O antipsicologismo impede a Durkheim até mesmo de ver o nexo existente entre as condições sociais e o alcoolismo ou as manifestações específicas das doenças mentais. Tanto o primeiro como essas últimas são, na realidade, considerados, acriticamente, moventes individuais. Mas esses limites da formulação não devem colocar em segundo plano os méritos do estudo, onde o autor consegue remontar a algumas causas sociais do suicídio – mesmo considerando-as causas exclusivas e não fatores que agem em um contexto amplo de concausas – e a expressar em termos de todo explícitos um princípio de fundamental importância para toda a sociologia, que nós encontramos em autores tão diferentes entre si como Marx, Freud e Pareto. Ele escreve que "as deliberações humanas, que a consciência reflexiva atinge, são muitas vezes mera forma sem outro objeto a não ser o de corroborar uma resolução já tomada por razões que a consciência ignora" (DURKHEIM, 1969a, p. 357). Sobre a importância dessa afirmação não há muito a dizer: se as motivações conscientes correspondessem com as motivações efetivas, não haveria nada a ser descoberto; tudo já estaria claro de início, e as ciências do homem não teriam nenhuma razão para existir, uma vez que poderiam apenas repetir aquilo que já se conhece na vida vivida.

O objetivo de Durkheim na obra *O suicídio* não é apenas o de mostrar que com a diminuição da coesão social a taxa de suicídios aumenta, e vice-versa. Ele aponta três tipos de suicídios, que correspondem a três diferentes tipos de sociedade. Tem-se o suicídio *egoísta* quando a sociedade não se impõe de maneira adequada sobre os indivíduos uma vez que ela mesma está fundada em princípios individualistas: o individualismo prevalece sobre a coesão social. E, obviamente, dado o pressuposto durkheimiano segundo o qual a sociedade é antes de mais nada uma força moral, essa coesão é concebida em termos de "crenças religiosas, políticas, morais" (DURKHEIM, 1969a, p. 261). O suicídio egoísta se dá quando a consciência individual prevalece sobre a consciência coletiva, e isso deve ser visto em correlação com aquilo que acontece na sociedade, isto é, com o enfraquecimento da sua força de coesão. Durkheim procura demonstrar empiricamente a própria hipótese em relação às religiões sustentando que, permanecendo inalterados os outros fatores, a taxa de suicídios varia com a variação das próprias religiões: ela é mais alta entre os protestantes, porque essa religião permite uma ampla margem de liberdade individual, mais baixa entre os católicos porque eles são guiados por um princípio de autoridade indiscutível acima dos indivíduos, e também mais baixa entre os judeus enquanto grupo minoritário que se sustenta na forte coesão interna. Assim, o princípio parece demonstrado. No que diz respeito às duas religiões cristãs, "ambas proíbem o suicídio com a mesma clareza" (DURKHEIM, 1969a, p. 198). O motivo da variação das percentagens entre os seguidores das duas religiões deve por isso ser buscado em outro lugar.

> A única diferença essencial que existe entre catolicismo e protestantismo é que o segundo admite o livre-exame numa proporção muito maior do que o primeiro [...] Também é verdade que o católico recebe a sua fé pronta, sem exame. Nem mesmo pode submetê-la a um controle histórico, pois os textos originais em que ela se apoia lhe são proibidos. Todo um sistema hierárquico autoritário é organizado, e com uma arte maravilhosa, para tornar a tradição imutável. Tudo o que é *variação* horroriza o pensamento católico. O protestante, ao contrário, é o autor precípuo da sua crença [...]. A própria estrutura do culto reformado torna sensível esse estado de individualismo religioso [...]. A tendência do protestantismo para o suicídio deve estar em relação com o espírito de livre-exame de que essa religião é imbuída (DURKHEIM, 1969a, p. 199).

Entretanto, o próprio surgimento da exigência do livre-exame não se explica tanto por si, mas pela diminuição das certezas tradicionais, de uma crença em que a sociedade deve se basear. Chega-se assim à conclusão segundo a qual a "superioridade do protestantismo, do ponto de vista do suicídio, provém do fato de ser tratar de uma Igreja menos fortemente integrada do que a Igreja Católica" (DURKHEIM, 1969a, p. 201). Ainda em relação com a integração deve ser compreendida, como se dizia, o baixo percentual de suicídios entre os judeus: "A reprovação com que o cristianismo os perseguiu durante tanto tempo, criou entre os judeus sentimentos de solidariedade de uma energia particular. A necessidade de lutar contra a animosidade geral, a impossibilidade mesma de comunicar-se com o restante da população os obrigou a manter-se estritamente unidos entre si" (DURKHEIM, 1969a, p. 201). A relação entre livre-exame e aumento da taxa de suicídios decorre também do fato de que essa taxa aumenta com o grau de instrução. Todavia, não é esta última por si só que cria a tendência suicidogênica; mas, antes, é verdade que o estado de incerteza que incrementa essa tendência, conduz à exigência de maior clareza, e por isso de instrução.

Durkheim estuda o suicídio egoísta também em relação ao fator familiar e ao fator político. A família enquanto tal preserva tendencialmente do suicídio e quanto mais é assim, mais ela se mostra integrada. Não se trata apenas da "sociedade conjugal", isto é, dos dois cônjuges, mas também dos filhos que fazem parte da família. Da mesma forma, em situação de desordens políticas, como as da França antes da primeira grande revolução, a taxa de suicídios aumenta. O princípio geral a que chega Durkheim é, portanto, que "o suicídio varia em razão inversa ao grau de integração da sociedade religiosa. O suicídio varia em razão inversa ao grau de integração da sociedade doméstica. O suicídio varia em razão inversa ao grau de integração da sociedade familiar" (DURKHEIM, 1969a, p. 257).

Ao estudo sobre o suicídio egoísta segue o estudo sobre o suicídio *altruísta*, característico das sociedades simples, fundadas na prevalência da consciência coletiva sobre a consciência individual. Esse estudo nos lembra o discurso anterior sobre a solidariedade mecânica. Quando o indivíduo se anula completamente na sociedade tende a seguir um imperativo moral matando-se com a diminuição da sua função social. É o caso do suicídio dos idosos e dos doentes agora socialmente inúteis; o das mulheres que seguem os maridos na morte, e dos criados depois da morte de seus senhores.

Durkheim retoma o problema do anomia em relação ao terceiro tipo de suicídio, precisamente o suicídio *anômico*. Esse problema é desenvolvido em relação com as crises econômicas. Se não é muito difícil explicar por que a taxa de suicídios aumenta nos momentos de recessão, o problema se mostra menos fácil em relação ao aumento dos suicídios nos momentos de prosperidade. A explicação do autor em questão está totalmente alinhada com a tese defendida no estudo sobre *O Socialismo*: os homens têm necessidade de uma autoridade moral que possa agir em relação a eles como regra e como freio. Quando o desenvolvimento econômico leva a acreditar que cada meta pode ser atingida, uma vez que o homem, diferentemente dos animais, não sabe se autorregular, ele se mostra sempre insatisfeito e sempre desejoso de atingir novas metas. Isso porque a sociedade não age mais como poder que o regula e não lhe impõe mais nenhum limite. Incorre-se, assim, em uma condição de anomia. Retoma-se aqui a polêmica contra o liberalismo econômico, que Durkheim coloca no mesmo plano do "materialismo econômico" dos socialistas, porque tanto um como o outro consideram a prosperidade econômica como fim supremo, sem perceber que aquilo que o homem necessita primeiramente é uma autoridade moral que o regule e que imponha limites. Não somente: o poder moral da sociedade deve estabelecer, também, o valor de cada atividade e, por isso, as regras que cada categoria de trabalhadores deve seguir e os limites dentro dos quais pode atuar. "Tem-se na consciência moral da sociedade um obscuro sentido daquilo que valem respectivamente os vários serviços sociais, da relativa remuneração que é devida à cada um deles, e por isso, da medida da comodidade adequada à média dos trabalhadores de cada profissão" (DURKHEIM, 1969a, p. 303). Se faltar essa consciência segue-se a anomia. O convite a contentar-se com aquilo que se tem não poderia ser mais explícito.

Afirmou-se que o suicídio anômico é estudado por Durhkheim predominantemente em relação às crises econômicas e aos problemas da indústria. O discurso, no entanto, tem um alcance mais geral. Com alguma dificuldade em distinguir entre suicídio egoísta e suicídio anômico, o autor em questão inclui neste último também os casos atribuídos à desagregação familiar. O casamento também tem de fato a função de regular a vida do indivíduo em relação aos seus impulsos sexuais, de modo que quando ele não é contraído, ou quando é dissolvido pelo divórcio, a taxa de suicídios aumenta. O princípio é sempre o mesmo: a exigência de que a sociedade se imponha sobre os indivíduos como autoridade moral, espiritual, "religiosa". Durkheim lembra também aqui Comte, que via a religião como fator de integração social e como fundamento da sociedade.

9.6 O problema pedagógico

Como a sociedade é, antes de mais nada, autoridade moral, a educação, por meio da qual essa autoridade se transmite, tem uma importância central. Os princípios transmitidos pela educação são, de fato, os princípios fundamentais de uma sociedade. Eles podem variar radicalmente de sociedade a sociedade, mas nem por isso perdem sua autoridade. O relativismo que deriva dessa formulação do problema, é regulado por um princípio evolucionista segundo o qual as diferentes maneiras de ser das sociedades não deveriam ser colocadas no mesmo plano, mas seriam, antes, expressões diferentes e fases de um único processo evolutivo. Volta aqui também o problema da divisão do trabalho. Com os desequilíbrios que implica, e a fragmentação da educação que exige, é ela também resultado da evolução, junto com a ampliação das sociedades nacionais em uma sociedade que as transcende e que tendencialmente coincide com a humanidade, e, junto com o surgimento do espírito crítico, da liberdade de escolha, e da ciência sobre outros princípios educacionais preponderantes no passado. No que diz respeito ao problema concreto de quais linhas educacionais devem ser seguidas em cada sociedade, a solução proposta parece ser aquela relativista: o importante não é tanto quais são os princípios ensinados, mas que exista uma autoridade moral que represente a sociedade e que inculque nos jovens algum sistema educativo, seja qual for.

9.7 Sociedade e religião

Nos estudos sobre religião, dentre os quais o mais conhecido é constituído pela pesquisa *As formas elementares da vida religiosa*, Durkheim, retomando o seu tema central, afirma que a sociedade se distingue do indivíduo como o sagrado do profano, como autoridade espiritual e transcendente a que o indivíduo deve se submeter. Em cada religião positiva apreende-se uma verdade fundamental: existe uma realidade que vai além dos indivíduos e é superior a ela. As religiões positivas não apreendem, no entanto, aquilo que a ciência apreende: não apreendem que essa realidade é a sociedade.

A sociedade surge por meio da interação, a "ação humana", a "cooperação ativa".

Os indivíduos, interagindo, criam uma realidade *sui generis* que se impõe com aquelas características "religiosas" da transcendência, da superioridade e de imperatividade constitutivas, segundo o autor em questão, da própria sociedade. Tem-se a confirmação dessa ideia, sempre a seu juízo, na demonstração de que todas as instituições sociais, antes de adquirirem independência umas em relação às outras, estavam ligadas pela religião e por aspectos dela. Não devemos nos deter nos aspectos exteriores das religiões, mas apreender sua função, que é a de "atingir as consciências, tonificá-las e discipliná-las" (DURKHEIM, 1963, p. 460), de exaltar a vida moral. Os ritos e as funções religiosas, bem como as festividades civis, têm a tarefa de manter viva a consciência coletiva renovando aqueles momentos particularmente intensos de colaboração e fusão dos indivíduos nos quais ela é formada ou renovada. A sociedade, no sentido religioso do termo, cria as próprias consciências, que sem ela não poderiam surgir como tais. Ao desenvolver essa ideia, Durkheim sustenta, a propósito das categorias cognoscitivas, ou seja, dos instrumentos mentais por meio dos quais os homens conhecem, que a disputa filosófica entre os aprioristas, que sustentam que as categorias são dadas ao homem como possibilidade antes da experiência empírica, e a dos empiristas, que sustentam, ao contrário, que as categorias derivam da experiência sensível, não é possível uma escolha cientificamente fundada. Isso porque as categorias são, sim, *a priori* e vinculantes para os indivíduos, mas têm origem social, tanto que variam de sociedade para sociedade. Elas são representações coletivas, e, enquanto tais, "são o produto de uma imensa cooperação que se estende no espaço, mas também no tempo: para criá-las, uma multidão de espíritos diversos associou, misturou, combinou suas ideias e seus sentimentos" (DURKHEIM, 1963, p. 18). Referindo-se criticamente a Kant, Durkheim procura, consequentemente, mostrar como a categoria de tempo tornou-se possível pela organização e pela divisão do tempo por obra da sociedade, ou seja, por um processo coletivo. Sem as divisões sociais do tempo, essa categoria não poderia surgir nem subsistir.

> As divisões em dias, semanas, meses, anos etc., correspondem à periodicidade dos ritos, das festas, das cerimônias públicas. Um calendário expressa o ritmo da atividade coletiva ao mesmo tempo em que tem por função assegurar sua regularidade (DURKHEIM, 1963, p. 12).

A mesma coisa pode ser dita em relação à categoria de espaço. Ela se tornou possível pela cooperação e pela organização social. Com base nos dados relativos a algumas tribos australianas, recebidos de segunda mão, sobre os quais, todavia, Durkheim realiza sua pesquisa, ele procura mostrar como a forma do acampamento da tribo e a forma em que o espaço é percebido – trata-se de uma forma circular – se identificam. Somente a sociedade, portanto, pode dar os instrumentos para conhecer a realidade, ou seja, para organizá-la conceitualmente.

No ensaio *O dualismo da natureza humana e suas condições sociais* de 1914, os termos do discurso são ulteriormente acentuados. Todas as religiões, diz Durkheim, pressupõem um dualismo e uma tensão entre alma e corpo, e consideram a primeira superior ao segundo. Mas a alma não é senão a sociabilidade, entendida como moralidade e capacidade conceitual, que se faz presente em nós por meio da interação e da interiorização das normas, dos princípios cognoscitivos e valorativos. O corpo, ao contrário, é o conjunto dos nossos desejos egoístas ainda incontrolados. A sociedade, enquanto força moral, impõe continuamente limites aos nossos impulsos egoístas, no entanto, estes, enquanto constitutivos do nosso corpo, não podem desaparecer. E a sociedade, desenvolvendo-se cada vez mais, cada vez mais exige de nós sacrifícios. O caráter conflitivo da nossa vida está assim explicado: nela estão presentes forças diferentes, individuais e egoístas de um lado, sociais, por isso, morais e organizadoras do conhecimento de outro. A sociedade é necessariamente repressiva (mesmo que esse termo não seja durkheiminiano) e quanto mais se desenvolve mais aumenta seu caráter repressivo. Se o discurso lembra de alguma forma Freud, deve ser dito também que em Durkheim a exaltação da sociedade toma a dianteira sobre o problema dos instintos repressivos, que não causam nenhuma preocupação ao autor aqui discutido.

9.8 Críticas a Durkheim

Durkheim foi muito criticado por diferentes aspectos do seu pensamento. A acusação mais frequente é a de ter pressuposto uma nítida dicotomia entre sociedade e indivíduo, atribuindo à primeira toda moralidade, altruísmo, e também toda capacidade cognoscitiva presente no homem, e ao indivíduo somente instintos egoístas. Reduzindo o indivíduo apenas a isso, tudo é visto derivar da sociedade e em função da sociedade. Daí a crítica, muito próxima à primeira, de "sociologismo"; de ter desejado acentuar a importância do fator causal da sociedade em relação a outros fatores que, no entanto, estão inevitavelmente entrelaçados a ele. O exemplo de *O suicídio*, em que se nega sectariamente a influência de causas não sociais na explicação desse fenômeno, talvez seja o mais evidente. Nem sempre, todavia, esse sociologismo é seguido pelo autor em questão com total coerência, o que às vezes o encerra em manifestas contradições. Já se definiu como desconcertante a maneira pela qual o autor em questão acredita poder resolver o problema da divisão coercitiva do trabalho nas sociedades divididas em classes ou castas. E com efeito, em um autor que parte do pressuposto segundo o qual a sociedade precede e produz o indivíduo, ao ponto que ao indivíduo separado da sociedade só restam impulsos egoísticos, a referência aos talentos não pode senão mostrar-se contraditória. Os próprios talentos deveriam ser concebidos como algo que depende da sociedade, não como algo de anterior à própria sociedade.

Afirmou-se que pressupor um dualismo total entre sociedade e indivíduo, tudo em detrimento deste último, constitui a dificuldade mais grave de Durkheim. Ele, de fato, ao pensar a sociedade apenas e exclusivamente como moralidade e ordem, não pode apreender uma relação dialética entre os próprios egoísmos individuais e uma estrutura socioeconômica determinada. A sociedade, sempre segundo Durkheim, é por si só o elemento positivo, moralizador, criador da ordem, da harmonia entre indivíduos, do altruísmo, ao passo que o fator econômico permanece fora do fator social, permanece relegado ao individualismo e ao egoísmo, constitui a negação da própria sociedade. Toda dialética entre a estrutura econômica de uma sociedade e seus aspectos morais e intelectuais parece, assim, não encontrar espaço no discurso durkheimiano. De fato, justamente a partir do momento em que a economia, entendida como impulso egoístico para a sobrevivência e para a prepotência, é relegada ao indivíduo, decorre daí o caráter insuperável do dualismo indivíduo-sociedade. Entretanto, não há dúvida de que, embora em contradição com a teoria da anomia, Durkheim chega à solução, apreende o nexo entre organização econômica e fatores morais e intelectuais da sociedade; apreende o caráter dialético e não dualista das relações entre indivíduo e sociedade. Mas a sua concepção da sociedade como entidade moral, espiritual, extraeconômica, faz com que ele considere afinal a anomia como um fator contingente e corrobore aquele dualismo que poderia parecer, no entanto, teoricamente superado. Durkheim não consegue vencer a resistência em admitir que, se indivíduo e sociedade se compenetram e se nada existe no indivíduo que não exista na sociedade, então *cada* fenômeno individual deve estar correlacionado com a estrutura social, e o próprio egoísmo individual pode ser corroborado ou limitado pelo tipo de sociedade no qual toma forma concreta. Mais em particular, o autor aqui discutido não consegue formular a hipótese de que uma estrutura socioeconômica fundada na livre-concorrência, e não apenas nos aspectos patológicos dessa estrutura, condiciona o indivíduo no sentido do egoísmo e não é conciliável nem prática nem teoricamente com a solidariedade. Ao atribuir tudo o que é superior ao social e tudo o que é inferior ao individual, Durkheim impede a si mesmo a possibilidade de atingir a meta que agora lhe está a um passo de distância. A contradição entre a concorrência, que está como fundamento da sociedade burguesa, e a solidariedade, que está como fundamento da sociologia durkheimiana, permanece sem solução.

Entretanto, no estudo sobre *O suicídio* ele, com o problema do suicídio egoístico e do suicídio anômico consegue superar a sua grande dificuldade. Consegue, de fato, apreender o nexo entre egoísmo e sociedade e por isso parece não relegar o primeiro a fatores meramente individuais. Tanto o egoísmo como o altruísmo devem ser compreendidos em relação com a sociedade, com as suas maneiras de ser históricas e específicas e com as suas divisões internas. Durkheim chega até mesmo a dizer que "os próprios sentimentos que parecem pertencer à constituição pessoal do indivíduo, dependem, no entanto, de causas que vão além dele. Nosso egoísmo é, em grande parte, um produto da sociedade" (DURKHEIM, 1969, p. 425). E também muitos anos depois, em 1911, ele afirmará:

> O antagonismo que muito frequentemente se admitiu que existe entre indivíduo e sociedade não corresponde de forma alguma à realidade. Ou melhor, longe de estar em oposição e de não poder se desenvolver senão em sentido contrário, esses dois termos se encontram um no outro (DURKHEIM, 1971b, p. 48).

Dito isso, ele deveria, coerentemente, admitir que a sociedade não pode ser apenas fonte de moralidade visto que condiciona tanto os aspectos altruístas como os aspectos egoísticos do indivíduo. Se Durkheim chega efetivamente a essa conclusão em afirmações específicas, ele permanece, todavia, ligado, não sem contraditoriedade, ao dualismo em que já se insistiu, incapaz de desvincular-se da tradição comteana de um lado e das suas preocupações políticas, das quais já se falou, de outro. Justamente no mesmo escrito do qual foi extraída a citação anterior o autor afirma de fato:

> Em cada um de nós, pode-se dizer, existem dois seres que, embora sejam inseparáveis – a não ser por abstração –, não deixam de ser distintos. Um é composto de todos os estados mentais que dizem respeito apenas a nós mesmos e aos acontecimentos de nossa vida pessoal: é o que se poderia chamar de ser individual. O outro é um sistema de ideias, de sentimentos e hábitos que exprimem em nós não a nossa personalidade, mas sim o grupo ou os grupos diferentes dos quais fazemos parte (DURKHEIM, 1971b, p. 48).

E já se mencionou quais são as características do social em relação ao individual.

Durkheim encontra dificuldades semelhantes também ao tratar do socialismo. Sua teoria sociológica, como já vimos, sustenta, na realidade, que aquilo que está explícito nas consciências individuais corresponde muito pouco às motivações da ação. Mas quando, para se opor às concepções "materialistas", ele escreve que "a religião é o primeiro entre todos os fenômenos sociais" (DURKHEIM, 1972a, p. 268) e para testemunhar isso afirma que "na origem o fator econômico é grosseiro, ao passo que a vida religiosa é, ao contrário, exuberante e intrometida" (p. 269), ele parece justamente dar mais importância àquilo que é explícito e evidente, àquilo que é consciente para aqueles que fazem parte da sociedade, e não aos fatores sociais como motivações reais e inconscientes. Poderíamos facilmente objetar com Feuerbach, e principalmente com Marx, que a maior importância inicial da religião poderia depender justamente do pouco desenvolvimento da atividade econômica e técnica, e que com seu desenvolvimento a função da religião poderia ter se tornado menos relevante. A religião poderia ser vista apenas como uma tentativa de dominar uma realidade não ainda dominada pelo trabalho humano. Durkheim, que em seguida se aproximará dessa tese ao conceber a religião como projeção do próprio homem, entendido como sociabilidade, não chega, todavia, sequer a pôr a questão e permanece, aproblematicamente, firme na ideia das origens religiosas da sociedade: ele não se pergunta se isso é aparência ou realidade. Poderia até parecer muito estranho que a importância atribuída por Durkheim à teoria marxista da ideologia – mesmo que ele a denomine de outra forma – não o leve a considerar de maneira mais adequada a hipótese do caráter ideológico da própria religião.

Durkheim está constantemente preocupado com o problema da coesão social, e neste sentido deve ser entendida também a sua concepção da religião. Entretanto, esse problema da coesão social, o qual implica que a sociabilidade deve ser compreendida como uma possibilidade, como alguma coisa que pode existir como não existir, ou pelo menos variar de intensidade, implica a questão da anomia, parece ele mesmo desaparecer como problema. Durkheim sustenta, de fato, também que a sociedade é uma realidade natural. Em *A divisão do trabalho social*, ele afirma que a passagem do indiferenciado ao diferenciado é um processo geral que pode ser encontrado também nas maiores semelhanças físicas, na maior similaridade das formas dos crânios etc., entre membros de sociedades primitivas em relação aos membros mais diferentes um do outro das sociedades mais evoluídas. E ainda: as atividades psíquicas individuais não podem ser referidas à soma das atividades de todas as células cerebrais, mesmo pressupondo-as, mas derivam antes da interação dessas células, e formam algo de independente e superior em relação a elas, ou seja, as representações individuais. Da mesma maneira, as representações coletivas são o resultado da interação entre indivíduos; pressupõem o substrato material da sociedade e constituem em relação aos indivíduos uma realidade superior a eles. Veja-se, a esse respeito, o ensaio *Representações individuais e representações coletivas* de 1898. As representações coletivas, portanto, parecem depender de um processo natural e necessário. Entretanto, ao mesmo tempo, não há dúvida que para Durkheim a sociabilidade é uma realidade problemática mais do que um dado natural: se a sociedade é a integração normativa entre indivíduos, e como tal é realidade superior a eles mesmos, a identificação da anomia permite ao autor apreender a presença variável dessa integração: seu caráter, como se dizia, problemático.

A sociedade se mostra, portanto, para Durkheim, a um só tempo, como realidade natural, mas também como valor a ser conquistado e conservado em uma luta contínua contra os fatores que militam contra ela. E esse segundo aspecto, precisamente porque indica o caráter problemático da sociedade, é aquele que se presta a maiores desenvolvimentos e elaborações. O próprio Durkheim atribui a esse aspecto muito mais atenção do que ao primeiro. O sintoma mais claro disso tem-se no fato de que ele, no período dos anos imediatamente sucessivos a *O suicídio*, se dedica também, e com particular empenho, aos problemas pedagógicos. E coerentemente. Com efeito, se a sociedade se define como autoridade moral e como uma possibilidade que pode ser negada, impõe-se a tarefa de explicar ao indivíduo a natureza dessa autoridade como valor em defesa da qual é preciso lutar. Durkheim insiste em dizer que ela é infinitamente superior ao indivíduo, e, muito estranhamente, acrescenta que é uma força contra a qual é impossível e por isso inútil rebelar-se e que se pode dominar apenas conhecendo-a. O discurso, também aqui, não se mostra destituído de incertezas. De um lado, de fato, afirma-se, como já se disse, que essa autoridade moral que a sociedade constitui é uma realidade natural, inelutável, motivo pelo qual a única libertação que se pode alcançar em relação a ela é o conhecimento dessa realidade, mas não se trata de um conhecimento que transforma, mas sim de uma aceitação. Por outro lado, ao contrário, e ainda, se reconhece o caráter possibilista da autoridade moral da sociedade, razão pela qual a tarefa da pedagogia é de fundamental importância. Essas incertezas se mostram, por exemplo, em *A educação moral* (1902-1903) e no ensaio sobre *A sociologia e a educação* do mesmo período (1902). Pensar a sociedade como natureza, no sentido determinista que o positivismo atribui a esse termo, implica uma contradição que não pode ser superada com o fato de dizer que o conhecimento dessa natureza constitui também sua libertação. Essa libertação da natureza pressupõe, de fato, a ação do homem como força histórica e limitadamente autônoma em relação aos determinismos naturais. Se, ao contrário, também a ação humana parte do interior desses determinismos, então seu conhecimento não pode implicar ação no sentido de transformação. A ação do homem em relação à natureza supõe uma certa margem de liberdade em relação a ela. Na sequência do discurso, de resto, Durkheim não pode nem sequer permanecer totalmente fiel às suas premissas, e escreve: "O homem que a educação deve realizar em nós não é o homem tal como a natureza o criou, mas sim tal como a sociedade quer que ele seja" (DURKHEIM, 1971b, p. 97).

Uma outra crítica agora quase tradicional a Durkheim diz respeito ao suposto caráter social das categorias cognoscitivas. Na realidade, ele parece identificar, quando não confundir, algumas manifestações concretas em que o espaço e o tempo são conhecidos de fato em determinadas sociedades, com as formas *a priori* que tornam possível esse conhecimento. Em segundo lugar, seu "sociologismo" leva-o a negligenciar condicionamentos diferentes dos condicionamentos sociais. A divisão do tempo em dias, semanas, meses, anos etc., segue ritmos naturais, relativos aos movimentos dos astros, que não são regularidade surgidas exclusivamente na sociedade. E o próprio espaço, se observado do horizonte, parece redondo, motivo pelo qual não se pode deduzir que ele é percebido como redondo apenas porque tal é a forma do acampamento.

No que diz respeito às influências exercidas sobre os sucessivos desenvolvimentos da teoria sociológica, deve-se lembrar que nos vários aspectos da sociedade – basta pensar sobretudo na religião – Durkheim busca a função que eles exercem em relação à manutenção da união, da coesão, da integração social. Neste sentido vimos nele o fundador do funcionalismo moderno na antropologia cultural e na sociologia (MERTON, 2000, I, p. 121ss.). O fato de considerar a sociedade apenas do ponto de vista da coesão social – como princípio de coesão moral – e enfim como religião, implica de todo modo um problema: Weber, mesmo pondo a ênfase, nas suas pesquisas substanciais, na religião como fator de mudança, tinha explicitamente reconhecido a relação de condicionamento recíproco, a dialética que existe entre os fatores espirituais e a estrutura econômica, e tinha asserido ser legítimo, na pesquisa científica, acentuar a segunda. Para a menos elaborada metodologia durkheimiana, a análise sociológica correta não pode ser senão aquela que parte do princípio espiritualista da prioridade do fator social, entendido como moral-religioso, sobre o fator econômico. Também aqui Durkheim se mostra como legítimo sucessor de Comte, assim como também em relação a ele se pode afirmar que sua sociologia constitua uma tentativa, contra a importância cada vez mais evidente dos condicionamentos econômicos e de classe, de encontrar fora deles, ou seja, no consenso, na coesão, na integração, em um conjunto de valores e de normas comuns, o elemento que funda a sociedade (GOULDNER, 1980).

As observações críticas em relação a Durkheim, a que era aqui oportuno fazer referência, não devem fazer com que se coloque em segundo plano o fato que ele, partindo da crítica da economia política, tenha chegado a capturar os aspectos anômicos da sociedade industrial, dividida em classes, embora no âmbito de uma visão fundamentalmente relativista. Ademais, ele evidenciou que a sociologia estuda a realidade social como realidade humana, histórica, surgida da interação, entretanto "objetiva", estranha e coercitiva em relação aos indivíduos. Contra as tendências psicologistas de certa sociologia contemporânea, que também fez da anomia uma categoria psicológica, esta lição é ainda válida. É verdade que para Durkheim a objetividade, a coercitividade das instituições estão dadas uma vez por todas. Elas não só não se mostram nunca de todo superáveis – o que deve ser aceito – mas nem sequer enfrentáveis e transformáveis, o que, ao contrário, parece muito mais difícil de sustentar. Com a sua concepção da objetividade e da coercitividade do fato social o autor aqui discutido corre o risco de negar qualquer tensão entre a ação individual como fator de inovação e as estruturas dentro das quais ela é obrigada a se movimentar. Mas a própria identificação da coercitividade do social como realidade institucional pode fazer surgir, mesmo contra as próprias intenções de Durkheim, exigências críticas e de renovação.

10
As teorias dos elitistas

10.1 Gaetano Mosca e o contexto geral

Na Itália, no final do século XIX e nos inícios do século XX, ocorreu um notável desenvolvimento dos estudos sociológicos. A esses, todavia, faltou na maioria dos casos uma grande originalidade, razão pela qual na história do pensamento sociológico somente uma tendência teórica conseguiu sobreviver e se impor pela sua importância. Trata-se – é quase supérfluo dizê-lo – das teorias dos elitistas, cujos expoentes mais conhecidos são Gaetano Mosca (1858-1941) e Vilfredo Pareto, sem a menor dúvida o mais famoso (1848-1923), e Roberto Michels (1876-1936).

Um discurso à parte deveria ser feito para os grandes estudiosos italianos que se referiram ao marxismo, em especial para Antonio Labriola e Antonio Gramsci. Eles, no entanto, não se consideravam sociólogos, e Gramsci em especial rejeitava a sociologia identificando-a, de uma maneira um tanto simplista, com o positivismo, incompatível com a "filosofia da práxis" que ele defendia. Sua postura não se afastava muito das críticas idealistas à sociologia defendidas por Benedetto Croce e Giovanni Gentile.

Quanto aos elitistas, alguns quiseram ver neles, os "herdeiros de Maquiavel" (JONAS, 1970, p. 463; BURNHAM, 1947). Nem se pode negar alguma relação entre este último e os primeiros. O próprio Mosca reconhece essa dependência. Por outro lado, enfatizar sua importância presumindo forçadamente a unidade de um pensamento social italiano não parece nem fácil de ser demonstrado nem correto. Pareto nasceu na França, de mãe francesa, e sua formação ocorreu em parte no país materno, ao passo que Michels nasceu na Alemanha, de pai alemão, e sua formação também ocorre na Alemanha, mesmo tendo exercido sua atividade docente prevalentemente na Itália. Se a ideia segundo a qual as teorias dos elitistas constituem a sociologia italiana por excelência e têm origens antigas deve, por isso, ser considerada com muita cautela, é também verdade que essas teorias encontram sua primeira expressão explícita na obra de Gaetano Mosca. Mosca nasceu em Palermo. Sua atividade de estudioso teve início muito cedo. A obra que funda os princípios do seu pensamento – *Sobre a teoria dos governos e sobre o governo parlamentar* – foi na realidade escrita nos anos de 1882 a 1883 e publicada em 1884. Nos anos posteriores a essa obra, Mosca continuou a elaborar esses princípios que também sofreram, como se verá, algumas mudanças relevantes. Seu rigor na crítica ao governo parlamentar, de fato, foi se atenuando. Em 1896, o autor em questão tornou-se professor de direito constitucional na Universidade de Turim. Dedicou-se posteriormente à política ativa e tornou-se deputado, depois senador, em 1919. Em 1924 obteve a cátedra de História das doutrinas políticas em Roma. Como senador se opôs ao fascismo e defendeu o governo parlamentar por ele originariamente criticado na teoria. Em 1927 abandonou definitivamente a vida política e se dedicou exclusivamente ao ensino e à atividade de estudioso. Morreu em Palermo um ano depois da entrada da Itália na Segunda Guerra Mundial ao lado da Alemanha nazista, portanto pouco antes da catástrofe.

As teorias de Gaetano Mosca mostram-se estritamente ligadas com os eventos históricos da Itália daquele período, e, como sempre, não são compreensíveis fora de seu contexto. Tornou-se agora quase um lugar comum relacionar a postura pessimista dos autores em questão diante da democracia com as consequências, ou melhor, com a falta de consequências do colapso da direita governada por Minghetti e a transição do poder governamental para a esquerda de Depretis. A direita havia se reduzido a uma elite restrita, e do poder à esquerda, que havia feito anteriormente grandes promessas de renovação democrática radical, esperava-se uma profunda transformação na maneira de fazer política na Itália. Uma vez no poder, todavia, a esquerda buscou o apoio e a colaboração das outras correntes parlamentares e criou no interior do parlamento grupos clientelistas cujos interesses tornaram-se totalmente independentes das forças e das tendências políticas que deveriam representar. É esse o fenômeno do "transformismo". Exigências econômicas, já que era difícil por parte da esquerda manter as promessas, e exigências de organização ligadas à manutenção do poder, razões pelas quais se criava uma nítida cisão entre as expectativas das massas que haviam se expressado por meio do sistema eleitoral, e o poder político constituído com as suas divisões formais, foram o contexto em que teve lugar esse fenômeno. Quando Crispi tornou-se presidente do Conselho de Ministros, com as tendências centralizadoras da sua política, implementadas apesar das suas origens democráticas, a democracia mostrou-se também, com maior intensidade, uma ilusão inalcançável.

Tudo isso influi profundamente nos elitistas, mas não se deve, tampouco, esquecer que eles têm uma postura fortemente antissocialista, razão pela qual à tendência antiparlamentar acrescenta-se constantemente a preocupação em demonstrar como o materialismo histórico não tinha possibilidades concretas de se realizar historicamente e constituía por sua vez uma ilusão. Isso é particularmente significativo em um momento em que em torno do partido socialista dos trabalhadores italianos vão se organizando as massas, suscitando não poucos temores entre os adversários no mundo econômico e intelectual.

Nesse clima político, econômico e cultural é publicado em 1844 o primeiro livro, que já nos referimos, no qual é formulado explicitamente, por obra de Gaetano Mosca, o princípio fundamental das teorias elitistas. Mosca critica o caráter formalista da tripartição aristotélica das três formas de governo (monarquia, aristocracia, democracia) afirmando que ela toma a aparência pela substância e que na realidade – é este o princípio fundamental dos elitistas – todo governo assim como toda forma de poder consiste em um grupo minoritário organizado que domina uma maioria desorganizada. "Uma minoria organizada, que age sempre de maneira coordenada, triunfa sempre sobre uma maioria desorganizada" (MOSCA, 1968, p. 11). Mosca define essa minoria organizada com a expressão "classe política". Esse princípio é dado como inevitável. As formas tradicionais de governo são apenas princípios de justificação com base nos quais aqueles que detêm o poder conseguem legitimá-lo e exercê-lo. É isso que Mosca entende com a famosa expressão *fórmula política*. A esse respeito ele assim se exprime:

> Qualquer classe política, de qualquer modo constituída, nunca confessa que ela comanda, pela simples razão de que é composta por elementos que são, ou foram até aquele momento histórico, os mais aptos para governar; mas sempre encontra a justificação do seu poder em um princípio abstrato, em uma fórmula que nós chamaremos de fórmula política: dizer que todos os funcionários derivam a própria autoridade do soberano, que por sua vez a recebe de Deus, é fazer uso de uma fórmula política; a outra crença que todos os poderes estão baseados na vontade popular é uma outra fórmula política (MOSCA, 1968, p. 28).

Sobre essa base, Mosca critica o caráter fictício da democracia parlamentar.

> Nós não podemos conceber uma sociedade embora democrática, na qual o governo seja exercido por todos. Mesmo neste caso, é necessária uma máquina organizativa, uma organização composta naturalmente por uma minoria numérica, para a qual toda a ação governamental se desdobra. De modo que, também neste caso, todas as funções públicas são de fato exercidas nem por um nem por todos, mas por uma classe especial de pessoas (MOSCA, 1968, p. 10).

Por outro lado, nem sequer a monarquia é concretamente possível e não constitui senão uma outra fórmula política porque o monarca, para governar, tem, de qualquer forma, necessidade de um aparato de funcionários, de uma organização eficiente, daquela "minoria organizada" de que já falamos.

Essas ideias de Mosca revelam seu forte caráter polêmico em relação à situação italiana. Entretanto, com os anos, e já antes da primeira queda do sistema parlamentar e do advento da ditadura fascista, a postura de Mosca devia se amenizar. Em seguida, em relação ao fascismo, Mosca não mostra, de resto, contrariamente aos outros dois principais elitistas, nenhuma simpatia, ao passo que sua crítica ao parlamentarismo poderia levá-lo a posições diferentes daquelas que assumira. Na realidade, para Mosca, mesmo sendo inevitável o princípio elitista, nem todas as "classes políticas" podem ser colocadas no mesmo plano. Já na obra de juventude de 1884 e posteriormente nos *Elementos de ciência política*, publicados em dois volumes com grande distância de tempo um do outro (1896 e 1923), o empenho do autor aqui discutido concentra-se na busca da melhor forma de governo. Certamente na *Teoria dos governos e governo parlamentar*, a crítica é dirigida prevalentemente a essa última forma de governo, cujos limites Mosca não acredita que possam ser superados com remédios internos a esse mesmo sistema, que deve, portanto, ser eliminado. Ele mostra seu ressentimento para com o sistema eleitoral italiano em uma atitude geral de condenação de cada sistema eleitoral.

> *Não são os eleitores que elegem o deputado, e sim, em geral, é o deputado que se faz eleger pelos eleitores*: se essa frase não agradar, poderíamos substituí-la por uma outra, a saber: que são os seus amigos que fazem com que ele se eleja (MOSCA, 1968, p. 246).

Esse pessimismo de Mosca em relação ao governo parlamentar não implica, no entanto, como já mencionamos, uma total desconfiança em relação ao poder político como tal que coloque no mesmo plano cada forma de governo. Ao tratar da formação da classe política, ele indica aliás as fases de uma evolução afirmando que nas sociedades mais primitivas, nas quais o valor principal é identificado na força física, é esse o critério subjacente à formação da classe política, que será, portanto, composta de militares. Em seguida virá o critério da riqueza e depois ainda o do mérito pessoal.

> Em cada época e em cada lugar as funções políticas são confiadas a uma classe especial: Em um período primitivo [...] prevalece sempre o elemento do valor militar, os valentes, os fortes; são aqueles que se impõem e formam assim a classe dominante. Garantida uma paz relativa que facilita o desenvolvimento econômico, logo os fortes se tornarão ricos. À medida que o elemento intelectual vai se desenvolvendo, que a ciência se aplica à ação prática da vida política [...] logo o saber, o mérito pessoal, torna-se um elemento concomitante (MOSCA, 1968, p. 27).

Deve-se acrescentar a isso que Mosca julga as involuções sempre possíveis, no sentido de que, em determinados períodos, o poder militar pode se impor novamente sobre o poder econômico e sobre os méritos pessoais. Esse fenômeno é denominado por ele de "cesarismo" e condenado na firme convicção de que não possa durar muito tempo, já que "uma superioridade de índole moral costuma sempre prevalecer com o tempo sobre a superioridade do número e da força bruta" (MOSCA, 1968, p. 11). Já dessas palavras emerge como Mosca auspicia um governo em que a minoria esteja fundada em uma superioridade moral, de virtudes e talentos. Ele, todavia, está totalmente consciente dos condicionamentos econômicos, que fazem com que os ricos, pelo fato de terem maiores meios de se instruir, possam mais facilmente atingir determinadas metas que os tornam aptos ao comando.

> Para os ricos é cem vezes mais fácil se instruir do que para os pobres [...] O prêmio é oferecido a todos, todos podem concorrer para ganhá-lo, entretanto há quem está a três passos de distância, quem está a cem, eis o que decide o nascimento (MOSCA, 1968, p. 11).

A classe política não é sempre recrutada entre as mesmas categorias sociais. Há, ao contrário, em Mosca, um prenúncio de uma teoria da circulação das elites no sentido de que as pessoas investidas formalmente do poder tendem a perder suas atitudes ao comando, ao passo que essas atitudes podem surgir em outros que não detêm o poder ainda formalmente, mas estão destinados a conquistá-lo.

> Se acontece aquilo que infalivelmente no início de algum tempo acontece, ou seja, que as atitudes ao comando e a exercer a influência política não se limitam apenas à classe legalmente governante, mas se tornam muito comuns também entre outras pessoas; se fora da classe política se constitui uma outra classe que tem as capacidades de participar da direção política da sociedade, e dela fica excluída por uma lei; então, como essa lei impede um fato natural, é inevitável que de uma forma ou de outra ela caia (MOSCA, 1968, p. 23).

Nas obras posteriores à *Teoria dos governos e governo parlamentar*, condicionado talvez pela política autoritária e repressiva de Crispi, por um lado, e pelo surgimento das organizações operárias e socialistas de outro, Mosca parece aproximar-se cada vez mais de uma concepção cautelosamente democrática em que esteja, no entanto, garantida sempre a superioridade de "índole moral" da classe política. Nisto pode-se ver também uma prudente tomada de posição contra o "cesarismo" fascista. Na reelaboração das suas lições universitárias, o autor em questão publica em 1933, com o título *História das doutrinas políticas*, uma obra que tem o mérito de resumir a posição do autor em relação aos expoentes mais conhecidos das teorias políticas, entre os quais Saint-Simon, Comte, Spencer e Marx, e a sua própria "teoria da classe política". O princípio do qual ele parte é sempre o mesmo, mas a sua posição é agora tão moderada a ponto de se tornar uma defesa do sistema "liberal", mesmo em sentido conservador, contra possíveis degenerações.

Mosca afirma que existem diferentes tipos de organização oligárquica: a feudal, a burocrática, e "um tipo menos difuso" formado pelo Estado-cidade.

> A característica principal [...] [do primeiro] consiste no fato de que o território do Estado é dividido em tantas partes, em cada uma das quais o representante do hierarca supremo reúne nas próprias mãos todos os poderes soberanos (MOSCA, 1964).

O poder militar, o poder judiciário e o poder político estavam concentrados em um único representante, como o barão na Europa e na Idade Média. Nesse primeiro tipo de organização política, o poder central do Estado perdia sua importância diante de cada um dos poderes centrais. Quanto ao poder burocrático, ele

> é caracterizado pelo fato de que as funções de governo são distribuídas não de acordo com o território, mas de acordo com a natureza delas. Por isso, a direção militar é separada da direção judiciária e esta daquela financeira e cada ramo das atribuições da soberania é confiado a idênticas hierarquias especiais de funcionários, cada uma das quais recebe o seu impulso do órgão central do Estado. Sendo as várias atividades de governo confiadas a diversas pessoas, torna-se mais eficaz e segura a ação do pequeno grupo que está na chefia de toda

> a organização do Estado, e muito dificilmente uma parte do território consegue separar-se do resto e viver de vida própria (MOSCA, 1964, p. 298).

O Estado-cidade é evidentemente de todo independente dos outros poderes e vê no seu interior uma classe política muito ampla, já que se tem um rápido revezamento nos cargos por parte de muitos membros de toda a população. Isso pelo menos formalmente, porque, na realidade, aqueles que formavam a classe política eram geralmente recrutados, tanto na Grécia como em Roma, dentre um número restrito de famílias. Mosca mostra grande estima pela cidade-Estado devido ao desenvolvimento que no seu interior podem ter as artes, as ciências e as letras. E parece apreciar as possibilidades de democracia que surgem do seu interior escrevendo:

> A influência intelectual dessa forma de Estado contribuiu junto com muitos outros coeficientes para a criação e a manutenção daqueles tipos de organização política que poderia ser chamada de liberal em contraposição a outro tipo que poderia ser chamado de autocrático. A característica principal do sistema liberal consiste no fato de que a transmissão do poder é feita de baixo para cima, ou seja, os funcionários são criados por sufrágio daqueles que deverão se subordinar a eles, enquanto vice-versa no sistema autocrático o hierarca supremo nomeia os seus imediatos coadjuvantes, os quais por sua vez nomeiam os funcionários subalternos (MOSCA, 1964, p. 300-301).

A admissão da possibilidade histórica de uma organização liberal no sentido agora mencionado da formação da classe política "de baixo", e a consideração, embora cautelosa, dessa organização parece ser o passo mais longo que um elitista pode dar. Evidentemente, no entanto, isso não significa que os representantes eleitos pelo povo façam realmente o que este último deseja, uma vez que, ao contrário, vigora sempre, também a esse propósito, o princípio da fórmula política. Não somente em suas escolhas Mosca, como já foi dito, é muito cauteloso, e propende para um governo misto em que não prevaleça nem o elemento autocrático nem o elemento aristocrático, em que as elites são grupos fechados, nem o elemento democrático, em que as elites são, ao contrário, recrutadas mais livremente dentre as várias componentes da sociedade. Aquilo que ele mais teme são as revoluções repentinas e violentas, todas colocadas no mesmo plano e todas consideradas como um retorno à barbárie. Por isso, mesmo não sendo por princípio contrário, na maturidade, ao sistema representativo, no qual certamente, a seu juízo, não é o povo que governa, mas existe contudo uma pluralidade de elites que partem de pontos de vista diferentes, ele teme de maneira particular a "concessão do sufrágio às camadas mais incultas da população" (MOSCA, 1964, p. 302) e repõe suas esperanças nas classes médias e nos valores que elas representam: a instrução, a experiência, a moderação etc. Por isso, também os críticos mais benévolos não têm dificuldade em reconhecer que Mosca "foi um conservador obstinado e incorrigível" (BOBBIO, 1971b, p. 215). O sistema de mudança social desejável para o autor em questão consiste, portanto, naquilo que permite uma lenta troca dos membros que forma a classe política, uma renovação que permita "absorver aqueles elementos de domínio saudável, que a cada vez se afirmam nas classes dirigidas" (MOSCA, 1964). De qualquer maneira, um dentre os problemas mais difíceis de serem solucionados por Mosca permanece aquele de como se forma uma classe política. Ele é um adversário ferrenho do marxismo uma vez que está convencido de que a sua concreta aplicação levaria, necessariamente, não à superação da coerção na sociedade, mas a um sistema mais coercitivo do que os outros, porque o poder econômico coincidiria com o poder político, e a classe política transmitiria esse poder aos seus herdeiros segundo um princípio inderrogável. Mosca não parece, portanto, levar em consideração a ideia de Marx segundo a qual o poder político não é senão um instrumento nas mãos do poder econômico. Do marxismo ele aceita, todavia, a tese segundo a qual a classe política é formada frequentemente com base na herança econômica a qual permite uma supremacia cultural, maior experiência e maiores conhecimentos técnicos. Outra base para a formação da classe política foi no passado, como já dissemos, a do valor militar.

Apesar dessas admissões, Mosca parece na maioria das vezes convencido de que a classe política é formada por elementos que têm atitudes ao comando, e insiste na necessidade de sua "superioridade de índole moral" (CAVALLI, 1970, p. 252; BOBBIO, 1971b, p. 203), por isso ele deseja uma sociedade meritocrática governada por aqueles que têm efetivamente mais capacidades e mais méritos. Essas atitudes ao comando, às vezes, parecem dadas como dotes individuais naturais. Para sanar os males da sociedade, o autor em questão parece reportar-se aos indivíduos mais dotados negligenciando - embora não sempre - o fato de que o indivíduo se forma em um contexto de interações - portanto na sociedade - e não pode ser considerado um *a priori*.

A ideia fundamental de Mosca segundo a qual a sociedade é sempre e necessariamente governada por uma minoria organizada que domina uma maioria desorganizada, teve numerosos seguidores, e não só entre os teóricos antidemocráticos. A esse respeito foi escrito:

> por si mesma [...] a teoria da classe política não é uma teoria conservadora: que as minorias governem e as maiorias sejam governadas, manobradas, manipuladas, mesmo nos sistemas democráticos ([...] aqueles reais, não aqueles somente imaginados) é um fato: e os fatos não são nem conservadores nem progressistas. Mosca foi um conservador não pela descoberta que fez ou acreditou ter feito, mas pela maneira com a qual se valeu daquela sua descoberta ao julgar os eventos históricos do passado, e ao tomar posição diante das coisas do seu tempo (BOBBIO, 1971b, p. 216).

10.2 Pareto: otimismo epistemológico, pessimismo antropológico

No que se refere à Vilfredo Pareto, ele sempre negou, com o sarcasmo e a ironia que lhe eram típicas, a sua descendência de Mosca, mas a ideia central deste último é aceita pelo primeiro. Entretanto, deve-se esclarecer desde logo que, para Mosca, a "ciência política" deveria ter uma função prática. Ele "considerara com horror o amadorismo dos politiqueiros, que abria um abismo entre ciência e política; e um dos seus ideais constantes foi o de dar a própria contribuição para preencher essa lacuna. Por "política científica" entendia uma política feita por homens de governo que inspirassem suas decisões nos métodos e nos resultados das ciências sociais, em particular das ciências políticas" (BOBBIO, 1971a, p. 190). Para Pareto, o problema deve ser formulado em termos completamente diferentes. Ele começa o seu *Tratado de sociologia geral* (1916) zombando sarcasticamente daqueles que tinham depositado na ciência a confiança em um melhoramento da sociedade. Dentre daqueles há também os sociólogos positivistas, postos junto com os teóricos sociais católicos, e todos os outros "dogmáticos". Contra esses autores, que a seu juízo proclamavam como cientificamente verdadeiras as próprias teorias somente pelo fato de estarem ligadas a elas emocionalmente reputando-as boas na prática – e isso também quando estavam convencidos de ater-se aos fatos – Pareto defende a necessidade de uma sociologia fundada no "método lógico experimental", que se atenha efetivamente aos fatos. Ademais, ele afirma, como veremos melhor mais adiante, a total independência dos resultados da ciência diante daquilo que pode ser útil e bom para a sociedade. Há nessas tomadas de posição o ressentimento de um político decepcionado, de um liberal que defendera explicitamente o princípio da livre-concorrência como sistema economicamente melhor, de um economista que estudara a atividade humana segundo os princípios do *homo oeconomicus*, ou seja, que se comporta de maneira racional em relação ao próprio lucro. Pareto está cada vez mais convencido de que o homem não pode ser compreendido como um ser apenas racional, e que, ao contrário, os aspectos irracionais têm, no que diz respeito à atividade humana, um peso muito maior do que os aspectos racionais.

Vilfredo Pareto pertence originariamente a duas nações, porque, como já foi mencionado, ele nasceu em Paris de pai italiano, nobre, exilado por suas ideias mazzinianas, e de mãe francesa, mas em 1850 a família pôde voltar para a Itália. Ele se formou em engenharia no ano de 1869 e se estabeleceu em Florença, onde durante muitos anos trabalhou nas ferrovias do Estado. Politicamente, em um primeiro período, mostrou-se um defensor ferrenho do liberalismo econômico, contrário a qualquer intervenção pública, e se apresentou como candidato ao parlamento, mas sem sucesso. Pareto estreitou laços de amizade com o economista Maffeo Pantaleoni, do qual será profundamente influenciado. Em 1893 tornou-se professor de economia política na Universidade de Lausanne, e nos anos seguintes dedicou-se intensamente aos estudos de economia, mas com o tempo convenceu-se de que não se pode dar uma explicação exaustiva da atividade humana em termos econômicos. Voltou-se assim para a sociologia, em cujo âmbito adquiriu fama muito superior do que na economia. As suas atitudes tornaram-se cada vez intransigentes em relação ao liberalismo burguês e ao socialismo. Em 1922 representou a Itália governada por Benito Mussolini na Liga das Nações, e no ano seguinte foi nomeado senador do reino. De todo modo, o seu comportamento em relação ao fascismo permaneceu sempre muito cauteloso.

A ideia da maior influência do elemento irracional em vez do elemento racional na vida do homem está na raiz de toda a sociologia de Pareto, mas ele, no que diz respeito à ciência, ou melhor, à sua ciência, permanece fundamentalmente um otimista. O seu otimismo epistemológico consiste na convicção de que o cientista tem a possibilidade de ater-se exclusivamente aos fatos e de observá-los objetivamente. O cientista "recorre à observação, à experiência, às deduções lógicas destas" (PARETO, 1964, I, p. 23). Muito diferente, como se dizia, é a atitude do autor aqui discutido em relação à atividade humana em geral. Na sua distinção entre ações lógicas e ações não lógicas, depois de ter esclarecido que as primeiras são aquelas que "unem logicamente os meios ao fim" (PARETO, 1964, I, p. 81), Pareto se apressa em acrescentar que a ação é racional somente quando "o fim objetivo é idêntico ao fim subjetivo" (PARETO, 1964, I, p. 82), isto é, quando não apenas os meios são efetivamente adequados aos fins, mas se tem também, por parte do sujeito que age, pleno reconhecimento disso. Na sociedade isto acontece muito raramente e as ações não lógicas são, sem a menor dúvida, aquelas que predominam. Isso acontece também no âmbito da atividade que se autoproclama científica. Temos as "teorias pseudocientíficas" em sociologia assim como em outras disciplinas, as quais dizem referir-se exclusivamente à realidade empírica, mas de fato são construções que dependem geralmente de estados de ânimo subjetivos, afetivos, dos desejos de cada um dos autores de que as coisas estejam na realidade assim como eles as descrevem. Isso vale para o darwinismo social, que se torna teoria pseudocientífica quando pretende, com base em um postulado não demonstrado, encontrar a utilidade em qualquer atividade humana. Isso vale também para o materialismo histórico, que justamente identifica "a interdependência do fenômeno econômico e dos outros fenômenos sociais" (PARETO, 1964, I, p. 500), mas depois incide em erro "mudando essa interdependência em uma relação de causa e efeito" (p. 500). Pareto reconhece repetidas vezes a Marx a exatidão da sua crítica das ideologias, o caráter "superestrutural" da moral e da religião, mas é um adversário irredutível do marxismo no que concerne à teoria da luta de classes e da vitória final do proletariado. Nessa ele vê apenas uma utopia, um desejo que se faz passar por ciência, mas que não é sufragado por nenhuma prova empírica. A esse propósito ele escreve:

> O materialismo histórico juntou-se com uma outra teoria, a da "luta de classes", da qual também poderia ser inteiramente independente; e ademais essas classes, com ousada dicotomia, foram reduzidas a duas. Dessa maneira abandonou-se cada vez mais o campo da ciência, para fazer excursões no campo do romance [...]. A sociologia torna-se uma ciência muito fácil; não adianta perder tempo e esforço para descobrir as relações entre os fenômenos, sua uniformidade; seja qual for o fato narrado pela história, a instituição por ela descrita, o ordenamento político, moral, religioso por ela conhecido, todos têm como única causa a ação da "burguesia" para "explorar o proletariado", e como recurso a resistência do "proletariado" à exploração. Se os fatos correspondessem a essas deduções, teríamos uma ciência perfeita mais do que qualquer outra ciência humana; infelizmente a teoria segue um caminho, e os fatos seguem outro, totalmente diferente (PARETO, 1964, II, p. 500-501).

10.3 Pareto: resíduos e derivações

Na afirmação sobre o caráter prevalentemente irracional da atividade humana já está implícita a distinção fundamental expressa no *Tratado*: aquela entre *resíduos* e *derivações*. Os resíduos são definidos por Pareto como manifestações de sentimentos, de forças irracionais, que condicionam a ação do homem e sua própria atividade intelectual. Os resíduos estão divididos em seis classes com ulteriores divisões internas, e com essa classificação o autor em questão acredita poder esclarecer as exigências humanas essenciais, aquelas mais profundas e inconscientes, e as ações que delas derivam. A primeira classe é definida "instinto das combinações" e indica a tendência, obviamente nem sempre racional, por parte do homem, a fazer aproximações. Combinações, é verdade, também faz o cientista no seu laboratório "segundo certas normas, certas visões, certas hipóteses, em geral mais razoáveis, mas algumas vezes também por acaso" (PARETO, 1964, I, p. 528). Muitas vezes, no entanto, elas são totalmente infundadas.

> Entende-se por que o número 1 foi atribuído ao sol [...]; sendo o sol único está bem com o número 1, mas por que a lua tem o número 6, uma tesoura o número 7, a gata branca o 31, a gata preta o 36, e assim por diante? (PARETO, 1964, I, p. 530).

Ao resíduo das combinações é dada grande importância mesmo porque é aquilo que impele os homens a se reunir, e constitui, portanto, o fundamento da própria civilização. Dentre os vários resíduos que Pareto identifica no primeiro ponto da sua classificação, assume uma importância especial a "necessidade de desenvolvimentos lógicos", a qual induz os homens a dar explicações lógicas dos fenômenos por meio de conexões causais não verificadas nem verificáveis. Sobre esse resíduo será necessário voltar em breve.

A segunda classe de resíduos é chamada de "persistência dos agregados". Ela faz com que os homens, uma vez formada uma combinação, tendam a atribuir a ela uma certa estabilidade e uma certa independência do resto da realidade.

> Depois que o agregado se constituiu, muitas vezes age um certo instinto que, com força variável, se opõe a que as coisas assim reunidas se separem; se a separação não pode ser evitada, procura dissimulá-la, conservando o simulacro do agregado (PARETO, 1964, I, p. 601).

Dentre as muitas distinções, e os muitos exemplos citados, aparecem também as "relações de classes sociais", no sentido de que "viver em uma dada coletividade imprime na mente certos conceitos, certos modos de pensar e de fazer, certos preconceitos, certas crenças" (PARETO, 1964, I, p. 626).

A terceira classe enfrenta o problema da "necessidade de manifestar os sentimentos com atos externos" (PARETO, 1964, I, p. 653). A exigência de expressar os sentimentos religiosos com atividades externas, por isso a exterioridade dos cultos, são exemplos dessa classe de resíduos.

"Os resíduos em relação com a sociedade" (PARETO, 1964, I, p. 666) formam a quarta classe. Na sua base está o impulso a viver em sociedade; que é impulso tanto humano quanto animal. Não só, no interior de cada população surgem impulsos para criar associações particulares. Altruísmo, hierarquia, solidariedade, fazem parte dessa classe de resíduos.

A quinta classe é a da "integridade do indivíduo e dos seus dependentes" (PARETO, 1964, I, p. 731), da qual Pareto faz depender o sentido da propriedade. Esse resíduo não é, contudo, apenas a manifestação de sentimentos egoísticos, já que ele é estendido também aos outros, dos quais se reconhece o direito de gozar das mesmas vantagens que se têm para si mesmos. Isso, todavia, não sem contradições. "De um lado existe a tendência a fazer partícipe o maior número possível de pessoas, das vantagens que o indivíduo pede para si mesmo. De outro lado, existe a tendência a limitar, tanto quanto possível, esse número" (PARETO, 1964, I, p. 737). Mas a contradição desaparece quando se tende a fazer partícipes das próprias vantagens apenas aqueles que se são úteis a si mesmos, e não os outros.

Quanto ao resíduo sexual, que conclui a classificação, ele não coincide com o impulso sexual, mas com os sentimentos conexos a ele, que, como por exemplo no ascetismo, tendem a ocultar o impulso.

Uma vez que a atividade humana é em grande parte constituída pelos resíduos, pelas manifestações dos sentimentos de que falamos, cada tentativa de explicar tal atividade, deixando de lado o irracional e limitando-o no interior de esquemas racionais, é destinada ao fracasso. Entretanto, há no homem, dentre os resíduos, como já mencionamos, uma "necessidade de desenvolvimentos lógicos". Em outros termos, o homem não quer se reconhecer como irracional, mas tende a explicar a sua atividade, irracional, como se fosse racional. Essa mesma exigência corresponde a um sentimento: é por si mesma irracional, mas faz com que exista essa necessidade contínua de justificar *a posteriori* a própria ação como "lógica". Esses princípios de justificação são exatamente as derivações. Assim, o princípio da "fórmula política" de Mosca encontra aqui expressão em um amplo sistema que pretende ser onicompreensivo em relação à atividade humana.

As derivações também são classificadas por Pareto em um amplo e, a seu ver, exaustivo esquema. O princípio geral, nas próprias palavras desse autor, é o seguinte:

> O animal que não raciona, que realiza apenas atos instintivos, não tem derivações; o homem, ao contrário, sente necessidade de raciocinar e, ainda, de estender um véu sobre os seus instintos e sobre os seus sentimentos, por isso raramente falta a ele pelo menos um tipo de derivações, como também não faltam os resíduos (PARETO, 1964, II, p. 4).

A primeira derivação é chamada com o termo genérico de "afirmação". Pareto escreve:

> a afirmação pode ser subordinada à experiência, e neste caso é uma afirmação da ciência lógico-experimental e não tem lugar nas derivações. Mas a afirmação pode também subsistir por virtude própria, por uma certa força intrín-

seca, independente da experiência. Neste caso, é uma derivação (PARETO, 1964, II, p. 17).

Em outras palavras, o consenso à afirmação entendida como derivação é prevalentemente atribuído aos sentimentos. A segunda classe é constituída pela autoridade. Ela se dá quando se adota como prova de verdade a fonte pseudoautorizada da qual chega a afirmação, pois se a autoridade derivasse do conhecimento efetivo estaríamos no plano lógico-experimental e, por isso, fora das derivações. Pareto distingue a autoridade de um homem ou mais homens, da autoridade da tradição, de usos e costumes, e a autoridade de um ser divino ou de uma personificação. A terceira classe das derivações é definida com a expressão "acordo com sentimentos e princípios" (PARETO, 1964, II, p. 44). Essa derivação se entrelaça frequentemente com a das primeiras duas classes, sendo cada derivação enquanto tal uma tentativa de justificar racionalmente um sentimento que por sua natureza não é racional. O autor cita como exemplo a explicação que se quer dar de uma proposição que é percebida como verdadeira afirmando que ela encontra consenso. Por exemplo: todos acreditam em Deus, logo Deus existe. Junto com os sentimentos são classificados os interesses, individuais e coletivos, conforme se queira fazer acreditar na utilidade para o indivíduo ou para a coletividade, de determinados modos de agir, e as explicações de ordem jurídica, metafísica, sobrenatural, que são todas derivações uma vez que prescindem do método lógico-experimental. A última classe das derivações é indicada com a expressão "provas verbais" (PARETO, 1964, II, p. 109). Ela se encontra entrelaçada com as outras classes de derivações, de modo que aqui também é difícil examinar essa classe separadamente das outras. Pareto faz referência à imprecisão com que muitas vezes a linguagem é utilizada, à retórica, ao uso da linguagem para suscitar sentimentos, à ambiguidade de termos como solidariedade, liberdade, verdade, com base nos quais são construídos discursos pseudocientíficos.

O esquema dos resíduos e das derivações construído por Pareto tem a explícita intenção de mostrar como não pode haver afirmação válida fora do método lógico-experimental, isto é, da ciência. Só ela pode levar o homem a sair, e somente o cientista, do conjunto dos condicionamentos agora examinados. Todo o resto na vida humana é regulado pelos resíduos e pelas derivações, que "se encontram toda vez que se estudam teorias e raciocínios que não são rigorosamente lógico-experimentais" (PARETO, 1964, II, p. 4).

10.4 Pareto: a circulação das elites

Depois de ter esclarecido o que é ciência e o que não é ciência, e ter dado o esquema geral com base no qual deve ser compreendida cientificamente a ação do homem na sociedade, Pareto pode passar à análise científica dos princípios que regulam o funcionamento da própria sociedade. Ele começa pelo estudo das elites, que a seu juízo podem ser identificadas com critérios totalmente objetivos.

> Suponhamos [...] que a cada ramo da atividade humana se atribua a cada indivíduo um índice que indique a sua capacidade, da mesma forma como se dão os pontos nos exames das várias matérias em uma escola. Por exemplo, ao bom profissional se dará 10, àquele que não consegue ter um cliente daremos 1. A quem soube ganhar milhões, bem ou mal que seja, daremos 10, a quem ganha milhares de liras daremos 6 [...]. Para os jogadores de xadrez, poderemos ter índices mais precisos, vendo quantos e quais jogos eles venceram. E assim por diante, para todos os ramos da atividade humana (PARETO, 1964, II, p. 529).

> Para cada ramo da atividade humana haverá, portanto, uma "classe eleita", constituída pelos elementos objetivamente melhores em tal atividade. E no que se refere ao mundo político haverá aqui também uma classe eleita de governo.
> Temos assim duas camadas na população (1) a camada inferior, a classe *não eleita* [...] (2) a camada superior, a classe eleita, que se divide em duas, ou seja: (a) a classe eleita de governo; (b) a classe eleita não de governo (PARETO, 1964, II, p. 531).

A sociedade é sempre heterogênea qualquer que seja o âmbito em que ela é considerada.

As classes eleitas não constituem entidades estáticas, mas há, ao contrário, a tendência a contínuas mudanças internas, no sentido de que a "persistência dos agregados", segunda classe dos resíduos, é atenuada em alguns de seus elementos que devem ser substituídos. Portanto, nem sequer ela é suficiente para manter a elite no seu conjunto.

> As aristocracias não duram. Sejam quais forem as causas, é incontestável que, depois de certo tempo, elas desaparecem. A história é um cemitério de aristocracias (PARETO, 1964, II, p. 538).

Originariamente, de fato, os governantes são efetivamente pertencentes a uma "classe eleita", àqueles que têm realmente mais dotes para governar, mas sua força se perde com o tempo e se formam novas energias nas "classes inferiores", que assim virão a formar novas aristocracias, em um processo ininterrupto. O uso da força é necessário para governar e sua condenação é sempre unilateral, dirigida contra os adversários, ao passo que ele é aceito quando está presente na parte em que se milita. Por isso, essa condenação está ligada, ela mesma, a motivos afetivos, irracionais.

A sociedade é um sistema de elementos em equilíbrio, de modo que cada mudança em um dos seus setores implica uma mudança em todo o sistema.

> Suponhamos que se opere, artificialmente, alguma modificação na [...] forma [do sistema social] [...] logo seguirá uma reação no sentido de reconduzir a forma mutável ao seu estado primitivo, levando em conta a mutação real (PARETO, 1964, II, p. 544).

A função essencial dos resíduos consiste em manter esse equilíbrio dinâmico da sociedade. De acordo com Pareto, seria um grave erro pensar que o equilíbrio na sociedade se mantém por meio das derivações, as quais têm uma importância apenas secundária. O sistema social é regido pelos resíduos, e apenas as mudanças lentas que ocorrem neles provocam a mudança da sociedade. As derivações podem mudar muito mais facilmente; mas, muitas vezes, também quando elas mudam, não muda a sua função em relação a um determinado resíduo. Em outros termos, o próprio resíduo pode ser sustentado por uma pluralidade de diferentes derivações.

> Quando a partir das derivações que se quer remontar aos resíduos, é necessário pensar que um mesmo resíduo B pode ter muitas derivações T, T', T'', [...], as quais com facilidade podem ser reciprocamente substituídas (PARETO, 1964, II, p. 555).

10.5 Crítica a Pareto

Falamos que Pareto tenta construir uma teoria sistemática. O seu sistema sociológico é onicompreensivo no sentido de que, embora, evidentemente, a sociologia, assim como a economia, proceda por abstrações, não há fenômeno social, passado, presente ou futuro, que não possa encontrar aí sua colocação. Notou-se que, talvez, a propósito de Pareto fala-se da sociedade em geral em vez das sociedades. E, de fato, o seu esquema interpretativo e as suas próprias interpretações têm para o autor em questão um valor científico universal. Neste sentido, ele deve ser relacionado à tradição sistemática de Comte e de Spencer, apesar de todas as críticas que ele dirige a ela, mais do que a autores como Durkheim e Weber que captaram a impossibilidade de reduzir todas as sociedades e toda a realidade social no interior de um único esquema explicativo. Assim, o princípio da circulação das elites, é concebido por Pareto como uma lei universal e inderrogável, compreensível com base na observação dos fatos sem que resíduos e derivações intervenham como fatores desviantes. Falta em Pareto aquele sentido da infinidade das manifestações humanas na história, que, entretanto, é central e constante em seus contemporâneos que se referem ao historicismo alemão e contribuem ao debate acerca do método das ciências histórico-sociais que nele se desenvolve. No seu sistema, a história parece esgotar-se, não porque Pareto negue as mudanças sociais, mas porque de um lado a mudança é reduzida a um movimento circular – a circulação das elites – e de outro as mudanças mais visíveis são reduzidas a fenômenos superficiais que em uma análise mais aprofundada parecem apenas manifestações de traços mais profundos da realidade social.

> É tão certo – escreve Pareto – que a "história jamais se repete" identicamente quanto é certo que "sempre se repete" em determinadas partes que podemos dizer principais (PARETO, 1964, II, p. 832).

A ideia de uma mudança radical mostra-se, portanto, estranha à sociologia de Pareto. Sua enorme coletânea de dados históricos é levada a testemunhar justamente a falta de realidade profunda das mudanças, de modo que a própria história como mundo do possível, do infinito e do imprevisível parece fundamentalmente negada. Ele odeia particularmente, portanto, a ideia típica da sociologia oitocentista segundo a qual a ciência da sociedade pode contribuir para o melhoramento da própria sociedade, para sua maior "racionalidade". De fato, ele insiste sem dar trégua acerca da necessidade de distinguir, como se dizia, entre verdade científica e utilidade social. Seu otimismo epistemológico, que o remete ao positivismo oitocentista, segundo o qual é possível conhecer objetivamente a sociedade, é acompanhado por um pessimismo antropológico pelo qual os homens são e permanecerão sempre seres essencialmente irracionais, os quais têm necessidade mais de fé que de ciência, mais de derivações que de descobertas científicas.

Além dos resíduos, de cuja função relativa à manutenção da ordem social já se falou, também as derivações contribuem, embora em menor medida, para a integração social. Não surpreende, portanto, que os sociólogos funcionalistas contemporâneos vejam em Pareto um precursor. A atividade e o pensamento dos homens desempenham uma função de integração social. Os homens têm necessidade de mitos, e com base nos mitos a sociedade se mantém unida. Também Pareto, portanto, junto com Durkheim e Weber, foi considerado entre aqueles que se preocupam de modo especial, na sua sociologia, com os fundamentos "religiosos" da sociedade (ARON, 1972, p. 285 e 373ss.).

Para o autor aqui considerado de um lado existe a ciência com a sua verdade inútil, ou melhor, prejudicial, já que desmistifica o mito, tornando-o assim não mais funcional à integração, de outro a realidade da sociedade mantida por forças irracionais e inconscientes. A cisão não poderia ser mais radical. A esse respeito, todavia, também aqueles que se referem mais diretamente a eles, não podem apresentar graves reservas. Por exemplo, escreveu-se que "Pareto aceita sem perplexidades os produtos da experiência e da observação; aliás, confia a eles, com surpreendente ingenuidade o fundamento e a consistência de seus trabalhos" (BUSINO, 1975, p. 8). Essa "surpreendente ingenuidade" não lhe permite ver o nexo inevitável que existe entre realidade histórico-social e pensamento: entre os problemas práticos, econômicos, políticos de uma determinada sociedade histórica, e as teorias que nela são elaboradas. Pareto capta certamente esse nexo no que diz respeito às teorias dos outros sociólogos, mas acredita que a própria teoria está imune. Entretanto, não é de modo algum difícil identificar a relação que existe entre o pensamento sociológico deste autor e os problemas do seu tempo, a que já nos referimos a propósito do seu contemporâneo Mosca. O fato de negar implicitamente essa relação leva-o a considerar a sua teoria válida universal e a-historicamente, e a não perceber que a relação entre as teorias e o seu contexto histórico-social é muito mais complexa: a não perceber a inevitável historicidade da realidade social e das teorias que nelas surgem. Essa consciência está presente nos sociólogos alemães que acertaram as contas com o historicismo idealista e materialista, mas a mesma coisa não se pode dizer de Pareto. Ora, pode-se tomar consciência da inevitável historicidade do real, incluindo a teoria, e neste caso admite-se a transformabilidade das sociedades constituídas, ou pode-se negá-la, mas isso implica inevitavelmente não a neutralidade, mas sim a substituição da situação dada pela realidade a-histórica, insuperável, e por conseguinte implica uma posição conservadora. E Pareto, de fato, é também ele, e mais do que Mosca, um conservador inveterado. Se a história pode ser negação daquilo que é e a realização de novas possibilidades, a ação tem sentido; se a história, ao contrário, pelo menos em seus traços essenciais, sempre se repete, então a ação não tem sentido. Assim parece ser para Pareto.

Passando agora a algum exemplo pode-se lembrar que para esse autor a desigualdade econômica entre os indivíduos é um fato natural:

> A desigualdade na distribuição da renda parece depender mais da natureza dos homens do que da não organização econômica da sociedade (PARETO, 1897, p. 1.012; JONAS, 1970, p. 483).

O uso da força, a necessidade de explicações não lógicas, a luta contínua entre as partes heterogêneas que formam a sociedade, a circulação das elites, a utilidade do mito para o equilíbrio social, são todas realidades, segundo Pareto, não superáveis historicamente. Não surpreende, portanto, que Pareto tenha olhado para o fascismo com uma certa simpatia e que ele, no mesmo ano da sua morte, tenha sido nomeado senador do reino. Essa simpatia, no entanto, foi retribuída apenas em parte já que no fascismo, o autor aqui considerado, com o seu ceticismo, via sobretudo um fenômeno não essencial e passageiro, ainda que conceda algum elogio prudente (FERRARROTTI, 1973, p. 202-215).

Falamos que, para Pareto, a desigualdade econômica é um dado natural. Ele, de resto, também no que diz respeito à elite política, faz referência a dotes naturais. Propõe-se aqui novamente o problema que já foi tratado em relação a Durkheim e Mosca. A respeito de Pareto foi lucidamente afirmado que "contrariamente àquilo que [...] [ele] acredita, as "capacidades" humanas não existem no estado natural como determinismos cegos, são, ao contrário, o produto de interações sociais, o resultado de operações, de atividades de inculcação, de interiorização, de socialização de vários tipos". E o próprio crítico acrescenta também que "fazendo abstração do fato de que nada provou até agora a existência de dons naturais, não se pode negar que a superioridade dada pela posse das "capacidades" é tal porque determinadas normas sociais a valorizam. Não é a existência de certas "capacidades" que determina a superioridade, mas sim o fato de que um grupo social decide valorizar essa ou aquela capacidade" (BUSINO, 1975, p. 23).

Apesar dessas críticas, que, algumas vezes, são feitas também pelos paretianos, Pareto permanece um personagem de grande importância na história do pensamento sociológico. A ele se referiram e fazem referência funcionalistas e estruturalistas e continua-se a haurir da sua fonte. No entanto, o aspecto mais importante e atual de seu pensamento permanece a crítica às ideologias. Em Pareto deve-se ver sobretudo o grande desmistificador dos véus ideológicos com os quais os homens ocultam a si mesmos a realidade (BOBBIO, 1971a, p. 27ss. e p. 109ss.). A expressão "crítica das ideologias" não é paretiana, mas ele conhecia a teoria de Marx a esse respeito e certamente serviu-se dela procurando ampliar o discurso e considerando o condicionamento exercido pela estrutura econômica como somente um dentre os fatores irracionais a ser desmitificado, assim como os "resíduos sexuais" constituem por parte de Pareto um implícito reconhecimento da validade da psicanálise de Freud.

Sobre a diferença entre a crítica marxista das ideologias e a de Pareto é, todavia, quase inútil insistir: para Marx ela tem uma função prática, "revolucionária"; para Pareto permanece necessariamente como patrimônio inútil de um círculo restrito de cientistas, e é bom que seja assim: como se afirmou, a verdade não coincide com a utilidade social.

10.6 A lei da oligarquia de Michels

A influência do marxismo é também mais relevante no que diz respeito à obra de Roberto Michels. Falamos que Mosca, depois das primeiras críticas, aproximou-se do sistema parlamentar, ao passo que Pareto adotou uma atitude diferente e se mostrou mais simpatizante em relação ao fascismo. De qualquer modo, ele era, por sua vez, um liberal desiludido, como se depreende dos seus estudos econômicos anteriores àqueles sociológicos, em que se faz defensor da teoria do *laissez-faire*. Michels, ao contrário, que provém do ambiente cultural alemão, desde jovem militou como marxista na ala esquerda do partido social-democrata, contra os revisionistas. Ele nasceu em Colônia, de uma rica família ítalo-alemã de comerciantes, dos quais alguns membros se dedicavam já há algum tempo também à atividade política. Estudou no ginásio francês de Berlim, depois na Sorbonne e nas universidades de Munique e de Leipzig. Imprevisivelmente, dadas as suas origens sociais e culturais, Michels, que anteriormente tinha sido militarista e havia se alistado no exército em 1895, tornou-se, como já dissemos, um ativista de esquerda. Suas ideias barraram-lhe a carreira acadêmica na Alemanha, apesar de um breve período de ensino na Universidade de Marburg. Ele foi fortemente influenciado pela cultura alemã do seu tempo, pelo marxismo, pelo sindicalismo de Sorel e, em um segundo momento, também pela sociologia de Max Weber. Desiludido com a atividade política, ele convenceu-se cada vez mais da impossibilidade da democracia e do socialismo. Lecionou em Bruxelas, em Paris e na Basileia, depois fixou-se na Itália, afirmando sentir-se cidadão italiano, e sofreu a influência dos estudos de ciência política de Mosca e Pareto. Escreveu numerosas obras, seja em italiano, seja em alemão. Lecionou primeiro em Turim, depois, durante muitos anos, na Universidade de Perúgia. Aderiu ao fascismo e declarou-se explicitamente seu admirador.

No decurso da sua experiência política, ele se convenceu da inutilidade da "ação direta" e se converteu à ideia da prevalência necessária das organizações políticas institucionalizadas e burocratizadas sobre essa ação. No que diz respeito à burocratização necessária do poder carismático percebe-se a influência de Max Weber, e a este último, de fato, é dedicada a primeira edição da obra mais famosa de Michels: *A sociologia do partido político* (1911). Nessa obra há toda a aversão que o convertido tem diante da sua fé originária. Marxismo, socialismo, democracia, participação direta das massas no poder são seus alvos constantes.

O princípio fundamental do pensamento pós-socialista do autor em questão é relativamente simples. A ideia "elitista" da necessidade de uma minoria organizada é aqui defendida afirmando que a organização implica necessária e inevitavelmente a aristocracia. As massas são compostas por indivíduos fracos e se tornam fortes somente se forem organizadas, mas "quem fala de organização fala de tendência à oligarquia" (MICHELS, 1966, p. 56). De fato,

> o mecanismo da organização, enquanto cria uma estrutura sólida, provoca na massa organizada mudanças notáveis, tais como a total inversão da relação do dirigente com a massa e a divisão de cada partido ou sindicato em duas partes: uma minoria que tem a função de dirigir e uma maioria dirigida pela primeira (MICHELS, 1966, p. 56-57).

A ideia de Michels é corroborada pela necessidade da especialização. Uma organização política, como um partido ou um sindicato, tem necessidade, para existir, de pessoal especializado, mas isso implica inevitavelmente uma seleção para a formação desse pessoal e a impossibilidade por parte da massa enquanto tal de exercer um poder direto.

> Pode-se constatar em qualquer lugar como as organizações políticas dos trabalhadores se preocupem com grande zelo em preparar e instruir diretamente os próprios funcionários (MICHELS, 1966, p. 67).

> A especialização técnica, consequência necessária de toda organização complexa, cria a exigência da chamada direção baseada na competência, de modo que todos os poderes decisórios da massa no que diz respeito às matérias técnicas, são transferidos somente para os dirigentes (MICHELS, 1966, p. 70).

A necessidade da luta implica, igualmente, para um partido político, a exigência de uma organização hierárquica no seu interior, que lembra a militar. Dadas essas necessidades insuperáveis, a democracia é apenas uma ficção. Inicialmente, pode acontecer que um chefe que governa seja o único "servidor da massa". O princípio da organização logo surge fazendo com que, inevitavelmente, a relação se inverta: serão as massas a serem submetidas ao grupo minoritário organizado.

Michels detém-se, frequentemente, em menosprezar as massas como passivas, dispostas a submeter-se aos comandos sem compreendê-los, sempre à mercê de sugestões irracionais e ao culto da personalidade de seus chefes, e aqui claramente ele revela o próprio zelo antidemocrático que fez dele, como já dissemos, um defensor explícito do regime fascista e um admirador de Mussolini. Essas suas atitudes permanecem, todavia, de importância secundária em relação ao princípio fundamental da sua obra. Decerto, esse princípio obteve historicamente mais confirmações do que desmentidos. Como Michels tinha sustentado, na realidade, também no interior dos regimes que se remetem ao marxismo ou à democracia parlamentar, as tendências oligárquicas com base nos princípios da organização, da especialização e da burocratização mostraram-se efetivamente insuperáveis. Não só: em relação aos outros elitistas deve-se reconhecer em Michels o mérito de não ter aceitado a distinção entre minoria organizada e maioria desorganizada como um fato, mas de ter explicitado sociologicamente processo por meio do qual essa distinção é criada. Apesar disso, a "lei de ferro da oligarquia" deve ser submetida a algumas críticas. Antes de mais nada, Michels parece considerar um fato destituído de importância que a minoria organizada governe em uma sociedade em que uma classe tem a propriedade privada dos meios de produção ou em uma sociedade sem essa propriedade privada, já que ele afirma que a formação de uma oligarquia, no entanto, implica uma série de privilégios. Mas uma rápida identificação das duas formas político-econômicas com base nesses privilégios, e falar, a esse respeito, de uma "nova classe" sobre o princípio da organização, da burocratização e dos privilégios que disso derivam, como de várias partes foi feita em referência explícita ou implícita à "lei" de Michels, parece inadequada. A diversidade das formas de poder permanece de fato uma realidade histórico-social efetiva, com uma série de consequências que a sociologia não pode negligenciar nem subestimar.

E permanece ainda a crítica quase tradicional em relação à "lei" em questão. Michels estudou o partido político e revelou os mecanismos que conduzem por meio da organização, da seleção e da especialização, à formação *no seu interior* de uma oligarquia. Mas o mesmo argumento que ele considerou deveria levá-lo a tomar consciência de que uma coisa é estar diante de um partido único, cuja oligarquia domina inconteste, e outra é estar em uma sociedade em que há uma pluralidade de partidos, mesmo que no interior de cada um se verifique aquilo que Michels indicou. Ele, todavia, extraiu disso conclusões antidemocráticas. Outros autores italianos, ao contrário, como Piero Gobetti, Guido Dorso, e Filippo Burzio, procuraram desenvolver as teorias elitistas em sentido liberal e democrático (BOBBIO, 1971b, p. 219-239).

Nos Estados Unidos da América essas teorias foram retomadas também pelo sociólogo crítico e radical Charles Wright Mills, que se valeu delas historicizando totalmente o princípio; ou seja, não o considerando mais inevitável, mas verdadeiro apenas em uma realidade histórica a ser negada para construir uma autêntica democracia (MILLS, 1973). Enquanto nos Estados Unidos dominarem as elites políticas, econômicas e militares, e as massas forem manipuladas, não se pode falar de fato de democracia real, mas ela permanece sempre a meta a ser alcançada. Assim, teorias nascidas com a intenção precisa de mostrar a impossibilidade da democracia tornam-se um instrumento crítico em relação a uma sociedade não democrática historicamente determinada e considerada historicamente transformável. São problemas sobre os quais voltaremos e que deverão ser considerados mais longamente.

11
O legado de Marx e de Weber no pensamento de Lukács e Mannheim

Como talvez o leitor se lembre, Max Weber, apesar da sua sofisticada metodologia e das suas análises substantivas das sociedades e da sociedade industrial, com as suas consequências humanas, em particular, tinha deixado em aberto um grave problema. Ele havia afirmado que a ciência podia apenas indicar os meios adequados para atingir determinados fins, mas não podia avaliar estes últimos, que constituíam matéria de fé. As ciências sociais não podiam, portanto, dar indicações aos políticos sobre quais fins preferir. A escolha, não sendo cientificamente avaliável, era demandada aos políticos que não tinham diretrizes a respeito. Era remetida ao arbítrio e ao irracional.

Na Europa que saía em mau estado da Primeira Guerra Mundial e olhava para a reconstrução, as indicações frustradas de Weber certamente não podiam ser satisfatórias. Nas ciências sociais em tal situação era necessário procurar ajuda para resolver os problemas práticos. Não podia ser suficiente dizer que as escolhas dos políticos são sempre incontroláveis cientificamente como questões de fé. Ao contrário, era necessário justamente buscar a melhor saída. Como reconstruir uma nova sociedade, melhor do que a anterior que havia levado à catástrofe, torna-se o problema principal das ciências sociais e da sociologia em particular nesse período de pós-guerra na Europa Central. Os próprios discípulos de Weber têm como herança o problema em questão e procuram resolvê-lo; mas, evidentemente, nem todos da mesma maneira.

11.1 O marxismo de György Lukács

György Lukács (1885-1972) húngaro, de Budapeste, depois dos primeiros estudos na cidade natal, tornou-se aluno de Simmel na Alemanha, e frequentou os maiores expoentes da cultura alemã da época. Em seguida fez parte, em Heidelberg, do círculo que se reunia em torno de Max Weber. Os primeiros estudos de estética sofreram fortemente a influência de Simmel. Lukács aprofundou também, nesse período de juventude, o seu conhecimento do idealismo de Hegel e da concepção materialista da história. Ele partia, no entanto, de premissas espiritualistas. Naquele tempo havia em Budapeste associações culturais que seguiam uma linha predominantemente idealista e humanista, ao passo que outras eram influenciadas e marcadas sobretudo pelo positivismo e pelas ciências sociais. Nas primeiras, de que Lukács fazia parte, defendia-se a exigência de "renovar a cultura do homem, de reafirmar a dignidade do espírito humano, de salvar a essência humana das correntes materialistas, positivistas e científicas" (IZZO, 1988, p. 12). Com surpresa de todos aqueles que lhe estavam próximo, o autor em questão, no final da Primeira Guerra Mundial, mudou de opinião, converteu-se ao marxismo e tornou-se "comissário para a educação" na república comunista dos conselhos cuja figura política proeminente era Béla Kun. Essa república comunista foi logo aniquilada pela reação. Lukács foi obrigado a emigrar para Viena e nesse período escreveu os ensaios que constituem a sua obra mais conhecida e mais discutida: *História e consciência de classe* (1923). Quando a Áustria foi anexada pela Alemanha nazista, Lukács refugiou-se na União Soviética, e ali permaneceu até o final da Segunda Guerra Mundial. Em 1934 repudiou, pública e clamorosamente, a sua obra de ensaios a que agora mencionamos e aceitou as críticas de idealismo que lhe foram feitas pela doutrina oficial stalinista. Depois da guerra, voltou à pátria e continuou a sua intensa atividade de crítico e filósofo. A insurreição de 1956 fez com que ele voltasse novamente para a política ativa: foi nomeado ministro da Educação no governo Nagy. Foi preso e deportado para a Romênia devido à repressão soviética. Um ano depois foi libertado e pôde voltar para Budapeste. No último período da sua vida, ele foi em grande parte ignorado pela cultura do seu país e dos outros países do bloco soviético, ao passo que se tornou meta de peregrinação de muitos marxistas heterodoxos do mundo ocidental.

Lukács continuou a sofrer a influência dos seus mestres sociólogos também depois da sua conversão ao marxismo, e seu pensamento permaneceu em constante relação polêmica com eles. Assim *História e consciência de classe* permanece uma obra impregnada de temas e problemas weberianos, mesmo que seu autor se refira explicitamente ao marxismo e que, como muitas vezes lhe foi criticado, nela está fortemente presente também a dialética de Hegel.

A adesão de Lukács ao marxismo assume desde o início um caráter polêmico em relação ao revisionismo e à socialdemocracia, como também em relação à redução do próprio marxismo ao estudo da relação entre estruturas econômicas e superestruturas ideológicas. É assim reavaliada a dialética contra as tentativas de Bernstein e de Kautsky de reduzir o marxismo a uma série de leis naturais e de aceitar o sistema parlamentarista como estágio de um processo a cujas fases finais devia-se chegar, de qualquer modo, por necessidade natural. A história não é redutível à natureza e não é regida por leis humanamente imodificáveis; mas, ao contrário, ela é o resultado da atividade humana. E dizer que a história é obra do homem significa dizer que ela deve ser entendida não como necessidade, mas como possibilidade. Se essas críticas são feitas também ao marxismo revisionista, elas têm, no entanto, como alvo explícito principal sobretudo a ciência "burguesa" – a expressão é de Lukács – que considera os fatos independentes, isolando-os do seu contexto histórico-social, em relação à dinâmica histórica, entendendo-os na sua existência "objetiva". Os fatos que a ciência estuda devem ser entendidos, no entanto, em seu contexto específico, como produto da atividade humana em uma determinada época. O conceito fundamental utilizado pelo autor é o da *totalidade dialética*. A história deve ser entendida como um processo global no qual tudo está incorporado, de modo que não se pode ter compreensão exaustiva do particular e do imediato senão conectando-o com essa totalidade dialética. Na ciência "burguesa" se mostra como imediato e natural aquilo que é historicamente mediado. Entretanto, é necessário conectar cada fato que se mostra como imediato e natural, imodificável, com a "totalidade".

> Apenas operando essa conexão, na qual os fatos da vida social são inseridos em uma *totalidade* como momentos do desenvolvimento histórico, torna-se possível um conhecimento dos fatos como conhecimento da *realidade*. Esse conhecimento parte das determinações agora caracterizadas, simples e puras, que são – no mundo capitalista – imediatas e naturais, para progredir, a partir delas, no conhecimento da totalidade concreta (LUKÁCS, 1967, p. 12).

Esse problema, que está no início do livro, no ensaio sobre *O que é o marxismo ortodoxo?*, volta no ensaio sobre *Consciência de classe*, incluído sempre no livro em questão. Não há dúvida, afirma o autor, de que "a essência do marxismo científico consiste [...] no conhecimento da independência das forças motrizes reais da história em relação à consciência (psicológica) dos homens" (LUKÁCS, 1967, p. 60). O marxismo, evidentemente, não pode se limitar a registrar aquilo que os indivíduos pensam, mas deve ir além, descobrir as distorções do pensamento, os fatores aos quais elas são atribuídas e quais as possibilidades de superá-las. Referindo-se diretamente a Marx e criticando o pensamento "burguês", no qual está incluído, contudo, também o revisionismo marxista, Lukács reitera o caráter humano da sociedade e da história. Rejeita aquelas concepções que querem explicá-las por meio de leis naturalistas, como fazem a "sociologia burguesa" – também esta expressão é Lukács – e aquelas teorias irracionalistas que se referem, para dar sentido aos eventos, ao "espírito do povo" como entidade única e por si mesma inexplicável, ou às grandes personalidades. As concepções naturalistas são intrinsecamente estáticas: elevam à lei geral e imutável os princípios do ordenamento presente, não percebem sua origem histórica, humana. É o erro da economia política denunciado por Marx. É preciso explicar como acontece esse erro que confunde o *status quo* com a natureza imutável. Lukács refere-se sempre a Marx e afirma que este último resolveu o problema mostrando como de fato na sociedade burguesa "os homens estão à mercê das forças de produção" (LUKÁCS, 1967, p. 63). As relações entre os homens, que estão na base das formações histórico-sociais, tornam-se de fato relações objetivas, entre coisas, no mundo da economia e nas relações de mercado, e por reflexo em todas as outras esferas das relações humanas.

Também Lukács, assim como Tönnies, Simmel, Weber e outros, refere-se àquelas célebres páginas de *O Capital* em que Marx trata da mercantilização das relações entre os homens que, portanto, historicamente e por meio do valor de troca, tornam-se relações entre coisas, permitindo assim o erro dos economistas clássicos, que confinam essas relações humanas, históricas, no interior de leis necessitantes, "naturais". Enquanto, todavia, os outros sociólogos tinham extraído dessas páginas de Marx, como se viu, conclusões totalmente diferentes daquelas deste último, e em geral tinham considerado a objetivação das relações na sociedade industrial como inevitável, Lukács se esforça por reconectar-se a Marx. A objetivação das relações, a *reificação*, certamente não envolve apenas a burguesia; também os membros do proletariado agem em um mundo de relações reificadas. Mas para a burguesia é "objetivamente" impossível ir além da reificação, a consideração do mundo histórico-social como realidade objetiva, natural, imodificável; os seus interesses de classe levam-na à "apologia do ordenamento existente das coisas ou pelo menos à demonstração da sua imodificabilidade" (LUKÁCS, 1967, p. 61-62), por isso a consciência da burguesia é necessariamente estática, ao passo que a posição do proletariado é "objetivamente" diferente. Decerto, não se pode supor que os proletários possuam em sua "consciência psicológica" a verdade que escapa aos outros; mas, enquanto a burguesia, pela própria posição estrutural, não pode ultrapassar determinados limites, os interesses do proletariado levam-no para além do ordenamento constituído, e o ponto de vista do proletariado pode captar a realidade na sua totalidade dinâmica. Enquanto a burguesia permanece encerrada na constatação do fato, que constitui a perspectiva além da qual como classe não pode ver, o proletariado tem a possibilidade de captar a relação que existe entre as classes e faz da sociedade uma totalidade, por isso a burguesia é tal apenas enquanto existe uma classe subalterna, e as potencialidades de transformação da ordem existente. Aqui Lukács faz referência à categoria da *possibilidade objetiva*. O proletariado, contrariamente à burguesia, tem a possibilidade objetiva de ir além do dado, do imediato, porque a sua própria posição leva-o para além deles: a posição de classe subalterna e explorada leva-o a procurar a possibilidade de transformação e de superação daquilo que é dado. Mas a essa altura, deve-se perguntar o que é o proletariado e o que é a sua consciência de classe.

> Essa consciência não é nem [...] a soma nem a média do que os indivíduos que formam a classe, pensam, sentem etc. Entretanto, a ação historicamente decisiva da classe como totalidade está determinada, em última instância, por essa consciência, e não pelo pensamento do indivíduo. E essa ação pode ser conhecida apenas a partir dessa consciência (LUKÁCS, 1967, p. 66).

A consciência de classe não é, portanto, a consciência psicológica dos indivíduos, mas a efetiva capacidade de ação de uma classe em uma determinada situação histórica. Os indivíduos são assim superados por um poder que os domina, por uma entidade que corre o risco de se tornar metafísica, e está muito perto do sujeito universal de Hegel que agia por meio da "astúcia da razão" acima dos indivíduos e servindo-se deles como instrumento. As críticas de idealismo e de hegelianismo se mostram a essa altura sem dúvida alguma fundadas. O porta-voz do ponto de vista do proletariado, posto o problema nestes termos e superado o proletariado como conjunto de indivíduos concretos, parece se tornar de fato o intelectual que tem as possibilidades críticas de se colocar acima de um irrefletido condicionamento de classe.

11.2 O problema da reificação em Lukács

Essas dificuldades que acarretaram para Lukács tantas excomunhões e condenações por parte dos expoentes do marxismo "ortodoxo", não devem, contudo, ocultar a realidade do problema, que é o problema da reificação e da falsa consciência. O autor em questão trata esse problema no longo e conhecido ensaio *A reificação e a consciência do proletariado*. Ele distingue entre um aspecto subjetivo e um aspecto objetivo da reificação. O aspecto objetivo consiste no fato de que o mundo da economia é regulado por leis as quais, mesmo sendo históricas, se põem agora como realidade objetiva, natural, estranha ao homem. O aspecto subjetivo consiste, ao contrário, nas consequências que isso acarreta ao trabalhador inserido neste processo. A fragmentação do trabalho, a especialização, a burocratização, implicam um total estranhamento do trabalhador no interior da sua atividade, de forma que ela não é mais tal no sentido da criatividade, mas torna-se "contemplação". Como se dizia, Lukács refere-se aqui, junto com os sociólogos não marxistas, às célebres páginas de *O Capital* sobre a mercantilização das relações entre os homens que se degrada assim à relação entre coisas, mas muito forte é também a influência de Weber, do qual reproduz quase a terminologia. A reificação penetra até na "alma" do trabalhador, condiciona toda a sua existência, o seu trabalho e a sua vida parecem reguladas pelo princípio da calculabilidade, tudo é quantificado, mensurável, regulado burocraticamente. A intervenção humana torna-se "mera fonte de erro" (LUKÁCS, 1967, p. 115) diante do mecanismo produtivo que segue uma *racionalidade formalista* (outra expressão tipicamente weberiana) independente dos fins individuais e conscientes. Esse processo envolve todos: o trabalhador diante da máquina e na sua vida privada, o dador de trabalho, o jornalista que se prostitui aos interesses capitalistas. Também a ciência, como se viu, permanece vítima da reificação, incapaz como é de superar o dado imediato e específico, de captar a totalidade, de "superar o caráter formal do método" (LUKÁCS, 1967, p. 136). Aquilo que para Weber era a tarefa específica da ciência é, portanto, a essa altura considerado por Lukács uma distorção, historicamente superável, da ciência na sociedade burguesa.

"O proletariado compartilha [...] com a burguesia a reificação de todas as manifestações de vida" (LUKÁCS, 1967, p. 198). Mostra-se nítida aqui a dificuldade que o autor em questão deve enfrentar. Se é assim, de fato, deve-se explicar como o proletariado pode sair da reificação, da falsa consciência, como pode constituir a base da mudança revolucionária, qualitativa, em que também Lukács tem plena confiança. Referindo-se a Marx, ele afirma que a burguesia se realiza na reificação e sente-se à vontade, ao passo que o proletariado nela se aniquila. Assim, somente o proletariado pode captar a totalidade do processo: a realidade da sociedade de classes implica que a burguesia não é senão um aspecto da totalidade, que para existir tem necessidade da exploração do proletariado, e que as formas específicas de conhecimento que a burguesia produz não podem ir além do imediato e do particular. O proletariado, ao contrário, com os seus interesses alternativos em relação ao ordenamento constituído, pode transcender esse ordenamento, captar seus limites. Na sociedade capitalista, o ser social mantém a burguesia prisioneira da imediaticidade, "ao passo que impulsiona o proletariado para além dela" (LUKÁCS, 1967, p. 217). Por isso, apenas do ponto de vista do proletariado pode-se chegar ao verdadeiro conhecimento, que é conhecimento do processo histórico na sua totalidade e nas suas possibilidades de transformação. A respeito, Lukács cita Marx, o qual tinha afirmado:

> A classe possuidora e a classe do proletariado encarnam a mesma autoalienação humana. Mas, nesta autoalienação, a primeira se sente completamente à vontade, sente-se fortalecida, pois sabe que a autoalienação é o seu próprio e possui nela a aparência de uma existência humana; já a segunda, ao contrário, sente-se aniquilada na alienação, descobrindo nela a própria impotência e a realidade de uma existência inumana (LUKÁCS, 1967, p. 198).

E em outro lugar o autor aqui discutido insiste:

> Tudo isso significa que não por acaso a burguesia permanece teoricamente prisioneira da imediaticidade, ao passo que o proletariado é capaz de ultrapassá-la (LUKÁCS, 1967, p. 216).

Não há dúvida que assim o problema deixado sem solução por Weber encontra uma solução. Nem todos os pontos de vista são equivalentes e podem ser colocados no mesmo plano. Apenas o ponto de vista do proletariado encarna aquele por meio do qual se pode chegar a uma verdade científica superior e serve como guia para a transformação radical da sociedade. Certamente, também as pesquisas feitas do ponto de vista da burguesia têm sua validade, mas não podem chegar a conhecer o processo total e a dinamicidade da sociedade. A ciência indica como ponto de vista a ser adotado o do proletariado, e como caminho a ser seguido a transformação revolucionária do ordenamento socioeconômico burguês. Para indicar o caminho a ser seguido, todavia, Lukács, como foi mencionado, deve postular uma entidade supraindividual que se incorpora na classe do proletariado e não corresponde aos membros dessa classe. Isso torna-se ainda mais difícil dada a afirmação segundo a qual a consciência dos proletários se mostra reificada e alienada: "falsa consciência". Não deve causar surpresa, portanto, se por parte do marxismo oficial chovem, como já se afirmou, acusações de idealismo, condenações e excomunhões, e por parte antimarxista chegam as críticas de fideísmo: de ter resolvido o problema de qual ponto de vista é superior aos outros apenas por meio de um ato de fé. O próprio Lukács, assim, impulsionado pelos eventos, pela revolução frustrada na Europa Central, em que acreditava, e pela difusão da interpretação stalinista do marxismo, não tardará a renegar a sua obra de juventude. Entretanto, a sua análise da reificação, em seus aspectos objetivos e subjetivos, e a sua indicação da diversidade dos pontos de vista das duas classes como uma diversidade enraizada na realidade social e não redutível a escolha psicológica, constituem momentos essenciais, na história do pensamento sociológico da Europa da época e deverão deixar traços indeléveis em autores que não aderem ao marxismo.

11.3 Karl Mannheim: a sociologia do conhecimento

Dentre esses autores há Karl Mannheim (1893-1947). Ele também húngaro de nascimento e submetido, pelo menos em parte, às mesmas influências de Lukács e depois àquela deste último, enfrenta em medida não certamente irrelevante os mesmos problemas, mas nunca chega a conclusões marxistas. Nascido em Budapeste, de pai húngaro e de mãe alemã, ele realizou os primeiros estudos na cidade natal, mas frequentou depois a universidade na Alemanha, em Freiburg e Heidelberg. Ao retornar para a Hungria durante o período revolucionário teve, em virtude do apoio de Lukács, um cargo de professor de filosofia na Universidade de Budapeste. Isso foi suficiente para obrigá-lo ao exílio quando a república comunista foi solapada pela reação. Voltou então para a Alemanha. Foi fortemente influenciado pela filosofia neokantiana, principalmente por meio de Rickert, da fenomenologia de Husserl e de Scheler, dos estudos do seu concidadão Lukács, como também diretamente pelo marxismo e pela sociologia de Max Weber. Os seus primeiros interesses foram filosóficos, e as linhas de pensamento foram os neokantianos, mas depois ele se aproximou cada vez mais do historicismo e da sociologia. De 1925 a 1933, ano em que foi obrigado a emigrar para Londres em virtude do advento do nazismo, ensinou sociologia e economia em Heidelberg e em Frankfurt. Foi nomeado leitor de sociologia na London School of Economics. Os seus interesses, no período anglo-saxão, deslocaram-se sensivelmente para a psicologia social e a sociologia da educação. Ele fundou a coleção de livros sociológicos "International Library of Sociology and Social Reconstruction" que contribuiu para divulgar a sociologia na Inglaterra e no mundo e permanece ainda hoje a mais conhecida coleção inglesa de sociologia. Em 1946 tornou-se professor de pedagogia na Universidade de Londres. Em 1947, no mesmo ano da sua morte, ocorrida por infarto, fora nomeado presidente da Unesco.

Depois do período de juventude neokantiano, Mannheim concentrou-se no problema da historicidade e da sociabilidade dos fenômenos intelectuais (WOLFF, 1971, p. xxv). Uma vez que Lukács, como vimos, afirmara que, à burguesia e proletariado, como classes que ocupam posições diferentes na estrutura socioeconômica, correspondem diferentes formas de conhecimento. Ele se perguntara:

> A respeito da consciência de classe, trata-se de uma questão sociológica de caráter geral, ou essa questão tem um significado para o proletariado que as demais classes, até hoje aparecidas na história, ignoraram? (LUKÁCS, 1967, p. 59-60).

Como foi dito, ele defendera essa segunda tese. E também Mannheim, em um ensaio de juventude sobre *O pensamento conservador* (MANNHEIM, 1967), indica as características desse pensamento, fazendo referência em especial ao "pensamento conservador não romântico", em contraposição ao pensamento progressista. O primeiro sempre está ligado ao dado, ao imediato, ao concreto: tende a negar a possibilidade de uma transformação radical do mundo social como ele se apresenta em um determinado momento. O pensamento progressista, ao contrário, raciocina em termos de uma possibilidade não ainda realizada e nega o estado de coisas estabelecido em nome da realização de tal possibilidade.

> O conservadorismo não romântico sempre parte de um caso particular e nunca amplia seu horizonte além do seu próprio ambiente particular. Preocupa-se com ação imediata, com a mudança nos detalhes concretos, e ele não está realmente preocupado com a *estrutura* do mundo em que vive. Toda a ação progressista, ao contrário, está animada por uma *consciência do possível*; ela transcende o imediatismo dado, confiando nas possibilidades de sua mudança sistemática (MANNHEIM, 1967, p. 153).

Esse ensaio começa com a análise do racionalismo moderno. "A característica do pensamento moderno – escreve Mannheim – é a tentativa de realizar uma completa racionalização do mundo" (MANNHEIM, 1967, p. 61). Trata-se de uma racionalização que encontra a sua manifestação típica nas ciências exatas, que se expressa em termos quantitativos, comunicáveis e demonstráveis independentemente de seu contexto histórico-social. Ela tende por isso à generalidade e à abstração. Esse comportamento surge na sociedade capitalista baseada na produção de mercadorias. Nessa sociedade

> também o "outro" é visto abstratamente. Em um mundo patriarcal e feudal, o "outro" é considerado em um certo modo uma entidade autônoma, ou pelo menos um membro de uma comunidade orgânica. Em uma sociedade baseada na produção de mercadorias, ele também se torna uma mercadoria, a sua força de trabalho uma grandeza calculável, que deve ser tratada como qualquer outra coisa quantificada. Com a ampliação da organização capitalista, o homem é tratado cada vez mais como uma grandeza abstrata e calculável e experimenta cada vez mais o mundo externo com base nessas relações abstratas (MANNHEIM, 1967, p. 156).

Temas de proveniência direta de *O Capital*, de Marx, se entrelaçam aqui com as interpretações feitas por parte de Ferdinand Tönnies e Georg Simmel, mestre de Lukács, e principalmente com as interpretações do próprio Lukács, o qual se refere também, como já foi dito, a Weber. O tema da racionalização do mundo é certamente de origem weberiano, mas ele mesmo sofre fortemente a influência de Marx. E Lukács, mesmo aderindo ao marxismo, retoma, ainda que criticamente, Weber. Mannheim se associa, portanto, a uma longa tradição de pensamento sociológico referente à especificidade da sociedade capitalista-industrial e à degradação das relações entre os homens à relação entre coisas. De qualquer modo, a influência mais direta é certamente a do seu concidadão e amigo Lukács enquanto as outras influências são mais mediadas. Mas Mannheim nunca aceitará o marxismo, e os seus estudos filosóficos e sociológicos sobre o historicismo o levarão a uma formulação mais geral do problema do condicionamento de classe: justamente àquela formulação sociológica mais geral que Lukács tinha identificado como possibilidade e rejeitado. Segundo essa formulação, o pensamento é sempre social e historicamente condicionado. As condições sociais em que os grupos humanos vivem influenciam seu modo de pensar: os homens pensam inevitavelmente em termos condicionados por sua posição na sociedade. Há sempre no pensamento a presença de fatores extrateóricos, extrarracionais, existenciais. O pensamento dos homens está sempre em relação com a sua existência. À determinadas posições sociais e às consequentes atividades correspondem interesses específicos de classe e, por conseguinte, maneiras específicas de pensar, posições teóricas específicas. Assim é para duas principais classes sociais e nisto consiste a formulação geral do problema em termos sociológicos. A disciplina que trata desse problema é chamada por Mannheim, que aqui se refere a uma expressão já utilizada por outros e em especial pelo filósofo e sociólogo fenomenólogo Max Scheler, "sociologia do conhecimento".

Há uma certa monotonia no pensamento sociológico da Europa Central do período em questão no que concerne ao restabelecimento de problemas postos por Marx e Engels inserindo-os, todavia, em quadros de referência teóricos diferentes daquele destes últimos. Mannheim não foge à regra. Ele considera, de fato, como antecedente da sociologia do conhecimento a teoria da ideologia de Marx e distingue entre uma concepção parcial e uma concepção total da ideologia. Segundo a primeira, as ideologias são afirmações particulares específicas acerca de determinados assuntos, os quais são "distorcidos" em razão dos interesses de classe que os seus assertores, consciente ou semiconscientemente, pretendem defender. Acusar uma afirmação de ser "ideológica" neste caso não implica pôr em dúvida a unidade do universo de discurso de quem sustenta uma afirmação e de quem a contesta.

> Tem-se uma concepção particular de ideologia quando por esta expressão se pretende assinalar um estado de dúvida ou de ceticismo nas ideias apresentadas pelo nosso adversário. Elas são, portanto, consideradas como falsificações mais ou menos deliberadas de uma situação real, cujo exato conhecimento estaria em contradição com os interesses daquele que a sustenta. Essas deformações se manifestam de muitas maneiras sob forma de mentiras conscientes ou semiconscientes, de enganos calculados para com os outros ou de autoilusões (MANNHEIM, 1985, p. 65).

A concepção total da ideologia implica, no entanto, a ideia segundo a qual a uma determinada posição social de um grupo corresponde um modo unitário de interpretar a realidade, uma visão do mundo que torna unido esse grupo e ao mesmo tempo o distingue dos outros. Uma época histórica, uma nação, uma classe social, uma geração etc., têm uma própria concepção do mundo que a caracteriza, de maneira que nós podemos reconhecer as origens históricas e sociais das proposições teóricas do mesmo modo em que reconhecemos essas origens no caso das obras de arte. Não é suficiente buscar as premissas lógicas das proposições teóricas: para compreendê-las é necessário reconectá-las também com suas origens histórico-sociais.

Embora o princípio seja de caráter geral e Mannheim entenda por interesse de classe também o simples apego afetivo à própria tradição, nas aplicações concretas ele se dirige, portanto, às classes sociais. E a respeito afirma que Marx tinha chegado, com sua teoria, à concepção total da ideologia, tinha visto como o problema das concepções ideológicas da burguesia não era redutível a problema psicológico, mas devia ser compreendido em relação com a realidade socioeconômica, estrutural da classe. Nesse ponto, Mannheim, entretanto, crítica Marx por ter utilizado sua descoberta sociológica como arma política. Ele havia, sim, considerado a classe como unidade social com uma própria visão do mundo que acomete cada aspecto do pensamento de quem pertence a ela e tinha chegado a interpretar essa visão do mundo em relação com os interesses econômicos que a condicionam, mas não quis ampliar sua descoberta até fazer dela um princípio sociológico de caráter geral. Passa-se da teoria da ideologia à sociologia do conhecimento quando se tem "a coragem de submeter não apenas o ponto de vista do adversário, mas aquele de cada um, o [próprio] [...] inclusive, à análise ideológica" (MANNHEIM, 1967, p. 78). Tampouco, como se afirmou, a unidade social considerada como a realidade que condiciona o pensamento pode ser apenas a classe: a mesma análise pode ser feita em relação às gerações, às classes, às seitas, aos grupos de trabalho, às escolas etc. (MANNHEIM, 1967, p. 299). No entanto, Mannheim aqui é particularmente cauteloso, ambíguo, e até mesmo contraditório. Logo depois dessa afirmação, ele sente de fato a necessidade de acrescentar que "de todas as unidades sociais acima mencionadas, a classe [...] [é] certamente a mais importante" e que "em última instância todos os outros grupos sociais surgem e se transformam em relação às mais fundamentais condições da produção e do poder" (p. 299). Uma afirmação com a qual também o marxista mais rigoroso concordaria.

Apesar dessas dúvidas, o problema da ideologia torna-se em Mannheim um problema de caráter geral, que acomete cada corrente de pensamento já que está inevitavelmente correlacionada ao seu contexto histórico-social. Mas a essa altura, evidentemente, surgem outras dificuldades: uma vez feita essa afirmação, a queda no relativismo e a decorrente impossibilidade de qualquer juízo parecem de fato consequências inevitáveis. Mannheim se esforça para sair dessa dificuldade falando de "relacionismo" e dizendo que afirmar a existência de uma relação entre uma ideia e o seu contexto histórico-social não significa invalidá-la; significa apenas que ela é válida não em absoluto, mas em relação a esse contexto, e apenas a nossa mentalidade acostumada a conceber a verdade ou em termos absolutos ou como inexistente não nos deixa ver esse caráter relacionista da própria verdade. O problema, no entanto, em tal maneira parece resolvido mais terminológica do que substancialmente. Ele mesmo não se mostra, na realidade, de todo satisfeito com essa solução, e busca outras saídas. Talvez ele tenha ficado famoso, sobretudo, por se referir aos intelectuais como categoria teoricamente privilegiada, que pode atingir uma verdade superior em relação às posições mais diretamente condicionadas por interesses de classe, e em particular pelos interesses da classe burguesa ou da classe proletária. O intelectual, no período histórico em que Mannheim escreve, parece-lhe, em relação às outras épocas, particularmente favorecido porque mais desvinculado de coerções institucionais como aquela exercida no passado pela Igreja. Bem entendido, também os intelectuais provêm de uma classe social, geralmente a burguesia; e nem sequer eles estão fora da história; mas, antes, são a expressão mais completa de uma determinada época histórica e dos seus problemas, porque, não estando diretamente envolvidos no mundo da produção e graças a um nível de instrução superior, adquirem maior imparcialidade, maiores possibilidades de crítica e autocrítica em relação às outras posições mais diretamente condicionadas e por isso mais parciais e dogmáticas. Justamente por essas suas faculdades, eles podem captar os fatores irracionais e inconscientes que normalmente entram nas escolhas políticas, controlar esses fatores trazendo-os ao nível consciente, e chegar a uma síntese dinâmicas diversas posições correlacionadas com as diversas forças presentes na sociedade. Por isso Mannheim afirma que a verdade não pode residir em concepções muito diretamente ligadas a interesses de classe, e auspicia a mediação dos intelectuais, que são os únicos a dar a possibilidade de afastar a política do irracional e de fundar uma "política científica". É essa uma nova proposta para resolver o problema deixado em aberto por Weber. Em assim fazendo, Mannheim, todavia, não se coloca acima das partes; mas, talvez apesar dele mesmo, adota uma posição conservadora. As classes, de fato, são consideradas uma realidade dada mais do que problemática, e a questão consiste apenas em encontrar uma síntese entre as diversas exigências e as diversas posições teóricas que elas implicam; a realidade das classes permanece indiscutível. Mais do que uma superação em termos econômicos, "estruturais" das classes e dos conflitos de classes, Mannheim propõe uma superação meramente cultural das divergências teóricas que deixa intacta a estrutura. Isso pela mediação dos intelectuais. Dito isso, deve-se logo acrescentar que, o autor em questão, o qual a esse respeito parece sentir fortemente a influência de Lukács, não põe a classe burguesa no mesmo plano da classe proletária. A primeira, de fato, é levada, com base em seus próprios interesses, a pensar em termos ideológicos, a segunda em termos utópicos. E a ideologia encarna a posição estática de uma classe no poder incapaz de compreender o elemento dinâmico da história, já que raciocina em termos daquilo que já está dado e nunca em termos daquilo que pode ser. Por outro lado, a utopia é certamente também ela uma visão socialmente condicionada, mas representa a posição da classe que, estando subordinada ao poder constituído, capta, com base nas próprias exigências, a possibilidade de transformação da sociedade.

> O conceito de ideologia reflete uma descoberta que foi emergindo da luta política; queremos aludir às convicções e às ideias dos grupos dominantes, as quais parecem unir-se tão estreitamente aos interesses de uma dada situação a ponto de excluir qualquer compreensão dos fatos que poderiam ameaçar seu poder.

> Com o termo "ideologia" nós pretendemos afirmar assim que, em certas situações, os fatores inconscientes de certos grupos ocultam a condição real da sociedade, tanto para si como para os demais e, portanto, exercem sobre ela uma função conservadora. O conceito de "utopia" traz à luz uma segunda e de todo oposta descoberta: ou seja, existem grupos subordinados, tão fortemente empenhados na destruição e na transformação de uma determinada condição social a ponto de não conseguir enxergar na realidade senão aqueles elementos que eles tendem a negar (MANNHEIM, 1967, p. 46-47).

A utopia também "é incapaz de fazer um diagnóstico correto da sociedade presente" (MANNHEIM, 1967, p. 47), mas tem a possibilidade de apreender a dinâmica da sociedade, o que, ao contrário, não é possível à ideologia.

Essa distinção, entre *ideologia* e *utopia*, que dá o título à obra mais conhecida de Mannheim, testemunha como também ele estava insatisfeito com a ideia do relacionismo e da *intellighenzia* acima das classes, e como a sua pesquisa fora atormentada. Nele se refletem as preocupações do intelectual moderado da Europa Central após a Primeira Guerra Mundial e em particular da República de Weimar, temeroso, e não sem boas razões, de um lado do totalitarismo comunista – na União Soviética já havia se instaurado o stalinismo – de outro de degenerações do liberalismo burguês em formas totalitárias fascistas. Deve-se levar em consideração que a primeira redação, em língua alemã, de *Ideologia e utopia*, remonta a 1929.

11.4 O problema da planificação democrática em Mannheim

Não podendo aceitar os perigos totalitários do comunismo e convencido de que, também em decorrência da crise econômica de 1929 que marca de alguma forma o fim do capitalismo concorrencial e do liberalismo econômico, não se possa mais fazer referência aos princípios desse liberalismo, Mannheim, obrigado em 1933, como se lembrará, ao exílio na Inglaterra, dedica-se à busca de uma nova forma de organização social, mais racional do que aquelas existentes.

O problema de como tornar a política racional apresenta-se, em termos tão mais graves uma vez que agora na Alemanha triunfou o nacional-socialismo, na obra *Homem e sociedade numa era de reconstrução* (1935). O autor distingue entre duas formas de racionalidade. Ele chama a primeira de *racionalidade "substantiva"*. Ela indica "um ato de pensamento que revele percepção inteligente das inter-relações dos acontecimentos em uma determinada situação" (MANNHEIM, 1959, p. 49). Aqui o sujeito está totalmente consciente do ato que realiza em relação aos meios à disposição e aos fins que quer atingir. Não é este, ao contrário, o caso da *racionalidade "funcional"*, que se tem quando o sujeito realiza uma série de ações com o objetivo de atingir uma determinada meta, que, todavia, em seu significado lhe escapa. Trata-se, por exemplo, do soldado obrigado a obedecer a ordens que não compreende, ou, em geral e de novo, da atividade no interior de um sistema burocratizado e em que vigora um alto grau de divisão do trabalho e de especialização. A industrialização acarreta a expansão dessa segunda forma de racionalidade que sacrifica o indivíduo, não lhe permite a autorrealização e a liberdade de escolher conscientemente entre uma pluralidade de fins. Mannheim se pergunta como sanar esse estado de coisas, e responde que racionalidade e liberdade se realizam sempre em diferentes formas de acordo com o contexto social e com diferentes graus de desenvolvimento da tecnologia. Em uma conferência ele cita uma série de exemplos muito úteis para resumir o seu ponto de vista a respeito. A técnica militar mudou no sentido de que, enquanto outrora os exércitos eram dotados de armas que podiam ser usadas por indivíduos contra outros indivíduos, agora, com bombas, gás, aviões etc., a agressão pode ser dirigida contemporaneamente contra multidões, e isso acarreta uma mudança no sentido de um aumento da força da minoria que exerce o poder armado. "A mesma concentração se deu na esfera do governo e da administração. O telefone, o telégrafo, o rádio, as ferrovias, os automóveis e, por último, mas não certamente por ordem de importância, o controle científico das organizações em vasta escala, facilitam todos" a centralização do poder (MANNHEIM, 1951, p. 256). Da mesma forma como se compreende o feudalismo com base no "fato de que sua descentralização foi em grande parte a consequência dos meios escassos de comunicação em vastos territórios, assim, as formas modernas de centralização política dependem em ampla medida [...] do desenvolvimento dos meios de comunicação e de administração" (p. 256). O mesmo processo envolve a formação da opinião pública e a educação. Tudo depende sempre mais de um aparato central.

> Em uma sociedade de massa não se pode deixar que as coisas se desenvolvam e encontrem a solução correta por meio da contínua contratação e do equilíbrio ocasional (MANNHEIM, 1951, p. 258).

> Quando pequenas unidades são substituídas por grandes corporações econômicas, os indivíduos por grandes associações como os sindicatos, quando o fato de fazer sozinho é substituído por grandes organizações como os serviços sociais (todos muito rígidos para ajustar-se espontaneamente), a alternativa não está mais entre planificação ou *laissez faire*, mas interferência com ou sem coordenação com base em um plano bem concebido. Agora os princípios do liberalismo, do *laissez-faire*, estão superados, e não podem ser o fundamento da sociedade senão criando desordem, manipulação e injustiça, e traduzindo-se em formas de totalitarismo. Como alternativa só resta a *planificação democrática*. O homem se mostra agora vinculado pela organização social exigida pelo próprio desenvolvimento tecnológico. A única solução possível para evitar as formas de totalitarismo que já existem no mundo consiste em organizar a própria liberdade, em colocá-la como um dentre os fatores que fazem parte da planificação, devem ser planificados. A planificação é a morte de toda liberdade se, como acontece no stalinismo e no nazismo, não for democrática; mas é a única saída quando nos pomos como tarefa regular todas as relações sociais de modo a asse-

gurar a liberdade coletiva do grupo de acordo com um plano democraticamente reconhecido (MANNHEIM, 1959, p. 344).

Não resta senão "aceitar as exigências da planificação em uma sociedade saudável, que nós mesmos escolhemos" (p. 344). A sociedade pode agir sobre os indivíduos sem que eles consigam controlá-la, mas é possível também que eles atinjam um nível mais alto de consciência dos fatores sociais que os condicionam e cheguem a dominá-los racionalmente. A planificação democrática exige por isso uma difusão dos instrumentos críticos da cultura, um alto nível de educação na sociedade que torne os seus membros conscientes dos problemas de seu tempo e capazes de agir consequentemente. Em seguida, e coerentemente, Mannheim irá se dedicar, portanto, a estudos de sociologia da educação. A planificação não está em conflito com a liberdade porque de fato também nas sociedades não planificadas os indivíduos são socialmente condicionados. A planificação democrática faz com que nos tornemos conscientes desse condicionamento, e por isso mais livres.

Pode-se captar aqui uma certa coerência no pensamento de Mannheim, uma vez que esse discurso remete ao que ele já havia afirmado em *Ideologia e utopia* a respeito dos intelectuais e de suas possibilidades de fundar uma política científica. Por outro lado, foi observado que, enquanto na primeira fase do seu pensamento o autor em questão se dedica principalmente ao problema dos conflitos de classe e da ideologia, os seus interesses se deslocam então para a psicologia social e o problema da integração (CORRADINI, 1967). Condicionado pelo empirismo anglo-saxão e pela sociologia norte-americana, Mannheim tende a se distanciar do seu enfoque de juventude e se aproxima desta segunda ordem de problemas. Isso todavia não deve fazer esquecer aquela continuidade no seu pensamento que já se tentou evidenciar, nem que ele tenha partido da própria exigência de Lukács de resolver o problema legado sem solução por Weber: Lukács propõe como solução a superioridade do ponto de vista do proletariado, com as dificuldades que dele derivam e de que já se falou, Mannheim, ao contrário, propõe primeiramente a superioridade do ponto de vista dos intelectuais e, em um segundo momento, a planificação democrática. Para o Lukács de *A destruição da razão* (1953), agora em posições rigidamente dogmáticas, não será difícil zombar dessas tentativas mannheimianas. Ele de fato tinha criticado toda a sociologia alemã não marxista, partindo de Simmel uma vez que as contradições do capitalismo se mostram como "uma universal 'tragédia da civilização enquanto tal'" (LUKÁCS, 1959, p. 457) a Tönnies, que se fecha em um "anticapitalismo romântico" (LUKÁCS, 1959, p. 599ss.), até Weber, que ele acusa, como já vimos, injustamente, de ter dado mais importância à superestrutura que à estrutura, e, menos injustamente, de não ter superado o irracionalismo (LUKÁCS, 1959, p. 610ss.). Lukács criticou também Mannheim por ter posto stalinismo e fascismo no mesmo plano e por não ter dado, ao defender a ideia da planificação democrática como saída dos totalitarismos, nenhuma "indicação sobre o caráter econômico-social que uma tal organização superior poderia ter e sobre as diferenças que se determinariam em virtude do diferente caráter econômico-social dessas organizações" (LUKÁCS, 1959, p. 648-649). Justamente o fato de não ter indicado essas diferenças teria permitido a Mannheim, sempre de acordo com as críticas já referidas, pôr no mesmo plano stalinismo e nacional-socialismo.

A essas críticas pode-se objetar que na realidade Mannheim procurou dar uma série de indicações práticas sobre como realizar uma planificação democrática, afirmando, por exemplo, a necessidade do controle estatal sobre os preços dos bens necessários e deixando a liberdade aos indivíduos no que se refere aos bens supérfluos. Mas, sobretudo, deve-se notar que a intuição de Mannheim sobre a necessidade da planificação democrática pareceu antecipar os tempos, já que essa necessidade surgiria depois tanto nas sociedades de livre-mercado como nas sociedades socialistas. Uma sociedade baseada em critérios econômicos liberais puros, sem nenhum controle centralizado, parece ter desaparecido, assim como vão desaparecendo também os regimes sem nenhuma participação da iniciativa privada na vida econômica.

Mas a lição principal de Mannheim deve ser buscada em outro lugar: na sua crítica às ideologias, a qualquer posição dogmática que não se aperceba do próprio caráter socialmente condicionado e historicamente relativo, que se acredite válida a-historicamente e fora de qualquer determinação social. Contra esses posicionamentos dogmáticos, que por muito tempo proliferaram não só no mundo cultural "burguês", mas também no âmbito do marxismo, Mannheim, com o seu apelo à inelutável historicidade do pensamento, à necessidade de desvelar o "inconsciente coletivo", os fatores irracionais que operam na sociedade e de torná-los conscientes e controláveis, tem ainda sua atualidade.

12
As origens da sociologia estadunidense

12.1 Problemas gerais

É indubitável que, embora as pesquisas empíricas tenham ganhado enorme difusão nos Estados Unidos da América e, em decorrência disso, as técnicas de pesquisa tenham se aperfeiçoado muito no país, as teorias sociológicas se originaram na Europa e se desenvolveram principalmente nesse continente. Assim, a ideia tão difundida da sociologia como disciplina tipicamente estadunidense é, em termos históricos, errônea. Vimos também como as lutas políticas, os conflitos de classe, a industrialização e a interpretação de todos esses fenômenos por parte do marxismo, mesmo que mais no âmbito da polêmica do que no de aceitação, foram fatores de importância fundamental no desenvolvimento das teorias sociológicas europeias. Na tradição estadunidense, por seu lado, tais problemas têm sido amiúde rejeitados e os estudos se dedicam a pesquisas empíricas circunscritas ou à formulação de teorias que tendem à psicologia social. Desde o início, tem-se a presença de escolas de teoria sociológica que remetem amplamente ao pensamento europeu e sobretudo ao evolucionismo, mas a diversidade do contexto e dos problemas práticos acarretou também, como sempre, diferenças notáveis frente a tal pensamento europeu.

Procurando ressaltar estas últimas, note-se que na Europa, como se viu, a crença iluminista e romântica na necessidade do progresso cedera lugar, no final do século passado e no começo deste século, a concepções muito mais "desencantadas", ao passo que nos Estados Unidos, onde ainda persistia o ideal pioneirista da fundação de uma nova sociedade, surgem, durante o período clássico da sociologia europeia, concepções que mostram uma grande influência do evolucionismo, Em segundo lugar, a tradição religiosa protestante revela ter nos Estados Unidos uma importância toda especial. Observou-se que muitos sociólogos americanos ou tinham sido educados em escolas voltadas para a carreira sacerdotal ou eram filhos de pastores protestantes ou, por sua vez, eles mesmos pastores protestantes (COSER, 1978, p. 287). Albion Small, conhecido sociólogo americano do período em pauta, chegou a afirmar: "Com toda a seriedade e avaliando atentamente o peso de minhas palavras, expresso minha fé de que a ciência social é o mais santo sacramento que foi dado ao homem" (COSER, 1978, p. 287). Essa grande relevância da fé religiosa protestante no início pode ter dado lugar a convicções conservadoras, mas a seguir, mesmo em relação à situação social geral, a atitude iria mudar. No período de transição do século passado para o século atual, "podiam-se ouvir vigorosas vozes críticas em todas as principais Igrejas. As orgias especulativas dos grandes industriais do roubo, a louca aglomeração em volta da sopa dos pobres, a violenta repressão do movimento dos trabalhadores então nascente, o desenvolvimento em grande parte descontrolado das cidades, o fechamento das fronteiras, os milhões de novos imigrantes amontados em pavorosos casebres explorados impiedosamente nas minas de carvão ou em trabalhos insanos: estes e muitos outros sintomas de crise e degradação levaram muitos homens da Igreja antes complacentes, bem como muitos outros cidadãos incomodados, ao movimento progressista. Todos eles queriam transformar os Estados Unidos num país mais condizente com a mensagem moral da doutrina cristã" (COSER, 1978, p. 288).

A inexistência de uma história política ligada aos problemas da luta de classes, devido ao fato de que os Estados Unidos tinham uma tradição de país colonizado que precisou combater para se libertar da potência colonizadora, e a presença de uma série de problemas "concretos" e específicos, como estes aqui mencionados, podem ser relacionadas ao fato de que a sociologia se desenvolveu em larga medida como estudo para a solução desses problemas "concretos": a imigração, as tensões "raciais", a pobreza, a delinquência, a falta de integração nos valores dominantes, o alcoolismo, o divórcio etc. É, sem dúvida, fácil demais afirmar – como, porém, ocorreu – que a sociologia europeia sempre foi condicionada por conflitos políticos e é resultante de uma sociedade cujo caráter típico deve ser buscado nesse conflito, ao passo que nos Estados Unidos, onde há "uma única tradição social e política (BRAMSON, 1961, p. 49), qual seja, a tradição individualista-liberal, a sociologia pode se interessar por problemas concretos e específicos por estar livre de condicionamentos políticos. Por um lado, com efeito, a tradição individualista-liberal é, ela mesma, fonte de condicionamentos políticos e, por isso, é arriscado falar, no caso da sociologia europeia, de um vínculo que não existiria na sociologia estadunidense. Por outro lado, cabe observar que a tradição liberal não é um dado estável e indiscutível, e sim uma realidade precária que tende a ser reforçada pela cultura dominante e está sempre ameaçada por dificuldades intrínsecas a uma sociedade composta por grupos étnicos muitos diferentes entre si, de forma alguma alheia a potenciais conflitos políticos. Pelo contrário, o próprio fato de que a tradição dominante podia estar sob ameaça e não se encontrava imune a algum princípio de contestação pode ter levado algumas expressões da sociologia estadunidense a se colocar ideologicamente em defesa dessa tradição.

No que concerne às influências mais especificamente intelectuais, já se fez referência ao evolucionismo, ele mesmo, aliás, ligado ao liberalismo individualista. Essa fonte de influência é especialmente forte em alguns autores, enquanto em outros a filosofia pragmatista, nascida nos Estados Unidos, parece constituir o princípio de referência intelectual de maior relevo.

12.2 William G. Sumner

Entre os que mais sentiram a influência do evolucionismo encontra-se William G. Sumner (1840-1910). Mas em sua obra mais conhecida, *Folkways* (1906), o esquema evolucionista é, acima de tudo, um invólucro em que se insere uma série de dados referentes aos vários modos como os homens se organizam em sociedades, as quais, à análise, mostram-se muito diferentes umas das outras. Assim é que Sumner se torna, acima de tudo, defensor daquele "relativismo cultural" que constituirá um dos traços mais característicos da sociologia e da antropologia cultural estadunidenses. O autor sem dúvida aceita as ideias de luta pela existência e de sobrevivência dos mais aptos. Mas Sumner é conhecido na história da sociologia não tanto por esses seus pressupostos, e sim por ter elaborado uma série de categorias interpretativas que, a seu ver, prestam-se a esclarecer os processos de luta pela sobrevivência e de seleção, mas as quais mantêm sua validade mesmo fora desse esquema. Especialmente famosa é a distinção entre *folkways* e *mores*. Para Sumner, a necessidade e o interesse são os motivos fundamentais na formação dos modos de vida comuns (*folkways*), mas ele insiste igualmente em afirmar que "todas as origens estão envoltas em mistério" (SUMNER, 1962, p. 11).

> [Os *folkways*] são hábitos do indivíduo e costumes da sociedade que nascem de esforços voltados para satisfazer às necessidades (SUMNER, 1962, p. 3).

> [Eles não são] uma criação consciente e intencional do homem. Eles [...] se desenvolvem pela experiência, alcançam uma forma definitiva de correspondência máxima a um interesse, são transmitidos pela tradição e não admitem exceções nem variações, embora mudando para enfrentar situações novas, mas sempre nos mesmos limites de método, e sem nenhuma reflexão ou intenção racional (SUMNER, 1962, p. 7).

Os *folkways* se transformam em *mores* quando se associa a eles a convicção de que contribuem para o bem-estar social. As instituições, por fim, se diferenciam tanto dos *folkways* quanto dos *mores* na medida em que "têm um caráter consciente e voluntário" (SUMNER, 1962, p. 65) e preveem sanções específicas nos casos de transgressão. "Os *mores* entram em ação à falta de leis e tribunais." Eles "regulam o grande campo da vida cotidiana, no qual não existem leis ou regulamentos policiais" (p. 65).

Em relação às "sociedades primitivas", Sumner elabora ainda outras categorias, destinadas a ter grande sucesso na literatura sociológica posterior. É o caso das distinções entre "grupo-de-nós" e "grupo-de-outros" ou entre "endogrupo" e "exogrupo", bem como do conceito de "etnocentrismo".

> Os membros de um endogrupo – escreve Sumner – se encontram numa relação de paz, ordem, lei, governo e trabalho. Sua relação com todos os estrangeiros ou exogrupos é uma relação de guerra e de pilhagem, a menos que surjam acordos para modificá-la (SUMNER, 1962, p. 16).

A própria existência dos exogrupos aumenta a coesão, a solidariedade do endogrupo. O etnocentrismo indica "a concepção segundo a qual o próprio grupo é considerado o centro de todas as coisas, e todos os outros são classificados e avaliados em relação a ele" (SUMNER, 1962, p. 17). Seguindo o etnocentrismo, todo grupo se considera superior aos outros e encontra em si mesmo os critérios de verdade considerados absolutos, dos quais deriva o desprezo por todos os membros de exogrupos ou grupos-de-outros. A crítica a essa postura com base no pressuposto do relativismo cultural, segundo o qual não existe um critério único de julgamento para as múltiplas culturas existentes, junto com a descrição de aspectos particulares de culturas específicas, constitui talvez a contribuição mais importante e mais conhecida de Sumner ao pensamento sociológico.

Ao nome de Sumner frequentemente se contrapõe o de Lester F. Ward (1841-1913). O primeiro, na explicação dos fenômenos sociais, recorrera sobretudo à seleção do mais apto que se dá naturalmente, por meio de processos inconscientes, ao passo que, para Ward, há uma diferença fundamental entre natureza e sociedade: a natureza se desenvolve sem seguir um projeto deliberado e reconhecido, enquanto a sociedade opera sobretudo com base nos projetos que os homens pretendem realizar. A natureza procede segundo as leis da "gênese", enquanto a sociedade, inversamente, procede com base na "telese". Como já se observou, Ward escreveu:

> Os homens e a sociedade não estão, senão num sentido muito restrito, sob a influência das grandes leis dinâmicas que controlam o resto do mundo animal [...]. Se chamamos os processos naturais de biológicos, devemos chamar os processos sociais de artificiais. O princípio fundamental da biologia é a seleção natural; o da sociologia é a seleção artificial [...]. Se a natureza procede pela destruição do mais fraco, o homem avança pela proteção do mais fraco (COSER, 1978, p. 200).

Como a sociedade se baseia na intervenção consciente do homem com vistas a melhorar suas condições naturais, quis-se ver em Ward um precursor da ideia da transformação social planejada, não entregue livremente à iniciativa individual, mas sim controlada pelo Estado. A sociologia, para Ward, tem uma função não meramente cognoscitiva, mas uma função prática; ela deve contribuir para levar ao nível da consciência e do controle científico aquelas forças que, originariamente, operam de maneira apenas natural e não controlada pelo homem. Nesse sentido, é fácil uma comparação com Comte.

12.3 Thorstein Veblen

Filho de pequenos agricultores noruegueses imigrados para os Estados Unidos, Thorstein Veblen (1857-1929) nasce numa fazenda do Wisconsin. Faz seus estudos superiores na Carleton College Academy de Northfield, num ambiente estreitamente ligado à tradição protestante. Seus interesses, desde o início heterodoxos, incidem sobre a filosofia positivista e a economia. Em 1881, ingressa na Johns Hopkins University de Baltimore, onde estuda filosofia. Depois se transfere para Yale, onde dá aulas particulares para pagar os estudos. Como muitos outros sociólogos estadunidenses da época, ele também sofre profunda influência do evolucionismo de Herbert Spencer. Obtém o doutorado em 1884. Também por causa de suas posturas anticonformistas e de seu cáustico espírito crítico, sua carreira acadêmica é muito difícil e lenta. Em 1891, resolve se matricular novamente na universidade (Cornell), para fazer os cursos de aperfeiçoamento em economia. No ano seguinte, está na Universidade de Chicago como "bolsista". Escreve muitos ensaios, resenhas, artigos, mas encontra sempre muitas dificuldades em avançar na hierarquia acadêmica. Seu livro *A teoria da classe ociosa* (1899) obtém grande sucesso, enquanto ele ainda ocupa uma posição acadêmica de pouco destaque. Desperta escândalos com seu comportamento anticonformista, eivado de relações amorosas, adultérios, divórcios, o que complica sua carreira. Continua sempre a publicar muito, e sua fama se difunde nos Estados Unidos e também nos ambientes da cultura econômica e sociológica europeia. Em 1911, passa da Universidade de Chicago para a de Missouri. Acompanha com vivo interesse os acontecimentos políticos, econômicos e sociais da época e escreve sobre a Alemanha imperial, a Primeira Guerra Mundial e outras questões, prevendo a crise econômica que ocorrerá em 1929, ano de sua morte. Vê com simpatia a revolução soviética.

Veblen é muitas vezes considerado como o primeiro expoente da vertente crítica da sociologia estadunidense, e sem dúvida o aspecto crítico e dessacralizador está intensamente presente em sua obra, mas ela não subestima nem mesmo os aspectos tipicamente estadunidenses, ligados ao elogio da eficiência e ao espírito de pioneirismo. Tem-se em Veblen a presença da mentalidade do camponês norueguês sóbrio e trabalhador, que despreza o luxo, o desperdício inútil e, em particular, a riqueza que permite viver sem trabalhar, explorando o trabalho alheio. Além disso, ele possui a mentalidade do imigrante ativista, eficientista, que acredita na produção e na técnica como únicas formas de evolução. Mas esse segundo aspecto se liga ao primeiro na condenação do "consumo conspícuo". A influência da família de origem convive em Veblen com a do país que, com o desenvolvimento técnico e industrial e o credo da eficiência, está se tornando rapidamente o mais poderoso do mundo em termos econômicos, derrubando a velha Europa. No entanto, é inegável que o autor em questão também enxerga claramente os limites econômicos e sociais dos Estados Unidos e prenuncia os críticos posteriores.

Em sua obra mais famosa, já citada, Veblen afirma que é absolutamente insuficiente explicar a instituição da propriedade privada pela exigência de obter os meios de subsistência. Isso pode se aplicar às primeiras fases de desenvolvimento da tecnologia e em casos de extrema pobreza. Mas, superados esses limites, a instituição da propriedade privada se explica pelo instinto de emulação. Quer-se mais do que se tem não por que haja uma necessidade biológica, mas simplesmente para parecer superior aos outros. A riqueza se torna em si uma qualidade pessoal, e tanto mais, paradoxalmente, quanto mais ociosamente o indivíduo a usufrui, sem esforço prévio, por herança.

> A posse da riqueza que, no início, era considerada simplesmente prova de capacidade torna-se em si mesma, na opinião popular, um ato meritório. Agora, a própria riqueza é intrinsecamente honrosa e confere honra a quem a possui. Com um requinte adicional, a riqueza adquirida passivamente por herança dos antepassados ou dos outros progenitores se torna agora até mais honorífica do que a riqueza adquirida com esforço pelo possuidor (VEBLEN, 1969, p. 35).

Disso decorre que cada um na sociedade quer mostrar aos outros que possui tal riqueza. E para mostrá-lo, sobretudo nos ambientes em que há grande mobilidade, as pessoas se conhecem pouco e é mais difícil verificar a ociosidade, recorre-se ao consumo conspícuo, que tem a função de ostentar ao próximo suas posses econômicas.

> Os meios de comunicação e a mobilidade das pessoas agora expõem o indivíduo ao exame de muitos que não dispõem de outra maneira de julgar sua respeitabilidade a não ser pela ostentação das posses [...] que ele é capaz de fazer enquanto está sob sua observação direta (VEBLEN, 1969, p. 86).

Essa exigência de se mostrar superior aos outros condiciona todos os aspectos da vida não só exterior, mas também interior, psíquica, inclusive determinando a sensibilidade estética pessoal: julga-se belo aquilo que confere prestígio, enquanto dotado de valor econômico. "A utilidade dos artigos avaliados por sua beleza depende estritamente do custo deles" (VEBLEN, 1969, p. 120). Se preferimos uma colherinha de prata trabalhada a mão a uma colherinha feita a máquina e talvez em metal menos precioso, ainda que ela seja idêntica à primeira, obviamente isso depende apenas do fato de sabermos que ela tem um preço maior e, portanto, maior capacidade de nos elevar na opinião alheia.

> A maior satisfação que deriva do uso e da contemplação de produtos caros considerados belos normalmente é, em grande parte, uma satisfação de nosso gosto pelo dispendioso, disfarçado sob o nome de beleza. Nossa maior apreciação do artigo mais precioso é uma apreciação de seu caráter honorífico superior, muito mais frequentemente do que uma simples apreciação de sua beleza. A exigência de ostentação conspícua não está, de modo geral, conscientemente presente em nossos cânones estéticos; mas, mesmo assim, está presente como norma coercitiva que molda e sustenta com a seleção nosso senso do que é belo, e orienta nosso discernimento em relação ao que pode ser e ao que não pode ser legitimamente aprovado como belo (VEBLEN, 1969, p. 121-122).

O próprio instinto sexual parece se conduzir por cânones diferentes conforme os gêneros de sociedade e os graus de desenvolvimento econômico e tecnológico. Enquanto as mulheres são avaliadas por sua utilidade no trabalho manual, o atraente é o tipo sólido e robusto, ao passo que, quando a mulher não trabalha e se torna signo externo da ociosidade em que se vive, o atraente é o tipo esguio e "delicado", "sob constante proteção" (VEBLEN, 1969, p. 137).

Nas páginas dedicadas a esses problemas, Veblen antecipa em muitas décadas, pelo menos no conteúdo, as mais recentes críticas ao "consumismo". Os homens se mostram totalmente condicionados pelo desejo de aparecer economicamente poderosos, e isso os leva a uma comparação constante com os outros, a uma emulação contínua que encontra seu aspectos mais macroscópicos no "consumo conspícuo", no ócio ostensivo, na exibição dos bens. Isso se dá, como já se disse, com o fim exclusivo de mostrar a própria superioridade econômica e, muitas vezes, de simulá-la, sendo na verdade inexistente.

Dito isso, cabe acrescentar desde já que o esquema de referência teórica de onde parte Veblen é totalmente diferente daqueles próprios dos críticos mais recentes da "sociedade de consumo". O autor, que tem a influência do ambiente cultural anglo-saxão, é um evolucionista. Ele diferencia dois tipos de atividades e dois tipos de instituições econômicas: de um lado, temos a instituição e a atividade financeiras, baseadas no ganho que deriva da propriedade e da troca sem que haja produtividade. Nesse aspecto, Veblen ataca violentamente os indivíduos capitalistas e seus instintos predatórios. Vivem de atividades financeiras e improdutivas, explorando o trabalho alheio e visando apenas ao lucro e ao consumo. Com sua presença, levam à intensificação do fenômeno do consumo conspícuo, como se disse, mesmo por parte daqueles que não detêm grandes riquezas, de forma que tolhem a evolução social. De outro lado, temos a instituição e a atividade industriais, próprias dos que operam como técnicos e engenheiros ou com trabalho manual produtivo. Tem-se, como já se afirmou corretamente:

> Uma divisão, no corpo mesmo da empresa e em geral nas estruturas e nas operações econômicas, em dois grandes campos: o dos engenheiros, dos técnicos, dos racionalizadores, dos industriais, isto é, dos produtores propriamente ditos, e o dos capitalistas dinásticos, dos negocistas, das aves de rapina das finanças, interessados em especular e em consumir, não em dar andamento à lógica da produção. Olhando com atenção, todas as obras de Veblen são um comentário [...] desses dois grandes campos ou tipos sociais: de um lado, os interesses consolidados, os parasitas; de outro lado, os organizadores da produção, os técnicos (FERRAROTTI, 1974, p. 150).

De um lado, temos o instinto de rapina; de outro lado, o instinto da eficiência e da produtividade. Afirma o autor em pauta que, enquanto em fases tecnologicamente menos avançadas a emulação podia ser fonte de progresso social, agora, na sociedade em que ele vive, a nova situação implica que "o interesse da comunidade não coincide mais com os interesses emuladores dos indivíduos" (VEBLEN, 1969, p. 207). Sem dúvida persiste uma distância entre as tendências emuladoras presentes nos indivíduos e as novas exigências tecnológicas; mas, para Veblen, estas estão destinadas pela evolução a prevalecer, e nos movemos para uma sociedade tecnológica e industrial em que mesmo o instinto de rapina será superado. Como escreve C.W. Mills, "Veblen sustenta que nas sociedades modernas [...] as forças industriais são o motor da história, e a classe ociosa é uma sobrevivência e um resíduo, um anacronismo e uma excrescência parasitária" (MILLS, 1953, p. xvii).

A dicotomia em questão retorna a propósito da cultura: temos uma cultura fundamentalmente inútil, baseada sobre os ritos mágicos e o animismo, a qual é apenas um "subproduto" da "classe ociosa", isto é, da classe que não trabalha e, portanto, considera a cultura com fim em si mesma e como ornamento que atesta uma suposta superioridade social; e a cultura tecnológica e produtiva, geralmente considerada inferior à primeira; mas, na verdade, superior a ela. A cultura acadêmica, contra a qual Veblen investe com especial virulência, lhe aparece ainda estreitamente ligada a uma visão mágica e animista do mundo – com essas expressões, o autor designa a cultura humanista mais voltada para a vida interior do que para os processos tecnológicos e socioeconômicos – completamente superada pela cultura tecnológica. Quanto a isso, observou-se que, segundo Veblen:

> o advento da era técnica, isto é, da mecanização em grande escala, está destinado a revolucionar a estrutura institucional e os hábitos mentais herdados do passado. Ele obriga os grupos humanos, ainda essencialmente animistas e antropomórficos em suas representações da realidade, a tomar consciência da relação de causalidade impessoal intercorrente entre os fenômenos (FERRAROTTI, 1974, p. 157).

O esquema evolucionista segundo o qual a sociedade passaria do instinto predador da classe ociosa para o eficientismo industrial, com as consequências culturais acima citadas, comportaria que o consumismo, tão duramente criticado por Veblen, seria apenas uma fase residual de um momento superável por meio da evolução social, que levaria a uma sociedade inteiramente produtiva. Ora, à luz de nossa realidade socioeconômica e de estudos mais recentes, é fácil objetar que o consumismo atual é uma consequência das exigências produtivas, e não o contrário. É a produção por parte de quem detém o poder econômico que leva à manipulação e ao consumismo. Se o indivíduo quer trocar de automóvel porque o vizinho trocou, isso se dá por exigências produtivas muito precisas e pela decorrente manipulação. A lógica do consumo é uma consequência da lógica produtiva, de modo que a dicotomia e o evolucionismo de Veblen se mostram um tanto frágeis em termos teóricos. Se a descrição vebleniana do fenômeno é surpreendentemente atual, não parece possível dizer o mesmo de sua explicação.

A outra crítica que cabe dirigir agora a Veblen deveria surgir com clareza suficiente a partir do que foi exposto sobre os autores considerados anteriormente. De Tönnies a Simmel, de Weber a Lukács e Mannheim, na história do pensamento sociológico é constante a distinção, explicitamente formulada a partir de Weber, entre uma racionalidade substancial e uma racionalidade puramente formal, burocrática, eficientista, e igualmente constante é a consequente preocupação com um excessivo desenvolvimento desta em detrimento daquela. Tal preocupação está totalmente ausente do pensamento de Veblen, o qual considera de maneira um tanto acrítica a racionalidade eficientista e tecnológica como a própria racionalidade em si, sem se aperceber que ela pode a seguir instrumentalizar os indivíduos, exigir-lhes um comportamento mecânico e privado de significado subjetivo. A racionalidade mecânica, eficientista, instrumental, se identifica em Veblen com a máxima racionalidade alcançável e desejável pelo homem. Como observou claramente C.W. Mills:

> [ele] teve uma visão inadequada do efeito da eficiência industrial sobre a racionalidade dos homens próximos ao processo mecânico. Não conseguiu reconhecer a enorme ambiguidade da racionalidade do homem moderno e de sua sociedade. Supôs que os trabalhadores especializados, os engenheiros e os técnicos conseguiriam incorporar sempre mais a racionalidade substancial, como indivíduos e como estratos [...]. Veblen não conseguiu ver que uma maior racionalidade da máquina da eficiência não significa que os indivíduos ligados entre si para fazê-la operar sejam pessoalmente mais racionais ou inteligentes, nem no interior da fantástica sala das máquinas, e certamente ainda menos no interior da sociedade de massas de que ela faz parte. Na verdade, o juízo dos "técnicos" e sua capacidade geral de entendimento, sobretudo em relação aos problemas sociais e políticos, muitas vezes parecem totalmente paralisados e não melhores do que os dos fanáticos pelo lucro (MILLS, 1953, p. xvii).

Mills prossegue, afirmando que "o próprio aparato racional expropriou a racionalidade do indivíduo, a tal ponto que muitas vezes somos levados a pensar que aqueles que estão à frente das grandes instituições são, em geral, totalmente estúpidos" e que os engenheiros e técnicos certamente não têm maiores possibilidades do que os demais de estar entre os poucos que compreendem a estrutura social em sua totalidade. "Aquilo que Veblen chamou de eficiência industrial [...] não aumenta necessariamente a racionalidade substancial do juízo independente" (MILLS, 1953, p. xvii-xviii).

Esse limite do pensamento de Veblen não poderia passar despercebido a um estudioso de Max Weber e de Karl Mannheim como C.W. Mills. Apesar disso, ele reconhece em Veblen aquele que ensinou a olhar por trás da fachada oficial. Veblen continua a ser o grande dessacralizador, o "mestre da irreverência" (FERRAROTTI, 1974, p. 144), e como tal inaugura a tradição da "sociologia crítica" em seu país, mesmo que a crítica da sociedade americana e dos modos de vida de seus habitantes seja feita em termos de eficientismo, isto é, adotando o mais típico dos valores da própria cultura estadunidense. A crítica à sociedade estadunidense se dá com base na ideia de que, na verdade, ela não realizava esse valor do eficientismo por causa da presença da "classe ociosa", que vive sem realizar um trabalho produtivo.

12.4 George H. Mead

George Herbert Mead (1863-1931) pertence mais propriamente ao campo da psicologia social do que ao da sociologia em sentido estrito. Ele estudou nos Estados Unidos, mas também no exterior, na Alemanha, onde recebeu grande influência das teorias do psicólogo Wundt. Lecionou durante muitos anos na Universidade de Chicago, onde pôde travar relações com os principais expoentes da cultura filosófica, psicológica e sociológica da época. Filosoficamente, ele está próximo do pragmatismo e do pensamento de John Dewey, mas conhece bem as obras de Tarde, Baldwyn, Cooley e outros, além do evolucionismo de Spencer. Interessa-se também pelos clássicos da filosofia e pelos problemas políticos de seu tempo. Sua fama se difunde nos Estados Unidos na esteira do curso de psicologia social que ministra na Universidade de Chicago a partir de 1900, mas escreve apenas uma série de artigos. Sua obra principal, *Mente, self e sociedade*, bem como suas demais obras, é apenas uma coletânea de suas aulas, aos cuidados de alguns alunos seus e publicada postumamente em 1934.

Assim ligado, tal como Veblen, a pressupostos evolucionistas, Mead é condicionado sobretudo e mais diretamente pelo comportamentalismo em psicologia e pelo pragmatismo em filosofia. A grande influência que ele viria a ter na teoria sociológica posterior se deve ao fato de que seu problema fundamental é identificar os pressupostos necessários para a existência da sociedade entendida como comunicação, como linguagem, possibilitadas por símbolos significativos comuns. Mead é tido como o fundador de uma escola psicossociológica denominada a seguir como "interacionismo simbólico".

Ele parte de uma crítica "interna" ao comportamentalismo, o qual rejeitava o estudo do "privado", que não é expresso de modo explícito e, portanto, não pode ser constatado empiricamente. Mead retruca que o comportamentalismo pode superar facilmente esse limite e estudar também o mundo psíquico interior ao indivíduo, na medida em que este não é um *a priori* independente do comportamento, mas se forma, ele também, por meio da interação, da comunicação e da linguagem. O significado tem uma realidade "objetiva", isto é, independente de um "estado de consciência" subjetivo. Com uma terminologia tomada à psicologia comportamentalista, Mead afirma que o significado é a reação de um "organismo" ao "gesto" de outro organismo. Assim, na esgrima, a parada é uma interpretação da estocada e constitui seu significado. Pode-se dizer o mesmo em relação à fuga de um animal diante da ameaça de outro animal. A ação significativa de um organismo surge como reação à ação de outro organismo. Apenas no homem, porém, o significado pode se tornar consciente e, neste caso, o gesto não tem mais um significado direto, mas adquire um significado simbólico, torna-se um *símbolo significativo*. O processo tem sua expressão mais evidente e completa na linguagem. Por meio dela, que surge quando se reage ao gesto vocal humano atribuindo-lhe um significado intersubjetivo, chega-se à criação de uma série de "novos objetos".

> A simbolização constitui os objetos ainda não constituídos, objetos que não podem existir fora do contexto de relações sociais em que se dá a simbolização. A linguagem não simboliza apenas uma situação ou um objeto que existe previamente: ela possibilita a existência ou o surgimento daquela situação ou objeto particular enquanto faz parte do mecanismo pelo qual vem a se criar aquela

> situação ou aquele objeto. O processo social estabelece relação entre as respostas de um indivíduo e os gestos de outro e o significado deles, e por isso é responsável pelo nascimento e pela existência de novos objetos que dependem ou são constituídos por esses significados (MEAD, 1966, p. 100).

Se podemos atribuir significados aos objetos por meio da linguagem, criamos uma nova realidade. Com efeito, o mundo objetivo, sem a linguagem, seria uma realidade privada de sentido, ao passo que, com a linguagem, constitui-se uma série de objetos dotados de "sentido comum". A mente se desenvolve nesse processo de interação, isto é, na sociedade, a qual não é senão um conjunto de significados compartilhados. Portanto, tem-se na ação, no comportamento, a origem da vida psíquica consciente, de modo que mesmo o "privado" se explica remetendo-se ao externo, ao social.

Mead parte do organismo e seu discurso se inicia em termos da psicologia comportamentalista. No entanto, suas conclusões não estão distantes das de quem, como Weber, com base no historicismo alemão, por sua vez vira na cultura como processo de interação o surgimento de significados socialmente relativos a partir de "uma infinidade desprovida de sentido". Vertentes de pensamento aparentemente tão distintas entre si, como a sociologia de fundo historicista e a psicologia comportamentalista, concordam plenamente ao considerar a sociedade como construção humana derivada da interação. Todavia, não se deve esquecer que Mead também estudou na Alemanha, recebendo influência da filosofia idealista, que nega a realidade do dualismo sujeito-objeto, e do posterior historicismo. A propósito, observou-se corretamente que, "em Mead, o idealismo alemão em termos mais mediados e o pragmatismo e o evolucionismo em termos mais direitos se fundem, oferecendo-nos uma formulação original da relação existente entre conduta individual e organização social" (CIACCI, 1972, p. 262). Mas Mead quer ir além da especulação filosófica e pretende explicar com base no comportamento o surgimento dos significados por meio da troca de gestos. Como se disse, o significado surge como reação ao gesto do outro e é percebido conscientemente apenas pelo homem por meio da linguagem, da simbolização comum.

Por meio da linguagem surgem significados comuns não só aos indivíduos que interagem diretamente, mas também a todo um universo social. Mas procura-se a origem desses significados sempre na interação e na simbolização. Em filosofia, quando se aborda o problema dos "universais", seria preciso fazer referência não a entidades abstratas e "metafísicas", mas simplesmente aos significados comuns a todos os membros de uma sociedade, de modo que se tenha um valor transindividual e, apenas nesse sentido, "objetivo". Na medida em que o indivíduo tende a interiorizar as atitudes dos outros em relação a si e a agir segundo as expectativas desses outros, e a seguir repetindo esse comportamento, surge "o outro generalizado", isto é, mais uma vez, os indivíduos interiorizam a sociedade em que vivem e os papéis que nela têm, ou seja, as obrigações que ela prescreve a cada um em relação à sua posição. Nesse processo surge o "si", que se caracteriza por ser o indivíduo objeto para si mesmo, por poder se constituir como objeto refletido de seu próprio pensamento, e isso é possível justamente na medida em que o indivíduo na interação aprende a se ver e a se considerar tal como é visto e considerado pelos outros. Assim, por meio da comunicação com os outros, ele aprende a se comunicar também consigo mesmo. Desse modo, a sociedade está presente também nos mais íntimos pensamentos, na medida em que o pensamento é sempre comunicação consigo mesmo e ele próprio é linguagem.

O "si" não se manifesta em sua totalidade a cada relação tomada individualmente, mas tende a se apresentar de modos variados conforme as pessoas e as situações em que se encontra: conforme os papéis que ele exerce. E, no entanto, mesmo a personalidade de um indivíduo em seu conjunto é resultado dos processos de interação em que ele se encontra.

> É o próprio processo social que é responsável pelo surgimento do si; não existe um si separado desse tipo de experiência (CIACCI, 1972, p. 160).

Mead também aborda o problema das instituições. A seu ver, pode-se falar em instituição quando todos os membros de uma sociedade, perante determinadas situações, têm reações comuns. Claro que isso não significa que o comportamento de todos os indivíduos seja idêntico, mas apenas que todos eles, neste seu comportamento, devem ter presente um certo tipo de organização social. O ladrão e o policial, mesmo com seus comportamentos diversos, demonstram que interiorizaram a instituição da propriedade privada e agem em conformidade com isso. O autor não dá um tratamento muito preciso às instituições e parece considerá-las também em termos de psicologia social, embora capte implicitamente que "uma organização que confere unidade à variedade das respostas" (CIACCI, 1972, p. 264) alcança certa independência em relação às vontades e às ações individuais. Não chega a uma definição ou a um esclarecimento explícito da estrutura social como realidade que se tornou estranha e coercitiva em relação aos indivíduos, mas abre caminho para uma orientação simbólico-interacionista rumo a essa solução. Partindo da interação, ele chega ao si como conjunto organizado de papéis e aponta as instituições como organizações mais complexas dentro das quais se manifestam esses papéis.

A essa altura, os méritos de Mead devem estar suficientemente claros. Com base no pragmatismo, e sobretudo sob a influência direta do "instrumentalismo" de Dewey, ele vê a personalidade individual emergir de um processo social, da atividade prática que une os indivíduos entre eles e faz com que interajam. Da "conversa dos gestos" em que o gesto de um organismo provoca uma resposta em outro organismo que interage com o primeiro, resposta esta que, por sua vez, o estimula, ou seja, de uma atividade social simples passa-se para uma atividade social mais complexa baseada nos símbolos significativos, baseada na linguagem. Assim se supera qualquer dicotomia entre sociedade e indivíduo, bem como a cisão entre atividade e pensamento. A psique individual não é mais considerada como um *a priori* independente frente à sociedade. A importância dessa afirmação e de sua explicação por parte de Mead emerge com toda a clareza se considerarmos as dificuldades com que se depararam tantos outros autores, já comentados. Por outro lado, pode-se criticar Mead, como ocorreu por vários lados, por não ter desenvolvido "um conceito adequado de estrutura social" (BERGER & LUCKMANN, 1966, p. 32, nota). Reitere-se, porém, que ele é um psicólogo e, portanto, sua influência na sociologia, mesmo sendo muito grande, em geral continua a ser indireta. Mead, bem como os que se remetem a ele, concentrou sua atenção "mais sobre os mecanismos evolutivos da conduta do que sobre seu conteúdo específico, mais sobre o 'fazer-se' da sociedade e do homem do que sobre sua estrutura, mais sobre os processos do que sobre as situações histórico-políticas em que eles se desenrolaram" (CIACCI, 1972, p. 277). Assim, a diversidade e a especificidade das estruturas histórico-sociais ficam à sombra no interacionismo simbólico que parte de Mead. Por outro, não parece muito fundamentada a crítica de que "não é apenas o comportamento comunicativo que explica a realidade cotidiana. Os fatores do sistema de produção e de poder que caracterizam uma sociedade específica são [...] igualmente responsáveis por um certo tipo de comportamento social" (p. 269). Do ponto de vista do interacionismo simbólico, de fato, não é difícil responder que um sistema de produção e um sistema de poder simplesmente não podem surgir senão por meio da interação, da linguagem, dos símbolos significativos. Nesses mesmos termos pode-se responder à crítica de que Mead nunca concentra sua atenção nos fatores conflituais e examina apenas os fatores comunicativos. De fato, sem comunicação tampouco o conflito poderia existir, o qual se reduziria a mero confronto desprovido de sentido entre objetos inconscientes. Justamente por ter tentado identificar os fatores mínimos necessários para o surgimento do social, independentemente dos conteúdos específicos das relações, Mead foi retomado por aqueles sociólogos que, como Talcott Parsons, fizeram da busca desses fatores mínimos o centro de suas teorias sociológicas.

Outra objeção que não cabe a Mead é a de que ele teria reduzido completamente o indivíduo à ordem social preexistente e o teria absorvido totalmente na sociedade. Sem dúvida, o autor aqui em pauta não apresentou uma teoria sistemática da mudança social; mas, com base numa proposta já presente em William James, ele distingue entre "mim" e "eu", o primeiro formado pela interiorização das atitudes alheias por parte do indivíduo, o segundo pelas capacidades criativas do sujeito que age como força dinâmica e transformadora (MORRIS, 1966, p. 23ss.).

O limite mais evidente do pensamento de Mead se mostra em sua tentativa de aplicar os princípios de sua psicologia social à esfera da política. Ele é um convicto defensor do ideal democrático e da possibilidade de sua concretização por evolução e por vias pacíficas. O "si", assumindo e interiorizando as atitudes dos outros, torna-se "moral". Como sintetiza Charles W. Morris na introdução a *Mente, self e sociedade*:

> a capacidade de um número crescente de pessoas de assumir o papel alheio em grau sempre maior pareceria se mover na direção do ideal democrático [...]. A verdadeira implicação da democracia é que cada um deveria se realizar por meio da participação moral num processo cooperativo (MORRIS, 1966, p. 31).

O próprio Morris comenta essa ideia numa nota:

> no sentido não moral do termo "social", as guerras, a discórdia e a desorganização são tão morais quanto seus contrários. O fato de que Mead não mostra que o problema é como alcançar "sis" morais e não meramente "sis" sociais por vezes dá a impressão de uma confiança, desprovida de fundamento crítico, no desenvolvimento futuro da sociedade humana, mesmo que, em outras ocasiões, ele se mostre suficientemente sensível aos aspectos socialmente destrutivos do comportamento (MORRIS, 1966, p. 31).

Mead parece crer que o próprio processo de interação simbólica leva a uma democracia universal, mas sua psicologia social corroboraria em igual medida tanto essa afirmação quanto sua negação. A teoria do autor, referindo-se aos processos de interação concebidos em termos abstraídos de conteúdos históricos específicos, não se presta a nenhum tipo de uso político.

12.5 Charles H. Cooley

Entre os que influenciaram o pensamento de Mead está Charles Horton Cooley (1864-1929), um ano mais novo do que ele, mas autor de obras sistemáticas publicadas em vida, e não postumamente, como foi o caso de *Mente, self e sociedade* de Mead. Cooley estudou engenharia na Universidade de Michigan e depois viajou por algum tempo pela Europa. Mais tarde formou-se também em economia, ao mesmo tempo interessando-se por sociologia. Em 1892, começou a lecionar sociologia na Universidade de Michigan, onde permaneceu até o final da vida. Cooley é firme defensor da ideia de que o eu e a sociedade só podem se dissociar por abstração, e que no mundo concreto não existe eu sem sociedade, nem sociedade sem eu. "O eu e a sociedade", escreveu ele no início de sua obra *A organização social* (1909), "nascem juntos: conhecemos imediatamente tanto um quanto a outra, e a concepção de um *ego* separado e independente é ilusória" (COOLEY, 1963, p. 8). O eu se desenvolve na comunicação e chega a se ver tal como os outros o veem, ou melhor, como pensa que os outros o veem. Essa ideia do caráter reflexo do eu – do "eu espelho" – é uma das mais conhecidas do autor em pauta. Desenvolveu-a num volume de 1902, chamado *Natureza humana e ordem social*. Assim escreveu ele:

> Com a imaginação, captamos na mente de outrem uma certa maneira de considerar nosso aspecto, nossos comportamentos, nossos objetivos, nossas ações, nosso caráter, nossos amigos e assim por diante, e somos influenciados de várias maneiras por essas considerações (COOLEY, 1964, p. 182).

Nós, continua Cooley, sempre imaginamos como aparecemos aos outros, os juízos que fazem, e disso derivamos um sentimento de orgulho ou de mortificação. É nesse processo recíproco que consiste a sociedade, a qual, portanto, é o entrelaçamento das ideias que uns têm sobre os outros e no qual surge o próprio eu.

> Todos os nossos pensamentos estão ligados com o pensamento de nossos antepassados e de nossos associados e, por meio deles, com o da sociedade em geral (COOLEY, 1963, p. 7).

Cooley herda essa ideia do filósofo pragmatista William James, que sustentara que o "si social" de um indivíduo é composto pelas imagens que os outros têm sobre ele. Aliás, James fora ainda mais específico, observando em *Princípios de psicologia* (1890) que "um homem tem tantos sis sociais quantos são os indivíduos que o reconhecem e têm em mente uma imagem dele" (JAMES, 1950, p. 294). Sobre a influência de James em Cooley há acordo unânime, a qual, aliás, foi reconhecida por este último (COSER, 1983, p. 450). Assim, houve quem dissesse que Cooley não seria agora lembrado na história do pensamento sociológico se tivesse elaborado apenas essa ideia, que não acrescenta nada de novo ao que James já dissera (MARTINDALE, 1968, p. 551). Em lugar disso, a ideia mais original de Cooley é a de "grupo primário", que ele define nos seguintes termos:

> Por grupos primários entendem-se aqueles grupos caracterizados por uma íntima associação e cooperação. São primários em vários sentidos, mas sobretudo porque cumprem uma função fundamental na formação da natureza social e dos ideais dos indivíduos. O resultado de uma associação íntima é – do ponto de vista psicológico – uma certa fusão das individualidades num mesmo conjunto, de forma que o eu próprio de cada um é constituído, pelo menos sob vários aspectos, pela vida comum e pelo objetivo do grupo. Talvez a melhor maneira de descrever esse caráter do conjunto seja dizer que ele é um "nós"; isso implica uma espécie de simpatia e identificação recíproca que encontra sua expressão natural no termo "nós". O indivíduo vive sentindo-se parte do conjunto e encontra os objetivos principais de sua vontade nesse modo de sentir (COOLEY, 1964, p. 23).

O autor em questão também assinala "as esferas mais importantes dessa íntima associação e cooperação", que são "a família, o grupo de brincadeiras das crianças e a vizinhança, ou grupo de comunidade dos adultos" (COOLEY, 1964, p. 23). Cooley define esses grupos como primários na medida em que o indivíduo tem neles suas primeiras experiências sociais e, portanto, seu "espírito social" se forma neles. Ao grupo primário Cooley contrapõe não o grupo secundário, expressão cunhada por terceiros, mas sim a instituição, "parte especializada e relativamente rígida da estrutura social" em que "cada um ingressa [...] com um papel preparado e próprio a si mesmo" (COOLEY, 1964, p. 235). Assim, enquanto se participa do grupo primário de maneira total e transformando continuamente a si mesmo no curso das relações, participa-se da instituição apenas desenvolvendo funções específicas rigorosamente previstas. O advogado, quando exerce sua profissão, move-se, por exemplo, no interior de uma instituição, assim como o padre atuando no interior de sua Igreja.

Essa distinção de Cooley relembra uma série de dicotomias características da sociologia clássica europeia – basta pensar na contraposição entre comunidade e sociedade de Ferdinand Tönnies –, mas o discurso de Cooley chega a conclusões quase opostas às dos estudiosos europeus. Com efeito, enquanto estes manifestam suas preocupações sobre o que consideram ser a tendência intrínseca à sociedade industrial de desenvolver os aspectos formais e institucionalizados da vida de relações em detrimento dos aspectos mais íntimos, o autor americano sustenta que as relações institucionalizadas são um fenômeno contingente destinado a deixar espaço sempre maior às relações menos vinculantes. Quanto a isso, observou-se que:

> Os aspectos extrínsecos, formalistas, institucionais em sentido não mais funcional da sociedade em suas várias articulações são considerados por Cooley como tendencialmente provisórios e contingentes, sendo que o progresso social consiste em reencontrar e assegurar cada vez melhor uma plena continuidade entre as formas mais simples e livres de expressão social e as formas mais ricas e "complexas da civilização mais avançada" (VISALBERGHI, 1963, p. xvi).

Cooley, tal como Mead, parte da comunicação. O homem privado da comunicação não passa de um animal. "Sem a comunicação, o espírito não desenvolve uma verdadeira natureza humana, mas permanece num estágio anormal e indefinido, ainda não humano" (COOLEY, 1963, p. 51). Ora, na sociedade contemporânea, a comunicação teve enorme desenvolvimento graças aos avanços tecnológicos, e é precisamente isso que deveria facilitar que as relações humanas se tornassem mais "democráticas" e livres. Os motivos das falhas anteriores na comunicação se devem, em geral, a dificuldades de organização, de forma que, quando tais dificuldades diminuem, aumenta a liberdade da comunicação. "Apenas o recente aperfeiçoamento extraordinário dos meios de comunicação permite conceber a difusão em grande escala do espírito livre" (COOLEY, 1963, p. 45). Na verdade, Cooley também aponta a possibilidade de que o aperfeiçoamento dos meios de comunicação leve a "condições de confusão e injustiça que são o contrário das condições de liberdade" (COOLEY, 1963, p. 46), mas atribui essa possibilidade apenas à "simples incapacidade da energia mental e moral" em atender "às crescentes solicitações" da vida moderna. Ela em si implica maior liberdade e democracia. Pode acontecer que, na luta pela sobrevivência, algumas sociedades pereçam derrotadas por outras sociedades, mas a tendência geral da convivência humana em seu conjunto caminha no sentido já mencionado. Assim, mantém-se clara a diferença em comparação à tradição mais cautelosa e pessimista dos clássicos europeus.

12.6 William I. Thomas e Florian Znaniecki

O interacionismo de Mead e Cooley privilegia, sem dúvida, as orientações psíquicas dos indivíduos acima das forças objetivas das sociedades, que aparecem reduzidas àquelas.

Na famosa pesquisa de William I. Thomas (1863-1947) e Florian Znaniecki (1882-1958), *O camponês polonês na Europa e nos Estados Unidos* (THOMAS & ZNANIECKI, 1968), pretende-se superar esse desequilíbrio. Nascido na zona rural do Estado de Virgínia, Thomas teve uma vida muito ativa e aventurosa. Estudou na Universidade do Tennessee e depois conseguiu passar um período estudando na Alemanha, em Berlim e Göttingen, assim fazendo um percurso muito ambicionado e muito difundido entre os jovens estudiosos estadunidenses. Na Alemanha, sofreu a influência dos etnopsicólogos Lazarus e Steinthal e portanto, por vias indiretas, também a do evolucionismo, além de entrar em contato com a *Völkerpsychologie* de Wilhelm Wundt. Voltando aos Estados Unidos, estudou e depois lecionou em Chicago, onde teve a influência geral do pragmatismo e, no que se refere às ciências sociais em particular, a de Cooley e Mead. Numa viagem à Polônia em 1913, conheceu Florian Znaniecki, encontro este que adquiriria importância central em sua futura atividade de sociólogo. A colaboração se iniciou quando Znaniecki foi obrigado a emigrar da terra natal para os Estados Unidos e se refugiou em Chicago, pedindo ajuda a Thomas. Este, quando já era muito conhecido, esteve no centro de um escândalo após uma aventura amorosa considerada ilícita. À prisão seguiu-se a demissão. Somente muito mais tarde Thomas conseguiu vencer o clima de hostilidade que o conformismo criara em torno dele e se tornou presidente da American Sociological Association.

Já Znaniecki, nascido na Polônia numa família da nobreza fundiária, teve uma vida muito diferente da de seu colaborador. Além de estudar na Polônia, em Varsóvia, estudou também no exterior, frequentando as universidades de Genebra, de Zurique e da Sorbonne de Paris. Também teve desventuras amorosas, depois das quais decidiu passar dois anos na Legião Estrangeira. Voltando à pátria, obteve o doutorado em Cracóvia em 1910. Trabalhava na Associação polonesa de auxílio aos emigrantes quando conheceu Thomas, que fora à Polônia em busca de dados referentes às migrações. Com a eclosão da Primeira Guerra Mundial, Znaniecki por sua vez emigrou da Polônia para os Estados Unidos e foi acolhido por Thomas, que o quis como codiretor da pesquisa sobre o camponês polonês. Znaniecki, porém, estudara principalmente filosofia e não tinha preparo específico no campo da pesquisa empírica, e por isso fez cursos de sociologia por um breve tempo. Após a demissão de Thomas, Znaniecki também saiu de Chicago e voltou para a Polônia, onde lecionou na Universidade de Poznan. Em 1932-1933, voltou aos Estados Unidos como professor-visitante na Columbia University de Nova York. Mais tarde, em 1939, foi novamente convidado para passar um período nessa mesma universidade. Com a eclosão da Segunda Guerra Mundial, ele tentou voltar à Polônia; mas, felizmente, não conseguiu. O navio em que viajava foi interceptado por um submarino britânico e obrigado a mudar a rota para a Inglaterra. Znaniecki voltou aos Estados Unidos, e pouco depois a família se reuniu a ele. Nos anos finais de sua vida docente, lecionou na Universidade de Illinois. Também foi presidente da American Sociological Association em 1953-1954.

Os dois autores da pesquisa citada, fiéis à tendência da sociologia em Chicago, imprimiram a seu trabalho um perfil pragmático. A sociologia devia enfrentar os problemas da difícil integração nas áreas urbanas. Mais especificamente, estudaram a mudança social dentro da sociedade polonesa e entre os poloneses emigrados para os Estados Unidos. Nos dois casos, os valores tradicionais se mostravam abalados e o individualismo, o hedonismo e a busca do sucesso pareciam prevalecer sobre as anteriores tradições imobilistas da família camponesa polonesa. Por fim, assinalou-se a transformação de todos os valores, passando de "qualitativos" para "quantitativos": Thomas e Znanieck assim retomavam uma distinção típica da sociologia clássica da Europa Central. No concernente aos imigrantes nos Estados Unidos, o conflito entre os antigos valores do país de origem e os novos valores da sociedade americana comportava problemas de desorganização social, com a consequente necessidade de chegar a uma nova organização. O método empregado na pesquisa foi o de "histórias de vida", que consiste em recolher quaisquer documentos indiretos, como cartas previamente existentes, ou diretos, como biografias que pediam que fossem escritas expressamente para tal fim, referentes à vida das pessoas consideradas representativas do problema estudado na pesquisa. Esse método foi por vezes elogiado, por vezes criticado, mas ainda tem muitos seguidores convictos.

Quanto à teoria, os dois autores procuraram mostrar que é possível distinguir analiticamente na ação entre a "postura", isto é, uma orientação da consciência individual, de um lado, e o "valor social", isto é, qualquer realidade que tenha significado para os membros de uma unidade social, de outro lado. Não há postura que não pressuponha "valores sociais", assim como não há valor social que não se concretize em posturas individuais. Valores sociais e posturas se entrelaçam de tal modo que todo valor social se deve necessariamente a um conjunto de posturas individuais e valores sociais prévios, e o mesmo vale para toda postura. Por valor social, os dois autores entendem:

> todo dado que tenha um conteúdo empírico acessível aos membros de um grupo social qualquer e um significado em relação ao qual ele é ou pode ser um objeto de atividade [...]. O significado desses valores se torna explícito quando são considerados em conexão com a ação humana (THOMAS & ZNANIECKI, 1968, I, p. 26).

A postura, por sua vez, é definida da seguinte maneira:

> Um processo da consciência individual que determina a atividade real ou potencial do indivíduo no mundo social [...]. A postura é [...] a contraparte individual do valor social; a atividade, em qualquer forma sua, é a ligação entre ambos (THOMAS & ZNANIECKI, 1968, I, p. 26).

O sociólogo não pode desconsiderar nem as orientações subjetivas dos indivíduos, nem os fatores que agem "do exterior" condicionando tais indivíduos, na medida em que as mesmas realidades "objetivas" das organizações institucionais são percebidas, vividas e interpretadas pelos vários indivíduos de diferentes maneiras. Observou-se quanto a isso que, segundo os dois autores em pauta, "é tarefa do estudioso tentar mostrar como as predisposições subjetivas ou as posturas moldadas pela experiência determinam a resposta dos indivíduos aos fatores objetivos com que se deparam. Assim, não é a desorganização social dos bairros pobres da metrópole que determina o comportamento desviante das pessoas de emigração recente. É a experiência subjetiva do enfraquecimento dos vínculos normativos que provoca reações desviantes nos moradores dos bairros pobres" (COSER, 1983, p. 641). A diferença entre as duas afirmações pode parecer mínima, mas não é, visto que no primeiro caso o indivíduo seria considerado totalmente passivo diante dos condicionamentos sociais, enquanto no segundo caso há sempre uma mediação entre condicionamento social e reação individual. É um equívoco pensar que "indivíduos diferentes reajam da mesma maneira a influências iguais" (MADGE, 1966, p. 92). Também vinculado ao que foi dito até agora é o feliz conceito de "definição da situação", formulado primeiramente pelos dois autores do *Camponês polonês na Europa e nos Estados Unidos* e depois retomado por Thomas. O indivíduo, para agir na realidade, deve se orientar nela e, para isso, precisa selecionar entre ela alguns aspectos, interpretá-los e uni-los de maneira relativamente coerente. Em outros termos, pode-se dizer que a situação em que ele se encontra é definível numa pluralidade de maneiras diversas entre si e, para se orientar nessa pluralidade, é preciso haver uma "definição".

> A definição da situação é uma pré-condição necessária para todo ato da vontade, pois em condições dadas e com um dado conjunto de posturas é possível uma pluralidade indefinida de ações, e uma ação definida só pode surgir se tais condições são selecionadas, interpretadas e combinadas de determinada maneira (THOMAS & ZNANIECKI, 1968, I, p. 62-63).

A seguir, como se disse, Thomas reelaborou o conceito, que foi formulado da seguinte maneira:

> Qualquer ato de comportamento autonomamente determinado é sempre precedido por um momento de avaliação e decisão, que podemos chamar de *a definição da situação* [...]. Não só os atos concretos dependem da definição da situação, como também toda a conduta de vida e toda a personalidade do próprio indivíduo derivam gradativamente de uma série de definições. A criança, porém, sempre nasce num grupo de pessoas, entre as quais todos os tipos gerais de situação que podem surgir já estão definidos e as regras de conduta correspondentes já estão desenvolvidas, de modo que ela não tem a menor possibilidade de proceder a suas definições e de satisfazer os desejos sem interferências [...]. A definição espontânea da situação feita pelos membros de uma sociedade organizada é, portanto, sempre divergente da definição previamente estabelecida pela sociedade. O indivíduo tente a uma seleção hedonista de sua atividade: em primeiro lugar, a segurança [...]. Em tal situação desenvolve-se o código moral, que é um conjunto de normas de comportamento que regulam a satisfação dos desejos e é construído na base de sucessivas definições da situação (THOMAS, 1923, p. 41-42; COSER, 1983, p. 651).

Assim, com o conceito de definição da situação explica-se também a mudança social. Como a definição da situação por parte dos indivíduos nunca corresponde às expectativas sociais e às definições precedentes da situação dadas pelo grupo, cria-se uma tensão entre indivíduo e sociedade, que leva a novas definições socialmente aceitas. A esse conceito liga-se também a famosa afirmação de Thomas de que, se os homens definem certas situações como reais, elas são reais em suas consequências. Se se acredita na magia, as consequências dessa crença podem ter efetivas consequências sociais.

Outro aspecto muito conhecido é a identificação, que se encontra também na obra sobre o camponês polonês, de quatro desejos fundamentais presentes na psique individual. Segundo os dois autores da obra, é possível compreender melhor as atividades concretas dos homens que, como se disse, são sempre resultado de posturas individuais e de valores sociais, se se identificarem alguns "desejos" comuns a todos. São eles: (1) o desejo de experiências novas; (2) o desejo de reconhecimento; (3) o desejo de domínio; (4) o desejo de segurança. No entanto, essa tipologia tem sido muito criticada, visto que não se mostra particularmente fundamentada de um ponto de vista teórico, nem apresenta grande utilidade heurística. Outras tipologias poderiam identificar outra quantidade de desejos com conteúdos diferentes dos acima indicados, e com igual fundamento teórico e igual capacidade heurística. A multiplicidade indeterminável das definições possíveis da situação não é de forma alguma restringida pela identificação dos quatro desejos fundamentais. Sempre para finalidades heurísticas, Thomas e Znaniecki também elaboraram uma tipologia dos sujeitos estudados, dividindo-os em filisteus, *bohémiens* e indivíduos criativos. Os primeiros se caracterizam por um gênero de personalidade conformista muito rígida, incapaz de aceitar inovações e de se adequar a situações novas. Seu comportamento se baseia em algumas regras tidas como inalteráveis. A tradição parece ter um domínio inconteste. O segundo tipo representa o avesso do primeiro; é dotado de uma personalidade muito instável, que lhe permite se adaptar com grande facilidade a qualquer nova situação, simplesmente porque essa personalidade é pouco estruturada. Por fim, os indivíduos criativos são aqueles dotados de personalidade suficientemente estável para saberem se adaptar a situações novas de uma maneira que possam transformá-la sem precisar por causa disso abandonar qualquer princípio de coerência interior (THOMAS & ZNANIECKI, 1968, II, p. 547ss.; MADGE, 1966, p. 109; COSER, 1983, p. 645-646). Essa tipologia é também uma "tentativa de aprofundar mais a interação entre organização social e postura individual, entre coerção social e resposta individual" (COSER, 1983, p. 645).

Tudo o que foi exposto até agora se coaduna muito bem com o conceito de "coeficiente humanista", apresentado por Znaniecki muitos anos após a pesquisa desenvolvida em colaboração com Thomas. Com essa expressão pretende-se afirmar que os dados da pesquisa são sempre elaborados por sujeitos que são objetos da pesquisa e, portanto, não são dados originariamente desprovidos de significado. A ideia é antiga, formulada em termos já plenamente explícitos por Georg Simmel, por exemplo. Znaniecki se expressa afirmando que os dados culturais:

> enquanto objeto da reflexão teórica do estudioso, já fazem parte da experiência ativa de outrem [...]. Se se deixasse de lado o coeficiente humanista e o cientista tentasse estudar o sistema cultural tal como se estuda o sistema natural [...] como se existisse independentemente da experiência e da atividade humana, não haveria sistema e, em seu lugar, ele encontraria uma massa incoerente de coisas (ZNANIECKI, 1934, p. 37; COSER, 1983, p. 659).

Compare-se, por exemplo, com a definição do conceito de cultura proposta por Max Weber. Na obra *O papel social do homem de cultura*, Znaniecki também reitera a necessidade de se remeter nos estudos não à definição da situação dada pelo pesquisador, e sim à dos sujeitos que são objeto de estudo, independentemente da maior ou menor correção dessas definições (ZNANIECKI, 1940).

A pesquisa realizada sobre o camponês polonês tem sido tema de amplas discussões na bibliografia sociológica. Aqui se destaca em especial a crítica de Martin Bulmer (1939), devido à sua influência. Ele sustenta que os dois conceitos fundamentais da pesquisa – o de postura e o de valor social – não estão formulados com clareza suficiente, tanto é que muitas vezes poderiam se intercambiar sem alterar o sentido geral do discurso. Mas a crítica fundamental de Bulmer é outra: ele afirma que, apesar da agudeza psicologia manifestada pelos dois autores na interpretação dos dados subjetivos que constituem o material de sua pesquisa, não é possível encontrar um nexo necessário entre esses dados subjetivos e as teorias utilizadas para explicá-los. Bulmer, como se observou, afirma que inexiste a possibilidade de julgar se essas teorias "são ou não são válidas e confirmadas pelos materiais empíricos que os autores apresentam para sustentá-las" (CORRADI, 1988, p. 58). A crítica se encerra com uma explícita desconfiança no uso de dados subjetivos e com a sugestão de utilizar técnicas estatísticas em lugar deles (BULMER, 1939, p. 79; CORRADI, 1988, p. 66).

12.7 William F. Ogburn

Ogburn exerceu grande influência sobre o pensamento sociológico após a publicação de um livro sobre a mudança social (*Social Change with Respect to Culture and Original Nature*), em 1922. Ele se formara na Columbia University de Nova York. Depois de combater na Primeira Guerra Mundial, lecionou por curto período no Reed College e depois se transferiu para a Universidade de Chicago. Foi diretor da revista *Journal of the American Statistical Association* de 1920 a 1926. Seu pensamento parte inicialmente da crítica à supervalorização dos condicionamentos biológicos em detrimento dos culturais. Com efeito, ele dedica atenção aos fatores culturais, elaborando a famosa teoria da "defasagem" ou "atraso cultural" (*cultural lag*). Segundo essa teoria, é possível distinguir no âmbito cultural entre cultural material e cultura não material. A distinção certamente não é nova, visto que, desde o início, o conceito de cultura abrange valores, ideias, sentimentos, bem como a tecnologia e suas expressões físicas e concretas, como as moradias, as roupas, os meios de transporte etc. A ideia de Ogburn é a de que a cultura material, tecnológica, produtiva se desenvolve com mais rapidez do que a cultural não material, que precisa se adaptar àquela primeira. Por isso também é chamada de "cultura adaptativa". Ela abrange ideias, valores, sentimentos, mas também instituições como a escola, a família, a Igreja.

> Modificações da cultura material abrangem mudanças em outros aspectos da cultura, mas esses últimos aspectos da cultura não mudam com a mesma rapidez dos primeiros. Ficam atrasados em relação às mudanças da cultura material (OGBURN, 1922, p. 196).

Esse "atraso cultural" pode decorrer de diversos fatores, como o simples hábito, o apego afetivo aos valores tradicionais, como os religiosos, ou também a interesses em manter a ordem constituído. Pode-se encontrar um exemplo no trabalho feminino: enquanto o desenvolvimento tecnológico exigia esse trabalho nas fábricas, no âmbito familiar houve grande resistência em aceitar a mudança correlata no papel da mulher. Observou-se também, quanto ao atraso cultural, que "a rápida difusão das armas nucleares é um exemplo do problema que temos diante de nós: há quase uma geração existe a capacidade de destruir quase toda a vida sobre a terra, mas ainda não se encontrou a maneira de regulamentar e canalizar essa tecnologia" (SMELSER, 1984, p. 612).

Ogburn indicara a presença de uma tensão entre os dois aspectos da cultura que lhe parecia típica de nossa época, em que o desenvolvimento tecnológico é especialmente rápido. Nesse sentido, o argumento foi retomado por Robert Lynd, que considerara essa tensão como uma das fontes da neurose característica da população estadunidense contemporânea, submetida a pressões diversas, umas decorrentes da tradição, outras decorrentes do desenvolvimento tecnológico. Por exemplo, a cultura estadunidense impõe que se acredite tanto no progresso científico quanto na independência das convicções e dos valores tradicionais frente a ele (LYND, 1976, p. 57ss.). Adorno e Horkheimer, por sua vez, polemizam implicitamente com a tese de Ogburn, afirmando que a cultura não material é plenamente condizente e adequada à cultura material da produção. Esta, de fato, produz também a cultura que lhe permite se autoperpetuar e, assim, perpetuar o sistema de domínio do qual ela depende (ADORNO & HORKHEIMER, 1966a, p. 130ss.).

Por fim, note-se que Ogburn identifica não só o atraso da cultura não material em relação à cultura material, mas também uma discrepância entre a lentidão das mudanças biológicas, pela qual o homem das cavernas não é por natureza diferente ao homem contemporâneo, e a rapidez das mudanças histórico-culturais em geral. Há quem sustente que é possível ver aí uma contradição, na medida em que a tese do primado da tecnologia se liga a uma tradição progressista, que vai de Marx a Veblen, enquanto a segunda tese seria conservadora, vendo "em todo progresso científico um aumento da separação entre natureza humana e cultura, que leva o homem à delinquência, à homossexualidade, ao suicídio e à loucura [...]. A teoria do atraso biológico – considerando a cultura humana como uma fina camada de verniz que recobre uma condição fundamentalmente selvagem – é tipicamente conservadora" (MARTINDALE, 1968, p. 520).

Neste capítulo, apresentamos alguns exemplos do desenvolvimento da sociologia na sociedade estadunidense a partir do final do século XIX. No terceiro volume, examinaremos os desenvolvimentos mais recentes dessa sociologia, que em parte retomam a tradição nacional; mas, no concernente à teoria, em geral se remetem ao pensamento sociológico europeu, porém muitas vezes reelaborando-o de maneira original.

PARTE III

Os contemporâneos

Prefácio

Tanto nas origens quanto no período clássico, os critérios de seleção das escolas e autores vêm indicados na tradição cultural precedente. É claro que sempre resta, como já se disse, uma certa margem de arbitrariedade, de autonomia nos critérios em todas as abordagens da história do pensamento sociológico, ao definir a disciplina, suas origens e seus principais expoentes, isto é, os expoentes sobre os quais se discorre. Mas, quanto ao mais, os critérios já foram estabelecidos por estudos e elaborações anteriores. Não se pode prescindir, numa história do pensamento sociológico e talvez nem mesmo na polêmica, de certas escolas ou certos autores. Entre os fundadores, não é possível excluir Comte ou Spencer, nem, entre os clássicos, Weber e Durkheim.

A questão se coloca em termos muito diferentes quanto aos contemporâneos. Hoje, o pensamento sociológico se manifesta numa multiplicidade de escolas e tendências; assim, a escolha dos mais relevantes implica maior arbitrariedade, visto que não há critérios indicados pela tradição cultural ou, pelo menos, esses critérios são muito mais maleáveis. Ademais, a própria difusão da sociologia criou novas dificuldades. Até poucas décadas atrás, a sociologia parecia, de fato, uma disciplina já institucionalizada e acadêmica, com um conjunto próprio de princípios e métodos estabelecidos e codificados. Na situação atual, com as mais variadas críticas – que, apesar disso, definem-se como sociológicas – à tradição dominante e com o surgimento de novas tendências, desfez-se essa ilusão de uma disciplina unitária.

Quanto à escolha das escolas a serem estudadas, não parece especialmente difícil diante de duas delas adotadas entre os contemporâneos. Trata-se, de um lado, do estrutural-funcionalismo e, do outro lado, da "teoria crítica da sociedade". Ambos, com efeito, constituem escolas cuja autonomia e relevância na cultura sociológica parecem indiscutíveis. Quanto ao estrutural-funcionalismo, parecia constituir a própria continuação da tradição sociológica por excelência. Segundo essa escola, a despeito das óbvias diferenças entre os autores, à sociologia cabia a tarefa específica de estudar o problema da integração social, da causa pela qual os indivíduos coexistem num conjunto de relações coordenadas e dotadas de uma estabilidade, ainda que relativa, e compartilham determinadas concepções de mundo, determinados valores e respectivas normas de ação, mesmo que diferenciados em relação ás posições específicas (*status*), elas também socialmente definidas, que ocupam na rede das relações sociais e em suas consequentes atividades (papéis). A tarefa da sociologia, portanto, era a de estudar a integração. Reconhecia-se, sem dúvida, a realidade de outros problemas, mas estes pareciam ser em grande parte exteriores à área específica da disciplina ou ter uma importância mais prática do que teórica. É o caso do conflito.

Existiam, naturalmente, vozes dissidentes. Robert Lynd, já na década de 1920, denunciara a integração cultural estadunidense, revelando não só suas incongruências internas, mas também as conexões com o poder econômico e político, e assim concebera-a como resultado de uma grande manipulação. E também criticara a sociologia dominante por estar academicamente distante dos processos socioeconômicos e culturais reais ou empenhada tecnicamente em operar no interior das instituições estabelecidas sem as submeter à crítica. Da mesma forma, David Riesman, com dois colaboradores seus, critica a "heterodireção" da classe média americana e, assim, pode ser visto como integrante da área da "sociologia crítica norte-americana". O expoente mais típico dessa tendência é, porém, Mills. Ele investe em duas frentes: contra a grande teorização sociológica que dispensa os conteúdos historicamente específicos das diversas sociedades, e contra uma sociologia que se concentra no comportamento dos indivíduos nos grupos, sem se preocupar muito com o contexto histórico-social mais amplo em que se inserem.

Tudo isso se desenrolava ainda dentro do debate sociológico, entre aqueles que se definiam como sociólogos. Um tanto silenciosamente, porém, no decorrer da década de 1930, começava a surgir, primeiro na Alemanha e depois, com o advento do nazismo, no exterior, uma crítica filosófica aos fundamentos mesmos da sociologia tradicional, contrapondo-lhe uma "teoria crítica". Esta tem seus princípios num marxismo que recorre profusamente a Hegel, reitera a necessidade da "filosofia negativa" deste último em contraposição à "filosofia positiva" dos primeiros sociólogos, apoia o revisionismo marxista e se ergue em dura e intensa polêmica diante do capitalismo avançado e também diante da organização social repressora dos países do socialismo real. Essa "teoria crítica", elaborada por autores como Horkheimer, Adorno, Marcuse, Fromm e outros, além de se remeter a uma leitura hegeliana de Marx, sofreu também forte influência da parte de Freud. Weber e Lukács também são outras fontes em que se abeberaram. Tiveram grande número de seguidores no final da década de 1960 e no início da década seguinte. Depois sua fama diminuiu, mas continuam a ser uma crítica importante à sociedade industrial avançada e à sociologia dominante.

Depois de abordar essas três tendências, a seleção, como dissemos, torna-se mais difícil. Entre o grande número de sociólogos contemporâneos, muitos nomes se impuseram e adquiriram certa notoriedade. Não é possível tratar de todos eles, e por isso a arbitrariedade, os critérios pessoais, sempre presentes em qualquer seleção, vêm menos filtrados por classificações convencionais preexistentes. É possível que, daqui a algum tempo, surjam outros nomes e os aqui examinados sejam deixados de lado. É um risco inevitável frente a qualquer discurso sobre os contemporâneos, em qualquer disciplina e talvez especialmente no pensamento sociológico, em que à multiplicidade de autores soma-se uma grande variedade nas orientações adotadas. Aqui faremos algumas menções àquelas escolas ou àqueles autores que não parece muito provável se tornarem no futuro totalmente prescindíveis na cultura sociológica.

Nesses últimos anos, a orientação fenomenológica veio a assumir grande importância. Suas origens não são recentes. Husserl, que é o fundador da fenomenologia, vive na época dos clássicos da sociologia, e o mesmo vale para Scheler, que funda uma sociologia fenomenológica. Mesmo Schütz adquiriu grande importância nas décadas posteriores à sua morte. A sociologia fenomenológica insiste na importância do sujeito na definição da realidade social, ou melhor, das realidades sociais, as quais, por estarem relacionadas com as disposições do sujeito, são múltiplas. Num momento em que as sociologias "objetivistas", como, de um lado, o estrutural-funcionalismo que observa mais a estrutura de *status* e de papéis em que o indivíduo está inscrito do que o próprio indivíduo, ou, de outro lado, a "teoria crítica da sociedade", que anuncia a morte do sujeito na sociedade de massas, entram em crise e coloca-se a ênfase na intencionalidade do sujeito, não é de admirar a revalorização da fenomenologia no pensamento sociológico.

Outra teoria sociológica centrada na importância do sujeito e da interação é a de Homans. A sociologia deve buscar na base da sociedade, como conjunto de instituições preexistentes aos indivíduos, o subinstitucional, o conjunto de relações que criam o institucional e são movidas pelo fundamental desejo de troca presente na própria natureza humana.

Além disso, as sociologias dos "comportamentos coletivos" e dos "movimentos sociais" também encontraram grande número de seguidores. Aqui referimo-nos àquelas forças que surgem na interação e se opõem ao institucional, às barreiras impostas pelas estruturas, que limitam a livre expressão das novas exigências. Mas esta é uma afirmação muito genérica e há notáveis diferenças entre os diversos autores.

A sociologia neoliberal de Dahrendorf assinala o empreendimento mais significativo, pelo menos no âmbito do pensamento sociológico, de dar novos fundamentos às teorias liberais à luz das mudanças sociais e das novas exigências surgidas nas sociedades industriais avançadas. As velhas teorias sociais liberais precisam ser revistas, e Dahrendorf se empenha nisso, permanecendo ao mesmo tempo dentro da tradição liberal.

Outro que se remete ao ressurgimento das tendências individualistas e interacionistas é o expoente mais conhecido do atual "interacionismo simbólico": Blumer. Ele insiste na necessidade de que a teoria sociológica aponte os processos de interpretação subjetiva e intersubjetiva por meio dos quais se forma a ação, e também que dedique atenção às forças que condicionam externamente a ação. É nesses termos que ele dirige sua polêmica à sociologia tradicional.

A etnometodologia, ela também impaciente diante da sociologia tradicional, enfatiza as atividades dos sujeitos que interagem e que afirma que, nessa interação, eles criam uma ordem social, sempre mutável com novas relações. Se a etnometodologia é o estudo dos métodos que os indivíduos de um grupo seguem para conferir sentido a suas atividades, a sociologia deve observar essa ordem, em vez de forçar o enquadramento das atividades do grupo em esquemas que não são os do próprio grupo.

Goffman, por sua vez, parte de premissas interacionistas. A vida social é concebida como representação teatral e a estabilidade do Si que se forma nessa representação não é maior do que a do papel encenado. Mas Goffman também é o autor das "instituições totais", que anulam o indivíduo, anulam sua personalidade e unidade. Resta saber o que pode destruir a instituição total, visto que o Si parece não ter consistência alguma.

Já a teoria sociológica de Habermas é muito complexa. Ele parte inicialmente da "teoria crítica da sociedade". Mas, a seguir, parece se afastar dela e introduz em seu pensamento elementos extraídos de maneira um tanto eclética do interacionismo simbólico, da fenomenologia e da hermenêutica, bem como das teorias sociológicas clássica. Ele sustenta a irredutibilidade do indivíduo às forças condicionantes de uma sociedade que tende à administração total. Essas forças podem, no máximo, "colonizar" a vida privada. Não podem aniquilá-la. Habermas faz uma distinção entre a ação técnico-instrumental, que visa à transformação da realidade, e a ação comunicativa, que, por sua vez, visa ao mútuo entendimento. Em sua pesquisa, ele procura identificar os fatores que possibilitam a ação comunicativa. Esta, porém, não tem garantia própria pois o domínio constitui uma ameaça constante a ela.

A tradição sociológica insistia na importância dos condicionamentos sociais, considerados como o problema especificamente sociológico. Essa tradição sociológica também foi contestada pelo chamado "individualismo metodológico", que a tacha de "determinismo", à semelhança do que faz o interacionista simbólico Blumer, e frisa a necessidade de voltar às motivações individuais para compreender a ação social e as próprias estruturas da sociedade. Estas, de fato, só podem ser captadas remontando às unidades agentes, isto é, os indivíduos. De todo modo, as instituições são consequência não intencional dos sujeitos que interagem, e não o resultado de um projeto deliberado e reconhecido.

Todos esses exemplos das tendências do pensamento sociológico contemporâneo parecem insistir, mesmo que de maneiras diversas, sobre a irredutibilidade da ação às estruturas, sobre a ação enquanto dotada de sentido para o sujeito agente. Já a sociobiologia parte de pressupostos totalmente diferentes. Ela sustenta que o comportamento humano pode ser entendido a partir de condicionamentos biológicos e da evolução natural. A ação, portanto, é estudada não só em seu condicionamento: os fatores condicionantes são, aqui, estruturas biológicas dotadas de uma estabilidade muito maior do que a das estruturas históricas. As transformações históricas perdem importância não perante as motivações das ações das unidades agentes, mas perante a evolução genética.

O estrutural-funcionalismo de Parsons, por sua vez, é retomado por Luhmann, que se move, portanto, em outro plano, diferente tanto do dos interacionistas das diversas escolas quanto do dos sociobiólogos. Luhmann vê o mundo como infinita complexidade e cada realidade social específico como uma necessária "redução de complexidade". Isso se faz ainda mais evidente nas sociedades contemporâneas, dotadas de maior grau de complexidade em comparação às anteriores e, portanto, sujeitas a uma série de diferenciações internas. Luhmann é um dos autores mais conhecidos e mais debatidos da teoria sociológica contemporânea. A teoria de Parsons está não só entre os precedentes que o influenciaram, mas também numa longa série de concepções e escolas.

O que se segue não é, nem pode ser, pelas razões já expostas, um quadro completo das teorias sociológicas contemporâneas. É apenas uma tentativa de apresentar alguns exemplos, tidos entre os mais significativos, do debate em curso.

13
O estrutural-funcionalismo

13.1 Considerações gerais

Embora o funcionalismo seja considerado como a escola mais típica da sociologia norte-americana contemporânea, suas origens não remontam ao contexto estadunidense e nem mesmo pertencem ao campo da sociologia em sentido estrito. Suas primeiras expressões explícitas, na verdade, foram formuladas pela antropologia social, a corrente britânica da antropologia formulada em termos culturais, além de físicos. Foi mais especificamente Bronislaw Malinowski, antropólogo britânico de origem polonesa, quem propôs a análise funcional como solução para a tendência, por ele combatida, de interpretar as situações sociais por meio da intuição e não tanto pela observação científica. "Toda teoria científica", escreve ele, "deve partir de observações e chegar a observações, deve ser indutiva e verificável pela experiência" (MALINOWSKI, 1962, p. 74). No entanto, "a maioria dos estudiosos que se interessam pela análise da magia ou da religião, pelo conhecimento primitivo ou pela mitologia, contenta-se com descrições feitas em termos de psicologia individual introspectiva" (p. 76). A análise funcional se incumbe de trazer para o plano científico o estudo das culturas diferentes das tratadas pelo antropólogo social. Depois de afirmar, bastante genericamente, que a cultura consiste na capacidade do homem de "criar bens e valores para além de suas faculdades animais, orgânicas", Malinowski se torna mais específico e acrescenta que ela, em "tudo isso e por meio de tudo isso, deve ser entendida como *meio para atingir um fim*, isto é, instrumental ou *funcionalmente*" (MALINOWSKI, 1962, p. 74-75). Assim, a análise funcional, perante qualquer fenômeno social – uma instituição, um objeto material, uma ideia etc. – típico de uma determinada cultura, deve se perguntar qual é a função que tal fenômeno desempenha no âmbito dessa cultura. O pressuposto do funcionalismo malinowskiano é que, "em todos os tipos de civilização, todos os costumes, todos os objetos materiais, a ideia e a opinião desempenham alguma função vital" (MALINOWSKI, 1962, p. 75). E por "função vital" deve-se entender a contribuição que cada traço cultural fornece para a manutenção de toda a cultura, isto é, para a integração.

O problema da integração constitui, portanto, o núcleo central da teoria funcionalista. A despeito das polêmicas e das divergências, mesmo outros antropólogos que se remetem à análise funcional aceitam, de fato, esse pressuposto. Assim, A.R. Radcliffe-Brown, que, por vez, não hesita em afirmar que "a função de toda atividade recorrente [...] consiste na parte que tal atividade cumpre na vida social considerada como um todo e, portanto, na *contribuição que ela dá para a manutenção da continuidade estrutural*" (RADCLIFFE-BROWN, 1963, p. 181).

Eis aí um ponto que parece se colocar, em relação ao funcionalismo, para além de qualquer dúvida razoável: seus expoentes partem mais do pressuposto da coesão e da estabilidade social do que do pressuposto da tensão e do conflito. Ademais, é notório o nexo que liga as primeiras formulações funcionalistas na área da antropologia social e a sociologia durkheimiana. Radcliffe-Brown se remete explicitamente a Durkheim, a quem chega a atribuir o mérito de ter lançado os fundamentos da análise funcional. Segundo Durkheim, "a função de uma instituição social consiste na correspondência entre essa instituição e as exigências do organismo social". Radcliffe-Brown aceita substancialmente a definição durkheimiana, embora propondo substituir o termo "exigências" pela expressão "condições necessárias para a existência", que lhe parece mais rigorosa (RADCLIFFE-BROWN, 1963, p. 178). Precisamente essa ênfase na coesão e na estabilidade tem sido amiúde criticada como o limite mais evidente do funcionalismo. Pode-se resumir essa crítica afirmando que "a teoria de Malinowski não consegue decolar em boa parte porque seu autor não soube se desvincular da ênfase funcionalista no equilíbrio. Seu sistema de instrumentos culturais pode explicar apenas como se reduzem ou se eliminam os conflitos, e nunca como e por que nascem ou como e por que se intensificam" (HARRIS, 1971, p. 751). E os críticos insistem pressupondo uma relação de condicionamento entre os princípios da análise funcional e os interesses do poder colonial britânico para os quais esses operavam.

> Entre 1930 e 1955, a imensa maioria das publicações da escola estrutural-funcionalista se baseou em pesquisas de campo realizadas em sociedades tribais africanas situadas em territórios coloniais europeus, em particular britânicos. Em vista dessas circunstâncias, é impossível não reconhecer, por um lado, a existência de uma relação entre a proposta de estudar os sistemas sociais *como se* fossem interligados e *como se* fossem imanentes e, por outro lado, o fato de que os integrantes dessa escola sociológica eram financiados, remunerados – ou indiretamente dependentes – de um sistema colonial agora extinto (HARRIS, 1971, p. 694).

E cabe ainda frisar que a antropologia social, nisso alinhando-se com grande parte da sociologia dos clássicos, concentra sua atenção nos elementos culturais e normativos da vida social, mais do que nos elementos econômicos ou técnicos.

13.2 Parsons: a estrutura da ação social

Se tais são os aspectos criticados com maior frequência nos antropólogos sociais que formularam explicitamente os princípios da análise funcional, são também os aspectos a que recorreram, mais ou menos explicitamente, os sociólogos que aceitaram e elaboraram tais princípios. A ideia de integração entendida em termos culturais e normativos constitui, sem dúvida, o fundamento da sociologia de Talcott Parsons (1902-1979), mesmo nas expressões muitas vezes distintas e até contrastantes que ela assumiu ao longo de várias décadas. Parsons nasceu em Colorado Springs, filho de um pastor protestante muito engajado em problemas sociais. De 1920 a 1924, estudou no Amherst College, primeiro filosofia e biologia, e depois, nos dois últimos anos, concentrando-se nas ciências sociais. A seguir, pôde fazer cursos de aperfeiçoamento na Europa, primeiro na London School of Economics, onde recebeu a influência de muitos estudiosos britânicos daquela época, entre eles Malinowski, e depois na Alemanha, em Heidelberg. Lá, onde Parsons frequentou os ambientes dos herdeiros intelectuais de Max Weber, confirmou-se sua vocação para a sociologia. Voltando aos Estados Unidos, após um ano como assistente de economia no Amherst College, ingressou em 1927 em Harvard, onde permaneceu por toda a vida como estudioso e professor de sociologia. Em 1944 torna-se professor efetivo e em 1946 passa a ser o diretor do Department of Social Relations. Em 1949, foi presidente da American Sociological Association.

Mesmo a orientação sociológica de Parsons parece guardar relação com as exigências práticas da sociedade norte-americana, a despeito da radical diferença entre tal contexto e os estudados pelos antropólogos sociais. Ao contrário do que muitas vezes se afirmou, não se trata tanto de uma tentativa de justificação ideológica da ordem econômica, política e cultural existente, mas trata-se antes e talvez sobretudo de apontar os requisitos mínimos da integração numa sociedade composta por grupos étnicos diversos, com tradições e culturas próprias, na qual, portanto, essa mesma integração aparece como meta difícil de ser alcançada e mais uma exigência do que uma realidade constituída. Assim, não surpreende que a integração cultural se torne o problema central de grande parte da sociologia norte-americana. Escrevem dois historiadores:

> Os Estados Unidos continuaram a funcionar como um cadinho, fundindo as características de todos os povos numa amálgama específico, depois vertido no molde da vida e da natureza americana e temperado com as ideias americanas. Foi a experiência mais notável e mais extensa depois das invasões bárbaras. Pode-se até afirmar que, se algum dia a sociologia se tornar uma ciência, terá de se valer em larga medida da experiência americana, na qual se combinam as ações recíprocas de complexas heranças culturais e raciais, postas em estreito contato em condições comuns de existência (MORRISON & COMMAGER, 1961, II, p. 238-239).

E isso é significativo não só como dado histórico, mas também como expressão da concepção dominante da sociologia.

Todavia, as principais obras teóricas de Talcott Parsons, mais do que levar em consideração direta os problemas da sociedade norte-americana – o que, porém, ele faz em alguns ensaios e em colaboração com outros autores (PARSONS, 1949; PARSONS & BALES, 1974) –, tendem a elaborar esquemas explicativos da realidade social válidos para além da especificidade histórica. Na obra *A estrutura da ação social*, de 1937, Parsons se opõe à concepção positivista da ação entendida em termos de reação a um estímulo externo para, inversamente, destacar os aspectos teleológicos, voluntaristas da própria ação. Parsons aponta os elementos necessários para a presença do "ato":

> Um ato requer necessariamente: (1) aquele que realiza o ato, o "ator"; (2) o ato deve ter, por definição, um "fim", isto é, uma situação futura para a qual se orienta o processo da ação; (3) este se inicia numa "situação" cujas linhas de desenvolvimento diferem em maior ou menor grau da situação para a qual a ação está orientada, o fim (PARSONS, 1962, p. 66).

Além disso, o autor especifica que a situação pode apresentar elementos não transformáveis pelo ato e elementos, pelo contrário, transformáveis por ele. Os primeiros são as "condições", os segundos são os "meios". Para escolher os meios adequados para atingir o fim, é necessário adequar-se a determinadas normas, as quais, portanto, são também assumidas como elemento imprescindível do ato. O elemento normativo é o que dá concretude ao fim. Dessa forma, ele se torna o problema central na teoria voluntarista da ação. Afirma Parsons que:

> o ponto de partida lógico para a análise do papel que os elementos normativos desempenham na ação humana é a constatação empírica de que os homens não só respondem a estímulos; mas, em certo sentido, procuram conformar sua ação a modelos que são considerados desejáveis pelo ator e por outros membros da coletividade (PARSONS, 1962, p. 104-105).

E em termos ainda mais sintéticos e taxativos: "Não há ação senão como esforço para se conformar às normas" (PARSONS, 1962, p. 105). A ação é social apenas quando fins e normas podem ser reconhecidos num contexto de interações que não permitem que tais fins e tais normas sejam considerados independentemente da situação social.

Tal é, ao ver de Parsons, a conclusão a que chegaram separadamente os sociólogos "clássicos" Vilfredo Pareto, Émile Durkheim e Max Weber, além do economista Alfred Marshall. E é essa própria conclusão em comum, alcançada por vias diferentes e com base em premissas teóricas diferentes entre elas, que demonstra que a concepção voluntarista da ação está correta. Pois se só existe sociedade em presença de fins e de normas comuns, já é possível identificar nessa primeira obra de Parsons, referente ao problema da ação social, o surgimento da importância do problema da integração.

13.3 Parsons: o sistema social

Em *O sistema social*, obra que foi publicada em 1951 e, portanto, é muitos anos posterior a *A estrutura da ação social*, o problema da integração se torna explicitamente central. Afirma Parsons que a ação pode, evidentemente apenas por motivos analíticos, ser considerada de vários pontos de vista. Pode ser estudada em relação com a personalidade de quem a realiza, e esta é a tarefa da psicologia; ou pode ser estudada do ponto de vista da cultura, dos signos e símbolos comuns que permitem a interação, e esta é a tarefa da antropologia cultural; e, por fim, pode ser estudada do ponto de vista das relações que se dão entre os vários sujeitos agentes. Este último ponto de vista é específico da sociologia. Nos três casos pode-se falar de "sistema": o indivíduo não age em termos fortuitos, mas segundo princípios definidos. Tem determinadas expectativas em relação tanto aos objetos quanto aos outros indivíduos (sistema da personalidade). Os signos e os símbolos que possibilitam a interação constituem, por sua vez, um conjunto coordenado, um sistema. E também é um sistema a rede de relações entre sujeitos agentes, que não agem de maneira descoordenada, mas com base nas posições que lhes são atribuídas nessa rede de relações.

Os sistemas da personalidade, da cultura e da sociedade devem ser congruentes entre si.

> Em primeiro lugar, um sistema não pode ser estruturado de maneira que seja radicalmente incompatível com as condições de funcionamento dos sujeitos individuais que o compõem, seja como organismos, seja como personalidades, ou com as condições da integração relativamente estável de um sistema cultural. Em segundo lugar, o sistema social, por sua vez, depende [...] de um mínimo necessário de "apoio", que lhe é fornecido por cada um dos demais sistemas: ou seja, é indispensável um número suficiente de sujeitos componentes que possuam uma motivação adequada para agir em conformidade com os requisitos de seu sistema de papéis, empenhados positivamente em realizar as expectativas e negativamente em abster-se de um comportamento necessariamente desagregados, isto é, desviante. Por outro lado, o sistema social não deve se confiar a modelos culturais que não tenham condições de definir um mínimo de ordem ou que imponham exigências impossíveis aos sujeitos, assim gerando desvio e conflito em grau incompatível com as condições mínimas de estabilidade ou de desenvolvimento ordenado (PARSONS, 1965, p. 34).

Quanto à cultura, especifica-se que ela se torna:

> diretamente constitutiva da personalidade mediante um processo que os psicólogos da personalidade chamam de "interiorização". Pode-se assim dizer que os requisitos culturais mínimos de um sistema social operam, pelo menos em parte, por meio das funções que a cultura desenvolve para a personalidade. Sem os necessários recursos culturais, que devem ser assimilados pelo processo de interiorização, não é possível o surgimento de um nível humano de personalidade e, por conseguinte, o desenvolvimento de um tipo humano de sistema social (PARSONS, 1965, p. 41).

Um sistema social, no que se refere às sociedades humanas, exige, pois, personalidades formadas em condições de agir no sistema por meio da interiorização dos princípios da cultura.

A ação também pode ser estudada do ponto de vista das exigências distintas, mas correlacionadas, do sujeito agente. Em toda ação há a motivação de alcançar consequências positivas e evitar consequências negativas, e este é o elemento que Parsons chama de "catético". Mas tal motivação só pode surgir quando há um conhecimento suficiente da situação: aqui estamos perante o elemento "cognitivo". A exigência de escolher entre as diversas alternativas presentes na situação constitui o elemento "avaliativo" da ação.

Assim, não há a possibilidade de surgimento de uma personalidade individual senão num contexto de relações sociais, estas, por sua vez, possíveis apenas num contexto de signos e símbolos comuns, ou seja, num contexto cultural. Mas, como se disse, os três momentos devem se manter distintos analiticamente, mesmo que não o sejam na realidade empírica. O sistema social é definido em termos de interação, mas não apenas de interação entre diversas personalidades. Trata-se antes de relações recíprocas entre os sujeitos agentes, especificadas em termos de *status* e *papéis*. Essa distinção já fora proposta pelo antropólogo cultural Ralph Linton (1973, p. 125ss.). Parsons a retoma para esclarecer como, a seu ver, um sistema social é um conjunto de relações considerado não em relação com os indivíduos singulares, mas em relação com diversas posições sociais (*status*) inter-relacionadas e com as atividades do sujeito agente ligadas a essas suas posições (papéis). O *status* define a posição do sujeito social frente aos outros sujeitos no âmbito de um sistema de relações considerado como estrutural, ao passo que o papel se refere àquilo "que o sujeito realiza em suas relações com os outros" (PARSONS, 1965, p. 32). O *status* é definido por tal sistema de relações independentemente das personalidades dos sujeitos individuais, para que se respeite a compatibilidade com o que foi dito. Um sistema social, que define posições específicas numa rede de relações datadas de certa estabilidade e respectivos comportamentos previstos, tem, portanto, uma vida independente dos indivíduos tomados isoladamente, na medida em quais indivíduos podem ocupar uma série de *status* e exercer os respectivos papéis numa série de sistemas sociais. Por exemplo, o *status* de docente ou de estudante no interior de um sistema escolar ou universitário, ou o *status* de médico ou de paciente num sistema hospitalar, e seus respectivos papéis existem e se desenvolvem em termos relativamente independentes e previsíveis, inclusive prescindindo de suas personalidades específicas.

O que garante a ordem social – "o problema hobbesiano da ordem" – é, num extremo, a motivação da vantagem externa e, no outro, a interiorização dos modelos culturais. Um sujeito, que Parsons define também como *ego*, sempre tem um conjunto de expectativas em relação ao comportamento do outro (*alter*), assim como este último sempre tem um conjunto de expectativas frente ao comportamento daquele primeiro. E o *alter* não é necessariamente uma pessoa definida; mas, mais precisamente, as reações dos outros em geral. É o "outro generalizado" de G.H. Mead. Essas reações podem ser consideradas sanções frente ao comportamento do *ego*, o qual, portanto, tenderá a se conformar às expectativas do *alter*, assim como este tenderá a se conformar às expectativas daquele. Isso quantos aos papéis específicos que exercem. As expectativas são, portanto, relativas aos papéis. Essa reciprocidade das expectativas e das sanções referentes a cada um dos papéis constitui a instituição, que em Parsons é definida como "uma unidade de estrutura social de ordem mais elevada do que a do papel", na medida em que é "composta de uma pluralidade de modelos de papel interdependentes e de seus componentes" (PARSONS, 1965, p. 46). A propriedade privada, por exemplo, é uma instituição no sentido de que comporta a expectativa de comportamentos recíprocos por parte tanto do detentor quanto do não detentor.

Até aqui, o problema abordado é o da conformidade a princípios comuns. Mas não se consegue dessa maneira explicar o motivo pelo qual existem na realidade diversos sistemas diferenciados entre si. Parsons aborda esse segundo problema afirmando que os sistemas se diferenciam entre si em decorrência dos vários papéis alternativos que se apresentam ao sujeito agente. Durante sua ação, o sujeito agente pode ter diante de si várias alternativas, mas sempre em número limitado e definido. O autor denomina essas alternativas como "variáveis estruturais". A primeira apontada é a que ele designa nos termos do "dilema gratificação-disciplina: afetividade-neutralidade afetiva". Ela se refere à necessidade de escolha entre a gratificação imediata segundo o impulso afetivo ou a renúncia a tal gratificação segundo uma disciplina que domina a afetividade. A segunda alternativa é a que se dá entre interesses privados e interesses coletivos, e se refere à escolha do sujeito entre seu proveito próprio e a consideração pelas exigências da coletividade. Uma terceira alternativa se expressa em termos de universalismo e particularismo, conforme o sujeito agente considere predominantemente o objeto (claro que também o objeto social, isto é, os outros sujeitos agentes) com que entra em relação segundo os traços que o tornam comum a toda uma categoria, ou segundo sua singularidade. O objeto também pode ser considerado por aquilo que produz, pela sua utilidade, ou por aquilo que é por si mesmo, por suas qualidades intrínsecas. Esta é a alternativa entre realização e atribuição. Tem-se, por fim, a alternativa especificidade-difusão, conforme o sujeito agente tome em consideração alguns aspectos ou a totalidade de seu objeto. Parsons resume o esquema das variáveis estruturais da seguinte maneira:

> 1) O dilema gratificação-disciplina: afetividade-neutralidade afetiva.
> 2) O dilema entre interesses privados e interesses coletivos: orientação em vista do *ego* e orientação em vista da coletividade.
> 3) A escolha entre tipos de critérios de orientação de valor: universalismo e particularismo.
> 4) A escolha entre "modalidades" do objeto social: realização e atribuição.
> 5) A definição do alcance do interesse pelo objeto: especificidade ou difusão (PARSONS, 1965, p. 73).

O autor aqui considerado afirma que essas escolhas não se combinam entre si de maneira puramente casual, mas seguindo certas regras, na medida em que elas devem se integrar num sistema que tenha um grau de coerência que permita sua permanência temporal. Em outros termos, para que um sistema subsista, é preciso que sejam preenchidos alguns "requisitos funcionais". Por exemplo, para que um sistema social como a família exista e se perpetue, é necessário que os papéis sejam afetivos, particularistas, difusos, atributivos, ao passo que numa empresa os papéis serão universalistas, neutros, específicos, realizativos. Mesmo no que se refere às sociedades, podemos afirmar que:

> elas estão sujeitas a determinadas exigências funcionais, sem as quais não é possível explicar por que o âmbito conhecido das estruturas sociais reais constitui apenas uma fração daquelas que resultariam de uma distribuição casual das permutações e combinações de seus componentes estruturais (PARSONS, 1965, p. 176-177).

Por exemplo, a sociedade industrial moderna é constituída por um sistema de papéis universalistas, específicos, neutros, realizativos (aquisitivos).

Esta, para Parsons, ainda é uma descrição empírica dos sistemas sociais e das sociedades. A elaboração teórica leva à conclusão de que todo sistema social, para subsistir, deve resolver um problema funcional fundamental, definido pelo autor como o problema da designação, que tem três aspectos: "(1) a designação do pessoal, isto é, dos sujeitos agentes, entre os papéis; (2) a designação dos recursos; (3) a designação das recompensas" (PARSONS, 1965, p. 122).

Estes são apenas alguns exemplos do procedimento de Parsons, o qual compõe, decompõe e recompõe suas variáveis estruturais para indicar uma série de tipos estruturais possíveis, de tipos de sistemas sociais e de sociedades, e para expor sua interpretação dos fundamentos das várias ciências sociais. Nas obras posteriores a *O sistema social*, Parsons abandona parcialmente seu esquema explicativo fundado nas variáveis estruturais e elabora um esquema de quatro pré-requisitos funcionais. Tais pré-requisitos consistem na adaptação ao ambiente circundante, na realização dos objetivos, na integração (controle a fim de "inibir a tendência ao desvio" e de "evitar as perturbações demasiado profundas"), e na "latência", isto é, o conjunto das motivações sob forma de energia não visível que movem o sujeito agente.

Talvez seja desnecessário frisar ainda que o problema de base continua a ser o mesmo: o das condições mínimas para o funcionamento e a manutenção do sistema. Note-se, porém, que Parsons, nessa pesquisa sobre as condições mínimas da estabilidade, também observa problemas sociais concretos (a família, os jovens etc.) e, acima de tudo, numa fase de desenvolvimento de seu pensamento muito posterior à de *O sistema social*, ele se aproximará de conceitos de tipo evolucionista (PARSONS, 1971; 1973).

13.4 Merton: o funcionalismo como método

Enquanto Parsons se dedica à construção de um esquema explicativo de caráter geral e a-histórico fundado na análise funcional, o funcionalismo nos Estados Unidos adota outras direções notavelmente diferentes das suas. O principal expoente de uma orientação funcionalista que diverge da de Parsons é Robert K. Merton (1910-). Nascido na Filadélfia, estudou primeiramente na Universidade de Temple e depois em Harvard, onde se torna assistente de sociologia em 1934 e lá permanece até 1939. Depois foi nomeado professor em Tulane. Em 1941, ingressou como professor na Columbia University de Nova York, onde permanece ainda hoje. Tal como Parsons, foi presidente da American Sociological Association. Nos últimos tempos, tem-se dedicado principalmente a problemas de sociologia da ciência. Merton parte da necessidade da sociologia em construir "teorias de médio alcance", que se afastem tanto das grandes generalizações inverificáveis em termos empíricos quanto do empirismo que se limita a recolher dados, sem os enquadrar numa teoria. As teorias de médio alcance se opõem àqueles sociólogos que parecem seguir o lema "Não sabemos se o que estamos dizendo é verdade, mas pelo menos é importante", bem como àqueles que parecem se remeter ao lema oposto: "É demonstrável que as coisas são assim, mas não temos condição de estabelecer sua importância" (MERTON, 2000, I, p. 225). Tais teorias de médio alcance são construídas com base nos resultados das pesquisas empíricas e orientam as pesquisas empíricas enquanto não são desmentidas por seus resultados. Nesse sentido, elas "ocupam uma posição intermediária entre as teorias gerais dos sistemas sociais, demasiado distantes das categorias particulares de comportamento, organização e mudança social para poderem fornecer uma explicação ao que é observado, e aquelas detalhadas descrições de particularidades que não recebem qualquer mínima generalização" (MERTON, 2000, I, p. 68). Para tal, as teorias de médio alcance "tratam de aspectos circunscritos de fenômenos sociais" (p. 68). Elas se remetem ao acúmulo dos resultados das pesquisas empíricas. Antes de considerar cada pesquisa como fim em si mesma e construir teorias sociológicas não suficientemente amparadas nas pesquisas, é necessário proceder à construção de teorias que sejam algo mais do que o resultado de uma pesquisa, mas sem corresponder a uma construção teórica inverificável. "As generalizações podem ser moderadas", escreve Merton, "[...] pela observação rigorosa: e não é necessário que as observações particularizadas se tornem banais, retirando-lhe qualquer pertinência e implicação teórica" (MERTON, 2000, I, p. 226). A pesquisa empírica é "organizada de maneira que, se e quando são descobertas uniformidades empíricas, estas têm consequências diretas sobre o sistema teórico" (MERTON, 2000, I, p. 242).

Essa tomada de posição de Merton frente à teoria sociológica guia tanto sua crítica ao funcionalismo à maneira inicial quanto suas análises de problemas sociológicos específicos. Ele dirige aos primeiros funcionalistas uma crítica "a partir de dentro". Ou seja, rejeita não sua chave interpretativa, mas sim os "postulados", as afirmações colocadas para além da verificação empírica, como axiomas indemonstrados e indemonstráveis. Merton especifica e contesta três desses postulados próprios dos primeiros funcionalistas. Define o primeiro deles como "o postulado da unidade funcional". Esse postulado sustenta que todos os elementos de uma cultura e todas as atividades sociais são funcionais para todo o sistema social ou cultural. O segundo é o postulado do "funcionalismo universal", de acordo com o qual todos os aspectos de um sistema social ou cultural desempenham uma função positiva em relação à integração social. O terceiro é o da indispensabilidade, de acordo com o qual todo elemento existente numa sociedade ou numa cultura é indispensável para o desenvolvimento de uma função específica, assim como existem funções específicas indispensáveis para a manutenção do conjunto.

É evidente que a tentativa de Merton se coloca num plano distinto do de Parsons e é implicitamente crítica em relação a ele. Este último, com efeito, procurara construir um sistema sociológico cujo alcance explicativo tivesse validade geral, não sendo, portanto, uma "teoria de médio alcance". Seguindo tais premissas, ele procurara os pré-requisitos funcionais de todos os sistemas sociais. Merton, pelo contrário, descarta as tentativas desse gênero como inverificáveis empiricamente. Afirma a respeito do primeiro postulado:

> Parece-me bastante claro que a noção de unidade funcional não representa um postulado que esteja fora do alcance de comprovações empíricas, e o contrário é que é verdadeiro. O grau de integração de uma sociedade é uma variável empírica, que muda de tempos em tempos na mesma sociedade e é diferente de uma sociedade para outra. Que todas as sociedades devam ter um *certo grau* de integração é uma questão de definição, que tomamos por demonstrada. Mas nem todas as sociedades têm aquele alto grau de integração em que *todas* as atividades e *todas* as convicções que sejam culturalmente padronizadas são funcionais para a sociedade entendida como uma unidade e, da mesma maneira, são funcionais para as pessoas que nela vivem (MERTON, 2000, I, p. 133-134).

O segundo postulado é criticado por motivos muito similares: não se pode partir acriticamente do pressuposto indemonstrado de que tudo o que existe tem, pelo próprio fato de existir, uma função positiva na integração social. Quanto ao terceiro postulado, não há motivo para tomar por assente *a priori* que há em todas as sociedades elementos indispensáveis para cumprir determinadas funções, que podem ser cumpridas por outros elementos, e tampouco que os mesmos elementos cumprem sempre as mesmas funções. "Assim como o mesmo elemento pode ter múltiplas funções, da mesma maneira a mesma função pode ser cumprida, de modo variado, por outros elementos" (MERTON, 2000, I, p. 145). Assim, o conceito parsoniano de "pré-requisito funcional" não se mostra compatível com a concepção de Merton. Ademais, a própria ideia de teorias de médio alcance não condiz com a ideia de postulado, termo que Merton claramente utiliza para denunciar a indemonstrabilidade empírica das afirmações de determinada teoria sociológica por ele refutada.

Não se pode contestar a originalidade de Merton em sua revisão crítica do funcionalismo, que o leva a conceber a análise funcional como método heurístico e a admitir a presença, ao lado dos fatores funcionais, de fatores disfuncionais, isto é, que tendem mais à desintegração do que à integração, e de elementos que não desempenham nenhuma função. Mais difícil, porém, é reconhecer a mesma característica de originalidade em sua outra distinção: a distinção entre funções manifestas e funções latentes. As primeiras coincidem com as motivações conscientes, e constituem as consequências desejadas e reconhecidas da ação; as segundas, por sua vez, referem-se às consequências da ação em relação à integração ou desintegração que não são desejadas nem reconhecidas: são inconscientes. O mesmo Merton aponta uma série de afirmações de outros autores muito próximas à sua distinção, mas não chega a afirmar acima de tudo que a análise funcional tem sentido como método específico apenas se pesquisar as funções latentes, na medida em que, do contrário, não acrescentaria nada ao que já se conhece e cairia no óbvio. Além disso, não chega a afirmar que já Malinowski estabelecera uma distinção entre o fim que os integrantes de uma instituição se colocam conscientemente como meta a alcançar e a função da instituição, assim chegando, embora com outra terminologia, à mesma distinção feita por ele (MALINOWSKI, 1936; CUVILLIER, 1962, I, p. 217).

13.5 Merton: aplicações do método funcionalista

Merton procura aplicar suas teorias sociológicas de médio alcance a uma série de problemas sociais concretos e setores específicos da sociologia, como o estudo da anomia, os grupos de referência, a sociologia do conhecimento. A anomia, a seu ver, depende de uma insuficiente integração entre a estrutura social, que define os *status* e os papéis dos sujeitos agentes, e a estrutura cultural, que define as metas a serem buscadas pelos membros da sociedade, bem como as normas a que se devem conformar para alcançar tais metas. Pode ocorrer que as posições dos sujeitos agentes sejam tais que lhes impeçam alcançar as metas indicadas como as melhores pela cultura (p. ex., segundo Merton, a meta da riqueza e do sucesso na sociedade norte-americana) graças aos meios indicados pelas normas institucionais. Neste caso, são possíveis outras reações, que o autor em pauta especifica nos seguintes termos: tem-se *conformidade* quando são aceitas sejam as metas culturais, sejam as normas institucionais. Mas, quando se dá importância maior àquelas do que a estas, tem-se uma atitude de *inovação*. Tem-se, inversamente, a atitude de *ritualismo* quando há a tendência de aceitar as normas institucionais para atingir determinadas metas, mas sem a preocupação de atingi-las efetivamente. Observa-se a correção das formas, prescindindo dos resultados que se possam obter. Tem-se a atitude de *renúncia* naqueles casos em que não se aceitam nem as metas culturais, nem as normas institucionais. Essa atitude é própria de muitos artistas, psicóticos, vagabundos, alcoólatras e toxicômanos. O último caso é o da *rebelião*, que se tem quando, de um lado, recusam-se sejam as metas culturais, sejam as normas institucionais existentes, e, de outro lado, procuram-se estabelecer normas e metas mais equânimes e válidas.

Escreve Merton:

> A cultura americana parece se aproximar do tipo limite de cultura em que se dá grande importância a certas metas de sucesso, sem que se atribua igual importância aos meios institucionais (MERTON, 2000, I, p. 305).

Merton enquadra essa sua proposta referente ao estudo da anomia no âmbito de um discurso mais amplo de crítica àquelas concepções do comportamento desviante segundo as quais ele não passaria de uma explosão de impulsos biológicos reprimidos pela sociedade por tempo demasiado (Freud). Ele afirma que o comportamento desviante está correlacionado, assim como o conformista, com determinadas estruturas socioculturais. O conflito entre estrutura social e estrutura cultural constitui um exemplo de situação social que leva ao comportamento desviante.

Não parece irrelevante notar que o ponto de vista de Merton sobre a anomia parte do pressuposto lógico de que, na origem, sempre há um certo consenso sobre as metas culturais, sobre os fins indicados pela cultural como dignos de serem atingidos. Mas tal situação poderia ser considerada como o exato oposto da anomia. O autor em questão considera a anomia como consequência da impossibilidade estrutural (imposta pela estrutura social) de atingir as metas culturais, a não ser violando as normas institucionais. Assim, a atenção recai sobretudo na anomia como falta dessas normas. Isso talvez torne a hipótese mais facilmente verificável pela pesquisa empírica, mas assim corre-se o risco de não ser possível examinar criticamente as metas culturais, de aceitá-las simplesmente como dado e pressuposto do discurso. Se, inversamente, parte-se de uma concepção mais ampla de anomia, que também inclua no discurso a falta de certezas sobre as metas culturais, já não se pode mais aceitar a concepção de Merton sobre esse problema.

No que se refere à posição do autor aqui tratado sobre a sociologia do conhecimento e a contraposição entre sua expressão europeia, empenhada no estudo das grandes concepções do mundo, das teorias políticas, das orientações filosóficos, em relação com um amplo contexto histórico-social e econômico, e sua expressão norte-americana, que, por seu lado, tende a estudar a opinião pública em correlação com o condicionamento exercido pelos meios de comunicação de massa, pode-se notar que as preocupações de Merton mais uma vez se voltam principalmente para a possibilidade de uma rigorosa verificação empírica. Com isso, ele se torna muito relutante a aceitar as grandes generalizações dos sociólogos do conhecimento europeus e mais propenso a dirigir suas simpatias para o trabalho mais modesto dos pesquisadores americanos. A fim de indicar a continuidade de seu pensamento, ele repete acerca das duas orientações em questão os dois "lemas" citados mais acima, aduzindo algumas poucas variações. Merton é demasiado atento para não perceber uma possível crítica a seu discurso e não se antecipar pessoalmente a ela. Com efeito, a própria orientação da sociologia do conhecimento de maneiras diferentes e segundo os diferentes contextos histórico-sociais – o europeu e o norte-americano – coloca um problema de sociologia do conhecimento, o qual Merton reconhece explicitamente. Mas depois o discurso permanece dentro do setor em que a verificação empírica é mais fácil e mais precisa, em vez de se dirigir para as estruturas econômico-políticas e as orientações culturais de uma sociedade historicamente determinada, como a estadunidense, que aqui correm o risco, como se disse acima sobre a interpretação mertoniana da anomia, de não poderem ser examinadas criticamente. O método, e não a premência do problema, vem a determinar o âmbito do discurso sociológico. É esta, como se verá, a crítica que C.W. Mills dirige não a Merton, mas àquilo que ele designa genericamente como "empirismo abstrato", em que o termo "abstrato" indica a pouca atenção ao contexto histórico-social mais amplo dos problemas e a concentração da atenção em grupos particulares estudados com métodos rigorosos, mas abstraídos daquele contexto. Daí a acusação ao mesmo empirismo abstrato de cair na "ideologia", isto é, na aceitação acrítica da estrutura socioeconômica e política constituída. Merton é, sem dúvida, mais cauteloso do que os empiristas abstratos atacados por Mills, mas sua afirmação de que as teorias de médio alcance não conseguem enfrentar "todos os problemas prementes da época" e precisam se limitar "àqueles problemas que podem ser esclarecidos à luz do conhecimento disponível" (MERTON, 2000, I, p. 114), não parece pô-lo totalmente ao abrigo dessa crítica.

13.6 Críticas à análise funcional

Entre as orientações da sociologia contemporânea, a análise funcional, em sua expressão parsoniana e mertoniana que muitas vezes também é designada como estrutural-funcionalismo, é certamente a mais discutida e debatida, mas a crítica se deteve não tanto no pensamento de Merton e mais sobre a obra de Talcott Parsons, que é talvez o sociólogo contemporâneo sobre o qual mais se escreveu. Muitos o criticam sobretudo por ter considerado exclusiva ou ao menos predominantemente os problemas da integração e da ordem social – portanto, da socialização do indivíduo nas instituições existentes – em vez dos problemas da mudança social, de um lado, e do conflito, de outro lado.

A ênfase na interiorização da ordem vigente no indivíduo, segundo outra crítica estreitamente ligada à primeira e igualmente frequente, leva Parsons a negligenciar o poder coercitivo e repressivo da sociedade sobre o indivíduo (DAHRENDORF, 1971, p. 157ss.; 1974, p. 256ss.). Observa-se a esse respeito que, no que se refere ao processo de socialização do indivíduo, o autor em questão se remete parcialmente a Freud, acentuando a necessidade de interiorização no indivíduo dos valores e normas existentes para o bom funcionamento da sociedade e para a própria vida psíquica do indivíduo, assim negligenciando o problema da repressão que, no entanto, é fundamental em Freud (CAVALLI, 1970, p. 485). Além disso, a busca de um esquema sociológico de caráter geral se dá em detrimento de uma análise explícita da especificidade de cada configuração histórico-social. Essa crítica foi formulada em especial por C.W. Mills, que lança suas invectivas contra a "grande teorização" de Parsons. Ela é acusada de se mover num "nível de pensamento tão geral que quem o adota não consegue descer logicamente ao nível da observação" (MILLS, 1962,

p. 43). Mills ainda observa, em relação à ênfase sobre a integração na teoria de Parsons, que "a eliminação mágica do conflito e a miraculosa instauração da harmonia eliminam dessa teoria 'sistemática' e 'geral' qualquer possibilidade de enfrentar as mudanças sociais e a história" (p. 52). Em parte seguindo na esteira dessa crítica, chega-se assim a dizer que a ideia, explicitamente expressa por Parsons, de que "haver ou não haver oposição é uma questão bastante importante de um ponto de vista empírico, mas teoricamente secundária", é "uma frase que merece viver para sempre em desonra da sociologia" (FOSS, 1966, p. 255). Note-se, porém, numa defesa parcial de Parsons, que ele procura as condições *mínimas* necessárias para a existência de um sistema social: aquelas condições que permitem sua existência a despeito da presença de fatores de desintegração, entre eles o conflito, os quais, seguindo essa linha, não pode enfatizar. Aliás, pode-se dizer que o próprio conflito só pode se expressar na presença daquele mínimo de consenso que faz com que ele seja reconhecido como tal entre as partes conflitantes. E sem esse reconhecimento afastamo-nos de qualquer consideração sociológica. Um choque casual entre pedras não é conflito precisamente porque falta a motivação comum entre as partes para convertê-lo nisso. Por outro lado, não há absolutamente qualquer garantia de que o conflito atue sempre e exclusivamente como fator de desintegração. Com efeito, há um crítico dentro da teoria funcionalista que sustenta, e nisso recorrendo amplamente a Georg Simmel, que o conflito também pode ter funções positivas, na medida em que reforça a integração dentro do grupo, para tornar mais compacta a luta perante grupos externos (COSER, 1967).

Outros ainda observam que, por trás do suposto esquema de caráter geral de Parsons, oculta-se apenas um "espelho acrítico" da ordem dominante na atual sociedade norte-americana. Com efeito, escreve um deles:

> a sociedade de massas se caracteriza por seu "altíssimo grau de conformismo". Isso é confirmado pelas pesquisas empíricas, e Parsons, em certo sentido, elucidou e sistematizou os pressupostos implícitos e os resultados da pesquisa empírica; não porque ele, o teórico por excelência, se propusesse a isso, mas [...] porque vive na mesma sociedade e trabalha no mesmo clima cultural. Como ocorre com frequência aos teóricos da sociedade, a obra de Parsons reflete a época em que vive, não só em suas características mais externas e transitórias, mas em seu conteúdo essencial; infelizmente, o "sistema social" é [...] um espelho acrítico, e este é seu verdadeiro limite (CAVALLI, 1970, p. 522).

E Alvin W. Gouldner, por sua vez, num estudo histórico das diversas fases de pensamento de Parsons, procura demonstrar que elas correspondem às mudanças ocorridas na sociedade norte-americana. O autor em questão, quando escreve *A estrutura da ação social*, está atuando numa situação política ainda dominada por princípios individualistas e concorrenciais, embora já em crise, e por conseguinte está ligado à ideia da ação individual como elemento fundamental da sociedade. Nesse período:

> Parsons se concentrara sobre os valores morais como estímulos dirigidos do interior para a ação social, como fonte de energias para os esforços individuais.

Assim, nesse primeiro período, ele se concentrara na importância de manter o sistema pura e simplesmente vivo; tratava-se, acima de tudo, de uma luta contra a entropia dos esquemas culturais e contra a crescente perda de confiança neles; pensava-se que a base essencial em que se apoiavam os esquemas culturais consistia nas convicções morais internas do indivíduo" (GOULDNER, 1980, p. 216-217).

No período de *O sistema social*, pelo contrário, a ênfase se desloca da vontade individual para os mecanismos sociais próprios do sistema que asseguram sua manutenção.

> No segundo período, a segurança do sistema social passa a ser considerada num grau de maior dependência dos próprios mecanismos específicos, pelo fato de que há vários mecanismos autônomos funcionando para a integração e o ajuste do sistema, e num grau muito menor da vontade, do ímpeto e do empenho dos indivíduos. Parsons não se concentra mais nos indivíduos, mas agora se preocupa como o sistema social enquanto tal pode manter sua *própria* coesão, enquadrar os indivíduos em seus mecanismos e em suas instituições, sistematizá-los e socializá-los para que forneçam o que o sistema requer. A convicção moral e o empenho interior são vistos agora como derivados e produzidos pelo sistema; a atenção não se concentra mais sobre o que é produzido pela convicção moral, mas sim como ela é produzida pelos mecanismos socializantes do sistema (GOULDNER, 1980, p. 217).

Gouldner critica os que denunciam o caráter abstrato e a-histórico do pensamento de Parsons. Este teria compreendido muito melhor do que seus críticos que os problemas da ordem social no mundo contemporâneo não podem ficar circunscritos a âmbitos nacionais, mas exigem um tratamento mais amplo e geral. Daí teria se originado a exigência parsoniana de uma teoria sociológica geral. Com o advento do *welfare state*, do Estado de bem-estar social, o pensamento de Parsons parece mudar mais uma vez. Agora que a intervenção do Estado se afigura cada vez mais necessária, o autor em questão abandona a ideia da sociedade como sistema que se autorregula e se mantém autonomamente em equilíbrio, e aceita o princípio da intervenção do Estado. Mas "aceitar o Estado de bem-estar social significa [...] admitir que o Estado ou o mundo político são a fonte principal de poder e iniciativa na sociedade e o fator estabilizante da própria sociedade" (GOULDNER, 1980, p. 511). Cai, portanto, a ideia da sociedade como sistema que se autorregula espontaneamente graças não à força política, mas aos valores compartilhados por seus membros, e com essa ideia cai o próprio princípio fundamental do estrutural-funcionalismo parsoniano.

Um elemento comum a essas críticas parece ser seu caráter ao mesmo tempo conceitual e político. Os erros de Parsons se deveriam à orientação conservadora de sua teoria sociológica, que o levaria a uma visão ideologicamente parcial e distorcida da realidade social. Mas também foram dirigidas outras críticas ao funcionalismo em geral, tendendo a invalidar sua correção lógico-formal. É o caso de Carl G. Hempel, que contestou num breve e famoso ensaio (HEMPEL, 1967) que a análise funcional tivesse efetiva capacidade explicativa, na medida em que apenas dogmaticamente pode pressupor que, visto que um sistema funciona somente em certas condições atendidas por certos elementos, então esses elementos estão efetivamente presentes nesse sistema. A imprecisão dos termos usados pelos funcionalistas e a impossibilidade da análise funcional em formular previsões não arbitrariamente específicas, na medida em que a hipótese da autorregulação de um sistema não está suficientemente esclarecida, é outro aspecto das críticas de Hempel. Mas ele não nega que, uma vez esclarecidos os termos do discurso de molde a lhes dar precisão suficiente para a pesquisa empírica, a análise funcional pode "ser concebida [...] como um programa de pesquisa voltada para determinar os aspectos e os graus em que os vários sistemas se autorregulam" (HEMPEL, 1967, p. 86).

Embora Hempel critique Merton pelo insuficiente esclarecimento da terminologia usada, as conclusões de ambos parecem não divergir radicalmente. A análise funcional parece se manter válida como instrumento metodológico, na formulação das hipóteses para o estudo de realidades sociais específicas. Já a elaboração de um "sistema", por sua vez, parece ter capacidades heurísticas muito duvidosas, tanto é que mesmo defensores explícitos da sociologia de Parsons chegam a expressar essas dúvidas. Admira, por exemplo, ler a conclusão de uma monografia favorável sobre ele que "lhe foi necessário elaborar um quadro analítico com um grau tão alto de generalidade que ele perde praticamente qualquer capacidade explicativa" (ROCHER, 1975, p. 211). Assim, é mais fértil a posição que considera o estrutural-funcionalismo como metodologia possível, o que, de todo modo, deveria levar seus próprios defensores a indagar qual a eventual função – ou disfunção – desempenhada pela análise funcional. O caráter "ideológico" do funcionalismo, que muitos procuraram expor, resolve-se, afinal, na acusação de que ele seria "funcional" para a ordem constituída. Ou seja, resolve-se utilizando os mesmos pressupostos funcionalistas. Esse momento de autocrítica, após os vários ataques recebidos especialmente por Parsons, só há de ser proveitoso para a teoria em questão.

14 A sociologia crítica norte-americana

Em relação ao funcionalismo, sobretudo em sua versão parsoniana, a "sociologia crítica" norte-americana representa, pelo menos em parte, a reação contrária ao mesmo contexto histórico-social e aos mesmos problemas. Ela ressalta os aspectos repressivos, seja de coerção externa, de violência explícita ou de manipulação, da sociedade norte-americana e, portanto, seu caráter antidemocrático, a despeito da fachada democrática. O condicionamento econômico, em larga medida negligenciado pela "sociologia oficial", adquire maior relevância e dá-se também maior relevo à presença do conflito, o qual, seguindo uma longa tradição, permanecera à margem dos interesses dos sociólogos. Assim, a sociologia crítica se move em duas frentes: por um lado, contesta a sociedade constituída e sua ordem econômica e política, procurando expor seus limites; por outro lado, ataca a sociologia dominante como mera expressão acrítica dessa ordem. O alvo, portanto, de Veblen a Lynd, a Mills e a Gouldner, é sempre duplo.

14.1 Lynd: Middletown

Robert S. Lynd (1892-1970) nasceu em New Albany, em Indiana. Estudou teologia na Universidade de Princeton, na intenção de se tornar pastor protestante. A seguir, porém, decidiu se dedicar ao jornalismo, atividade que desenvolveu até 1914. Em 1921, casou-se com Helen Marrel, que colaborou com ele como socióloga. Em 1931, apesar da carreira irregular e da ausência de um currículo acadêmico regular, é nomeado professor na Columbia University de Nova York. Nas vigorosas pesquisas empíricas *Middletown* (1929) e *Middletown in Transition* (1937), realizadas junto com a esposa (LYND & LYND, 1970, I; 1974, II), ele havia partido dos pressupostos mais comuns da antropologia cultural norte-americana e, mais especificamente, propusera-se estudar o comportamento religioso numa cidade pequena, considerada representativa da sociedade estadunidense como um todo. Diante dos dados empíricos, porém, veio a apontar a grande importância da estrutura econômica classista na sociedade norte-americana e a ver como a religião e a política, o tempo de lazer, os meios de comunicação de massa, os sistemas educacionais etc. eram manipulados em função dos interesses constituídos do poder econômico. A questão é representada, na segunda pesquisa, feita após a crise econômica de 1929, quando já se vislumbram os primeiros sinais da passagem do capitalismo concorrencial e individualista para o capitalismo monopolista, por uma família X que domina a comunidade inteira em todos os seus aspectos. O caráter realmente democrático da sociedade estadunidense saía dessa pesquisa fortemente comprometido, a ponto de parecer mera autoproclamação sem maior reflexão. Na verdade, as escolhas individuais não eram livres, e sim manipuladas pelo poder econômico, que se concentrava cada vez mais num núcleo único.

Mas as pesquisas sociológicas geralmente não chegam a tais conclusões. Os Lynd indagam as razões disso e a que estão vinculadas. Esta é a pergunta de onde parte o polêmico livro de Robert Lynd, *Knowledge For What?* [Conhecimento para quê?] (LYND, 1976), publicado originalmente em 1939. Segundo Lynd, é preciso especificar os fatores do poder que coagem os indivíduos e todas as contradições internas da "cultura americana" que levam os indivíduos à neurose e aparecem em correlação com os fatores econômicos em particular e institucionais em geral. E Lynd não tem dúvidas: na sociedade estadunidense, a estrutura coercitiva que manipula os indivíduos e lhes retira qualquer liberdade é a organização capitalista. Escreve ele:

> Não perdemos nada da realidade motriz do determinismo econômico quando falamos relativamente menos sobre aquilo que "o capitalismo faz" e mais sobre o que fazem os homens sob as pressões coercitivas de hábitos capitalistas de pensar, de sentir e de agir. Poderemos captar efetivamente a natureza das divisões de classe [...] nos Estados Unidos somente se tentarmos defini-las nos termos da complexa trama das lealdades e das aversões sentidas, das expectativas e das esperanças frustradas, das liberdades limitadas e das grandes coerções dos indivíduos (LYND, 1976, p. 20).

Assim, a tarefa de uma sociologia crítica passa a ser a de distinguir os nexos de condicionamento que percorrem a estrutura capitalista dos Estados Unidos e a vida cotidiana concreta dos que nela vivem. Para eles, a neurose é uma consequência inevitável. Com efeito, a cultura lhes prescreve uma série de princípios contraditórios, visto que o rápido desenvolvimento tecnológico não foi acompanhado – e aqui Lynd dota a teoria do "atraso cultural" de W.F. Ogburn – por um desenvolvimento igualmente rápido da mentalidade corrente. Assim, princípios culturais humanitários convivem lado a lado com princípios baseados na eficiência e fundados na ideia do individualismo e da concorrência. Por exemplo: "O individualismo e 'a sobrevivência do mais adaptado' é uma lei natural e é o segredo da grandeza dos Estados Unidos; e as restrições da liberdade individual são não americanas e matam a iniciativa". No entanto: "Nenhum homem deve viver só para si mesmo, pois as pessoas devem ser leais e se ajudarem mutuamente e trabalharem para objetivos comuns". Ou: "A democracia [...] é a forma definitiva da convivência humana. Todos os homens nascem livres e iguais, e os Estados Unidos deram realidade viva a esse fato". No entanto: "Nunca se chegaria a concluir nada [...] se sempre se deixassem todas as decisões ao voto popular" (LYND, 1976, p. 58). Estes são apenas alguns dos exemplos apresentados por Lynd para mostrar o caráter contraditório da cultura predominante.

As ciências sociais, porém, em vez de tratarem desses problemas, tendem a se mover no interior das instituições dadas e dos mesmos pressupostos de sua cultura, que dão por assentes e aceitam como realidades naturais. Com isso, aceitam também a ordem dominante e sua estrutura econômica, ou seja, precisamente os fatores que deveriam abordar de maneira crítica. Querendo ou não, as ciências sociais assim se tornam apologéticas; proclamam-se neutras, mas são apenas acríticas. Para Lynd, há duas orientações dominantes nas ciências sociais norte-americanas. Escreve ele:

> Atualmente, existem nas ciências sociais dois tipos de orientação, e com base neles os profissionais se dividem em dois blocos: os acadêmicos e os técnicos. Ambos trabalham dentro da tranquilizante tradição da livre-pesquisa intelectual, ambos supõem que há continuidade e correlação entre seus respectivos campos de estudo, na tarefa comum de explorar o desconhecido. Na realidade, eles tendem a se distanciar, o acadêmico afastando-se e ignorando qualquer contato com a realidade imediata, e o técnico aceitando com excessiva frequência que seus problemas sejam definidos nos termos demasiado restritos consistindo na ênfase sobre a situação institucional do momento (LYND, 1976, p. 3).

Operando nesses termos, as duas orientações tendem a aceitar seus respectivos tipos de sociedade, com suas instituições, enquanto as ciências sociais – como se disse – deveriam ter a tarefa de criticar a organização social e econômica constituída, de pôr em discussão os mesmos pressupostos que são geralmente considerados como dados imutáveis. Assim, a sociologia falha na tarefa de evidenciar as exigências autênticas, radicadas, segundo o autor em pauta, na própria "natureza humana": os valores da razão e do bem-estar coletivo, de uma democracia não só formal e política, mas que permeie todas as instituições sociais e todas as relações interpessoais. Tais exigências se veem continuamente contrariadas pelos interesses setoriais da iniciativa privada e pelas decorrentes manipulações consumistas, que se aproveitam de nossa neurose e de nossa constante insegurança apresentando-nos como "saída", como "maneira de recomeçar", que compremos "um carro novo, um chapéu de Páscoa ou um barbeador elétrico como ostentação momentânea de uma sólida segurança" (LYND, 1976, p. 104).

14.2 Riesman: a multidão solitária

Pode-se também enquadrar no âmbito da sociologia crítica norte-americana o ponto de vista de David Riesman (1909-), autor, junto com Reuel Denney e Nathan Gazer, do famoso livro *A multidão solitária* (1950). Riesman estudou direito em Harvard. Assistente do juiz Brandeis em 1935-36, tornou-se professor de direito em Buffalo em 1937, lá permanecendo até 1942. Dedicando-se a seguir às ciências sociais, foi nomeado professor de sociologia em Chicago e, depois, em Harvard. No livro acima citado, destaca-se sobretudo a falta de autonomia do indivíduo na sociedade considerada "altamente industrializada e burocrática" (RIESMAN; DENNEY & GLAZER, 1967, p. 26). Para Riesman, o traço característico das pessoas que vivem na sociedade ocidental contemporânea, em especial nos Estados Unidos, é a *heterodireção*, termo desde então presente na bibliografia sociológica corrente. A história da humanidade, segundo o autor, passou por três fases, cada uma delas caracterizada pelos diversos tipos de personalidades dominantes. As primeiras sociedades são as tradicionais, em que o passado, o poder da tradição tem um domínio inconteste sobre os indivíduos; na segunda fase prevalece a personalidade "autodirigida". Como se observou com justeza, "o problema, agora, não é o de produzir um rígido conformismo que se mostraria inútil num ambiente em transformação, mas sim o de formar sujeitos capazes de se adaptarem a situações sempre novas, que oferecem a cada um certa margem de escolha" (CAZANEUVE, 1972, p. 47). Na sociedade em que predomina a personalidade heterodirigida, em que as metas que o indivíduo quer atingir são indicadas pelos outros:

> o que é comum a todas as pessoas [...] é que os contemporâneos são a fonte de direção para o indivíduo, aqueles que conhecem e aqueles com que tem relações indiretas por intermédio dos amigos e dos meios de comunicação de massa. Essa fonte é naturalmente "interiorizada", no sentido de que a dependência em relação a ela como guia para a vida se enraíza na criança desde muito cedo. Os fins aos quais tende a pessoa heterodirigida se deslocam conforme se desloca o guia: somente o processo de tender a uma meta e o processo de prestar grande atenção aos sinais dos outros é que permanecem inalterados durante toda a vida (RIESMAN; DENNEY & GLAZER, 1967, p. 29).

Riesman frisa a importância do elemento demográfico para que ocorram tais mudanças. Assim, quando a situação se caracteriza por um alto potencial de aumento demográfico e por uma elevada taxa de mortalidade, tem-se uma sociedade vinculada ao ritmo natural e o predomínio do caráter tradicionalista. Quando se tem uma redução da mortalidade e o decorrente "aumento de transição", com a necessidade de rápidas transformações sociais, predomina então o tipo autodirigido, ao passo que a heterodireção é o caráter dominante na sociedade em "incipiente declínio da população". Ainda que se possa duvidar que a referência a mudanças demográficas ofereça segurança suficiente, mesmo assim é importante destacar que Riesman e outros autores notaram a necessidade de apontar uma diferença entre uma fase – a segunda –, eminentemente individualista, e uma terceira fase em que, pelo contrário, o individualismo tende a diminuir. Isso não se dá por acaso. Com efeito, o individualismo parece se ligar ao protocapitalismo ou ao capitalismo concorrencial e estar relacionado com uma sociedade economicamente baseada na livre-concorrência, ao passo que o capitalismo monopolista escapa dessa estrutura econômica e implica também uma menor importância do individualismo que a caracterizava. Ademais, Max Weber já apontara que o desenvolvimento intrínseco ao capitalismo estava passando de posições originalmente individualistas para a burocratização, a impessoalidade crescente das relações e a negação do indivíduo em sua unicidade, na medida em que é sempre possível substituí-lo.

14.3 Mills: os colarinhos brancos

A impessoalidade e a burocratização são temas recorrentes também na obra do expoente talvez mais conhecido e mais característico da sociologia crítica norte-americana: Charles Wright Mills (1916-1962). Nascido em Waco, no Texas, Mills estudou e obteve o doutorado na Universidade de Wisconsin. Entre seus professores estava Hans Gerth, que o apresentou ao pensamento de Weber e depois se tornou colaborador seu. Mills também teve a influência de Mead, Dewey, James e Peirce. Deu aulas na Universidade de Maryland e depois na Columbia de Nova York. Seus interesses sociológicos vieram a se ligar cada vez mais aos interesses políticos e à sua polêmica com a cultura acadêmica norte-americana. Teve morte prematura, devido a um enfarte.

Em *A nova classe média* [*White Collar*], a primeira de suas obras mais relevantes, que data de 1951, Mills denuncia as condições em que se encontra a classe média estadunidense. Os empregados de escritório, os profissionais liberais, os professores aparecem totalmente manipulados pelo poder, já não têm mais capacidade alguma de emergirem como personalidades específicas, não têm princípio algum em que acreditem, são politicamente apáticos e "privados de defesas morais".

> O homem de colarinho branco não tem outra cultura para se apoiar a não ser a constituída pela realidade de uma sociedade de massas que o molda e procura manipulá-lo para fins que lhe são estranhos (MILLS, 1966, p. 13).

Alienado do produto de seu trabalho, está igualmente alienado no que se refere a seu tempo de lazer, que dedica "tanto mais freneticamente ao sucedâneo de diversão que lhe é vendido" (MILLS, 1966, p. 13). Mesmo que tendencialmente sua condição econômica se aproxime da do proletariado, Mills se mostra propenso a crer que o homem do "colarinho branco", por questões de prestígio, será avesso a reconhecer essa convergência entre sua posição e a posição do operário dentro da estrutura econômica.

> Seria possível [...] que uma parcela dos colarinhos brancos se tornasse praticamente idêntica aos assalariados em renda, propriedade e especialização, mas que continuasse a rejeitar a identificação com eles no que se refere às reivindicações de princípio e que ligasse toda a sua consciência a fatores de prestígio ilusórios (MILLS, 1966, p. 387).

Como a personalidade heterodirigida de Riesman, os colarinhos brancos de Mills, no que se refere tanto a seu comportamento exterior quanto a suas orientações interiores, dependem de forças que lhes são estranhas. Nos séculos XVIII e XIX, a racionalidade coincidia com a liberdade, no sentido de que o homem racional era aquele que sabia escolher livremente, para quem o fim primordial consistia na libertação do indivíduo de coerções que, enquanto tais, eram consideradas irracionais. Agora, pelo contrário, a racionalidade parece coincidir com o "planejamento burocrático", que reduz a si os indivíduos e sua unicidade. O tema é claramente weberiano e, de fato, Mills tem em Weber um de seus guias mais constantes. Mas ele considera esse estado de coisas não como destino de toda sociedade industrial, mas como consequência do poder constituído. Esse poder que se mostra distante e impessoal e que, enquanto tal, não consegue interessar e envolver emocionalmente o "colarinho branco", é, porém, a força que o domina por completo.

> As instituições políticas adquirem importância maior em sentido objetivo para o curso da história americana; mas, por causa da alienação de massa, perdem cada vez mais o interesse subjetivo para a população em geral (MILLS, 1966, p. 454).

14.4 Mills: o problema do poder

"Poder", porém, é um termo genérico que precisa ser esclarecido. Assim, Mills dedica um livro a esse problema: *A elite do poder*, de 1956. O fato de colocar o problema em termos de elite leva a pensar nos "elitistas" clássicos e, com efeito, o autor aqui tratado se remete a eles e aceito seu pressuposto da minoria organizada que domina as massas. Há, porém, uma diferença radical entre os elitistas clássicos e Mills: enquanto a existência de uma elite do poder é, para aqueles, um fato inevitável, presente em todas as sociedades, para Mills é um fato histórico, que deve ser superado pela constituição de uma efetiva democracia. O discurso sobre a elite deixa de ser uma "lei" positivista e se transforma em crítica política, em denúncia do caráter fictício da democracia estadunidense. Para Mills, a elite do poder nos Estados Unidos é composta pelos políticos, pelos industriais e pelos militares. Em outros termos, não há o predomínio de uma dessas categorias sobre as demais. O poder político, o poder econômico e o poder militar formam em conjunto a elite que comanda e manipula, e não há como dizer que um dependa mais do outro ou vice-versa. Essas "esferas institucionais", portanto, não são fechadas: há entre elas uma colaboração constante, e não raro expoentes de uma esfera se transferem para outra.

Para entender esse ponto de vista de Mills, é importante lembrar a época em que a obra foi escrita: era o período da "guerra fria" e, portanto, da grande importância então assumida pelo poder militar, que certamente condicionava tanto o poder político quanto o poder econômico, mas também verificando-se o movimento em sentido contrário. Mills escreve que os "senhoras da guerra" conquistaram uma posição política decisiva e que a estrutura militar é, em larga medida, politizada. Da mesma forma, se se quiser uma explicação econômica da estrutura da elite do poder, deve-se buscá-la "numa economia de guerra estável e na existência de grandes grupos privados. O capitalismo americano [...] é em boa parte um capitalismo militar" (MILLS, 1973, p. 257). Nessa situação, o americano médio se apresenta totalmente condicionado e manipulado pelo poder, sem opiniões pessoais nem paixões políticas autênticas. O público não tem mais qualquer influência: "Os problemas que hoje determinam o destino dos homens certamente não são levantados nem decididos pelo público" (MILLS, 1973, p. 280).

A elite do poder foi um livro muito criticado. Mais especificamente, do ponto de vista marxista, afirmou-se que Mills, para construir seu discurso com base em diversas esferas institucionais, negligenciou o problema da estrutura capitalista da sociedade americana, que unifica e explica a organização do poder, preferindo, em lugar disso, remeter-se a um conceito mais amorfo, que é, precisamente, o de elite (LYND, 1956). Mas essas críticas talvez não toquem profundamente o problema central de Mills: o de conseguir conduzir a pesquisa sociológica para os problemas estruturais e psicológicos concretos de uma determinada sociedade histórica, apontando o caráter determinado de suas instituições e o poder delas sobre os indivíduos, bem como sua configuração em formas específicas segundo as diversas sociedades.

14.5 Mills: crítica à "grande teorização" e ao "empirismo abstrato"

Como comentado a respeito de Parsons, a "grande teorização" não pode chegar a esse resultado porque procura uma "teoria sociológica geral", dispensando por definição qualquer problema colocado em termos históricos específicos. "Os grandes teorizadores nunca descem das generalidades supremas para os contextos históricos e estruturais dos problemas" (MILLS, 1973, p. 43). E, ao enfatizar exclusivamente a questão da "ordem normativa" e a estabilidade do "sistema", a grande teorização não leva em consideração sequer os problemas referentes aos "antagonismos estruturais", às "revoltas em grande escala" e às "revoluções". Em *A imaginação sociológica*, Mills contrapõe à "grande teorização" o "empirismo abstrato". Este lhe parece tão a-histórico quanto aquela, pois, em vez de captar a premência dos problemas surgidos numa situação histórico-social, ele isola da sociedade mais ampla grupos e temas limitados, guiando-se pela pretensa adequação dos métodos à disposição. Assim, muitos problemas permanecem excluídos do campo de pesquisas, na medida em que se afirma que não existem métodos adequados para abordá-los. O método científico se torna o árbitro da escolha dos temas da pesquisa sociológica. Mas, segundo Mills, não se deveria eliminar o caráter "ideológico" da "grande teorização" nem do "empirismo abstrato", pois ambos excluem a possibilidade de uma análise crítica da situação histórico-social em sua especificidade, em seus limites e em suas possibilidades intrínsecas de transformação.

O indivíduo isolado é uma mera abstração. Em sua realidade concreta, ele se forma nas relações com os outros, exercendo determinados papéis, no interior das instituições específicas que encontram sua realidade em sociedades históricas determinadas.

> As biografias dos homens e das mulheres, daqueles diversos indivíduos que vêm a ser, não podem ser entendidas se não forem relacionadas com as estruturas históricas em que se organizam os ambientes da vida cotidiana. As transformações históricas são repletas de significado não só para o modo de vida do indivíduo, mas mesmo para seu caráter, para os limites e as possibilidades do ser humano (MILLS, 1973, p. 167).

É precisamente esse problema da especificidade histórica, que Mills recebeu como herança de Marx, mas o transformou e adaptou a seu pensamento, torna-se a categoria central de suas reflexões. Para Mills, a unidade histórico-social específica de que se parte nas pesquisas é a unidade nacional, e esta é uma afirmação que hoje se mostra muito discutível, bastando pensar nas proporções internacionais que os problemas econômicos e políticos e as resultantes reações das classes, das gerações e dos indivíduos em geral assumem em nossa situação contemporânea. Continua a ser de grande importância, contra as duas orientações igualmente a-históricas da sociologia norte-americana, a reivindicação de uma sociologia que parta do pressuposto da historicidade de cada sociedade, de suas instituições e do comportamento dos indivíduos presentes nelas.

14.6 Gouldner: historicidade da sociologia

Também inteiramente baseada na historicidade da sociologia é a teoria de Alvin W. Gouldner (1920-1981), que identifica o que define como atual crise da sociologia ocidental com a insuficiente consciência de suas origens histórico-sociais. Assim, não é a sociologia que se mostra em crise, mas sim uma tradição sociológica específica. Nascido em Nova York, Gouldner fez seus estudos universitários na Columbia University. Ensinou sociologia no Antioch College e, depois, na Universidade de Illinois. Manteve cursos na London School of Economics, na Universidade hebraica de Jerusalém, em Estocolmo, Varsóvia e Amsterdã. Quando a morte o levou de súbito na Espanha, era professor na Washington University de Saint Louis. Gouldner inicia seu livro sobre a crise da sociologia ocidental afirmando que a contestação da tradição a que ela pertence muitas vezes levou os "radicais" a rejeitarem qualquer teoria sociológica, a pretexto de observarem a realidade "tal como é". O autor alerta corretamente contra essa postura, afirmando que ela traz em si uma aceitação inconsciente e, portanto, acrítica da cultura dominante. Crê-se estar observando a realidade tal como ela é; mas, visto que isso é impossível, cai-se no erro de tomar por realidade objetiva aquilo que, na verdade, é sua interpretação acrítica, feita pelo mundo cultural a que se pertence e que se apresenta como realidade assente e autoevidente. A recusa de uma certa teoria a-histórica, separada da realidade social, política e econômica e dedicada apenas à construção de esquemas abstratos, levou alguns a pensarem que "fazer teoria" é "uma forma de fuga, se não de covardia moral" (GOULDNER, 1930, p. 13). Mas, para não ficar submisso às teorias dominantes, que é uma condição necessária de qualquer verdadeiro radicalismo, é necessário, segundo Gouldner, tomar consciência do fato de que a sociedade atual se baseia não só na violência e na coerção física, mas também em "teorias e ideologias", na manipulação ideológica, não sendo seguro que todos os que creem e afirmar estar livres dessa manipulação de fato o estejam. Ao lado do fenômeno da rejeição da teoria, tem-se também o fenômeno paralelo da pretensa adesão a "teorias engolidas às pressas", muitas vezes reinterpretadas não em sua autêntica originalidade, mas segundo os esquemas dominantes da cultura vigente. É o que ocorre entre os radicais sobretudo diante do marxismo, dando-lhe uma interpretação que corre o risco de se parecer muito pouco com o marxismo de Marx. Aqui, o discurso de Gouldner se dá numa relação polêmica com o que ocorre no mundo estudantil dos Estados Unidos e da Europa sobretudo no final dos anos 1960, mas não exclusivamente. Trata-se de um fenômeno hoje praticamente superado. O autor em questão sustenta que proclamar-se seguidor de uma teoria que se conhece pouco, ou que não foi assimilada ou foi mal entendida, e lhe atribuir um "nome mágico" "pode desviar a atenção crítica da teoria bastante diferente que o sujeito, na verdade, pode estar utilizando" (GOULDNER, 1930, p. 15).

Se tais afirmações constituíam uma análise acertada da situação da época – e, com efeito, parece ser este o caso, tendo Gouldner acertado na mosca – é óbvio que se deve explicar por que isso aconteceu, na medida em que não se pode presumir que tenha acontecido por acaso e que não existissem causas sociais e culturais a serem apontadas. A explicação sugerida é a seguinte: a nova realidade social, política e econômica gera sentimentos novos e a exigência de novas teorias. À falta delas, busca-se refúgio numa postura "raivosamente" antiteórica ou adota-se fervorosamente um "credo" teórico mal assimilado.

Até aqui, o discurso é genérico e parece não se restringir apenas à sociologia, mas o fenômeno, ao que parece, verificou-se sobretudo entre profissionais ou estudantes voltados para a sociologia. Assim, é preciso explicar a causa do fenômeno, em vista do caráter geralmente conservador da tradição sociológica. A resposta de Gouldner é que "a sociologia tem um caráter dialético e em seu interior há dimensões repressivas e dimensões libertadoras" (GOULDNER, 1930, p. 24). Assim como a filosofia de Hegel, "predominantemente conservadora e autoritária" (p. 24), tinha em si, apesar disso, elementos progressistas e libertadores, retomados pela esquerda hegeliana e por Marx, da mesma forma o pensamento sociológico dos clássicos, a despeito de seu caráter tradicionalmente conservador, tem em si um potencial revolucionário. Este, de fato, deu uma contribuição notável para revelar o caráter coercitivo e manipulador das estruturas sociais. Mesmo quando é tomado como inevitável – é o caso de Durkheim –, ele pode incluir uma tomada de posição crítica por aqueles que se reconhecem condicionados por estruturas sociais em suas relações externas e vinculantes. O aspecto "libertador" da sociologia, porém, foi sacrificado nos sucessos desenvolvimentos da disciplina. Ao buscar as causas dessa tendência, Gouldner passa para uma análise histórica das teorias sociológicas e das relações entre elas e seus contextos histórico-sociais, com as exigências econômicas e políticas de sua época. O autor, embora insista que seu livro sobre a crise da sociologia ocidental não é um tratado de história da sociologia, mas apenas um exemplo de uma nova metodologia nesse campo, mesmo assim examinado todo o conjunto da história da sociologia, subdividindo-a em quatro fases distintas: o positivismo sociológico, o marxismo, a sociologia clássica e o estrutural-funcionalismo parsoniano.

Sabe-se que o positivismo sociológico nasceu no clima político da Restauração na França e é entendido em suas relações com os problemas daquele período. Mas Gouldner não se limita a essa afirmação, ao contrário da maioria dos historiadores da sociologia. Sua análise estabelece uma relação entre a primeira sociologia e a situação econômica do período e com os problemas sociais trazidos pelo utilitarismo individualista como sistema econômico e ideologia dominante. No longo tratamento dado ao tema, Gouldner mostra que a primeira sociologia nascera numa sociedade que havia perdido dos fundamentos religiosos e morais tradicionais e tomara o proveito próprio como único esquema de referência válido para a ação. Como já se disse a propósito da interpretação de Gouldner sobre Comte, essa primeira sociologia, sempre segundo ele, procurara se opor a essa situação e sustentara que a sociedade não era redutível aos egoísmos individuais, sendo antes baseada numa coesão que não podia deixar de existir, a despeito de todos os conflitos entre indivíduos. O consenso, a integração, a despeito de todos os fatores contrários a ela dentro da sociedade, tornam-se o objeto de interesse fundamental dos primeiros sociólogos. Não tiveram o apoio da nobreza, por insistirem mais na ciência do que nos valores da tradição, nem do proletariado, por enfocarem mais o problema da integração do que o do conflito e da mudança revolucionária, e tampouco da classe média, "porque a sociologia criticava sua versão estritamente economicista e individualista do utilitarismo" (GOULDNER, 1930, p. 162). Ademais, enquanto a classe média lutava para obter o controle do Estado, os sociólogos atribuíam pouca importância a ele e não tinham muito a dizer a esse respeito. Por tais motivos, a sociologia se manteve no início como "um produto de estratos marginais" (GOULDNER, 1930, p. 162).

A posição de Marx, segundo Gouldner, constitui o "segundo período". É uma afirmação imprecisa, na medida em que, neste caso, não é possível uma ordem cronológica, sendo o marxismo contemporâneo do positivismo sociológico, e a intenção do autor em pauta é traçar as linhas de desenvolvimento da sociologia ao longo do tempo. Muito mais relevante é a firmação sobre o caráter totalmente distinto do marxismo frente ao positivismo sociológico. É uma afirmação óbvia, mas Gouldner a desenvolve novamente em relação com o utilitarismo individualista, frente ao qual o marxismo teria uma posição ambígua. Como se sabe, ele parte justamente de uma crítica ao utilitarismo individualista, afirmando polemicamente, ainda nas palavras do autor, que "a burguesia não produz o que é útil, e sim o que é capaz de gerar lucro, o que se pode vender" (GOULDNER, 1930, p. 167). Marx não teria sido contrário ao utilitarismo. Aqui, porém, temos a impressão de estar diante de um jogo de palavras. Marx "procurava tornar a utilidade social" (GOULDNER, 1930, p. 165), mas é por essa mesma razão que sua atitude é muito diferente da do utilitarismo no sentido em que geralmente se usa o termo, isto é, no sentido individualista. Por outro lado, é mais fácil concordar com a afirmação de que, se para Marx, por um lado, a verdadeira utilidade consistia na plena realização moral do homem no futuro, por outro lado, em nome de uma necessidade social imediata, o indivíduo estava destinado no presente a ser mais uma vez sacrificado e submetido. Era essa ambiguidade que permitiria aos regimes comunistas a possibilidade de se remeterem teoricamente ao marxismo.

Embora o marxismo seja considerado como a "segunda fase", Gouldner afirma várias vezes que as origens da sociologia devem ser buscadas no positivismo comtiano, de um lado, e no próprio marxismo, de outro lado. O primeiro se dedicou à busca dos fatores de integração social, o segundo, à busca dos fatores de crise, das "contradições" que podem comportar uma transformação revolucionária da estrutura econômica e política existente. Dessas premissas positivistas e marxistas contraditórias parte a sociologia do período "clássico", que Gouldner considera como a "terceira" fase. Ao contrário do que a situação histórica representava para os sociólogos do período da Restauração, o perigo principal para os sociólogos clássicos não consistia mais no passado, isto é, de um lado, os princípios da Revolução francesa e, de outro lado, os resíduos culturais contrários ao novo espírito científico, conservados pela nobreza. "O perigo [...] não era mais visto em algo essencialmente ligado ao passado, mas em algo mais firmemente radicado no presente" (GOULDNER, 1930, p. 179). Se se quisesse manter a integração social do sistema econômico constituído, o problema mais grave a ser enfrentado eram os conflitos de classe. Assim, segue-se naturalmente que "o alvo polêmico comum a todos os pensadores do período clássico foi o marxismo" (GOULDNER, 1930, p. 177). É uma afirmação muito precisa e dificilmente contestável, que, no entanto, é omitida por muitos historiadores da sociologia. Reconheça-se a Gouldner, portanto, o mérito de ter tratado as teorias clássicas em relação com os problemas sociais das lutas de classe e os problemas teóricos do marxismo.

De todo modo, o autor em questão oferece o exemplo mais exaustivo de sua maneira de fazer a história da sociologia ao tratar da teoria sociológica de Talcott Parsons. Já se comentou o ponto de vista de Gouldner a esse respeito. Aqui, basta acrescentar que ele aponta uma relação entre a institucionalização da sociologia como disciplina acadêmica e "a ideologia da convergência", segundo a qual há uma continuidade no pensamento sociológico desde suas origens até os desenvolvimentos mais recentes. Com efeito, quando uma disciplina se institucionaliza, seus defensores têm a tendência de procurar nela os fatores que se encontram em seus variados representantes, a despeito das divergências, e que constituem sua especificidade, assim garantindo sua autonomia. Assim, a ideologia da convergência das várias teorias sociológicas condiz também com a necessidade histórica de uma sólida frente comum no contexto norte-americano, primeiro contra o nazismo e depois contra a União Soviética. Mas, com a intensificação dos conflitos raciais e o surgimento das revoltas estudantis, a ideologia da convergência entre em crise e, assim também, a sociologia da integração, então dominante. Com a crise dos valores da ordem social, da integração e da convergência, segundo Gouldner, surgem novas teorias. Ele remete à "dramaturgia" de Erving Goffman, à etnometodologia de Harold Garfinkel e à teoria da troca de Homans, que serão abordadas mais adiante. Ademais, sempre em busca de uma alternativa a uma tradição sociológica que se lhe afigura em crise, Gouldner parece atribuir uma notável confiança aos movimentos espontâneos de protesto e à sua força política, bem como criticar, como fizera no início do livro, a carência teórica desses movimentos e e tentar compreendê-los como resultado inadequado de um esforço em dar clara expressão conceitual a novos sentimentos, muitas vezes confusos.

Gouldner tem o admirável mérito de ter frisado a inevitável historicidade de todas as teorias sociológicas e de ter dado alguns exemplos concretos a esse respeito. Mas, quando procura elaborar uma nova teoria sociológica crítica, a que dá o nome de "sociologia reflexiva" ou "sociologia da sociologia", sua proposta não se mostra à altura das expectativas criadas. Essa sociologia da sociologia, de fato, não passa de um velho princípio da sociologia do conhecimento. O autor afirma que as diversas orientações sociológicas não devem ser explicadas como se as teorias constituíssem um processo autônomo, independente dos condicionamentos das realidades e exigências sociais concretas de que surgiram. Devem ser entendidas em seus contextos históricos e socioeconômicos e em suas áreas institucionais mais restritas, acadêmicas, bem como em relação com as experiências pessoais com que estas se entrelaçam. Não se pode se limitar aos postulados explícitos das teorias sociológicas, mas é preciso remontar ao que elas tomam como dados assentes sobre o homem e a sociedade. Ora, pode-se aceitar que a sociologia muitas vezes mostrou a tendência de dar por assentes os "postulados de fundo" ligados a seu contexto histórico-social e que uma "sociologia da sociologia" deve, de fato, considerar criticamente esses postulados. "A obra dos sociólogos, como a de outros, é influenciada por uma gama subteórica de *crenças*" (GOULDNER, 1930, p. 52), e a tarefa de uma crítica sociológica da sociologia consiste precisamente em desvendar esses fatores que atuam de forma latente. Mas o que parece contestável é a pretensa novidade de uma afirmação que, pelo menos em linha de princípio, é amplamente compartilhada pela tradição sociológica, tanto marxista quanto não marxista. Pode-se tranquilamente afirmar que Marx já apontara esse problema e que ele fora retomado em termos muito explícitos por Karl Mannheim. Sem dúvida, é difícil discordar de Gouldner quando ele afirma que, "do ponto de vista da maior parte da sociologia que predomina nos Estados Unidos, a medida não é o homem, mas sim a sociedade" (GOULDNER, 1930, p. 733). Mas essa afirmação, graças à divulgação de obras de autores como C.W. Mills, Erich Fromm e Herbert Marcuse, para lembrar apenas três dos nomes mais famosos da "sociologia crítica", já é um clichê. O verdadeiro problema no plano teórico consiste em ir além dessa afirmação, procurando construir a nova sociologia crítica. O mesmo se pode dizer quanto a essa outra conclusão:

> A sociologia veio a depender a um grau perigoso do mesmo mundo que se comprometeu a estudar objetivamente (GOULDNER, 1930, p. 737).

Quando Gouldner, a seguir, procura apontar em que sentido sua sociologia reflexiva ou sociologia da sociologia constituiria algo de novo e se diferenciaria da tradicional sociologia do conhecimento, ele nos deixa ainda mais perplexos. A seu ver, a diferença estaria no fato de que a nova sociologia da sociologia considera as teorias sociológicas em relação não só com as variáveis de classe, mas também com outras variáveis, como, por exemplo, a organização interna da universidade. Essa afirmação não se afigura correta.

Toda a sociologia do conhecimento tradicional, com efeito, caracteriza-se por seu esforço em sustentar que o condicionamento social do pensamento não se remete apenas ao estudo do condicionamento por parte das classes, e que outros fatores concorrem para ele. E houve também quem insistisse justamente no condicionamento do pensamento acadêmico por parte da organização interna da universidade como campo específico da "microssociologia do conhecimento" (STARK, 1963, p. 25ss.). Gouldner, portanto, não teria como considerar seu ponto de vista original. Sua análise, extremamente validade como exemplo concreto de pesquisa no campo da história da sociologia, encontra seu limite ao não constituir uma verdadeira novidade no plano teórico.

Por fim, pode-se observar que, dada a necessária relação entre a teoria sociológica e a sociedade mais ampla em que ela se manifesta, uma postura "reflexiva" sobre o condicionamento acadêmico dificilmente pode ser considerado como uma teoria sociológica realmente crítica e alternativa. Com efeito, uma sociologia crítica "não pode ser feita apenas mediante pesquisas. É uma tarefa que exigirá também ação e crítica, isto é, tentativas de mudar o mundo social e tentativas de mudar as ciências sociais, duas coisas que estão profundamente interligadas, quando menos porque a ciência social é uma *parte* do mundo social, além de ser uma *concepção* dele" (STARK, 1963, p. 25). São palavras do próprio Gouldner, mas é lícito perguntar a que ponto sua sociologia reflexiva rende justiça a essa exigência.

A sociologia crítica norte-americana não constitui uma verdadeira escola propriamente dita. Aqui, portanto, estão reunidos sob a mesma rubrica autores notavelmente diferentes entre si. Todos, porém, parecem compartilhar a tendência de conceber a sociologia como estudo das sociedades historicamente constituídas, mais do que como elaboração de esquemas, teorias e sistemas a-históricos. E o que se constitui historicamente pode ser historicamente superado.

15
A teoria crítica da sociedade

15.1 O contexto histórico e intelectual

No começo da década de 1930, consolida-se na Europa Central um movimento do pensamento que, mesmo se remetendo ao marxismo, refuta tanto a ortodoxia soviética quanto o revisionismo social-democrata. Na União Soviética, o marxismo se tornara uma doutrina de Estado e, interpretado segundo tal conveniência, transformara-se em justificação ideológica da nova ordem política e econômica. Assim, perdera aquele impulso crítico original, de oposição à ordem constituída, que, sendo a "teoria crítica da sociedade", constituía seu elemento fundamental e ineliminável. Por outro lado, esse impulso crítico também fora abandonado pela social-democracia, que defendia politicamente a oportunidade de uma ação dentro das democracias liberais e pluralistas. Teoricamente, portanto, adotara uma interpretação positivista do próprio marxismo, a convicção de que o socialismo necessariamente triunfaria, como se seguisse uma lei natural.

Com o passar dos anos, as duas orientações mostram, além de intrínsecas fragilidades teóricas, seu malogro prático. Na União Soviética, com efeito, predominam o despotismo e o burocratismo stalinistas, ao passo que as convicções social-democratas e revisionistas sofrem um duro golpe com a derrubada dos sistemas políticos parlamentares liberais, primeiro com o fascismo na Itália e depois com o nacional-socialismo na Alemanha. Ao princípio marxista da necessidade histórica da revolução substitui-se assim o princípio mais cauteloso da possibilidade.

É nesse clima político e intelectual que surge aquela ampla concepção da vida social, econômica e política que alguns de seus expoentes designaram várias vezes como "teoria crítica da sociedade" e que é também definida frequentemente como "escola de Frankfurt", em referência a seu local oficial de nascimento, mesmo que seus desenvolvimentos posteriores viessem a se dar não só fora dessa cidade; mas, após o advento do nazismo, fora da própria Alemanha.

O nascimento oficial dessa escola se dá com a publicação do primeiro número da *Zeitschrift für Sozialforschung* [Revista de Pesquisa Social], dirigida por Max Horkheimer (1895-1973). Ao movimento promovido por ele aderiram depois muitos nomes que se tornariam importantes na cultura germânica de esquerda daquele período. Citam-se em especial Theodor W. Adorno (1903-1969), que será coautor de algumas obras com Horkheimer; Herbert Marcuse (1898-1979), que se dedicará em especial ao estudo de Hegel, Marx e Freud e de onde extrairá os instrumentos para uma duríssima crítica tanto ao "marxismo soviético" quanto à sociedade neocapitalista, em especial à sua nova pátria, os Estados Unidos; Erich Fromm, que se dedicará a aprofundar a interpretação de Freud também partindo do pressuposto da teoria crítica, mesmo que, num segundo momento, venha a se afastar sensivelmente dela; Walter Benjamin, que se dedicará ao estudo das obras de arte e literatura sempre de acordo com os princípios da escola citada.

Nascido em Stuttgart, Horkheimer fez seus estudos universitários em Frankfurt. Em 1931, tornou-se diretor do Institut für Sozialforschung da mesma cidade, sucedendo-se a Carl Grünberg. Imprimiu ao instituto uma direção totalmente nova, em polêmica com a interpretação positivista do marxismo adotada pelo predecessor. Como muitos outros, precisou deixar a Alemanha após a ascensão do nazismo ao poder e se refugiou nos Estados Unidos, onde colaborou com Adorno por muitos anos. Em 1949, retornou a Frankfurt, onde retomou a docência e a pesquisa.

Herbert Marcuse, nascido em Berlim, quando jovem foi simpatizante da ala esquerda da social-democracia alemã, mas nunca se dedicou à militância política. Estudou em Friburgo, onde teve a influência determinante do existencialismo de Martin Heidegger, com que discutiu uma tese sobre Hegel. A seguir, sua posição passou a ser cada vez mais claramente a de um marxista dissidente. Uniu-se à escola de Frankfurt retomando criticamente o marxismo, com fortes traços idealistas hegelianos, e a psicanálise de Freud, em termos que serão expostos mais adiante. Exilando-se como judeu em 1933, inicialmente recebeu asilo na Suíça, depois em Paris, onde estava a nova sede do Instituto de Frankfurt, e por fim nos Estados Unidos. Lá, trabalhou primeiramente na Columbia University de Nova York, depois em Harvard e, de 1954 a 1965, na Brandeis University, na área metropolitana de Boston. Sua carreira se encerrou nos anos de sua fama mundial, decorrente do sucesso, porém nem sempre incontestado, de suas ideias entre os movimentos de protesto daquele período, na Universidade de San Diego, na Califórnia. Teve morte inesperada na Alemanha, onde se encontrava para apresentar uma série de conferências.

Adorno, nascido em Frankfurt, fez os estudos universitários na cidade natal e desde muito jovem passou a fazer parte do instituto dirigido por Horkheimer. Ele também obrigado a se exilar por motivos "raciais", além de prováveis motivos políticos, refugiou-se nos Estados Unidos, onde continuou a colaborar com Horkheimer e onde sofreu influência da sociologia norte-americana, cujos traços essenciais, porém, nunca veio a adotar. Interessou-se muito por música, que estudara quando jovem ainda na Alemanha, e dedicou vários trabalhos à história da música e à crítica musical. No período que passou em Los Angeles, travou amizade com o escritor Thomas Mann, outro exilado alemão, e colaborou com ele nas partes musicais do romance *Doutor Fausto*. Em 1950, voltou à Alemanha e se dedicou novamente à docência universitária em Frankfurt. Considerado de início um dos inspiradores da revolta estudantil de 1968, foi depois repudiado por colaboradores e estudantes. Morreu em Briga, na Suíça.

Desde o início, foram muitas as influências que se exerceram sobre Horkheimer, Adorno, Marcuse e os demais que se somaram a eles. A referência explícita é sempre e principalmente Marx – esses autores se consideravam marxistas – e Hegel: uma leitura de Marx que revalorizasse seus textos de juventude e, em particular, o problema da alienação do trabalho, depois deixado de lado, bem como uma interpretação de Hegel que ressaltasse os aspectos críticos de seu pensamento contra as interpretações da "direita". Freud constitui a outra grande fonte de inspiração das obras desses autores. Mas é preciso buscar também fontes menos diretas e explícitas. Lembre-se, acima de tudo, a influência da fenomenologia e do existencialismo sobre os expoentes da escola de Frankfurt. Herbert Marcuse, em particular, como já mencionado, forma-se com Heidegger e adota uma das categorias sem dúvida fundamentais de todo o pensamento existencialista, a da *possibilidade*. A existência, tanto a individual quanto a social, é concebida como possibilidade. Entenda-se o conceito no sentido de que tudo o que somos é a realização de uma possibilidade e a negação de outras possibilidades, e nosso existir é a *negação* contínua daquilo que somos para realizarmos outras possibilidades, para nos tornarmos diferentes. O que distingue Marcuse é que isso, desde o início, tem para ele um significado também político, pois implica que a ordem constituída é apenas uma possibilidade e pode, portanto, ser transformada: seria um erro teórico considerá-la imutável e tal ideia implicaria na prática a inutilidade da luta pela transformação radical da sociedade. Já em 1928 Marcuse escreve: "A ação humana e a mudança das circunstâncias não podem significar senão a ação revolucionária" (MARCUSE, 1928, p. 48; RUSCONI, 1970, p. 276).

Apesar do duro ataque que os expoentes da teoria crítica da sociedade moverão contra tal autor, cabe lembrar que, entre as fontes a que se remetem, encontra-se também Max Weber, tanto no que se refere à categoria de possibilidade quanto à crítica weberiana à burocratização total e à racionalidade formal como traços característicos e imanentes de toda a sociedade industrial. Mas Weber chega aos autores em questão não só por vias diretas, mas também pela leitura do Lukács de *História e consciência de classe*. Este, de fato, retoma a ideia de Marx sobre o fetichismo da mercadoria e a quantificação e reificação das relações, reelaborando-a também com base na ideia weberiana de burocratização. Todavia, ao contrário de Weber, Lukács ressalta a possibilidade histórica de superação desse estado de coisas próprio da sociedade capitalista por meio da ação revolucionária do proletariado. E, ainda contra Weber, reivindica a necessidade de estudar a sociedade como um todo, em que todos os aspectos estão dialeticamente ligados entre si. Descarta-se necessariamente qualquer teoria mecanicista dos aspectos políticos e intelectuais da sociedade como mero "reflexo" da estrutura econômica. Muitos notaram também a influência de Karl Korsch, no que se refere, mais uma vez, à categoria de totalidade e à necessidade de historicizar o próprio marxismo e de torná-lo problemático ao invés de dogmático.

No entanto, não há dúvidas de que, como se disse, uma análise das origens intelectuais de "todos os marxistas ocidentais" exige um retorno a Hegel como teórico crítico.

> O Hegel da contradição, da dialética como inadequação entre ideia e fato: daí a função ativa da teoria crítica e revolucionária para a realização do ideal. A ideia não é exterior ao processo real sócio-histórico: enquanto pensamento do homem socializado, do sujeito-objeto da história, ela participa objetivamente das contradições sociais e traz dentro de si a possibilidade de uma forma autêntica de sociedade: a teoria se torna prática (RUSCONI, 1970, p. 128).

Trata-se, porém, de um Hegel que, no que se refere à sua filosofia da história e à conciliação entre razão e realidade no Estado prussiano, não podia deixar de ser rejeitado. E a rejeição, evidentemente, dá-se nos termos daquele "marxismo ocidental" retomado por Lukács, Korsch e outros, que virá a constituir o aspecto mais característico da escola de Frankfurt. A apresentação talvez mais completa e esclarecedora a esse respeito se encontra no livro de Marcuse, *Razão e revolução: Hegel e o surgimento da "teoria social"*, de 1941. Trata-se de um estudo sobre a "passagem de Hegel a Marx" que, sob certos aspectos, é uma reavaliação de Hegel, uma interpretação antipositivista do marxismo que desemboca numa crítica à primeira sociologia positivista e ao revisionismo, ele também positivista, de Bernstein. Retornam as preocupações práticas e políticas, além de teóricas, que estão nas origens do movimento aqui abordado.

15.2 A primeira pesquisa coletiva

Mas, antes de passar a uma análise mais atenta dessa obra, vale lembrar que, após o advento do nacional-socialismo, a escola de Frankfurt se transferira temporariamente para Paris, onde se levou a termo uma pesquisa de grupo que se tornaria famosa, com o título de *Estudos sobre a autoridade e a família* (1936). Nessa pesquisa, começa a se delinear com toda a clareza a outra grande fonte decisiva para os interesses e orientações da teoria crítica: a psicanálise de Freud. Com efeito, a pesquisa recorre a ele para compreender o processo de interiorização inconsciente da autoridade da sociedade que é transmitida à criança por meio da autoridade paterna. E a sociedade é concebida não estaticamente, como fonte imutável de repressão, e sim como uma totalidade em movimento, de forma que as mudanças sofridas pela instituição familiar ao longo do tempo são compreendidas sempre em relação com as mudanças mais amplas da estrutura socioeconômica e do poder. Como escreve Horkheimer:

> apesar de todas as diferenças fundamentais que os distinguiram nos vários períodos históricos, os tipos humanos têm em comum o fato de serem determinados em todos os seus traços fundamentais pela relação de domínio que a cada vez marca a sociedade (HORKHEIMER, 1974, p. 37).

Assim, até o momento em questão, o domínio sempre permanece, mas as formas específicas de sua relação com a estrutura da sociedade mudam historicamente. Aqui fica plenamente explícita a tentativa, característica dos autores em pauta, de "historicizar" Freud e captar os aspectos latentemente críticos e antirrepressivos de seu discurso.

A primeira obra coletiva importante da escola de Frankfurt, portanto, é uma pesquisa com introduções histórico-críticas, mas também com uma considerável parte empírica, fato que se deve manter em mente, na medida em que uma crítica dirigida com grande frequência a essa escola é a de não ter desenvolvido a pesquisa empírica e de ter até negado sua possibilidade teórica. De todo modo, os traços mais característicos da "teoria crítica da sociedade" afloram com toda a clareza alguns anos depois, talvez sobretudo, quanto aos fundamentos filosóficos, como mencionado acima, em *Razão e revolução* de Marcuse. Por outro lado, no que se refere à crítica da sociedade industrial avançada, tais traços mais característicos são analisados em particular em *A dialética do Esclarecimento*, obra que foi fruto da colaboração entre Adorno e Horkheimer, elaborada ao longo de alguns anos, mas publicada apenas em 1944.

15.3 O conceito de "razão" segundo Marcuse

Marcuse parte da ideia de razão em Hegel. Enfatizando deliberadamente certos aspectos do pensamento hegeliano, que lhe parecem os mais atuais, ele destaca que, para Hegel, razão significa exame da realidade no que tem de inadequado e, por isso, deve ser mudado. Quanto às exigências humanas sempre renovadas, a realidade objetiva aparece a cada vez como obstáculo. A tarefa da razão é indicar o caráter *negativo* dessa realidade e, portanto, a necessidade de *negá-la*. Por isso a razão coincide com a exigência de liberdade do sujeito, o qual, enquanto racional, quer se libertar daquilo que se opõe a ele como limite. Isso implica o caráter histórico da própria razão, pois ela está em constante relação negativa com a realidade tal como se coloca em circunstâncias históricas específicas, resultantes, elas também, de "negações" anteriores.

> A vida da razão se manifesta na luta contínua do homem para compreender o que existe e transformá-lo de acordo com a realidade compreendida. A razão é também essencialmente uma força histórica. Sua realização se dá como processo no mundo espaciotemporal e, em última análise, é nessa realização que consiste toda a história da humanidade. O termo que designa a razão como história é "espírito" (*Geist*), que indica o mundo histórico considerado em relação com o progresso racional da humanidade: o mundo histórico não como sucessão de ações e acontecimentos, mas como luta incessante para adaptar o mundo ao desenvolvimento das possibilidades do gênero humano (MARCUSE, 1966, p. 26).

Assim, Marcuse apresenta o aspecto crítico, de oposição à ordem constituída, como o elemento essencial da filosofia de Hegel. Todavia, em Hegel, depois a crítica se transforma em defesa da sociedade existente, ao passo que o verdadeiro impulso crítico de sua filosofia será retomado por Marx. Convertendo as categorias filosóficas de Hegel em categoria econômicas, Marx demonstra o caráter irracional da sociedade capitalista fundada sobre o trabalho alienado. Retomando o conceito hegeliano de totalidade, cujo conjunto não pode ser definido como racional, na medida em que possui elementos irracionais constitutivos, ele denuncia a irracionalidade da sociedade capitalista decorrente da presença do proletariado dentro de si.

> A existência do proletariado contradiz a pretensa realidade da razão, pois apresenta-nos uma classe inteira que dá provas da negação da razão. O destino do proletariado não é a realização das potencialidades humanas, mas o contrário (MARCUSE, 1966, p. 293).

A ideia da razão como denúncia de uma ordem econômica e política constituída, como negação sua e, portanto, como *revolução*, constitui não só o fundamento do livro de Marcuse aqui abordado, e tampouco apenas do pensamento marcusiano posterior, mas também de toda a teoria crítica da sociedade. Se ela encontra sua formulação teórica mais explícita em *Razão e revolução*, está presente, porém, tanto nos escritos anteriores do próprio Marcuse e dos outros autores quanto nas obras posteriores da escola de Frankfurt. Esse mesmo princípio constitui também o pressuposto da crítica marcusiana ao positivismo de Comte, já comentada, e que se reencontra muitos anos mais tarde nas *Lições de sociologia* (1956), publicadas aos cuidados de Horkheimer e Adorno. A ideia mesma de "filosofia positiva" é uma contradição nos termos, na medida em que implica a rendição da razão ao mundo dos dados de fato, a aceitação do mundo tal como ele é e, portanto, da ordem econômica e política constituída, não sendo difícil ver por trás dessa pretensa posição filosófica a função de contribuição ideológica do positivismo ao *status quo* social. O impulso crítico da razão é negado e assim se nega a própria razão. Como prova do caráter ideológico-político dessa rendição da razão à ordem constituída, Marcuse expõe as ideias de Comte sobre o caráter natural e, portanto, socialmente não transformável da divisão da sociedade em classes, realidade perante a qual não resta senão a resignação. Lembre-se a propósito o que foi exposto ao se apresentarem as críticas a Comte.

15.4 Marcuse: *Eros e civilização*

Ainda que a referência ao conceito hegeliano-marxista de razão não seja igualmente explícita, ele também se mantém como a ideia diretriz de *Eros e civilização*, estudo de Marcuse que remonta a 1955. O autor retoma Freud, procurando tornar explícito o potencial crítico que permanecera em larga medida latente neste último. Freud, de fato, concebe a ideia da sociedade como fonte de repressão como um dado ineliminável, mas Marcuse, ao retomá-la, sustenta que, além de uma "repressão fundamental", necessária para a sobrevivência, há uma "repressão adicional", criada pelo poder econômico e político não para atender aos fins de sobrevivência da humanidade, e sim para se autoperpetuar. O princípio do prazer sempre foi barrado na história da humanidade pelo princípio da realidade. A carência de recursos, a "escassez", não permite a plena satisfação dos instintos fundamentais. Segundo Marcuse, Freud se mostra disposto a reconhecer que:

> aquele grau de satisfação que é possível alcançar requer trabalho, adaptações e atividades mais ou menos penosas para obter os meios capazes de satisfazer as necessidades. Ao longo de toda a duração do trabalho, que ocupa praticamente a existência inteira do indivíduo adulto, o prazer fica "suspenso" e predomina o sofrimento físico. E como os instintos fundamentais lutam pelo predomínio do prazer e pela abolição do sofrimento físico, o princípio do prazer é incompatível com a realidade e os instintos precisam se submeter a um regime repressivo (MARCUSE, 1964, p. 30).

Esse argumento de Freud, porém, ainda é incompleto – afirma Marcuse – na medida em que:

> aplica ao *fato* bruto da escassez aquilo que é, em verdade, consequência de uma *organização* específica da escassez [...]. Durante toda a civilização, a carência dominante sempre foi organizada (mesmo que de formas variadas) de maneira a nunca distribuir coletivamente a escassez segundo as necessidades individuais, assim como a conquista dos bens necessários para a satisfação das necessidades não foi organizada com o objetivo de melhor satisfazer às necessidades dos indivíduos, à medida que se desenvolvem. Pelo contrário, a *distribuição* da escassez e também o esforço de a superar com o trabalho foram *impostos* aos indivíduos, primeiro com a pura violência, mais tarde com uma utilização mais racional do poder. Mas, por útil que possa ter sido essa racionalidade para o progresso do todo, ela permaneceu como uma racionalidade do *domínio*, e a gradual vitória sobre a escassez esteve indissoluvelmente ligada aos interesses dos indivíduos dominantes (MARCUSE, 1964, p. 30-31).

Isso se torna tanto mais evidente no momento em que os recursos que se tornaram disponíveis graças ao progresso científico e tecnológico poderiam levar a uma superação da escassez e do trabalho pesado, "assim liberando a energia necessária para alcançar os objetivos postos pelo livre jogo das faculdades individuais" (MARCUSE, 1964, p. 75-76). O fato de não se verificar tal liberação demonstra a irracionalidade de todo o sistema, cuja organização "racional" se dá apenas com vistas a perpetuar uma exploração e uma escravidão que não teriam mais razão de ser após a escassez originária e natural.

> O próprio progresso da civilização tende a falsear essa racionalidade. As liberdades e as satisfações existentes estão ligadas às exigências do domínio; tornam-se elas mesmas instrumentos de repressão. O pretexto da escassez, que justificou a repressão institucionalizada desde seus inícios, torna-se menos plausível à medida que os conhecimentos do homem e seu controle sobre a natureza aumentam os meios para satisfazer as necessidades humanas com mínimo esforço. A pobreza que continua a reinar em amplas zonas do mundo já não depende primariamente da pobreza de recursos humanos e naturais, mas sim do modo como estes são distribuídos e utilizados. Os recursos disponíveis levam a uma

> mudança *qualitativa* das necessidades humanas. A racionalização e a mecanização do trabalho tendem a reduzir a quantidade de energia instintiva canalizada para o trabalho penoso (o trabalho alienado), assim liberando a energia necessária para alcançar os objetivos postos pelo livre-jogo das faculdades individuais. A técnica tem um efeito negativo na utilização repressiva da energia, pois reduz o tempo necessário para a produção dos meios de vida, em proveito do tempo necessário para o desenvolvimento das demandas *para além* do reino da necessidade e do dispêndio necessário de energia.
>
> Mas, quanto mais próxima se torna a possibilidade real de liberar o indivíduo das coerções justificadas em seu devido tempo pela escassez e pela imaturidade, tanto mais necessário se faz manter e organizar racionalmente essas coerções, para evitar que a ordem do poder instituído se dissolva. A civilização deve se defender contra o espectro de um mundo que poderia ser livre. Se a sociedade não pode usar sua produtividade sempre crescente para reduzir a repressão (pois esse uso derrubaria a hierarquia do *status quo*), a produtividade deve se voltar *contra* o indivíduo, tornando-se ela mesma um instrumento de controle universal (MARCUSE, 1964, p. 75-76).

Para perpetuar o sistema de poder vigente, usa-se não só a coerção explícita, mas sobretudo a organização da própria "liberdade" dentro de formas preestabelecidas, tendo com isso sua negação essencial. A atividade sexual, o tempo "livre", a própria possibilidade de oposição são arregimentados para negar qualquer possibilidade de oposição radical.

15.5 Horkheimer e Adorno: a dialética do Esclarecimento

A ideia da razão como "revolução", como negação do *status quo*, liga-se assim à denúncia do caráter "irracional" da sociedade industrial avançada", na medida em que o poder constituído consegue impor, como nunca, a "paralisia da crítica". É este o princípio da obra mais famosa de Marcuse, *O homem unidimensional* (1964), que, no entanto, não é a mais original, encontrando seus precedentes em parte em *Razão e revolução* e *Eros e civilização*, em parte, se não principalmente, em *Dialética do Esclarecimento* de Adorno e Horkheimer, que saíra muitos anos antes.

Enquanto a própria estrutura classista da sociedade, nos períodos anteriores, comportava uma clara possibilidade de identificar as forças da oposição, ou melhor, a fonte da crítica radical que também era ação, práxis revolucionária na "sociedade industrial avançada", mesmo mantendo-se inalterada a estrutura classista, desaparecem as possibilidades históricas de uma conscientização da irracionalidade do sistema constituído. Adorno e Horkheimer, como mencionado, já haviam expressado essa crítica, em particular em *Dialética do Esclarecimento*. A ideia defendida pelos dois autores é que o Esclarecimento considera o conhecimento como, fundamentalmente, um domínio: domínio dos homens sobre as coisas, mas também domínio dos homens sobre os homens. "O esclarecimento se relaciona com as coisas como o ditador com os homens, que os conhece na medida em que pode manipulá-los" (ADORNO & HORKHEIMER, 1966a, p. 17). A racionalidade parece se reduzir à relação entre domínio e subordinação.

> O intelecto que vence a superstição deve imperar sobre a natureza desencantada. O saber, que é poder, não conhece limites, nem na sujeição das criaturas, nem em sua dócil aquiescência aos senhores do mundo. Ele está à disposição de todos os objetivos da economia burguesa, na fábrica e no campo de batalha (ADORNO & HORKHEIMER, 1966a, p. 12).

No que se refere à situação atual, Horkheimer e Adorno afirmam que o poder econômico e político já não se limita principalmente à exploração da força de trabalho: ele permeia todos os momentos da vida do indivíduo, tanto no trabalho quanto no tempo "livre". Na sociedade de massas, a total redução do indivíduo a um esquema social preestabelecidos para os fins de domínio torna a própria liberdade individual, embora proclamada inviolável, uma mera ficção. As diferenças de opinião entre os indivíduos também são previstas e pré-ordenadas em seus conteúdos e limites. O Esclarecimento tinha o objetivo de libertar o homem do mito, mas depois encerrou-o numa lógica formal e imutável, correlata à lógica mecânica e desumana da organização econômica capitalista, cujo fim é o domínio sobre as coisas e os homens reificados, reduzidos a coisas. Assim, o paradoxo do esclarecimento é que ele não cumpre a tarefa de libertar o sujeito. Os indivíduos são anulados pelo sistema econômico e político, na medida em que são manipulados e reduzidos a coisas. "A unidade do coletivo manipulado consiste na negação de cada indivíduo; seria motivo de escárnio a sociedade que conseguisse converter o indivíduo em indivíduo" (ADORNO & HORKHEIMER, 1966a, p. 21).

> O indivíduo se reduz a um nó ou um cruzamento de reações e comportamentos convencionais que se esperam dele na prática. O animismo dera alma às coisas, o industrialismo converte as almas em coisas (ADORNO & HORKHEIMER, 1966a, p. 36-37).

O tão decantado racionalismo do Esclarecimento, ainda segundo Horkheimer e Adorno, transforma-se em seu contrário: em irracionalidade, no sentido da realização malograda das potencialidades humanas. O poder constituído não concede nenhuma maior liberdade aos sujeitos, em comparação aos períodos anteriores, mas encerra-os na lógica econômica segundo a qual homens e coisas são instrumentos de lucro.

> O absurdo da situação, em que o poder do sistema sobre os homens cresce na mesma medida em que os subtrai ao poder da natureza, mostra como é obsoleta a razão da sociedade racional (ADORNO & HORKHEIMER, 1966a, p. 47).

A *indústria cultural* organiza o lazer, as atividades culturais, o gosto, até chegar a um total nivelamento dos indivíduos, até reduzi-los a zero, integrando-os totalmente na cultura dominante, expressão ideológica do poder.

> A violência da sociedade industrial se instalou definitivamente sobre os homens. Os produtos da indústria cultural podem dar por certo que serão alegremente consumidos até mesmo pelos distraídos. Mas cada um deles é um modelo do gigantesco mecanismo econômico que, desde o início, mantém pressão sobre todos, no trabalho e no descanso, o qual se assemelha ao trabalho (ADORNO & HORKHEIMER, 1966a, p. 137).

Polemizando com a tese do sociólogo norte-americano Ogburn, que afirmava existir uma defasagem da cultura humanista em relação aos progressos tecnológicos e mesmo sua dificuldade em se adequar a eles, Horkheimer e Adorno afirmam, como se disse, a plena adequação dessa cultura às exigências tecnológicas, especificando que, no uso atualmente dado à tecnologia, elas coincidem com as exigências da classe dominante, do setor economicamente mais forte. A manipulação das consciências também tem, sem dúvida, o objetivo de levar a determinados consumos; mas, com isso, ela cumpre também a função de manter a ordem vigente, eliminando qualquer capacidade de revolta, mesmo interior, dos indivíduos. Apesar de seus conteúdos declaradamente "apolíticos", a indústria cultural mostra ter, portanto, uma função política conservadora e se revela como uma construção ideológica oniabrangente.

15.6 Marcuse: o homem unidimensional

Marcuse retoma e tenta sistematizar essa ideia. *O homem unidimensional* é o homem que não tem mais capacidades críticas, estando totalmente absorvido pelas exigências de autoperpetuação do sistema vigente. Isso não se refere apenas à "cultura de massa", mas está presente nos próprios pressupostos – positivistas – da ciência contemporânea, da arte e da filosofia. A crítica ao positivismo de Comte apresentada em *Razão e revolução* se transforma e se amplia como crítica a toda a cultura contemporânea, na medida em que é incapaz de transcender os dados de fato, de mostrar seus limites intrínsecos, enquanto "triunfo do pensamento positivo". O indivíduo sempre se forma na sociedade. Mas pode ocorrer que a "introjeção" não implique apenas a aceitação passiva da sociedade, mas ofereça uma elaboração autônoma dessa sociedade.

> Nesse sentido, a introjeção implica a existência de uma dimensão interior, distinta das exigências externas [...] uma consciência individual [...]. A ideia de uma "liberdade interior" aparece aqui em sua realidade: ela designa o espaço privado em que o homem pode se tornar e se manter ele mesmo. Mas não é assim que se passa na sociedade industrial avançada. Hoje, esse espaço privado foi invadido e esmigalhado pela realidade tecnológica. A produção e a distribuição em massa reivindicam o indivíduo *inteiro*, e há tempos a psicologia industrial deixou de se limitar à fábrica. Os múltiplos processos de introjeção parecem ter-se fossilizado em reações quase mecânicas. O resultado não é a adaptação, mas a *mimese*: uma identificação imediata do indivíduo com *sua* sociedade e, por meio dela, com a sociedade como um todo.

> Essa identificação imediata, automática (que pode ter caracterizado formas primitivas de associação), reaparece na sociedade industrial avançada; sua nova "imediaticidade", porém, é produto de uma administração e de uma organização com alto grau de sofisticação científica. Nesse processo, a dimensão "interior" da mente, na qual a oposição ao *status quo* pode lançar raízes, é dissolvida [...]. O impulso do progresso leva a razão a se submeter aos fatos da vida e à capacidade dinâmica de produzir em maior quantidade fatos ligados ao mesmo tipo de vida. A eficiência do sistema embota nos indivíduos a capacidade de reconhecer que ele não contém fatos que não sejam veículo do poder repressivo do todo. Se os indivíduos se reencontram nas coisas que moldam suas vidas, fazem-no não formulando a lei das coisas, e sim aceitando-a: não a lei da física, mas a lei da sociedade (MARCUSE, 1968, p. 30-31).

Tudo o que não é constatável empiricamente, que não é redutível a termos operacionais, ou seja, tudo o que constitui uma alternativa à ordem já constituída, é descartado. Assim, "muitos conceitos capazes de gerar as mais graves perturbações são eliminados, mostrando que não é possível dar uma definição adequada sua em termos de operação e comportamento" (MARCUSE, 1968, p. 33). A arte, outrora testemunho, mesmo que apenas em termos de fantasia, da exigência de transcender o mundo dos fatos, da realidade tal como aparece, reduz-se agora a um reflexo deles. A filosofia não é mais "pensamento negativo": tudo o que se coloca em alternativa radical ao que está dado é eliminado como "utopia".

15.7 Problemas relativos à "teoria crítica"

Na crítica à "racionalidade tecnológica" e a seu caráter totalitário, Marcuse certamente é devedor de Max Weber, mas critica-o por ter equiparado a razão com a racionalidade tecnológica, por não ter captado, pelo menos explicitamente, sua profunda *irracionalidade* e, assim, ter reduzido seu pensamento à apologia da ordem existente. Max Weber não capta, e aqui também pelo menos explicitamente, que a racionalidade tecnológica não pode ser considerada um "destino inevitável", pois, se surgiu historicamente, pode ser superada historicamente. Mas como superar uma realidade histórica constituída de molde a paralisar qualquer possibilidade crítica, qualquer potencialidade revolucionária, qualquer mudança qualitativa, é um problema que continua sem resposta. Como se observou várias vezes, essa pergunta constitui uma das maiores dificuldades dos expoentes da escola de Frankfurt.

Estes se remetem expressamente à ideia de "negação determinada". Em outros termos, a recusa da ordem dada se dá com base em suas possibilidades históricas concretas e nas exigências de transformação racional que surgem em seu interior. Marcuse reitera várias vezes esse princípio.

> A contradição dialética se distingue de qualquer oposição insensata, histérica, de "geração queimada". A negação é determinada quando estabelece relação en-

tre a ordem constituída e as forças e fatores fundamentais que levam à sua destruição e indicam também as alternativas possíveis ao *status quo*. Na realidade, são forças e fatores *históricos*, e a negação determinada é, em última análise, uma negação *política* (MARCUSE, 1966, p. 12).

Numa sociedade determinada, existem possibilidades específicas para melhor a vida humana e modos e meios específicos para realizar essas possibilidades [...]. A sociedade constituída dispõe de recursos intelectuais e materiais em quantidade e qualidade mensuráveis. Como esses recursos podem ser usados para o desenvolvimento as satisfações ótimas de necessidades e faculdades individuais, com o mínimo de esforço e cansaço físico? (p. 9)

Marcuse se faz essa pergunta, e no entanto, depois de afirmar que a "sociedade industrial avançada" é "totalitária" no sentido da "administração total", isto é, no sentido de administrar e reconduzir a si qualquer oposição, e de eliminar a possibilidade subjetiva da negação, ainda que não a base objetiva de sua necessidade, ainda fica por esclarecer teoricamente de onde pode vir a negação. A classe subalterna no sentido do marxismo histórico não constitui mais a fonte da consciência quanto à necessidade de transformação da sociedade, na medida em que essa classe se mostra integrada ao sistema constituído. O "pensamento negativo", portanto, corre o risco de permanecer desvinculado de sua base objetiva. Por outro lado, para a teoria crítica da sociedade, a cultura como tal continua a ser um fenômeno "superestrutural", e assim torna-se difícil considerá-la uma forma autônoma suficiente para levar à mudança revolucionária do *status quo*. Todavia, apesar de muitas relutâncias, uma certa fé idealista na forma do "pensamento negativo" parece constituir o fundamento insuperado da crítica à sociedade existente. Adorno fala em termos extremamente problemáticos, como necessidade do pensamento de resistir a despeito das tendências da sociedade a reprimir qualquer oposição também intelectual.

A cultura projeta a imagem de uma sociedade humana que não existe; encobre e dissimula as condições materiais sobre as quais se ergue tudo o que é humano e, com sua ação calmante e consoladora; contribui para manter viva a cruel estrutura econômica da existência [...]. [Mas] simplesmente identificar cultura com mentira é ainda mais fácil num momento em que, de fato, aquela se transpõe totalmente nesta e estimula de bom grado essa identificação para comprometer qualquer pensamento decidido a resistir (ADORNO, 1954, p. 34-35).

Marcuse se remete não mais ao proletariado em sentido tradicional, mas ao "substrato dos rejeitados e dos estrangeiros, dos despossuídos e dos perseguidos de outras raças e cores, dos desempregados e dos incapacitados" (MARCUSE, 1968, p. 265). Estes podem não ter consciência revolucionária, mas sua própria existência mostra a irracionalidade do sistema e, assim, leva "a consciência mais avançada da humanidade" (p. 265) à recusa desse sistema. Essa "consciência mais avançada" é, sem dúvida, formada pelos intelectuais, por aqueles que, também por razões econômicas, encontram-se nas vantajosas condições de poder alcançar maior consciência crítica, mas esta encontra seu fundamento objetivo na especificidade da sociedade industrial avançada, com suas contradições. A própria existência do terceiro mundo, com suas condições de vida - ou de morte -, atesta a irracionalidade de todo o sistema social mundial, a irracionalidade da totalidade. Esse testemunho pode ser colhido pelos que vêm a ser intelectualmente privilegiados nas áreas de maior desenvolvimento econômico.

A expressão "sociedade industrial avançada" é talvez ambígua e tenha levado a muitos mal-entendidos. Com efeito, é bastante difundida a crítica do marxismo mais ortodoxo aos expoentes da escola de Frankfurt, em particular a Marcuse, por denunciar não tanto a negatividade do capitalismo ou do neocapitalismo, e sim a negatividade da sociedade tecnológico-industrial enquanto tal. Mas o que a teoria crítica da sociedade condena não é a tecnologia em geral.

> Os processos tecnológicos de mecanização e unificação poderiam liberar a energia de muitos indivíduos, que conflua para um reino ainda inexplorado de liberdade para além da necessidade (MARCUSE, 1968, p. 22).

Se isso não acontece, é porque "o aparato impõe, com vistas à defesa e à expansão, suas exigências econômicas e políticas sobre o tempo de trabalho, bem como sobre o tempo livre, sobre a cultura material, bem como sobre a intelectual" (MARCUSE, 1968, p. 23).

Agora, porém, esse uso da tecnologia voltado para o domínio e não para a liberação parece universal, abrangendo não só o mundo neocapitalista, mas também a União Soviética e os Estados que giram em sua órbita, para não falar do Terceiro Mundo, grande reserva do imperialismo mundial. Assim, as potencialidades liberadoras de tal tecnologia não se concretizam e historicamente, de fato, ela se transforma em domínio. Estamos mais uma vez diante de uma denúncia do *status quo* e não, ao contrário do que se afirma com frequência, de uma nostalgia por um passado pré-tecnológico. Mas essa denúncia está fadada a se manter genérica e não lhe é possível se materializar num plano definido de ação.

Ainda que essa crítica aos autores em pauta também seja muito comum, parece mais uma tautologia do que uma verdadeira crítica. Pode-se, claro, refutar os pressupostos da escola de Frankfurt, mas não é possível aceitá-los e, ao mesmo tempo, lamentar que lhes falte uma indicação prática. Isso porque, acima de tudo, a verdadeira dificuldade quanto à "paralisia da crítica" não consiste em apontar a ausência de tal indicação, mas sim em mostrar, como se tentou expor acima, se e como ela ainda é possível. Em segundo lugar, porque a teoria crítica da sociedade reivindica para si a tarefa não de indicar caminhos práticos para a ação política, mas sobretudo a de manter vivo o "pensamento negativo", que corre o risco de desaparecer após a integração da oposição à ordem constituída. Com isso há, talvez, o perigo de regredir a uma "negação indeterminada" (RUSCONI, 1972), na medida em que se dirige contra uma realidade totalitária, que não oferece saída. Com efeito, sustenta-se que as condições históricas que indicam a possibilidade da negação estão ausentes. O discurso parece não admitir alternativas e tornar inútil qualquer busca específica. Assim, pode-se facilmente falar na tendência, "tão forte e típica entre os estudiosos da escola de Frankfurt, de prescindir das situações históricas e políticas determinadas e das relações de produção e propriedade específicas de uma dada fase histórica e, ao invés disso, tentar a análise especulativa da categoria ampla do 'domínio' enquanto tal, destacada da pesquisa empírica circunscrita e indiferente à estrutura econômica e jurídica e do contexto social" (FERRAROTTI, 1974, p. 243). Todavia, talvez com dificuldades consideráveis e problemas teóricos não resolvidos, esses mesmos estudiosos empreenderam pesquisas "com muitos questionários, escalas de atitudes, pontuações, percentuais e assim por diante" (FERRAROTTI, 1973, p. 18).

Mesmo depois dos *Estudos sobre a autoridade e a família*, o discurso em termos de pesquisa empírica não será abandonado, e Adorno, com outros, publicará em 1950 *A personalidade autoritária* (ADORNO et al., 1973). Nessa pesquisa – e era a única condição que a tornava possível – sustentava-se que havia na mesma sociedade indivíduos mais ou menos democráticos, mais ou menos etnocêntricos, mais ou menos antissemitas, mais ou menos autoritários e, visto que o etnocentrismo, o antissemitismo e o autoritarismo são sinônimos de alienação política, mais ou menos alienados. E se a própria pesquisa foi possível devido a essas diferenças individuais, o caráter repressivo e autoritário da sociedade, portanto, não se afigura total: há esperança ou, pelo menos, alguma gradação para os indivíduos. Além disso, o componente psicológico, embora remetido à sociedade, recebe grande destaque como elemento que diversifica os indivíduos. Então como conciliar a desvalorização das diferenças psicológicas e a afirmação do caráter global, oniabrangente, "totalitário" da sociedade repressiva, autoritária, com os estudos sociopsicológicos feitos nos mesmos anos por esses mesmos autores? A única coisa que se pode fazer, pelo visto, é constatar uma tensão presente nesses autores, bem como entre diversas escolas da sociologia contemporânea. O fato de que a tensão exista nas próprias pessoas representa apenas um maior grau de consciência, na medida em que muitas vezes as duas orientações se desenvolvem em separado, ignorando-se mutuamente. Por fim, um aspecto típico dos autores em pauta é a coexistência de uma postura segundo a qual a cultura agora está totalmente reduzida a uma "indústria cultural", assim sendo mero reflexo do sistema econômico e político, mas com uma atitude de esperança em relação ao indivíduo, à sua cultura, a seu pensamento crítico, como única possibilidade de oposição.

Para concluir, vale lembrar que outra crítica dirigida à escola de Frankfurt se refere a suas pretensas tendências anticientíficas. Quanto a isso, resta apenas repetir que os expoentes da escola em questão criticam não tanto a ciência e sim a "filosofia da ciência" que, a seu ver, encontra-se explícita ou implicitamente na base de grande parte da pesquisa científica contemporânea. Trata-se ainda, evidentemente, da abordagem positivista, que se atém ao dado e não quer transcendê-lo. Disso decorre que as ciências sociais são as mais visadas, na medida em que são também as que mais se prestam a um uso ideológico. Trata-se, portanto e uma vez mais, de uma crítica às tendências predominantes nas ciências sociais contemporâneas, mais do que à sua própria possibilidade teórica e prática. Prova disso é a necessidade, ressaltada por Adorno e Horkheimer, de uma pesquisa social "crítica" (ADORNO & HORKHEIMER, 1966b, p. 133-145), bem como seus elogios às pesquisas, por exemplo, de Robert Lynd. Isso, como deve estar claro, não sana aquela contradição teórica não resolvida, acima mencionada, entre a necessidade da pesquisa empírica e uma crítica global e definitiva, que não admite exceções nem escapatória. Reafirma-se, de todo modo, que a exigência de uma pesquisa social crítica, com todas as dificuldades teóricas que comporta, constitui um importante ponto de vista alternativo frente às tendências "funcionalistas" dominantes na sociologia contemporânea. Enquanto estas sustentam, explícita ou implicitamente, que o problema da sociologia é o da inserção do indivíduo numa ordem dada, a teoria crítica da sociedade põe essa ordem em discussão, mesmo nem sempre esclarecendo os fundamentos teóricos de tal oposição. Enquanto Horkheimer, Adorno e Marcuse parecem se remeter à dialética e à "negação determinada" e, assim, remontar à tradição hegeliano-marxista, Erich Fromm, de sua parte, remete-se a uma série de exigências consideradas essenciais ao homem como tal e, portanto, fundamentalmente a-históricas, assim se distanciando daquela tradição. Mas mesmo ele, que, como se disse, aprofundou em particular os problemas psicanalíticos ligados desde o início à escola de Frankfurt, bem viu o dilema da teoria sociológica contemporânea, expressando-o em termos de uma psicopatologia social, contraposta à psicopatologia individual:

> Falar de toda uma sociedade como psiquicamente doente comporta a implícita aceitação de uma hipótese controversa e contrária às posições do *relativismo sociológico* compartilhadas pela maioria dos sociólogos contemporâneos. Estes pressupõem que toda sociedade é normal na medida em que funciona, e que a patologia pode ser definida apenas nos termos de uma insuficiente adaptação individual ao tipo de vida próprio dessa sociedade (FROMM, 1964, p. 21).

16
A orientação fenomenológica

16.1 As premissas

A filosofia fenomenológica é uma das múltiplas manifestações da crise do otimismo epistemológico do positivismo e da sociedade em que ele nascera, própria da cultura da Europa Central entre o final do século XIX e as primeiras décadas do século XX. A relevância sociológica de tal filosofia, embora não tenha demorado a se manifestar, teve o auge de sua expansão apenas nas últimas décadas, com o declínio, de um lado, do estrutural-funcionalismo e, de outro, das interpretações marxistas da sociedade. Cite-se aqui Edmund Husserl (1859-1938), fundador da fenomenologia, em relação ao pensamento sociológico pelo que sustenta em sua obra *A crise das ciências europeias e a fenomenologia transcendental*, cuja primeira parte foi publicada em 1936. Nela, Husserl contrapõe o "mundo da vida" (*Lebenswelt*) à ciência, tal como veio a se configurar na sociedade ocidental moderna. A seu ver, a ciência está necessariamente ligada ao "mundo da vida pré-científico", pressupondo-o e nascendo a partir dele. A ciência é, com efeito, uma "realização do espírito humano" (HUSSERL, 1961, p. 150) e é entendida como uma resposta possível aos problemas que os homens têm de enfrentar em sua vida. A ciência "pressupõe um ponto de partida constituído pelo mundo intuitivo já conhecido por todos" (p. 150). Escreve Husserl:

> se a ciência coloca e resolve certos problemas, trata-se, já de início e depois ao longo do processo de trabalho científico, de problemas que se colocam no âmbito deste mundo, que integram o conjunto do mundo já dado, de que faz parte a prática científica, como qualquer outra prática vital. Nessa prática, cabe um papel constante ao conhecimento, o conhecimento pré-científico, com todos os seus fins, que ele, na medida em que os concebe, geralmente alcança em grau suficiente para possibilitar uma *vida prática* (HUSSERL, 1961, p. 150).

Se o mundo da vida, da intuição e dos problemas práticos é pré-científico, no sentido de preceder logicamente a ciência, segue-se que é necessário explicar a própria ciência remontando-a aos problemas práticos do mundo da vida, e é incorreta a abordagem contrária, que tende a explicar o mundo da vida com os instrumentos oferecidos pela ciência.

No mundo moderno, porém, houve uma inversão de tendências: tem-se procurado explicar o mundo da vida e do homem com as categorias da ciência. Husserl, quanto a isso, fala em "limitação positivista" (HUSSERL, 1961, p. 28). A ciência por si não é capaz de conferir qualquer sentido à vida do homem, a qual, portanto, sem referência ao mundo da vida pré-científico, mantém-se despida de significado e de finalidade.

> A exclusividade com que, na segunda metade do século XIX, a visão de mundo geral do homem moderno aceitou ser determinada pelas ciências positivas e com que se deixou ofuscar pela "*prosperity*" delas derivada resultou num afastamento daqueles problemas que são decisivos para a humanidade. As meras ciências de fatos criam meros homens de fato (HUSSERL, 1961, p. 25).

Não é difícil perceber que tais afirmações, mesmo criticando o clima cultural em que surgiu a sociologia, têm consequências importantes para a própria sociologia. Pode-se notar, com efeito, que o mundo da vida pode ser interpretado como o mundo histórico-social. Um intérprete escreveu que "investigar a origem da ciência moderna, para Husserl, significa investigar as condições históricas e sistemáticas graças às quais essa ciência, como todas as outras, pôde surgir num mundo que ainda não entendia a si mesmo à luz da interpretação científica, qual seja, precisamente o 'mundo da vida'" (LANDGREBE, 1972, p. 192). Husserl não desenvolveu seu discurso nesse sentido "histórico sociológico". Em lugar disso, concebeu a história como uma essência imutável a que se remetem todas as suas expressões contingentes. Os filósofos que se interessam por tais problemas discutem longamente a respeito. Aqui cabe notar que o mundo da vida, para Husserl, é:

> o âmbito das certezas familiares, que são verificadas na prática e reconhecidas como incondicionalmente válidas na vida humana, antes de qualquer exigência de uma fundamentação científica (HUSSERL, 1961, p. 463; LANDGREBE, 1972, p. 193).

A partir daí não é difícil chegar à conclusão de que "pertencem [...] ao mundo da vida as associações, os grupos e as formações culturais que fornecem *motivações* para os comportamentos pessoais" (FORNI, 1972, p. 89).

É quase desnecessário observar que essas afirmações de Husserl têm significado crítico. E isso não tanto em relação à ciência em si, mas em relação à pretensão "positivista" das ciências europeias de se colocarem como guia para os homens, que assim são reificados e se tornam "homens de fato". Não se trata, porém, de uma crítica política, como veio a ser posteriormente com os expoentes da escola de Frankfurt, os quais, porém, como se disse, sentiram a influência da fenomenologia. Husserl critica a ciência não por estar submetida aos interesses da classe dominante, mas apenas por ser realizada e vista como autônoma em relação às exigências da "vida".

Já se mencionou de passagem que essas afirmações, que não foram desenvolvidas sociologicamente por Husserl, foram retomadas mais tarde no âmbito do pensamento sociológico. Como existe um vínculo entre mundo da vida e mundo histórico-social, e como este último se apresenta em configurações sempre diferentes, é fácil entender como essa ideia pode levar a conclusões sociológicas relativistas. Ademais, o filósofo e sociólogo do conhecimento Max Scheler (1874-1928) já havia chegado a essas conclusões vários anos antes da *Crise* de Husserl. Com efeito, Scheler sustentara que era um equívoco procurar uma concepção do mundo natural e, enquanto tal, própria de todos os homens e presente em todas as sociedades. O que existe é uma pluralidade de concepções de mundo. Ele as chama de "concepções de mundo relativamente naturais", no sentido de que as diversas concepções são todas igualmente humanas e igualmente "naturais". Scheler se expressa a esse respeito nos seguintes termos:

> À visão de mundo adotada por um sujeito coletivo [...] pertence tudo o que vale de modo geral como "dado sem nenhuma dúvida", e todo objeto e conteúdo pensado nas formas estruturais do "dado" [...] que é considerado e percebido de modo geral como isento de necessidade e possibilidade de uma justificação (SCHELER, 1966, p. 60).

Essa posição de Scheler, como se disse, parece próxima daquela posterior de Husserl, na *Crise*. De fato, é claro e explícito que a concepção de mundo científica contra a qual investe Husserl é tida já por Scheler como uma entre as várias outras possíveis e, assim, malogram-se suas pretensões ao absoluto. A pluralidade das concepções de mundo parece comportar um relativismo cultural; mas, segundo os princípios da fenomenologia de Scheler, todas as diversas concepções de mundo relativamente naturais remontam a um originário "reino ôntico das ideias", a um mundo de "essências" que nunca se revela em estado puro. Quanto a esse respeito, o autor em questão distingue entre "fatores ideais" e "fatores reais". Estes últimos – os instintos biológicos, os interesses econômicos, os fatores raciais, as relações de poder etc. – não podem de maneira alguma criar os fatores ideais, o mundo da cultura, mas estes só se podem realizar por meio dos fatores reais. O erro de todas as formas de materialismo consiste em crer que o mundo das ideias pode ser diretamente criado pelo mundo dos fatores reais, enquanto o aspecto de verdade sempre presente no materialismo consiste em compreender como as essências se realizam histórica e socialmente por meio de condicionamentos materiais: sem eles, as essências permaneceriam meras potencialidades. A religião se dá na realidade histórico-social também por meio de condicionamentos de ordem econômica e de poder, mas nem por isso, de maneira alguma, sua essência pode ser reduzida a fatores materiais. É tarefa da sociologia do conhecimento estudar esses condicionamentos.

16.2 Schütz: críticas a Max Weber

O problema do mundo da vida de Husserl e das concepções relativamente naturais de Scheler é retomado por Alfred Schütz (1899-1959) com referência específica às ciências sociais e sua metodologia. Como se verá a seguir, ele se remete a vários autores, mesmo que Husserl sempre se mantenha expressamente como seu mestre. Mas a definição que Schütz propõe para o mundo da vida, agora definido mais especificamente como "mundo da vida cotidiana", destaca desde o início seu caráter intersubjetivo e, portanto, social.

> "Mundo da vida cotidiana" indicará o mundo intersubjetivo que existia desde muito antes de nosso nascimento, percebido e interpretado pelos outros, nossos predecessores, como um mundo organizado. Agora ele está dado à nossa experiência e à nossa interpretação. Toda interpretação desse mundo se baseia num conjunto de experiências prévias dele, em nossas próprias experiências e naquelas que herdamos de nossos genitores e professores, as quais, na forma de "conhecimentos à disposição", funcionam como esquema de referência (SCHÜTZ, 1979, p. 182).

Schütz nasceu em Viena e, estudando na universidade de sua cidade natal, entrou em contato com os ambientes filosóficos e sociológicos em que dominava a polêmica sobre a metodologia das ciências histórico-sociais desenvolvida por Max Weber. Frequentou depois o círculo fenomenológico surgido em Friburgo em torno de Edmund Husserl. Deixando a Áustria ao prever a invasão nazista, passou um ano em Paris antes de se exilar definitivamente nos Estados Unidos. Neste país, recebeu a influência do pragmatismo, do interacionismo simbólico de G.H. Mead e, de modo geral, da abordagem distinta das ciências sociais norte-americanas. Assim, sua obra de 1932, *A estrutura significativa do mundo social*, está basicamente ligada à filosofia e à sociologia da Europa Central, ao passo que seus posteriores *Ensaios sociológicos* estão mais abertos a novas problemáticas.

Como o mundo da vida é, desde o início, um mundo de ação e interação, Schütz inicia sua análise tratando precisamente da ação significativa ou "dotada de sentido", na dupla convicção de que todo estudo sociológico parte necessariamente desse conceito, mas que ele ainda não recebeu um exame adequado. Já comentamos algo a respeito ao tratar rapidamente das críticas que o autor em questão dirigiu contra Max Weber. Agora cabe retomar o argumento em termos mais analíticos. Schütz afirma:

> o conceito de ação significativa e por isso compreensível do indivíduo, que é o conceito indispensável da sociologia compreensiva, não permite de fato fixar univocamente um elemento genuíno do devir social, mas é apenas a rubrica de uma problemática complexa, ramificada, que requer mais estudos (SCHÜTZ, 1974, p. 12).

É preciso esclarecer – e Weber não desenvolvera seu discurso nesses termos – se o sentido da ação é o mesmo para o sujeito agente no curso e ao término da ação, para o interlocutor e para o observador externo, ou, em caso negativo, como esse sentido sofre modificações. Se, para os fins práticos das relações na vida cotidiana, pode-se de fato presumir essa identidade de sentido para o sujeito agente, o interlocutor e o observador externo, as ciências sociais, por seu lado, não podem deixar de colocar tais problemas. Elas devem se perguntar, ademais, o que quer dizer dar significado à ação: quer dizer que primeiro se age e depois se atribui o significado? Ou o significado é anterior ou simultâneo à ação? E como se pode distinguir entre ação e comportamento?

Para resolver tais dificuldades, Schütz faz referência a Bergson e, mais especificamente, a Husserl, seu reconhecido mestre. Bergson distingue entre o tempo da duração (*durée*), em que não é possível estabelecer distinções e especificações, no sentido de que ele não pode ser reconduzido a uma sucessão de átimos, um após o outro, mas há uma continuidade em que se vive a unidade da ação de modo imediato e irrefletido, e o tempo especializado, parcelado, quantificável, da reflexão intelectual e da ciência. E Husserl distingue entre retenção e reprodução. A primeira se refere àquela consciência da intencionalidade do agir, pela qual o agente percebe sua ação como um fluir presente, sem a reconduzir a momentos separados, mas em termos de unidade. A reprodução, por sua vez, refere-se àquele modo de recordar que recria num segundo momento o vivido precedente e, ao recriá-lo, interpreta-o e, assim, necessariamente transforma-o. Tais afirmações, segundo Schütz, são de importância fundamental para as ciências sociais. Ele sustenta que só é possível atribuir sentido à ação *a posteriori*, em termos de reprodução. Aparentemente, é um paradoxo. A ação, com efeito, é ação na medida em que se dá de maneira consciente e é dirigida por uma vontade. Apenas assim ela pode se distinguir do comportamento. Mas Schütz esclarece que a ação a se realizar tem sentido apenas com base num projeto, isto é, quando se a pensa já realizada, numa "antecipação vazia", *modo fuori exacti*. Assim também é possível indicar quando se tem uma ação unitária, que se diferencia dos atos particulares que se referem ao projeto. É o projeto, a presença de um projeto, que indica quando há ação e quais os atos particulares que confluem para uma única ação. Mas o sentido atribuído à ação realizada sempre é diferente do sentido do projeto, quando menos porque entre o antes e o depois nossas experiências mudaram, "temos mais idade", e assim a ação é interpretada de pontos de vista diferentes. Nem mesmo isso fora percebido por Weber.

Outra crítica a Weber se refere à sua falha em distinguir entre motivos finais e motivos causais, ou "motivos a fim de" e "motivos pelos quais", distinção que Schütz considera de importância fundamental (SCHÜTZ, 1974, p. 123ss.; 1979, p. 70-72). Quando se fala de motivo, na linguagem comum de várias línguas, é frequente entenderem-se coisas diferentes. Usa-se o termo "motivo", por um lado, para indicar o fim que se quer atingir, a meta, o "a fim de" da ação, e por outro lado para se referir às causas que levaram a uma determinada ação. Para citar um exemplo frequente do próprio Schütz, o criminoso comete um homicídio para se apropriar do dinheiro da vítima (motivo a fim de), por causa de uma condição particular de pobreza, da má educação que teve, de uma série de experiências anteriores que constituem o motivo pelo qual realizou a ação. A ação, portanto, pode ser interpretada do ponto de vista das finalidades a alcançar, e então parece como livre ato da espontaneidade do eu, ou pode-se tentar remontar às causas que levaram o sujeito a uma determinada escolha, e neste caso a ação aparece condicionada por fatores externos a ela. Mas, de todo modo, é evidente que, quando se diz que há ação somente em presença de um projeto, não se pretende dizer que esse projeto esteja sempre presente ao sujeito da ação. Quanto mais a ação se assemelha a outras já realizadas, isto é, quanto mais se cai na rotina, tanto mais possível é que o próprio projeto deixe de ser percebido como tal.

16.3 Schütz: o significado da ação social

Esta é, em termos sucintos, a crítica de Schütz a Weber no que se refere ao problema da ação dotada de sentido, o problema da "construção do significado" na vida individual. Com base nessas especificações, o autor em pauta passa a tratar do significado da ação social. Para ele, a relação direta com o *alter ego* é originária e dela derivam todas as formas de relação social, até chegar à "estrutura do mundo social". A "atitude natural ingênua" toma por assente que o "você" atribui sentido à minha ação tal como eu e que esse sentido é o mesmo para as duas partes. Mas isso é claramente incorreto. Na verdade, é absolutamente impossível uma plena compreensão do outro, e sua própria afirmação já é contraditória: suporia, de fato, a total identificação do eu com o outro e implicaria que todas as experiências vividas por este correspondessem às daquele, ou seja, que o outro se tornasse o próprio eu.

> O "sentido pretendido" é [...] por essência subjetivo; está ligado por princípio à autointerpretação operante do sujeito das vivências. É por essência inacessível a todo você, pois se constitui apenas no interior do curso de consciência de um eu (SCHÜTZ, 1974, p. 142).

Isso não implica, porém, que não se possa de alguma maneira chegar às vivências significativas do outro. Seguindo o que havia sustentado sobre a formação do significado no indivíduo, Schütz afirma que o sentido da ação do outro é compreensível apenas e exclusivamente dentro dos limites em que se chega ao projeto de agir do outro. Todavia, a compreensão do agir do outro tem características próprias muito diferentes das da compreensão da ação por parte do sujeito agente. A esse respeito, o autor em pauta faz uma de suas afirmações mais originais. Declara que apenas reflexivamente, ou seja, *a posteriori*, o agente pode se voltar sobre si mesmo, ao passo que, em relação às vivências do outro, é possível vê-las enquanto acontecem.

> Posso ter sob minhas vistas *minhas* vivências *próprias* apenas como vivências transcorridas e transformadas; tenho condições de observar as vivências alheias *em seu decurso*. Isso *significa simplesmente que o você e o eu são "contemporâneos" num sentido específico*, que "coexistem", que a duração do eu e a duração do você se "intersectam" (SCHÜTZ, 1974, p. 146).

E isso vale não só para a relação direta entre dois indivíduos. Schütz emprega a expressão "quase contemporaneidade" para indicar que se tem o mesmo processo de compreensão das vivências alheias, não em termos reflexivos, mas durante o próprio desenrolar-se da relação, frente a todas as atividades ocorridas do homem, das obras da cultura. Tem-se essa contemporaneidade ou quase contemporaneidade de minhas vivências com as vivências alheias quando se dirige intencionalmente a atenção ao outro. Fazendo isso, tenho experiência do outro, vivo junto com ele, em contemporaneidade ou quase contemporaneidade, seu próprio fluxo de consciência. Verificando-se esse processo, posso então me voltar reflexivamente tanto para meus próprios conteúdos de consciência quanto para os do outro que se formavam no mesmo fluxo de consciência de que eu participava. Mas o que posso compreender do outro até esse momento ainda faz parte da redução do outro à minha experiência. Só se chega à verdadeira compreensão do outro com uma "troca de pessoa", identificando nossas vivências de consciência em relação com uma determinada ação semelhante à de outrem com as mesmas vivências de consciência do outro. Evidentemente, o outro só pode compreender a si mesmo de modo fragmentário e limitado, apenas em relação a certas ações suas de que tivemos experiência e às quais podemos nos referir com esquemas interpretativos extraídos de nossas experiências semelhantes.

Isso, porém, não basta para esclarecer a complexidade das relações intersubjetivas. Numa tentativa posterior, Schütz diferencia entre "sentido subjetivo" e "sentido objetivo" do produto da ação do homem.

> Falamos em sentido subjetivo de uma produção referindo-nos ao nexo significativo que as vivências do produtor mantêm ou mantiveram com o próprio produtor, atestadas por essa produção, isto é, se temos condições de repetir, na contemporaneidade ou quase contemporaneidade com nossa duração, os atos politéticos em que se construíram as vivências daquele que realizou a produção [...]. Podemos, inversamente, atribuir sentido objetivo apenas a um produto enquanto tal, ou seja, à unidade de sentido agora constituída da coisa produzida, cujo processo de produção mediante atos politéticos construtivos da consciência alheia não é levado em consideração (SCHÜTZ, 1974, p. 192).

Alguns produtos da atividade humana têm sentido para nós, mesmo que não saibamos nada sobre seus produtores: servimo-nos de um instrumento feito por um anônimo sem nada sabermos a seu respeito. A interpretação do sentido objetivo, pelo contrário, remete necessariamente aos precisos atos de consciência do produtor, dos quais temos experiência em contemporaneidade ou quase contemporaneidade com ele. Mas, entre o total anonimato do outro e a "troca de pessoa" que permite uma identificação, sempre fragmentária e parcial, com o outro, há uma série de posições intermediárias. Essa afirmação, para Schütz, tem grande importância para as ciências sociais. Quanto mais anônima é a relação, com efeito, tanto mais possível é olhar o produto não como algo único e irrepetível, mas como algo que pode ser repetido, feito outra vez. A vivência intencional do sujeito agente é sempre algo único de que se pode participar apenas naquela relação de contemporaneidade ou quase contemporaneidade a que Schütz se refere com tanta frequência, ao passo que o produto por si só remete, sem dúvida, a um projeto, mas apenas de modo muito genérico e, portanto, facilmente repetível.

Weber não só não chegara a tais conclusões a partir de suas afirmações sobre a ação social, como nem sequer conseguira, ainda segundo Schütz, indicar claramente a diferença entre comportamento social e ação social. Weber, com efeito, considera social qualquer ação que se coloque em relação com o comportamento alheio. Todavia, ele só pode falar em ação social propriamente dita na presença de um projeto orientado para o comportamento alheio, ao passo que, por meio dos sentimentos, entramos em relação com os outros mesmo sem projetos precedentes, e aqui se estaria diante do comportamento social. A distinção entre motivos finais e motivos causais permite a Schütz indicar também a presença de dois significados diferentes na ação social weberiana. Com efeito, Weber considera a ação social tanto aquela que tende a fazer com que o outro se comporta de determinada maneira, uma ação dirigida para provocar um determinado comportamento futuro no outro e é este seu *fim*, quanto aquela que, pelo contrário, deve-se a um comportamento já efetuado do outro e, portanto, tem esse comportamento como *causa* sua.

16.4 Schütz: a relação social

Essas especificações permitem que Schütz passe para a análise da relação social. Mesmo aqui – diz-nos ele – Weber empregou a mesma expressão para identificar situações diferentes. Tem-se um caso de relação social quando o indivíduo que age orientando-se para o outro pensa que este, por sua vez, orienta sua ação para ele. Mas Weber também considera como relação social o caso muito diferente que ocorre quando um observador considera que há ou houve tal orientação recíproca. O primeiro caso de relação social se constitui como experiência direta, por meio de minha contínua percepção de modificações em mim mesmo que se criam por meio das atitudes do outro perante mim e vice-versa. Trata-se da constituição do "nós", do fluir das duas consciências para um único presente. Neste caso, escreve Schütz, "todo membro participa no transcorrer da vida do outro, pode captar numa vivência presente os pensamentos do outro tal como se constituem de instante em instante" (SCHÜTZ, 1979, p. 17). Ele afirma, porém, que aqui se toma em consideração apenas um aspecto "puramente formal da relação social, igualmente aplicável a uma conversa íntima entre amigos e à presença simultânea de estranhos no mesmo compartimento de um vagão de trem" (SCHÜTZ, 1979, p. 17). Mas também posso voltar a meu passado como observador e julgar quais os casos em que realmente se deu uma relação social, no sentido da reciprocidade das orientações. Neste caso ficará claro que, quando há uma relação social eficaz, isto é, quando uma das duas partes pretende obter algo da outra, os motivos finais da primeira, as finalidades que tal parte quer alcançar, tornam-se motivos causais da segunda parte.

A forma de relação social que está na base de todas as outras e da própria estrutura do mundo social é o que Schütz chama de "relação social ambiental", e o que a caracteriza é que os interlocutores compartilham o mesmo ambiente espaciotemporal, encontram-se um diante do outro. Nessa situação, cada parte vive contemporaneamente os significados da outra parte num único fluxo de consciência, criando juntas um "nós" como algo específico, diferente tanto do eu quanto do você. O observador dessa relação ambiental, isto é, aquele que tem a possibilidade de observação direta, encontra-se no mesmo contexto espaçotemporal dos observados, está numa situação totalmente diferente, na medida em que sua observação é por definição unilateral, não se fundando naquela reciprocidade das atitudes que é a única a constituir o nós. O observador deve proceder por hipóteses, tanto mais problemáticas quanto menor for sua familiaridade com a relação observada. Se a ação por ele observada reproduz uma ação semelhante a outras que ele mesmo criou no passado, aumentam as probabilidades de uma compreensão correta do sentido dessa ação. Inversamente, elas diminuem se ele tiver de deduzir essa compreensão apenas de seu conhecimento precedente de um sujeito particular e passar da ação manifesta para seus motivos finais e causais. Mesmo a experiência direta do outro na relação ambiental pode variar em seu grau de intimidade. Com efeito, o "nós" pode envolver aspectos profundos da personalidade ou questões muito específicas e contingentes. De todo modo, a relação ambiental se dá enquadrando-se, sempre em medida variável, num esquema de significados pré-constituídos. Isso permite, ainda segundo Schütz, a passagem da relação ambiental para o mundo social dos contemporâneos, daqueles que vivem no mesmo mundo temporal meu, mas com os quais não tenho relação direta.

16.5 Schütz: a tipificação

> O contemporâneo é acessível ao eu apenas *mediatamente* [...] e, portanto, seus conteúdos de consciência só podem ser captados mediante uma tipicização (SCHÜTZ, 1974, p. 257).

Esta é outra afirmação central da teoria sociológica de Schütz. Refere-se a nosso próprio conhecer em geral e, portanto, não somente o conhecimento dos outros, embora este também tenha importância central para o autor em pauta. Vivemos num mundo ordenado de objetos definidos, que consideramos como realidades em si, independentes de nós, como realidades incontestes e incontestáveis, dados de fato óbvios, como o "mundo dado por assente". A um exame mais atento, porém, esses objetos bem definidos, cuja existência objetiva se afigura independente de nós, só se tornam perceptíveis com base em prévias elaborações conceituais, formações de categorias típicas, "tipificações" ou "tipicizações". Se percebemos uma árvore, uma montanha, um cão, isso só é possível na medida em que remetemos a experiência desse elemento individual a um "tipo" geral de árvore, de montanha, de cão. Vivemos num mundo de objetos tipificados e somente com base nessas tipificações é possível termos experiência dos objetos, seja em sua tipicidade, seja em sua unicidade, a qual só pode existir em relação com a tipicidade. Assim, o mundo que, na "atitude natural", aparece-nos como realidade objetiva vem a ser uma "estrutura significativa", um conjunto de significados correlatos e tipificados. Trata-se de um mundo intersubjetivo, nascido por meio da interação e do trabalho humano. Os que pertencem a um mesmo contexto sociocultural, independentemente de suas proporções, compõem um grupo que dispõe de um conjunto de experiências comuns que lhe foi transmitido e constitui a realidade de sua vida cotidiana. Evidentemente existem diferenças individuais nos modos de conhecer a realidade, decorrentes, quando menos, do fato de que meu ponto de vista, num certo momento, não coincide com o ponto de vista do outro, e que os indivíduos, tomados um a um, encontram-se sempre em "situações biograficamente determinadas", específicas e únicas. Na "atitude natural", isto é, quando se considera uma determinada estrutura significada como algo assente, como um dado objetivo e "natural", parte-se do pressuposto implícito da "reciprocidade das perspectivas", segundo o qual os pontos de vista individuais são intercambiáveis e o mundo objetivo, para os fins práticos que se pretende atingir, mantém-se igual para todos. Trata-se, evidentemente, de um "todos" referente àqueles que vivem no mesmo universo cultural, mas isso, na vida cotidiana, é reconhecido apenas de modo implícito. Apesar desse conjunto de conhecimentos à disposição que formam o universo comum, o conhecimento também é "socialmente distribuído", na medida em que cada qual tem conhecimentos mais profundos em setores específicos da estrutura significativa que constitui esse mundo da vida cotidiana.

Retomando o problema da relação, se é incontestável que, na relação ambiental, quando as partes interagem em contato direto e em contemporaneidade e constituem um "nós", há um momento de inovação, de criatividade, de novidade e, portanto, de imprevisibilidade, é igualmente indiscutível que, para Schütz, o conhecimento do outro só pode se dar por meio de tipificações. Capto do outro alguns traços característicos que, como tais, podem se repetir no tempo e são compreendidos por meio da categoria husserliana do "pode ser feito outra vez". Construo a tipificação voltando às vivências alheias com que tive experiência anterior. Os diversos cursos de ação individuais de que se tem experiência são ligados a cursos de ação semelhantes e assim se cria a tipificação de um curso de ação. A tipificação pode ser construída com referência a uma pessoa, assim vindo a constituir a tipificação pessoal, que é mais genérica do que a tipificação dos cursos individuais de ação, ou com referência a uma pluralidade de pessoas, tornando-se neste caso cada vez mais anônima. O mundo em que se elaboram as vivências alheias constitui sempre uma desindividuação, mas nem sempre ao mesmo grau. Quanto maior a distância da relação direta e constitutiva do nós, como se disse, tanto maior a distância também do sentido subjetivo da ação; mas, enquanto no tipo ideal pessoal procura-se passar do sentido objetivo da ação para seu sentido subjetivo, isto é, procura-se especificar as motivações da própria ação, já, quando esse tipo ideal se torna anônimo, o sentido subjetivo desaparece e resta apenas o nexo de sentido objetivo. E quanto mais anônimo é o tipo ideal, mais difícil se torna "preenchê-lo" com conteúdos concretos. Por exemplo, o tipo ideal ou a tipificação de um parlamento específico ainda pode ser reconduzido a pessoas e a atividades concretas, ao posso que ele se torna mais vazio quando se refere à instituição do parlamento em geral.

Passando do mundo dos contemporâneos para o mundo dos predecessores, Schütz obviamente repete que uma compreensão de tal mundo só é possível, ela também, por meio de tipificações ou tipos ideias, necessariamente mais aproximativas em comparação às tipificações referentes ao mundo contemporâneo. Com efeito:

> o nexo de sentido em que o *alter ego* predecessor introduziu sua vivência [...] é, por princípio, radicalmente diferente do nexo de sentido em que o *alter ego* contemporâneo inseriria a "mesma" vivência [...]. A equivalência entre a autointerpretação de minha vivência e a autointerpretação da vivência do *alter ego* predecessor é imprecisa e tem um caráter meramente hipotético em grau muito maior do que a equivalência entre as circunstâncias de meu mundo contemporâneo e as circunstâncias em que vivo eu pessoalmente (SCHÜTZ, 1974, p. 304).

Ademais, é evidente que não se pode adotar em relação ao mundo dos predecessores uma atitude "eficaz", visto que não se pode intervir junto a eles para modificar seu curso de ação. Quanto ao mundo dos sucessores, é o mundo do indeterminado e do indeterminável, é um mundo livre, da mesma forma como, inversamente, o mundo dos predecessores é determinado e imutável. Quanto mais distante de nós está o mundo futuro, tanto menor a possibilidade de uma compreensão fundada sobre os tipos ideais. Estes, com efeito, são construídos com base em nossas experiências com os contemporâneos e os predecessores, para os quais o mundo futuro, diminuindo a possibilidade de estabelecer uma relação com ele, faz-se cada vez mais imprevisível. Schütz, a esse respeito retomando implicitamente uma tradição que remonta a Dilthey e é também retomada por Weber, opõe-se a toda e qualquer "filosofia da história" que procure enquadrá-la em esquemas pré-constituídos de validade universal. Qualquer crença numa lei histórica supratemporal capaz não só de explicar o passado e o presente, mas também de profetizar o futuro, é errônea. O mundo dos sucessores, enquanto tal, é "não histórico" e absolutamente livre. Só pode ser antecipado em "representações vazias [...] mas não imaginado de forma evidente" (SCHÜTZ, 1974, p. 310). Nessa nova formulação, retoma-se, apenas implicitamente, a polêmica de Weber tanto contra o positivismo quanto contra o materialismo histórico.

16.6 Schütz: outros problemas metodológicos

É bastante claro que Schütz retoma a ideia weberiana de "tipo ideal", mas esclarecendo que todos os conhecimentos se dão por meio da construção de tipos e que sem tipificação não há conhecimento possível. A tipificação, portanto, não é um procedimento específico do conhecimento sociológico, e sim o procedimento geral do conhecer. Isso implica que, nas ciências sociais, os estudiosos estão diante de construtos significativos já constituídos, o que não ocorre nas ciências naturais. Assim, os construtos, as tipificações do cientista social são sempre "construtos de segundo grau", não construtos de um mundo sem significados pré-constituídos, como acontece para a realidade natural, mas "construtos de construtos". Aqui é evidente a influência de Georg Simmel.

Ainda em relação com a especificidade da metodologia das ciências sociais, cabe dizer que Schütz demonstrou de maneira dificilmente contestável que a ação, para ser ação, exige a presença de um projeto. E um projeto é um nexo de sentido subjetivo. Isso, porém, não significa de modo algum – sempre reitera o autor – que ele seja arbitrário e incomunicável, e assim tal afirmação não afeta de forma alguma a possibilidade das ciências sociais. Pelo contrário, o oposto é que seria verdadeiro: não se consegue compreender uma ação unitária, nem em termos do senso comum, nem em termos das ciências sociais, se não se remonta a seu sentido subjetivo dado por meio do projeto. O cientista social não se identifica com o observado comum na vida cotidiana: ele constrói modelos típicos de ação e tipos pessoais que não guardam mais traço algum de imprevisibilidade, sendo elaborados exclusivamente para os fins da pesquisa com finalidades típicas, motivos causais típicos, conhecimentos típicos etc. O autor dá aos modelos pessoais o nome de "fantoches" (*homuncoli*), justamente para ressaltar seu caráter de modelo elaborado para objetivos heurísticos, ou seja, seu caráter fictício. Todavia, nessa sua construção de tipos, o cientista social não pode deixar de remontar, ele também, ao significado subjetivo que o ator atribui à sua ação. Uma vez estabelecido, como faz Schütz, que os motivos da ação, na medida em que são típicos e referenciáveis a um projeto compreensível mesmo para o observador externo, são intersubjetivos e comunicáveis, cai por terra a objeção dos comportamentalistas e dos positivistas lógicos, segundo os quais o significado subjetivo enquanto tal não pode servir de fundamento da pesquisa científica, que é necessariamente objetiva.

Schütz aceita essa necessidade de objetividade das ciências sociais, que vê assegurada pelos "três postulados para a construção de modelos científicos do mundo social". O primeiro é o da coerência lógica, para o qual o esquema conceitual do discurso científico deve ser construído com a máxima clareza e distinção dos conceitos e em observância dos princípios da lógica formal, do princípio da não contradição. O segundo postulado é o da interpretação subjetiva, já mencionado, segundo o qual, para explicar os fatos observados, o cientista social deve construir mentes individuais com motivos típicos que se encontrem numa "relação compreensível" com tais fatos. O terceiro é o da adequação, isto é, da coerência entre os construtos de primeiro grau na vida cotidiana e os construtos de segundo grau da ciência social.

16.7 Schütz: as províncias finitas de significado

Não há dúvida de que, como já se observou, o problema fundamental de Schütz, o eixo de todo o seu pensamento, é o problema da "estrutura significativa da vida cotidiana". Visto que os significados atribuídos à vida cotidiana mudam de um contexto sociocultural a outro, o autor em pauta reconhece a pluralidade dos mundos sociais. Mas não se detém nessa afirmação, aliás, bastante óbvia, e sustenta que a interpretação da realidade, sua contínua elaboração de modos variados, é um princípio ativo mesmo a cada momento de nossas vidas individuais. Podemos olhar a realidade de uma pluralidade de pontos de vista, segundo os interesses particulares que tenhamos por ela em determinados momentos. Schütz cunha a esse respeito uma de suas expressões mais conhecidas e felizes: "províncias finitas de significado". E aqui ele recorre especialmente a William James (1950) e, mais uma vez, a Husserl e Bergson. Segundo James, real é tudo o que está em relação com nossa vida ativa e emotiva, razão pela qual o princípio da realidade é claramente subjetivo. Tudo o que passa por nossa experiência é, de alguma maneira, real e o aceitamos como tal, pelo menos enquanto não for desmentido por outras experiências. James, com base nessa ideia, passa a distinguir vários "submundos" da realidade, como, por exemplo:

> o mundo do sentido e das coisas físicas (como realidade por excelência), o mundo da ciência, o mundo das relações ideais, o mundo dos "ídolos da tribo", os vários mundos sobrenaturais da mitologia e da religião, os vários mundos da opinião individual, os mundos da pura loucura e da extravagância (SCHÜTZ, 1979, p. 181).

Schütz segue James muito de perto, mas prefere falar em províncias finitas de significado para deixar claro que o que muda não é "a estrutura ontológica dos objetos", mas sim o significado atribuído a eles. Entre as diversas províncias finitas de significado, o autor em pauta examina em primeiro lugar "a realidade do mundo da vida cotidiana", dentro da qual se dá o mundo da ação voltada para o exterior e para os outros, isto é, "o mundo da vida laboral". A seguir, ele tenta montar uma listagem parcial das outras "províncias", nos seguintes termos:

> o mundo dos sonhos, do imaginário e do fantástico e, acima de tudo, o mundo da arte, o mundo da experiência religiosa, o mundo da contemplação científica, o mundo das brincadeiras infantis, o mundo dos doentes mentais (SCHÜTZ, 1979, p. 205).

O mundo da vida cotidiana e da atividade laboral é a realidade predominante que condiciona todas as demais. Este é um mundo intersubjetivo que, como se disse, existia antes de nós e nos oferece uma interpretação da realidade que constitui um conjunto de experiências à nossa disposição. Assim, esse mundo da vida cotidiana é, dentro de certos limites, necessitante. Mas a passagem de uma província finita de significado a outra depende – diz Schütz – de uma "modificação atencional", de uma mudança no grau de "atenção à vida", que é explicada em termos de "espontaneidade".

16.8 Acenos críticos

Agora, concluída a breve parte expositiva do pensamento de Schütz, pode-se observar que há nesse pensamento uma dupla tendência, a de frisar a espontaneidade do eu e a de indicar seus condicionamentos sociais: a necessidade de tipificações precedentes para o conhecimento, a vida como conjunto de significados pré-constituídos e de "receitas" prontas para a ação, como "estrutura significativa" em que o indivíduo necessariamente se encontra ao agir. Neste sentido, o autor em pauto foi acusado de sustentar uma "visão dúplice", de uma "união artificial entre subjetividade e objetividade" (GORMAN, 1977, p. 106). A essa crítica pode-se objetar que a liberdade dentro de uma série de fatores sociais que a condicionam ou, em termos contrários, a falta de liberdade em que, mesmo assim, elaboram-se nossos livres atos humanos, constituem a situação do homem que vive em sociedade. Afinal, a própria sociologia, reduzida a seus termos essenciais, não é senão o estudo das estruturas sociais, na medida em que condicionam a ação, e da ação, na medida em que condiciona e pode transformar as estruturas. Mas, em Schütz, os dois momentos aparecem justapostos, de modo a serem vistos numa tensão recíproca cujos termos e modalidades variam de sociedade para sociedade e, portanto, constituem um problema histórico-sociológico. Para voltar à relação entre Weber e Schütz, vale lembrar ainda que este último criticara diversas imprecisões e insuficientes especificações na metodologia do primeiro. Quanto a isso, Schütz afirma que as lacunas presentes em Weber se explicam porque a metodologia lhe interessava apenas no que lhe servia para suas pesquisas histórico-sociológicas. Ele se preocupava profundamente, como se sabe, com o domínio absoluto que a organização burocrática, a seu ver necessariamente intrínseca às sociedades industriais, exercia sobre todos os aspectos da vida humana. Weber temia que a influência desse domínio viesse a retirar da atividade humana todos os espaços e toda a autonomia, e expressou esse seu receio em termos explícitos e dramáticos (WEBER, 1909; FERRAROTTI, 1968, p. 209). A tensão entre condicionamento e liberdade é, para Weber, um problema concreto de caráter histórico-social. Para Schütz, por sua vez, ela corre o risco de se converter num problema meramente metodológico. Com efeito, ele afirma que sempre é possível buscar os motivos causais da ação e que, desse ponto de vista, ela aparece sempre condicionada, enquanto, do ponto de vista dos motivos finais, aparece como um livre ato do eu. O problema, portanto, reduz-se a uma questão de ponto de vista, ao método que se adota no estudo e, desse modo, aparece esvaziado de qualquer conteúdo concreto. A coerção exercida pela sociedade sobre os indivíduos, ao ser concebida dessa maneira, não parece capaz de variar em intensidade e em suas formas diante das variações dos contextos histórico-sociais. Para um exemplo do que se afirma aqui, será útil recorrer ao conceito de racionalidade. Vale lembrar que Weber diferenciara dois tipos de racionalidade: em relação aos fins e em relação aos valores. Tal distinção lhe permitira desenvolver uma análise do tipo de racionalidade predominante na sociedade industrial e também, apesar da exigência de uma "neutralidade axiológica", indicar criticamente seus limites. Schütz também examina longamente o "problema da racionalidade no mundo social". Para isso, remete-se a Pareto e a Parsons e chega à conclusão de que há ação racional "apenas quando um ator tem um conhecimento suficiente do fim a alcançar, bem como dos vários meios adequados para uma atuação positiva sua" (SCHÜTZ, 1979, p. 362). Ainda com base nessa definição, seria possível prosseguir afirmando que nem todas as sociedades ou unidades sociais mais definidas oferecem a seus membros iguais possibilidades de agir racionalmente e procurando indicar as condições que mais tolhem ou favorecem a ação racional. Outros sociólogos avançaram nesse sentido. Basta pensar em Mannheim e em sua distinção, aliás weberiana, entre "racionalidade substancial" e "racionalidade funcional". Schütz, por seu lado, reduz mais uma vez o problema a uma questão meramente metodológica: a ação racional não existe na realidade da vida cotidiana.

> Como princípio chave do método das ciências sociais, [ela] não é senão o nível de observação e de interpretação teórica do mundo social (SCHÜTZ, 1979, p. 352).
>
> O conceito de racionalidade tem sua fonte originária não no nível da concepção cotidiana do mundo social, e sim no nível teórico da observação científico desse mundo, e aqui ele encontra seu campo de aplicação metodológica (SCHÜTZ, 1979, p. 363).

Assim, em relação a Weber, Schütz certamente aprofunda sua análise da ação e da interação, mas permanece muito distante dele no que se refere à análise da especificidade história. E também vários outros problemas próprios da tradição sociológica clássica, se nos ativermos a Schütz e à sua metodologia, perdem-se inevitavelmente e deixam de ter qualquer concretude. Pense-se em categorias como a alienação de Marx, a anomia de Durkheim, o "espírito objetivo" de Simmel, a "heterodireção" de Riesman, a falta de espírito crítico dos expoentes da escola de Frankfurt, que são, todas elas, categorias elaboradas para o estudo e a crítica da situação específica do homem na sociedade ocidental (IZZO, 1979; 1982).

16.9 Berger e Luckmann: a construção social da realidade

Schütz é retomado explicitamente por Peter L. Berger (1929-) e Thomas Luckmann (1927-), no livro *A realidade como construção social*, de 1966. Berger nasceu em Viena, mas cedo se naturalizou como cidadão estadunidense. Leciona na Boston University. Ocupa-se principalmente de sociologia do conhecimento de um ponto de vista fenomenológico. Luckmann nasceu em Jesenica, na Iugoslávia. Depois de concluir seus estudos na Áustria e nos Estados Unidos, agora leciona na Universidade de Frankfurt. Colaborou diretamente com Schütz na elaboração de uma sociologia fenomenológica e também se ocupou, sempre do ponto de vista fenomenológico, da sociologia da religião.

No livro citado, os dois autores afirmam que o ponto de vista de Durkheim, segundo o qual a realidade social se apresenta como fato exterior ao indivíduo e coercitivo em relação a ele, e o ponto de vista de Weber, segundo o qual o objeto da sociologia consiste na ação e na relação social, não são de forma alguma antitéticos. Eram complementares, e os dois clássicos da sociologia tinham consciência dessa complementaridade (BERGER & LUCKMANN,

1969, p. 34). Tal é a ideia de base que Berger e Luckmann propõem demonstrar ao longo de seu trabalho. Contrapõem "a sociedade como realidade objetiva" à "sociedade como realidade subjetiva". O caráter objetivo da sociedade consiste na institucionalização, isto é, no processo pelo qual o agir humano tende a se cristalizar em formas fixas e preestabelecidas que se impõem do exterior aos indivíduos e exercem um controle sobre sua vida psíquica e seu agir. Tal afirmação não deve fazer com que se esqueça a "sociedade como realidade subjetiva", que é o momento mais especificamente originário dos significados, que surgem na interação e vêm a constituir a base da sociedade como realidade objetiva. Berger e Luckmann distinguem entre socialização primária e socialização secundária. Por meio da primeira, o indivíduo, desde a mais tenra infância e graças à profunda ligação afetiva instaurada com as pessoas que estão próximas, apropria-se do mundo social delas, utilizando seus modos específicos de conhecer a realidade, que lhe aparecem como os únicos possíveis, seus valores e suas normas, isto é, assumindo os papéis que lhes são prescritos. A socialização secundária, mais cognitiva do que afetiva, faz com que o indivíduo interiorize os conhecimentos, os valores, as normas referentes a uma instituição específica, por exemplo, uma instituição profissional, dentro da sociedade mais ampla da qual essa instituição específica faz parte. É evidente que uma socialização secundária implica uma prévia socialização primária, isto é, a interiorização de uma determinada interpretação da realidade, porém considerada como a realidade em si, a única existente e possível que, assim, é dada como fato assente. Isso significa que, embora as possibilidades de construir significativamente a realidade sejam múltiplas, toda sociedade, por meio da interação, define o que é eminentemente real para ela. Essa realidade se afigura "normal", à diferença da realidade dos sonhos, da loucura ou de qualquer outra situação diferente da que vivemos e que por isso se nos afigura anormal. A realidade da vida cotidiana, ademais, manifesta-se ordenada, enquanto estabelece papéis e funções das pessoas e das coisas e se apresenta como um mundo intersubjetivo, compartilhado com outros. O problema da interação é de fundamental importância, pois é por meio dela que se cria no indivíduo tanto o conhecimento da realidade tal como é percebida em sua sociedade quanto a identificação dessa realidade com a realidade por excelência. O instrumento fundamental com que isso se realiza é, evidentemente, a linguagem.

> A vida cotidiana é vista sobretudo na linguagem e por meio da linguagem que compartilho com meu próximo. Uma compreensão da linguagem é, portanto, essencial para qualquer compreensão da realidade da vida cotidiana (BERGER & LUCKMANN, 1969, p. 60).

Do ponto de vista da sociedade como realidade objetiva, mesmo a linguagem aparece como algo exterior e coercitivo em relação aos indivíduos, segundo as características do "fato social" de Durkheim.

Enquanto sistema de signos, a língua também pode ser considerada do ponto de vista da institucionalização. Esta requer a legitimação, que tem a tarefa de dar justificação teórica às cristalizações surgidas por motivos práticos e a de integrar os diversos processos institucionais presentes numa sociedade. Uma sociedade, com efeito, pode não estar bem integrada, na medida em que contenha processos de institucionalização diferentes e opostos. A legitimação se esforça em criar uma integração no plano da vida psíquica dos membros da sociedade.

Com base nessas suas ideias, Berger e Luckmann procuram criticar as tendências dominantes da sociologia norte-americana contemporânea:

> rumo àquilo que Marx chamava de reificação [...] isto é, rumo a uma distorção não dialética da realidade social que obscurece o caráter desta última como incessante produção humana, colocando-a em categorias afins às das coisas e adequadas apenas para o mundo da natureza (BERGER & LUCKMANN, 1969, p. 96-97).

Os autores então afirmam que a sociologia dominante sofreu um processo de reificação de que é preciso sair, mas a própria possibilidade de sair desse processo é prejudicada pela própria concepção deles quanto à reificação. Esta, de fato, é considerada, por um lado, como um erro intelectual cometido pelos cientistas sociais que "naturalizam" a sociedade e, por outro lado, como uma condição negativa em que os homens se encontram quando a sociedade os condiciona a considerarem a realidade não como obra humana, mas como realidade natural e inalterável, e, por outro lado ainda, como condição normal.

> O mundo reificado é, por definição, um mundo desumanizado, [e] o homem o experimenta mais como uma facticidade estranha a ele, um *opus alienum* sobre o qual ele não tem nenhum controle, do que como um *opus proprium* de sua atividade produtiva (BERGER & LUCKMANN, 1969, p. 136).

Mas a reificação parece também fazer parte de uma inevitável condição humana:

> A reificação é possível seja em nível pré-teórico, seja no nível teórico da consciência. Sistemas teóricos complexos podem ser definidos como reificações, mesmo que presumivelmente tenham raízes em reificações pré-teóricas já ocorridas em tal ou tal situação social. Assim, seria um equívoco limitar o conceito de reificação às construções mentais dos intelectuais: a reificação existe como *condição normal* na consciência do homem comum e mesmo isso é especialmente significativo. Seria um equívoco também considerar a reificação como uma distorção de uma percepção do mundo social originariamente não reificada, em suma, como uma espécie de queda cognitiva [...]. Por meio da reificação, o mundo das instituições parece se fundir com o da natureza: torna-se necessidade e destino, e como tal é vivido a fundo, feliz ou infelizmente, dependendo dos casos (BERGER & LUCKMANN, 1969, p. 137-138).

Berger e Luckmann esclarecem as origens da reificação – que, afinal, são as mesmas da institucionalização, com a única diferença de que esta última é percebida como natural e inalterável – e, ao mesmo tempo, reiteram o caráter humano de todos os gêneros de sociedade e o consequente equívoco das concepções sociológicas naturalistas e positivistas. O que ainda permanece obscuro é se é possível haver uma sociedade para além da reificação – ou se existem diversos graus de reificação em sociedades ou unidades sociais que sejam diferentes entre si – e, no caso, quais seriam suas condições. Como a resposta parece ser mais negativa do que positiva, com base numa identificação quase total entre a institucionalização (inevitável) e a reificação, fica difícil compreender em que consiste o caráter radicalmente inovador que se pretende a teoria proposta.

Até aqui, o discurso se move num plano totalmente a-histórico: as afirmações dos dois autores parecem ser instrumentos interpretativos válidos para qualquer sociedade. Já o livro de 1966 aqui tratado, porém, às vezes transpõe esse limite, com algumas considerações que serão expostas a seguir. Pode acontecer, afirmam Berger e Luckmann, que processos de socialização secundária ponham em crise a "realidade" adquirida anteriormente, mas nunca de modo absoluto. Este é o problema da "traição" perante a realidade como traição de si mesmos, que se faz tanto mais provável quanto mais complexa e móvel é a sociedade e menos completo o processo de socialização primária.

> A possibilidade do "individualismo" (i. é, de uma escolha pessoal entre realidade e identidade discrepantes) está diretamente ligada à possibilidade de uma socialização incompleta [...]. A "individualidade" surge como um tipo social específico que tem ao menos o potencial necessário para se mover entre um certo número de mundos disponíveis e que constrói deliberada e conscientemente para si um eu com o "material" fornecido por um certo número de identidades disponíveis (BERGER & LUCKMANN, 1969, p. 251-252).

Pelo exposto, patenteia-se que Berger e Luckmann, como já Schütz fizera antes, colocam a ênfase na pluralidade dos mundos da vida, mas há também uma diferença notável em relação a Schütz. Neste, com efeito, a pluralidade dos mundos da vida se mostra constitutiva da situação humana, ao passo que Berger e Luckmann, se não contestam substancialmente esse princípio, sem dúvida integram-no afirmando que, ao lado das províncias finitas de significado de que fala Schütz, há uma pluralização dos mundos da vida, no sentido de que as várias construções da realidade estão relacionadas com a complexidade das sociedades modernas e a mobilidade social dentro delas. O problema da multiplicidade dos mundos da vida é assim historicizado e "sociologizado", tratado em relação com uma realidade histórico-social específica que, como tal, cria problemas específicos: a dificuldade de integração do indivíduo num mundo contraditório, pois formado de realidades diversas; o individualismo entendido como socialização incompleta; a crise de identidade como dificuldade do indivíduo em definir a si mesmo.

16.10 Berger, Berger e Kellner: a mente sem morada

O problema da pluralização dos mundos da vida em termos de especificidade histórico-sociológica é retomado por Berger, desta vez junto com Brigitte Berger e Hansfried

Kellner, num livro que traz o título significativo de *The Homeless Mind: Modernization and Consciousness* [A mente sem morada: modernização e consciência] (BERGER; BERGER & KELLNER, 1974). Segundo os autores, os homens nos períodos anteriores à atual sociedade industrial e urbana viviam em mundos da vida relativamente unificados, ao passo que hoje vivem numa situação caracterizada pela pluralidade desses mundos. Tem-se um aspecto dessa pluralização na dicotomia entre esfera pública e esfera privada: entre o mundo do trabalho que se desenrola em grandes organizações e a vida íntima. Isso não se verificava antes, na medida em que havia uma ordem geral integrando os indivíduos na sociedade. Era a ordem religiosa, que permeava todas as esferas da vida individual, de modo que o indivíduo em família, no trabalho, na atividade política ou na participação em cerimônias e festividades estava sempre "no mesmo mundo" (BERGER; BERGER & KELLNER, 1974, p. 63). E a pluralização ocorre também na mesma esfera. Assim, no mundo do trabalho, está-se diante de realidades muito diferentes conforme se esteja lidando com a produção tecnológica ou com a burocracia. E, no que se refere à vida privada, nela também se encontram indivíduos com visões contrastantes, decorrentes de experiências precedentes contrastantes. E não só: a pluralidade dos mundos está dentro do próprio indivíduo, o qual, por conseguinte, tem dificuldade em se reconhecer como unitário; ele próprio se sente disperso numa multiplicidade de realidades contrastantes que existem ao mesmo tempo dentro dele, criando-lhe, como se disse, dificuldades para reconhecer a si mesmo, ou seja, dificuldades de identidade. Essa pluralização está em estreita correlação com a experiência da vida urbana e dos meios modernos de comunicação de massa. Com efeito, coexistem na cidade múltiplos mundos culturais contrastantes entre eles e, por intermédio dos meios de comunicação de massa, "o indivíduo, onde quer que esteja, é bombardeado por uma multiplicidade de informações e comunicações" (BERGER; BERGER & KELLNER, 1974, p. 65). A pluralidade dos mundos se refere, evidentemente, à socialização secundária, ao mundo da instrução e do trabalho, com suas várias manifestações. Mas nem mesmo a socialização primária está isenta.

> Muito provavelmente, é o caso de um número cada vez maior de indivíduos nas sociedades modernas. A consequência importante disso é que tais indivíduos vivem a experiência da multiplicação dos mundos não só na vida adulta, mas também desde o início de sua experiência social. Na realidade, pode-se dizer que esses indivíduos nunca possuíram um "mundo doméstico próprio" integrado e inconteste (BERGER; BERGER & KELLNER, 1974, p. 66).

Pode-se dizer que essa pluralidade de mundos amplia a consciência individual, tornando-a mais problemática e aberta. E existem processos intelectuais de legitimação de tal situação em nome dos próprios valores democráticos. Tudo isso tem consequências evidentes no que se refere ao problema da identidade. Esta é definido pelos autores do livro em questão como "a efetiva experiência do si numa situação social particular" ou, ainda, "o modo como os indivíduos definem a si mesmos" (BERGER; BERGER & KELLNER, 1974, p. 73). E eles se definem não só em relação a seu passado, mas também em relação a seu futuro, ou melhor, a seus projetos para o futuro. Com base nessas afirmações, destacam-se alguns aspectos específicos da "identidade moderna". Esta se mostra, acima de tudo, "especialmente aberta". O indivíduo moderno se mostra muito "incompleto" ao entrar na vida adulta, e "não se tem apenas uma grande capacidade efetiva de transformação da identidade da vida avançada, mas há também a consciência subjetiva" disso.

> A biografia é concebida seja como migração por diversos mundos sociais, seja como a consequente realização de um grande número de identidades possíveis (BERGER; BERGER & KELLNER, 1974, p. 73).

Em segundo lugar, a identidade moderna é particularmente diferenciada. Isso significa que o homem moderno tem a experiência de uma pluralidade de mundos diferentes entre si e, por conseguinte, ele os percebe não como absolutos, e sim como relativos. Assim, procura-se a certeza não no mundo objetivo, mas na unidade do sujeito. Os autores em pauta afirmam quanto a isso que a identidade moderna se afigura aberta, transitória e sujeita a constantes modificações, e assim a tendência é se fazer referência à subjetividade precisamente porque o mundo exterior se afigura múltiplo e, portanto, não oferece certeza. Isso implica a crise da identidade na sociedade moderna como sociedade complexa, constituída por diversos mundos da vida (BERGER; BERGER & KELLNER, 1974, p. 74). É precisamente essa situação de crise que indica que a identidade moderna é particularmente reflexiva, na medida em que a situação de um indivíduo que vive numa pluralidade de mundos contrastantes não lhe permite dar nada por assente, ao contrário de quem vive num mundo único e se sente nele como que "em casa". Aqui também esse caráter reflexivo da identidade moderna implica uma especial atribuição de importância ao sujeito. A identidade moderna é tendencialmente individualista: atribui grande valor aos princípios de liberdade e autonomia individual e aos direitos do indivíduo. Isso traz consequências também para a religião, que deixa de ser fator de integração e se torna experiência íntima e individual.

16.11 Ardigò: crise da governabilidade, "mundo vital" e empatia

O problema, portanto, originalmente formulado em termos a-históricos, tende a ser retomado por uma análise da sociedade contemporânea e de seus problemas. Achille Ardigò também tenta percorrer esse difícil caminho. Ele traduz a expressão husserliana *Lebenswelt* (mundo da vida) por "mundo vital", contrapondo-o ao mundo das instituições. O primeiro é o mundo do "vivido presente" em que, na relação direta, cria-se o "nós", tal como sustentara Schütz. O interesse de Ardigò se concentra na "subjetividade do mundo vital" em contraposição ao caráter distanciado e à "objetividade" das instituições políticas e a decorrente "crise de governabilidade" (ARDIGÒ, 1980). Só se pode buscar a superação dessa crise numa mediação entre os dois momentos. O autor defende uma "transação":

> entre o subjetivo e o objetivo, entre a produção de sentido dos mundos vitais cotidianos, de um lado, e a organização estrutural do sistema social, de outro lado (ARDIGÒ, 1980, p. 33).

Mas o "vivido presente" criado pela relação direta, "frente a frente", de Schütz, opera em qualquer contexto, está presente tanto na relação mais "autêntica" quanto entre os indivíduos que interagem aos domingos nos estádios, obedecendo a leis definidas de poder e de mercado. O discurso de Schütz é um discurso puramente formal, abstrato, a-histórico. Assim, é problemático recorrer a ele para procurar uma solução para um problema histórico-social concreto, como o da "crise da governabilidade". Em outro trabalho mais recente, Ardigò se referiu à categoria, também retomada de Husserl, bem como de Edith Stein, da "empatia" (ARDIGÒ, 1988). Defende-se nessa obra uma "sociologia da ambivalência", no sentido de que o indivíduo, por um lado, aparece sempre encerrado no âmbito de uma sociedade coercitiva e sua ação, mesmo a mais individual, sempre pode ser reconduzida a um genérico "se" (faz-se, pensa-se). Por outro lado, é igualmente verdade que o indivíduo é também irredutível a qualquer estrutura coercitiva e tem em si aspectos únicos que sempre o tornam, dentro de certos limites, inovador. Trata-se não tanto de um dualismo, de aspectos ambos presentes, porém cindidos, no indivíduo, mas sim de uma coexistência entre o elemento inovador e o elemento necessariamente passivo. Todavia, o que mais interessa a Ardigò, como sociólogo, é a possibilidade de comunicação entre sujeitos, possibilidade esta que ele funda na empatia. Husserl e Stein "entenderam a capacidade de cada um de experimentar outros sujeitos, que entram em nosso campo direto de observação como corpos vivos estranhos" (ARDIGÒ, 1988, p. 4).

> A fundação do discurso sociológico [...] se ancora acima de tudo, para a gênese da socialidade, na capacidade, não isenta do risco de errar, da consciência do ator social individual em perceber intuitivamente os sentimentos de outro, de interpretar, identificando-se, as experiências que o outro (reconhecido como *alter ego*) está atravessando (ARDIGÒ, 1988, p. 4).

O autor reconhece a possibilidade de fenômenos de reificação:

> A relação reiterada, entrelaçada com outras, não raro assume nos sujeitos que dela participam o aspecto reificado de uma "coisa" que nos ultrapassa malgrado nosso, que nos sobredetermina (ARDIGÒ, 1988, p. 52).

De todo modo, na sociedade contemporânea, além dessas tendências reificadoras, há também tendências que opõem às relações reificadas outras relações baseadas na simpatia. A empatia ainda não é simpatia nem antipatia, "é a ponte entre o exterior e o interior" (ARDIGÒ, 1988, p. 44). Ardigò recorre à simpatia como força de oposição contra as coerções do sistema social reificado. Mas aqui também pode-se perguntar se a referência a uma relação, ainda que direta e interpessoal, é suficiente para enfrentar teoricamente os problemas colocados pela sociedade entendida como estrutura impessoal.

17
A teoria da troca

17.1 As premissas teóricas

A expressão "teoria da troca" implica, evidentemente, um problema terminológico preliminar. Trata-se de definir o termo "troca". Este, de fato, pode ser entendido de maneira tão ampla que abrange em si qualquer gênero de interação e é desnecessário dizer que, assim, a teoria em questão perderia qualquer especificidade: caberia nela toda e qualquer teoria sociológica. Ademais, o próprio George Homans (1910-), que é tido como fundador e principal expoente dessa teoria, veio a lamentar que aquela que os cientistas sociais têm o hábito de definir como "teoria da troca" não passa de "uma psicologia comportamentalista aplicada à interação entre homens" (BREDEMEIER, 1978, p. 423). A esse pressuposto deve-se acrescentar também a ideia de proveito individual na troca, pois, do contrário, tampouco aqui haveria uma distinção entre ela e a interação em geral. Simmel, que se ocupou do problema no começo do século XX, escreveu em *A filosofia do dinheiro*:

> Evidentemente, o conceito de interação é mais amplo do que aquele mais restrito de troca, e só nas relações humanas a interação aparece predominantemente em formas que permitem considerá-la como troca [...]. Quando oferecemos a nossos vizinhos a imagem de nossa personalidade, acolhendo em nós a deles, de forma alguma diminuímos na troca a propriedade que temos sobre nós mesmos. Em todas essas trocas, o aumento de valor não se dá contrabalançando lucros e prejuízos. A troca econômica, por sua vez [...] exige sempre o sacrifício de um bem utilizável também de outra maneira (SIMMEL, 1984, p. 126).

Não parece que os atuais teóricos da troca tenham avançado muito além dessa afirmação, de um lado ampliando ao máximo possível o significado de troca, até abranger também transações não econômicas, de outro lado sempre expondo a necessidade de um proveito individual nessas transações, mesmo que apenas em termos afetivos ou, de todo modo, psicológicos.

Afora Simmel, aliás nem sempre citado a esse respeito, é frequente relembrar muitos outros antecedentes na teoria da troca. Entre eles está, precisamente, o utilitarismo dos economistas clássicos (TURNER, 1974, p. 211-213). Estes presumiam no homem um comportamento racional no sentido de buscar a máxima utilidade com o mínimo dispêndio nas relações de troca econômica com os outros homens. A teoria sociológica da troca rejeita esse racionalismo extremo, afirmando que nem tudo o que o homem faz, pode ser reconduzido a cânones racionais, mas ainda assim mantendo o pressuposto utilitarista e individualista. A esse respeito, observou-se que "a teoria da troca, em sua forma atual, é na verdade um retorno ao espírito e aos princípios do individualismo extremo como reação ao estruturalismo e à teoria funcionalista das décadas de 1940 e 1950" (SKIDMORE, 1975, p. 77). Mesmo essa afirmação, porém, deixa margem a dúvidas. A título de confirmação, vale lembrar que há quem cite, entre os precedentes da atual teoria da troca, justamente a concepção parsoniana da socialização. Com efeito, o próprio processo de socialização é uma troca entre o socializando, que interioriza valores e normas de sua sociedade, e essa sociedade, que lhe oferece os instrumentos para se orientar na realidade e interagir com os outros (BREDEMEIER, 1978, p. 421). Note-se, porém, que Parsons enfatiza não o utilitarismo individualista, mas sim os processos de integração do indivíduo num modelo cultural: a utilidade passa a ser a inserção numa determinada sociedade, e não o proveito individual. E isso se aplica também a todos os que sustentam que, na base da teoria da troca, estão teorias antropológicas como as de Malinowski, Marcel Mauss e Claude Lévi-Strauss. A utilidade passa a ser a integração, a inserção num determinado sistema social de valores e normas. Mesmo quem aponta os antropólogos citados como uma das fontes da teoria da troca, porém, vê-se levado a reconhecer que o significado de seus estudos consiste em negar a concepção de "um ser racional que não quer senão satisfazer suas exigências mais elementares e procede de acordo com o princípio econômico do menor esforço" (MALINOWSKI, 1922, p. 516; TURNER, 1974, p. 217). Assim, a atual teoria da troca, se pretende ser algo específico, deve se ater ao princípio do utilitarismo individualista e da psicologia comportamentalista. Quanto a esta, muitos relembram o estudo de B.F. Skinner sobre o comportamento dos organismos e sobre o comportamento humano (SKINNER, 1953). Esse psicólogo comportamentalista demonstrou com uma série de experimentos que os pombos podiam se adaptar a comer grãos de cereais que se encontravam dentro de pequenos espaços quadrados ou redondos, assim criando experimentalmente uma condição em que se demonstrava existir uma relação entre o ambiente e o comportamento dos pombos. Há aí uma espécie de troca, na medida em que Skinner oferecia aos pombos uma série de recompensas – grãos, água, ambiente tranquilo onde podiam comer sem ser perturbados – em troca de comerem dentro de espaços pequenos, redondos ou quadrados, e não em outros locais. Assim se demonstrava a utilidade da adaptação ao ambiente com fins de proveito individual, em que a adaptação é uma forma de troca, no sentido de que só era possível obter proveito aceitando adaptar-se a determinadas situações (BREDEMEIER, 1978, p. 420-421).

17.2 Homans: a teoria geral da troca

George Homans, nascido em Boston, estudou em Harvard, onde foi professor assistente e, a partir de 1933, professor titular de sociologia. Dedicou-se principalmente à teoria sociológica e à sociologia das relações industriais. Seu primeiro livro importante, *O grupo humano*, é de 1950. Nele o autor procurou chegar à teorização sociológica empregando um método indutivo, isto é, construindo as teorias com base nos resultados obtidos pelas pesquisas empíricas. Sustentou a necessidade de iniciar a pesquisa pelos conceitos mais simples e elementares, para chegar depois, eventualmente, a elaborações mais complexas. Assim, conceitos como atividade, interação, sentimentos aparecem como conceitos elementares, de primeiro grau, enquanto conceitos como *status*, papel, sistema, aparecem como conceitos em nível de maior complexidade. Já nessa primeira obra, Homans procura afirmar a continuidade, mais do que a ruptura, entre os processos interativos, os pequenos grupos e as sociedades mais abrangentes. Ele distingue entre "sistema externo" e "sistema interno". O "grupo" – termo que, como se observou, torna-se oniabrangente no autor em pauta, incluindo seja um pequeno grupo baseado na interação direta, seja uma civilização inteira (MARTINDALE, 1968, p. 761ss.) – sobrevive em seu ambiente apenas na medida em que seus integrantes, no comportamento, constituem um "sistema externo", isto é, um conjunto de condições que têm a função de se compatibilizar com a realidade externa. Além disso, elas geram um "sistema interno", na medida em que o próprio grupo não pode ser exaustivamente explicado apenas por suas reações aos estímulos externos, tendo modos de ação, de inter-relação, sentimentos, símbolos, sinais, valores, normas etc. elaborados como entidades próprias e específicas, irredutíveis a condicionamentos externos. O relevante a esse propósito é o conceito de "elaboração", que indica que, após o entrelaçamento de elementos do sistema interno com elementos do sistema externo, o grupo se transforma em algo específico, diferente dos elementos originalmente presentes nele.

Em sua obra *Social Behavior: Its Elementary Forms* [Comportamento social: suas formas elementares], de 1961, Homans passa do discurso indutivo para o discurso mais propriamente dedutivo, que constitui sua teoria da troca, na qual ele ainda lança mão, como se disse, dos princípios fundamentais do utilitarismo economicista e da psicologia comportamentalista. Uma série de proposições, que não parecem muito distantes de lugares comuns, precede a teoria da troca em sentido mais estrito. Referem-se aos conceitos de ação, recompensa, valor e justiça distributiva. Homans começa afirmando que:

> se no passado a ocorrência de um determinado estímulo ou conjunto de estímulos deu ocasião para que se recompensasse a ação de uma pessoa, quanto mais semelhantes forem os estímulos atuais aos estímulos passados, tanto mais provável é que a pessoa repita agora a ação ou alguma ação semelhante (HOMANS, 1975, p. 22-23).

Outra proposição se refere à frequência da ação em relação à frequência das recompensas:

> Em todas as ações realizadas por uma pessoa, quanto maior a frequência com que se recompensa uma determinada ação da pessoa, tanto mais provável é que a pessoa repita essa ação (HOMANS, 1975, p. 16).

Uma terceira proposição introduz o conceito de valor:

> Quanto mais valioso se afigura a uma pessoa o resultado de sua ação, tanto mais provável é que ela realize tal ação (HOMANS, 1975, p. 25).

Um princípio enunciado a seguir parece contradizer as afirmações anteriores:

> Quanto maior a frequência com que no passado recente uma pessoa recebeu uma determinada recompensa, tanto menos valiosa para ela se torna cada unidade adicional dessa recompensa (HOMANS, 1975, p. 28-29).

Aqui se introduz o conceito de "saciedade", no sentido de que a exigência de recompensas de determinada espécie é limitada. Homans supõe a seguir que a recompensa aguardada em troca de uma determinada ação deve ser proporcional aos custos dessa ação. Neste sentido, pode-se falar em justiça distributiva e na presença de uma reação de decepção e agressividade sempre que deixe de se respeitar essa justiça distributiva. A proposição referente a tal problema é expressa nos seguintes termos:

> Quando a ação de uma pessoa não recebe a recompensa que esperava ou recebe uma punição que não esperava, ela se zangará; é mais provável que manifeste um comportamento agressivo, e o resultado de tal comportamento se torna para ela mais valioso (HOMANS, 1975, p. 37).

Inversamente:

> quando a ação de uma pessoa recebe a recompensa que esperava ou, sobretudo, uma recompensa maior do que esperava ou não recebe a punição que esperava, será mais provável que ela manifeste um comportamento de aprovação, e o resultado desse comportamento se torna para ela mais valioso (HOMANS, 1975, p. 39).

Cabe notar que essa série de proposições e outras mais aqui não mencionadas não estão necessariamente ligadas à teoria da troca, tal como a expõe Homans. Com efeito, são afirmações genéricas que acompanham uma psicologia comportamentalista e não se referem ao que parece ser o ponto central dessa teoria, qual seja, que a troca está na base de qualquer realidade institucional e de qualquer configuração cultural, quaisquer que sejam as diferenças entre uma e outra instituição e entre uma e outra cultura. É apenas neste ponto que se tem a peculiaridade da teoria de Homens e seu caráter polêmico frente às tendências dominantes das teorias relativistas da sociologia e da antropologia cultural.

17.3 Homans: institucional e subinstitucional

O autor em pauta busca na base do "institucional" o "subinstitucional", na intenção de elucidar suas características. A relação social elementar, a seu ver, depende de uma exigência humana de recompensas que implica a prestação na relação com o outro. A explicação relativista de que quem age de determinada maneira assim procede por ser o que a sociedade prescreve não é suficiente. E é essa afirmação que constitui a originalidade do discurso, também no que se refere às proposições citadas acima. Homans escreve polemicamente:

> Alguns antropólogos me deram a impressão de considerar que os membros de uma sociedade ou de um setor qualquer dela observam uma regra institucional simplesmente porque é uma regra, algo que lhes foi ensinado na juventude, à qual é preciso obedecer e é sancionada pela aprovação social. [Mas] se as coisas fossem realmente assim [...] deveríamos observar nas sociedades humanas uma quantidade muito menor de mudanças do que as que observamos de fato (HOMANS, 1975, p. 468).

Para compreender o fenômeno da realidade institucional e de suas mudanças, é preciso, portanto, remontar a exigências que se vinculam não a um ordenamento social específico, mas à própria "natureza humana". Se se cria uma instituição numa sociedade, é porque originalmente o homem encontrava certas recompensas em agir de determinada maneira – por exemplo, ao expressar sua dor com o luto – não enquanto membro de uma sociedade, mas enquanto homem. O comportamento se institucionaliza apenas num segundo momento, e é cumprido na medida em que é socialmente prescrito, mesmo que não se tenha perdido a consciência do significado humano originário. Mas isso não pode durar para sempre, e um comportamento que se expressa apenas por ser socialmente prescrito e não responde a exigências humanas universais tende a ser superado e substituído.

Mesmo a mudança social se explica pela troca. Com base na troca, de fato, é possível capitalizar as recompensas. E, quando se tiver acumulado um capital suficiente, sentir-se-á a necessidade de uma mudança institucional para investir esse capital. Evidentemente, não se trata de capital na acepção específica e tampouco principal de capital econômico. É também, aliás, é principalmente o prestígio adquirido que constitui um capital que se poderá arriscar na troca, para criar numa nova institucionalização.

> Por capital entendo qualquer coisa [...] [que] permita adiar ações que asseguram alguma compensação imediata com o fito de iniciar outras cujas compensações, por maiores que sejam potencialmente, são incertas ou diferidas. Esse capital pode assumir a forma de um corpo de soldados invulgarmente disciplinado; pode assumir a de um excedente de provisões alimentares ou de dinheiro; e, coisa bem mais importante, pode assumir a forma de um código moral, especialmente de um código que valorize a confiança [...] entre os homens (HOMANS, 1975, p. 472).

Homans acrescenta:

> Sem um certo capital, nenhuma elaboração institucional poderá ser objeto de novos desenvolvimentos. Mas, uma vez acumulado o capital, a sociedade – na prática, alguns homens ou grupos de homens e, em última análise, talvez um único homem – tenderá a investi-lo excogitando alguma série de atividades que se desprenda do modelo institucional originário (HOMANS, 1975, p. 472).

Homans reitera o caráter utilitarista e individualista da teoria defendida afirmando que:

> as instituições não se perpetuam pelo simples fato de serem consagradas em normas, e parece extraordinário que haja quem costume falar como se assim fosse. Elas se perpetuam apenas na medida em que asseguram o útil e, em última análise, o útil para homens tomados individualmente (HOMANS, 1975, p. 475).

Não há ordem institucional que se manifeste sem a especificidade da intervenção do indivíduo, visto que "as normas consolidadas em instituições e as ordens dadas nas organizações instituídas nunca podem prescrever o comportamento humano até os últimos detalhes, mesmo que fossem observadas literalmente" (HOMANS, 1975, p. 477).

17.4 Algumas considerações críticas

Em George Homans está vivamente presente o problema que tanto preocupa a sociologia contemporânea: o das relações entre instituição e criatividade individual. Como se viu, ele formula esse problema em termos de relações entre o institucional e o subinstitucional. Nem sempre, porém, o subinstitucional está em conflito com o institucional. O autor é inteiramente explícito a esse respeito:

> É preciso ter cuidado para não considerar o subinstitucional como se fosse necessariamente uma espécie de atrito que freia o movimento do institucional, algo cuja eliminação traria apenas vantagens para a instituição. Pelo contrário, os motivos característicos do comportamento social elementar muitas vezes oferecem um sólido apoio aos objetivos institucionais. Um exemplo claro é o modo como a determinação dos soldados em não abandonar os colegas de armas contribui, talvez mais do que qualquer outro fator, para a capacidade de combate de uma unidade de infantaria (HOMANS, 1975, p. 480).

Outras vezes, porém, o subinstitucional se opõe ao institucional e tenta subvertê-lo. Perante a insatisfação criada pelas falhas de uma instituição, surgem relações elementares não institucionalizadas que a contestam. Isso se dá quando as funções originais de uma instituição já foram cumpridas. Assim surgem as reivindicações não econômicas, de reconhecimento psicológico, dos empregados de uma indústria surgem quando as reivindicações econômicas já foram atendidas, como ocorre na sociedade industrial contemporânea. Com o tempo, as relações sociais elementares que se opõem à instituição tendem, por sua vez, a se institucionalizar. E, "naturalmente, a nova instituição com o passar do tempo poderá encontrar os mesmos problemas da anterior frente ao comportamento social elementar" (HOMANS, 1975, p. 484). A afirmação certamente não é nova. Mas não se confunde com uma explicação "dialética". A diferença em relação a ela é, aliás, radical: com a "teoria da troca" de Homans, não estamos diante de um movimento progressivo em que toda inovação constitui um ganho por um lado e uma perda por outro. As novas instituições "tendem a sacrificar algo da natureza humana, exatamente como as que as precederam" (HOMANS, 1975, p. 488). Seria possível, talvez, uma aproximação com Simmel, com sua ideia da vida como forma cristalizada que, ao mesmo tempo, também é "mais do que vida" e tende a fragmentar essa forma para criar uma nova. Por outro lado, Alvin W. Gouldner considera a teoria de Homans muito inovadora, no sentido de que ela tende a romper com a tradição estrutural-funcionalista. Trata-se, porém, de uma tendência que não é exclusiva de Homans, mas constitui uma característica comum a grande parte das orientações teóricas da sociologia contemporânea. Gouldner ressalta também o caráter defensivo da sociologia norte-americana em relação ao marxismo. Ele afirma que "a crise dos anos 1930 levou a recorrer à sociologia acadêmica europeia como uma defesa contra o marxismo que vinha se infiltrando nas universidades americanas nos últimos tempos, visto que os europeus tinham uma experiência bem mais longa nesse campo" (GOULDNER, 1980, p. 225). Em apoio a essa tese, Gouldner cita uma frase de Homans que lhe parece de uma "sinceridade alarmante": "Como republicano de Boston que não havia rejeitado sua família abastada", declara Homans, "tive a impressão, durante os anos 1930, de ser pessoalmente atacado em especial pelos marxistas" (GOULDNER, 1980, p. 226), Daí a constante preocupação, também teórica, de acertar as contas com o marxismo. O individualismo utilitarista de *As formas elementares do comportamento social* permite supor que essa preocupação não desapareceu por completo nem mesmo no Homans mais maduro.

Outra crítica à teoria da troca de Homans é a de "reducionismo". De fato, ele não hesitou em "reduzir" qualquer realidade institucional ao "comportamento social elementar" e em afirmar que os processos que estão na base daquela são "idênticos" aos deste (HOMANS, 1975, p. 466). A especificidade da realidade institucional, sobre a qual a tradição sociológica tanto insistira, assim corre o risco de ser esquecida. A sociedade como realidade *sui generis*, como a concebera Durkheim, os processos de reificação das relações, sobre os quais se detivera o próprio Simmel, a quem Homans se remete implicitamente, se não são negados, ao menos parecem não ter nada de específico em relação aos processos de interação "elementares".

Por fim, note-se que o próprio conceito de troca é muito problemático. Com efeito, se ele é concebido não em termos exclusivamente econômicos, mas sim em termos mais amplos, como faz Homans, mostra-se pouco inovador frente a qualquer discurso genérico sobre a interação. É necessário, portanto, definir exatamente o que se entende por "troca", sob pena de pôr em risco a originalidade de toda a teoria.

Peter M. Blau (1964) estuda a troca sobretudo em relação com o problema do poder. Segundo ele, nem todas as relações são relações de troca, apenas as que comportam recompensas efetivas ou expectativas de recompensa por parte daqueles com que se interage. A expectativa ou a presença de recompensas na interação é definida com a expressão "atração social". Os que interagem procuram receber o máximo possível de recompensas do outro e, para isso, entram em concorrência com ele. Procuram atraí-lo expondo o alto valor das recompensas oferecidas. Com o prosseguimento da interação, é inevitável que se crie algum desequilíbrio entre as partes e que alguns tenham mais e outros tenham menos recompensas a oferecer. Assim surge a diferenciação dentro de um grupo. Este já é um problema de poder: alguns estão em condições de requerer submissão na relação de troca justamente porque ela não é equilibrada. E se não ocorre tal submissão, obviamente os que detêm o poder têm condições de impor sanções. Mas nem todas as sanções chegam a ser socialmente aceitas. Assim se coloca o problema da legitimação do poder. Em outros termos, também pode-se obter uma recompensa simplesmente atendo-se às normas que estabelecem as relações de autoridade e submissão dentro de um grupo social, desde que, claro, essas normas sejam aceitas pelo grupo e, portanto, sejam legítimas. Daí decorre que mesmo os que comandam, se quiserem manter o poder, devem proceder de molde a se manterem dentro do que foi estabelecido pelo grupo social, do contrário correm o risco de perder sua posição de supremacia. Formulando o problema dessa maneira, sai-se de uma concepção rigidamente individualista-utilitarista da troca: o útil que se obtém pode ser estabelecido pelas normas sociais. A integração na sociedade se torna um valor reconhecido e, enquanto tal, pode ser considerada como uma recompensa. Os que se encontram em posição subordinada obtêm recompensas dos detentores do poder – mesmo a relação sendo desequilibrada, por ser uma relação de poder – simplesmente pela aprovação social de suas atividades. Mas a integração, ainda segundo Blau, nunca é completa, pois a obtenção de algumas recompensas se dá necessariamente em prejuízo de outras. Como as relações de troca são múltiplas, as relações equilibradas numa troca específica, que se adequam ao princípio das obrigações recíprocas e que aceitam as normas estabelecidas sobre o que é e o que não é justo, implicam necessariamente a transgressão desse princípio e dessas normas em outras trocas. Daí a instabilidade de qualquer integração. De todo modo, vale notar que, na base das macroestruturas – do mundo institucionalizado e da cultura existente – parece haver a interiorização dos valores e das normas, enquanto na base das microestruturas parece haver a "atração pessoal". A despeito do complexo entrelaçamento das relações indiretas do mundo das instituições com as relações diretas interpessoais, "para Blau, a 'atração interpessoal' da troca elementar é [em todo caso] substituída pelos 'valores compartilhados' no nível macro" (TURNER, 1974, p. 279).

18
Comportamentos coletivos e movimentos sociais

18.1 Smelser e o problema geral

Mostrou-se nos capítulos anteriores que muitas correntes da teoria sociológica contemporânea tendem a tomar como problema central a relação entre instituição, condicionamento histórico-social, coerção exercida pelo "fato social", de um lado, e inovação, liberdade, criatividade, movimento, de outro lado. Esse problema se apresenta, de fato, tanto na sociologia fenomenológica quanto na teoria da troca de Homans, e atesta a insatisfação com os esquemas tradicionais. Essa insatisfação se manifesta sobretudo, mas não exclusivamente, frente ao estrutural-funcionalismo.

Nesse clima, as sociologias do "comportamento coletivo" adquiriram notável interesse nas últimas décadas. A expressão, talvez não inteiramente clara, designa aqueles movimentos empreendidos por uma pluralidade de sujeitos tendentes a romper a ordem institucional constituída. Numa situação como a das últimas décadas, de grandes fermentações sociais e políticas, de contestação da tradição, de rejeição dos sistemas sociais, políticos e econômicos que pareciam ser pontos de referência comuns e realidades insuperáveis a todos, de rápidas mudanças de costumes, o problema de como uma ordem institucional entra em crise, aliás, havia de se tornar necessariamente central. E, da mesma forma, é relativamente fácil entender que as primeiras tentativas sociológicas de lidar com a nova realidade partissem de pressupostos não muito distantes dos da sociologia dominante. Assim é que Neil J. Smelser, em sua primeira tentativa de elaborar uma teoria do comportamento coletivo, retoma, e de maneira explícita, o pensamento de Parsons. Nascido em 1930, Smelser, com efeito, estuda na Universidade de Harvard, onde recebe a influência de Parsons e também colabora com ele, estudando as relações entre economia e sociedade. Em 1962, é nomeado professor de sociologia na Universidade de Berkeley, na Califórnia, onde leciona ainda hoje. Seus interesses passam a se concentrar cada vez mais sobre os comportamentos coletivos, mas sem abandonar os problemas de sociologia geral.

Smelser destaca uma série de níveis de especificidade dos componentes da ação: desde a elaboração de técnicas precisas para atingir determinados fins aos valores mais gerais que estão na base de uma determinada sociedade e, como tais, condicionam indiretamente a ação. Cria-se uma "tensão estrutural" "quando a ação social estruturada está sob tensão e quando os meios institucionalizados para dominar a tensão são inadequados" (SMELSER, 1968, p. 167). Por "ação social estruturada" entenda-se uma ação integrada numa organização social, e por tensão entenda-se "má integração". Quando se tem essa tensão estrutural num nível qualquer de especificidade dos componentes da ação, é preciso haver uma reformulação da situação nesse nível. No comportamento coletivo, por outro lado, há a tendência de se passar diretamente aos níveis mais gerais, como se os níveis mais específicos – as técnicas particulares para realizar uma ação – depois se restabelecessem por si sós, após a reformulação dos níveis mais gerais. Num exemplo apresentado pelo próprio Smelser e depois retomado por um intérprete, "o insucesso americano por ocasião do lançamento do primeiro Sputnik russo levou os americanos a se indagarem ansiosamente sobre sua própria organização tecnológica, sua organização escolar, sua ciência e, em certos casos, sobre seu próprio sistema social e até sobre a positividade do pluralismo democrático" (ALBERONI, 1968a, p. 9). A característica do comportamento coletivo, para Smelser, é a impaciência que leva à irracionalidade. Com efeito, quando se reformulam os princípios de caráter geral, seria preciso haver, para a manutenção do equilíbrio do sistema, uma reformulação paralela de todos os níveis mais específicos. No comportamento coletivo, ao contrário, vai-se diretamente do princípio mais geral, reformulado, para o nível mais específico em que surgiu a tensão, para uma tentativa de solução imediata dessa tensão. Nas palavras de Smelser:

> depois de se redefinir o componente do nível superior para reconstruir a ação social, não se passa a reespecificar nível a nível em sentido descendente. Desenvolve-se uma crença em "curto-circuito" indo de um componente muito generalizado diretamente para o *focus* da tensão (SMELSER, 1968, p. 164).

O autor em pauta insiste no caráter "não institucionalizado" do comportamento coletivo, entendendo o termo como "não culturalmente prescrito" (p. 73). Especificando ainda mais, ele afirma que:

> [os comportamentos coletivos] se manifestam quando se apresentam condições de tensão, mas antes que os meios sociais tenham sido mobilizados para um ataque específico e possivelmente eficaz às fontes de tensão (SMELSER, 1968, p. 167).

Assim Smelser chega à seguinte definição:

> [o comportamento coletivo é] uma mobilização não institucionalizada para a ação a fim de modificar um ou mais tipos de tensão com base numa reconstrução geral de um componente da ação (SMELSER, 1968, p. 164-165).

Segundo essa definição:

> todo episódio de comportamento coletivo deve conter: (a) uma ação não institucionalizada; (b) coletiva; (c) empreendida para modificar uma condição de tensão; (d) com base num reordenamento geral de um componente da ação (SMELSER, 1968, p. 167).

Outro exemplo apontado por Smelser, além do referente à esperança de remediar inadequações tecnológicas reformulando diretamente os princípios gerais da sociedade, como no caso do insucesso estadunidense seguindo-se ao lançamento do primeiro satélite soviético, é o comportamento que se verifica no mundo econômico. Aqui também, perante um problema específico, como uma crise, e o consequente aumento dos índices de desemprego, em vez de procurar causas específicas, como o procedimento errôneo ou indevido de determinadas pessoas ou a ausência de leis adequadas, tende-se a pôr em crise o sistema econômico inteiro.

> O ataque mais drástico ao sistema que provoca crises econômicas e depressões nos negócios consistiria em eliminar o próprio sistema e introduzir alguns valores socialistas. Tal solução é de alcance mais amplo do que a que prevê apenas a promulgação de leis e regulamentos, pois implica uma reorganização dos valores que legitimam as leis e os regulamentos (SMELSER, 1968, p. 163).

A teoria acima exposta tem sido criticada afirmando-se que Smelser não retoma nela a distinção, proposta por outro estudioso do comportamento coletivo, Herbert Blumer, entre "movimentos expressivos" e "movimentos ativos", entre a reivindicação de novos valores, posturas, técnicas etc. e a passagem à ação, à transformação de fato da organização social. Em decorrência dessa indistinção entre os dois momentos, pode-se afirmar que Smelser aborda de maneira inadequada um fenômeno como a revolução, pois ela é reduzida à "crença de que apenas uma mudança de valores permite eliminar a tensão". Mas essa afirmação implica que o autor "não distingue entre crenças e transformação real. O que caracteriza as grandes transformações revolucionárias é a *mudança real* das estruturas e dos valores nelas encarnados: isso se dá não com a súbita generalização de uma crença, mas com a instauração de uma reação em cadeia de desequilíbrios que envolvem repetidamente as diversas partes da sociedade, envolvem repetidamente os valores" (ALBERONI, 1968a, p. 12-13).

Por fim, e esta é talvez a crítica mais radical à teoria proposta por Smelser, pode-se afirmar que ele continua implicitamente ligado aos pressupostos da tradição sociológica da integração. Com efeito, seu problema central é a maneira como se restabelece o equilíbrio institucional quando este entra em crise devido a uma tensão em algum nível dos componentes da ação. Ele afirma que seria possível eliminar essa tensão procedendo ordenadamente à reformulação da estrutura da ação em termos operacionais e específicos, ao passo que a impaciente referência à necessidade de uma reformulação dos princípios universais constitui o erro típico do "comportamento coletivo" não institucionalizado. Assim presume-se que os princípios gerais e fundamentais de uma sociedade devem se manter incontestes e a tensão deve ser eliminada sem que se modifiquem esses princípios. Em outros termos, os fundamentos do sistema constituído devem, aparentemente, ser aceitos enquanto tais, e a tentativa de agir sobre eles e transformá-los se afigura "irracional". Trata-se essencialmente de restabelecer o equilíbrio ameaçado por uma tensão estrutural, com base na "conformidade geral" aos "valores da sociedade".

> A passagem ao universal e a releitura do contingente como arbitrário à luz do universal são errôneas. Mas são errôneas se se admite que seu sentido consiste exclusivamente em eliminar a tensão definida nos termos tradicionais (ALBERONI, 1968a, p. 19).

Smelser retoma o problema do "comportamento coletivo" em termos muito simplificados em seu manual de sociologia de 1981. Aqui, o comportamento coletivo é definido "como o comportamento relativamente espontâneo e não estruturado de um grupo de pessoas que reage a uma influência comum numa situação ambígua" (SMELSER, 1984, p. 568). Como exemplo, o autor recorre a uma revolta empreendida por alguns estadunidenses negros primeiramente contra as forças policiais e depois contra os "brancos" em geral. A seguir, ao indicar as características dos comportamentos coletivos em geral, ele afirma que os distúrbios citados eram (a) insólitos, (b) quando ocorreram, havia uma grande excitação coletiva, (c) as pessoas "sentiam que estava para acontecer alguma coisa", havia "a sensação de algo iminente", (d) a evolução da situação era imprevisível, (e) a duração dos distúrbios se restringia a poucas horas por dia (SMELSER, 1984, p. 567). Smelser, retomando outros estudiosos dos comportamentos coletivos, distingue a seguir entre multidão e massa, a primeira caracterizada pelas relações diretas entre seus integrantes, a segunda como simples objeto comum de atenção (SMELSER, 1984, p. 569). Os comportamentos coletivos, acrescenta ele, podem ser próprios das massas ou das multidões. Os fenômenos podem se dever ao medo, à hostilidade, à alegria. Uma cena de pânico ilustra o primeiro gênero de comportamento coletivo de uma multidão, ao passo que uma agressão a determinadas pessoas após determinadas ocorrências constitui o segundo gênero de tal comportamento. Um espetáculo pode dar ocasião ao terceiro gênero de comportamento coletivo da multidão. A seguir, há também o medo, a hostilidade e a alegria de massa. A divulgação de uma notícia sobre um incidente pode servir de base para um comportamento coletivo de massa decorrente do medo. A busca de um bode expiatório, por sua vez, pode ilustrar a formação de um comportamento coletivo de massa decorrente da hostilidade, e as grandes paixões coletivas por cantores, esportistas etc., ilustram um comportamento coletivo de massa que se deve à alegria.

Prosseguindo com Smelser, ele distingue entre comportamentos coletivos e movimentos sociais, sendo que estes últimos são tema de grande interesse na teoria sociológica contemporânea, em que, como já observado, os problemas do movimento, da dinâmica e da mudança se afiguram centrais devido aos acontecimentos das últimas décadas e da decorrente crise da sociologia da integração e da ordem. Os movimentos são forças sociais inovadoras frente à ordem institucional, mas não têm aquela característica de precariedade que é própria dos comportamentos coletivos. A esse respeito, Smelser escreve:

> Os movimentos sociais, por breves que sejam, duram mais do que os episódios de comportamento coletivo e têm estruturas menos lábeis de liderança e de seguidores; há uma divisão do trabalho mais complexa e, ademais, há uma mobilização e um planejamento muito mais deliberado do que os episódios de comportamento coletivo; por fim, os movimentos estão mais diretamente voltados para mudar a sociedade em seu conjunto e, assim, quase sempre contêm elementos de conflito político e de contraposição diante dos que se opõem à realização de seus objetivos (SMELSER, 1984, p. 590).

18.2 Alberoni: o Estado nascente

Na Itália, o problema dos movimentos sociais tem sido estudado em especial por Francesco Alberoni (1929-). Nascido em Piacenza, Alberoni se formou em medicina, defendendo uma tese em psicologia na Universidade Católica de Milão. Inicialmente professor de psicologia, depois veio a se interessar cada vez mais pela sociologia. Autor de muitos livros, lecionou na Universidade Católica de Milão e no então Instituto Superior de Ciências Sociais de Trento, sendo depois chamado para a Universidade estatal de Milão. A ideia central de Alberoni é a de "Estado nascente". A expressão é weberiana. Mas o autor em questão a reelabora, remetendo-se não só a Weber, mas também a Marx, a Durkheim e aos estudiosos americanos do "comportamento coletivo" e inserindo também muitos conceitos tomados à psicanálise. O Estado nascente é aquele momento em que se superam coletivamente as barreiras construídas pelo sistema institucional: ele se encontra na ideia de carisma em Weber, na concepção de revolução em Marx, nas fermentações coletivas que levam à fusão das consciências individuais e ao surgimento de uma nova consciência coletiva em Durkheim. Ele é definido como:

> um estado de transição do social em que se constitui uma solidariedade alternativa e uma exploração das fronteiras do possível, dado aquele determinado tipo de sistema social, a fim de maximizar o que é possível realizar dessa solidariedade naquele momento histórico (ALBERONI, 1977, p. 45).

O Estado nascente, visto que implica a interação e a formação de uma solidariedade por meio dessa interação, não se encontra na base de todo e qualquer fenômeno coletivo. Há, de fato, "fenômenos coletivos de agregação" em "uma multiplicidade de pessoas que se comportam da mesma maneira, como na moda, no pânico, nas emigrações, no *boom* especulativo" etc., sem que haja necessidade de uma interação, de uma fusão durkheimiana das consciências para que o fenômeno persista. E há os "fenômenos coletivos de grupo" quando a atividade não consiste numa escolha individual, mesmo que condicionada socialmente, mas é entendida como atividade coletiva e é atribuída a uma entidade coletiva.

Na base dos fenômenos coletivos de grupo, há sempre uma fermentação que só pode surgir na interação, um impulso que emerge na relação e tende a romper as fronteiras institucionais constituídas para criar novas formações sociais, evidentemente destinadas, por sua vez, a se institucionalizarem. Como exemplos de fenômenos coletivos de grupo que, antes de se institucionalizar, implicam o Estado nascente, temos:

> o enamoramento de duas pessoas [...] a formação de uma pequena seita religiosa que aguarda o fim do mundo refugiando-se no Monte Bianco [...] [mas também] um grande movimento social, como foi o movimento dos operários no século XIX ou o movimento estudantil na Itália, o movimento hippie nos Estados Unidos, ou o movimento sindical de 1969-1970 e o movimento feminista (SMELSER, 1984, p. 45).

Formulando o problema nesses termos, Alberoni enfrenta uma dificuldade: ele justapõe fenômenos tão distintos entre si quanto, por um lado, o enamoramento e a revolução no que se refere aos grupos e, por outro lado, o pânico e a emigração no que se refere aos agregados. Mas pode-se objetar que um fenômeno decorrente de acontecimentos que podem ser fortuitos, como o pânico, não pode ser colocado no mesmo plano de um fenômeno que tem causas econômicas específicas, como a emigração. E o mesmo se pode dizer quanto ao enamoramento e à revolução, ainda mais porque Alberoni, num primeiro momento, limitara-se a apontar o caráter "revolucionário" do enamoramento devido à sua "obstinada orientação ética de transgredir as fronteiras. Como uma faísca que estoura num isolante elétrico e tudo o que por definição devia estar isolado passa a ser condutor" (ALBERONI, 1968b, p. 71). As condições histórico-sociais em que podiam surgir esses fenômenos – mesmo admitindo que fosse possível tratar o problema nos termos propostos por Alberoni – não eram esclarecidas. Assim, tornava-se relativamente fácil objetar que o Estado nascente, o impulso coletivo de mudança, reduzia-se a fato meramente subjetivo, psicológico, e tal era o preço a pagar por colocar a revolução, o enamoramento etc. no mesmo plano (cf. FERRAROTTI, 1969, p. 10ss.). Reconhecendo implicitamente essas críticas, a seguir Alberoni se empenhou em esclarecer as condições estruturais necessárias para a manifestação daqueles fenômenos que parecem mais refratários a tal análise. Assim, por exemplo, ele afirma que o enamoramento encontra suas condições histórico-econômicas na crise da família patriarcal após a industrialização e na decorrente revolta contra os vínculos impostos por tal família. Essa crise levará depois à institucionalização de um novo gênero de família, baseada no casal. Mas o discurso parece redutor: temos menções ao enamoramento como tendência a romper as barreiras institucional já desde Homero, para nem falar de Romeu e Julieta. Por importante que seja reconhecer que Alberoni entendeu a exigência de ligar mesmo as relações mais pessoais a fatores e mudanças estruturais, nem todos os problemas parecem superados. Com efeito, permanece a dificuldade decorrente de não distinguir entre fenômenos, como se disse acima, que não parece possível colocar no mesmo plano, como o pânico e a emigração (fenômenos de agregado) e revolução e enamoramento (fenômenos de grupo). E também parece possível afirmar, quanto a isso, que tais dificuldades ocorrem porque Alberoni atribuiu pouca importância aos fatores socioeconômicos. E não só: o conceito de Estado nascente impede, com o explícito reconhecimento do autor em pauta, qualquer possibilidade de distinguir entre os diversos movimentos de acordo com sua "direção". Na estrutura socioeconômica, há grupos que pressionam por uma transformação visando a metas ainda não alcançadas, enquanto outros se inclinam para a transformação no sentido de recuperação do passado. Isso em relação a interesses específicos dentro da estrutura. Pense-se, quanto a isso, em Mannheim. Alberoni, porém, afirma explicitamente que "o Estado nascente não é progressista nem reacionário" (ALBERONI, 1977, p. 53). Assim, uma teoria sociológica com pretensões críticas frente à coercitividade das instituições, ao final se demonstra incapaz de crítica porque todos os impulsos de mudança, prescindindo da direção a que visam, são postos no mesmo plano. Com isso, essa teoria dificilmente poderá se subtrair a acusações de relativismo e irracionalismo: acusações, aliás, que Lukács dirigiu contra o último Simmel, o qual sustentara que a forma que vincula a ação é a vida e, ao mesmo tempo, "mais-que-vida", isto é, a capacidade de ir além dessa forma. A proposta de Alberoni não parece muito distante da simmeliana, mas ele não o reconhece e, por isso, não pode sequer fazer frente a esse tipo de crítica.

18.3 Touraine e os movimentos sociais

O problema dos "movimentos sociais" também foi tratado, na França, por Alain Touraine (1925-). Nascido em Paris, Touraine lecionou na Universidade de Paris-Nanterre e em muitos países estrangeiros, como o Chile, o Brasil, o Canadá e os Estados Unidos. Foi presidente da Société Française de Sociologie. Agora leciona na École Pratique des Hautes Études de Paris e lá dirige o Centre d'Étude des Mouvements Sociaux. Sustenta ele que, enquanto a sociologia dominante, em particular a funcionalista, enfatizara o problema da "reprodução" da sociedade, a sociologia não pode aceitar essa redução, porque a sociedade, além de se reproduzir, "produz" a si mesma. Qualquer sociologia que se limite à análise apenas do momento da reprodução é uma sociologia que se faz porta-voz das relações de domínio vigentes. Assim Touraine, como muitos outros, também parte da crítica ao modelo funcionalista. Censura-lhe acima de tudo o fato de se referir predominantemente aos valores como fator de coesão social, sendo que, em qualquer sociedade, eles só se manifestam por meio das relações de domínio, dos consequentes conflitos e consequentes transações, ou seja, apenas por meio das relações de classe, como as designa o autor em pauta, evidentemente dando ao termo uma acepção mais ampla e genérica do que tem na terminologia marxista. Em segundo lugar, a sociedade não é sequer "guiada por um *corpo coerente* de valores", na medida em que eles coexistem de maneira contraditória (TOURAINE, 1975, p. 64). Por fim, considerar a sociedade do ponto de vista das instituições constituídas implica que tudo o que não se conforma a elas é considerado apenas como desvio, isto é, sempre em relação com as instituições, que nunca são questionadas. Todavia, segundo Touraine, é muito difícil sair do funcionalismo sem sair da sociologia enquanto tal, na medida em que a sociologia não pode deixar de relacionar ação e sociedade. Essa consideração se mostra válida tanto diante de uma "sociologia crítica dos controles", que acusa a sociedade por seu poder explícito e manipulador, quanto diante de uma "sociologia das decisões", que vê a sociedade como conjunto de relações entre sujeitos agentes que decidem livremente. Com efeito, observa-se que, quanto a esta última, as decisões não podem se manifestar senão numa relação com uma estrutura historicamente constituída, com as relações de poder. Assim, "a sociologia das decisões dissolve o sistema nos atores e em suas relações, [e] a sociologia dos controles dissolve os atores no sistema" (TOURAINE, 1975, p. 69), mesmo denunciando-o em seu caráter manipulador e mistificador. Touraine, para tratar essa dificuldade, adota o conceito de "historicidade", a que dá um significado muito diferente do usualmente atribuído ao termo. A historicidade é a "capacidade de se produzir" da sociedade, o momento da produção que, enquanto tal, contrapõe-se à mera reprodução da sociedade.

> A historicidade não é um conjunto de valores, pois ela se define pelas *orientações que são concretamente realizadas e se tornam funcionamento social apenas passando pelas relações de classe* que disputam seu controle (TOURAINE, 1975, p. 70).

Como solução tanto para a sociologia que reduz tudo ao sistema, seja ela funcionalista ou crítica, quanto para a sociologia das decisões, que reduz tudo à livre decisão individual na interação, Touraine propõe uma sociologia da ação, cuja ideia central é que:

> a sociedade não é redutível a seu funcionamento ou à sua adaptação ao ambiente; ela se produz por si mesma, de tal modo que existe uma tensão fundamental entre a historicidade de uma sociedade e o funcionamento ou a reprodução de uma coletividade, de uma "formação social" sua que manifesta a historicidade, mas também é uma unidade histórica particular e uma organização social que funciona segundo normas e exigências de coerência interna (TOURAINE, 1975, p. 72).

É nesses termos que Touraine aborda o problema dos movimentos sociais. Não são indivíduos nem entidades coletivas, grupos, mas sim a própria atividade que se desenrola na sociedade com encontros, desencontros, tentativas de fazer aflorarem certas forças e certos valores contra outras forças e outros valores. Assim, o movimento corre o risco de ser definido apenas negativamente, por aquilo que não é, e por isso o termo não se presta a seu entendimento. A sociologia da ação pretende superar os inconvenientes do funcionalismo, da sociologia crítica dos controles e da sociologia das decisões, sustentando que a sociedade é sempre um sistema, uma organização, um conjunto de instituições; mas, ao mesmo tempo, é também um conjunto de ações de indivíduos em inter-relação que criam movimentos em contínua tensão com as estruturas consolidadas. Esse segundo momento é o da produção da sociedade, enquanto o primeiro é o da simples reprodução.

Cabe reconhecer que Touraine tomou como foco uma das dificuldades fundamentais da sociologia contemporânea, que oscila entre um estudo das instituições dentro das quais os indivíduos se veem reduzidos a ocupar uma posição e a exercer papéis pré-constituídos, e um ativismo libertário que, porém, não leva em conta a coercitividade do aparato institucional. Mas, feito esse reconhecimento, cabe acrescentar também – e, aliás, o próprio autor não está longe de admitir explicitamente – que sua lúcida análise das aporias da teoria sociológica contemporânea não leva a uma nova proposta teórica, permanecendo antes como testemunho de uma exigência não atendida. O referido volume *A produção da sociedade* é de 1973. Nem mesmo as tentativas posteriores de Touraine de superar a dificuldade apresentada e passar para uma abordagem propositiva, apesar de todas as suas cautelas, parecem isentas de alguma forma de ativismo subjetivista, que acaba por sacrificar o condicionamento exercido pela sociedade entendida como "fato social". Assim, em *O retorno do ator*, de 1984 – mesmo refutando a "antissociologia" que deseja "a destruição do social como sede do inautêntico ou da necessidade e apela a uma liberdade antissocial: a do indivíduo" (TOURAINE, 1984, p. 29) –, Touraine dirige um apelo ao sujeito e invoca "o questionamento de todas as formas de organização social" e "de exigência da liberdade criadora" (p. 341). O ator, termo central que aparece no título do livro citado, nunca recebe um tratamento explícito. Poder-se-ia dizer, de todo modo, que é sinônimo da expressão "movimento social", na medida em que, para Touraine, são os movimentos sociais que, além de reproduzir a sociedade, agem e produzem a inovação. O ator também poderia ser definido como "sujeito", pois:

> o sujeito é o termo com que se define o ator quando este se situa no nível da historicidade, da produção das grandes orientações normativas da vida social (TOURAINE, 1984, p. 15).

É preciso esclarecer que não se trata do indivíduo e nem mesmo de um grupo estruturado; mas, ainda, do "movimento", A questão se complica em muito porque, enquanto por um lado atribui-se a máxima importância aos movimentos sociais, por outro lado os citados no livro ainda não são realidades em ação, mas meras possibilidades, com a única exceção do movimento operário – ou, pelo menos, é a afirmação que se encontra no livro em questão. No entanto, os movimentos sociais são, ao mesmo tempo, considerados o problema central da sociologia. Uma sociologia que não queira ser herdeira do passado, que não queira continuar ligada a categorias interpretativas já superadas, é e deve ser uma sociologia dos movimentos. Isso não implica que a sociologia não deve estudar o institucional, mas sim que:

> falando dos movimentos sociais e de seus conflitos apertos, compreende-se melhor como se constituem o caráter fechado das instituições e a ordem que elas

mantêm, como as relações de produção se traduzem em relações de reprodução (TOURAINE, 1984, p. 4).

Mas essa afirmação ainda é mais um programa de trabalho de etapas indefinidas do que uma conclusão deduzida logicamente ou fundada em exemplificações históricas. Os movimentos sociais, que deveriam constituir o verdadeiro âmbito problemático da nova sociologia, definem-se sobretudo negativamente, não coincidindo com o poder de Estado nem com o poder econômico. Mas Touraine chega também a uma definição explícita:

> O movimento social é a ação ao mesmo tempo culturalmente orientada e socialmente conflitual de uma classe social definida por sua posição de domínio ou de dependência no mundo da apropriação da historicidade, dos modelos culturais de investimento, conhecimento e moralidade, para os quais ele se orienta (TOURAINE, 1984, p. 152).

Nessa definição, certamente não de leitura fácil, parece possível encontrar uma confirmação do que o livro afirmava em outras passagens: a importância primária do fato cultural. "Antes de tudo vem a cultura" (TOURAINE, 1984, p. 31). Mas o movimento social é definido como ação. Ele próprio parece ser o ator, o sujeito, a classe social entendida em sentido muito lato como sujeito histórico. "A vida social é definida, antes de tudo, pela ação autoprodutora e autotransformadora que ela exerce sobre si mesma" (TOURAINE, 1984, p. 38-39). A ação, portanto, é concebida como liberdade. Todavia, não só não se nega o condicionamento cultural, como tampouco se pode dizer, como afirma Touraine de maneira um tanto surpreendente, "que a explicação em termos de movimentos sociais esclareça melhor do que outras toda a realidade social" (TOURAINE, 1984, p. 163). Esta pode ser observada também por outros pontos de vista, como o da ordem institucional. E não só: os próprios movimentos sociais são entendidos em relação com a ordem. Esta, de fato, nunca é total e integralmente fechada; sempre deixa algum espaço para a ação livre. A crise da ordem institucional, aliás, parece um elemento necessário para que surjam os movimentos. Estes, mesmo sendo um fenômeno mais cultural do que político ou econômico, ainda são ao mesmo tempo uma manifestação específica das sociedades pós-industriais. Mas, dada essa afirmação, torna-se muito difícil sustentar que eles seriam independentes dos processos histórico-econômicos. Além disso, mesmo colocando os movimentos sociais, sempre segundo Touraine, fora da política e mesmo contra ela, é igualmente verdade que eles parecem precisar de uma organização política democrática para não sucumbir prontamente à repressão mais dura. O autor em pauta tende a destacar, acima de tudo, a necessidade dos movimentos sociais para a democracia, mas também parece possível deduzir de seu discurso o processo contrário: a necessidade da própria democracia para a sobrevivência dos movimentos. A ênfase no momento da liberdade, portanto, não impede que Touraine reconheça que os movimentos sociais são condicionados, na realidade histórico-social, pelo desenvolvimento econômico e pelo sistema político. Aliás, esse condicionamento se afigura tão forte que os novos movimentos têm dificuldade em se concretizar, não constituem ainda uma realidade em ação. No máximo, pode-se afirmar que "hoje a análise de certos comportamentos coletivos pode-nos levar à hipótese de que alguns movimentos sociais são possíveis" (TOURAINE, 1984, p. 335). A cultura é suficientemente avançada para sentir a exigência deles, enquanto a sociedade parece mais atrasada. Assim, em comparação ao único movimento do passado, que, como se disse, é o movimento operário, os movimentos possíveis de hoje parecem ter um caráter mais marcadamente cultural. "Eles tomam posição sobre a saúde e a sexualidade, sobre a informação e a comunicação, sobre a relação com a vida e a morte" (TOURAINE, 1984, p. 322). Lutam para criar um espaço autônomo próprio entre pressões políticas e econômicas.

A ideia de que os movimentos sociais hoje são apenas uma possibilidade leva Touraine a atribuir especial importância ao momento propriamente subjetivo, interior, inexpresso:

> O sujeito se apreende, para além e a contrapelo de suas obras, como silêncio, como afastamento do mundo dito social (TOURAINE, 1984, p. 165).
>
> Na análise sociológica [deve-se introduzir] outra concepção do sujeito, que acentue a distância entre a criação e as obras, entre a consciência e as atividades (TOURAINE, 1984, p. 10).

Justamente na medida em que os movimentos sociais hoje constituem uma possibilidade de reivindicação da liberdade contra a repressão dos Estados totalitários e do poder econômico, a metodologia recomendada não pode se limitar a fornecer indicações sobre a maneira de observar a realidade dada. Touraine propõe a intervenção do pesquisador em grupos restritos, mas mesmo assim representantes de problemas mais abrangentes da sociedade, a fim de fazer aflorar nesses mesmos grupos a capacidade de construírem sua realidade, isto é, de se autocriarem.

> [Este método] procura ajudar os homens a fazerem sua história num momento em que, sob as ruínas das ilusões destruídas ou traídas, essa confiança na capacidade das sociedades de produzirem a si mesmas se reduz (TOURAINE, 1984, p. 216).

Talvez a dificuldade central do Touraine mais recente resida precisamente na confiança que ele atribui e solicita aos movimentos sociais. Pode-se perguntar se tais movimentos, que são potenciais, seriam realmente suficientes para enfrentar a política das superpotências, a ameaça do extermínio atômico, os problemas do Terceiro Mundo e do crescimento demográfico que parece sem solução. O próprio Touraine tem consciência desses problemas, mas parece não saber lhes contrapor outra coisa senão a confiança nos movimentos, uma esperança que se afigura bastante duvidosa. Como quando escreve:

> Estranhamente, é na vida privada, nas expressões menos diretamente políticas, como a canção, ou mesmo nos pequenos grupos intelectuais que se deve buscar a vida latente do novo tipo de exigências e contestações (TOURAINE, 1984, p. 293).

É difícil deixar de notar que Touraine, na busca desse "novo tipo" de contestação, alinha-se com uma quantidade certamente não desprezível de intelectuais contemporâneos desiludidos, e que essa desilusão tem origens históricas. Como reconhece o autor aqui tratado, essa desilusão está relacionada com a derrocada das grandes expectativas revolucionárias. Mas, neste caso, a tese defendida, segundo a qual não é mais o momento de explicar a sociedade à luz da história, isto é, dos condicionamentos do passado e das instituições do presente, e sim o momento de referir à "liberdade criadora" do sujeito, sai um tanto enfraquecida. Tampouco Touraine parece escapar à tendência de acentuada enfatização do momento subjetivo frente aos condicionamentos estruturais, própria dos estudiosos dos movimentos coletivos em geral.

19
A sociologia neoliberal de Dahrendorf

19.1 O primeiro Dahrendorf: classes sociais e nova sociedade industrial

Se, à distância de décadas, às vezes é relativamente fácil apontar o nexo dentre o pensamento de determinados autores e sua respectiva situação histórico-social, pode ser bem mais difícil, por falta de uma perspectiva suficientemente ampla, fazer o mesmo em relação aos contemporâneos, inseridos em nossa própria realidade. Mas, quanto a Ralf Dahrendorf, talvez não seja arriscado demais afirmar que ele, com sua teoria sociológica, representa a típica expressão da Alemanha Ocidental após a subdivisão política da nação alemã, seguindo-se à Segunda Guerra Mundial, em dois setores fazendo parte, antes de 1989, dos dois "blocos" diferentes. O anticomunismo oficial, de um lado, e as novas exigências democrático-parlamentares após a catástrofe nazista, de outro lado, parecem constituir os interesses centrais do autor aqui tratado. Dahrendorf nasceu em Hamburgo em 1929. Quando jovem (1944-1945), ficou preso num campo de concentração por atividades antinazistas. Estudou filosofia na cidade natal, formando-se com uma tese sobre Marx, e estudou a seguir na London School of Economics. Em 1958, foi nomeado professor na Universidade de Hamburgo. Mais tarde, lecionou também em Tübinger e Konstanz, e ministrou cursos nos Estados Unidos. Foi vice-ministro das Relações Exteriores da República Federativa Alemã. Lecionou por muitos anos na London School of Economics, onde também foi reitor. Voltou há algum tempo à Alemanha, e lá continua a desenvolver atividades políticas, além das teóricas. Suas convicções políticas são liberais e ele se empenha em buscar as bases teóricas de um liberalismo adaptado à sociedade contemporânea.

Assim, não surpreende que o primeiro alvo de Dahrendorf tenha sido Marx. Em sua obra agora célebre, *Classes e conflito de classes na sociedade industrial* (1957), tenta inicialmente, baseando-se nos vários trechos de Marx a tal respeito, reconstruir de modo sistemático o pensamento marxiano sobre o problema das classes sociais, que permaneceu fragmentário na medida em que o capítulo de *O capital* que trataria da questão ficou, como se sabe, incompleto. Dahrendorf não contesta que a teoria de Marx poderia ser adequada à sociedade industrial de sua época, mas refuta reiteradamente sua validade no presente. Segundo o autor em pauta, as classes e "o conflito de classes na sociedade industrial" de nossa época são realidades incontestáveis, mas não é correto definir a classe em termos econômicos. Deve-se defini-la antes em termos de *autoridade*. Contra a corrente dominante na sociologia americana, e em particular polemizando com Talcott Parsons, que colocara a ênfase no consenso, Dahrendorf insiste no caráter inevitável e onipresente da coercitividade e do conflito na sociedade. Remetendo-se a Weber, especificamente à sua distinção entre autoridade e poder (ou poder e potência), ele afirma que apenas as relações de autoridade e subordinação têm relevância sociológica, ao passo que as relações que se manifestam na forma de mero poder (potência) se referem às personalidades dos indivíduos e são sociologicamente amorfas. E a classe deve ser definida nos termos dessa relação de autoridade e subordinação. Em termos mais específicos, na obra em questão, a autoridade é definida com as palavras de Weber como "a probabilidade de que uma ordem com determinado conteúdo específico seja obedecida por um certo grupo de pessoas" (DAHRENDORF, 1974, p. 373), enquanto por subordinação "deve-se entender uma exclusão da autoridade, isto é, um dever de obedecer a ordens dotadas de autoridade" (p. 374). Dahrendorf se refere, mais do que à sociedade em geral, ao conceito de "associação coordenada por normas imperativas" para esclarecer que as relações de autoridade e subordinação dentro das "associações" são reguladas por princípios normativos definidos, sendo, portanto, institucionalizadas. À existência da associação corresponde a existência dentro dela de interesses opostos – evidentemente, não apenas econômicos – entre diversos indivíduos conforme os papéis que ocupam nessa associação. E é precisamente a presença desse elemento de interesse que confere especificidade ao conceito de classe, assim entendida como:

> coletividade [...] de indivíduos que compartilham os mesmos interesses manifestos ou latentes derivados da estrutura de autoridade de associações coordenadas por normas imperativas (DAHRENDORF, 1974, p. 374).

Com base nesses conceitos, o Dahrendorf de *Classes e conflito de classes na sociedade industrial* procura explicar o fenômeno do conflito remetendo-se não tanto aos indivíduos tomados isoladamente, e sim à autoridade no interior das "associações". Sua tese pode ser resumida em termos bastante simples: é possível distinguir claramente na estrutura social entre os que detêm a autoridade, estando assim legitimados a expressar o domínio, e têm "um direito a emanar ordens dotadas de autoridade" (DAHRENDORF, 1974, p. 373) especificadas pelas normas, e os que estão sujeitos ao "dever de obedecer" (p. 373). Uma vez identificados esses grupos, há condições de entender o conflito entre os que, detendo a autoridade numa associação, visam a manter a ordem constituída dentro dela e os que, não detendo autoridade, visam a subvertê-la.

Nesse ponto, é quase inevitável indagar a diferença entre essa teoria e aquela, bem anterior, da "circulação das elites". Uma primeira resposta incide sobre o fato de que o conflito aqui se manifesta no âmbito de uma pluralidade de associações coordenadas por normas imperativas. Tal parece ser a característica da sociedade industrial contemporânea. Uma segunda resposta se encontra na afirmativa de Dahrendorf de que:

> uma substituição dos ocupantes das posições de domínio deve ser considerada não só como um processo de rejuvenescimento de uma "classe dominante" ou de uma elite essencialmente constante; mas, acima de tudo, como o aspecto instrumental de um processo que representa substancialmente uma mudança estrutural (DAHRENDORF, 1974, p. 365).

Assim, haveria uma mudança estrutural quando, com a mudança dos ocupantes de cargos investidos de autoridade, soma-se uma mudança nas associações e nos valores antes dominantes.

Tais teses receberam algumas críticas importantes. Em primeiro lugar, seguindo Weber, Dahrendorf exclui a potência de seus estudos, mas isso parece arbitrário pois, como se observou, os fatos da potência, "tal como foram definidos, não devem ser de modo algum considerados de origem individual: aquela 'vontade individual' que se manifesta neles deve também ser formada e constituída (socializada) em algum contexto social estrutural" (PIZZORNO, 1963, p. xix). O estudo da potência, portanto, não parece alheio ao campo da sociologia. Ademais, segundo a tese de Dahrendorf, o conflito comportaria apenas "uma mudança de pessoa nos papéis de comando" (PIZZORNO, 1963, p. xxxvi), enquanto a estrutura do poder se manteria inalterada. Para uma mudança de estrutura, com efeito, é preciso que "os valores do novo grupo no poder postulem novos modos de exercício" do poder (PIZZORNO, 1963, p. xxxviii). E isso só se verifica se:

> a vontade que os indivíduos membros de uma organização procuram materializar fora das normas institucionais (isto é, fora daquilo que, institucionalmente, espera-se de seu papel) inspira-se em fins que se formaram em outras associações e em outros grupos sociais. Ou seja, esses fins não são próprios do indivíduo enquanto indivíduo, mas sim enquanto pertence ou se refere a um certo grupo (PIZZORNO, 1963, p. xix).

O simples antagonismo entre os detentores e os não detentores do poder dentro de uma mesma "associação" não basta para explicar as mudanças estruturais.

E há ainda outro problema: a possibilidade de distinguir claramente entre o grupo detentor e o grupo não detentor do poder está longe de ser um ponto pacífico. Talcott Parsons, por exemplo, defendeu que existe uma distribuição do poder tal como uma distribuição da riqueza, assim rejeitando qualquer discurso dicotômico a esse respeito. Todavia, é necessário ter em mente que foram apontados dois gêneros de poder, "o direto e o indireto: o primeiro é exercido por uma pessoa ou por um grupo com ordens ou imposições explícitas dirigidas a outras pessoas ou grupos", enquanto o segundo "subsiste porque uma pessoa ou um grupo ocupa determinada posição e, assim, condiciona a ação de outras pessoas ou grupos" (PIZZORNO, 1963, p. xxv). Ora, somente em relação a esse segundo tipo de poder é possível falar numa certa distribuição fundada na possibilidade de uma participação, por indireta que seja.

Por fim, é preciso indagar em que sentido a teoria de Dahrendorf se refere à sociedade industrial contemporânea e não é dada como lei sociológica geral. O autor, de fato, parece pensar não tanto na sociedade industrial em geral, e mais na sociedade industrial fundada sobre princípios políticos democráticos e pluralistas, em que se pode constatar uma multiplicidade de "associações coordenadas por normas imperativas" e uma pluralidade de conflitos em seu interior. É precisamente esse pluralismo que tende a consentir que o conflito se desenvolva dentro das regras da democracia. E, quanto mais alta a mobilidade entre as várias posições, "menos intenso será o conflito" (WALLACE & WOLF, 1985, p. 164). Como se observou, "*Classes e conflito de classes* se propunha apenas a criar esquemas teóricos úteis para sua época [...] e em sua época era visível que, com base em condições históricas particulares, realmente estivera em operação um altíssimo grau de pluralismo, em que o Estado, em particular, não estava em condições de violar efetivamente a autonomia" de outras instituições (CAVALLI, 1973, p. 95). Tem-se um exemplo desse pluralismo na autonomia institucional da indústria em relação ao Estado, bem como no fato de que há uma cisão entre propriedade e controle no âmbito da indústria na sociedade democrática, o que tem sido ressaltado com frequência pela sociologia industrial.

É visível a intenção de apoiar do ponto de vista teórico um certo tipo de sociedade política, a "ocidental", contra a soviética, e aqui o discurso se engata novamente com a premissa, de caráter fortemente condicionado pela situação história da Alemanha federativa, de todo o pensamento de Dahrendorf. Ele, com efeito, procura evidenciar "a superioridade da democracia (tal como é entendida no Ocidente), porque a liberdade de organização das partes e a institucionalização do conflito reduzem, na sociedade de tipo democrático, a violência do conflito e a probabilidade de uma mudança revolucionária", bem como tenta mostrar também "a superioridade do pluralismo (ocidental) porque [...] reduz ao mínimo a intensidade do conflito" (CAVALLI, 1973, p. 96). Assim, a intensidade e a violência do conflito variariam dependendo se o conflito se expressa numa sociedade democrática e pluralista, que o admite e o regula de maneira eficaz, ou numa sociedade tirânica e totalitária, em que ele aumenta.

Em *Classes e conflito de classes*, Dahrendorf concebe o conflito em termos de conflito entre grupos dentro das "associações". Em seus escritos posteriores a essa obra, ele tende a rever seu esquema explicativo originário, deslocando o problema do conflito no âmbito das associações para o conflito entendido em termos mais genéricos. O que Dahrendorf quer sustentar é a superioridade da "sociedade aberta" – expressão que toma de empréstimo ao filósofo Karl Popper – frente a sociedades rígidas, dogmáticas, que negam a liberdade individual. O autor em pauta rejeita o esquema funcionalista, que funda a sociedade sobre o equilíbrio e o consenso. Pelo contrário, afirma ele, o conflito é vital para qualquer sociedade, e é concebido não como característica de uma fase histórica, como um fenômeno transitório, mas como o próprio fundamento da vida social.

> Como fatores no processo onipresente da mudança social, os conflitos são profundamente necessários. Onde inexistem e também onde são sufocados e aparentemente resolvidos, a mudança diminui de ritmo e é tolhida. Onde os conflitos são reconhecidos e regulados, o processo de mudança é conservado como desenvolvimento gradual. Mas nos conflitos sociais sempre reside uma notável força criadora de sociedades. Precisamente porque ultrapassam as condições existentes a cada vez, os conflitos são um elemento vital da sociedade, como, aliás, o conflito em geral é um elemento de toda a vida (DAHRENDORF, 1971, p. 233).

Portanto, para haver progresso, não se devem colocar obstáculos ao conflito. Mesmo que possa ser conveniente regulá-lo, deve-se defender sua presença seja porque não existem certezas no mundo social e, portanto, toda posição deve ser considerada legítima em seu confronto com outras posições, seja porque:

> quem queira criar uma sociedade sem conflitos deve fazê-lo por meio do terror e da violência policial; com efeito, a mera ideia de uma sociedade isenta de conflitos já é um ato de violência contra a natureza humana (DAHRENDORF, 1971, p. 241).

O conflito pode ser entendido seja como conflito entre grupos, seja como conflito entre indivíduos. No mundo histórico-social, verifica-se que a ação se torna coletiva quando há interesses comuns a defender contra uma força que os ameaça, ao passo, quando isso não corre, a ação individual substitui a ação coletiva. Aqui também é explícita a defesa da sociedade aberta. Mesmo se "a concorrência individual e a coletiva são, em linha de princípio, mutuamente intercambiáveis e são expressões essencialmente equivalentes da mesma grande força social, a concorrência" (DAHRENDORF, 1971, p. 502), parece transparecer a evidente preferência do autor em pauta pela ação individual frente à ação coletiva. "Se o indivíduo não precisa buscar a solidariedade de grupos sociais totais, de classes, para poder levar seus interesses adiante", a ação individual tenderá a assumir maior importância. Assim, a sociedade aberta, levando "o conflito para além da classe" (DAHRENDORF, 1971, p. 500), oferece maiores possibilidades aos indivíduos.

19.2 O Dahrendorf mais recente: opções e vínculos

Não é difícil captar nessas afirmações de Dahrendorf uma tomada de posição política de tipo liberal. E mesmo a militância política desse autor segue no mesmo sentido. De todo modo, acrescente-se que Dahrendorf se empenha em tornar a teoria política liberal adequada aos problemas de nossa época. Ela é, de fato, uma teoria de outros tempos e requer reformulações. E é a essa tarefa que o autor se dedica em obras subsequentes. Num livro de 1979, ele aborda o problema do progresso na história. Rejeita tanto as clássicas filosofias da história, segundo as quais a história constitui um necessário avanço para fases sempre mais adiantadas, quanto a reação niilista de que, pelo contrário, a história humana é um mero caos. A seu ver – mas certamente não é uma posição original –, o progresso não é necessário, porém, de todo modo, é possível. Tem-se uma tentativa de originalidade quando Dahrendorf procura apontar o que se deve entender por progresso. Nesse ponto ele remete ao conceito de "oportunidades de vida". Tem-se progresso apenas quando se dão maiores oportunidades de vida em comparação a períodos anteriores. À pergunta "Existe um progresso da liberdade?", o autor em pauta responde pela afirmativa. "Liberdade significa que superamos ou eliminamos qualquer obstáculo que impeça o crescimento humano" (DAHRENDORF, 1981, p. 27), isto é, aumentamos as oportunidades de vida que se encontram à disposição dos indivíduos. E não só:

> Ao dizer que é possível um progresso nas oportunidades de vida, pressupomos que, em certo sentido, o conjunto das novas oportunidades que surgem nas sociedades reais não eliminará ou destruirá totalmente as preexistentes (DAHRENDORF, 1981, p. 23).

Com efeito, se assim fosse, poder-se-ia talvez falar em mudança, mas não em progresso.

O aprofundamento do conceito de oportunidades de vida permite a Dahrendorf esclarecer mais seu ponto de vista. Não se trata, afirma ele, apenas de "possibilidades de escolha, de uma gama de ocasiões" (DAHRENDORF, 1981, p. 41). Se assim fosse, as escolhas efetivas entre incontáveis alternativas seriam apenas atos gratuitos. A indiferença entre as diversas alternativas possíveis tornaria fictícia inclusive a própria liberdade do ato de escolha. A possibilidade de escolher entre diversas alternativas sem fornecer critérios para indicar quais atos seriam preferíveis é uma liberdade apenas fictícia. Para que haja realmente oportunidades de vida, portanto, é necessário também um critério que distinga entre as várias possibilidades. Dahrendorf expressa essa ideia afirmando que há dois elementos que caracterizam as oportunidades de vida: as "opções" e os "vínculos". O primeiro elemento não apresenta dificuldades de interpretação: são as possibilidades de escolha que os indivíduos têm à sua disposição numa sociedade. Num segundo momento, o autor em pauta irá defini-las como uma combinação de "direitos civis" e possibilidades de desenvolvimento do bem-estar, de crescimento (DAHRENDORF, 1988, p. 182 e 234). Os "vínculos", por sua vez, são as relações que mantêm os indivíduos unidos na sociedade.

> Os vínculos são "pertencimentos"; poderíamos chamá-los também de ligações [...]. Em virtude do papel e da posição social, o indivíduo é colocado no interior de ligações ou vínculos. Estes, muitas vezes, são para ele carregados de conotações emocionais, como é evidente em denominações do tipo antepassados, pátria, comunidade, Igreja. Do ponto de vista do indivíduo, os vínculos se configuram como relações. Dão sentido ao lugar que ele ocupa. É sobretudo o elemento de sentido e "ancoragem" que caracteriza os vínculos, enquanto as opções dão relevo ao escopo e ao horizonte da ação (DAHRENDORF, 1981, p. 42).

Ora, se as sociedades do passado, bem como ainda muitas sociedades do presente, caracterizam-se pelo nítido predomínio dos "vínculos" sobre as opções, "o advento da sociedade moderna significou incontestavelmente uma ampliação das possibilidades de escolha, mas somente ao preço de romper os vínculos existentes" (DAHRENDORF, 1981, p. 42).

Dahrendorf não esquece a falta de opções no mundo contemporâneo. Tampouco a associa apenas aos países sob regimes totalitários. De fato, ele tem consciência de que a pobreza econômica ainda é a realidade dominante em muitas partes do mundo. Mas suas preocupações se voltam principalmente para a falta de vínculos na sociedade moderna. É sobretudo sua Alemanha federativa – que contrapõe várias vezes à Grã-Bretanha, economicamente mais pobre, mas mais rica em vínculos – que constitui o objeto constante, mesmo que nem sempre explícito, de seu discurso. Assim, hoje o liberalismo não pode apelar apenas ao indivíduo livre de coerções externas, segundo os princípios do liberalismo clássico, mas precisa levar em conta também o problema dos vínculos. Todavia, isso não significa desejar um retorno ao passado e a suas ligações. Não é preciso de forma alguma renunciar às maiores possibilidades que a sociedade atual oferece ao indivíduo. O problema é apontar os vínculos compatíveis com tal sociedade. Dahrendorf procura uma série de saídas para essa dificuldade do mundo contemporâneo. Sustenta a necessidade da diversificação e, portanto, da desigualdade contra as tendências atuais de igualdade, que é mero nivelamento, assim como a igual participação de todos no mundo da política ativa se transforma, de fato, em imobilismo. "No lugar da dialética de iniciativa e controle que garante que o novo seja introduzido, mas não fique incontrolado", a participação permanente de todos "significa uma mistura de discussão teórica permanente e de inatividade prática igualmente permanente" (DAHRENDORF, 1981, p. 103). A esperança só é possível para o indivíduo se for possível a diversificação e, portanto, a desigualdade. "Hoje, a esperança nasce da diversificação e não da igualdade dos homens" (DAHRENDORF, 1981, p. 114). Assim, Dahrendorf lança um apelo aos intelectuais para que mantenham viva a possibilidade do novo e do diversificado.

Mas o problema de atribuir conteúdos específicos aos novos vínculos e não se limitar a um apelo genérico continua em aberto. O autor examinado afirma que "a construção social da vida humana [...] é uma espécie de vínculo fundamental" e, após essa afirmativa extremamente vazia de conteúdo, acrescenta:

> Com certa margem de arbítrio, seria ainda possível definir alguns outros vínculos fundamentais: religião, pacto social (com suas obrigações), consciência histórica, sentimento patriótico, senso de família (DAHRENDORF, 1981, p. 192).

Esses exemplos, porém, levam aos vínculos mais tradicionais, que se mostram em crise. E é essa própria crise dos vínculos que reconduz Dahrendorf a um dos problemas mais típicos da sociedade clássica: a anomia. Ele se torna o problema central das sociedades contemporâneas mais avançadas em termos econômicos.

Os homens precisam de algo além de direitos e dinheiro para terem uma vida plena e satisfatória. Precisam de critérios de medida que deem sentido à sua vida, apoios de orientação para seu caminho [...]. Todos nós precisamos de ligações e relações que nos impeçam de deslizar para uma condição de *anomia*, de desorientação e ausência de normas (DAHRENDORF, 1988, p. 182).

19.3 Algumas considerações críticas

Passando agora a algumas considerações críticas, vale lembrar que o Dahrendorf de *Classes e conflito de classes na sociedade industrial* tem sido objeto de tentativas de defesa, no sentido de que se reconhece à sua teoria uma certa aderência aos eventos característicos da Europa no final dos anos 1960 e no início dos anos 1970. "O que, de fato, os esquemas examinados pretendiam sugerir senão que [...] deveríamos esperar conflitos de grupo, entre subordinados e superiores, na universidade e nas escolas, na Igreja, na magistratura etc.?" (CAVALLI, 1973, p. 100). Todavia, observe-se que, mesmo deixando de lado o fato de que a tarefa específica do estudioso da sociedade, bem como de qualquer outro fenômeno, é ir além das aparências, o mesmo crítico que fez essa defesa acrescentou algumas perplexidades:

> A constituição de oligarquias institucionais, a consolidação dessas oligarquias em estruturas nacionais de poder e a ampliação dos conflitos além dos limites institucionais, até virem a constituir conflitos "políticos" que tendem a dividir o país em dois, são desenvolvimentos [...] que parecem desmentir as expectativas de extremo pluralismo e parecem não encontrar explicação na teoria formulada por Dahrendorf (CAVALLI, 1973, p. 100).

A isso poder-se-ia acrescentar que, de um ponto de vista diferente do adotado pelo autor em pauta, os conflitos dentro das associações entre subordinados e superiores "na universidade, nas escolas, na Igreja, na magistratura etc.", também poderiam ser explicados como conflitos que, mesmo não sendo de classe em sentido estrito, na medida em que os pertencentes a grupos opostos não são necessariamente membros de classes econômicas diferentes, refletem e denunciam, mesmo assim, desequilíbrios econômicos existentes na sociedade mais ampla.

Por outro lado, quanto ao período em que Dahrendorf parece confiar também, ainda que não exclusivamente, na concorrência entre indivíduos como garantia de desenvolvimento social, seria possível lhe dirigir a crítica de que ele postula esse indivíduo livre sem levar em conta todas as teorias sociológicas que, inversamente, apontaram o risco de anulação do indivíduo na "sociedade industrial avançada". Nesse período, Dahrendorf parece se basear de modo um tanto acrítico nos princípios do liberalismo clássico. Mas, com as preocupações expressas frente à anomia nas sociedades contemporâneas mais avançadas economicamente, essa crítica já não parece mais acertar o alvo. Pelo contrário, pode-se observar que o autor em questão parece querer restituir à sociologia sua tarefa originária, a de aceitar os fundamentos da sociedade liberal, encontrando dentro dela um corretivo contra a anomia. E pode-se também acrescentar que, quando a sugestão sobre a necessidade dos vínculos passa do genérico para uma tentativa de exemplificações concretas, não se avança além dos vínculos mais tradicionais: os da religião, da pátria e da família, como já se disse.

Por fim, parece lícito indagar a que ponto do conceito de oportunidades de vida está necessariamente ligado a uma concepção liberal.

Com efeito, mesmo o marxismo, ao qual Dahrendorf, em termos explícitos ou implícitos, contrapõe-se constantemente, propõe-se a ampliar as possibilidades do indivíduo, mesmo sem o considerar como uma força originariamente autônoma, e sim como uma entidade que se realiza apenas no interior de uma organização econômica e política específica. Poder-se-ia até sustentar que a abolição das classes é considerada por Marx como o pressuposto de uma diferenciação entre os indivíduos que seja realmente tal, na medida em que não é determinada pela prévia divisão da sociedade em classes. Mas, como foi visto, os vínculos de Dahrendorf não põem em discussão os fundamentos econômicos e políticos das atuais sociedades ocidentais, dos quais ele é, em termos críticos e problemáticos, um porta-voz.

20
O interacionismo simbólico após Mead

20.1 Blumer: a interpretação de Mead

A expressão "interacionismo simbólico", à qual muitas vezes se associa o nome de Georg H. Mead como seu primeiro expoente, não foi cunhada por ele. Foi criada por Herbert Blumer, que a utilizou num ensaio de 1937 (BLUMER, 1969, p. 1). Os princípios fundamentais dessa escola, talvez mais relevante para a psicologia social do que para a teoria sociológica, foram expostos pelo próprio Blumer. Escreve ele:

> o interacionismo simbólico se baseia, em última análise, em três premissas simples. A primeira [...] é a de que os seres humanos agem perante as coisas com base nos significados que essas coisas têm para eles. Tais coisas abrangem tudo o que pode ser experimentado pelo ser humano em seu mundo: objetos físicos como árvores ou cadeiras, outros seres humanos, como amigos ou inimigos, instituições, como uma escola ou um governo; ideias-guia, como a independência individual ou a honestidade; as atividades dos outros, como suas ordens ou seus pedidos, e situações com que um indivíduo se depara na vida cotidiana. A segunda premissa é que o significado dessas coisas deriva ou surge da interação social que o indivíduo tem com seus semelhantes. A terceira premissa é que esses significados são elaborados e transformados num processo interpretativo desencadeado por uma pessoa ao enfrentar as coisas com que se depara (BLUMER, 1969, p. 2).

Essas afirmações, diz Blumer, podem parecer óbvias; mas, na verdade, contrastam com os princípios amplamente compartilhados pelas ciências sociais. Estas partem da premissa de que o significado tem importância secundária para explicar o comportamento social. Retomando ainda as palavras de Blumer:

> O significado ou é dado por assente e, assim, é deixado de lado, ou é considerado mero nexo neutro entre os fatores responsáveis pelo comportamento e esse comportamento como resultante de tais fatores. É o que se vê claramente na posição predominante da atual ciência psicológica e social. É comum a esses dois campos a tendência de considerar o comportamento humano como resultado de vários fatores que agem sobre os seres humanos; o interesse se concentra no comportamento e nos fatores considerados como responsáveis por sua produ-

> ção. Assim, os psicólogos voltam sua atenção para fatores como os estímulos, as atitudes, os motivos conscientes ou inconscientes, para vários tipos de energias psicológicas, para a percepção e a cognição e para vários traços da organização pessoal a fim de explicar determinadas coisas ou formas de comportamento humano. Analogamente, os sociólogos se baseiam em fatores como a posição social, as exigências de *status*, os papéis sociais, as prescrições culturais, as normas e os valores, as pressões sociais, a filiação de grupo, a fim de fornecer tais explicações. Nessas duas explicações psicológicas ou sociológicas típicas, os significados das coisas para os seres humanos que agem, são negligenciados ou reduzidos a fatores usados para explicar o comportamento deles (BLUMER, 1969, p. 2-3).

Blumer, evidentemente, reconhece que mesmo o interacionismo simbólico tem uma série de precedentes; mas, como se vê acima, pensa que eles seguem em sentido contrário às tendências dominantes da psicologia e da sociologia. Consideram-se como precursores sobretudo os autores que faziam parte da escola de Chicago, como John Dewey, William I. Thomas, Robert E. Park, William James, Charles H. Cooley, Florian Znaniecky, James M. Baldwin, Robert Redfield e Louis Wirth. Mas a atenção, como é evidente, recai em especial em Georg H. Mead. Num ensaio dedicado ao tema, Blumer aponta analiticamente várias questões presentes no pensamento de Mead. São elas o "si", o ato, a interação social, os objetos e a ação conjunta. O si implica que o homem pode se tornar objeto para si mesmo. Ele se vê agir, julga a si mesmo, tem ideias sobre si, comunica-se consigo e responde a si. O si é concebido não como uma entidade estática, uma estrutura dada de uma vez por todas, e sim como um processo, um diálogo contínuo consigo mesmo do qual o indivíduo sai constantemente transformado. Ademais, prosseguindo no mesmo tema, Blumer afirma que, "declarando que o ser humano tem um si, Mead pretende dizer acima de tudo que o ser humano pode ser objeto de suas próprias ações. Pode agir em relação a si mesmo tal como agiria em relação aos outros" (BLUMER, in CIACCI, 1983, p. 64). O si, como tal ao interagir consigo mesmo, não pode ser concebido como simples reação passiva a uma força externa, qualquer que seja. Ele é um princípio ativo, que interpreta a realidade com que se depara e age com base nessa interpretação (p. 63). Assim se passa à ação. O homem age na medida em que estabelece para si mesmo uma meta a ser alcançada, enquanto dá indicações a si mesmo e, ao agir, leva em consideração as indicações que deu a si. É claro que pode cometer uma série de erros, mas o que importa é que ele constrói por si sua ação. Passando para a interação social, Blumer afirma que Mead identificou dois gêneros de interação: a não simbólica e a simbólica. Na interação não simbólica, age-se diretamente em resposta ao gesto alheio, enquanto na interação simbólica interpreta-se tal gesto ou tal ação. Uma reação involuntária à voz de outrem constitui uma interação não simbólica, enquanto a interpretação do gesto de outrem brandindo o punho como vontade de agredir constitui uma interação simbólica precisamente porque há uma interpretação. A interação simbólica, tal como o si, também é concebida como processo: um contínuo interpretar as ações dos outros e agir com base nessa interpretação. A interpretação da ação alheia também inclui, como resposta, a indicação à outra pessoa de como ela deve se comportar. Essa indicação é a definição. Mesmo as realidades sociais que se afiguram mais rigidamente codificadas sempre se devem ao contínuo processo de interpretação e definição que podem modificar essas realidades e, assim, nenhuma expressão da vida social jamais é igual a si mesma. Isso se refere tanto às relações consensuais e pacíficas quanto às relações conflitantes. Estas últimas, de fato, também incluem necessariamente a interpretação e definição das ações alheias. Afirmar que a vida social é sobretudo consenso, conflito ou qualquer outra coisa implica uma generalização indevida de um aspecto entre os inúmeros aspectos presentes na interação humana. Quanto aos objetos, são "construtos humanos e não entidades autônomas, com uma natureza intrínseca" (BLUMER, in CIACCI, 1983, p. 68). Para Mead, afirma Blumer, objeto é tudo o que os seres humanos indicam e a que fazem referência. Assim, tanto uma entidade do mundo físico como uma cadeira quanto um espectro são igualmente "objetos". Não é difícil encontrar nessas afirmações a ideia de William James sobre a pluralidade dos mundos, depois retomada por Alfred Schütz com a expressão "províncias finitas de significado", bem como a ideia de Thomas sobre a "definição da situação". Sobre isso, as palavras do próprio Blumer são exemplares:

> Os homens são vistos vivendo num mundo de objetos significativos, não num ambiente de estímulos ou entidades autoconstituídas. O mundo é socialmente produzido na medida em que os significados se constituem por meio do processo de interação social. Assim, grupos diferentes vêm a desenvolver mundos diferentes, e esses mundos mudam quando os objetos que os compõem, mudam de significado (BLUMER, in CIACCI, 1983, p. 69).

A seguir, Blumer aborda o último ponto dos elementos que lhe parecem fundamentais no pensamento de Mead, tratando da "ação conjunta" a que Mead dera o nome de "ato social". Essa ação conjunta é formada pela confluência e pelo entrelaçamento das "linhas de comportamento" de diversos sujeitos que participam da mesma ação. A ação conjunta ou o ato social parece se diferenciar da interação social na medida em que esta produz uma unidade mais ampla. Enquanto a interação social descreve o processo de formação de significados comuns, na ação conjunta tem-se o processo de colaboração entre várias partes que, assim, criam um conjunto de atividades que se entrelaçam. A estabilidade dessas atividades pode variar: vai desde a atividade comum de dois indivíduos até as grandes organizações, as instituições, os Estados. A sociedade é formada pela multiplicidade variada dessas ações conjuntas.

20.2 Blumer: a crítica às tendências dominantes na teoria sociológica

Blumer continua a investir contra os conceitos mais comuns da teoria sociológica: *status*, papel, normas, valores, modelos culturais etc. Não nega que esses conceitos encontram um correspondente na realidade social, mas contesta o uso deles. Em geral, deriva-se a atividade dos seres humanos diretamente da força exercida por seu pertencimento a uma determinada cultura, do desempenho de um determinado papel ligado a um *status* específico etc. Essas elaborações sociológicas só se revelam importantes, porém, na medida em que ajudam a entrar "no processo de interpretação e definição a partir do qual se formam as ações conjuntas" (BLUMER, in CIACCI, 1983, p. 75).

Aqui cita-se o que Blumer escreve sobre Mead porque sua concepção pessoal das ciências sociais não parece acrescentar grande coisa. Numa série de outros ensaios, Blumer continua a reelaborar essas suas ideias e a reconhecer a paternidade de Mead. Às vezes, porém, ele se expressa em termos levemente distintos dos mencionados. É o que ocorre quando retoma o conceito de situação e afirma que toda ação sempre se dá numa situação. Isso, porém, não constitui uma mudança de ênfase em relação à ideia adotada, visto que, logo a seguir, ele acrescenta que a ação ocorre por meio da interpretação da situação. Aqui também, o erro a evitar é o de não derivar a ação diretamente da situação. O problema da organização é abordado em termos parecidos. Escreve Blumer:

> O interesse pela organização, de um lado, e o interesse pela unidade de ação, de outro lado, marcam a diferença essencial entre as concepções convencionais da sociedade humana e a perspectiva da interação simbólica [...] Em primeiro lugar, do ponto de vista da interação simbólica, a organização de uma sociedade humana é o quadro em que se dá a ação social, e não o determinante dessa ação. Em segundo lugar, essa organização e suas mudanças são resultado da atividade de unidades agentes, e não de "forças" que ignoram tais unidades [...]. Características estruturais como "cultura", "sistema social", "estratificação social" ou "papéis sociais" dão as condições para a ação, mas não a determinam (BLUMER, in CIACCI, 1983, p. 71-72).

Evidentemente, mesmo do ponto de vista do interacionismo simbólico de Blumer, não se negam uniformidades na ação, mas elas próprias são reconduzidas à interpretação.

> Usualmente – escreve ainda Blumer – as situações com que os indivíduos se deparam numa determinada sociedade são, em sua maioria, definidas ou "estruturadas" por eles de modo similar. Por meio de interações anteriores, eles se desenvolvem e adquirem convicções ou definições comuns sobre a maneira de agir em tal ou tal situação. Essas definições comuns permitem que os indivíduos ajam de maneira uniforme (BLUMER, in CIACCI, 1983, p. 70).

O interacionismo simbólico de Blumer, mesmo centrado no problema das relações enquanto se formam, não deixa de abordar, ainda que marginalmente, questões referentes às características das sociedades atuais frente a outras sociedades. Como se disse, os sujeitos agem perante situações. Estas podem ser mais ou menos organizadas e, quanto mais forte é a organização, maior a estabilidade que dá à atividade. A influência exercida pela organização será tanto mais forte quanto mais estáveis forem as sociedades, "como certas tribos primitivas ou certas comunidades camponesas".

> Inversamente, quando estamos diante de sociedades em que há um constante surgimento de novas situações e de instabilidades de velhas situações, como as sociedades modernas, a influência da organização será menor. Deve-se ter em mente que o elemento mais importante que uma unidade agente levará em conta nas diversas situações é constituído pelas ações de outras unidades agentes. Na sociedade moderna, em que há uma intersecção cada vez maior entre as linhas de ação, é frequente que surjam situações em que as ações dos participantes não estão previamente reguladas e padronizadas (BLUMER, in CIACCI, 1983, p. 72).

A concepção de Blumer se assenta em sólidas convicções antideterministas. A sociologia "convencional" é inteiramente marcada pelo determinismo, em termos que depois serão retomados quase literalmente, como se verá, pelo "individualismo metodológico" de Raymond Boudon. Mesmo as situações mais padronizadas são reconduzidas à interpretação das situações por parte das unidades agentes. Isso acarreta necessariamente algumas consequências metodológicas. A sociologia "convencional", de fato, trata seus temas, referentes à ação de sujeitos, como se fossem dotados de atributos fixos e gerais, enquanto na verdade a ciência social deve lidar com significados sempre mutáveis. A ciência social não pode ter como tema senão casos individuais e específicos, ao passo que os conceitos da sociologia "convencional" sempre comportam generalizações que não podem deixar de levar a formulações indevidamente forçadas. Blumer propõe que se considerem os conceitos da teoria sociológica como "conceitos sensibilizantes", com a tarefa de guiar o pesquisador em determinadas direções, sem encaixar forçosamente as atividades dos sujeitos agentes a ser estudados dentro de esquemas predeterminados. Enquanto os conceitos da teoria sociológica "convencional" "fornecem prescrições sobre o que se deve ver" (BLUMER, 1969, p. 148), na medida em que forçam a realidade estudada a se encaixar em seus esquemas, os "conceitos sensibilizantes" se limitam a sugerir em que direções se deve olhar (p. 148).

Dentro do interacionismo simbólico, formaram-se orientações distintas entre si. A bibliografia sociológica estabelece basicamente uma distinção entre a escola de Chicago, a que Blumer pertence, e a escola de Iowa, a que pertence M.H. Kuhn. A diferença entre as duas orientações consiste em que a primeira frisa o caráter indeterminado, por ser intencional, da atividade dos seres humanos, com o que a pesquisa baseada nos instrumentos tradicionais se vê condenada ao fracasso. A segunda, por seu lado, mesmo reconhecendo que a vida social se origina da interação simbólica, insiste em afirmar que os indivíduos, por meio do processo de socialização, vêm a ocupar posições dotadas de certa estabilidade, o que permite o uso dos conceitos tradicionais da sociologia, bem como dos instrumentos tradicionais de pesquisa, como os testes, os questionários etc. Blumer e sua escola, por sua vez, recorrem à "observação participante", às "histórias de vida", a entrevistas não baseadas em esquemas rígidos previamente estabelecidos (MELTZER; PETRAS & REYNOLDS, 1980; MONTI, 1988; PERROTTA, 1988). É o próprio caráter indeterminado e indeterminável da atividade humana, devido à sua intencionalidade, que torna surpreendente que Blumer atribua à existência dessas duas orientações sociológicas – a "convencional" e a interacionista – o fato de que esta última não tenha alcançado a precisão das ciências físicas ou biológicas. Escreve ele:

> A discrepância entre as duas posições é responsável pela dificuldade em chegar a proposições científicas similares, em rigor, às das ciências físicas e biológicas (BLUMER, in CIACCI, 1983, p. 71 e 73).

Blumer parece não perceber que é o próprio caráter indeterminável e intencional da ação humana que impossibilita o "rigor" das ciências físicas e biológicas. Todavia, ele mesmo deixa explícito que a indeterminabilidade não permite o "rigor" ao rejeitar os conceitos da sociologia "convencional" em nome dos "conceitos sensibilizantes", mais abertos.

20.3 Algumas considerações críticas

A principal crítica que se pode dirigir ao interacionismo simbólico é a de que ele, ao reduzir tudo a relações significativas entre "unidades agentes", arrisca-se a excluir de seu campo de problemas os aspectos da sociedade que, mesmo se originando da interação, adquirem depois um caráter autônomo frente aos indivíduos e suas escolhas. Este é o problema tradicional da sociologia, sem o qual é de se imaginar que a própria sociologia deixaria de existir e se dissolveria na psicologia social. Com efeito, não por acaso o interacionismo simbólico nasce no âmbito da psicologia social. Mas, mesmo de uma perspectiva estritamente psicológico-social, pode-se observar e já se observou muitas vezes que, para o interacionismo simbólico, a vida psíquica se reduz à vida consciente. O problema do inconsciente, central em grande parte da psicologia contemporânea, corre o risco de ser negligenciado (cf. MONTI, 1988, p. 21). E, se se pensar na importância que ele teve para muitas escolas sociológicas, pode-se afirmar que não é negligenciável nem mesmo para a sociologia.

Por último, veja-se o problema do condicionamento histórico-social. O interacionismo simbólico parece não se interessar por ele; mas, como todas as outras correntes de pensamento, o interacionismo simbólico se move no interior de problemas e contextos historicamente específicos. Ele teve dois momentos de especial destaque. O primeiro é aquele em que surgiu, com Mead e os outros estudiosos da escola de Chicago, nas primeiras décadas do século XX. Como se observou:

> a reconhecida importância das diversas imagens que o indivíduo desenvolve em torno de si e das realidades torna a perspectiva especialmente adequada para o estudo dos aspectos problemáticos que perseguem a Chicago do começo do século. Num campo que se expande de maneira caótica e preocupante, constata-se, de fato, a coexistência de grupos sociais heterogêneos caracterizados por diferentes visões da realidade, muitas vezes incompatíveis entre si (PERROTTA, 1988, p. 22).

A multiplicidade de interpretações da realidade e, assim, a relevância do sujeito impõem-se à análise. O outro período de ampla divulgação do interacionismo simbólico se dá nas últimas décadas, primeiro nos Estados Unidos e depois também na Europa. Cabe lembrar a esse respeito a crise da teoria funcionalista (cf. BARBANA, 1982; CIACCI, 1983), que também é reconduzida a uma série de condições histórico-sociais. Relembra-se em especial a influência do Estado de bem-estar, do Estado assistencial e industrial, solicitando a intervenção das ciências sociais para frisar a importância do "sentido" das relações interindividuais e do mundo dito "privado". Afirma-se que o Estado, por um lado, intervém economicamente em favor dos cidadãos necessitados e, por outro lado, solicita "consenso" (ARDIGÒ, 1980; CIACCI, 1983).

> Assim, o crescente papel "intervencionista" desempenhado pelo Estado na esfera econômica e na esfera social acabou por se unir – para legitimar tal intervenção e segundo aquela troca política [...] entre valores de uso de origem fiscal e consenso popular – ao interesse pelo desenvolvimento de uma ciência que, por um lado, venha a justificar as esferas estatais competentes e, por outro lado, favoreça a criação de uma imagem de sociedade integrada introduzindo no privado, na rede das relações interpessoais, todas aquelas tensões e conflitualidades que existem [na sociedade] (CIACCI, 1983, p. 11).

A influência do interacionismo simbólico pode ser rastreada nesse segundo lado da solicitação por parte do poder de Estado. É apenas uma hipótese, mas pode valer como testemunho de que nem mesmo o interacionismo simbólico, a despeito de seu caráter formal e a-histórico, escapa aos condicionamentos histórico-sociais.

Por fim, pode-se observar que precisamente a referência ao sujeito e aos significados sempre diversos que se criam na interação, bem como à pluralidade de mundos que surgem das múltiplas interpretações das situações, pode estar na base do fato de que as tendências mais recentes do interacionismo simbólico têm se dedicado aos grupos convencionalmente chamados de marginais ou desviantes, pondo em destaque não tanto a diferença em relação ao comportamento social mais conformista, e sim sua autonomia e igual dignidade. "Os protagonistas dominantes das pesquisas empíricas mais recentes" têm sido "os dependentes de drogas, os doentes mentais, os homossexuais" (CIACCI, 1983, p. 15). E ao interacionismo simbólico têm-se entrelaçado várias escolas anticonformistas da sociologia atual, como a etnometodologia e a dramaturgia.

21
A etnometodologia

21.1 Fontes de inspiração e princípios gerais

Entre as escolas sociológicas dissidentes da tradição oficial está a etnometodologia, que tem sido muito criticada tanto no conteúdo quanto, e talvez principalmente, pelo caráter abstruso de sua terminologia. A certidão oficial de nascimento dessa escola é de 1967, quando Harold Garfinkel publica seus *Estudos de etnometodologia* [*Studies in Ethnomethodology*], baseando-se em alguns trabalhos já conhecidos em pequenos grupos de especialistas. Garfinkel (1917-) estudou em Harvard e se doutorou em filosofia. Depois, lecionou durante dois anos em Ohio, passou um breve período como pesquisador na Universidade de Chicago e, por fim, transferiu-se para a Universidade da Califórnia em Los Angeles, onde leciona até hoje.

Antes de apontar os pressupostos de que parte a etnometodologia, cabe indicar suas principais fontes de inspiração, explicitamente reconhecidas pelos expoentes da escola em questão. Escreve Garfinkel:

> Husserl falou de expressões cujo sentido não pode ser determinado por quem ouve sem conhecer ou presumir necessariamente algo sobre a biografia e as intenções de quem usa a expressão, sobre as circunstâncias em que foram formuladas, sobre o prévio andamento da conversa, sobre as relações específicas de interação social real ou potencial que se instauram entre o falante e o ouvinte (GARFINKEL, 1967; GIGLIOLI & DAL LAGO, 1983, p. 58).

Dado que essa afirmação, como se verá, parece estar na base da etnometodologia, essa citação já deixa evidente a influência de Husserl. Husserl, como lembraremos, também sustentara que o conhecimento científico sempre pressupõe o conhecimento no mundo pré-científico da vida, e isso também será aceito pela etnometodologia, a qual, porém, recorrerá a esse respeito sobretudo a Alfred Schütz, para quem o mundo da vida é, desde o início, um mundo intersubjetivo, de significados compartilhados. Na verdade, afirma Schütz, o conhecimento muda conforme mudam os indivíduos e suas posições; mas, devido à "reciprocidade das perspectivas" no mundo da vida cotidiana, presume-se que esse mundo é percebido de maneira igual por diferentes indivíduos. A mesma experiência não é propriamente a mesma com a mudança dos indivíduos e de suas posições; mas, para as finalidades práticas da vida cotidiana, supõe-se que essa experiência se mantém inalterada. Nesse sentido, portanto, o mundo da vida cotidiana é, como se disse, um mundo intersubjetivo. Esse pressuposto também será aceito pelos etnometodólogos; mas, por outro lado, eles se afastarão de Schütz no que se refere à sua concepção das ciências sociais. A ciência, para Schütz, constitui uma "província finita de significado" diferente da província da vida cotidiana, a qual, porém, é a predominante e condiciona todas as demais. A ciência constrói seus modelos com base numa observação desinteressada das atividades práticas daqueles que interagem efetivamente no mundo da vida cotidiana. Todavia, os modelos científicos devem ser construídos de forma a ter sentido também para os que são estudados pela pesquisa, do contrário o hiato que se forma entre ciência e mundo da vida cotidiana seria intransponível. Apesar dessa percepção, os etnometodólogos não compartilham a dicotomia de Schütz em sua afirmação de que a ciência e o mundo da vida cotidiana constituem províncias finitas de significado diferente.

O próprio Garfinkel, depois, reconheceu sua dívida para com Talcott Parsons, a despeito da diferença entre a teoria parsoniana e os pressupostos da etnometodologia, na medida em que ambos consideram o problema da ordem como questão essencial. Por fim esclareceu-se que mesmo o interacionismo simbólico exerceu uma influência sobre a etnometodologia, por sustentar que o significado dos objetos sempre tem origem social e é constantemente negociado e renegociados nas interações sociais, de modo que não pode ser considerado um dado estável e independente das contínuas mudanças que ocorrem nas interações (cf. COULON, 1987, p. 12).

A etnometodologia tem recebido muitas definições, nem sempre totalmente coerentes entre elas, como que atestando as dificuldades de compreendê-la. Pode-se começar pelo que afirma o próprio Garfinkel, no estudo já citado:

> [A etnometodologia] procura considerar as atividades práticas, as circunstâncias práticas e o raciocínio sociológico prático como temas de investigação empírica e, concedendo às atividades mais corriqueiras da vida cotidiana a atenção geralmente reservada para os eventos extraordinários, procura apreender algo sobre essas atividades como fenômenos dignos de estudo enquanto tais. Sua tese fundamental é que as atividades por meio das quais os membros produzem e administram situações de relações cotidianas organizadas são iguais aos procedimentos usados pelos membros para torná-las explicáveis [*account-able*] (GARFINKEL, 1967; GIGLIOLI & DAL LAGO, 1983, p. 55).

Outros, ao interpretá-la, enfatizam o problema da ordem:

> O objeto da etnometodologia consiste na análise do raciocínio e dos conhecimentos do senso comum diante do problema da ordem social (GIGLIOLI & DAL LAGO, 1983, p. 11).

Ou ainda:

> A etnometodologia é o estudo das regras de base que disciplinam as relações cotidianas entre as pessoas (SMELSER, 1984, p. 101).

Etimologicamente, a etnometodologia é o conjunto dos métodos utilizados por um grupo étnico para compreender sua própria atividade, assim como a etnobotânica é o estudo dos métodos utilizados por um grupo étnico para compreender a botânica (TURNER, 1974; WALLACE & WOLF, 1985, p. 323).

Aqui talvez seja oportuno apontar as características da ação social segundo a etnometodologia. Trata-se, acima de tudo, da "indicialidade" (*indexicality*). Com esse neologismo, entende-se que nenhuma afirmação pode ter um significado independente de seu contexto. Toda explicação (*account*):

> indica muito mais do que expressa "literalmente". Sua compreensão é sempre problemática e seu sentido não pode ser traçado de maneira completa e objetiva, abstraindo dos detalhes contextuais da situação em que é apresentado (GIGLIOLI & DAL LAGO, 1983, p. 17).

Essa "indicialidade" é um elemento absolutamente inevitável de toda e qualquer explicação. Isso implica que o significado de qualquer coisa que se afirme é, por si, sempre muito mais amplo do que aquilo que se afirma explicitamente. Será preciso voltar a esse ponto. A "reflexividade" aparece estreitamente ligada à indicialidade. Com efeito, com o primeiro termo pretende-se dizer que uma afirmação só pode ser referida a si mesma, reflete apenas a si mesma e não faz referência a nenhuma realidade diferente dela mesma. Não há, "por um lado, a 'sociedade' e, por outro lado, modos de observar, descrever ou explicar a sociedade. As duas coisas estão indissociavelmente ligadas" (GIGLIOLI & DAL LAGO, 1983, p. 18). Assim, os "membros" de um grupo étnico agem e, ao agir, dão sentido ao que fazem, explicam-no. Esse sentido não é diferente, mas sim igual à sua atividade.

Observou-se, com referência primeiro a Husserl e depois a Garfinkel, que uma afirmação significa muito mais do que expressa literalmente. Todavia, grande parte do que significa uma afirmação é "dada por assente" por aqueles que se expressam na vida cotidiana. Garfinkel apresenta uma série de exemplos concretos. Assim, quando um marido diz: "Dana conseguiu pôr uma moeda num parquímetro sem ser levantado", a frase significa muito mais: "Hoje à tarde, quando eu o trazia da escola maternal para casa, Dana, nosso menino de quatro anos, conseguiu se erguer o suficiente para pôr uma moeda num parquímetro, quando estacionamos numa área paga, enquanto, antes disso, sempre era necessário erguê-lo para alcançar aquela altura" (GARFINKEL, 1967; GIGLIOLI & DAL LAGO, 1983, p. 78). Para mostrar o quanto já é dado por assente nas afirmações que se fazem na vida cotidiana, Garfinkel concebe para os pesquisadores sociais a técnica de mostrar incompreensão diante das mais óbvias afirmações ou de se comportar de maneira totalmente diferente da habitual. Assim, diante da afirmação: "Furei um pneu", pode-se retrucar: "O que você entende por furar um pneu?". Ou pode-se agir inesperadamente em casa e com os parentes mais próximos como se se estivesse numa pensão, pedindo autorização para fazer o que usualmente se faria sem prestar contas a ninguém, como, por exemplo, dar um telefonema. A surpresa, o espanto, a irritação que essa atitude acarreta, segundo Garfinkel, indicariam a precariedade, a fragilidade da ordem social que se toma por assente.

A etnometodologia constitui, mesmo que às vezes seus expoentes não o reconheçam explicitamente e afirmem apenas se colocarem num plano diferente do da sociologia oficial, uma tomada de posição crítica e polêmica frente a ela. Com efeito, o pressuposto da etnometodologia é que a explicação científica, tal como a explicação da atividade na vida cotidiana, só é compreensível com referência à situação específica em que vem expressa. E isso se aplica ainda mais às ciências sociais. O trabalho da sociologia oficial de chegar a explicações "objetivas", válidas para todos independentemente do contexto, é, portanto, inexequível. A sociologia oficial procura, por exemplo, definir a ordem social independentemente das manifestações particulares em que é acatada ou transgredida; mas, nessa sua tentativa, ela apenas se alinha com as explicações daqueles que estão envolvidos em situações práticas referentes a essa ordem social. Mesmo na esfera da vida cotidiana, os que se encontram em determinadas situações procuram criar normas que possam orientá-los dentro delas. Nesse sentido, eles são "sociólogos leigos": tal como o sociólogo profissional, procuram dar uma ordem à situação segundo normas que são consideradas válidas independentemente das situações específicas. Assim:

> Em relação tanto aos temas examinados quanto às propriedades formais das estruturas examinadas, os sociólogos profissionais e os leigos estão de tácito acordo. Por exemplo, mesmo que o sociólogo e o policial possam ter teorias muito diferentes sobre a maneira como um garoto se torna delinquente e cada qual possa invocar critérios e provas diferentes para sustentar seus respectivos pontos de vista, ambos facilmente concordarão que existem pessoas identificáveis como menores delinquentes e que há modos estruturados por meio dos quais essas pessoas se tornam delinquentes. E com base nesse acordo sobre a existência fundamental e ordenada do fenômeno, independentemente de *qual* método de investigação se adote, que os sociólogos profissionais e os leitos se orientam reciprocamente para um mesmo conjunto de fatos (ZIMMERMAN & POLLNER, 1970; GIGLIOLI & DAL LAGO, 1983, p. 91).

Pressupondo um conjunto ordenado de fatos, estruturado de determinada maneira, independentemente dos métodos com que se procuram entendê-los, o "sociólogo leigo" e o profissional não percebem que as situações em que os membros estão agindo e dando sentido a suas atividades, em vez de constituírem uma estrutura preexistente, são sempre "indiciais". Como escreveu Garfinkel:

> a característica distintiva do raciocínio sociológico prático, em qualquer circunstância em que se dê, é a de procurar solucionar o caráter indicial dos discursos e da conduta dos membros da sociedade. Inúmeros estudos metodoló-

gicos tomaram a si a tarefa de fornecer aos membros uma solução para suas expressões indiciais, procurando demonstrar rigorosamente a observabilidade de atividades organizadas em casos particulares de conversas e comportamentos (GARFINKEL, 1967; GIGLIOLI & DAL LAGO, 1983, p. 64).

Mas, como se disse, o caráter "indicial" das conversas e das atividades é inevitável, e seu caráter estruturado e precário e dado por assente, em vez de ser examinado criticamente.

21.2 Algumas considerações críticas

Essas afirmações comportam diversos problemas, entre eles, em primeiro lugar, o referente à própria possibilidade da ciência, em particular das ciências sociais. Se, de fato, as afirmações da ciência são sempre indiciais tal como as da vida cotidiana, a própria ciência se torna impossível ou, pelo menos, inútil quanto ao que se conhece praticamente em tal vida cotidiana. A essa objeção, os etnometodólogos poderiam responder que a ordem social na interação, tal como se verifica na vida cotidiana, é dada por assente, ao passo que vem a ser problematizada na atividade do cientista. Ou, de modo ainda mais drástico, pode-se afirmar que os modos como os "membros" vêm a aceitar uma ordem social como dado de fato são inconscientes, ao passo que a etnometodologia ilumina precisamente esses procedimentos inconscientes. Ao iluminá-los, de certo modo ela desenvolve, ainda que talvez não queira admiti-lo, uma função crítica perante a ordem social dada, que se mostra precária e contingente. Neste sentido, as pesquisas etnometodológicas, ao indicarem a instabilidade das normas, produzem "uma espécie de anomia" (GIGLIOLI & DAL LAGO, 1983, p. 37). Se tais afirmações estiverem corretas, fica difícil criticar os sociólogos que, como Durkheim, concebem sua disciplina como busca de "causas profundas que escapam à consciência do ator social" (GIGLIOLI & DAL LAGO, 1983, p. 29). Mesmo a etnometodologia, com efeito, não parece estar totalmente fora desse campo de pesquisa, e é exatamente isso que constitui sua legitimidade contra a acusação de não conseguir ir além do senso comum. Cabe acrescentar que, em todo caso, alguns etnometodólogos percebem a exigência de diferenciar melhor entre sua pesquisa e o senso comum, afirmando que podem existir critérios de julgamento científicos dotados de certa autonomia frente às explicações dadas na vida cotidiana (CICOUREL, 1972, p. 109).

A crítica mais frequente, e talvez mais fundamentada, que se dirige à etnometodologia é a de ser deter no "microssociológico", na interação, nas relações interpessoais, e não conseguir captar, devido a suas próprias premissas, problemas de condicionamento histórico-social. Talvez valha lembrar que os próprios etnometodólogos reconhecem sua dívida para com Mannheim, ressaltando que ele se referiu a um "senso documental" das objetivações culturais, pretendendo com isso dizer que tudo o que se expressa numa cultura deve ser sempre compreendido em relação a seu contexto (MANNHEIM, 1974;

IZZO, 1988, p. 32-34). Este é um pressuposto fundamental tanto para os etnometodólogos quanto para Mannheim. Mas, nesse ponto, a convergência entre eles parece cessar, pois para Mannheim o contexto é histórico-social, enquanto para os etnometodólogos é o muito mais precário e instável da ordem que se instaura e se desintegra continuamente no fluir das relações entre membros de um grupo. É esta a crítica recorrente e mais importante à tendência aqui examinada. Coser, num ataque violento, declarou que a etnometodologia abandona totalmente qualquer problema institucional e de poder. "Ignorando os fatores institucionais em geral e o papel central do poder na interação social em particular, ela se limita a descrever como os sujeitos agentes individuais e os que os estudam, explicam suas ações" (COSER, 1975, p. 696). Os problemas referentes à objetivação, à reificação das relações, aos condicionamentos histórico-sociais que agem no próprio sujeito agente e que, dentro de certos limites, formam-no, ficam excluídos do campo da etnometodologia. Mas ela parece um tanto surda a esse tipo de crítica, pois seus interesses se movem em outras direções. Aqui, portanto, estamos diante de duas concepções diversas e até opostas da sociologia. Segundo uma delas, o mundo institucional, das estruturas durkheimianamente "coercitivas" em relação ao indivíduo, constitui seu verdadeiro campo de problemas, ao passo que, para a outra, esse campo é constituído pelas interações entre sujeitos agentes no mundo da vida cotidiana. A esse respeito, pode ser significativa a réplica a Coser de um autor que parece simpatizar com a etnometodologia:

> Coser afirma que a etnometodologia tem a tendência de ignorar "o mundo real" em suas pesquisas. Mas, para ele, "o mundo real" é o reino dos "grupos socioeconômicos, dos mecanismos políticos, das funções e das disfunções, do manifesto e do latente", independentemente das ações cotidianas das pessoas concretas. Esses conceitos captam apenas uma parte da vida social. A etnometodologia procura tornar essas noções mais significativas, empenhando-se em compreender como noções como "poder político" ou "fatores institucionais" operam nas conexões da vida cotidiana (COULON, 1987, p. 116).

Em substância, diz o mesmo crítico, trata-se ainda da dicotomia entre objetivismo e subjetivismo: entre a concepção de que as estruturas, as instituições e o poder político têm uma realidade autônoma frente aos sujeitos que interagem, e a concepção de que aqueles também são redutíveis a interações. Sustentar a existência dessa dicotomia torna problemática qualquer aproximação entre etnometodologia e marxismo, a qual, porém, não é descartada pelo crítico em questão. Ele afirma que o marxismo e a etnometodologia apresentam em comum a mesma tentativa de desmascarar o caráter reificado das relações (COULON, 1987, p. 119). Logo a seguir, porém, acrescenta-se que, para a etnometodologia, esse caráter reificado da realidade social, que depois coincidiria com "o mundo dado por assente", não tem nada de historicamente específico, e ocorre em qualquer interação social. Além disso, as técnicas utilizadas pela etnometodologia para desmistificá-lo não têm qualquer propósito prático-político, mas apenas finalidades cognitivas. A ordem social para o etnometodólogo não tem uma força estrutural que muda politicamente, mas se funda apenas na precariedade e fragilidade de convenções interpessoais que podem ser facilmente transgredidas. O etnometodólogos não tem intenções "humanistas" ao criticar a ordem social – não luta para instaurar uma sociedade melhor –, mas quer apenas lançar "um ataque ao senso comum da *realidade*" (GOULDNER, 1980, p. 574). Aliás, quanto às técnicas utilizadas, a etnometodologia já foi acusada de sadismo. Garfinkel – segundo a interpretação de Gouldner – mostra indiferença perante o que o uso de suas técnicas, para demonstrar a fragilidade da ordem social, pode causar no outro. Aliás, escreve Gouldner:

> o grito de dor da vítima coincide [...] com o momento de triunfo de Garfinkel: é uma confirmação dramática da existência de certas regras tácitas que regem a interação social e de sua importância para as pessoas que participam dela. Que ele não tenha qualquer escrúpulo em infligir tais sofrimentos aos outros, a seus estudantes, a suas famílias, aos amigos ou aos passantes – e em encorajar os outros a fazer o mesmo – não me parece prova de uma atitude desapaixonada e distanciada frente ao mundo social, mas sim de uma disposição em usá-lo de modo a causar dor. Objetividade e sadismo se cruzam [...]. A carência anômica [...] não é mais apenas algo que os sociólogos estudam no mundo social, mas agora é algo que *os sociólogos infligem a ele* e é, ademais, a base de seu método de investigação (GOULDNER, 1980, p. 575-576).

Outros apontaram que "a indiferença etnometodológica" comporta, na verdade, a aceitação da ciência como empreendimento "neutro" frente às questões morais, isto é, a concepção mais tradicional e compartilhada da própria ciência, que sustenta a necessidade de uma cisão entre ser e dever-ser. Assim, como afirmou um comentador:

> "Indiferença metodológica" significa indiferença pelas considerações de ordem moral que poderiam interferir na metodologia própria da etnometodologia [...]. De todo modo, não há qualquer consideração *teórica* de problemas morais em tal concepção de pesquisa. Essa característica – muito conhecida e implícita na separação [...] entre ser e dever-ser, na instrumentalização da razão, na redução do indivíduo a sujeito exclusivamente cognitivo – é compartilhada pela etnometodologia com a ciência social contemporânea e com a ciência em geral (WOLFF, 1984, p. 82-83).

22
Dramaturgia e instituições totais

22.1 A vida como representação teatral

Um autor que, em certos aspectos, está próximo e, em outros, está distante das concepções interacionistas é Erving Goffman, muito discutido nesses últimos anos. Goffman nasceu no Canadá em 1922. Estudou nas universidades de Toronto e de Chicago. Realizou pesquisas empíricas em Shetland Isle, direcionando seus interesses para os problemas da interação. Alguns anos depois, desenvolveu uma pesquisa empírica sobre os hospitais psiquiátricos, ocasião em que elaborou o conceito de "instituição total". Lecionou no campus de Berkeley da Universidade da Califórnia e depois se transferiu para a Universidade da Pensilvânia. Morreu em 1983. Em 1959, Goffman publicou o livro *The Presentation of Self in Everyday Life*, traduzido para o italiano com o título de *La vita quotidiana come rappresentazione* [e para o português como *A representação do eu na vida cotidiana*]. Nessa obra, o autor sustenta o ponto de vista da "dramaturgia", segundo o qual a vida social pode ser entendida nos termos da representação teatral. A ideia certamente não é nova. Shakespeare, por exemplo, atribui a um personagem seu:

> O mundo inteiro é um palco e todos os homens e mulheres não passam de meros atores. Eles entram e saem de cena. E cada um no seu tempo representa diversos papéis (SHAKESPEARE, 1956, II, p. 699)*.

Assim, é necessário procurar entender em que consiste a originalidade de Goffman. Ele procede a uma análise atenta e meticulosa das relações diretas e mostra que nossa ação em conjunto com os outros não é apenas instrumental, voltada para atingir determinados fins, mas também é condicionada pelo que queremos dar a parecer aos outros. Goffman afirma partir "do pressuposto de que um indivíduo, quando está na presença de outros, tem muitas razões para tentar controlar as impressões que estes recebem da situação". Ele acrescenta que seu estudo:

---

* Diz o personagem Jaques, em *As You Like It*: "All the world's a stage,/And all the men and women merely players;/They have their exits and their entrances;/And one man in his time plays many parts" [N.T.].

> aborda algumas das técnicas mais comumente empregadas para manter tais impressões e algumas ocorrências que frequentemente se verificam no emprego dessas técnicas (GOFFMAN, 1988, p. 25).

Podem-se dar alguns exemplos do modo de procedimento de Goffman. Ele define a "representação" como:

> toda aquela atividade de um indivíduo que se desenrola durante um período caracterizada por uma presença contínua sua perante um determinado grupo de observadores, capaz de ter certa influência sobre eles (GOFFMAN, 1988, p. 33).

O fato de que algumas representações são "de boa-fé" e outras "de má-fé", dependendo da confiança que o ator "deposita na impressão da realidade que tenta despertar em todos os que estão em seu redor" (GOFFMAN, 1988, p. 29), não altera de forma alguma a necessidade das representações nos dois casos. Um profissional, para desenvolver sua atividade, precisa de uma encenação de comportamentos externos para influenciar os outros, independentemente de sua "boa-fé". De todo modo, é necessária uma "fachada", definida como "o equipamento expressivo de tipo padronizado que o indivíduo emprega intencional ou involuntariamente durante sua representação" (GOFFMAN, 1988, p. 33).

> Quer um autor honesto deseje comunicar a verdade, quer um impostor queira comunicar uma mentira, ambos devem preencher suas representações com as expressões adequadas, excluir as que poderiam desacreditar as impressões desejadas e cuidar para que o público não atribua significados indesejados ao que transmitem (GOFFMAN, 1988, p. 78).

Visto que, como se dizia, a fachada é necessária, Goffman chega a sustentar que "uma representação honesta, sincera e séria está menos estreitamente ligada ao mundo da realidade do que se poderia crer à primeira vista" (GOFFMAN, 1988, p. 83).

Em geral, a sociologia estuda a ação em relação aos fins, isto é, instrumentalmente. O autor agora em pauta não contesta a legitimidade desse ponto de vista, mas tende a integrá-lo à concepção de que a ação também pode ser estudada do ponto de vista das impressões que o ator deseja despertar nos outros. E isso a ponto de que "a atividade orientada para encargos instrumentais tende a se converter em atividade orientada para a comunicação" (GOFFMAN, 1988, p. 77). Mesmo a ação instrumental, enquanto interação, deve se adaptar aos critérios da comunicação entendida segundo os princípios da dramaturgia.

Já no livro dedicado à vida cotidiana como representação teatral, Goffman aborda o problema da instituição como "lugar cercado por barreiras permanentes que impedem a percepção" do que ocorre em seu interior por indivíduos que não fazem parte dela (GOFFMAN, 1988, p. 273). Ele sustenta que, na vida cotidiana, o indivíduo tem diante de si não só outros indivíduos, mas sim uma série de agrupamentos que também podem ser explicados por meio da metáfora teatral. Assim, num hotel ou pensão, os que trabalham lá adotam atitudes totalmente distintas caso estejam entre colegas na cozinha (os "bastidores") ou diante do público de clientes (o "palco"). A instituição comporta uma equipe de pessoas que compartilham certos espaços físicos, têm regras próprias de conduta e uma definição própria da situação que tendem a apresentar ao público de estranhos. Há uma nítida distinção entre estes e os que fazem parte da instituição. A instituição pode ser considerada de vários pontos de vista: o técnico, o político, o estrutural e o cultural. Do ponto de vista técnico, uma instituição é tomada em relação com sua eficiência ou ineficiência para alcançar fins preestabelecidos. Do ponto de vista político, a instituição é considerada em relação ao que se pretende dos outros e às sanções previstas caso tais pretensões não sejam preenchidas. Do ponto de vista estrutural, a instituição é um conjunto de posições e de papéis. Do ponto de vista da cultura, "uma instituição pode ser considerada nos termos dos valores morais que influenciam a atividade na própria instituição, valores que se referem às modas, aos hábitos, às questões de gosto, à boa educação, ao decoro aos fins últimos e às restrições normativas dos fins" (GOFFMAN, 1988, p. 275). A essas orientações frente à instituição, Goffman acrescenta o ponto de vista da dramaturgia. Este permite:

> descrever as técnicas de controle das impressões utilizadas numa determinada instituição, os principais problemas que surge em tal atividade de controle na própria instituição, a identidade das várias equipes que operam na instituição e as relações existentes entre elas (GOFFMAN, 1988, p. 275).

22.2 A ideia de instituição total

A ideia da instituição como "lugar cercado por barreiras permanentes" (GOFFMAN, 1988, p. 273), em que se empregam técnicas de controle, está na base de uma obra posterior de Goffman, resultante de uma pesquisa sobre um hospital psiquiátrico. A obra tem o título de *Asylums* [*Manicômios, prisões e conventos*] e o subtítulo de *Essays on the Social Situation of Mental Patients and Other Inmates*. Nela, o autor elabora o conceito de "instituição total". A expressão define aquelas instituições que reduzem totalmente a si os ingressantes, privando-os de qualquer identidade pessoal, de qualquer personalidade. Exemplos são não só os hospitais psiquiátricos, mas também os quartéis, os conventos, os leprosários, as prisões etc. Diferenciam-se das outras instituições na medida em que regulam não apenas uma parte das atividades, mas toda a vida do indivíduo, o qual, portanto, perde qualquer traço pessoal e exclusivo. As atividades biológicas, o trabalho e o tempo livre, que normalmente se realizam em locais distintos, ocorrem no mesmo lugar da instituição total, que tem barreiras claras e intransponíveis. Isso, evidentemente, não se aplica aos que lá trabalham como organizadores, diretores e empregados (médicos, enfermeiros, carcereiros etc.), para os quais a atividade dentro da instituição total tem o mesmo significado de qualquer outra atividade laboral; aplica-se apenas aos "internos", que são submetidos a uma série de práticas com a função específica de lhes fazer perder qualquer identidade pessoal: assim, precisar renunciar a suas roupas pessoais e usar uniforme, ser chamado por um número e não pelo nome, ter de se privar de qualquer objeto pessoal etc., tudo isso cumpre a função de reduzir o indivíduo internado às normas da instituição até anulá-lo totalmente dentro delas. Nas palavras do próprio Goffman:

> toda instituição se apodera de parte do tempo e dos interesses dos que dependem dela, oferecendo em troca um tipo particular de mundo: o que significa que ela tende a incluir todos os seus componentes numa espécie de ação englobante. Em nossa sociedade ocidental, há vários tipos de instituições, algumas das quais atuam com um poder englobante – embora descontínuo – mais penetrante do que outras. Esse caráter englobante e total é simbolizado pelo impedimento de trocas sociais e da saída para o mundo externo, impedimento este muitas vezes fundado concretamente nas próprias estruturas físicas da instituição: portas fechadas, muros altos, fios de arame farpado, pedras, cursos d'água, matas e florestas. A esses tipos de instituições dou o nome de "instituições totais" (GOFFMAN, 1968, p. 33).

O autor tratado distingue vários tipos de instituições totais, conforme sirvam, por exemplo, para isolar indivíduos incapazes ou acometidos de doenças infecciosas e, portanto, involuntariamente perigosos para a sociedade, ou, pelo contrário, indivíduos deliberadamente perigosos como os criminosos. Tais distinções, de todo modo, não afetam substancialmente o discurso geral, que se mantém inalterado: o mais importante a frisar é que, segundo Goffman e sua terminologia própria, a instituição total tende a anular o Si, a identidade pessoal.

22.3 Algumas considerações críticas

O discurso mencionado até aqui encontrou grande repercussão inclusive na Itália, onde um psiquiatra que veio a adquirir grande fama, Franco Basaglia, retomou esse discurso interpretando-o em termos políticos. Segundo ele, a negação do interno no manicômio reflete uma relação de poder mais ampla existente na sociedade externa. O doente mental tem sua individualidade negada e é reduzido a coisa, por não dispor de qualquer poder econômico. Por isso é afastado da sociedade, para a qual os únicos dignos de consideração são os que têm algum peso econômico, ao menos como produtores. Prova disso é o fato de que os únicos doentes dignos de alguma atenção são os que podem se permitir pagar o internamento. E a psiquiatria oficial apenas ratifica esse estado de coisas, ao considerar a perda de identidade dos internos não em relação com a força anuladora da instituição, e sim como consequência da própria doença. Desse modo, "a polêmica contra o sistema institucional sai da esfera psiquiátrica, transferindo-se para as estruturas sociais que lhe dão sustentação, obrigando a uma crítica da neutralidade científica, que age em defesa dos valores dominantes, para se converter em crítica e ação política" (BATAGLIA, 1968, p. 7). Mas essa interpretação crítica e política não encontra bases na formulação do problema nos termos de Goffman. Embora este trate das instituições totais em sua relação com "nossa sociedade ocidental" (GOFFMAN, 1968, p. 33), não só, repetindo, não há nada em seu discurso que justifique uma interpretação política ou sequer simplesmente crítica, como ainda as próprias argumentações e exemplificações apresentadas por ele não indicam com clareza a que ponto a instituição total é uma realidade historicamente específica: a que ponto poderia existir uma sociedade sem instituições totais, com que tipo de sociedade mais amplas elas estão relacionadas ou se, inversamente, têm uma vida independente das diversas configurações sociais, políticas e econômicas. Goffman afirma a relação entre a sociedade ocidental e as instituições totais; mas, em vez de explicá-la, desenvolve um discurso de caráter mais abstrato e geral do que histórico.

Outro problema quanto às ideias defendidas por Goffman aparece na comparação entre *A representação do eu na vida cotidiana* e *Manicômios, prisões e conventos*. Nesta segunda, como se disse, o autor sustenta que as instituições totais têm o poder de anular o Si, a identidade do indivíduo. Isso supõe, por necessidade lógica, alguma teoria do Si, alguma teoria da personalidade que reconheça ao indivíduo, em condições diferentes das criadas por tais instituições totais, uma certa possibilidade de autonomia, talvez, como é óbvio, adquirida socialmente por meio do processo de socialização, frente à realidade institucional. Pois, se o indivíduo sempre é simplesmente uma consequência dessa realidade institucional ou da interação, a reivindicação de uma autonomia sua e a análise de *certas* instituições que neguem essa autonomia perdem qualquer fundamento teórico. Ora, não parece arriscado afirmar que na base da concepção da vida social como representação teatral surge uma dificuldade. Com efeito, segundo tal concepção:

> o Si [...] não é algo orgânico que tenha uma localização específica sua, cujo principal destino seja o de nascer, crescer e morrer; é antes um efeito dramatúrgico que emerge de uma cena que é representada (GOFFMAN, 1988, p. 289).

Ou, em termos ainda mais drásticos: o Si "é o *produto* de uma cena que é representada, e não uma *causa* sua" (GOFFMAN, 1988, p. 289). Assim, o que não fica claro é como uma instituição total pode anular uma entidade que não tem consistência alguma, que se reduz a mera representação. Basta a intervenção de um elemento estranho e imprevisto para pôr em crise a relação social organizada, tal como uma interrupção fortuita pode desorganizar uma representação teatral. Em outros termos, dada a precariedade do Si e sua total dependência da interação e dos papéis que deve interpretar, é possível perguntar como Goffman pode depois tratar as instituições totais como força que aniquila a identidade. Poder-se-ia dizer que o Si, na teoria do autor examinado, não encontra qualquer realidade. A essa objeção talvez se possa responder com a afirmativa, implícita em Goffman, de que o Si se forma numa pluralidade de interações e instituições: sua realidade é social, mas ele pode se desenvolver num contexto pluralista que lhe oferece uma série de possibilidades alternativas ou pode ser negado pela instituição total. O que constitui uma certa garantia de liberdade é a possibilidade de se referir a uma pluralidade de instituições, e não apenas a uma só. Resta o fato de que esse Si, para Goffman, não tem uma realidade mais sólida e menos precária do que a aparência, do que o papel interpretado por um ator no teatro. Como se dizia, se se trata de uma afirmação geral e a-histórica ou de uma análise específica da realidade norte-americana é um problema que também continua sem resposta. O autor, com efeito, parece descrever a relação social em termos dramatúrgicos prescindindo de considerações históricas específicas, mas depois afirma:

> A observação do fato de que cada um de nós representa a si mesmo perante os outros certamente não é original: o que [...] se deveria frisar é o fato de que a própria estrutura do *si* pode ser vista nos termos das técnicas e dos instrumentos adotados para tais representações na sociedade anglo-americana (GOFFMAN, 1988, p. 288).

Em todo caso, o próprio Goffman, ao final de seu trabalho, alerta que não se leve longe demais a analogia entre vida real e teatro e que se trata, em parte, de "um estratagema retórico" (GOFFMAN, 1988, p. 290).

Comentou-se acima o caráter pouco historicizado das afirmações de Goffman. Isso não significa, porém, que alguns intérpretes seus não tenham interpretado seu pensamento como manifestação característica de uma determinada sociedade histórica. Foi o que fez Alvin W. Gouldner, afirmando que:

> a dramaturgia marca a transição de uma economia mais antiga centrada na produção para uma nova economia centrada na venda e nas técnicas promocionais, uma economia em que se inclui vender a si mesmo (GOULDNER, 1980, p. 558-559).

> O que um homem vale neste mundo depende [...] de sua aparência e não, como acontecia com o burguês clássico, de seu talento, de sua capacidade ou de sua obtenção de resultados (GOULDNER, 1980, p. 555).

Assim, a teoria de Goffman, segundo essa interpretação é uma expressão típica da sociedade das aparências, da sociedade em que a aparência conta mais do que a substância. Outros se manifestaram em termos parecidos:

> se a sociologia goffmaniana é uma sociologia do *make believe* (fazer crer), deve-se ao fato de que, com a queda dos antigos valores, a estratégia moral da nova burguesia está ligada ao jogo das aparências e da ostentação de *status* (GIGLIOLI, 1971, p. xxxvii).

Gouldner interpreta a teoria de Goffman também como sintoma da crise do modelo estrutural-funcionalista na sociologia e, em particular, da crise do modelo parsoniano. Ao contrário do que sustentam os estrutural-funcionalistas, de fato, Goffman vê o homem como artífice de sua sociedade e não como seu instrumento passivo, e o autor parece adotar efetivamente a teoria interacionista sobre o caráter não totalmente previsível de uma determinada relação, que não se deixa encerrar num esquema explicativo preestabelecido. Enquanto as posições sociais, no esquema estrutural-funcionalista, definem os papéis dos sujeitos agentes, deixando-lhes pouca margem de inovação, e o processo de socialização cria uma configuração definida do eu, na dramaturgia, por outro lado, a cena que muda, muda também o *status*, os papéis e a personalidade.

Outra interpretação do pensamento de Goffman revela sua matriz durkheimiana. Com efeito, Durkheim insistira sobre o caráter sagrado da sociedade e o fato de que, nas sociedades mais evoluídas, fundadas na solidariedade orgânica, a própria sociedade apontara o indivíduo como objeto de culto. Goffman, segundo a interpretação aqui referida, retoma esses dois pontos, elaborando-os "em nível microssociológico" (GIGLIOLI, 1988, p. xiv). O ritual é o que regula a vida de relações, a qual, aliás, não pode subsistir fora delas, tal como em Durkheim as origens da sociedade são necessariamente religiosas. E o culto religioso na sociedade contemporânea tem por objeto o indivíduo. A "intuição fundamental" de Goffman consiste, segundo Giglioli:

> em elaborar em nível microssociológico duas afirmações cruciais de Durkheim: a primeira é que a divindade é o produto de rituais coletivos; a segunda é que, na sociedade moderna, o objeto da vida religiosa é representado pelo "culto do indivíduo", pelo reconhecimento de seu *self* específico (GIGLIOLI, 1988, p. xiv).

Corroborando essa interpretação, o próprio Goffman afirma que "a concepção durkheimiana da religião primitiva pode ser traduzida nos conceitos de deferência e compostura", que dão base para o desenvolvimento e a possibilidade de interpretação da vida contemporânea, e que "nos desembaraçamos de muitos deuses, mas o indivíduo continua obstinadamente a ser uma divindade de notável importância" (GOFFMAN, 1971; GIGLIOLI, 1988, p. xv). Se essas observações podem ser pertinentes, por outro lado destaca-se a diferença entre a religião de Durkheim e a precariedade muito maior da deferência e da compostura de Goffman. E, do mesmo modo, o indivíduo de Durkheim, mesmo sendo uma formação social, tem uma consistência muito superior à do Si, substancialmente negado, de Goffman. Este se forma no contexto intelectual da escola interacionista de Chicago e, a despeito de posteriores influxos durkheimianos, não parece que tal experiência tenha passado sem deixar traços.

23
Sociologia, teoria crítica e hermenêutica: Jürgen Habermas

23.1 História e crítica da opinião pública

Um problema em aberto é se Jürgen Habermas representa uma reelaboração das teorias dos fundadores da teoria crítica da sociedade ou se, pelo contrário, afastou-se demais deles para permitir rastrear qualquer linha de continuidade com seus mestres. Sem dúvida, suas teorizações iniciais mostram maior influência de tais mestres, ao passo que, posteriormente, Habermas aparenta tomar uma direção que o afasta mais e mais deles. Nascido em Düsseldorf, portanto, tal como Dahrendorf, na República Federativa Alemã e também no mesmo ano de 1929, Habermas recebe, porém, influências intelectuais muito diferentes das de seu coetâneo. Formado em filosofia em Frankfurt, depois trabalhou no Instituto de Pesquisa Social fundado por Horkheimer, sob orientação deste e de Adorno. Após um período de permanência em Marburgo e Heidelberg, lecionou filosofia e sociologia em Frankfurt. De 1971 a 1983, foi diretor do Instituto Max Planck de Starnberg. Posteriormente, retomou a docência e ainda leciona em Frankfurt, na Goethe Universität. É autor de inúmeras obras, que mostram a amplitude de seus interesses, mas também um certo ecletismo.

A primeira obra com algum relevo de Habermas, *História e crítica da opinião pública* (1971), ainda aparece muito ligada à teoria crítica dos mestres. Esse trabalho, que data de 1962, sustenta que a distinção entre esfera pública e esfera privada é de caráter histórico.

> Na sociedade feudal da Alta Idade Média, não é possível apontar a dimensão pública como âmbito específico, distinto da esfera privada, do ponto de vista sociológico, isto é, institucional (HABERMAS, 1971, p. 17).

Os atributos pessoais se manifestam publicamente, enquanto a dignidade pessoal se esgota nas atividades públicas. Não há "nenhum *status* definível em termos de direito privado com o qual os indivíduos privados possam, por assim dizer, apresentar-se numa esfera pública" (HABERMAS, 1971, p. 15). Mesmo o termo "privado" só ingressa em algumas línguas a partir dos meados do século XVI, com o significado específico de privado de funções públicas, isto é, de poder político. Com o lento desenvolvimento econômico, inicia-se também na Idade Média a emancipação do privado frente à esfera do poder político, bem como a formação da sociedade civil, isto é, uma esfera pública composta por indivíduos que se colocam criticamente diante do mundo das instituições políticas. Habermas fala, a esse respeito, em "circulação *das mercadorias e das notícias*, criada pelo grande comércio internacional do primeiro capitalismo" (HABERMAS, 1971, p. 26-27). A atividade comercial também comporta a difusão das ideias e o decorrente surgimento do debate. *Coffee-houses* e *saloons* se tornam os locais de reunião para o debate público de assuntos culturais e literários, mas também de crítica política, por meio do qual a "sociedade civil" reivindica sua autonomia frente à esfera política. Nesse contexto, surge o conceito iluminista de razão como faculdade humana que tem a capacidade de se opor criticamente à ordem das instituições políticas. A reivindicação de liberdade econômica por parte da burguesia também se torna reivindicação de autonomia intelectual e de capacidade crítica do indivíduo. Não por acaso, afirma ainda Habermas, duas ciências se desenvolvem simultaneamente. "Ao lado da economia política [...] a psicologia é a outra ciência especificamente burguesa que tem sua origem no século XVIII" (HABERMAS, 1971, p. 43).

Nessas circunstâncias, a família burguesa adquire importância fundamental, como "lugar de emancipação psicológica, que corresponde à emancipação político-econômica" (HABERMAS, 1971, p. 63). Em vista dos pressupostos historicistas e marxistas do Habermas de *História e crítica da opinião pública*, a família, evidentemente, é tomada em relação com o contexto histórico-econômico mais abrangente. Ele constitui a base de uma família em que surge a exigência da independência individual: do indivíduo livre e autônomo. Ou seja, surge a exigência de "emancipação [...] frente a qualquer espécie de finalidade exterior de uma interioridade que se realiza segundo suas próprias leis" (HABERMAS, 1971, p. 64). Mesmo que a exigência de emancipação do indivíduo tenha origens sociais, ainda assim trata-se de uma efetiva força de libertação do indivíduo.

> Embora a esfera do âmbito familiar queira se representar como independente, como dissociada de todas as relações sociais, como domínio da pura humanidade, ela guarda uma relação de dependência com a esfera do trabalho e da troca de mercadorias; a consciência de independência pode se explicar com a efetiva dependência daquele âmbito íntimo frente ao âmbito privado do mercado (HABERMAS, 1971, p. 63).

A instituição da família burguesa desempenha, sem dúvida, uma função econômica sem a qual não teria surgido, mas em seu âmbito emergem "as ideias de liberdade, de amor, de educação", a exigência de uma esfera privada, de "intimidade", que não se reduzem a tal função econômica, não são apenas "ideologia" (HABERMAS, 1971, p. 64).

Essas ideias de liberdade individual, próprias das sociedades protoburguesas, trazem em si uma contradição: colocam-se como universais, mas ocultam exigências particularistas. A esfera pública da sociedade civil desempenha uma função crítica "racional", em nome da humanidade, contra o poder político absolutista; mas, estando ligada à classe burguesa, defende interesses particulares. Esta é a crítica que antes Hegel e depois Marx dirigem contra a posição de Kant. Mas certamente não é essa crítica filosófica que mina as bases da concepção burguesa da liberdade e da crítica exercidas pelo indivíduo associado a outros indivíduos contra o poder de Estado. As origens do pensamento de Habermas na teoria crítica permitem adivinhar facilmente a continuação do discurso. O desenvolvimento de grandes monopólios, o envolvimento do Estado na esfera econômica seja com funções de sustentação política, seja com participação direta, o surgimento da indústria cultural com seus meios de comunicação de massa, anulam a parcial independência do indivíduo da sociedade protoburguesa. No século XVIII e começo do século XIX, a esfera da opinião pública vivia da participação de indivíduos que se manifestavam livremente, apesar de seus interesses particularistas, pois não havia uma intervenção direta da esfera econômica na formação das opiniões individuais. Na sociedade da indústria cultural e dos bens de consumo, pelo contrário, a própria formação das opiniões é diretamente influenciada pelos interesses econômicos, agora estreitamente ligados ao poder político. Nem as associações culturais, nem os partidos políticos, nem a família deixam autonomia aos indivíduos ou permitem um debate livre.

Habermas tem sido muito criticado porque, depois de formular o problema nesses termos, augurou a reconstrução de uma esfera pública composta de indivíduos livres com funções críticas frente à esfera política, sem esclarecer as bases histórico-sociais da possibilidade de tal reconstrução. Assim, como se disse, o caráter histórico da opinião pública, surgida num determinado período e relacionada com uma determinada situação econômica e política, cujas funções desapareceriam depois com a sociedade de massas, corre o risco de ficar comprometido e a conclusão se afigura contraditória. Em todo caso, fica evidente a relação entre *História e crítica da opinião pública* e a teoria crítica da sociedade. Pode-se apontar especialmente a influência da *Dialética do Esclarecimento*, de Adorno e Horkheimer.

23.2 Crítica da hermenêutica

No ensaio em questão, Habermas aparenta estabelecer uma estreita ligação entre o problema da evolução individual e a estrutura socioeconômica da sociedade. Todavia, em outros trabalhos seus, o autor adota outro ponto de vista. Isso se evidencia claramente quando, cinco anos depois, aborda o tema da hermenêutica. A esse respeito, ele chega a firmar que a orientação hermenêutica revela que não é coerente sustentar um relativismo cultural irrestrito, pois, se é verdade que o pensamento se desenvolve por meio da linguagem, ou seja, por meio de um sistema definido de regras, de uma gramática, também é verdade que uma propriedade desse sistema é ter em si a capacidade de transcender a si mesmo, de se pôr criticamente diante de si mesmo. Um sistema de regras linguísticas é o que permite constatar, por meio da própria linguagem, que elas são limitadas e não absolutas.

> O relativismo das concepções de mundo e a monadologia dos jogos linguísticos são igualmente aparentes, porque os próprios limites impostos pela gramática das linguagens comuns, por meio dessa mesma gramática, tornam-se conscientes a nós [...]. As próprias línguas contêm o potencial de uma razão que, expressando-se na particularidade de uma dada gramática, reflete seus limites e, ao mesmo tempo, nega-os por serem particulares (HABERMAS, 1980a, p. 221).

Assim, por meio dos próprios instrumentos oferecidos pela linguagem, é possível se colocar criticamente diante dos vínculos culturais e, portanto, linguísticos em que se está preso. Na socialização, a criança não aprende apenas a aceitar um sistema linguístico-cultural: este também lhe dá a possibilidade de interpretá-lo e, portanto, de transcendê-lo.

> Com as primeiras regras linguísticas fundamentais, a criança aprende não só as condições do consenso possível, mas aprende ao mesmo tempo as condições de uma possível interpretação dessas regras, que lhe permitem superar uma distância e, assim, exprimi-la (HABERMAS, 1980a, p. 226).

A identidade do eu é possível apenas na intersubjetividade, mas é preciso que essa intersubjetividade não seja total, pois, se o fosse, desapareceria qualquer diferença, que é o que permite a identidade do eu frente à sua comunidade. Nisso parece haver uma crítica também à ideia quanto aos riscos de uma integração total, que acarretaria a anulação do eu. Significados totalmente compartilhados, sem diferenças de interpretação individual, implicariam a inexistência da identidade individual. O mesmo conceito se aplica à tradição, o que permite a Habermas adotar uma posição crítica diante da hermenêutica de H.G. Gadamer.

> O fato de que exista em geral algo como uma tradição inclui um momento de não obrigatoriedade: o transmitido deve também poder ser revisto, do contrário o não igual seria destruído pela identidade ininterrupta do grupo. As identidades dos eus podem se formar e se manter na comunicação linguística frente a uma identidade de grupo apenas se esta, por sua vez, puder se construir, perante aquele outro coletivo que é o passado do grupo, como um igual a ele e, ao mesmo tempo, também como diferente dele (HABERMAS, 1980a, p. 246).

A tradição não se justifica só por ser tradição: não há o que a faça valer perante situações novas que exigem novas orientações. Essas se criam na interação e mediam o passado com as transformações em curso.

> Uma nova situação exige a renovação da intersubjetividade...; esta não ocorre arbitrariamente, mas resulta da mediação reflexiva do passado com a vida presente (HABERMAS, 1980a, p. 247).

Assim como a linguagem não se reduz a um código gramatical rígido, mas é ela mesma um instrumento de reflexão e, assim, de possibilidade de autocrítica e autotranscendência, da mesma forma a tradição, quando chega a se tornar transparente para si mesma enquanto tal, não atua mais como preconceito. "A estrutura do preconceito, agora transparente, não pode mais operar sob a forma de preconceito" (HABERMAS, 1980a, p. 252). A autoridade que há na tradição não é compatível com o conhecimento que desnuda essa autoridade, mostrando que é fruto não de reflexão, mas de preconceitos. "Autoridade e conhecimento não coincidem" (HABERMAS, 1980a, p. 253). Assim, Habermas reivindica para o pensamento a possibilidade de se colocar criticamente diante da ordem constituída, e polemiza com Gadamer que, a seu ver, não consegue transcender a tradição. O autor em pauta defende a esse respeito a maior validade de Hegel que, inversamente, captara o caráter dialético do pensamento e, com isso, sua contínua autossuperação. A polêmica com Gadamer é retomada em termos analíticos num ensaio chamado *A pretensa universalidade da hermenêutica*, publicado em 1973. Nele se reitera que "a consciência hermenêutica se mantém incompleta enquanto não assumir em si a reflexão sobre os limites da compreensão hermenêutica" (HABERMAS, 1973, p. 293). Essa compreensão, pelo menos na forma como se expressa em Gadamer, não supera o contexto da tradição linguística em que se move. A referência à psicanálise permite a Habermas esclarecer seu ponto de vista. Se a hermenêutica entende as expressões da linguagem inserindo-as numa tradição que também lhes dá legitimação, não capta, porém, que tal legitimação pode não ser racional, na medida em que se baseia numa comunicação sistematicamente distorcida. A crítica das ideologias, no que se refere à sociedade, e a psicanálise, no que se refere ao indivíduo, trazem à luz os motivos inconscientes que podem levar a uma comunicação distorcida. Esta não é apenas um fenômeno patológico individual, mas pode abranger a própria tradição considerada por Gadamer como autoridade última.

> Só é possível abalar a autocompreensão da hermenêutica demonstrando-se que modelos de comunicação sistematicamente distorcida se repetem também na fala "normal", isto é, que não se afigura patológica (HABERMAS, 1973, p. 294).

É a presença da coação que distorce o caráter da comunicação linguística. Assim, o problema da livre-expressão em contraposição a uma expressão não livre continua a ser central. Ele pode ser expresso também em termos de "identidade". A identidade só pode surgir por meio da interação, e é apenas na comunicação não distorcida que os indivíduos na interação se reconhecem como únicos e, ao mesmo tempo, reconhecem a alteridade dos outros. Essa possibilidade de comunicação normal desaparece diante da coação e da violência. E cabe entender a violência e a coação seja em formas diretas, explícitas e manifestas, seja como manipulação. O esquema racional a se adotar para a crítica da comunicação sistematicamente distorcida é, portanto, o de uma comunicação que se pressuponha totalmente livre de coação e violência.

> O reconhecimento dogmático de uma tradição – escreve Habermas ainda em polêmica com Gadamer – isto é, a assunção da pretensa validade dessa tradição, certamente poderia ser compatibilizado com o próprio conhecimento, se

> se assegurassem na tradição a não violência e a ausência de restrições à compreensão por meio da tradição (HABERMAS, 1973, p. 315).

Mas, se isso não ocorre, é porque entram na comunicação motivos inconscientes e, portanto, incontrolados, e por isso se impõe a crítica à tradição que parece proteger e garantir esses motivos inconscientes. É evidente que a crítica não pode abrir mão de instrumentos linguísticos, mas isso não pode consistir numa aceitação da tradição linguística, da linguagem como "objetividade", pois nela estão presentes elementos de coação e violência.

> A experiência hermenêutica do profundo ensina que, na dogmática do contexto da tradição, não se afirma apenas a objetividade da linguagem, mas também a repressividade de uma relação de violência que, como tal, deforma a intersubjetividade do compreender e distorce sistematicamente a comunicação linguística corrente (HABERMAS, 1973, p. 312).

Trata-se, pois, de utilizar a linguagem derivada da tradição para se pôr criticamente diante dessa mesma tradição, "de deduzir da lógica da linguagem corrente o princípio de um discurso racional como regra necessária de todo discurso ideal, por deformado que ele seja" (HABERMAS, 1973, p. 314). Ao que parece, a referência última seria, portanto, à racionalidade como potencialidade crítica perante o dogmatismo da tradição. Mas, no ensaio em questão, Habermas não avança muito além. E há ainda algumas sugestões esporádicas de que essa racionalidade só é possível num contexto político-institucional que a permita. Assim, em referência a George H. Mead e sua ideia de uma comunicação perfeita possível apenas num contexto democrático, o autor em pauta afirma: "A ideia da verdade que se mede pelo consenso verdadeiro implica a ideia de vida verdadeira" (HABERMAS, 1973, p. 313). Isso parece implicar a necessidade de uma transformação política da sociedade, a fim de alcançar uma comunicação não distorcida. E essa afirmação se faz inteiramente explícita no final do ensaio sobre a hermenêutica aqui abordado, quando Habermas critica a "consciência forçosamente integrada" que pode ser própria de "sistemas sociais complexos" (HABERMAS, 1973, p. 316) e afirma que se deve buscar a distorção da comunicação não só nas relações familiares perturbadas, que podem ser solucionadas na relação médico-paciente, mas também na sociedade mais ampla. Disso decorre que a clarificação da linguagem que comporta uma superação da comunicação sistematicamente distorcida é uma compreensão "política". "A clarificação que produz uma clarificação radical é sempre política" (HABERMAS, 1973, p. 316). Retomando a posição de Habermas frente à hermenêutica de Gadamer, pode-se, pois, afirmar que a comunicação aparece distorcida por fatores inconscientes, cabendo à psicanálise no plano individual e à teoria da ideologia no plano social a tarefa de reconduzir tais fatores ao controle da racionalidade. Não se busca essa racionalidade na tradição, nem se a entende como aceitação da tradição, mas sim como libertação dos vínculos da tradição, que se alcança também por meio de uma ação política. Nesse sentido, pode-se reencontrar em Habermas a presença dos ensinamentos de seus mestres, mesmo que, no ensaio aqui examinado, faça-se apenas um rápido aceno à crítica entendida como crítica política.

23.3 O problema da socialização

No ensaio sobre a socialização, um ano posterior ao primeiro ensaio sobre a hermenêutica, abordam-se as diferenciações na formação do indivíduo dentro da família, diferenciações estas relacionadas com as que ocorrem na estrutura social. Aqui o autor se move dentro da sociologia mais tradicional. A definição de socialização, que se encontra no início do ensaio, é sintomática por si só.

> Por meio do processo de aprendizagem chamado socialização, os sujeitos potencialmente capazes de agir interiorizam as orientações de valor e formam as motivações que os põem em condições de *interpretar papéis* (HABERMAS, 1973, p. 77).

Habermas se empenha em mostrar como essa concepção corre o risco de cair no "sociologismo", na medida em que reduz totalmente o indivíduo à sociedade que o cria. Assim, acrescenta logo a seguir que "a reação a um comportamento conforme à norma do papel pode variar da aprovação à indiferença e até à recusa" (HABERMAS, 1973, p. 78), assim deixando ao indivíduo uma margem de irredutibilidade diante do processo de socialização. A teoria dos papéis é, a seguir, criticada com base em três objeções. Em primeiro lugar, ela pressupõe uma "coerência entre orientações de valor e disposição das necessidades: à complementaridade das expectativas e do comportamento produzidos institucionalmente corresponde uma reciprocidade das satisfações das necessidades" (HABERMAS, 1973, p. 83). Quando há uma exigência, prevê-se também que ela seja plenamente atendida. Em segundo lugar, a teoria dos papéis pressupõe total coerência entre as partes em interação, no sentido de que as definições e as interpretações dos papéis são iguais nas partes que interagem. Em terceiro lugar, pressupõe-se também uma plena coerência entre valores institucionalizados e a interiorização desses valores. "As três hipóteses fundamentais da teoria dos papéis", como diz Habermas, negligenciam a irredutibilidade do agir a esquemas de papéis rígidos e, portanto, estão sujeitas a críticas nesses termos. No que se refere à primeira hipótese, pode-se objetar que não se conhece nenhuma sociedade em que o surgimento das exigências corresponda às possibilidades de atendimento a elas. Disso deriva a repressão, a qual, porém, é negligenciada pela hipótese aqui tratada. A segunda hipótese é falha na medida em que os papéis se formam parcialmente na interação e não seguem esquemas inteiramente preestabelecidos. A terceira hipótese, enfim, é falha na medida em que a institucionalização das normas pode não ser completa, ou melhor, na verdade nunca o é. Disso decorre a possibilidade da "distância frente ao papel".

O eu, com sua identidade irrepetível, não se reduz, portanto, a um sistema de papéis pré-constituídos. Essa identidade se revela na força do indivíduo em se manter como si mesmo, a despeito das crises que possa atravessar. Ela se forma pelo processo de socialização, sobretudo no âmbito da família. O autor, junto com outros, distingue entre socialização primária e socialização secundária e afirma que a primeira, comportando envolvimentos afetivos mais fortes, é a que forma em maior grau a personalidade. Daqui decorre a importância da família no processo de socialização. O caráter de essencialidade da socialização primária é demonstrado pelo fato de que, já desde os primeiríssimos anos de vida, é possível identificar diferenças no grau de inteligência conforme o estrato social a que pertence a criança. Escreve Habermas: "Foi demonstrado empiricamente [...] que existe uma correlação positiva entre a inteligência medida e o rendimento escolar das crianças, de um lado, e a posição social dos genitores, de outro lado; existe uma correlação entre rendimento e posição social dos genitores mesmo em igualdade de condições no cociente de inteligência" (HABERMAS, 1973, p. 101). Assim, mesmo quando há uma igualdade nos cocientes de inteligência, o rendimento escolar é superior nas crianças cuja família ocupa uma posição social elevada. O grau de previsibilidade das construções linguísticas também varia conforme a posição social. Em outros termos, nas famílias da média e alta burguesia, em que prevalece a educação de tipo permissivo e se tende mais à persuasão do que à imposição, tem-se a formação de personalidades mais livres, no sentido de que um código linguístico mais elaborado oferece maiores possibilidades de formular e expressar pensamentos autônomos, possibilidades estas que não são oferecidas pelo "código restrito" próprio da "posição social inferior" (HABERMAS, 1973, p. 102).

A correlação entre "sistema social" e "estrutura da personalidade" também se expressa na correlação entre patologia social e patologia individual; mas, quanto a isso, nota-se que, nesse contexto, o sistema social a que se faz referência é a família. A verdade é que Habermas sustenta que:

> a família garante a mediação das qualificações fundamentais de tipo motivacional e cognitivo que predispõem os indivíduos socializados a assumir certas classes de funções dentro do trabalho social (HABERMAS, 1973, p. 127).

Assim, a família é considerada não isoladamente, mas sim em relação com o contexto histórico-econômico mais amplo a que ela pertence. A isso se acrescenta que a família não só forma os papéis necessários para a organização do trabalho na sociedade; mas, além disso, "garante também aquelas orientações que correspondem às exigências de legitimação do sistema político de domínio" (HABERMAS, 1973, p. 127). Aqui Habermas parece retomar um tema característico da teoria crítica da sociedade desde seus primórdios, isto é, o da interiorização da autoridade que a classe dominante exerce na autoridade, por meio da socialização primária na família. No entanto, o ensaio sobre a socialização não desenvolve esse discurso por razões que o autor deixa inteiramente explícitas. Com efeito, ele diz querer se limitar a um estudo "funcionalista" do problema da socialização, porque um enquadramento histórico demandaria a prévia elaboração de uma concepção da história, elaboração esta que não pretende desenvolver no contexto examinado.

Assim Habermas, tanto no ensaio sobre a hermenêutica quanto no ensaio sobre a socialização, sustenta a irredutibilidade do indivíduo à sua situação social, ao passo que, no estudo histórico *História e crítica da opinião pública*, ele se mostra, apesar de algumas perplexidades, basicamente pessimista quanto às efetivas possibilidades de livre-expressão do indivíduo na sociedade industrial avançada. Agora parece plausível sustentar que o mesmo problema da liberdade individual muda de acordo com a orientação adotada pelo pesquisador. No livro de 1962, essa liberdade aparece ameaçada enquanto tal, independentemente de diferenciações internas à mesma estrutura socioeconômica, enquanto nos ensaios posteriores, com perspectiva declaradamente a-histórica, tal liberdade é reconhecida, acima de tudo, como um privilégio de determinados estratos sociais. Vê-se, aliás, um certo ecletismo do autor, que parece alterar as características do problema examinado de acordo com a perspectiva teórica adotada em cada estudo.

23.4 O problema da identidade individual e social

Em muitas de suas obras posteriores, Habermas parece buscar um princípio que garanta, mesmo nas dificuldades historicamente existentes, uma certa margem de autonomia e liberdade aos indivíduos que interagem num contexto social. Os ensaios sobre a identidade, que remontam a 1974, mostram-se especialmente significativos a esse respeito. Habermas sustenta que o próprio conceito de identidade requer um princípio normativo, na medida em que implica uma "organização autônoma do eu, e esta não se instaura de maneira regular, como se resultasse de processos naturais de amadurecimento, mas se mostra em geral como um objetivo falhado" (HABERMAS, 1979, p. 50). Aqui, o autor critica Adorno e Marcuse por parecerem sustentar a tese do fim do indivíduo na sociedade industrial avançada. Essa tese parece infirmada pelo próprio princípio por meio do qual se contrapõe à sociedade agora sem indivíduo – na medida em que este se afigura totalmente integrado e, portanto, privado de identidade – a ideia de um indivíduo autônomo, que serve de base para a crítica ao sistema constituído. Habermas, portanto, não renuncia à busca dos fundamentos de uma identidade livre e autônoma, mesmo que reconheça plenamente as dificuldades históricas de uma plena realização sua. Para tal fim, ele tenta construir um paralelo entre desenvolvimento individual psicológico e desenvolvimento social, e se remete a uma série de teorias psicológicas para corroborar sua tese. Lawrence Kohlberg, a quem Habermas se refere mais especialmente, elabora três níveis de desenvolvimento da psicologia individual que, com as distinções internas a elas, chegam a seis estágios diferentes. Neles, passa-se de fases elementares que vão desde a ação determinada por suas consequências físicas mais diretas à ação convencional, determinada pelas gratificações decorrentes das reações alheias, e ao nível "pós-convencional", autônomo e "fundado em princípios". Neste terceiro nível, Kohlberg distingue a "orientação legalista-contratual", em que se considera correta a ação que se adequa ao sistema normativo constituído, e a "orientação por princípios éticos universais". Nesse último estágio, que parece ser o mais relevante para compreender o ponto de vista de Habermas:

> O que é correto é definido pela decisão tomada pela consciência de acordo com *princípios éticos* escolhidos autonomamente, que apelam à compreensividade lógica, à universalidade e à coerência [...]. Em suma, são princípios universais de *justiça*, de *reciprocidade* e *igualdade* dos *direitos humanos*, e de respeito pela dignidade dos seres humanos como pessoas individuais (HABERMAS, 1979, p. 61; KOHLBERG, 1971, p. 263).

Habermas demonstra concordar com o esquema de Kohlberg, mas acrescenta uma ideia, tipicamente sua, segundo a qual os princípios éticos autonomamente escolhidos se formam num contexto de comunicações linguísticas, num contexto discursivo. Princípios éticos como justiça, igualdade dos direitos humanos etc. não são concebidos como absolutos que se desenvolvem no indivíduo isolado, mas como contínua abertura ao diálogo.

> O princípio que justifica as normas não é mais o princípio monologicamente aplicável de sua capacidade de generalização, mas sim o *procedimento* comunitariamente seguido para dar cumprimento discursivo às pretensões de validade normativa (HABERMAS, 1979, p. 68).

O ponto de vista de Habermas se mostra ainda mais explícito quando aborda o tema da possibilidade de uma identidade racional das sociedades complexas. Aqui também se reitera a ideia de que a identidade não pode ser corretamente concebida como reconhecimento do si em papéis preestabelecidos ou numa tradição cultural, mas é vista sobretudo como liberdade do eu em realizar escolhas num contexto de comunicações não distorcidas. Há, pois, um discurso que se desenvolve paralelamente para o eu e para a sociedade. Assim como o eu pode alcançar uma identidade plenamente desenvolvida apenas quando ele vem, por meio da comunicação livre de distorções, a adquirir uma personalidade capaz de fazer escolhas autônomas, da mesma forma, no desenvolvimento da sociedade, dever-se-ia chegar a uma situação em que não existissem mais normas convencionais impostas pela tradição. E a tradição não pode ser substituída por coerções de ordem administrativa. Por exemplo, quando o sistema escolar não pode mais seguir esquemas tradicionais que estão em crise, tampouco é correto que se imponham programas por vias administrativas. A única alternativa consiste na formação de programas a que se chega por meio de um livre confronto entre exigências e posições diversas, isto é, "passando pelo filtro dos argumentos" (HABERMAS, 1979, p. 98). Este é apenas um exemplo que Habermas apresenta na conclusão do ensaio, cuja tese geral é que:

> mesmo a identidade coletiva hoje só é possível em forma reflexiva, no sentido de *se fundar na consciência de ter oportunidades iguais e gerais de participar nos processos de comunicação em que se dá a formação da identidade como processo contínuo de aprendizagem* (HABERMAS, 1979, p. 94).

O eu que alcançou uma identidade "pós-convencional" é aquele que, pelo processo de aprendizagem, chegou a possuir uma personalidade capaz de decidir sem estar sujeita a coações, mas de maneira reflexiva. E tal processo de aprendizagem nunca termina. Analogamente, uma identidade coletiva hoje é entendida na relação com uma sociedade em que o discurso tomou o lugar das coações da tradição e da administração. A identidade coletiva consiste não numa concepção específica do mundo, e sim na possibilidade de formação de personalidades autônomas, portanto capazes de livres escolhas, as quais, justamente por serem livres, não podem ser previstas em seus conteúdos. No que se refere à moral, nessas sociedades complexas do mundo contemporâneo:

> ela pode ser reconduzida às normas fundamentais do discurso racional, que vai ao encontro de uma identidade coletiva que é fundada [...] na consciência de ter oportunidades iguais e gerais de participar nos processos de aprendizagem criadores de normas e valores (HABERMAS, 1979, p. 95).

Mais uma vez, não são normas definidas que constituem essa moral, mas ela mesma consiste na possibilidade de livre escolha.

23.5 Capitalismo avançado e crise da racionalidade

Essa visão "evolutiva" de Habermas, segundo a qual a história avança para uma crescente liberdade e autonomia das escolhas individuais, pode se afigurar demasiado otimista. No entanto, é preciso acrescentar que a ideia de que "as estruturas comunicativas mais gerais adquirirão significado e validade como bases da identidade quase por si sós e, de todo modo, sem uma ação instrumental orientada e organizada para isso" (HABERMAS, 1979, p. 97), isto é, sem coerções físicas ou psíquicas, não pretender de maneira alguma ter fundamentos empíricos "Não podemos partir da ideia de que isso aconteça já hoje" (HABERMAS, 1979, p. 97). O que acontece hoje, Habermas examina numa série de outros trabalhos. Num deles, *A crise da racionalidade no capitalismo avançado*, cujo título no original alemão tem outro conteúdo (*Problemas de legitimação no capitalismo avançado*), o autor sustenta em termos gerais que "as crises se dão quando a estrutura de um sistema social admite possibilidades de solução dos problemas em número menor do que seria necessário para assegurar a conservação do sistema" (HABERMAS, 1982, p. 5). No que se refere à crise de um sistema social, é fundamental que os membros desse sistema percebam que as mudanças estruturais não permitem a manutenção de sua identidade social.

> Somente quando os membros da sociedade *vivem* as mudanças estruturais como críticas para a subsistência e sentem sua identidade social ameaçada, somente então podemos falar em crise. As perturbações da integração do sistema ameaçam a subsistência somente na medida em que está em jogo a *integração social*, ou seja, na medida em que a base consensual das estruturas normativas é prejudicada a ponto de a sociedade cair na anomia (HABERMAS, 1982, p. 6).

A seguir, Habermas distingue entre integração social e integração sistêmica e sustenta que a primeira se refere ao mundo da interiorização das normas e dos valores por meio do processo de socialização, ao passo que a segunda se refere à capacidade de autorregulação do sistema diante de forças que tendem a desintegrá-lo. Após as mudanças estruturais, mesmo o mundo cultural dos símbolos, das normas e dos valores tende a mudar para se adequar às novas exigências. Todavia, o fato de que a "lógica do desenvolvimento", como se disse, tende a uma maior individuação da pessoa – a uma maior liberdade sua – limita o poder do sistema sociocultural de integrar o indivíduo, adequando- às exigências do sistema econômico.

> A variação dos valores normativos é limitada por uma lógica do desenvolvimento de imagens do mundo sobre as quais os imperativos da integração do sistema não exercem qualquer influência; os indivíduos socializados constituem um ambiente interior paradoxal dos pontos de vista do controle (HABERMAS, 1982, p. 12).

O indivíduo socializado no sentido da diferenciação e da individuação não é redutível ao controle exercido pela cultura que tende a integrá-lo.

> *Após* sua integração no sistema social, a natureza interna se mantém em certa medida como um ambiente interno, visto que os sujeitos socializados, na medida em que são "individuados", opõem resistência a se dissolverem na sociedade [...]. Com a crescente individuação, parecem reforçar-se as imunizações dos indivíduos socializados contra as decisões do centro de controle diferenciado (HABERMAS, 1982, p. 17).

Pode-se, pois, notar que Habermas nutre um maior otimismo do que os fundadores da escola de Frankfurt quanto à possibilidade de liberdade do indivíduo. Essa liberdade se desenvolve num processo histórico entendido como processo de individuação sempre crescente. Assim, mesmo no "capitalismo avançado", a legitimação das normas e dos valores, que a integração sistêmica gostaria de impor, permanece limitada.

23.6 A ação comunicativa

Mesmo a distinção entre "ação comunicativa" e "ação instrumental", que tem sua elaboração mais extensa em *Teoria do agir comunicativo* (1981) e constitui um dos problemas centrais do Habermas mais maduro, retorna de certo modo à irredutibilidade da realidade social e individual a uma lógica exclusivamente instrumental. A ação técnico-instrumental é orientada para a transformação da realidade externa e a organização para tal fim, enquanto a ação comunicativa é orientada para a mútua compreensão. Essa distinção encontra correspondência na distinção entre os dois tipos de racionalidade, também instrumental e comunicativa. Nos termos desta segunda:

> uma ação pode ser definida como racional apenas se o falante satisfaz às condições que são necessárias para alcançar a finalidade elocutiva de chegar a um entendimento sobre algo no mundo com pelo menos um outro participante na comunicação. Uma ação orientada para a finalidade pode ser definida como racional apenas se o ator preenche as condições que são necessárias para a realização do objetivo de intervir com sucesso no mundo (HABERMAS, 1986, I, p. 65).

O Habermas da *Teoria do agir comunicativo* dedica-se integralmente à busca e aprofundamento das condições da racionalidade comunicativa, cujas "conotações [...] em última análise remontam à experiência central da força unificadora e fundadora do consenso sem coações própria da fala argumentativa" (HABERMAS, 1986, I, p. 64). O autor, portanto, anuncia a necessidade de uma comunicação livre de coações, baseada apenas no princípio de que as argumentações sejam respondidas com outras argumentações.

Habermas tem sido muito criticado por se referir a uma "situação linguística ideal". Mas ele responde a essa crítica dizendo que se trata de uma situação ideal, precisamente por não ser empírica. Frente ao que ocorre na realidade social contemporânea e às coações por ela exercidas, a situação linguística ideal, em que as argumentações se enfrentam livres de coações externas e distorções psicológicas, serve como esquema de referência que permite a crítica. Esse esquema de referência, ao contrário do pensamento "forte" de Kant e das filosofias da história do século XIX, não recorre a uma razão do sujeito com pretensões de validade universal. Ele tenta simplesmente expor as bases intersubjetivas de uma racionalidade "fraca", que se funda na afirmação de que qualquer crítica ao diálogo é contraditória, visto que ela mesma precisa se servir dos instrumentos do diálogo (HABERMAS, 1985).

Ainda perante a situação vigente nas sociedades de nossa época, Habermas elaborou outro conceito que parece mostrar a que ponto seu esquema da situação linguística ideal está distante da realidade histórico-social concreta. Trata-se do conceito de "colonização do mundo da vida".

> Alastrando-se para esferas de existência que obedeciam a leis próprias de uma racionalidade prática de ordem moral e estética, as formas da racionalidade econômica e da racionalidade administrativa levam a uma espécie de "colonização" do vivido. Entendo com isso o empobrecimento das possibilidades de expressão e comunicação, as quais, até onde se pode julgar, ainda continuam necessárias em sociedades complexas, a fim de que os indivíduos possam aprender a encontrar a si mesmos, a enfrentar seus conflitos e a regular em comum os conflitos coletivos (HABERMAS, 1980b, p. 48).

Assim se expressa Habermas e, um pouco mais adiante, no mesmo ensaio, ele denuncia "a destruição induzida pelo sistema" que atinge até mesmo "a infraestrutura comunicativa de qualquer tipo de comunidade humana" (p. 45).

Apesar disso, a exigência de uma racionalidade comunicativa, por meio da qual os indivíduos "possam encontrar a si mesmos", permanece constante em Habermas, embora ele tenda, de um lado, para uma teoria evolutiva que, como se disse, indicaria um certo paralelismo entre evolução individual e evolução social e que, de todo modo, deveria conduzir a identidades individuais e sociais mais livres. De outro lado, porém, ele vê essas identidades ameaçadas por uma realidade instrumental que tenderia, se não a anulá-las, pelo menos a "colonizá-las". É uma dificuldade da qual Habermas parece não ver saída, nem mesmo ressaltando o caráter não empírico, mas de esquema de referência para fins de crítica, de sua "situação linguística ideal". E isso porque, além de ser "ideal", ela indicaria uma linha de tendência histórica efetiva, refutada pelo predomínio da racionalidade instrumental.

24
O individualismo metodológico

24.1 Os precedentes históricos

Entre as correntes de pensamento que se opõem às escolas estruturalistas e historicistas, que enfatizam mais os condicionamentos institucionais e histórico-sociais do que a interação, encontra-se o chamado "individualismo metodológico". Ele tem suas origens em campos variados, que não são originariamente a sociologia, mas sim a economia política e a filosofia, e se desenvolve numa série de afirmações nem todas remontáveis a um único princípio. O individualismo metodológico, além de se explicar intrinsecamente, isto é, como desenvolvimento interior ao pensamento sociológico, explica-se também como reação aos limites apresentados pelas escolas estruturalistas. O indivíduo e a interação são resultados cuja resistência a serem reduzidos as suas matrizes institucionais, históricas, econômicas, estruturais é maior do que tais escolas haviam pensado. Sobretudo no final dos anos 1960 e no começo dos anos 1970, os movimentos políticos e culturais haviam insistido na necessidade de transformar a sociedade, em especial sua base econômica, para transformar também o indivíduo, assim reduzido a "epifenômeno". A seguir, mas também contemporaneamente, tem-se dado a reivindicação da importância do "privado", do indivíduo, da singularidade, o que também implica a tomada de posições políticas diferentes, quando não contrárias às anteriores ou, em todo caso, às predominantes. É claro que isso não explica inteiramente o individualismo metodológico, mas pode contribuir para esclarecer o contexto em que ele ressurgiu no âmbito da teoria sociológica contemporânea, a partir de suas já citadas origens econômicas e filosóficas.

Para começar pelas origens filosóficas mais distantes, pode-se remontar a Dilthey e à sua ideia de que toda configuração histórica tem sua unicidade, sua "individualidade", o que impossibilita qualquer tentativa de construir uma "filosofia da história", um esquema explicativo do desenvolvimento histórico-social universalmente válido. A seguir, Georg Simmel adotou posições não muito diferentes, em especial no livro *Problemas da filosofia da história*, cuja primeira edição saiu em 1892, e que tem sido recentemente relido justamente em termos de "individualismo metodológico" (BOUDON, 1982b), mas sobre o qual já se escrevera muitos anos antes: "O conhecimento histórico estuda fenômenos que têm raízes na vida psíquica dos indivíduos" (ROSSI, 1971, p. 207).

A outra fonte mais distante do individualismo metodológico se encontra, como se disse, na economia política. Carl Menger, economista austríaco, publicou, no mesmo ano em que Dilthey lançava sua *Introdução às ciências do espírito* (1883), um livro sobre os métodos das ciências sociais, em particular das ciências econômicas. Menger refuta a crítica à economia política de que ela reduziria a vida econômica e social aos egoísmos individuais, enquanto a atividade humana é movida por muitos outros fatores que não se remetem ao egoísmo. Mesmo reconhecendo que tal especificação é acertada, Menger afirma que é supérflua, visto que a redução da atividade humana ao impulso egoísta dos indivíduos tem valor e significado apenas de um ponto de vista metodológico. É verdade que o homem não é só egoísmo, mas é útil para os estudos econômicos examiná-lo desse ponto de vista. Nenhuma ciência, qualquer que seja seu grau de exatidão, apreende a realidade em sua concretude e em sua totalidade. Apreendem-se apenas determinados aspectos da realidade, construindo modelos interpretativos específicos. Tampouco os elementos da química se encontram em estado puro (MENGER, 1937, p. 64; ANTISERI, 1987, p. 23). Assim, como se observou, "a validade e o alcance da ciência econômica pura [é] considerada como construção de modelos típico-ideias que permitam a compreensão do *aspecto* econômico da vida social" (ANTISERI, 1987, p. 24). O individualismo da ciência econômica não é senão um método, e como tal deve ser entendido.

Outra asserção estreitamente ligada à crítica à filosofia da história, presente entre os que defendem o individualismo metodológico, é a referente às consequências não intencionais da ação ou aos efeitos imprevistos das ações intencionais. Essa asserção já se encontra, como talvez se saiba, nos "moralistas escoceses" do século XVIII. Adam Ferguson, em particular, sustentara explicitamente que as instituições sociais resultam, sim, da ação humana, mas não de um projeto deliberado e reconhecido conscientemente. A conexão com a crítica à filosofia da história consiste no fato de que, ao se presumir o conhecimento do esquema de desenvolvimento universal da história, há de se poder também prever o futuro com precisão, ao passo que, não sendo assim, o próprio futuro é um efeito não intencional que escapa, por si só, ao campo do previsível. Menger também tomou posição a esse respeito, sustentando que as instituições sociais surgem "espontaneamente" e não com base em projetos definidos com precisão e em atos legislativos, os quais surgem para confirmar uma condição de fato já criada num contexto social. Assim, a instituição do dinheiro surge porque os indivíduos acham mais prático trocarem uma mercadoria de utilidade muito difundida, em vez de trocarem a cada vez as mercadorias de que têm necessidade imediata naquela relação econômica direta. Escreve Menger:

> Sob o poderoso influxo do costume, surge aquele fenômeno que foi dado observar por todas as partes com o crescimento da cultura econômica, qual seja, que um certo número de bens, e precisamente aqueles que, em termos de tempo e lugar, são os mais facilmente intercambiáveis, transportáveis e duráveis e mais prontamente divisíveis, são aceitos por todos na troca e por isso podem ser permutados por qualquer outra mercadoria. Esses bens foram chamados por

> nossos antepassados de moeda [...]. É evidente que a origem da moeda só pode ser inteiramente explicada em sua realidade se soubermos discernir naquela instituição social o produto irrefletido, o resultado involuntário da atividade especificamente *individual* dos membros de uma coletividade (MENGER, 1937, p. 120; ANTISERI, 1987, p. 30).

Assim os indivíduos, interagindo movidos por motivações de utilidade pessoal, criam não intencionalmente as instituições sociais.

O outro precedente do individualismo metodológico, relativamente distante e sempre lembrado pelos sociólogos, é Max Weber, por colocar na base de todo fenômeno social a ação individual dotada de sentido, a ação social e a relação social. Mas, se se tomam em consideração as influências mais recentes dessa orientação sociológica, elas mostram provir mais uma vez de economistas e filósofos, com a exceção de Alfred Schütz, que também foi recuperado como "individualista metodológico". Os outros nomes que ressurgem a esse respeito são Joseph Schumpeter, Ludwig von Mises, Friedrich A. von Hayek e Karl R. Popper (LEONARDI, 1986; ANTISERI, 1987). Schumpeter insiste em afirmar que a questão não é de ordem filosófica nem de ordem política. Não se trata de estabelecer quem vem primeiro, o indivíduo ou a sociedade entendida como organismo, o que coloca um problema insolúvel, mas simplesmente ver se a análise é mais fecunda quando parte do comportamento dos indivíduos para então chegar à visão da sociedade como um todo, ou vice-versa. E, obviamente, a opção é a individualista. Ela não implica nenhuma tomada de posição política. Mesmo que geralmente se associe o individualismo ao liberalismo econômico e o anti-individualismo ao socialismo, não há nenhum princípio lógico que obrigue a isso. O socialista pode adotar um método individualista em sua análise, assim como aquele que tem orientação política individualista pode adotar uma orientação metodológica "organicista" (SCHUMPETER, 1982). Mesmo Von Mises insiste em que toda ação é feita por um indivíduo. São os significados atribuídos pelas pessoas envolvidas na ação que permitem interpretá-la como obra de uma coletividade. Em termos concretos, não é o Estado que executa uma sentença capital, mas sim e apenas o carrasco, mesmo que a ação seja atribuída ao Estado.

F.A. von Hayek parte do pressuposto de que as ciências sociais devem ir além do senso comum. No senso comum, dá-se por assente que existem entidades reais como a "sociedade", o "capitalismo", o "imperialismo", mas não passam de abstrações. É a "mente popular" que elaborou essas abstrações "que, nas ciências sociais, o pesquisador deve considerar vulgares, que não devem ser confundidas com os fatos" (HAYEK, 1967, p. 41; ANTISERI, 1987, p. 45). Assim, os homens teorizam sobre suas ações, mas a ciência não deve aceitar essas teorizações vulgares e sim se ater às motivações conscientes das ações, as quais constituem os "fatos" das ciências sociais. Esses fatos se distinguem das teorizações que, como se disse, os indivíduos elaboram sobre suas ações. A motivação consciente que leva um indivíduo a adquirir uma determinada mercadoria é diferente de suas teorizações sobre a economia. Os "coletivistas" caem precisamente no erro de considerar as teorizações vulgares como reais. Trata-se, diz Von Hayek, de um erro muito comum. A ciência social, por seu lado, deve elaborar seus construtos com base nos fatos individuais, que se afigurarão, como para Schütz, como construtos de segundo grau.

Karl R. Popper também sustenta o individualismo metodológico e, por sua vez, afirma que a tarefa das ciências sociais é a individuação das consequências imprevistas da ação individual. Investindo violentamente contra qualquer filosofia da história ou visão evolucionista, ele deixa explícito o significado político de seu pensamento. Afirma-se sobre esse filósofo em particular e sobre todo o individualismo metodológico em geral que tal amadurecimento se deu num clima político específico, o da Áustria durante o entreguerras. Nessa época, o extremismo de direita de um lado e o marxismo de outro lado, na convicção de que o processo histórico levaria necessariamente à meta apontada, sentiam-se legitimados a cometer qualquer atrocidade (LEONARDI, 1986, p. 50-51). Assim se entende por que Popper dedica sua obra *Miséria do historicismo* "à memória dos inúmeros homens e mulheres de todos os credos e de todas as nações e raças que caíram vítimas da fé fascista ou comunista nas inexoráveis Leis do Destino Histórico" (POPPER, 1975, p. 7; LEONARDI, 1986, p. 51).

Popper reitera os princípios do individualismo metodológico segundo os quais os conceitos que transcendem as ações individuais são conceitos abstratos. Mesmo os conceitos como os de exército ou guerra são abstratos. Concretamente existem apenas homens de uniforme, um número tal de tombados etc. Apesar disso, reconhece-se que o estudo da ação individual só é possível se ela for entendida dentro de um contexto institucional.

O individualismo metodológico gerou um amplo debate entre os que o defendiam e os que o refutavam. Pode-se resumir as duas posições afirmando-se que, de um lado, insiste-se na redutibilidade de qualquer realidade institucional à ação individual e à interação entre indivíduos, enquanto, de outro lado, destaca-se a necessidade de remeter a ação e a interação ao contexto institucional. Assim o risco é desembocar num movimento circular: a instituição não é compreensível sem os indivíduos que agem nela com base em suas motivações, o indivíduo não é compreensível fora do contexto institucional em que age e pelo qual é condicionado. Pode-se observar que as duas teses não se excluem mutuamente e que todos reconhecem isso: o que há é que as duas teses contrapostas tendem, cada qual, a enfatizar um dos dois momentos em detrimento do outro (cf. WATKINS, 1979; GOLDSTEIN, 1979; LEONARDI, 1986).

24.2 Raymond Boudon

No que se refere à sociologia atual, o expoente mais conhecido e mais discutido do individualismo metodológico é o francês Raymond Boudon. Com sua crítica à tradição da sociologia que define como "determinista", ele pretende levar o individualismo metodológico a suas consequências extremas. O determinismo sociológico tende a estabelecer uma derivação direta da atividade dos indivíduos a partir da força dos condicionamentos sociais, sem considerar que tais condicionamentos nunca se dão fora da mediação ativa dos indivíduos. O argumento não se altera mesmo que a força condicionante das estruturas sociais seja entendida em termos não rígidos, mas sim probabilísticos. O esquema, de fato, é sempre o mesmo: deriva-se a ação diretamente das estruturas. E o que tal tipo de orientação não consegue apreender é a intenção individual que sempre se encontra na base da ação. Na pesquisa sobre *A desigualdade de oportunidades*, o autor em pauta sustenta que não basta correlacionar as condições econômicas, as escolas frequentadas e os resultados escolares, pois assim inevitavelmente se perdem os processos pelos quais os indivíduos vêm a realizar suas efetivas escolhas, e tampouco se explicam todas as variações entre uma e outra escolha em igualdade de condições sociais (BOUDON, 1979).

Boudon chega a sustentar que, na maioria dos casos em que há ação, ela é racional e que, se o sociólogo considera uma ação irracional, geralmente isso é um sintoma de sua profunda incompreensão do fenômeno que deveria estudar. Um dos exemplos que o autor retoma com mais frequência é o da campanha para reduzir as taxas de natalidade, realizada em algumas aldeias da Índia. A tentativa de reduzir essas taxas distribuindo pílulas anticoncepcionais não teve êxito. E a explicação dos sociólogos consultados se baseou no conceito de irracionalidade da ação estudada: "Os camponeses indianos estão tão ligados a suas práticas tradicionais que não conseguem aceitar sem desconfiança as novidades vindas de outro lugar" (BOUDON, 1987, p. 179). O comportamento deles se mostra irracionalmente influenciado pela tradição. A resposta de Boudon é que o ponto de vista dos pesquisadores:

> era inteiramente guiado por uma postura *sociocêntrica*: o bem-estar individual e coletivo segue a par de uma família de dimensões modestas; o camponês indiano não quer aceitar esse dato evidente e, portanto, é irracional: sua mente é guiada pelo obscurantismo da superstição (BOUDON, 1987, p. 180).

Uma análise mais atenta, porém, teria mostrado que:

> dado o contexto econômico das aldeias [...] [estudadas]; uma prole numerosa ajuda a facilitar a vida do camponês; os filhos mais velhos complementam com seus modestos salários os baixos rendimentos do cultivo agrícola e contribuem para as despesas de educação e doença dos mais novos (BOUDON, 1987, p. 180).

O comportamento dos camponeses indianos, objeto da pesquisa, mostrava-se, portanto, não irracional e sim racional, mesmo que no sentido de uma "racionalidade situada". Eles tinham "boas razões", em sua situação social específica, para se abster de tomarem os anticoncepcionais.

Outro exemplo se refere a uma pesquisa que o sociólogo Chinoy realizou na indústria automobilística americana. Os operários dessa indústria viviam numa condição econômica basicamente estática, mas viam-na aberta a futuras melhorias. A explicação apresentada pelo pesquisador é a de que os operários enganavam a si mesmos, dando importância a melhorias salariais ínfimas. Boudon rejeita a explicação e escreve esclarecendo:

> O futuro dos operários está *bloqueado*; eles o consideram *aberto*. Por quê? Porque *a* sociedade atribui um valor preponderante ao sucesso social, valor que, como todos, os operários "interiorizaram". Na esteira desse processo de interiorização, um indivíduo só pode aceitar a si mesmo se tiver a impressão de "se sair bem" ou de estar em vias disso. Se está bloqueado num impasse, é necessário que *oculte* seu fracasso e faça da necessidade virtude. Como? Atribuindo uma importância desproporcional aos aumentos salariais que lhe são concedidos com parcimônia e às modestas melhorias no conforto que consegue proporcionar à família. Naturalmente, esses processos devem se dar na mente do ator de maneira inconsciente: se estivesse ciente da comédia que assim encena para si mesmo, não haveria como persuadi-lo (BOUDON, 1987, p. 182).

A explicação alternativa proposta por Boudon é que os aumentos de salário são considerados mínimos pelo pesquisador professor universitário em relação a seu ponto de vista e a seu salário de docente, mas não são mínimos para os operários da indústria automobilística. Aqui, mais uma vez, o pesquisador está aplicando indevidamente os cânones de sua realidade e suas orientações aos indivíduos que são objeto de sua pesquisa. Estes, na situação em que estão, agem não irracionalmente, mas sim racionalmente.

Seria fácil objetar que, pondo o problema nesses termos, adota-se uma concepção rigidamente utilitarista da ação racional. Boudon está ciente dessa crítica possível e a previne afirmando que podem existir comportamentos racionais também em sentido não utilitarista. Podem existir "boas razões" para agir de determinadas maneiras, mesmo quando não são estritamente utilitaristas. Assim, para tomar mais um exemplo apresentado pelo mesmo Boudon, os negociantes burgueses que prezavam a declaração de Erasmo de que "se podia servir à glória de Deus ao conduzir seus negócios de maneira honesta e eficaz neste mundo" tinham "boas razões" para adotar essa posição, na medida em que Erasmo "conferia um *sentido* a suas atividades" (BOUDON, 1987, p. 196). O que o autor em questão pretende sustentar é que "explicar o comportamento (as atitudes, as crenças etc.) do ator significa trazer à luz as *boas razões* que o inspiraram" (BOUDON, 1987, p. 195). Isso é possível "quase sempre" e não sempre, pois às vezes o comportamento pode se basear de fato em estados emotivos, por exemplo, de medo ou de raiva.

> Inversamente, o modelo irracional se define com base no postulado de que o comportamento (as atitudes, as crenças etc.) do ator social pode ser legitimamente explicado como efeito de *causas* inconscientes (BOUDON, 1987, p. 195).

24.3 Acenos críticos

Ao colocar o problema nesses termos, tem-se a impressão de que apenas os sociólogos podem ser acusados de irracionalidade, por projetarem indevidamente os princípios de sua sociedade sobre os que são objeto de seus estudos. Apenas num segundo momento Boudon responde a essa objeção possível: os sociólogos também têm uma racionalidade sua, mas é, da mesma forma, uma racionalidade situada. É preciso, pois, "tentar compreender os motivos pelos quais os pesquisadores se aferraram à sua hipótese" (BOUDON, 1989, p. 30). Todavia, ao se aceitar essa colocação, fica um tanto difícil distinguir entre "boas razões" no sentido boudoniano e o conceito mais usual de motivação. Que toda ação tem, enquanto tal, uma motivação, é uma afirmação óbvia e não parece que o conceito de "boa razão" avance muito além dessa obviedade. O que há de específico no discurso de Boudon é a rejeição quase total do conceito de inconsciente. Ele considera "muito frágil" a hipótese de que "se possa enganar facilmente a si mesmo" (BOUDON, 1989, p. 33). É claro que nem sempre as escolhas incluem um claro conhecimento da situação em que se age; mas, em princípio, nada impede que o sujeito agente possa chegar a esse conhecimento quando quiser e quando tiver tempo para isso. Ao determinismo de que a ação se explica a partir de causas externas que operam inconscientemente, Boudon contrapõe o conceito de "disposição".

> As disposições devem ser concebidas não como forças que agiriam por trás do ator, mas como dados internos que, combinando-se com os dados externos, constituem o pano de fundo sobre o qual se desdobra a ação individual (BOUDON, 1987, p. 199).

A tarefa do sociólogo seria a de remontar às motivações conscientes do sujeito agente, integrando-as, no máximo, a alguns conhecimentos que esse sujeito poderia ter adquirido sem dificuldades. Marx e Freud constituem claramente o alvo principal dessa concepção da sociologia, devido à sua tendência de se apoiarem nas forças inconscientes que distorcem o pensamento: ideologia e racionalização não passariam de atalhos simplistas que, em vez de enfrentar a complexidade da ação, reduzem-na a mera reação passiva. Mas a própria premissa de que distorções, ideologias, racionalizações ou, em suma, autoenganos, teriam apenas um papel secundário na explicação da ação, mantém-se como afirmação pelo menos tão indemonstrada quanto a contrária. Poder-se-ia perguntar se o conservador condicionado a pensar em termos estáticos ou o progressista condicionado a pensar em termos dinâmicos, retomando os famosos estudos de Lukács e Mannheim, seriam apenas portadores de conhecimentos incompletos, facilmente integráveis com maiores conhecimentos, ou se, inversamente, apresentam fortes resistências a serem corrigidos, por estarem inconsciente e afetivamente ligados a suas ideias, estas, por sua vez, ligadas a suas posições na estrutura socioeconômica. Que, afinal, nem todos os indivíduos estão condicionados na mesma medida e com as mesmas modalidades, é uma afirmação óbvia, a única que confere sentido à pesquisa sociológica. Se não fosse assim, com efeito, a pesquisa seria inútil e seus resultados já seriam conhecidos *a priori*. O indivíduo não é totalmente redutível aos fatores que o condicionam. Como se observou, "por mais dependente que possa ser, a decisão é *também* independente" (LEONARDI, 1986, p. 71). Essa afirmação da irredutibilidade da ação individual aos fatos que a condicionam, que parece estar explícita ou implicitamente presente em todos os defensores do individualismo metodológico, não é, porém, de ordem metodológica, e sim mais de ordem antropológica. É uma premissa referente à natureza humana. Sempre há algo de único na ação. Mas o sujeito agente a que se remete Boudon não é um indivíduo único: é um indivíduo socializado, e isso, de certa forma, desloca os termos do problema. Se, de fato, o indivíduo é socializado e deve ser compreendido não em sua unicidade, mas como tipo, no sentido que esse termo tem no pensamento de Alfred Schütz, então o esquema de referência não é tanto o indivíduo quanto o tipo sociológico em que ele se enquadra: o esquema de referência consiste no processo de socialização e na estrutura cultural, enquanto tipificados. O individualismo metodológico implica uma referência a algo que é social, não individual. Se se pretendesse fazer referência ao indivíduo em sua irredutibilidade, não restaria senão o silêncio. A sociologia não pode renunciar a levantar hipóteses sociológica, o que inevitavelmente transcende o indivíduo em termos metodológicos. E há ainda outras dificuldades. Quanto à ação individual, de fato, o individualismo metodológico presume aproblematicamente a possibilidade de que o sociólogo compreenda suas motivações. Observou-se a propósito que "alguns sustentam que o *verdadeiro* significado de uma ação consiste nas boas razões que o sujeito dessa ação teria condições de apresentar. Para entender uma ação, um observador deveria imaginar quais as boas razões que o sujeito, ao ser indagado, poderia apresentar" (PIZZORNO, 1989, p. 145). Mas, para isso, o significado da ação teria de ser totalmente transparente para quem realizou a ação, para os que estão envolvidos nelas e para os observadores externos. O problema, porém, é muito mais complexo. Já a própria explicação da ação apresentada pelo sujeito agente é necessariamente diferente da motivação originária da ação. "O eu que explica é um eu diferente do que agiu" (PIZZORNO, 1989, p. 143). E essa diferença persiste, evidentemente, quando se trata do sujeito envolvido na ação e do observador. Aliás, segundo essa crítica, o problema relativo ao observador pode ser formulado nos seguintes termos:

> Quanto maior a distância cultural entre observador e ator observado, tanto mais necessário reconstruir aspectos de conjunto da estrutura social e institucional em que se move o ator, para compreender seu comportamento (BAGNASCO, 1989, p. 150).

Mas a isso o individualista metodológico pode responder que, para reconstruir a estrutura, é necessário olhar as atividades dos indivíduos. Mais uma vez, a polêmica corre o risco de se tornar circular.

Disse-se que, para Boudon, nem todas as ações são racionais, nem mesmo no sentido da "racionalidade situada", isto é, da convicção do ator numa determinada situação de ter boas razões para agir daquela maneira. Com efeito, existem atos decorrentes de estados emotivos facilmente identificáveis como tal pelo próprio sujeito agente. Mas aqui também seria possível objetar sem grandes dificuldades que quem age com base num estado emotivo depois tende muitas vezes a justificar seu ato em termos racionais: tende a racionalizá-lo. É o velho problema dos resíduos e das derivações de Pareto. Quem dá um tapa, retomando o exemplo do próprio Boudon, nem sempre se dispõe a reconhecer depois que agiu num estado de raiva e muitas vezes, em lugar disso, tende mais a procurar *a posteriori* as boas razões de seu ato.

Quanto ao contexto político-social em que surgiu o individualismo metodológico, observou-se que "se considerava que, assim como à prática política marxista contrapunha-se uma prática política liberal, da mesma forma ao marxismo que propunha seu método na pesquisa histórica e social [...] contrapunha-se um método de pesquisa de natureza individualista". E ainda hoje esse método parece invocar para si, "de modo mais direto ou menos direto, uma suposta superioridade ética da posição de quem se propõe explicar a ação social como produto de intenções e vontades individuais, em vez de explicá-la remetendo-a a estruturas ou categorias impessoais" (PIZZORNO, 1989, p. 140-141). É preciso ver se tal abordagem consegue afinal captar a especificidade da realidade institucional, a qual, evidentemente, não pode senão surgir da interação, mas que depois assume perante as vontades individuais um caráter relativamente externo e coercitivo. Se se faz surgir da relação interindividual o social como um "terceiro personagem", "que se impõe e dita as regras de convivência ao eu e ao outro" (INFANTINO, 1987, p. 79; ORTEGA Y GASSET, 1969), então reconhece-se a autonomia do social. Mas é preciso indagar se todas as abordagens que aceitam o individualismo metodológico realmente chegam depois a esse reconhecimento. Quando Boudon, por exemplo, afirma que "o conceito de coerção não tem sentido senão em relação com as noções correlatas de *ação* e *intenção*", é difícil deixar de concordar com ele. Mas quando, logo a seguir, ele acrescenta a título de exemplificação de sua ideia que "um indivíduo que não tem a intenção de comprar alguma coisa não está sujeito a nenhuma coerção decorrente do orçamento" (BOUDON, 1982b, p. 287), esquece ostensivamente que os condicionamentos econômicos são um fenômeno geral que afeta todos os membros de uma sociedade, independentemente das intenções individuais. Basta pensar na inflação ou numa crise econômica. Com afirmações como esta, o individualismo metodológico se arrisca a se dissolver no individualismo atomista, com todas as dificuldades que isso acarreta.

25
A sociobiologia

25.1 Os princípios gerais

A teoria sociológica, como se viu, é formulada sobretudo de duas maneiras: ou enfatizando o condicionamento que as estruturas exercem sobre as escolhas individuais e considerando essas estruturas como externas e coercitivas em relação a essas escolhas, ou, inversamente, enfatizando a interação e a infinidade e imprevisibilidade de suas manifestações. Os clássicos da sociologia, de modo geral, privilegiaram o primeiro ponto de vista, ao passo que, entre os contemporâneos, prevalece, embora nem sempre, o segundo ponto de vista. Mas note-se que, mesmo quando a ênfase recaía sobre as estruturas, estas eram, na grande maioria dos casos, consideradas historicamente, como resultado da própria atividade humana. Todavia, pode-se também pressupor que a vida social seja referida a determinantes de tipo naturalista. Spencer, ao afirmar a essencial identidade da lei da evolução no mundo inorgânico, no mundo orgânico, isto é, biológico, e no mundo social, aproximara-se desse ponto de vista. Era contemporâneo de Charles Darwin, o qual também expusera determinantes de tipo naturalista e, mais especificamente, biológico, considerando a luta pela sobrevivência dos mais aptos como impulso fundamental presente tanto na vida dos animais quanto na vida do homem. Darwin aplicara seu princípio tanto à evolução da espécie quanto à evolução dentro de cada espécie. Na luta pela vida vencem as espécies mais aptas, assim como, no interior de uma mesma espécie, prevalecem os elementos individuais mais capazes. Aliás, há uma continuidade entre a seleção das espécies e a seleção dos indivíduos, no sentido de que a seleção das espécies mais aptas se dá por meio da seleção dos indivíduos mais aptos. Para Darwin, "os indivíduos vigorosos, sadios e felizes são os que sobrevivem e se multiplicam" (DARWIN, 1980, p. 145).

Cabe essa breve menção a Darwin porque é indiscutível que a sociobiologia contemporânea se vincula a ele, fato este explicitamente reconhecido tanto pelos próprios sociobiólogos, que fazem referências constantes a Darwin quanto por seus intérpretes. Com efeito, nas palavras de seu expoente mais conhecido, Edward O. Wilson, a sociobiologia se define como "o estudo sistemático das bases biológicas de todas as formas de comportamento social, inclusive o comportamento sexual e parental, em todas as espécies de organismos, inclusive o homem" (WILSON, 1979, p. 4). A essa definição totalmente genérica, seus defensores e intérpretes acrescentam que tal base biológica leva à evolução por meio da seleção natural (GALLINO, 1980b, p. vii). Como se observou:

> para Darwin e para os biólogos depois dele, a chave para a compreensão biológica das características animais [...] é a evolução por meio da seleção natural. E a esse respeito vemos que Wilson e seus colegas sociobiólogos permanecem estrita e explicitamente dentro do campo darwiniano. Eles se propõem a interpretar o comportamento social animal como produto da evolução darwiniana (RUSE, 1981, p. 16).

> [Os sociobiólogos] querem ser evolucionistas ortodoxos [...] Seguem a linha de Darwin que, como eles agora, propunha-se a explicar o comportamento social animal em termos da evolução movida pela seleção natural (RUSE, 1981, p. 34).

Dito isso, acrescente-se que, enquanto Darwin se referia ao indivíduo, os sociobiólogos contemporâneos partem do conceito de "gene", e a evolução e a seleção são abordadas na relação com os genes. Estes podem ser aqui definidos como os elementos biológicos que se transmitem hereditariamente, reduzindo-se à medida que os laços de parentesco se tornam mais distantes. O genótipo é o código genético que se transmite hereditariamente, e o fenótipo é o que aparece manifestamente no comportamento e resulta da interação entre patrimônio genético (genótipo) e ambiente, no sentido mais amplo do termo.

Elaborando o discurso da evolução pela seleção natural em termos de gene, mais do que de indivíduo, a sociologia se diz em condições de abordar o problema do altruísmo, que se mantivera basicamente inexplicado pela interpretação rigidamente individualista do discurso. De fato, se a vida social é explica em termos de luta pela sobrevivência individual, o altruísmo constitui um enigma inexplicável, o que não ocorre se o discurso é formulado em termos de luta pela sobrevivência do gene. A esse respeito, retomando a tese de William D. Hamilton (1964) e outros, observou-se:

> A fixação ou a eliminação da disposição para um comportamento qualquer depende não mais de seus efeitos sobre a aptidão individual (*individual fitness*) do portador, e sim dos de sua aptidão genética global (*inclusive fitness*), que é definida como a aptidão geral de seus genes e dos que são iguais devido à mesma descendência, que estão presentes em seus consanguíneos em medida diretamente proporcional a seu grau de afinidade biológica (*biological relatedness*) (MELOTTI, 1982, p. 52).

No exemplo de dois irmãos bilaterais, isto é, filhos da mesma mãe e do mesmo pai, pode-se entender que o indivíduo se sacrifique, se não por um irmão, pelo menos por três, pois, na medida em que os irmãos bilaterais tem cerca de metade dos genes iguais, se um se sacrifica para salvar três, o patrimônio genético salvo é superior ao que é sacrificado. Foi por isso que um sociobiólogo, ao lhe perguntarem se estaria disposto a se sacrificar por um irmão, teria respondido jocosamente: "Por um irmão não, mas por três sim" (ME-

LOTTI, 1982, p. 53). Claro que é apenas um exemplo jocoso e, quer se queira aplicar a sociobiologia apenas aos animais, quer se a considere válida também para as sociedades humanas, na realidade o pressuposto é sempre o de que os processos biológicos que exercem sua influência no comportamento atuam para além da consciência que os sujeitos tenham sobre tal influência. São processos inconscientes.

O altruísmo, de todo modo, é estudado mesmo quando não se manifesta entre parentes e tem um caráter mais genérico. Neste caso, ele se explica em vista do menor risco que os indivíduos correm quando aceitam ajudar-se uns aos outros, ou seja, para uma visível vantagem do grupo. Assim, se um indivíduo que vai em socorro de outro indivíduo diminui o risco deste último e aumenta a possibilidade de ser socorrido por ele em outras ocasiões, o grupo em conjunto terá com isso uma vantagem evidente. Observou-se que, segundo Trivers (1971, p. 35-37):

> a difusão do "altruísmo recíproco" é favorecida por três condições: (1) longa duração média de vida, que aumenta a probabilidade de que dois indivíduos se deparem durante a existência com situações condizentes com os relativos comportamentos; (2) baixo nível de dispersão pelo menos durante uma fase da vida, que aumenta a probabilidade de repetidas interações entre os mesmos indivíduos; (3) alta interdependência entre os membros da população (p. ex., para a defesa contra os predadores ou para outras atividades coletivas), que multiplica as situações potencialmente altruístas (MELOTTI, 1982, p. 56).

Essa situação se verifica não só entre os homens, mas também entre certos mamíferos.

Agressividade, comportamento sexual, relações entre genitores e progênie, relações de parentesco em geral são temas tratados pela sociobiologia em termos de seleção do mais apto, sempre se referindo mais ao gene do que ao indivíduo, mesmo que às vezes a distinção se mostra menos clara do que se pretende. Sobre a agressividade, sustenta-se que ela tem um significado "adaptativo", tendendo a defender os recursos limitados disponíveis contra grupos estranhos. Quanto a isso, o comportamento humano não seria muito diferente do de outras espécies animais. E o ponto de vista parece se manter mesmo em relação a comportamentos agressivos não vinculados à defesa dos recursos. Assim, como Ruse sintetizou claramente, Wilson:

> Certamente equipara nossas reações sob estresse e as dos outros organismos, em que toda reação agressiva é essencialmente genética. Assim, os gatos e os ratos noruegueses se tornam estranhos e extremamente agressivos em condições de superpopulação. E há algumas claras semelhanças entre, por exemplo, a vida social dos ratos (em cativeiro) e a de homens vivendo em aglomerados muito concentrados, por exemplo, os prisioneiros de guerra em campos de concentração [...]. Além disso, o comportamento dos homens em relação aos estranhos é muito semelhante ao de outros animais: intuitivamente erguem-se barreiras contra os estranhos, os forasteiros, os desconhecidos etc. São os judeus, os imigrantes e assim por diante (RUSE, 1981, p. 83-84).

As diferenças entre o macho e a fêmea no comportamento sexual são, segundo os sociobiólogos, decorrentes das vias inconscientemente adotadas para permitir a sobrevivência do maior número de genes. A fêmea, dizem eles, têm menor número de células sexuais; quanto aos mamíferos, ela é biologicamente coagida à gravidez e mesmo a relação com a prole é mais longa e mais dedicada do que a do macho, sobretudo, mais uma vez, nos mamíferos. Isso implica comportamentos sexuais diferentes: o macho procurará se cruzar com o maior número possível de fêmeas, enquanto a fêmea será especialmente seletiva em relação ao macho com que se cruzará (TRIVERS, 1972; MELOTTI, 1982, p. 58). Assim se explica entre os seres humanos "os códigos morais diferentes para os homens e para as mulheres, e também a prostituição, que é sua consequência quase inevitável" (MELOTTI, 1982, p. 58).

25.2 Acenos críticos

Passando agora a algumas considerações críticas, diga-se que o problema central da sociobiologia consiste na própria premissa de que ela parte: a das bases biológicas do comportamento social, seja animal, seja humano. Hoje ninguém negaria a presença dessas bases biológicas. O problema é outro, e consiste em apontar as modalidades pelas quais a base biológica se manifesta no comportamento efetivo. "É indubitável que os genes influenciam o comportamento. O problema é estabelecer quais genes influenciam quais comportamentos" (GALLINO, 1980b, p. xix). Aqui o discurso se complica muito, pois todos os sociobiólogos, bem como seus intérpretes, asseveram, e com grande frequência, que o comportamento biologicamente fundado é sempre mediado também culturalmente. Aqui seria possível apresentar uma quantidade sem fim de citações. Mas uma, extraída do nome de maior prestígio na sociobiologia, pode valer por todas. Escreve Wilson:

> faz parte da tradição considerar que quase todas as variações culturais são de origem fenotípica e não genotípica. Essa concepção se confirma pela facilidade com que certos aspectos da cultura podem ser modificados no decorrer de uma única geração, com rapidez excessiva para ser de natureza evolutiva (WILSON, 1979, p. 556).

Talvez caiba notar que, posto o problema nesses termos, não é mais possível justificar as atuais insuficiências da sociobiologia afirmando que ainda não se chegou a um pleno esclarecimento da relação entre gene e comportamento, mas que se chegará a ele com o progresso da ciência. A base biológica, com efeito, nunca aparece em estado puro, mas sempre, como se disse, mediada pela cultura. Assim, é difícil avançar além da petição de princípio de que o comportamento também tem bases biológicas. Ademais, o próprio Wilson afirma que não é possível reduzir a multiplicidade das configurações culturais, enquanto tal, ao esquema evolucionista. Pelo contrário, ele chega a recear que a cultura é capaz de prevalecer definitivamente sobre a evolução, privando o homem da humanidade que lhe seria assegurada pelo comportamento fundado biologicamente:

> Se a sociedade planificada – escreve o autor –, cuja criação parece inevitável no século vindouro, viesse a guiar deliberadamente seus membros para além daquelas pressões e conflitos que até então forneciam aos fenótipos destrutivos sua vantagem darwiniana, os outros fenótipos poderiam diminuir junto com eles (WILSON, 1979, p. 582).

A planificação, retirando a base biológica, evolutiva dos fenótipos, colocaria em grave risco a própria vida cultural. Tal planificação, portanto, pareceria mais forte do que a evolução. No entanto, como se observou, "é difícil evitar a conclusão de que [...] [os sociobiólogos] pensa agora na existência de genes específicos para traços específicos do comportamento humano" (GALLINO, 1980b, p. xxxii). Naturalmente, mesmo no âmbito da própria sociobiologia, há diversas posições que vão desde as mais intransigentes, segundo as quais todos os comportamentos, mais cedo ou mais tarde, serão explicados em termos biológicos, até aquelas de que a cultura tende a substituir progressivamente a natureza (p. xxxii ss.). Essas diversas posições, na verdade, encontram-se inclusive na mesma obra de um mesmo autor. Voltando ao exemplo de Wilson, note-se que ele afirma: "Os genes, mesmo tendo renunciado a grande parte de sua soberania, conservam um certo grau de influência pelo menos nas qualidades comportamentais que estão na base das variações entre as culturas" (WILSON, 1979, p. 556). Já aqui pode-se notar que, ao reconhecimento da irredutibilidade da cultura aos genes, acrescenta-se a tentativa, pouco compatível com esse reconhecimento, de atribuir as variações culturais aos genes. E Wilson prossegue afirmando que mesmo uma pequena variação nos genes "investida em diferenças na população poderia predispor a sociedade a diferenças culturais" (WILSON, 1979, p. 556). Aqui também é totalmente transparente a tentativa de explicar as variações culturais em termos de influência genética. Mas, quanto a isso, objete-se que não há possibilidade de uma conciliação teórica entre a afirmação do caráter culturalmente mediado das sociedades humanas e a afirmação de que, pelo contrário, as mudanças culturais, mesmo no que se refere a seus conteúdos concretos e específicos, têm uma base biológica. Wilson, ademais, quando tenta apontar algumas consequências dos determinantes biológicos no comportamento concreto, vê-se obrigado a usar sempre o condicional. Já foi dado um exemplo nesse sentido, mas seria possível acrescentar muitos outros:

> A variação das regras entre as culturas humanas, por menor que possa ser, *poderia* fornecer indícios para localizar as diferenças genéticas que estão em sua base, em especial quando está correlacionada com a variação nas características comportamentais sabidamente transmissíveis. [...]. Comparando o homem às outras espécies de primatas, *poder-se-iam* identificar aquelas características fundamentais dos primatas que estão sob a superfície e *poder-se-ia* contribuir para determinar a configuração do comportamento social superior do homem (WILSON, 1979, p. 556-557).

Deve-se ter notado que as afirmações substanciais de Wilson, para ter alguma plausibilidade, precisam se manter num plano de enorme generalidade. Outro exemplo poderá esclarecer melhor essa afirmação. Escreve o autor em pauta que:

> Abraham Maslow levantou a hipótese de que os seres humanos respondem a uma hierarquia de necessidades, de forma que os níveis inferiores precisam ser satisfeitos antes que se possa dedicar muita atenção aos superiores. As necessidades mais importantes são a fome e o sono. Satisfeitas essas necessidades, a principal preocupação passa a ser a preocupação, e depois a necessidade de pertencer a um grupo e receber amor (WILSON, 1979, p. 556).

Segundo a tese que aqui se pretende sustentar, a sociobiologia atual não tem capacidade de captar a especificidade histórica das sociedades humanas. Os sociobiólogos fazem uma série de observações sobre algumas tendências, tanto animais quanto humanas, e, como se disse, insistem darwinianamente em especial sobre a evolução por meio da seleção pela agressividade ou mesmo pelo altruísmo, pelo comportamento sexual e entre parentes etc. O que não esclarecem e não podem esclarecem com base em suas premissas são os modos específicos com que a base biológica se traduz nas sociedades humanas tomadas uma a uma: suas afirmações ficam necessariamente relegadas ao genérico, ao *a-histórico*. Aqui também podem-se apresentar alguns exemplos: segundo a sociobiologia, a agressividade humana, tal como a animal, tem bases biológicas. Todavia, sabemos que ela não se manifesta sempre na mesma medida e nas mesmas modalidades. O fenômeno do homicídio pode ter bases biológicas e, na verdade, se não existisse agressividade no homem, não poderia se manifestar. Mas se o índice de homicídios aumenta em períodos de especial tensão e de diminuição do valor da vida humana, como nas guerras, mesmo longe dos campos de batalha, e nos períodos do pós-guerra, é preciso remontar a essas situações históricas específicas e não diretamente à sua "base biológica". É precisamente a variável histórica que fica de fora do discurso dos sociobiólogos e não parece que se possa superar esse fato com o aperfeiçoamento da nova disciplina, pois são suas próprias premissas que não permitem considerar essa variável.

Com base no que foi exposto até agora, pode-se observar também que a sociobiologia não se coloca em absoluto o problema da situação histórica específica que pode ter favorecido seu surgimento (ou o ressurgimento da hipótese biologista no estudo das sociedades, aí incluída a humana). Mas seria muito difícil descartar a ideia de que a própria sociobiologia surge num momento em que entram em crise as grandes ideias libertárias, segundo as quais a condição de não liberdade do homem só pode ser imputada às sociedades que se constituíram historicamente. Quando se constata que os obstáculos a vencer são muito mais resistentes do que se supunha, é fácil ceder à tentação de crer que, na verdade, nada muda por obra humana e que tudo está encerrado em leis preestabelecidas naturalmente. Mas a sociobiologia não se põe esse problema: não vê sua ligação com a sociedade e com a história, não capta sua própria socialidade e historicidade. Isso implica que sua concepção da ciência é substancialmente idealista. A ciência se afigura, mesmo que de modo implícito, como processo autônomo em relação ao mundo social, político, econômico. Claro que isso não significa ainda de modo algum que as afirmações da sociobiologia sejam falsas. É pelo menos possível, mesmo porque, ao tratar das sociedades humanas, vê-se obrigada a operar no hipotético, no condicional, sem ter como sair desse plano, que ela se coloque o problema dos fatores sociais que favoreceram seu surgimento. Isso leva de volta ao velho dilema referente ao darwinismo e ao darwinismo social. De um lado, os sociobiólogos de agora, como Darwin e os darwinistas sociais de outrora, sustentam poder entender a sociedade em termos naturalistas, biológicos, enquanto, de outro lado, os críticos de outrora e os críticos de agora respondem que são as leis darwinianas, quando aplicadas ao homens, e as leis dos sociobiólogos que precisam ser entendidas como expressão de uma situação específica da sociedade humana. O dilema, portanto, é o seguinte: é a sociedade que explica a teoria biológico-naturalista (segundo a velha tese de Marx e segundo os atuais críticos da sociobiologia em termos marxistas ou próximos ao marxismo) ou é a teoria biológico-naturalista que explica a sociedade reduzindo-a a suas leis? O debate atual, embora mais elaborado, não parece ter avançado muito em relação a suas formulações iniciais. Relembre-se a esse respeito o que Marx comentara sobre o darwinismo:

> Darwin reconhece nos animais e nas plantas sua sociedade inglesa, com sua divisão do trabalho, a concorrência, a abertura de novos mercados, as "invenções" e a malthusiana "luta pela existência" (MARX, 1974, IV, p. 103).

A principal crítica a ser feita à sociobiologia não é tanto que ela daria apoio a teses racistas, reacionárias ou antifeministas, como vários fizeram (RUSE, 1981, p. 109ss.). Nesse caso, a resposta seria muito fácil: a ciência aponta certas regularidades, e não se pode acusá-la de dar apoio a uma concepção política em lugar de outra com base em suas descobertas. Estas ou são refutadas por serem incorretas, ou são aceitas. O problema, como já se disse, parece ser outro: a sociobiologia, com as premissas que lhe servem de base, não apreende nem pode apreender a especificidade histórica. Ora, pode-se decidir que esta tem pouca importância ou, pelo contrário, tem uma importância fundamental na vida do homem. O próprio Wilson reconhece implicitamente que compartilha a primeira dessas duas posições. Com efeito, afirma ele: "O sociobiólogo está interessado nos aspectos mais gerais da natureza humana" (WILSON, 1979, p. 10). Tal posição implica necessariamente que a sociedade humana é compreendida fora das mudanças históricas: ela é "desistoricizada". Reconhece-se a mudança, obviamente, mas ela é considerada mais como uma evolução natural do que como uma realidade histórica. Isso implica inevitavelmente uma alternativa, uma escolha de certa forma subjetiva entre pontos de vista diferentes. Com efeito, se a atribuição ou não de importância às mudanças históricas irredutíveis à evolução é uma escolha indiscutível com base nos instrumentos oferecidos pela própria sociobiologia, nesse sentido e a despeito de todas as pretensões de objetividade, ela implica uma tomada de posição, uma "relação com os valores" que nenhum defensor seu, por maior que fosse sua boa vontade, poderia reduzir à base genética do comportamento. É uma crítica que se poderia dizer de tipo "weberiano". De um ponto de vista marxista, ademais, não seria difícil acrescentar que a exclusão das variações históricas do campo de interesse científica implica necessariamente um desinteresse pelo que pode ser transformado por obra humana, e que tal desinteresse não pode não ser "ideológico" (IZZO, 1977).

Mas há ainda outra crítica que a sociologia de orientação não biologista pode fazer à sociobiologia. Segundo certas escolas sociológicas que, como se viu, agora encontram amplo consenso, uma sociedade humana é uma "estrutura significativa", um conjunto de significados interligados e intersubjetivos que surgem da interação não segundo princípios preestabelecidos, mas de modos potencialmente infinitos e, portanto, imprevisíveis. Quanto a isso, tanto o interacionismo simbólico quanto a sociologia "fenomenológica" e suas derivações parecem concordar. O que possibilita a sociedade é a comunicação. Ou melhor, a sociedade é comunicação, e as sociedades humanas são, acima de tudo, comunicação verbal (WASHBURN, 1980, p. 80). As linguagens como sistemas de comunicação simbólica de validade intersubjetivas que surgem da interação são potencialmente infinitas. Paradoxalmente, Wilson parece concordar com isso. Escreve ele: "A qualidade inteiramente simbólica das palavras e o aperfeiçoamento da gramática permitem a criação de mensagens em número potencialmente infinito". E acrescenta a seguir: "O desenvolvimento da linguagem humana representa um salto quântico na evolução" (WILSON, 1979, p. 562). Todavia, deveria ser claro o dilema em que Wilson, e com ele toda a sociobiologia, encontra-se nesse ponto. Com efeito, ou bem se admite, com base em afirmações como as acima citadas, que a linguagem, na medida em que oferece possibilidades infinitas, foge às rígidas leis evolucionistas, ou bem se continua a sustentar, a despeito de tais admissões, que o comportamento humano é, em certos termos, redutível à lei geral da evolução pela seleção, isto é, em termos de "guerra universal de gene contra gene" (GRENE, 1980, p. 44). Mas, se se aceita o pressuposto de que "as estruturas linguísticas e veiculadas pela linguagem, nas quais e em dependência das quais se desenvolve a vida humana, superam de longe as necessidades de comunicação da espécie" (GRENE, 1980, p. 51); e que o que torna uma cultura única é sua "construção por meios simbólicos", "isto é, por meios arbitrários, em que algumas coisas são usadas para representar outras, não por necessidade ou por razões biológicas, mas de uma maneira qualquer entre um número indefinido de maneiras possíveis" (GRENE, 1980, p. 49), então restará muito pouco das principais afirmações da sociobiologia.

Tais observações, evidentemente, não significam negar toda e qualquer influência biológica. O homem é biologicamente influenciado, e ninguém hoje pretenderá negar que o próprio gênero humano é um episódio da evolução. Mas esse reconhecimento implica apenas a exigência de esclarecer as condições necessárias para que a capacidade humana de utilizar símbolos possa se desenvolver (GRENE, 1980, p. 46), ao passo que avançar mais além seria "confundir as causas necessárias com as causas suficientes" (p. 46). Quanto a isso, pode-se repetir que, quando a sociobiologia tentar ir além do esclarecimento das condições biológicas em que se movem as possibilidades humanas e procura indicar também os modos como tais possibilidades operam concretamente, seu discurso não avança nem pode avançar além do plano hipotético. Isso porque a verificação das hipóteses levaria a sociobiologia a ter de explicar com suas categorias uma realidade que aparece concretamente sempre por mediações históricas e culturais e porque não é possível abstrair o elemento biológico dessa realidade mediada. Mesmo os intérpretes mais favoráveis afirmam que "os genes não 'causam' diretamente um comportamento" e que a impossibilidade de chegar a uma dissociação entre gene e comportamento efetivo torna "árdua a continuidade do programa de pesquisa sociobiológico" (GALLINO, 1980b, p. xxii-xxiii). No entanto, o discurso não se detém por aqui, pois alguns sustentam que, mesmo que a cultura tenha substituído as influências genéticas na sociedade humana, o esquema evolucionista se mantém igualmente válido.

> Se é verdade [...] que [...] os memes – microtraços culturais capazes de se reproduzir e se fundir – substituíram os genes, cabe notar também que o mecanismo de base com o qual eles operam continua a ser a seleção natural segundo o modelo neodarwiniano (GALLINO, 1980b, p. xxxv).

Como já se posicionara Spencer em relação a Darwin, o evolucionismo se separa de suas bases biológicas para se tornar um esquema explicativo de caráter mais geral. Mas mesmo essa formulação "neodarwiniana" não altera muito os termos da questão. Com efeito, se se quiser manter fidelidade ao esquema geral, ficar-se-á inevitavelmente limitado a afirmações de caráter tão geral e tão abstrato que sacrificam por completo a especificidade histórica que, como tal, não pode ser reduzida ao esquema. Se, inversamente, não se sacrificar a especificidade histórica, será em detrimento do esquema. Eis alguns exemplos:

> É preciso admitir que o meio mais eficaz para assegurar a existência de uma espécie de sistemas vivos e, com ela, muitas outras, é pôr um limite à sua disponibilidade de recursos. É este, precisamente, o meio escolhido pela evolução (GALLINO, 1980b, 2, p. 30).

> Foi a evolução que fez emergir, entre todos os demais, os sistemas capazes de acumular dentro de si uma quantidade maior ou menor de recursos, a serem utilizados no momento oportuno (GALLINO, 1980b, 2, p. 20).

> Todos os sistemas vivos estão em concorrência entre eles por um ou por outro tipo de recurso específico (GALLINO, 1980b, 2, p. 32).

As exemplificações poderiam prosseguir. Mas talvez seja mais proveitoso indagar se, mesmo aceitando essas premissas, não seria mais relevante procurar especificar como se distribuem os recursos em situações históricas concretas, visto que há de se admitir que existem diversas modalidades de distribuição; ou como se utilizam tais recursos e qual é, na situação específica, o "momento oportuno" para utilizá-los; ou, ainda, como se manifesta a concorrência nas diversas situações políticas e econômicas, visto que não parece plausível supor que não existam objetivos diversos entre as várias sociedades humanas e seus vários momentos.

Na tentativa de construir um sistema oniabrangente ou, para empregar a terminologia de Wilson, uma "nova síntese", a sociobiologia sacrifica as diversidades históricas. E, "como sempre acontece quando se pretende remontar a complexidade do real a poucos fatores simples, tomados como causas determinantes dos fenômenos, o que é negligenciado são precisamente as dimensões distintivas, que são as que, em última análise, mais interessam, visto que somente por meio delas é possível compreender a especificidade dos próprios fenômenos" (CRESPI, 1985, p. 22). Acrescente-se a isso que o conceito de gene (definido como a "unidade fundamental da hereditariedade, parte da molécula DNA, que influi nas variações do organismo e nos processos de crescimento e diferenciação internos ao próprio organismo, programando [em código] o funcionamento do sistema nervoso e do sistema sensorial e talvez influenciando também os processos de aprendizagem" (CRESPI, 1985, p. 16), é apenas uma "abstração, que pode ser útil para interpretar certos elementos do processo biológico, mas que, precisamente por ser uma abstração, não pode ser considerada sem mais como a representação direta de uma realidade objetiva" (CRESPI, 1985, p. 23). Às vezes os próprios sociobiólogos reconhecem isso, mas outras vezes parecem esquecê-lo. Todavia, "não existe nenhuma prova da existência de um componente genético que determine as diferenças nas linguagens ou nos sistemas sociais humanos" (WASHBURN, 1980, p. 91).

Assim, talvez seja oportuno reiterar que existe apenas uma única maneira de conferir importância decisiva à evolução natural, em lugar das diversidades culturais. É considerar tais diferenças irrelevantes por serem totalmente contingentes em relação aos processos necessários da evolução. Mas a própria decisão sobre o que se considera ou não se considera relevante recai no âmbito da cultura. Somente uma "relação com os valores", uma escolha entre alternativas possíveis, decide sobre essa irrelevância ou relevância.

Há na sociobiologia uma contínua, embora nem sempre explícita, desvalorização da história que, no entanto, parece ela mesma ter suas origens numa situação histórica específica. Como se observou:

> após décadas de voluntarismo subjetivista [...] a sociobiologia e a etologia voltam a nos relembrar meritoriamente as bases biológicas do comportamento humano, os longos decursos de tempo de sua transformação [...]. O perigo de distorcer essas boas razões numa grosseira naturalização da história e do comportamento social, porém, hoje é [...] real e imanente (FERRAROTTI, 1981-1982, p. 3).

Assim, a sociobiologia, apesar de suas contribuições no campo da genética, não pode ser inteiramente compreendida se não for lida, ela também, à luz dos condicionamentos histórico-sociais a que está sujeita e entre os quais nasceu seu sucesso.

26
A orientação sistêmica de Luhmann

26.1 Os princípios gerais

Uma teoria sociológica muito complexa, que apresenta múltiplas influências intelectuais, é a que tem sido defendida nos últimos anos pelo alemão Niklas Luhmann, nascido em 1927 em Lüneburg e atualmente professor de sociologia na Universidade de Bielefeld. O estrutural-funcionalismo de Talcott Parsons, a cibernética, a teoria dos sistemas, a fenomenologia de Husserl e o existencialismo, a antropologia filosófica e a teoria da organização, todos eles participam dessa concepção complexa.

Mesmo afirmando, com Parsons, que os fenômenos sociais devem ser estudados segundo a função que desempenham na manutenção do sistema, Luhmann dirige a todas as teorias funcionalistas, em especial à de Parsons, a crítica de que não conseguem distinguir adequadamente entre o conceito de causa e o conceito de função. Afirma ele:

> formulações do tipo "contribuição para a conservação do sistema", "solução de problemas referentes ao sistema", "desenvolvimento da integração ou da adaptação de um sistema" não descrevem senão simples relações causais, e, no fundo, pretendem-se fazer afirmações do tipo "A tem por efeito B" (LUHMANN, 1983, p. 5).

O autor em questão responde que pode haver várias soluções para a mesma exigência dentro de um sistema, de modo que a relação entre a presença e a satisfação de uma determinada exigência não é uma relação causal. Nos termos empregados por Luhmann, as teorias funcionalistas "fundadas na ciência causalista não conseguem chegar a relações invariantes entre determinadas causas e determinados efeitos, pois não têm condições de excluir outras possibilidades" (LUHMANN, 1983, p. 8). Por exemplo:

> quando Malinowski afirma que a função de um rito é facilitar a adaptação a uma situação difícil pelo lado emotivo, surge implicitamente o problema da eventual existência de outras soluções possíveis para o mesmo problema. O rito então se coloca em relação de equivalência funcional com outras possibilidades, como os sistemas explicativos de tipo ideológico ou as reações privadas que podem assumir a forma do lamento, da raiva, do humor, do roer as unhas ou da fuga para as esferas do imaginário (LUHMANN, 1983, p. 9).

Assim, na teoria de Luhmann, a crítica às formulações funcionalistas anteriores à sua se desenvolve em termos de "equivalências funcionais": tais formulações não teriam examinado esse problema. Conceitualmente ligado ao problema da função está o problema do sistema, que Luhmann, incialmente, considera não tanto em suas forças internas que lhe garantem a continuidade, mas sim em sua capacidade de se contrapor ao ambiente a que pertence e ameaça sua estabilidade. No discurso sociológico, o que estabelece o pertencimento ao sistema ou ao ambiente é o sentido que lhe vem atribuído. Assim, por exemplo, quando o indivíduo é considerado como sistema, seu contexto social é o ambiente, ao passo que, se se considerar um sistema social, o indivíduo, por sua vez, torna-se ambiente. Em termos mais analíticos, é preciso distinguir entre mundo, ambiente e sistema. O mundo é a infinita multiplicidade e complexidade do real, enquanto o ambiente constitui a delimitação das possibilidades numa situação particular que podem ser concretizáveis. O sistema, por seu lado, é a efetiva seleção e realização de determinadas possibilidades oferecidas pelo ambiente. Como o mundo se coloca como infinita complexidade, é impossível orientar-se nele sem uma *redução da complexidade*, que constitui o conceito central de toda a teorização de Luhmann. De certo modo, é uma retomada do conceito de cultura como seção finita extraída da infinidade sem sentido do mundo, como sustentara Weber. Ele se remete também a Arnold Gehlen, que afirmara ser o homem dotado de instrumentos orgânicos relativamente pobres e inadequados para enfrentar a complexidade do real, assim ficando ameaçado e amedrontado diante dela. Assim vê-se forçado a procurar refúgio numa realidade delimitada, como a que é oferecida por um mundo social institucionalizado (POGGI, 1978, p. 37-38). Nas palavras do próprio Luhmann:

> a complexidade do mundo, a assombrosa multiplicidade de possibilidades, deve ser reconduzida a uma dimensão que possa ser vivida como expressão de um determinado sentido (LUHMANN, 1983, p. 82).

A redução da complexidade não é um problema meramente teórico, mas também prático. Para sobreviver, o homem é obrigado a reduzir a complexidade.

> Não basta captar mentalmente a complexidade do mundo; é preciso também colocá-la ao alcance da experiência vivida e da ação e, por conseguinte, reduzi-la (LUHMANN, 1983, p. 83).

Ao lado do problema da complexidade, desenvolve-se também o da contingência, visto que, na redução da complexidade, sempre há múltiplas possibilidades e mesmo as poucas materializadas conservam esse caráter de não necessidade, isto é, de contingência, precisamente (LUHMANN & HABERMAS, 1973, p. 19).

Luhmann trata da "contingência" no sentido de que a ação sempre comporta o risco de que se realizem possibilidades diferentes das previstas, isto é, das próprias expectativas; e de "dupla contingência" no sentido de que, quando as ações de um sujeito são dirigidas a outro sujeito, o primeiro deve ter em mente que precisa lidar não só com suas expectativas, mas também com as expectativas do outro. Nesse sentido, pode-se falar também em "expectativas de expectativas": espera-se que o outro espere um comportamento específica de nossa parte. Ademais, o risco de que a ação falhe – isto é, que se realizem possibilidades diferentes das esperadas – depende também do fato de que o *alter* escolhe por seu lado e pode também escolher de maneira diferente da do *ego*.

À diferença dos sistemas biológicos, que são caracterizados por limites físicos e temporais (o nascimento e a morte), os sistemas sociais, como já se sugeriu, definem-se exclusivamente com base no sentido. O que os constitui, é a ação: são conjuntos de ações entrelaçadas que criam uma certa estabilidade após a instauração de expectativas mútuas.

> As ações [...] podem ser reagrupadas em sistemas [...] unicamente pela estabilização de expectativas de comportamento (LUHMANN, 1983, p. 47).

Para Luhmann, o sentido, ao contrário da tradição da filosofia clássica e da sociologia de Weber e de seus continuadores, não encontra sua base na intencionalidade subjetiva; mas, pelo contrário, a própria individuação do sujeito, por si só, já implica o sentido.

> O conceito de sentido é primeiro e, assim, deve ser definido sem referência ao conceito de sujeito, porque este já pressupõe o conceito de sentido como identidade constituída em termos de sentido (LUHMANN & HABERMAS, 1973, p. 16).

Podemos falar em sujeito apenas com base num conceito de sentido pré-constituído. O autor em pauta não nega que é necessário um sistema psíquico para a constituição do sentido, mas afirma que não é mais necessário do que um sistema social. O problema do sentido remete tanto ao sistema psíquico quanto ao sistema social. Rejeita-se "o preconceito de que a fundação de sentido etc. nos sistemas psíquicos seja de certo modo mais fundamental, mais originária, mais simples, mais elementar do que a fundação de sentido nos sistemas sociais" (LUHMANN & HABERMAS, 1973, p. 17). Numa formulação mais recente, Luhmann, voltando ao tema, especifica que:

> os sistemas psíquicos e sociais se formaram mediante a coevolução: um constitui o pressuposto necessário do outro. As razões dessa necessidade são internas à evolução que permite a formação desses tipos de sistemas; com efeito, as pessoas não podem existir nem sobreviver sem um sistema social e vice-versa [...]. A esse produto comum chamamos "sentido" (LUHMANN, 1990, p. 147).

O conceito de sentido está estritamente ligado ao de seleção necessária para a "redução da complexidade". Para constituir o sentido, de fato, é preciso selecionar entre as infinitas possibilidades oferecidas pelo "mundo" algumas possibilidades específicas e realizá-las, mas a realização nunca é definitiva: ela implica sempre a colocação de novas possibilidades a serem selecionadas.

> O sentido é a continua realização das possibilidades; mas, visto que o sentido só pode ser sentido como diferença entre a realidade e o horizonte das possibilida-

des, toda realização comporta sempre uma virtualização das possibilidades que podem estar ligadas a ela (LUHMANN, 1990, p. 153).

Mesmo o problema, comum a todo o pensamento sociológico, sobre "como é possível a ordem social" reconduz a essas questões. Uma dada ordem social, de fato, define-se em relação com a constituição de sentido e com a redução da complexidade. Segundo Luhmann, à pergunta "Como é possível a ordem social?" poder-se-ia responder "Por meio do sentido", e especifica:

> Mediante a formação de sistemas sociais que podem se manter por algum tempo dentro de limites estáveis diante de um ambiente supercomplexo (LUHMANN, 1985, p. 131).

Até aqui, o problema da redução da complexidade é abordado em termos a-históricos. Todo sistema psíquico ou social só pode se formar por meio dessa redução. Luhmann, porém, utiliza essa elaboração teórica também como instrumento para compreender melhor a evolução histórico-social e os traços característicos das sociedades atuais, que apresenta um grau de complexidade superior ao das precedentes. A sociedade em seu conjunto tende a se diferenciar numa série de sistemas particulares. Escreve Luhmann:

> A complexidade social aumenta no curso do desenvolvimento humano, ou seja, aumentam as quantidades e as espécies de ações e vivências possíveis. Esse aumento da complexidade não se encontra nos sistemas tomados um a um, mas sim na sociedade como um todo, de onde parte uma pressão de adaptação a todos os sistemas parciais, que devem viver numa sociedade com maior complexidade e, por isso, também num mundo mais complexo (LUHMANN & HABERMAS, 1973, p. 11).

Em outros termos, é a sociedade como um todo que, com a evolução, torna-se mais complexa, e precisamente essa maior complexidade implica a formação de sistemas diferenciados em seu interior. Por exemplo, em relação ao direito, tema que interessa especialmente ao autor aqui tratado, este afirma que, enquanto nas sociedades arcaicas o direito não se distingue de outros aspectos da sociedade, o processo de diferenciação leva a uma total positivação sua, que o conduz a um plano totalmente autônomo em relação à moral, à religião e a qualquer pressuposto metafísico. O direito está em relação apenas com a decisão que o cria. A decisão, por sua vez, está em relação com as mudanças e as novas exigências que se criam na sociedade. Como se observou:

> a positivação do direito é um modo de desvincular os conteúdos jurídicos de ancoragens fixas de tipo tradicional, religioso ou jusnaturalista, substituindo-as por uma ancoragem móvel, continuamente variável de acordo com as mudanças da sociedade, conforme a decisão. O direito positivo "vale devido a uma decisão" (FEBBRAJO, 1977, p. xviii).

Quanto ao problema da legitimidade, Luhmann afirma que, tendo o mundo jurídico se tornado extremamente complexo nas sociedades contemporâneas, é impensável que os cidadãos sigam as escolhas feitas pelos políticos por poderem efetivamente avaliar os conteúdos das decisões. O que garante a legitimidade é, antes disso, o respeito por determinados procedimentos. Assim, a democracia não é realmente baseada nas capacidades dos cidadãos de decidirem pessoalmente sobre as escolhas políticas a fazer, mas sim no respeito deles por determinadas regras formais, como as do sistema eleitoral. Mesmo as minorias aceitam os resultados das eleições, na medida em que aceitaram a correção dos procedimentos (SCAMUZZI, 1982, p. 90ss.).

> O procedimento, entendido como uma série ordenada de atos cujo resultado é incerto (p. ex., o procedimento eleitoral, administrativo, judiciário), é considerado por Luhmann como um "sistema" que acaba por justificar a si mesmo (FEBBRAJO, 1977, p. 22).

O discurso sobre a diferenciação leva o autor aqui tratado a distinguir alguns subsistemas fundamentais no interior do sistema da sociedade. São eles constituídos pela economia, pela família, pela ciência, pela política. Cada um deles tem um instrumento próprio de comunicação. O instrumento de comunicação da economia é o dinheiro, ao passo que na família a comunicação se dá em termos de amor. Quanto à ciência, seu meio de comunicação é a verdade. A política, por fim, tem como meio de comunicação o poder. Mas o poder não se confunde com o emprego da força, sendo antes seu contrário. O poder consiste numa relação social assimétrica que consegue se manter como tal sem o uso da força. Há poder quando uma parte seleciona as possibilidades à disposição de uma outra parte em grau maior do que esta pode fazer em relação à primeira. O poder político encontra um limite no fato de que, nas sociedades avançadas, criam-se sistemas de poder alternativos a ele. Um exemplo típico é o poder econômico que se expressa no âmbito das empresas.

A diferenciação consiste não só na criação de uma série de subsistemas no sistema geral da sociedade, mas também no fato de que esses sistemas parciais se refletem em si mesmos. Afirma Luhmann:

> Exemplos significativos de mecanismos reflexivos são: falar de palavras, definir conceitos e falar sobre línguas, trocar possibilidades de troca sob forma de dinheiro e, ligado a ela, o financiamento da necessidade de dinheiro, a produção dos meios de produção, o exercício do poder frente ao detentor do poder, o aprendizado do aprendizado e o ensino do ensino sob forma de pedagogia, a confiança na confiança alheia, a pesquisa sobre a pesquisa (metodologia), a representação de representações (p. ex., a representação dos próprios meios da criação artística em obras de arte moderna), a decisão sobre a decisão na burocracia, o sentimento do sentimento próprio e alheio (com prazer ou sofrimento), a valorização dos valores sob forma de ideologia e, por fim [...] a normatização da normatização (LUHMANN, 1977, p. 200-201).

Tudo isso, segundo o autor, faz parte de uma evolução geral.

Os subsistemas tendem a se tornar reflexivos e isso faz parte do processo de diferenciação. Mesmo a ciência ingressa no processo geral de redução da complexidade. Sua tarefa é especificar o âmbito da verdade, mas não se trata de isolar uma necessidade empírica existente por si só e sim de elaborar critérios para uma leitura da realidade entre as várias possíveis. Como escreve o autor: "A ciência pode apreender apenas em contextos que ela mesma garante" (LUHMANN, 1983, p. xxxvi). Qualquer referência à "certeza moral", ao "senso comum" ou ao "mundo da vida" se mostra infundado e não pode constituir o fundamento da ciência. A ciência é "autorreferente" no sentido de que ela mesma constitui um de seus objetos. Mas, desse modo, ela se torna discurso sobre si mesma e seus próprios objetos só o são porque foram assim definidos por ela. Então todo discurso científico se torna, enquanto tal, autorreferente (LUHMANN, 1983, p. XXV). O mesmo, evidentemente, pode se aplicar também à teoria dos sistemas.

> Se tal teoria pretende ter validade universal para tudo o que é sistema, ela também compreende os sistemas do comportamento analítico e cognoscitivo e, portanto, ela mesma figura entre os vários objetos do mundo real de que se ocupa [...]. A teoria sistêmica sempre deve ter presente a remissão a si mesma como um dos objetos de sua investigação (LUHMANN, 1990, p. 81-82).

Isso se refere não só aos sistemas sociais ou aos sistemas psíquicos, em que o momento da consciência está inevitavelmente presente, mas também aos sistemas biológicos ou neurofisiológicos (LUHMANN, 1990, p. 133, nota). Mesmo um organismo tem capacidade de diferenciar as relações consigo mesmo e as relações que mantém com seu ambiente.

Os sistemas sociais não se reduzem à interação. É verdade que mesmo o mais extenso deles, a sociedade mundial, tem a interação em sua base, mas a sociedade transcende a interação, torna-se algo autônomo frente a ela, algo que a interação não pode captar inteiramente. Isso se faz especialmente evidente, segundo Luhmann, na sociedade contemporânea:

> A distância entre interação e sociedade se ampliou e se aprofundou tanto que se tornou intransponível [...]. Embora a sociedade consista predominantemente em interações, ela se tornou inacessível para a interação. Nenhuma interação, por mais elevado que seja o nível das pessoas envolvidas, pode pretender ser representativa da sociedade (LUHMANN, 1990, p. 656).

O sistema social não está necessariamente ligado ao sujeito ou a uma pluralidade de sujeitos. Isso não só no sentido, ora lembrado, de que o sistema social transcende ou, pelo menos, pode transcender a interação, mas também no sentido de que as funções cumpridas por ele são funções latentes. Enquanto tais, elas não precisam do momento da consciência. Quanto a isso, segundo Luhmann, pode-se falar em "desobjetivização". Isso também lhe permite inserir a teoria dos sistemas sociais numa teoria dos sistemas mais geral, que abranja, como já se disse, os sistemas biológicos.

Viu-se que Luhman, no início de suas atividades teóricas, definiu o sistema sobretudo em relação com seu ambiente, isto é, em sua força de permanecer como sistema em contraposição ao ambiente. Na fase recente de seu pensamento, também definida como "segunda fase" (FEBBRAJO, 1990), a ênfase se desloca para as capacidades internas do sistema em se autogerar, em se auto-organizar frente a exigências que surgem em seu interior. O autor em pauta utiliza para tal o conceito de "autopoiese". Pode-se esclarecê-lo referindo-o ao sistema sociedade.

> Fora da sociedade enquanto sistema de comunicação, não subsiste qualquer comunicação; sendo o sistema o único a empregar esse tipo de operação, ele é fechado por razões de necessidade objetiva (LUHMANN, 1990, p. 106).

A sociedade é, portanto, um sistema "fechado" por necessidade, e isso explica por que sua organização e sua própria renovação só podem se referir a ela mesma. No tocante a sistemas que, inversamente, têm um "ambiente", o autor abordado não nega que também possam ser condicionados por forças provenientes do exterior, ou seja, precisamente, do ambiente, mas frisa a importância de que sejam explicados também em termos de "autopoiese". Por exemplo, um sistema de ação é, sem dúvida, influenciado por processos orgânicos, por ideias etc.; mas, como sistema de ação, em sua reprodução e renovação, é explicado em termos de outras ações (LUHMANN, 1990, p. 107).

26.2 Algumas críticas a Luhmann

A teoria "sistêmica" de Luhmann tem sido submetida a algumas críticas. Especialmente o debate que se desenrolou entre o próprio Luhmann e Habermas teve notável difusão. Este critica aquele por não ter conseguido elaborar uma teoria que não resultasse numa aceitação acrítica dos sistemas sociais constituídos. De fato, a teoria de Luhmann seria um estudo das condições que conferem funcionalidade aos sistemas existentes. Nesse sentido, ela se reduziria a "tecnologia". Como se observou, tal concepção, ainda segundo a crítica de Habermas, não poderia deixar de ser "eficientista", "na medida em que tende a adotar [...] um ponto de vista 'interno' aos sistemas sociais e à sua lógica de funcionamento, assim renunciando às referências críticas externas aos sistemas" (FEBBRAJO, 1977, p. vi). Habermas sustenta que a verdade consiste não na identificação dos processos que tornam os sistemas funcionais, mas sim nas condições que libertam a comunicação de coerções externas. "Concebemos a 'verdade' como a racionalidade de um entendimento que se pode alcançar com uma comunicação livre de coerções" (LUHMANN & HABERMAS, 1973, p. 162). Essa crítica se desenrola na contraposição entre teoria e prática. Para Luhmann, a elaboração teórica e a prática acabam por coincidir, porque ambas contribuem para o mesmo processo de redução da complexidade, ao passo que, para Habermas, a prática é a atividade que tende à alternativa aos sistemas sociais constituídos. Luhmann, evidentemente, rechaça essa crítica afirmando que sua teoria não visa à conservação da sociedade constituída entendida como sistema, mas simplesmente aborda os problemas do funcionamento de qualquer sistema social possível, e não os do funcionamento de sistemas efetivamente existentes (LUHMANN & HABERMAS, 1973, p. 201).

Outra crítica se refere ao conceito de redução da complexidade entendido como redução do perigo em que o homem se encontra diante das infinitas possibilidades do mundo. A esse respeito, afirmou-se que assim se abordam apenas as exigências da segurança, não as da criatividade, da espontaneidade, da inovação. Luhmann partiria de um "monismo valorativo, centrado no valor da segurança". Isso implica "uma certa deformação antropológica, um modelo de homem [...] definitivamente unidimensional, que, entre as necessidades alternativas da estabilidade ou da espontaneidade, da calculabilidade ou do risco, escolhe constantemente as primeiras, sacrificando os segundos" (FEBBRAJO, 1977, p. xvi).

Outros observaram que, mesmo Luhmann querendo desenvolver um discurso sobre a sociedade em seu conjunto e, portanto, não querendo reduzir a sociedade a uma pluralidade de elementos sem unidade, a seguir, tratando do tema da diferenciação, ele decompõe o sistema da sociedade em subsistemas particulares, assim vendo-se em dificuldades perante o problema da sociedade em geral (MARRAMAO, 1985, p. xxvii).

Por fim, pode-se afirmar que, quando Luhmann critica o estrutural-funcionalismo de Parsons, não parece acrescentar muito à crítica anterior de Merton ao postulado da indispensabilidade do funcionalismo. Merton, com efeito, afirmara que a mesma função poderia ser desempenhada por diferentes elementos, assim como o mesmo elemento poderia desempenhar diferentes funções.

Epílogo

Sem uma conclusão

Pelos motivos já indicados, não é possível chegar a uma conclusão. O pensamento sociológico continua a ser um problema em aberto, e as contribuições dadas a ele, vindas de várias partes, não permitem sequer pensar na proposta de uma síntese, por provisória que seja. Houve um momento em que se esperou que as várias contribuições, dadas por autores de escolas e orientações muito distantes entre si, poderiam convergir para uma ampla teorização única ou, ao menos, para uma problemática comum que formasse o campo específico do pensamento sociológico. Mas hoje estamos diante de tantas diferenças de orientação entre escolas e autores que tal tipo de esperança se torna demasiado otimista. Escolas que enfatizam o momento criativo da ação, sua liberdade, sua irrepetibilidade, sua intencionalidade, como fazem, por exemplo, a sociologia fenomenológica e o interacionismo simbólico, não são e nunca poderão ser de forma alguma conciliáveis com escolas que enfatizam os determinismos biológicos e o caráter ilusório da ação individual livre, bem como da transformação histórica, como a atual sociobiologia. Só resta aceitar essa pluralidade de perspectivas. Cada uma delas pode dar uma contribuição para a compreensão da realidade social, mas a pluralidade persistirá. Aqui pretendeu-se dar um testemunho dessa pluralidade, principalmente entre os autores contemporâneos, testemunho este, porém, destinado a se manter incompleto. Outros autores aqui não incluídos podem reivindicar a mesma importância dos autores incluídos. Toda escolha implica alguma exclusão.

O fato de que se tenha tentado apresentar orientações muito diferentes entre si não implica, porém, que não se pretendesse tomar posição. A sociologia se desenvolveu como disciplina com o propósito específico de compreender quais são os aspectos da atividade humana que não são redutíveis nem a determinismos biológicos, nem à vontade e a escolhas individuais. O estudo da sociologia é o estudo dos condicionamentos histórico-sociais: ou seja, desses condicionamentos que não são redutíveis a determinismos biológicos, sendo antes o resultado da consolidação de atividades anteriores em estruturas até certo ponto vinculantes para os indivíduos. Marx certamente captou como as estruturas econômicas resultam da interação, mas captou também como elas se tornam vinculantes para os indivíduos. E autores que se afastaram deliberadamente de Marx igualmente tiveram de reconhecer que, uma vez consolidadas, as atividades se transformam em estruturas dotadas de coercitividade frente às escolhas individuais. Até Max Weber, que é apresentado como exemplo por todos os defensores de uma sociologia da ação a ser compreendida mais em termos de intenções individuais do que de condicionamentos histórico-sociais, reconhecia explicitamente que as estruturas, depois de surgirem, são dotadas de certo grau de coercitividade. O capitalismo, afirma ele, é um enorme universo que condiciona todos os aspectos da vida do indivíduo desde o início. Durkheim, depois, fez da coercitividade do fato social, embora surgido da interação, o eixo de toda a sua sociologia. Desde as origens e nos clássicos, o condicionamento exercido pelas estruturas constitui o âmbito problemático, a característica distintiva do pensamento sociológico.

Isso não significa negar toda e qualquer autonomia à liberdade individual. Ela, porém, é concebida no interior dos condicionamentos. Assim como a linguagem, que se impõe desde o nascimento com suas regras e limitações, mesmo assim constitui o instrumento indispensável e imprescindível da livre-expressão, da mesma forma se passa com todas as estruturas sociais: o homem pode agir, com uma autonomia restrita, apenas no interior delas. Pode-se acrescentar, com Mannheim, que a tomada de consciência dos condicionamentos não limita a liberdade; mas, pelo contrário, constitui um momento importante de emancipação deles. Com efeito, apenas tomando consciência dos condicionamentos é que o homem pode ter condições de controlá-los. Quem se sabe condicionado por interesses de classe, por exemplo, tem maiores possibilidades de um juízo autônomo do que aquele que não tem consciência de tal condicionamento. Mas o condicionamento existe e não é redutível nem à psicologia, nem à biologia. E, como se disse, seu estudo é uma tarefa específica da sociologia.

De todo modo, os critérios adotados, aqui resumidos, não são utilizados para excluir autores e escolas que não os compartilhem. Basta pensar que foram abordados autores como Spencer nas origens e Wilson entre os contemporâneos, os quais tomaram determinismos biológicos como base de suas orientações teóricas. E, ainda, incluíram-se autores como Blumer e Boudon, que parecem querer banir de seus discursos qualquer problema referente ao condicionamento histórico-social. Esses critérios serviram, pelo contrário, como esquema de referência para a crítica. O ponto de vista adotado permitiu apontar os limites de cada escola e de cada autor frente ao que se considera como tarefa específica do pensamento sociológico.

Fazer referência ao problema dos condicionamentos histórico-sociais, que, aliás, religa-se à tradição da sociologia clássica, não significa de maneira nenhuma que as modalidades e o grau de tais condicionamentos sejam sempre os mesmos. Muitos autores mostraram, por exemplo, que onde há maior mobilidade e condições de reconhecer a pluralidade dos mundos sociais, pode ser mais fácil perceber e, portanto, parcialmente dominar o condicionamento. E tampouco se aplica a objeção de que, assim, o pensamento sociológico veda sua possibilidade de estudar a inovação, a mudança, a "produção", bem como a "reprodução" da sociedade. Mesmo elas, de fato, precisam de condições sociais específicas que cabe à pesquisa sociológica desvendar, e não podem existir sem condições que as favoreçam socialmente. Ademais, já foi observado que mesmo as teorias sociológicas menos atentas aos condicionamentos histórico-sociais depois se mostram, sob análise, correlacionadas com determinados contextos e seus respectivos problemas. É o caso daquelas teorias que apontam o sujeito individual como única fonte de inovação. Elas se mostram consequências de um longo período quando a mudança das estruturas era vista como a única possibilidade de transformação do homem e da crise dessa convicção. Todo o individualismo e o interacionismo de muitas teorias sociológicas recentes, aqui comentadas, aparecem social e historicamente condicionados.

Assim, se a sociologia quiser sobreviver e ter um campo problemático específico, que se afigura imprescindível na cultura contemporânea, ela precisa realizar um esforço constante para correlacionar o vivido, os problemas da vida cotidiana, as opiniões individuais, as dificuldades dos relacionamentos, as neuroses, a ignorância, os preconceitos, a fé ou a falta de fé religiosa, a marginalização ou a integração manipulada dos indivíduos, as hipóteses e as descobertas científicas, o senso comum etc., com os problemas estruturais, históricos, econômicos e políticos mais amplos e com as realidades institucionais que muitas vezes agem sobre os indivíduos sem o conhecimento deles. Neste sentido, a sociologia não se limita a registrar os comportamentos, as opiniões, suas regularidades ou suas características inovadoras. Ela deve contribuir para revelar os condicionamentos que agem latentemente sobre eles, mostrando sua variabilidade histórica, sua transformabilidade e, portanto, a possibilidade da ação. Mas a identificação das formas e das modalidades específicas em que a correlação se manifesta historicamente nos diversos contextos só pode se dar por meio da pesquisa.

Referências

ABBAGNANO, N. (1959). *Problemi di sociologia*. Turim: Taylor.

ADORNO, T.W. (1954). *Minima Moralia*. Turim: Einaudi.

ADORNO, T.W. & HORKHEIMER, M. (1966a). *Dialettica dell'Illuminismo*. Turim: Einaudi.

______ (orgs.) (1966b). *Lezioni di sociologia*. Turim: Einaudi.

ADORNO, T.W.; SANFORD, R.N.; LEVINSON, D.J. & FRENKEL-BRUNSWIK, E. (1973 [1950]). *La personalità autoritaria*. 2 vols. Milão: Comunità.

ALBERONI, F. (1977). *Movimento e istituzione*. Bolonha: Il Mulino.

______ (1968a). "Introduzione". In: SMELSER, N.J. *Il comportamento collettivo*. Florença: Vallecchi.

______ (1968b). *Statu Nascenti*. Bolonha: Il Mulino.

AMMASSARI, P. (1983). "Vico, Croce e la sociologia". In: IZZO, A. & MORGANDINI, C. (orgs.). *Contributi di storia della sociologia*. Milão: Angeli, p. 31-41.

ANSART, P. (1972 [1969]). *Marx e l'anarchismo*. Bolonha: Il Mulino.

ANTISERI, D. (1987). "Individualismo metodologico e autonomia della sociologia". In: ANTISERI, D.; INFANTINO, L. & BONIOLO, G. *Autonomia e metodo del giudizio sociologico*. Roma: Armando.

ANTONI, C. (1951). *Dallo storicismo alla sociologia*. Florença: Sansoni.

ARAB-OGLY, E.A. (1980 [1970]). *Identikit del 2000*. Roma: Editori Riuniti.

ARDIGÒ, A. (1988). *Per una sociologia oltre il post-moderno*. Bari: Laterza.

______ (1980). *Crisi di governabilità e mondi vitali*. Bolonha: Cappelli.

ARON, R. (1972 [1965]). *Le tappe del pensiero sociologico*. Milão: Mondadori.

BAGNASCO, A. (1989). "Critica delle prediche individualistiche e problema di una teoria adatta della struttura". In: SCIOLLA, L. & RICOLFI, L. (orgs.). *Il soggetto dell'azione*: paradigmi sociologici e immagini dell'attore sociale. Milão: Angeli, p. 149-152.

BARBANO, F. (1982). "A proposito dell'attualità dell'interazionismo simbolico". Exposição apresentada na conferência: *Costruzione simbolica e realtà sociale*, Trento.

BARTH, H. (1971 [1961]). *Verità e ideologia*. Bolonha: Il Mulino.

BARTOCCI, E. (1989). "John Millar e le origini del pensiero sociologico". In: MILLAR, J. *Osservazioni sull'origine delle distinzioni di rango nelle società*. Milão: Angeli.

BASAGLIA, F. (1968). *L'istituzione negata*. Turim: Einaudi.

BENEDICT, R. (1960 [1934]). *Modelli di cultura*. Milão: Feltrinelli.

BERGER, P. & LUCKMANN, T. (1969 [1966]). *La realtà come costruzione sociale*. Bolonha: Il Mulino.

BERGER, P.; BERGER, B. & KELLNER, H. (1974). *The Homeless Mind*: Modernization and Consciousness. Harmondsworth: Penguin Books.

BIANCA, O. (1949). "Introduzione". In: DILTHEY, W. *Introduzione alle scienze dello spirito*. Turim: Paravia.

BIERSTEDT, R. (1978). "Sociological Thought in the Eighteenth Century". In: BOTTOMORE, T. & NISBET, R. *A History of Sociological Analysis*. Nova York: Basic Books, p. 3-38.

BLAU, P.M. (1964). *Exchange and Power in Social Life*. Nova York: Wiley.

BLUMER, H. (1969). *Symbolic Interactionism*. Englewood Cliffs: Prentice Hall.

BOBBIO, N. (1971a). "Introduzione alla sociologia di Pareto e L'ideologia in Pareto e Marx". In: BOBBIO, N. *Saggi sulla scienza politica in Italia*. Bari: Laterza.

______ (1971b). "Mosca e la scienza politica". In: BOBBIO, N. *Saggi sulla scienza politica in Italia*. Bari: Laterza.

BOTTOMORE, T. & NISBET, R. (orgs.). (1978). *A History of Sociological Analysis*. Nova York: Basic Books.

BOUDON, R. (1989). "Razionalità soggettiva e disposizioni". In: SCIOLLA, L. & RICOLFI, L. (orgs.). *Il soggetto dell'azione*: paradigmi sociologici e immagini dell'attore sociale. Milão: Angeli, p. 27-50.

______ (1987). "Razionalità e teoria dell'azione". In: *Rassegna Italiana di Sociologia* 2, p. 175-204.

______ (1982a). "*Individualisme*". In: BOUDON, R. & BOURRICAUD, F. (orgs.). *Dictionnaire critique de la sociologie*. Paris: PUF.

______ (1982b). "Introduction". In: SIMMEL, G. *Les problèmes de la philosophie de l'histoire*. Paris: PUF.

______ (1979). *Istruzione e mobilità sociale*. Bolonha: Zanichelli.

BRAMSON, L. (1961). *The Political Context of Sociology*. Princeton: Princeton University Press.

BREDEMEIER, H.C. (1978). "Exchange Theory". In: BOTTOMORE, T. & NISBET, R. *A History of Sociological Analysis*. Nova York: Basic Books, p. 418-456.

BULMER, M. (1939). "An Appraisal of Thomas and Znaniecki's 'The Polish Peasant in Europe and America'". In: *Social Science Research Council Bulletin*, 42.

BURKE, E. (1930 [1790]). *Riflessioni sulla Rivoluzione Francese*. Bolonha: Cappelli [edição de V. Beonio-Brocchieri].

BURNHAM, J. (1947 [1943]). *I difensori della libertà*. Milão: Mondadori.

BUSINO, G. (1975). *Introduzione* a *Guida a Pareto*: Per leggere bene Pareto. Milão: Rizzoli.

CAVALLI, L. (1973). *Sociologie del nostro tempo*. Bolonha: Il Mulino.

______ (1970). *Il mutamento sociale*: sette ricerche sulla società occidentale. Bolonha: Il Mulino.

CAZENEUVE, J. (1972). *I poteri della televisione*. Roma: Armando.

CERRONI, U. (1983). *Teoria della società di massa*. Roma: Editori Riuniti.

CHEVALLIER, J.-J. (1975 [1949]). *Le grandi opere del pensiero politico*. Bolonha: Il Mulino.

CIACCI, M. (1972). "Gli insegnamenti di Chicago: G.H. Mead e l'interazionismo simbolico". In: *Rassegna Italiana di Sociologia*, XIII, n. 2.

CIACCI, M. (org.) (1983). *Interazionismo simbolico*. Bolonha: Il Mulino.

CICOUREL, A.W. (1972). *Cognitive Sociology Language and Meaning in Social Interaction*. Harmondsworth: Penguin.

COLLETTI, L. (1970). "Rousseau critico della 'società civile'". In: COLLETTI, L. *Ideologia e società*. Bari: Laterza.

COMTE, A. (1970 [1854]). "Système de politique positive ou traité de sociologie". In: *Oeuvres de Auguste Comte*. 2 vols. Paris: Anthropos.

______ (1969). *Cours de philosophie positive*. 3. ed. Paris: J.B. Baillière et fils [edição de E. Littré].

______ (1967 [1830-1842]). *Corso di filosofia positiva*. 2 vols. Turim: Utet [edição de Franco Ferrarotti].

______ (1929). *Système de politique positive*. Paris: Société Positiviste.

CONDORCET, M.J. (1968 [1793]). *Abbozzo di un quadro storico del progresso dello spirito umano*. Turim: Einaudi [edição de M. Minerbi].

COOLEY, C.H. (1964 [1902]). *Human Nature and Social Order*. Nova York: Schoken.

______ (1963 [1909]). *L'organizzazione sociale*. Milão: Comunità.

CORRADI, C. (1988). *Metodo biografico come metodo ermeneutico* – Una rilettura de "Il contadino polacco". Milão: Angeli.

CORRADINI, D. (1967). *Karl Mannheim*. Milão: Giuffrè.

COSER, L. (1983 [1971]). *I maestri del pensiero sociologico*. Bolonha: Il Mulino.

______ (1978). "American Trends". In: BOTTOMORE, T. & NISBET, R. *A History of Sociological Analysis*. Nova York: Basic Books, p. 287-321.

_____ (1975). "Presidential Address: Two Methods in Search of a Substance". In: *American Sociological Review*, XL, p. 691-700.

_____ (1967 [1956]). *Le funzioni del conflitto sociale*. Milão: Feltrinelli.

COULON, A. (1987). *L'ethnométhodologie*. Paris: PUF.

CRESPI, F. (1985). *Le vie della sociologia*. Bolonha: Il Mulino.

CUVILLIER, A. (1962-1972). *Manuel de sociologie*. 3 vols. Paris: PUF.

DAHRENDORF, R. (1988 [1987]). *Per un nuovo liberalismo*. Bari: Laterza.

_____ (1981 [1979]). *La libertà che cambia*. Bari: Laterza.

_____ (1974 [1957]). *Classi e conflitto di classe nella società industriale*. Bari: Laterza.

_____ (1971 [1965]). *Uscire dall'utopia*. Bolonha: Il Mulino.

DARWIN, C. (1980 [1859]). *L'origine della specie*. Turim: Boringhieri.

DE BONALD, L. (1817 [1800]). *Essai analytique sur les lois naturelles de l'ordre, ou du Pouvoir, du Ministre et de sujet dans société*. Paris: Le Clere [Oeuvres, I].

DE FEO, N. (1970). *Introduzione a Max Weber*. Bari: Laterza.

DE MAISTRE, J. (1975 [1808]). *Saggio sul principio generatore delle costituzioni politiche e delle altre istituzioni umanei*. Milão: Scheiwiller.

DEFOE, D. (1958 [1724-1726]). "Viaggio intorno alla Gran Bretagna". In: DEFOE, D. *Opere*. 3 vols. Florença: Sansoni [edição de Carlo Izzo].

DILTHEY, W. (1954). *Critica della ragione storica*. Turim: Einaudi [com introdução de Pietro Rossi].

_____ (1914-). *Gesammelte Schriften*. 20 vols. Leipzig/Berlim: Teubner.

DURKHEIM, E. (1979 [1895]). *Le regole del metodo sociológico*. Milão: Comunità.

_____ (1973). *Il socialismo: definizione, origini, la dottrina saint-simoniana*. Milão: Angeli [introdução de Marcel Mauss, com um ensaio introdutivo de Filippo Barbano, *Scienza sociale e socialismo: Durkheim e dopo*].

_____ (1972a). *La scienza sociale e l'azione*. Milão: Il Saggiatore [edição de Jean Claude Filloux].

_____ (1972b). "Corso di scienza sociale: prolusione". In: *La scienza sociale e l'azione*. Milão: Il Saggiatore [edição de Jean Claude Filloux].

_____ (1971a [1893]). *La divisione del lavoro sociale*. Milão: Comunità.

_____ (1971b [1922]). *La sociologia e l'educazione*. Roma: Newton Compton.

_____ (1969 [1897]). *Il suicidio*. Turim: Utet [edição de Luciano Cavalli].

_____ (1963 [1912]). *Le forme elementari della vita religiosa*. Milão: Comunità [edição de Remo Cantoni].

______ (1953 [1892]). *Montesquieu et Rousseau précurseurs de la sociologie.* Paris: Rivière [edição de G. Davy].

ENGELS, F. (1969 [1886]). *Ludwig Feuerbach e il punto d'approdo della filosofia classica tedesca.* Roma: Editori Riuniti [edição de Palmiro Togliatti].

FEBBRAJO, A. (1990). "Introduzione". In: LUHMANN, N. *Sistemi sociali*: fondamenti di una teoria generale. Bolonha: Il Mulino.

______ (1977). "Introduzione". In: LUHMANN, N. *Sociologia del diritto.* Bari: Laterza.

FERGUSON, A. (1973 [1767]). *Saggio sulla storia della società civile.* Florença: Vallecchi.

FERRAROTTI, F. (1981-1982). "Scimpanzé onorari: il ritorno di un vecchio errore". In: *La Critica Sociologica*, 60.

______ (1974). *Il pensiero sociologico da Auguste Comte a Max Horkheimer.* Milão: Mondadori.

______ (1973). *Introduzione* a *Per conoscere Pareto.* Milão: Mondadori.

______ (1969). "Statu quo". In: *La Critica Sociologica*, 10.

______ (1968). *Trattato di sociologia.* Turim: Utet.

______ (1967). "Introduzione". In: SPENCER, H. *Principi di sociologia.* Turim: Utet.

______ (1965). *Max Weber e il destino della ragione.* Bari: Laterza.

FORNI, G. (1972). *Il soggetto e la storia.* Bolonha: Il Mulino.

FOSS, D. (1966 [1964]). "La concezione del mondo di Talcott Parsons". In: VIDICH, A. & STEIN, M. (orgs.). *Sociologia alla prova.* Roma: Armando.

FRISBY, D. (1985 [1984]). *Georg Simmel.* Bolonha: Il Mulino.

FROMM, E. (1964 [1958]). *Psicoanalisi della società contemporanea.* Milão: Comunità.

GAETA, F. & VILLANI, P. (1974). *Corso di Storia.* Milão: Principato.

GALLINO, L. (1980a). *La società, come cambia, come funziona*: un'introduzione sistemica alla sociologia. Turim: Paravia.

______ (1980b). "Oltre il gene egoista". In: VV. AA. *Sociobiologia e natura umana.* Turim: Einaudi.

GARFINKEL, H. (1967). "What is Ethnomethodology". In: GARFINKEL, H. *Studies in Ethnomethodology.* Englewood Cliffs: Prentice Hall.

GIGLIOLI, P.P. (1988). "Introduzione". In: GOFFMAN, E. *La vita quotidiana come rappresentazione.* Bolonha: Il Mulino.

______ (1971). "Self e interazione nella sociologia di Erving Goffman". [Introdução]. In: GOFFMAN, E. *Modelli di interazione.* Bolonha: Il Mulino.

GIGLIOLI, P.P. & DAL LAGO, A. (orgs.) (1983). *Etnometodologia.* Bolonha: Il Mulino.

GOFFMAN, E. (1988 [1959]). *La vita quotidiana come rappresentazione*. Bolonha: Il Mulino [com introdução de Pier Paolo Giglioli].

______ (1971). *Modelli di interazione*. Bolonha: Il Mulino.

______ (1968 [1962]). *Asylums*. Turim: Einaudi.

GOLDSTEIN, L.J. (1979). "L'inadeguatezza del principio dell'individualismo metodologico". In: PREDAVAL MAGRINI, M.V. (org.). *Filosofia analitica e conoscenza storica*. Florença: La Nuova Italia.

GORMAN, R.A. (1977). *The Dual Vision*: Alfred Schütz and the Myth of Phenomenological Social Science. Londres: Henley.

GOULDNER, A.A. (1980). *La crisi della sociologia*. Bolonha: Il Mulino.

GRAMSCI, A. (1975 [1947]). *Quaderni del carcere*. Turim: Einaudi [edição de V. Gerratana].

GRENE, M. (1980). "Sociobiologia e mente umana". In: VV. AA. *Sociobiologia e natura umana*. Turim: Einaudi.

HABERMAS, J. (1986 [1981]). *Teoria dell'agire comunicativo*. 2 vols. Bolonha: Il Mulino.

______ (1985 [1983]). *L'etica del discorso*. Bari: Laterza.

______ (1980a [1967]). *Agire comunicativo e logica delle scienze sociali*. Bolonha: Il Mulino.

______ (1980b). "La colonizzazione del quotidiano". In: *Quaderni Piacentini*, XIX, n. 74.

______ (1979 [1976]). *Per la ricostruzione del materialismo storico*. Milão: ETAS.

______ (1973 [1972]). *Cultura e critica*: riflessioni sul concetto di partecipazione politica e altri saggi. Turim: Einaudi.

______ (1971 [1962]). *Storia e critica dell'opinione pubblica*. Bari: Laterza.

HAMILTON, W.D. (1964). "The General Evolution of Social Behavior". In: *Journal of Theoretical Biology*, 7, p. 1-52.

HARRIS, M. (1971 [1968]). *L'evoluzione del pensiero antropologico*: una storia della teoria della cultura. Bolonha: Il Mulino.

HAYEK, F.A. (1967 [1960]). *L'abuso della ragione*. Florença: Vallecchi.

HEGEL, G.W.F. (1965 [1821]). *Lineamenti di filosofia del diritto*. Bari: Laterza [edição de F. Messineo].

______ (1963 [1832]). *Lezioni sulla filosofia della storia*. 3 vols. Florença: La Nuova Italia.

HEMPEL, C.G. (1967 [1959]). *La logica dell'analisi funzionale*. Trento: Istituto Superiore di Scienze Sociali.

HERDER, J.G. (1971 [1791]). *Idee per la filosofia della storia dell'umanità*. Bolonha: Zanichelli [edição de Valerio Verra].

HOMANS, G. (1975 [1961]). *Le forme elementari del comportamento sociale*. Milão: Angeli.

HORKHEIMER, M. (1974 [1936]). "Introduzione". In: *Studi sull'autorità e la famiglia*. Turim: Utet.

HUSSERL, E. (1961 [1954]). *La crisi delle scienze europee e la fenomenologia trascendentale*. Milão: Il Saggiatore [edição de Enrico Filippini].

INFANTINO, L. (1987). "Le conseguenze inintenzionali dell'azione umana". In: ANTISERI, D.; INFANTINO, L. & BONIOLO, G. *Autonomia e metodo del giudizio sociologico*. Roma: Armando.

IZZO, A. (1988). *Karl Mannheim*: una introduzione. Roma: Armando.

______ (1982). "Le critiche di Alfred Schütz a Max Weber e il lavoro del sociologo oggi". In: *Fenomenologia e Società*, V, n. 17, p. 80-92.

______ (1979). "Introduzione". In: SCHÜTZ, A. *Saggi sociologici*. Turim: Utet.

IZZO, A. (org.) (1974-1977). *Storia del pensiero sociologico*. 3 vols. Bolonha: Il Mulino.

JAMES, W. (1980 [1950]). *Principles of Psychology*. 2 vols. Nova York: Henry Holt.

JONAS, F. (1970 [1968]). *Storia della sociologia*. Bari: Laterza.

KAUTSKY, K. (1958 [1906]). *Etica e concezione materialistica della storia*. Milão: Feltrinelli.

KOHLBERG, L. (1971). "From Is to Ought". In: MISHEL, T. (org.). *Cognitive Development and Epistemology*. Nova York.

LANDGREBE, L. (1972 [1968]). *Fenomenologia e storia*. Bolonha: Il Mulino.

LE BON, G. (1970 [1895]). *Psicologia delle folle*. Milão: Longanesi.

LEONARDI, F. (1986). *Di che parla il sociologo?* Problemi di epistemologia delle scienze sociali. Milão: Angeli.

LINTON, R. (1973 [1936]). *Lo studio dell'uomo*. Bolonha: Il Mulino.

LUHMANN, N. (1990 [1984]). *Sistemi sociali*: fondamenti di una teoria generale. Bolonha: Il Mulino.

______ (1985 [1981]). *Com'è possibile l'ordine sociale*. Bari: Laterza [com introdução de Giacomo Marramao].

______ (1983 [1970]). *Illuminismo sociologico*. Milão: Il Saggiatore [com introdução de Danilo Zolo].

______ (1977 [1972]). *Sociologia del diritto*. Bari: Laterza [com introdução de Alberto Febbrajo].

LUHMANN, N. & HABERMAS, J. (1973 [1971]). *Teoria della società o tecnologia sociale*. Milão: ETAS.

LUKÁCS, G. (1967 [1923]). *Storia e coscienza di classe*. Milão.

______ (1959 [1954]). *La distruzione della ragione*. Turim: Einaudi.

LYND, R. (1976 [1948]). *Conoscenza per che fare?* Le scienze sociali nella cultura americana. Bolonha: Guaraldi.

______ (1956). "Power in the United States". In: *The Nation*, 192, n. 19.

LYND, R. & LYND, M.H. (1974 [1937]). *Middletown in Transition*. Milão: Comunità.

______ (1970 [1929]). *Middletown*. Milão: Comunità.

MADGE, J. (1966 [1962]). *Gli sviluppi dei metodi di ricerca empirica in sociologia*. Bolonha: Il Mulino [com introdução de Alberto Izzo].

MALINOWSKI, B. (2004 [1922]). *Argonauti del Pacifico Occidentale*. Turim: Einaudi.

______ (1962 [1944]). *Teoria scientifica della cultura e altri saggi*. Milão: Feltrinelli.

______ (1936). *Freedom and Civilization*. Londres: Allen and Unwin.

MANNHEIM, K. (1985 [1929; 1936]). *Ideologia e utopia*. Bolonha: Il Mulino.

______ (1974 [1952]). *Sociologia della conoscenza*. Bari: Dedalo [edição de Paul Kecskemeti].

______ (1967). "Il pensiero conservatore". In: *L'analisi strutturale dell'epistemologia*. Milão: Silva [introdução de Alberto Izzo].

______ (1959 [1935]). *L'uomo e la società in un'età di ricostruzione*. Milão: Comunità.

______ (1951 [1943]). *Diagnosi del nostro tempo*. Milão: Comunità.

MARCUSE, H. (1968 [1964]). *L'uomo a una dimensione*. Turim: Einaudi.

______ (1967 [1965]). "Industrializzazione e capitalismo". In: VV. AA. *Max Weber e la sociologia oggi*. Milão: Jaca Book.

______ (1966 [1941]). *Ragione e rivoluzione*: Hegel e il sorgere della "teoria sociale". Bolonha: Il Mulino [com introdução de Antonio Santucci].

______ (1964 [1955]). *Eros e civiltà* (1955). Turim: Einaudi.

______ (1928). "Beiträge zur Phänomenologie des historischen Materialismus". In: *Philosophische Hefte*, I.

MARRAMAO, G. (1985). "Introduzione". In: LUHMANN, N. *Com'è possibile l'ordine sociale*. Bari: Laterza.

MARTINDALE, D. (1968 [1960]). *Tipologia e storia della teoria sociologia*. Bolonha: Il Mulino [edição de Alberto Izzo].

MARX, K. (1970 [1850]). *Le lotte di classe in Francia dal 1848 al 1850*. Roma: Editori Riuniti.

______ (1969 [1859]). *Per la critica dell'economia politica*. Roma: Editori Riuniti.

______ (1968). *Manoscritti economico-filosofici del 1844*. Turim: Einaudi [edição de Norberto Bobbio].

______ (1947 [1852]). *Il diciotto brumaio di Luigi Bonaparte*. Moscou: Edições em Línguas Estrangeiras.

MARX, K. & ENGELS, F. (1975 [1844-1855]). *La sacra famiglia*. Roma: Editori Riuniti.

______ (1974 [1867-1894]). *Il capitale. Critica dell'economia politica*. Roma: Editori Riuniti.

______ (1967 [1845-1846]). *L'ideologia tedesca*. Roma: Editori Riuniti.

______ (1953 [1848]). *Manifesto del Partito Comunista*. Turim: Einaudi.

MEAD, G.H. (1966 [1934]). *Mente, Sé e società*. Florença: Barbèra.

MELOTTI, U. (1982). "Sociobiologia e scienze sociali - Un confronto necessario". In: *Volontà*, XXXVI, n. 1.

MELTZER, B.N.; PETRAS, J.W. & REYNOLDS, L.T. (1980). *L'interazionismo simbolico*: genesi, sviluppi e valutazione critica. Milão: Angeli.

MENGER, C. (1937 [1883]). *Il metodo della scienza economica*. Turim: Utet.

MERTON, R.K. (2000 [1949]). *Teoria e struttura sociale*. 3 vols. Bolonha: Il Mulino.

MICHELS, R. (1966 [1911]). *La sociologia del partito politico nella democrazia moderna*. Bolonha: Il Mulino [com introdução de Juan J. Linz].

MILLAR, J. (1989 [1771]). *Osservazioni sull'origine delle distinzioni di rango nella società*. Milão: Angeli [com introdução de Enzo Bartocci].

MILLS, C.W. (1973 [1956]). *L'élite del potere*. Milão: Feltrinelli.

______ (1966 [1951]). *Colletti bianchi*. Turim: Einaudi.

______ (1962 [1959]). *L'immaginazione sociologica*. Milão: Il Saggiatore.

______ (1953). "Introduction". In: VEBLEN, T. *The Theory of Leisure Class*. Nova York: Mentor.

MILLS, C.W. (org.) (1963 [1960]). *Immagini dell'uomo*. Milão: Comunità.

MILLS, C.W. & GERTH, H. (1958). *From Max Weber*: Essays in Sociology. Nova York: Oxford University Press.

MOMMSEN, W.J. (1970 [1969]). *L'età dell'imperialismo*: Europa 1885-1918. Milão: Feltrinelli [Storia Universale Feltrinelli, 28].

MONTANARI ORSELLO, F. (1971). *La teoria del "consensus" di Auguste Comte*. Pádua: Marsilio.

MONTESQUIEU, C.L.S. (1952 [1748]). *Lo spirito delle leggi*. 2 vols. Turim: Utet [edição de Sergio Cotta].

MONTI, E. (1988). *Le radici dell'interazionismo simbolico americano contemporaneo*. Milão: Angeli.

MORRIS, C.W. (1966). "George H. Mead psicologo e filosofo sociale". In: MEAD, G.H. *Mente, Sé e società*. Florença: Barbèra.

MORRISON, S.E. & COMMAGER, H.S. (1961 [1950]). *Storia degli Stati Uniti*. 2 vols. Florença: La Nuova Italia.

MOSCA, G. (1968 [1884]). *Teoria dei governi e governo parlamentare*. Milão: Giuffrè [com apresentação de Rodolfo De Mattei].

______ (1964 [1933]). *Storia delle dottrine politiche*. Bari: Laterza.

NEGT, O. (1975 [1964]). *Hegel e Comte*. Bolonha: Il Mulino.

NISBET, R. (1977 [1966]). *La tradizione sociologica*. Florença: La Nuova Italia.

OGBURN, W.F. (1922). *Social Change with Respect to Culture and Original Nature*. Nova York: Bell.

ORTEGA Y GASSET, J. (1969). *La "Filosofia de la historia" de Hegel y la historiologia*. Madri: Revista de Occidente [Obras Completas].

PARETO, V. (1969 [1916]). *Trattato di sociologia generale*. 2 vols. Milão: Comunità [com introdução de Norberto Bobbio].

______ (1897). *Cours d'économique politique*. Lausanne.

PARSONS, T. (1971 [1966]). *Sistemi di società* – Vol. I: Le società tradizionali. Bolonha: Il Mulino.

______ (1965 [1951]). *Il sistema sociale*. Milão: Comunità [com introdução de Luciano Gallino].

______ (1962 [1937]). *La struttura dell'azione sociale*. Bolonha: Il Mulino [com introdução de Gianfranco Poggi].

______ (1949). *Essays in Sociological Theory Pure and Applied*. Glencoe: Free Press.

PROUDHON, P.J. (1969 [1840]). *Che cos'è la proprietà?* Bari: Laterza.

______ (1968 [1858]). *La giustizia nella rivoluzione e nella Chiesa*. Turim: Utet [edição de Mario Albertini].

______ (1946 [1853]). *Philosophie du progrès*. Paris: Rivière [edição de T. Ruysseu].

______ (1923 [1846]). *Système de contradictions économiques ou philosophie de la misère*. 2 vols. Paris: Rivière [edição de C. Bouglé e H. Moysset].

ROSSI, Paolo (1982). "Introduzione". In: VICO, G. *La scienza nuova*. Milão: Rizzoli.

ROSSI, Pietro (1954). "Introduzione". In: DILTHEY, W. *Critica della ragione storica*. Turim: Einaudi.

ROSSI, Pietro (org.) (1974). *Lo storicismo contemporaneo*. Turim: Loescher.

______ (1973). *Positivismo e sociologia*. Turim: Loescher.

______ (1971). *Lo storicismo tedesco contemporaneo*. Turim: Utet.

______ (1966). *Gli illuministi francesi*. Turim: Loescher.

ROUSSEAU, J.-J. (1971 [1762]). *Il contratto sociale*. Turim: Einaudi.

______ (1968). *Sull'origine dell'ineguaglianza*. Roma: Editori Riuniti.

RUSCONI, G.E. (1967). "Distanza da Weber". In: VV. AA. *Max Weber e la sociologia oggi*. Milão: Jaca Book.

SAINT-SIMON, C.H. (1968 [1825]). *Nuovo cristianesimo* Roma: Editori Riuniti.

______ (1966 [1822]). *Du système industriel.* Paris: Anthropos [Œuvres].

SCHÜTZ, A. (1979 [1971-1973]). *Saggi sociologici.* Turim: Utet [edição de Alberto Izzo].

______ (1974 [1932]). *La fenomenologia del mondo sociale.* Bolonha: Il Mulino [com introdução de Ezio Melandri].

SIGHELE, S. (1931 [1891]). *La folla delinquente.* Turim: Bocca.

SIMMEL, G. (1984 [1900]). *La filosofia del denaro.* Turim: Utet [edição de A. Cavalli e L. Perucchi].

______ (1982 [1890]). *La differenziazione sociale.* Bari: Laterza [edição de Bruno Accarino; prefácio de Franco Ferrarotti].

______ (1976 [1918]). *Il conflitto della cultura moderna.* Roma: Bulzoni [edição de Carlo Mongardini].

______ (1916). *Das Problem der historischen Zeit.* Berlim: Reuther und Reichard.

______ (1913). *Goethe.* Leipzig: Kluckhard und Bierman.

SKINNER, B.F. (1953). *Science and Human Behavior.* Nova York: Macmillan.

SMELSER, N.J. (1984 [1981]). *Manuale di sociologia.* Bolonha: Il Mulino.

______ (1968 [1963]). *Il comportamento collettivo.* Florença: Vallecchi [com introdução de Francesco Alberoni].

SMITH, A. (1976). *La ricchezza delle nazioni.* 3 vols. Roma: Newton Compton [com contribuições críticas de Lucio Colletti, Claudio Napoleoni e Paolo Sylos Labini].

______ (1880 [1759]). *The Theory of Moral Sentiments.* Londres: George Bell and Sons.

SPENCER, H. (1967 [1896]). *Princìpi di sociologia.* 2 vols. Turim: Utet [com introdução de Franco Ferrarotti].

STARK, W. (1963 [1958]). *Sociologia della conoscenza.* Milão: Comunità [com introdução de Luciano Gallino].

SUMNER, W.G. (1984 [1981]). *Manuale di sociologia.* Bolonha: Il Mulino.

______ (1962 [1906]). *Costumi di gruppo.* Milão: Comunità [com introdução de Alberto M. Cirese].

TALMON, J.L. (1967 [1952]). *Le origini della democrazia totalitaria.* Bolonha: Il Mulino.

TARDE, G. (1911 [1890]). *Les lois de l'imitation: étude sociologique.* Paris: Alcan.

THOMAS, W.I. (1923). *The Unadjusted Girl.* Boston: Brown.

THOMAS, W.I. & ZNANIECKI, F. (1968 [1920]). *Il contadino polacco in Europa e in America.* 2 vols. Milão: Comunità [com introdução de Luciano Gallino].

TOCQUEVILLE, A. (1968 [1835]). *La democrazia in America.* Turim: Utet.

TÖNNIES, F. (1963 [1887]). *Comunità e società*. Milão: Comunità [com introdução de Renato Treves].

______ (1931). *Einführung in die Sociologie*. Stuttgart: Enke.

TOURAINE, A. (1984). *Le retour de l'acteur*. Paris: Fayard.

______ (1975 [1973]). *La produzione della società*. Bolonha: Il Mulino [com introdução de Alberto Melucci].

TRIVERS, R.L. (1972). "Parental investment and Sexual Selection". In: CAMPBELL, B. (org.). *Sexual Selection and the Descent of Man 1871-1971*. Chicago: Aldine, p. 136-179.

______ (1971). "The Evolution of Reciprocal Altruism". In: *Quarterly Review of Biology*, 46 (4), p. 35-57.

TURGOT, A.R.J. (1913 [1750]). "Plan de deux discours sur l'histoire universelle". In: SCHELLE, G. (org.). *Œuvres de Turgot et documents le concernant*. Vol. 1. Paris: Alcan.

TURNER, J.H. (1974). *The Structure of Sociological Theory*. Homewood: Dorsey.

VALIAVEC, F. (1973 [1961]). *Storia dell'Illuminismo*. Bolonha: Il Mulino.

VEBLEN, T. (1969 [1900]). *La teoria della classe agiata*. Milão: Il Saggiatore.

VERMEIL, E. (1956). *La Germania contemporanea*. Bari: Laterza.

VICO, G. (1982 [1725]). *La scienza nuova*. Milão: Rizzoli [com introdução e notas de Paolo Rossi].

VISALBERGHI, A. (1963). "Introduzione". In: COOLEY, C.H. *L'organizzazione sociale*. Milão: Comunità.

WALLACE, R.A. & WOLF, A. (1985 [1980]). *La teoria sociologica contemporanea*. Bolonha: Il Mulino.

WASHBURN, S.L. (1980 [1978]). "Comportamento animale e antropologia sociale". In: VV. AA. *Sociobiologia e natura umana*. Turim: Einaudi.

WATKINS, J. (1979 [1952]). "Tipi ideali e spiegazione storica". In: PREDAVAL MAGRINI, M.V. (org.). *Filosofia analitica e conoscenza storica*. Florença: La Nuova Italia.

WEBER, M. (1968 [1922]). *Economia e società*. 2 vols. Milão: Comunità [edição de Pietro Rossi].

WEBER, M. (1965a [1904-1905]). *L'etica protestante e lo spirito del capitalismo*. Florença: Sansoni [com introdução de Ernesto Sestan].

______ (1965b [1909]). "Discorso pronunciato in occasione dell'assemblea del 'Verein für Sozialpolitik'". In: FERRAROTTI, F. *Max Weber e il destino della ragione*. Bari: Laterza.

______ (1958). *Il metodo delle scienze storico-sociale*. Turim: Einaudi [escritos dos anos 1904-1917, edição de Pietro Rossi].

WILSON, E. (1979 [1975]). *Sociobiologia*: la nuova sintesi. Bolonha: Zanichelli.

WINDELBAND, W. (1947 [1883]). *Preludi*. Milão: Bompiani.

WOLFF, K.H. (1984 [1978]). *Fenomenologia e sociologia*. Roma: La Goliardica [com apresentação de Alberto Izzo].

______ (1974). *Trying Sociology*. Nova York: Wiley.

______ (1971). "Introduction". In: WOLFF, K.H. (org.). *From Karl Mannheim*: A Reading of Karl Mannheim. Nova York: Oxford University Press.

______ (1950). *Introduction a The Sociology of Georg Simmel*. Nova York: The Free Press [edição de Kurt H. Wolff].

ZIMMERMANN, D.H. & POLLNER, M. (1983 [1970]). "Il mondo quotidiano come fenomeno". In: GIGLIOLI, P.P. & Dal LAGO, A. (orgs.). *Etnometodologia*. Bolonha: Il Mulino, p. 89-117.

ZNANIECKI, F. (1968 [1940]). *The Social Role of Man of Knowledge*. Nova York: Harper Torchbooks.

______ (1934). *The Method of Sociology*. Nova York: Rinehart.

Índice onomástico

Índice geral

O retorno da sociedade

André Botelho

Em *O retorno da sociedade*, André Botelho convida o leitor a voltar os olhos para as interpretações clássicas do Brasil a fim de compreender de modo renovado as relações entre sociedade e política.

Mudanças institucionais na política não ocorrem no vazio das relações sociais. Esse é o principal ensinamento da tradição intelectual que, entre as décadas de 1920 e 1970, formula uma agenda de reflexão e pesquisa no Brasil sobre as bases sociais da vida política. De Oliveira Vianna a Maria Sylvia de Carvalho Franco, essa vertente da sociologia política, internamente diversificada, revela como os vínculos entre Estado e sociedade não são via de mão única. Formam relações múltiplas. Se analisadas da perspectiva *da* sociedade e *na* sociedade, a política e as políticas ganham densidade e complexidade nem sempre perceptíveis quando observadas apenas através da lógica institucional.

O retorno da sociedade reconstitui os argumentos dessa tradição intelectual e busca explorar não só o alcance teórico das suas formulações, como também sua capacidade de interpelação contemporânea. No Brasil de hoje, sua lição parece dramaticamente maior e ainda mais urgente. Vai-se tornando claro que as inovações democráticas das últimas décadas não anularam a sociabilidade e os valores autoritários marcantes na nossa história. De fato, é preciso deixar de lado as dicotomias simples, como antes *ou* depois, passado *ou* futuro, para podermos qualificar a dimensão de *processo* sempre ofuscada pelas luzes do presente.

André Botelho é professor do Departamento de Sociologia da Universidade Federal do Rio de Janeiro – UFRJ – e pesquisador do CNPq. Doutor em Ciências Sociais pela Unicamp (2002), já publicou vários livros na área da Sociologia e do Pensamento Social Brasileiro. Entre eles *Essencial sociologia*, em 2013, e *Um enigma chamado Brasil*, em 2009 (Prêmio Jabuti 2010), com Lilia Schwarcz.

LEIA TAMBÉM:

Os sociólogos

De Auguste Comte a Gilles Lipovetsky

Sarah Silva Telles e Solange Luçan de Oliveira (organizadoras)

Após as edições sobre autores clássicos de Filosofia, História e Comunicação, a Editora Vozes e a Editora PUC-Rio lançam os *Clássicos das Ciências Sociais*. Já publicamos o volume 1, *Os antropólogos*. Neste volume 2 é a vez de *Os sociólogos*. Está prevista ainda a publicação de *Os cientistas sociais* (volume 3).

A coleção respeitou a divisão das Ciências Sociais nas suas três áreas clássicas: Antropologia, Sociologia e Ciência Política. Apesar da existência de autores que transitam entre elas, como os sociólogos políticos ou os sociólogos antropólogos, optou--se por dividir os autores nas três áreas pela necessidade de cobrir ao mesmo tempo as possibilidades intelectuais contidas nas Ciências Sociais e o número expressivo de seus autores clássicos.

Esse volume oferece uma coletânea de ensaios assinados pelos maiores especialistas brasileiros sobre a vida e a obra dos autores clássicos da Sociologia, cobrindo de Auguste Comte (1798-1857) a Gilles Lipovetsky (1944). Cada ensaio traz os seguintes conteúdos: o sociólogo e seu tempo; percurso e influências; conceitos básicos de seu pensamento; e suas principais obras publicadas.

Em todos os volumes publicados até aqui a proposta é a mesma: expor e explicar o pensamento dos autores clássicos de cada área a partir de um ensaio introdutório, escrito por um especialista, com uma linguagem clara e acessível, precisa e rigorosa.